Stefanie Marr
Kunstpädagogik in der Praxis

Pädagogik

Für Jens und Mia

Stefanie Marr (Dr. phil.) ist Professorin für Kunstpädagogik an der Universität Siegen. Ihr Forschungsschwerpunkt ist die Künstlerische Bildung.

Stefanie Marr

Kunstpädagogik in der Praxis

Wie ist wirksame Kunstvermittlung möglich?

Eine Einladung zum Gespräch

[transcript]

Danksagung

Mein besonderer und herzlicher Dank geht an die Schüler, die Studierenden und die Teilnehmer meiner Fortbildungsseminare, die sich immer wieder auf neuartige Arbeitsprozesse eingelassen und mit ihren künstlerischen Arbeiten entscheidend zum Entstehen dieses Buches beigetragen haben.

Bibliografische Information der Deutschen Nationalbibliothek
Die Deutsche Nationalbibliothek verzeichnet diese Publikation in der Deutschen Nationalbibliografie; detaillierte bibliografische Daten sind im Internet über http://dnb.d-nb.de abrufbar.

Umschlagkonzept: Kordula Röckenhaus, Bielefeld
Satz: Justine Haida, Bielefeld
Druck: Majuskel Medienproduktion GmbH, Wetzlar
Print-ISBN 978-3-8376-2768-8
PDF-ISBN 978-3-8394-2768-2

Gedruckt auf alterungsbeständigem Papier mit chlorfrei gebleichtem Zellstoff.
Besuchen Sie uns im Internet: *http://www.transcript-verlag.de*
Bitte fordern Sie unser Gesamtverzeichnis und andere Broschüren an unter: *info@transcript-verlag.de*

Inhalt

1. Blind spaces

Selle fordert nach dem kunstpädagogischen Generationengespräch im Jahr 2003 in München die Leser seines Textes auf, sich einen Kongress alter und neuer Kaninchenzüchter vorzustellen (2004, 158). Kommen Kaninchenzüchter zusammen, so darf – nach Selle – erwartet werden, dass Kaninchenzucht, so wie sie ist, von den Verantwortlichen nicht in Frage gestellt wird. Die Ergebnisse der Zucht werden nicht angetastet, wie aberwitzig sie auch den Außenstehenden erscheinen mögen. Die nicht vorhandene Selbstreflexivität der Züchter hat Folgen. Die Zucht entwickelt sich negativ: Sie entartet. Was haben nun aber Kaninchenzucht und Kunstpädagogik gemein? Nach Selle wird die Frage, ob Kunstpädagogik in ihrer jetzigen Form gebraucht wird, zwar rhetorisch von den Fachvertretern gestellt, aber nie ernsthaft beantwortet (ebd.). Eine Antwort auf »die Frage nach dem alltäglichen kunstpädagogischen Unsinn« (Kämpf-Jansen 2004, 403) bleiben die Fachvertreter schuldig: »Eine Notwendigkeit, die Reichweite der eigenen Überzeugungen in der Auseinandersetzung mit den Ansprüchen konkurrierender oder gar konträrer Positionen zu überprüfen, besteht [...] in der Regel nicht« (Legler 2004, 141). Es kann behauptet werden, dass der kunstpädagogische Diskurs durch mangelnde Selbstreflexivität und einen »stagnierenden Entwicklungswillen« (Kettel 2001, 433) gekennzeichnet ist. Dadurch, dass die Fachvertreter essenzielle Probleme kunstpädagogischen Denkens und Handelns nicht problematisieren, sichern sie, dass »die kunstpädagogische Regelpraxis, dieser bedauernswerte ewige Patient [...], ohne erkennbaren Sinn« überlebt (Selle 2004, 158). Kunstpädagogen haben demzufolge mit Kaninchenzüchtern gemein, dass auch sie – abgeschlossen von der Welt – in ihrem eigenen Kosmos leben und sich selbst genügen.

Wird Selle geglaubt, fixiert sich Kunstpädagogik zu stark auf sich selbst, sind Kunstpädagogen mit sich selbst zu selbstzufrieden (ebd., 158-161). Das ist problematisch, denn will sich das Fach positiv entwickeln, darf kunstpädagogische Theorie sich selbst nicht qualitativer Bewertung entziehen. Vielmehr muss sie offen sein für die Widerständigkeit ihrer Phänomene. Sie muss die Widerständigkeit ihrer Praxis zur Kenntnis nehmen. Selbstreflexivität muss notwendiger Bestandteil des kunstpädagogischen Diskurses werden (Hölscher 2004, 438). Die

Kunstpädagogik muss sich selbst fragwürdig werden. Um die Fixierung auf sich selbst zu lösen, brauchen Kunstpädagogen zum einen den Willen, sich daraus befreien zu wollen – also »die Bereitschaft, liebgewordene mentale Barrieren niederzureißen«, um »aus der Hermetik der eigenen Betriebsamkeit auszubrechen« (Wimmer 2010, 25), und zum anderen Betrachter, die Fragen aufwerfen und mit diesen das von den Kunstpädagogen Fixierte in Zweifel ziehen. Im Folgenden soll Fragen nachgegangen werden, die sich der Autorin beim Betrachten der kunstpädagogischen Theorie und ihrer Praxis stellen. Ihre Fragen zum kunstpädagogischen Bildumgang sollen dazu dienen, die Wahrnehmung auf und das Handeln in kunstpädagogischen Situationen und Prozessen zu hinterfragen. Die Beantwortung der Fragen soll zur Entwicklung der Kunstpädagogik beitragen.

2. Mapping blind spaces

Der originäre Gegenstand des Kunstunterrichts ist das Bild (Grünewald 2009, 14). Kernaufgabe des Kunstunterrichts ist, die Schüler zu befähigen, sich in der Welt der Bilder orientieren und mit Bildern umgehen zu können (Seydel 2008b, 210). Das mit ihm angestrebte Ziel ist, durch den im Unterricht sich durchdringenden reflexiv gestalterischen und reflexiv rezeptiven Bildumgang zum *Sich-Bilden* der Lernenden beizutragen. Die angestrebte Bildungswirkung erfordert, dass sich der Unterricht nicht auf die mechanische Vermittlung von Fertig- und Fähigkeiten zur Bildherstellung noch auf die rezeptartige Vermittlung von Wissen über Bilder beschränken darf (Bering u.a. 2004, 100). Vielmehr müssen die Lernenden Bilder im Unterricht als Bildungsmittel erfahren, mit deren Hilfe sie sich Lebenswirklichkeit aneignen und gestalten können. Bilder müssen als Medien erkannt werden, mit deren Hilfe man sich sein eigenes Bild von sich und der Wirklichkeit machen – bilden – kann. Einen Bezug zwischen Bild und Wirklichkeit herzustellen, ist – den Bildungsauftrag betreffend – grundlegend. Denn nur wenn ein Bezug hergestellt wird, wird im Bildumgang eine weitreichende kulturelle Kompetenz eröffnet. Das Bildungsziel »kulturelle Kompetenz« ist weitläufig, denn es beschränkt sich nicht auf die Fähigkeit, Bilder als Selbstzweck verstehen, analysieren und selbst gestalten zu können. Es zielt im Bildumgang vielmehr auf die Fähigkeit, »selbstbestimmt die unterschiedlichen Erscheinungsweisen kultureller Realität zu erkennen, den permanenten Wandlungsprozess kultureller Wirklichkeit kritisch wahrzunehmen und gestaltend an den Veränderungen teilzunehmen« (Schäfer 1988, 211). Die Vermittlung kultureller Kompetenz strebt folglich nicht auf das Bild begrenzte, sondern über es hinausgehende emanzipatorische Ziele an. Mit der Tatsache, dass »ein Weg zur Wirklichkeit über Bilder« (Canetti 1987, 109) erfolgt bzw. erfolgen kann, ist auch der Bildungswert bestimmt, der Bildern innewohnt. Will Kunstunterricht seinem Auftrag gerecht werden, als »Fach des Bildes« zu gelten (Niehoff und Wenrich 2007, 22), muss dem, dem Bild innewohnenden Bildungswert in der pädagogischen Praxis entsprochen werden. So ist von Kunstpädagogen stets gefordert, im Bildumgang gerade das Denken und Lernen über die eigentlichen Bilder *hinaus* ins Zentrum ihrer Bemühungen zu stellen (ebd.). Kommen Kunstpädagogen dieser Forderung nach, tragen sie im Bildumgang zur Aneignung und Gestaltung von Lebenswirklichkeit ihrer Lernenden bei und können für sich in Anspruch nehmen, mit Hilfe von Bildern zur Bildung der Lernenden beigetragen zu haben.

Mit seinem Gegenstand – dem Bild – kann Kunstunterricht den Schülern kulturelle Kompetenz vermitteln. Dafür ist es jedoch notwendig, dass das Bild als Bild in der pädagogischen Praxis ernst genommen wird. Ernst genommen wird es, wenn es als Mittel betrachtet wird, Wirklichkeit sichtbar zu machen. Diese Prämisse hat den Bildumgang in der pädagogischen Praxis zu bestimmen. Nur wenn dies geschieht, wird der Bildungswert genutzt, der Bildern innewohnt. Wird der Umgang mit dem Bild im Rahmen von Kunstpädagogik betrachtet, lässt sich feststellen, dass das Bild in diesem Sinne häufig nicht ernst genommen wird. Diese Tatsache verwundert, ist doch das Bild der bestimmende Gegenstand der Kunstpädagogik und ein ihm angemessener Umgang wird eigentlich vorausgesetzt. Diese Tatsache ist zudem problematisch, kann doch, wird der Bildungsgegenstand verkannt, sein Bildungswert nicht ausgeschöpft werden.

2.1 Bildverzicht

Im Zentrum der Theorie der Kunstpädagogik steht der bildende Bildumgang. Unzählige Publikationen der letzten Jahre beschäftigten sich mit der bildenden Wirkung von Bildern: u.a. »Kunstdidaktik« (Bering u.a. 2004), »Bildumgangsbeispiele« (Busse 2004), »Kunstpädagogik im Projekt der allgemeinen Bildung« (Kirschenmann, Schulz und Sowa 2006a), »Denken und Lernen mit Bildern« (Niehoff und Wenrich 2007), »(Un)vorhersehbares Lernen« (Busse und Pazzini 2008), »Angeboten – Was die Kunstpädagogik leisten kann« (Billmayer 2008a). In den Publikationen wird, Bilder im Herstellungsprozess zu verstehen und im Kontext wahrnehmen und beurteilen zu können, als Kernaufgabe des Kunstunterrichts angesehen (Seydel 2008b, 210). Welche umfassenden Kompetenzen das Vermögen erfordert, Bilder im Herstellungsprozess verstehen und im Kontext wahrnehmen und beurteilen zu können, wird in der Fachliteratur immer wieder ausgeführt. An dieser Stelle sollen beispielhaft die von Niehoff genannten Kompetenzen wiedergegeben werden. Über bildsprachliche Kompetenz zu verfügen, heißt für ihn,

- »Bilder als gestaltete Phänomene wahrnehmen, erleben, verstehen, analysieren und gestalten zu können,
- Bilder als komplexe spezifische Form- bzw. Form-Inhalts-Gefüge wahrnehmen, erleben, verstehen, analysieren, deuten und herstellen zu können,
- Bilder als spezifische Zeichensysteme von anderen spezifischen Zeichensystemen, wie z.B. der Wortsprache, differenzieren zu können,
- Bilder durch ihre jeweiligen Urheber subjektiv-biografisch bedingt wahrnehmen, erleben, verstehen und deuten zu können,

- Bilder durch ihre jeweiligen Rezipienten subjektiv-biografisch bedingt wahrnehmen, erleben, verstehen und deuten zu können,
- Bilder als durch historisch-kulturelle Kontexte determiniert wahrnehmen, erleben, verstehen und deuten zu können,
- unterschiedliche Bildsorten differenzieren und rezeptiv sowie auch gestalterisch in Wechselbeziehungen bringen zu können,
- unterschiedliche Bildmedien differenzieren und rezeptiv sowie auch gestalterisch in Wechselbeziehungen bringen zu können,
- interkulturelle Differenzen und transkulturelle Zusammenhänge von Bildern verstehen zu können.« (Niehoff 2006, 242)

Anhand von Niehoffs genannten Kompetenzen, die Schüler im Kunstunterricht im Umgang mit Bildern erwerben sollen, wird deutlich, dass der theoretische Anspruch an den Bildumgang umfassend und komplex ist. Er zielt auf eine über die Bilder hinausreichende kulturelle Kompetenz ab. Der Beitrag zum Erwerb einer kulturellen Kompetenz ist der Maßstab, an dem sich die Leistung des Kunstunterrichts messen lassen muss. Werden die Veröffentlichungen genauer betrachtet, ist auszumachen, dass die Ausführungen der Fachvertreter allgemein bleiben. Sie beschränken sich auf die Nennung der Kompetenzen, ohne festzumachen, was konkret unter diesen Kompetenzen im Bildumgang zu fassen ist. Was bedeutet es also, Bilder als gestaltete Phänomene wahrnehmen, erleben, verstehen, analysieren und gestalten zu können? Wann zeigt sich, dass Bilder – dem eigenen Anspruch der kulturellen Kompetenz entsprechend – wahrgenommen, erlebt, verstanden, analysiert und gestaltet wurden? Diese Fragen werden in der Fachliteratur nicht beantwortet, denn die Ansprüche werden in der Regel nicht an konkretem Bildumgang veranschaulicht. So bleibt unklar, was wahrnehmen, erleben, verstehen, analysieren und gestalten zu können, im Bildumgang tatsächlich meint. Das ist problematisch, denn fehlt es an Anschaulichkeit, bleibt die Auslegung der Begriffe dem einzelnen Fachvertreter überlassen. Ihm selbst ist es anheimgestellt, die Begriffe in der Praxis nach eigenem Gutdünken zu füllen. Die Ergebnisse der pädagogischen Praxis sind dementsprechend uneinheitlich, bezüglich des aufgestellten Maßstabs von verschiedenster Qualität.

In den theoretischen Ausführungen der Fachvertreter bleibt der konkrete Bildumgang unklar. Die Unklarheit ergibt sich aus dem Umstand, dass Bilder selbst in den Ausführungen zum Bild keine Rolle spielen. Die Texte zum Bild sind bilderlos: Zum einen wird in der Regel nicht auf einzelne Bilder und den Umgang mit ihnen eingegangen, zum anderen werden Bilder nur sehr vereinzelt in den Veröffentlichungen abgebildet. Dies ist problematisch. Denn spielen konkrete Bilder keine Rolle, bleibt in den Beschreibungen der Fachvertreter – zum Beispiel bezüglich des produktiven Bildumgangs – unklar, wie sich die geforderten Kompetenzen in den von den Schülern hergestellten Arbeiten spiegeln und ablesen lassen. Den Ausführungen fehlt es an Anschaulichkeit. Über bildsprachliche als kulturelle Kompetenz zu sprechen, ohne auf Bilder zurückzugreifen, vernachlässigt den eigentlichen Fachgegenstand: das (abgebildete) greifbare Bild. Der Bildverzicht erstaunt, ist doch offensichtlich, dass im Umgang mit Bildern und im Denken und Lernen mit ihnen, über sie und auch über sie hinaus, selbstverständlich die Bilder an sich im Mittelpunkt stehen müssen. Nur mit fassbaren Bildern macht das Denken über sie im pädagogischen Kontext Sinn. Im Folgenden wird ausgeführt, warum es unzureichend ist, allein den Selbstaussagen der Fachvertreter Glauben zu schenken, dass Kunstunterricht zu kultureller Kompetenz beiträgt. Unter Rückgriff auf exemplarisch ausgewählte theoretische Abhandlungen zum produktiven Bildumgang soll vermittelt werden, dass es stets nottut, über die Selbstaussagen der Fachvertreter hinaus, die Bilder der Schüler in den Blick zu nehmen. Diese gilt es ernst zu nehmen. Denn in einem Fach, dessen Gegenstand das Bild ist, sollte vorrangig an den Arbeiten der Schüler abgelesen werden können, was die Einzelnen im Unterricht gelernt, bzw. wie sie sich im Einzelfall im Bildumgang gebildet haben.

Dass in den theoretischen Abhandlungen der Kunstpädagogik der Einbezug von Schülerarbeiten notwendig ist, wird hier exemplarisch an Winners Veröffentlichung zum Lerngewinn im praktischen Kunstunterricht veranschaulicht (2007, 104-121). In ihrem Text geht Winner der Frage nach, was Schüler im Kunstunterricht lernen, über den Erwerb bildnerischer Techniken hinaus. Sie nennt acht Bereiche, in denen die Schüler im Kunstunterricht geschult werden. Die von ihr genannten Lernerfolge stimmen mit den in den Lehrplänen genannten Aufgaben und Zielen des Faches Kunst überein (u.a. Ministerium für Schule, Jugend und Kinder des Landes Nordrhein-Westfalen 1993, 31-41). An dieser Stelle sollen exemplarisch drei der von Winner genannten Bereiche vorgestellt und reflektiert werden.

Zum Ersten wird nach Winner im Kunstunterricht die Kunstfertigkeit der Schüler entwickelt (2007, 114): Sie lernen die verschiedenen Eigenschaften der Arbeitsutensilien (Pinsel, Stifte, Bildsucher) und der Arbeitsmaterialien (Kohle, Farbe, Ton) und ihr Einsatzspektrum kennen und können über diese in Zukunft verfügen. Unbestritten ist, dass die Schüler im Laufe der Jahre mit unterschiedlichen Techniken – Verfahren und Materialien – in Berührung kommen. Gewiss haben sie im Unterricht das eine oder andere Mal mit Stiften oder Pinsel gearbeitet und sicher haben sie während ihrer Schullaufbahn auch hier und da einmal mit Kohle, Farbe oder Ton gewerkt. So kann zu Recht von einem Erwerb gewisser Grundfertigkeiten im Kunstunterricht ausgegangen werden. Ob die Schüler über den Erwerb des bildsprachlichen Handwerkzeugs auch die Fähigkeit für einen selbstbestimmten kommunikativen Gebrauch der Techniken erworben haben, ist damit jedoch keineswegs gesichert. Denn wird in der pädagogischen Praxis der Erwerb der Techniken mehr oder weniger getrennt von Unterrichtsinhalten »betrieben«, so können sie von den Schülern später in der Regel kaum selbstständig angewendet werden (Dirks 1997, 97). Denn erlernen sie die Techniken ohne Handlungszusammenhang, entwickeln sie keine Vorstellung, wofür die Techniken im Bildumgang ganz grundsätzlich dienen. Da sich die Wechselbeziehung zwischen Technik und Inhalt den Schülern nicht erschlossen hat, bleibt ihr Erwerb in der Regel Selbstzweck (Abb. 1 und 2).

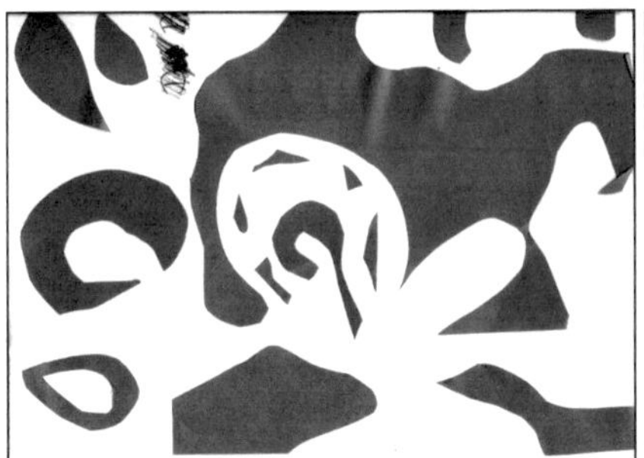
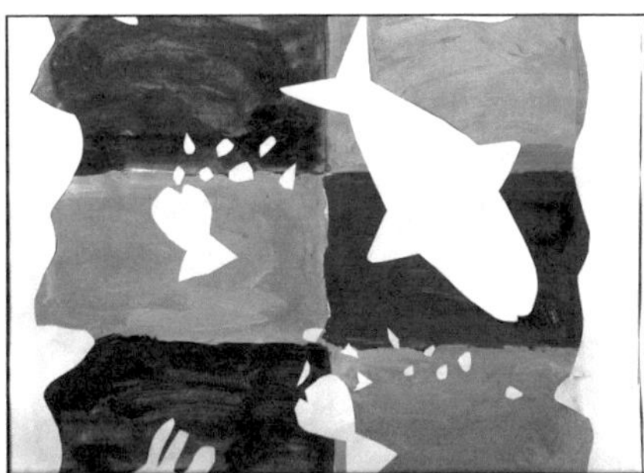

Abbildung 1 und 2

Weil die Techniken über die Unterrichtseinheit hinaus für die Schüler keinen Sinn stiften, geraten sie schnell in Vergessenheit. Über sie wird zukünftig nicht verfügt. So ist in Bezug auf die angestrebte Fähigkeit »Kunstfertigkeit« stets zu überprüfen, ob die eindeutigen formalen Wissenseinheiten von den Schülern zu einem späteren Zeitpunkt situativ angewendet werden können. Erst wenn dies der Fall ist, hat sich den Schülern durch den Erwerb der Techniken nachhaltig ein Gestaltungsspielraum eröffnet. Nachgeprüft werden kann der Vermittlungserfolg nur mit Hilfe von Schülerarbeiten. An ihnen ist ablesbar, ob sich der Gestaltungsspielraum der Einzelnen im Laufe der Zeit erweitert hat. So gilt es, wird nach Kunstfertigkeit als Lernerfolg gefragt, stets die Bilder der Schüler in den Blick zu nehmen. Diese sind dahingehend zu befragen, ob sich die Schüler auf Grund der Entwicklung ihres bildsprachlichen Handwerkszeugs heute in freier Gestaltung präziser ausdrücken können als noch vor einem Jahr. Nur wenn diese Frage anhand der Schülerarbeiten mit Ja beantwortet werden kann, hat sich die Kunstfertigkeit der Schüler nachweislich – sichtbar – entwickelt (Abb. 3 und 4). Die Entwicklung von Kunstfertigkeit kann dementsprechend nicht ohne Bezug auf Bilder ausgesprochen werden. Da sich Winner auf keine greifbaren Schülerarbeiten bezieht, bleibt ihr zugeschriebener Lernerfolg theoretisch.

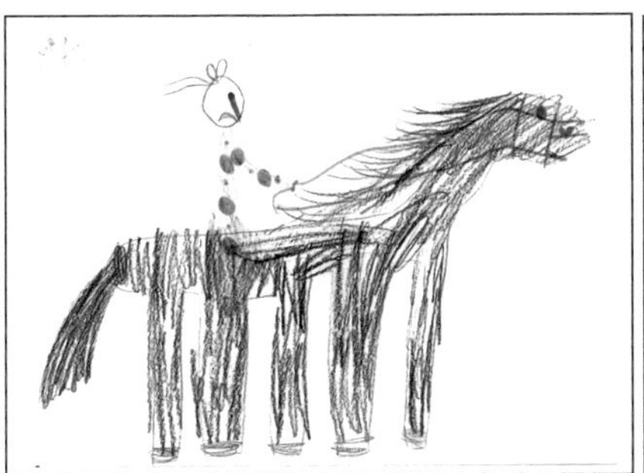
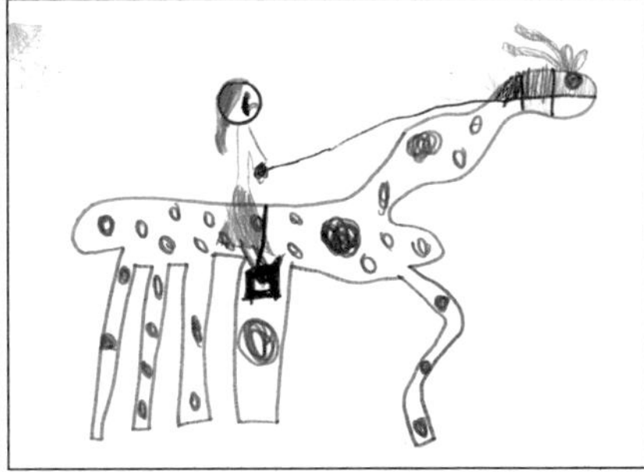

Abbildung 3 und 4 (Laufendes Pferd)

Zum Zweiten wird nach Winner die bildliche Vorstellungskraft der Schüler ausgebildet (2007, 115). Im Kunstunterricht lernen sie, sich Dinge, die sie nicht vor Augen haben, bildlich vorzustellen. Unbestritten ist, dass die Entwicklung einer bildlichen Vorstellungskraft im Rahmen von Kunstunterricht grundlegend ist. Die bildliche Vorstellungskraft hat dabei stets zwei Dimensionen. Zum einen sollen die Schüler im Fach Kunst lernen, sich ihr eigenes Bild zu machen. Sie sollen eine Vorstellung von ihrer subjektiven Sicht auf sich und die Welt entwickeln. Sich sein eigenes Bild zu machen, erfordert, dass die Lernenden ihr Bild von der Wirklichkeit selbst konstruieren (Buschkühle 2005a, 8). Denn nur in eigenen Bildkonstruktionen ist es den Menschen möglich, ihren Vorstellungen – ihrer selbstbestimmten, subjektiven Selbst- und Weltsicht – Ausdruck zu geben. Die praktische Bildherstellung erfordert zum anderen, dass die Lernenden ihre Vorstellungen in ihren Bildern zum Ausdruck bringen. Die Bildherstellung verlangt, dass die Schüler ihre subjektiven Selbst- und Weltsichten in Bildzeichen transformieren (ebd.). Für die Übersetzung der Erfahrungen und Erkenntnisse ist Vorstellungskraft gefordert. Die subjektive Sicht auf sich und die Welt muss bildkräftig ins Bild gesetzt werden (Abb. 5).

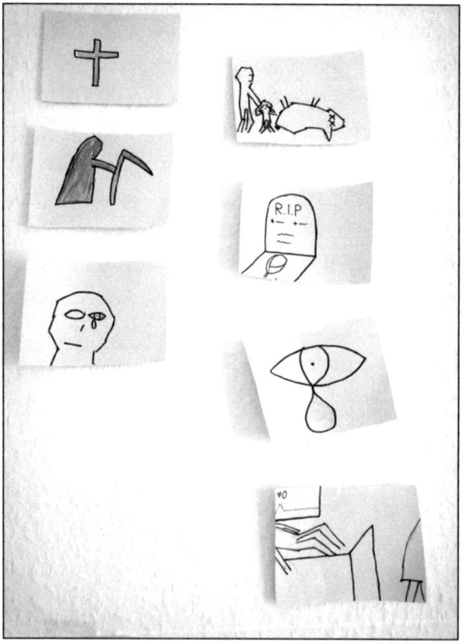

Abbildung 5

Da jeder Mensch durch Vorstellungskraft zum einen sein eigenes Bild konstruiert und zum anderen seine Vorstellungen in eigene Bilder transformiert, sind die Ergebnisse der Bildherstellung stets mannigfaltig. Weil beide Dimensionen der bildlichen Vorstellungskraft in den Darstellungen ihren Ausdruck finden, sind sie an den Bildern ablesbar. So gilt es, wird nach bildlicher Vorstellungskraft als Lernerfolg gefragt, stets die Arbeiten der Schüler in den Blick zu nehmen. Diese sind dahingehend zu befragen, ob die Heranwachsenden sich auf Grund der Entwicklung ihrer bildlichen Vorstellungskraft heute in freier Gestaltung gewissenhafter und anschaulicher ausdrücken können als noch vor einem Jahr. Ist es ihnen möglich, heute eindeutiger ihre eigene Vorstellung von sich und der Welt zu fassen, und sind sie fähig, heute prägnanter ihre Vorstellungen in Bildern umzusetzen? Nur wenn diese Fragen anhand der Schülerarbeiten mit Ja beantwortet werden können, hat sich ihre bildliche Vorstellungskraft nachweislich – sichtbar – entwickelt. Die Entwicklung von bildlicher Vorstellungskraft kann dementsprechend nicht ohne Bezug auf die Bilder der Schüler ausgesprochen werden. Da Winner sich auf keine konkreten Schülerarbeiten bezieht, bleibt ihr zugeschriebener Lernerfolg theoretisch. Werden die Unterrichtsvorgehen untersucht, in denen sich nach Winner die Förderung und Entwicklung von bildlicher Vorstellung spiegelt (2007, 115), zeigt sich zudem, dass sie den Begriff »bildliche Vorstellung« verkürzt gebraucht. Bildliche Vorstellung sieht sie u.a. schon verwirklicht, wenn die Schüler eine imaginäre Landschaft unter besonderer Berücksichtigung der Lichtverhältnisse malen. Gewiss bedarf die Darstellung einer imaginären Landschaft unter besonderer Berücksichtigung der Lichtverhältnisse der Vorstellungskraft. Die Schüler müssen sich erinnern, was einen Landstrich ausmacht und wie Lichtverhältnisse im Bild in der Regel vermittelt werden. Da mit der Landschaftsdarstellung allerdings im Grunde genommen die Abbildung einer naturalistischen Landschaft angestrebt wird, beschränkt sich die Vorstellungskraft letztlich auf die Erinnerungskraft. Für die Erfüllung der Aufgabe müssen die Schüler schon gesehene Landschaftsbilder und die Möglichkeiten der Darstellung von Lichtverhältnissen nur aktivieren. Sie müssen Vorhandenes bloß abrufen. So machen sich die Schüler in diesem Vorgehen genau genommen kein eigenes Bild, vielmehr reproduzieren sie vorhandene, übliche Bilder. Ihre Sicht auf die Welt, ihre Vorstellung von der Welt wird in der Aufgabe nicht abgerufen und kommt folglich in ihren Darstellungen nicht zum Ausdruck. Folglich handelt es sich bei den Ergebnissen nur um Abbilder, aber um keine Bilder. Die Wirklichkeit wird schlicht erscheinungsgetreu wiedergegeben, aber nicht durch eine eigene Auslegung derselben sichtbar gemacht. Die Ansprüche, die an bildliche Vorstellungskraft im Bildumgang im Rahmen von Kunstpädagogik gestellt werden, werden demgemäß nicht erfüllt: Die Schüler wurden gerade nicht »ermutigt, sich selbst als jemand mit eigenen, besonderen Bildvorstellungen zu sehen, in denen sich individuelle Erfahrungen, Interessen, Wünsche, Ansichten, Ausdrucksweisen artikulieren« (Ministerium für Schule, Jugend und Kinder des Landes Nordrhein-Westfalen 1993, 40). Anschaulich verdeutlicht hätte sich diese Tatsache anhand der Schülerarbeiten, wären sie den Ausführungen Winners beigefügt worden.

Zum Dritten wird nach Winner im Kunstunterricht gelernt, sich im Bild auszudrücken (2007, 115-116). Die Schüler lernen, Bilder herzustellen, in denen sie ihren Eindrücken Ausdruck geben. Wie diese Fähigkeit geschult werden kann, macht Winner an folgendem Beispiel fest:

»[Die] Schüler zeichnen nach Modell. Zwei Personen posieren am gegenüberliegenden Ende des Raumes und die Aufgabe besteht darin, den Raum zwischen den beiden Figuren einzufangen. ›Ihr werdet alle diesen Raum einarbeiten müssen, diesen leeren Raum. Dies wird eine große Herausforderung für eure Zeichnung darstellen, weil sich etwa in diesem Raum befinden wird ... Die Stärke der Zeichnung wird von der evokativen Natur dieses Raumes abhängen.‹ Der Lehrer lenkt die Aufmerksamkeit der Schüler auf ein Hopper-Bild, um seine Behauptung zu untermauern, dass die evokative Macht eines Bildes uns trifft, bevor es der Inhalt tut. Über das Hopper-Bild sagt er [der Lehrer zu den Schülern]: ›Wenn Sie es ansehen, denken Sie nicht ›Schau dir diese Figuren an‹. Sie denken ›Wow, es ist eine tiefe, geheimnisvolle Nacht ...‹. Dies ist der Gegenstand eines Bildes. Es besteht nicht nur aus dem Zeichnen von Figuren.« (Ebd.)

Dass die Fähigkeit des eigenen Ausdrucks mit Hilfe der Aufgabe ausgebildet werden kann, ist möglich. Ob sie sich aber auch tatsächlich bei den Schülern entwickelt hat, lässt sich nur an deren Arbeiten ablesen. An ihnen müsste sich zeigen, dass jeder seine persönliche Sicht zum Ausdruck gebracht hat, dass jeder »seine besonderen handschriftlichen und inhaltlichen Merkmale, seine jeweilige individuelle Bildwelt [herausgearbeitet hat]« (Ministerium für Schule, Jugend und Kinder des Landes Nordrhein-Westfalen 1993, 40). Das Vorgehen Winners, auf Bilder in ihren Ausführungen zu verzichten, hat zur Folge, dass zwar die Absichten des Unterrichts genau beschrieben, aber der Lernerfolg der Schüler nicht nachgewiesen wird. Auch hier gilt, dass der Nachweis nur mit Hilfe von Schülerarbeiten erbracht worden wäre.

In der Analyse der Lerngewinne im Bildumgang hat sich gezeigt, dass ein Bildverzicht im Rahmen von Kunstpädagogik problematisch ist. Die Tatsache, dass der Gegenstand der Kunstpädagogik das Bild ist, muss sich in den Veröffentlichungen anschaulich an der Anzahl der Abbildungen und an den Ausführungen zu ihnen ablesen lassen. Nur so wird dem Zeichensystem Bild mit seinem eigenen Potenzial in der Fachliteratur entsprochen. Es kann gesagt werden, dass dies zurzeit nicht der Fall ist. Die Fachliteratur zur bildenden Wirkung von Bildern kommt weitgehend ohne Schülerarbeiten aus (u.a. Bering u.a. 2004, Busse 2004, Kirschenmann, Schulz und Sowa 2006a, Niehoff und Wenrich 2007, Busse und Pazzini 2008, Billmayer 2008a). Sie ist von einem Bildverzicht bestimmt. In den Ausführungen wurde deutlich, dass dieser Tatsache in Zukunft entgegengewirkt werden muss, will das Fach seinem Gegenstand und seinem Bildungsauftrag gerecht werden.

2.2 Interpretative Tiefenunschärfe

In der kunstpädagogischen Forschung ist in den letzten Jahren das Bestreben auszumachen, behauptete Wirkungen von Kunstunterricht faktisch durch empirische Unterrichtsforschung nachzuweisen (Peez 2008b, 171; Meyer und Sabisch

2009). Durch wissenschaftliche Verfahren sollen der Unterrichtsprozess und die Unterrichtsergebnisse untersucht und empirisch begründete Erkenntnisse über sie gewonnen werden. Wunsch ist, durch Empirie Aussagen darüber treffen zu können, »was wirklich im Kunstunterricht bzw. in ästhetischen Lernprozessen geschieht, welche kurz-, mittel- und langfristigen Wirkungen daraus resultieren und welche Faktoren auf welche Weise die Qualität solcher Wirkungen beeinflussen können« (Legler 2001, 44). Mit der empirischen Unterrichtsforschung wollen die Fachvertreter eine Anschlussfähigkeit an die Sozial- und Humanwissenschaften, insbesondere an die Erziehungswissenschaften, herstellen (Peez 2008b, 184) und damit die Wissenschaftlichkeit ihres eigenen Faches aufwerten. Mit dem angewandten Verfahren erhoffen sie, zur Ernsthaftigkeit und in Folge zur Überzeugungskraft des Faches beizutragen.

In der qualitativ empirischen Forschung wird umfangreiches Material aus und zu einem Kunstunterricht systematisch und regelgeleitet erhoben, aufbereitet und ausgewertet (Peez 2008a, 140). Die Auswertung des Materials ist zentral. Sie zielt darauf ab, die behaupteten Wirkungen einsichtig nachzuweisen. Wie dabei konkret vorgegangen wird, soll im Folgenden vorgestellt werden. Exemplarisch zurückgegriffen wird dabei auf eine Darstellung qualitativ empirischer Forschung von Peez (2008b, 171-185). In seiner Forschung ist er der Frage nachgegangen, ob Schüler in einer bestimmten Unterrichtseinheit ästhetische Erfahrungen gemacht haben. Nach diesen als Wirkung des Kunstunterrichts zu fragen, macht Sinn, denn sie sind für das Fach konstitutiv (Busse 2008b, 30): Bildungsprozesse setzen ästhetische Erfahrungen voraus (Peez 2005a, 13 und 2008b, 174). Ihnen kann und muss demnach im Rahmen von Kunstunterricht eine zentrale Bedeutung zugesprochen werden (Kämpf-Jansen 2001, 153). Um ästhetische Erfahrungen nachzuweisen, müssen diese zunächst bestimmt werden. (Da es an dieser Stelle nicht um eine generelle Klärung des Begriffs »Ästhetische Erfahrung« geht, vielmehr der exemplarische Bildumgang Peez' im Zentrum der Untersuchung stehen soll, wird hier nicht näher eingegangen auf die uneinheitlichen Definitionen der ästhetischen Erfahrung im kunstpädagogischen Diskurs [Sabisch 2007, 230-231]).

Was versteht nun Peez unter ästhetischen Erfahrungen? In seinem Text definiert er eine Erfahrung als ästhetisch, »wenn eine lustbezogene und subjektive Empfindung mit einer auf Erkenntnis gerichteten Wahrnehmung verbunden ist« (2008b, 174). Den Nachweis des Zuwachses an ästhetischen Erfahrungen auf Seiten der Schüler will er erbringen mit Hilfe von den Strukturelementen, die eine ästhetische Erfahrung bestimmen. Die Strukturelemente, an denen er eine ästhetische Erfahrung festmacht (ebd., 177-184), werden im Folgenden kurz ausgeführt. Nach Peez bedarf eine ästhetische Erfahrung zum Ersten einer Aufmerksamkeit für ein Wahrnehmungserlebnis. Die Aufmerksamkeit muss zum Zweiten von einer Offenheit und Neugier bestimmt sein, denn nur durch diese Eigenschaften ist es den Lernenden möglich, ihren bisherigen Erfahrungshorizont zu überschreiten und damit neue ästhetische Erfahrungen zu gewinnen.

Von einem überschrittenen Erfahrungshorizont kann immer dann gesprochen werden, wenn die Lernenden ihnen Bekanntes und Gewohntes mit neuen Augen, anders wahrgenommen haben. Ästhetische Erfahrungen sind folglich zum Dritten dadurch charakterisiert, dass gewohnte Denkmuster durch Imagination durchbrochen wurden. Bedingung für den Willen, sich Neuem zuzuwenden, ist zum Vierten eine gespürte Freude an den neuen Wahrnehmungen. Dass die neuen Wahrnehmungen mit Lust empfunden werden, ergibt sich aus dem fünften Strukturelement der ästhetischen Erfahrung: Da das neu Wahrgenommene überrascht, wird es als spannend und demnach als lustvoll empfunden. Zum Sechsten sind ästhetische Erfahrungen vom Subjekt bestimmt. Durch die eigene Wahrnehmung – im doppelten Wortsinn begriffen – sind ästhetische Erfahrungen stets durch die Individuen geprägt. Sind die Wahrnehmungen auch vom Subjekt bestimmt, so sind sie nicht bloß ichbezogen, subjektivistisch. Ästhetische Erfahrungen setzen immer – zum Siebten – auch eine Distanz zum eigenen Wahrnehmungserleben voraus. Ästhetische Erfahrungen erfordern die Reflexion der eigenen Wahrnehmungen. Diese wird zum Achten dadurch erreicht, dass die eigenen ästhetischen Erfahrungen mit in kulturellen und künstlerischen Produkten kundgegebenen Erfahrungen anderer in Beziehung gesetzt werden. Durch die Wahrnehmung von Bezügen gelingt es, die eigene Sicht auf die Dinge zu reflektieren und damit den eigenen Blick auf die Sache zu erweitern. Im Rahmen von Kunstunterricht soll darüber hinaus die gewonnene ästhetische Erfahrung ihren Ausdruck in den Gestaltungen finden. Die neu gewonnenen ästhetischen Erfahrungen sollen an den Gestaltungen ablesbar sein. Das heißt, die gewonnene ästhetische Erfahrung hat sich in ihrer Anwendung zu zeigen. Sie hat sich in einem Medium oder Material zu realisieren (Sabisch 2007, 226).

Der Frage, ob die Schüler ästhetische Erfahrungen im Unterricht gemacht haben, die Voraussetzung für ästhetische Bildungsprozesse sind, ist Peez qualitativ empirisch in einer sechsten Klasse nachgegangen (2008b, 173-174). In dem von ihm untersuchten Unterricht mit dem Thema »Wer bin ich?« wurden zunächst von den Schülern mit Bleistift Portrait- und Selbstportraitzeichnungen angefertigt. In Folge wurden expressionistische Portrait-Gemälde betrachtet. Im Anschluss wurden die eigenen Bleistiftzeichnungen mit Farbe übermalt. Abschließend wurden von der Lehrerin gefertigte Portraitfotos von den Schülern u.a. mit Sprayfarbe übersprüht, mit Dispersionsfarbe übermalt oder digital mit Photoshop bearbeitet. Anhand von Selbstaussagen der Schüler zu ihren Arbeiten, zu ihrem Vorgehen und zum Unterricht meint Peez, den Erwerb ästhetischer Erfahrung in diesem Unterricht nachgewiesen zu haben. Der Nachweis wird nach seiner Beurteilung bezüglich aller acht Strukturelemente der ästhetischen Erfahrung erbracht. Ob dem so ist, soll im Folgenden exemplarisch an zwei ausgewählten Strukturelementen untersucht werden.

Das Strukturelement »Aufmerksamkeit für ein Wahrnehmungserlebnis« sieht Peez als im Unterricht erreicht an. Die von ihm ausgewählte Schülerin hätte sich und ihre Umwelt auf ungewohnte Weise wahrgenommen und darüber neue

Erkenntnisse erworben. Dass es zu einer ästhetischen Erfahrung gekommen ist, macht er u.a. an der folgenden Äußerung der Schülerin fest:

»Da hab' ich mein Gesicht auf den Scanner gelegt. [...] Und dann wurd' das dann halt so aufgescannt. Und dann sah das halt aus hier wie tot. Und dann ist das hier ein Auge von mir, das haben wir halt, das war ein einzelnes Teil [...] Das haben wir einzeln, das ist mein Auge, nur fotografiert, und das hab ich dann da eingesetzt [...] Und das ist so 'ne Spange gewesen vom Haar, die hab' ich dann auch da eingesetzt. Da ist genauso, da hab ich noch 'ne andere Nase mit eingesetzt.« (Janine, zitiert in Peez 2008b, 175)

Nachgefragt werden muss nun, ob sich die Schülerin durch den Computerausdruck ihres gescannten Gesichts wirklich neu *für wahr genommen* hat. Es kommen Zweifel auf. Eine interpretative Tiefenunschärfe wird vermutet. Denn was ist damit gewonnen, dass der Computerausdruck in ihr die Assoziation hervorrufen hat, wie sie selbst als Leiche aussähe? Welche weiter reichende Einsicht hat sie durch diese Wahrnehmung gewonnen? Wie hat sich ihr Blick auf sich selbst dadurch nachhaltig verändert? Wo hat sich ihre Selbstwahrnehmung erweitert? Diese Fragen zu beantworten, gelingt, wird der weitere Umgang der Schülerin mit dem Computerausdruck ihres gescannten Gesichts betrachtet. Nachgegangen werden soll der Frage, was die Schülerin mit diesem gemacht hat, und ob sich in ihrer Gestaltung des Computerausdrucks als Anwendung ihrer ästhetischen Erfahrung zeigt, dass sie ihr gewohntes Denkmuster über sich selbst durchbrochen hat. Auf den Computerausdruck ihres gescannten Gesichts hat die Schülerin u.a. die Abbildung ihres Auges, einer Haarspange und einer Nase eines Klassenkameraden geklebt. In ihrem Vorgehen zeigt sich, dass sie die zuvor gemachte Wahrnehmung von sich selbst nicht weiter reflektiert hat. Denn welchen Sinn macht es, auf eine Selbstdarstellung von sich als Tote ein Auge von sich, eine Haarspange und die Nase eines Klassenkameraden zu kleben? Es scheint, dass sie in ihrem Vorgehen den Ausdruck ihres zuvor gewonnenen Eindrucks nicht weiter verfolgt hat, denn in ihrer Gestaltung des Computerausdrucks hat sie nichts über sich als Tote zum Ausdruck gebracht. Von einer Realisierung ihres zuvor gewonnenen Eindrucks im Bild kann folglich nicht gesprochen werden. Da sich in der Anwendung ihres Eindrucks – in ihrer Gestaltung – keine Reflexion ihrer Wahrnehmung ihres wie tot scheinenden Gesichts zeigt, kann nicht von einer gewonnenen ästhetischen Erfahrung gesprochen werden, denn diese hätte sich in der Anwendung zeigen müssen. Sie hätte sich im Bild realisiert haben müssen (Sabisch 2007, 226). Hat die Schülerin auch ihr Gesicht zuvor noch nie als gescannten Computerausdruck betrachtet oder hat sie sich auch noch nie zuvor mit einer fremden Nase gesehen, so weiß sie doch letztlich nach der Bildherstellung nicht mehr Aufschlussreiches über sich als vorher. Die Schülerin erfährt durch die Bildherstellung keinen Erkenntnisgewinn, da ihr Umgang mit dem Fachgegenstand »Bild« letztlich willkürlich ist. Für ihr Bild greift sie auf Elemente zurück, die »halt« verfügbar sind (Janine, zitiert in Peez 2008b, 175).

Ihr Tun wird bestimmt vom vorhandenen Material, aber nicht von einem Ausdruckswunsch. Da sie sich die Fragen nicht stellt, warum sie ihr Auge oder die Spange aufklebt, weshalb sie die Nase eines Klassenkameraden verwendet oder wieso und mit welchen Folgen sie das Prinzip der Collage beim Selbstportrait verwendet hat, wirkt ihre Gestaltung beliebig und austauschbar. Dem Bild als Bild wird die Schülerin damit nicht gerecht. Denn Bilder als Bedeutungsträger sind stets begründete Gestaltungen. Das heißt, in ihnen hat sich zu vermitteln, warum ausgerechnet dieses Thema mit diesem Material und in dieser Weise dargestellt wurde. Zusammenfassend kann gesagt werden, dass sich hier die von Peez aus der Selbstaussage der Schülerin abgeleitete ästhetische Erfahrung im Bild nicht spiegelt. Mag sich die Schülerin auch so vorher noch nicht gesehen haben, neu *für wahr genommen* hat sie sich nicht. Des Weiteren liegt dem Bildumgang des Mädchens ein letztlich bildnegierendes Bildverständnis zu Grunde (Boehm 1994, 34), denn dem Bild als Bedeutungsträger wurde nicht entsprochen.

Auch das Strukturelement »Anregung der Fantasie durch Entdeckung von neuen Assoziationen zu scheinbar Bekanntem und Gewohntem« der ästhetischen Erfahrung sieht Peez im Unterricht als erreicht an. Dass es zu einer ästhetischen Erfahrung diesbezüglich gekommen ist, belegt er u.a. mit Hilfe der folgenden Aussage der Schülerin:

»Und dann, es musste – es konnte, es konnte halt, es musste nicht auf das Auge wo Auge ist, es konnte auch jetzt Auge kommt auf den Mund oder so. Es war halt, da hatten wir die ganze Fantasie konnten wir, ja, ausleben, sag' ich jetzt mal.« (Janine, zitiert in Peez 2008b, 180)

Auch in diesem Fall gilt es nachzufragen, ob die Schülerin durch das Aufkleben eines Auges auf die Mundöffnung wirklich gewohnte Denkmuster durch Imagination durchbrochen hat. Zweifel kommen auf. Abermals wird eine interpretative Tiefenunschärfe vermutet. Es stellt sich die Frage, ob jemand schon deshalb als fantasievoll beschrieben werden kann, weil er ein Auge an einer falschen Stelle aufklebt. Der Schülerin Fantasie schon deshalb zu unterstellen, ist bedenklich, denn Fantasie wird missverstanden, wird sie mit der Herstellung von Beliebigem und Unwirklichem gleichgesetzt. Fantasietätigkeit ist niemals willkürlich, noch findet sie losgelöst von der Realität statt (von Hentig 2000, 53). Welche Art von Beziehung kennzeichnet also die Fantasie und die Wirklichkeit? Die Wirklichkeit ist stets von Menschen gestaltet, und sie ist demzufolge immer auch von Menschen neu gestaltbar. Um Realität gestalten zu können, muss ihr Ist-Zustand zunächst *für wahr genommen* werden. Wie sieht die Wirklichkeit aus? Welche Bedingungen bestimmen sie? Ausgehend vom Ist-Zustand ist es dem Menschen mit Hilfe von Imagination möglich, sich die Realität auch anders vorzustellen. Kraft seiner Fantasie kann er weitere ihrer Möglichkeiten ausmachen. Es zeigt sich, bei Fantasietätigkeit bedingen sich der Wirklichkeits- und der Möglichkeitssinn (Musil 1930/2000, 16). So entspricht ein Gebrauch des Möglichkeitssinns ohne den Wirklichkeitssinn nicht den Anforderungen der Fantasietätigkeit. Wird nun erneut das Vorgehen der Schülerin betrachtet, vermittelt sich, dass es sich um einen willkürlichen Akt gehandelt hat, das Auge auf den Mund aufzukleben: Ihre Wahl hat sich nicht aus der kritischen Auseinandersetzung mit der Realität ergeben. Auch hier bestimmte vorrangig das Material und nicht ein bestimmter Ausdruckswunsch die Tätigkeit. Die Schülerin hat sich vom Material bestimmen lassen, ohne sich selbst zu fragen, welche Denkschablonen sie durch dieses Vorgehen durchbrechen will und welche neuartigen sinnträchtigen Vorstellungen sie mit diesem Vorgehen vom Gegenstand vorhat zu entwickeln. Die Tätigkeit geschah, die Realität betreffend, unbegründet. Da die Tätigkeit beliebig war, gelang es der Schülerin nicht, bezüglich der Realität in ihrem Bild Sinn zu stiften. Dem Bild als Bedeutungsträger wurde demzufolge auch hier nicht entsprochen. Zusammenfassend kann gesagt werden, dass sich auch an dieser Stelle die aus der Selbstaussage der Schülerin abgeleitete ästhetische Erfahrung im Bild nicht zeigt. Mag das Vorgehen der Schülerin auch ungewöhnlich gewesen sein, fantasievoll ist es nicht gewesen. Von einem Gewinn an ästhetischer Erfahrung durch Fantasietätigkeit kann folglich nicht die Rede sein. Des Weiteren ist festzustellen, dass auch hier der Bildumgang der Schülerin dem Bild als Bedeutungsträger und damit dem Bild als Bild nicht entsprochen hat.

Peez ist in seiner empirischen Unterrichtsforschung der Frage nachgegangen, ob Schüler in einer bestimmten Unterrichtseinheit ästhetische Erfahrungen gemacht haben. Nach ästhetischen Erfahrungen als Wirkung des Kunstunterrichts zu fragen, macht Sinn, denn sie sind für das Fach konstitutiv (Busse 2008b, 30): Bildungsprozesse setzen ästhetische Erfahrungen voraus (Peez 2005a, 13 und 2008b, 174). Wie sich in den Ausführungen gezeigt hat, ist es jedoch problematisch, nach ästhetischen Erfahrungen als Wirkung des Kunstunterrichts zu fragen, ohne den Fachgegenstand Bild ins Zentrum der Untersuchung zu stellen. Denn bleibt das Schülerbild im Forschungsprozess außen vor, wird der eigentliche Gegenstand außer Acht gelassen, an dem sich doch wesenhaft die tatsächlich von den Schülern gewonnenen ästhetischen Erfahrungen abbilden und ablesen lassen sollten. So führt ein Bildverzicht zu interpretativer Tiefenunschärfe.

In den Abschnitten 2.1 und 2.2 wurde exemplarisch an zwei Beispielen dargelegt, dass die Haltung der Fachvertreter gegenüber Schülerbildern im Grunde ignorant ist. Sind sich die Fachvertreter auch einig, dass das Bild selbstverständlich im Mittelpunkt des Kunstunterrichts stehen soll (Bering u.a. 2004, 115), so folgern sie daraus nicht, dass sich die dem Bild zugeschriebene exponierte Position auch in ihren Forschungen spiegeln müsste, dass also im forschenden Nachdenken über den praktizierten Kunstunterricht greifbaren Schülerbildern selbstredend ein zentraler Platz zukommen müsste. Vielmehr ist es gerade so, dass konkrete Schülerarbeiten in der kunstpädagogischen Forschung nur selten in den Mittelpunkt gestellt werden. In der Regel wird in der Forschung »das Umgehen mit Bildern und das Denken und Lernen mit ihnen, über sie und auch über sie hinaus« (Niehoff und Wenrich 2007, 22) weitgehend ohne Bezug und Rückgriff auf tatsächliche Schülerarbeiten betrieben. Was, wie und warum in diesem Fach gelehrt und gelernt wird, wird nur selten an konkreten Bildern festgemacht.

2.3 Ignoranz gegenüber den praktischen Ergebnissen des Unterrichts

Wird die Fachliteratur zur kunstpädagogischen Praxis betrachtet, lässt sich eine Kluft ausmachen zwischen der Beschaffenheit, die die Fachvertreter in ihren theoretischen Schriften den Ergebnissen der künstlerischen Praxis in Lehr- und Lernprozessen zuschreiben, und den tatsächlichen Eigenschaften der Schülerarbeiten. Zwischen der in der Theorie unterstellten Güte und dem Wert der Schülerarbeiten und dem sich in den Schülerarbeiten spiegelnden, faktisch bezeugten Können tut sich ein Abgrund auf. Der Bruch wird zwar in der letzten Vergangenheit in der Theorie bemerkt – er wird hier und da erwähnt (u.a. Legler 2002, 1 und 2004, 140; Bamford 2007, 57) –, um ihn gekümmert wird sich jedoch wenig. Vielmehr sind die Fachvertreter in der Regel auch weiterhin davon bestimmt, unter Ausblendung der tatsächlichen Ergebnisse, das Können der Kunstpädagogik durch noch mehr theoretische Ansprüche zu untermauern oder aber das Können der Kunstpädagogik, ohne *Für-wahr-Nehmen* der Schülerarbeiten, empirisch nachzuweisen. Da dieses Verhalten womöglich begründet, warum die »kunstpädagogische Regelpraxis, dieser bedauernswerte ewige Patient, [...] fast schon eine Mumie«, überlebt »ohne erkennbaren Sinn« (Selle 2004, 158), soll sich im Folgenden dieser Kluft zugewandt werden. Absicht dieses Vorgehens ist, das die Kunstpädagogik bestimmende Paradox zu durchbrechen, in der Theorie ihren »Unentbehrlichkeitsnachweis« umso zwingender zu erbringen, »je marginaler die praktische Arbeit der Einrichtungen für ästhetische Erziehung und Bildung tatsächlich wird« (ebd., 159).

2.3.1 Umgang mit schwachen Ergebnissen und den ihnen zugeschriebenen Ursachen

Warum sind die meisten Bildgestaltungen des praktischen Kunstunterrichts von so schlechter Qualität? Wie lassen sich schwache Bilder beschreiben? Was zeichnet umgekehrt eine gute Schülerarbeit aus? Was sind mögliche Kriterien einer guten Bildgestaltung? In der kunstpädagogischen Fachdiskussion bleiben Fragen nach den Maßstäben von Bildgestaltung in aller Regel ausgeklammert. Wer die Fachliteratur liest, findet zwar ab und zu harsche Urteile über die Ergebnisse kunstpädagogischer Praxis im Allgemeinen (u.a. Stielow 2004, 148; Selle 2004, 158; von Hentig 2000, 42), allerdings kaum Urteile über konkret schlechte Schülerbilder im Besonderen. Schlechte Bilder werden in der kunstpädagogischen Diskussion kaum beachtet. Selbst wenn Fachvertreter schwache Ergebnisse der kunstpädagogischen Praxis – im Allgemeinen – in ihren Schriften feststellen, verpassen sie es in der Regel aufzuzeigen, worin genau die Schwäche der Bilder besteht und was eine bessere Qualität bei diesen Bildgestaltungen ausmachen würde. Schlechte Bilder als Ergebnisse von kunstpädagogischer Praxis geraten nicht ins Blickfeld der Theorie. Sie werden weder im Einzelnen wahrgenommen, noch werden sie reflektiert oder gar abgebildet. Möglicherweise aus Angst, dass mit ihnen »ja etwas öffentlich werden [könnte], das ums Verrecken nicht bewusst werden soll« (Selle 2004, 158), verschwinden sie in der Versenkung. Schafft sich auch so die Kunstpädagogik, durch die Vertuschung ihrer mangelnden Leistung, auch selbst nicht ab (ebd.), an nachhaltiger Überzeugungskraft gewinnt sie dadurch nicht. Vielmehr wird die Chance vertan, die kunstpädagogische Praxis durch Reflexion der aktuellen Ausgangssituation zu entwickeln. Wie oben schon erwähnt, stehen bei der Beurteilung kunstpädagogischer Praxis so gut wie nie die Bilder der Schüler selbst im Mittelpunkt. Auch guten Schülerarbeiten wird gewöhnlich keine besondere Aufmerksamkeit geschenkt. Werden auch bei Unterrichtsdokumentationen in Fachzeitschriften vereinzelt vermeintlich gute Bilder abgebildet, besondere Hinwendung erfahren sie nicht. In der Regel werden auch sie nicht besprochen, ihre Güte wird nicht begründet. Sie dienen gewöhnlich nur als schmückendes Beiwerk.

In der Fachliteratur sind Klagen über die nicht vorhandene Qualität der Schülerarbeiten der eigenen oder der beobachteten Praxis rar. Die Darstellungen der Fachvertreter in Zeitungen wie »Kunst und Unterricht« beschränken sich in der Regel darauf, ihren eigenen Unterricht in den aktuell angesagten Theoriezusammenhang zu stellen und vereinzelt mit ausgewählten, unkommentierten Schülerarbeiten auszuschmücken. Die Texte sind gewöhnlich davon bestimmt, das eigene Unterrichtsvorgehen des Pädagogen zu beschreiben und es in seinem bzw. im Sinne der Theorie auszudeuten. In den Unterrichtsdarstellungen spielen die Schüler gewöhnlich keine tragende Rolle. Sie erscheinen als Statisten. Ihnen wird keine eigene Stimme eingeräumt (Kettel 2001, 13). So vermittelt sich beim Lesen der Darstellungen oftmals der Eindruck, dass es sich eher um »Selbstdarstellung[en] und Selbstbestätigung[en]« der Fachvertreter handelt als um das Vorhaben, das eigene Unterrichtsgeschehen und seine Ergebnisse mit Hilfe der Theorie kritisch zu reflektieren (Selle 2004, 158).

Geraten doch einmal schwache Ergebnisse kunstpädagogischer Praxis ganz allgemein ins Blickfeld, dann wird – dem eben dargestellten Vorgehen der Fachvertreter entsprechend – ihr Ungenügen in der Regel mit den Rahmenbedingungen begründet. Guter Unterricht ist »leider nicht [...] möglich, weil zu wenig Zeit, zu wenig Material, zu wenig Achtung, zu wenig dies und das vorhanden ist« (Pazzini 2008b, 161).

»Meine Vorstellungen von Kunstunterricht mussten etwas reduziert werden. Mit dem Begriff Reduktion ist die Realität ganz gut auf den Punkt gebracht, weil die schulischen Bedingungen eine Herausforderung darstellen und Herausforderung ist hierbei noch ein sehr freundliches Wort. Die Raumsituation ist durchaus als positiv zu bewerten. Die Materialsituation würde ich als chaotisch umschreiben. Was den Medieneinsatz betrifft [...] – wie der Computer- oder Beamereinsatz –, ist der Overheadprojektor das Modernste. Alles andere stellt wirklich eine große Herausforderung dar. Also da musste ich meine Unterrichtsvorhaben definitiv reduzieren und den schulischen Gegebenheiten anpassen.« (Oehlschlegel, zitiert in Pinke 2008, 4)

Den Rahmenbedingungen wird unterstellt, schuldig an der Misere des Kunstunterrichts zu sein: Wie soll denn auch Kunstunterricht gelingen, wenn doch nach wie vor »30 Schüler in den Fachraum [stürmen]« und »sich lärmend auf den 2 qm großen Schrank [stürzen], um die notwendigen Materialien im Kampf zu erobern« (Stalmann 2002, 8)? Und wie sollen denn auch gute Ergebnisse entstehen, wenn doch immer noch »Platz ist für höchstens ein DIN A3-Format pro Schüler«, und Aufgaben noch immer »im 45- oder 90-Minuten Takt erledigt werden [müssen], deren Lösung sich am Ende in Noten bewerten« lassen muss (ebd.)? Es ist richtig, dass kleine Gruppen das Arbeiten im Kunstunterricht erleichtern. Zutreffend ist auch, dass gut ausgestattete Räume Freiräume gewähren und Materialvielfalt Möglichkeitsräume eröffnet. Des Weiteren ist ebenfalls korrekt, dass offene Zeitfenster Spielraum aufschließen und dass das Ausklammern von Benotung den Druck nehmen kann. Gewiss erleichtern gute Rahmenbedingungen das Entstehen überzeugender Ergebnisse. Falsch ist jedoch die Annahme, dass eine große Gruppe, eine schlechte Ausstattung, zeitliche Vorgaben und die Benotung eo ipso schwache Resultate begründen. Schlechte Rahmenbedingungen führen nicht zwingend zu ungenügenden Ergebnissen. Mögen sie auch einen Einfluss auf die Resultate ausüben, so wäre es unangebracht, ihnen zu unterstellen, dass sie unabänderlich schlechte Ergebnisse nach sich ziehen. Da sie sich nicht unumstößlich bestimmend auf die Resultate auswirken, können sie allein auch nicht dafür verantwortlich gemacht werden, dass die Ergebnisse des Kunstunterrichts nicht überzeugen. Größere Auswirkungen auf die Qualität der Ergebnisse hat vielmehr die Auswahl und die Aufbereitung des Unterrichtsstoffes und in Folge die Art seiner Vermittlung (Heymann 1997, 28). Die Güte dieser Tätigkeiten hängt dabei maßgeblich sowohl von der Fach- und Sozialkompetenz als auch vom Bildungsverständnis des Pädagogen ab. Es liegt in seinem Verantwortungsbereich zu bestimmen, welchen Effekt er erreichen will, durch welche Art von Vermittlung welchen Inhalts. Er bestimmt, was er wie in seinem Unterricht anstrebt und mit welchem Effekt. Dabei muss er selbstverständlich die Rahmenbedingungen im Blick haben. Das meint nun allerdings nicht, sich ihnen schlicht zu unterwerfen, sondern bedeutet, sie bei der Planung zu berücksichtigen. Unter Beachtung der Rahmenbedingungen hat der Pädagoge den Lerngegenstand so einzurichten, dass er bei den Lernenden den gewünschten Effekt erzielt. Mit anderen Worten, er muss die Rahmenbedingungen beachten und mit ihnen so umgehen, dass sie sich eben gerade nicht hemmend auf seine Bildungsziele auswirken. Er darf sich seinen Unterricht nicht durch sie bestimmen lassen. Vielmehr muss er ihnen aktiv begegnen, sie in seiner Planung einkalkulieren. Tut er dies, werden sich die

Rahmenbedingungen nicht beschränkend auf die Qualität der Schülerarbeiten auswirken und können demzufolge auch nicht für die schwachen Ergebnisse des eigenen Unterrichts verantwortlich gemacht werden. So hat sich der Pädagoge bei dem *Für-wahr-Nehmen* schwacher Ergebnisse stets zu fragen, was er bei der Bestimmung des Was und des Wies falsch gemacht hat, so dass sich der gewünschte Effekt – gute Schülerarbeiten – nicht eingestellt hat. Er muss seinen Unterricht reflektieren. In der Reflexion gewinnt er Erkenntnisse über das von ihm durchgeführte Unterrichtsgeschehen. Er kann Schwächen seines Vorgehens ausmachen. Die in der Reflexion gewonnenen Erkenntnisse kann er in den folgenden Unterrichtsprozessen anwenden und damit selbst dazu beitragen, seinen Unterricht zum Guten – hin zu überzeugenden Schülerarbeiten – zu entwickeln. Der Vorteil dieses Vorgehens liegt auf der Hand: Der Pädagoge gibt sich nicht als Opfer der Rahmenbedingungen geschlagen, vielmehr ist er unabhängig, die Güte der Ergebnisse seines Unterrichts maßgeblich selbst (mit) zu bestimmen.

In der Ausführung hat sich gezeigt, dass eine kunstpädagogische Diskussion, die sich auf Probleme konzentriert, wie u.a. »das Überleben in der Schule angesichts sozialer Probleme, leerer Kassen und [die] Marginalisierung des Faches Kunst« (Lehmann 2004, 45), der Qualitätsentwicklung des Faches unzuträglich ist. Denn durch das Klagen über die Rahmenbedingungen scheinen viele Fachvertreter ihre Handlungsmöglichkeiten bezüglich ihres Bildungsgegenstandes aus dem Blick zu verlieren – mit der Folge, dass eine Qualitätsdiskussion über die in ihrer Praxis entstandenen Bilder ausbleibt.

2.3.2 Umgang mit Bildern in aktuellen Beurteilungs- und Bewertungsprozessen

Die geringe Aufmerksamkeit, die Bildern im Rahmen von Kunstunterricht zuteil wird, zeigt sich auch in der aktuellen Fachdiskussion um die Leistungsbewertung (Peez 2008a). Werden aktuelle in der Fachliteratur vorgestellte Bewertungs- und Beurteilungsbögen betrachtet, vermittelt sich, dass das fertige Bild bei der heutigen Leistungsbewertung im Kunstunterricht nicht mehr bestimmend ist. Diese Tatsache soll im Folgenden anhand der Reflexion eines Bewertungsbogens von Seel (2004, 19) und eines Beurteilungsbogens von Dohnicht-Fioravanti (2004, 27) verdeutlicht werden.

Seel berücksichtigt in seinem Bewertungsbogen bei seiner Beurteilung einer Projektarbeit mit 20 Prozent die Vorbereitungsphase, mit 50 Prozent die Durchführungsphase und mit 30 Prozent das Produkt (2004, 19). Schon an diesen Prozentzahlen lässt sich der geringe Stellenwert des Bildresultats ablesen. Dass Seel unter »dem Produkt« auch noch mit der Hälfte der 30 Prozent die Ausstellungspräsentation des eigentlichen Bildes bewertet, reduziert die Rolle des Endprodukts im Beurteilungsprozess weiter. Es hat also nur zu 15 Prozent Auswirkungen auf die Beurteilung. Die marginale Rolle des Bildes spiegelt sich darüber hinaus auch in den Bewertungskriterien der Vorbereitungs- und der Durchführungsphase. Auch dort wird die Beurteilung nicht vorrangig vom Bildumgang bestimmt. So wird in der Vorbereitungsphase neben der Entwicklung einer eigenen Bildvorstellung zu gleichen Teilen die Versorgung mit Arbeitsmaterialien und das allgemeine Engagement des Schülers bewertet. Und bei der Bewertung der Durchführungsphase wird neben der Entwicklung einer eigenen Bildvorstellung (hier muss angemerkt werden, dass diese ja eigentlich schon bei der Vorbereitungsphase bewertet wurde) und der konzentrierten, gewissenhaften und zuverlässigen Arbeit an dem Thema vor allem – zu 80 Prozent – das allgemeine Verhalten beurteilt: ob der Schüler bereitwillig Projektaufgaben übernommen hat, ob er aus freien Stücken Gruppenaufgaben erledigt hat, ob er fleißig im Team gearbeitet hat, ob er mit den anderen Gruppenmitgliedern kooperiert hat, ob sein Verhalten grundsätzlich angemessen war, ob er seine Arbeit gut geplant hat, ob er ohne Hilfestellung durch den Lehrer ausgekommen ist und ob er sich an den Zeitrahmen gehalten hat. Seel ist sich bewusst, dass die entstandenen Produkte nicht der zentrale Bestandteil seiner Leistungsbewertung sind. Er problematisiert diesen Umstand allerdings nicht (ebd.). Vielmehr begründet er die marginale Rolle der Resultate bei der Leistungsbewertung damit, dass bei einer Projektarbeit eben stets auch allgemeine Aspekte berücksichtigt werden müssten: Neben der Qualität des Ergebnisses gälte es, Selbstständigkeit, Kommunikationsfähigkeit, Problemlösefähigkeit, Verantwortungsübernahme und Kooperationsfähigkeit in die Bewertung einzubeziehen (ebd., 18). Ist es auch richtig, diese Aspekte zu berücksichtigen, so ist es problematisch, diese Aspekte losgelöst vom Fachgegenstand – als allgemeines Unterrichtsverhalten – zu beurteilen. Ein solches Bewertungsverfahren ist heikel, denn es führt dazu, dass der Fachgegenstand unbedeutend und ein bildsprachlich kompetenter Umgang mit ihm im Unterrichtsgeschehen nebensächlich wird. Die Gefahr, durch prozessorientierte, auf allgemeine Aspekte abzielende Bewertung den Schülern unterschwellig die Bedeutungslosigkeit des Fachgegenstandes zu vermitteln, lässt sich an folgendem Unterrichtsprotokoll aus einer sechsten Klasse ablesen:

»Frage: Und meint ihr, eure Bilder werden benotet?
Judy: Nein, (lacht) glaub' ich nicht. Nee.
Frage: Nee? Warum nicht, wie kommst du da drauf?
Judy: Also, weil unsere Lehrerin eher die Gruppe benotet.
Mirko: Ja genau! Ich glaub' eher nicht, dass sie die Bilder einzeln benotet, zum Beispiel wie schön wir jetzt gemalt haben. Sie wollte ja eher, dass wir experimentieren und so. Auf jeden Fall: ich glaube, dass sie uns eher darauf benotet, wie wir gearbeitet haben. Und ob wir es auch beinahe geschafft hätten. Wenn wir jetzt zum Beispiel oft nicht zurecht kamen mit den Farben oder dem Computer, aber super gearbeitet haben, dann hätten wir bestimmt schon 'ne gute Note bekommen. Also nicht, dass es von den Ergebnissen bewertet wird.«
(Habermann, zitiert in Peez 2004, 5)

In den Aussagen der Schüler zeigt sich, dass sie durch die Art der Leistungsbewertung das Bild als Endprodukt aus den Augen verloren haben. Im Unterricht experimentieren sie, um des Experimentierens willen. Was bei ihrem Ausprobieren herauskommt, ist nebensächlich, denn es ist in Bezug auf die Beurteilung weitgehend unbedeutend. Belohnt wird vorrangig ihr experimentierender Einsatz. In der Auffassung der Schüler spiegelt sich, dass sie die grundsätzliche Aufgabe von Experimenten missverstehen. Denn ihnen scheint nicht bewusst zu sein, dass Experimente bloß als Verfahren anzusehen sind, mit deren Hilfe – sich versuchend – ein bestmögliches Ergebnis angestrebt wird. Das Experiment ist folglich bloß als eine Methode anzusehen und hat als solche im Gestaltungsprozess stets nur eine dienende Funktion. Experimente dienen dem Zweck, überzeugende Bildresultate herzustellen. Von alledem haben die Schüler nichts erfahren. Eine so verstandene prozessorientierte Bewertung führt also – überspitzt ausgedrückt – letztlich dazu, dass die Schüler im Kunstunterricht lernen, dass – stimmen nur die mündliche Mitarbeit, das Engagement, die schriftlichen Leistungen, die sozialen Kompetenzen, die handwerklichen Fähigkeiten und die Anwendung von Methoden – man »im Kunstunterricht ein Blatt mit Kaffee überschütten« kann und man dafür »im schlechtesten Falle eine 2 erhält« (Schüler, zitiert in Marr 2007, o.n.A.). Es ist offensichtlich, dass mit einer so verstandenen prozessorientierten Bewertung dem Bild als Fachgegenstand nicht entsprochen wird. Vielmehr spiegelt sich in diesem Vorgehen, dass der Anspruch verkannt wird, den Bilder im Bildumgang stellen (Niehoff und Wenrich 2007, 4). Die Verkennung des Anspruchs ist problematisch, da der »Bildungswert [...], der Bildern innewohnt und sich an das Denken und Lernen mit ihnen bindet«, nur dann ausgeschöpft werden kann, wenn die Ansprüche erfüllt werden, die Bilder im Bildumgang stellen (ebd.). Will also eine prozessorientierte Bewertung dem Bild gerecht werden, so sind die allgemeinen Bildungsziele auf das Bild zu beziehen: Selbstständigkeit, Kommunikationsfähigkeit, Problemlösefähigkeit, Verantwortungsübernahme und Kooperationsfähigkeit müssen sich im Bild spiegeln. Am Bild muss ablesbar sein, dass der Schüler im Prozess der Bildherstellung das gewünschte Verhalten gezeigt hat. Das Bild hat das Medium zu sein, in dem sich das Verhalten bildsprachlich deutlich vermittelt. Geschieht dies, wird zum einen dem Fachgegenstand »Bild« entsprochen, und zum anderen wird dem Auftrag genügt, dass »alle von der Schülerin bzw. dem Schüler erbrachten Leistungen« »Grundlage der Leistungsbewertung sind« (Ministerium für Schule, Jugend und Kinder des Landes Nordrhein-Westfalen 2003, 124).

Dohnicht-Fioravanti (2004, 26-27 und 2008, 77-81) berücksichtigt in ihrem Beurteilungsbogen den Prozess und das Produkt mit je 50 Prozent. Die Beurteilung des Prozesses unterteilt sie in zwei Aspekte. Mit 30 Prozent bewertet sie die Projektskizzen und mit 70 Prozent bewertet sie den Arbeitsprozessbericht. Die Beurteilung des Produktes unterteilt sie in drei Aspekte. Mit 40 Prozent wird das Gestaltete selbst beurteilt: die Originalität der der Gestaltung zu Grunde liegenden Idee, der Grad an Fantasie und die Ästhetik des Produkts. Und mit je 30 Prozent wird einmal der richtige Gebrauch von Werkzeugen, Materialien sowie Techniken und dann die Sauberkeit der Ausführung berechnet. Wird der Beurteilungsbogen näher betrachtet, zeigt sich auch hier, dass das Bild als Endprodukt die Beurteilung nicht maßgeblich bestimmt. Vielmehr ist es der schriftliche Arbeitsprozessbericht, der – bei der Gesamtbeurteilung – mit 33 Prozent den größten Einfluss auf die Note hat. In dem Arbeitsprozessbericht sollen die Schüler prozessbegleitend ihr Tun beschreiben und reflektieren. Für die Darstellung und Reflexion ihrer Tätigkeit gibt Dohnicht-Fioravanti folgenden Fragenkatalog vor:

»Haltet euch in der Beschreibung des Arbeitsprozesses im Wesentlichen an folgende Punkte:

-
- Was habt ihr heute (Datum) gemacht?
- Wie hat es geklappt?
- Wurde die Arbeit auf alle aufgeteilt? Wer machte was?
- Gab es Probleme untereinander? Waren alle mit der Aufteilung bzw. mit den Ideen zur Weiterarbeit einverstanden?
- Gab es Probleme mit dem Material? Habt ihr sie lösen können?
- Gab es andere Probleme? Habt ihr sie gelöst?
- Baut ihr eure Stadt [das war der Gestaltungsauftrag] nach der Skizze oder habt ihr sie verändert?
- Was macht ihr in der nächsten Stunde? Braucht ihr besondere Materialien dazu?
- Besondere Anmerkungen.« (Dohnicht-Fioravanti 2004, 27)

In den Fragen spiegelt sich, dass das Bild im Bericht keine zentrale Rolle spielt. Vielmehr kreisen auch hier die Fragen vordringlich um die Tätigkeiten: Was habt ihr gemacht? Wie hat es geklappt? Was macht ihr in der nächsten Stunde? Den Bildern wird mit diesen Fragen nicht auf den Grund gegangen. Denn stände ihre Ergründung im Mittelpunkt, müssten die Fragen anders – und u.a. wie folgt – lauten: »Was wollt ihr mit dem Bild aussagen?«, »Ist die Aussage komplex?«, »Warum ist euch die Aussage wichtig?«, »Was wollt ihr im Bild darstellen, um eure Aussage zu vermitteln?«, »Warum haltet ihr diese Darstellungsinhalte für eure Aussage für repräsentativ?«, »Wie – mit welchen Mitteln – wollt ihr eure Aussage bildsprachlich vermitteln?«, »Warum haltet ihr diese Mittel für angemessen?« und *last not least* »Vermittelt sich in eurem Bild eure Aussage bildsprachlich deutlich?«. Da diese, das Bild betreffenden Fragen von Dohnicht-Fioravanti nicht gestellt werden, trägt der Arbeitsprozessbericht nur unzureichend zu einem erweiterten Bildverständnis der Schüler bei. Den Ansprüchen, die Bilder im Bildumgang stellen, wird auch in diesem Vorgehen nicht genügt.

Wie oben schon angeführt, wird das von den Schülern Gestaltete von Dohnicht-Fioravanti bewertet anhand der Kriterien Originalität, Fantasie, Ästhetik des Produkts, richtiger Gebrauch von Werkzeugen, Materialien sowie Techniken und der Sauberkeit der Ausführung. Diese Kriterien sind typisch in neueren Bewertungs- und Beurteilungsbögen und werden neben den Prüfsteinen »authentischer Ausdruck« und »Irritation« immer wieder zur Leistungsbewertung von Schülerarbeiten herangezogen (u.a. Peez 2008a, 17; Seel 2004, 19). Im Folgenden soll dargestellt werden, dass die Kriterien, für sich genommen, dem Bild als Bild nicht zwingend gerecht werden müssen. Bilder sind Bedeutungsträger. Sie dienen der inhaltlichen Bearbeitung und Veranschaulichung eines Themas (Legler 2008, 137). Für die Verdeutlichung des Inhalts stehen den Gestaltenden bildnerische Mittel und Verfahren zur Verfügung. Mit ihrer Hilfe wird der Inhalt transportiert. Bildnerische Mittel und Verfahren erfüllen einen – ihren – Sinn, wenn sie zur Bildaussage beitragen. Sie haben demzufolge bei der Bildgestaltung immer eine dienende Funktion: Sie dienen der Aussage. Wird anerkannt, dass die inhaltliche Botschaft die Art der Bildgestaltung bestimmt, so heißt das zugleich, dass von ihr die zu treffende Wahl der bildnerischen Mittel und Verfahren abhängt. Die inhaltliche Botschaft ist der Maßstab, an dem sich entscheidet, ob die Verwendung bestimmter bildnerischer Mittel und Verfahren sinnvoll und im Sinne der Mitteilungsabsicht ist. Auf die Beurteilungskriterien von Dohnicht-Fioravanti bezogen, bedeutet das, dass die Kriterien Originalität, Fantasie, Ästhetik des Produkts, richtiger Gebrauch von Werkzeugen, Materialien sowie Techniken und die Sauberkeit der Ausführung zunächst daraufhin überprüft werden müssen, ob ihre Anwendung überhaupt der Botschaft dient. Ist dies nicht der Fall, sind sie für die Beurteilung der Arbeiten unerheblich, denn für sich genommen, als Selbstzweck, sind sie unmaßgeblich, gegenstandslos. Im Folgenden soll anhand des Kriteriums Originalität, das Dohnicht-Fioravanti in ihrem Unterricht bei der Beurteilung der Schülerarbeiten herangezogen hat, der Zusammenhang zwischen inhaltlicher Botschaft und Wahl der bildnerischen Mittel untersucht werden. Im zu untersuchenden Unterricht wurden die Schüler aufgefordert – ausgehend von Bodys Isek Kingelez' Werk »Kimbeville« –, Stadtlandschaften der Zukunft herzustellen.

Die den Neuntklässlern zur Verfügung stehenden Materialien waren u.a. Pappe, Papier, Metallfolie, Draht, Schaschlikspieße, Gipsbinden, Watte, Wolle, Farben, Pinsel, Schere und Kleber. Die von den Schülern hergestellten Arbeiten wurden u.a. anhand des Kriteriums Originalität bewertet (Dohnicht-Fioravanti 2008, 81). Eine Schülerarbeit wurde dementsprechend als gelungen bewertet, zeichnete sie sich durch eine originelle Idee aus. Bevor der Frage nachgegangen wird, woran wohl Dohnicht-Fioravanti Originalität bei den Schülerarbeiten festgemacht hat, muss sich zunächst Kingelez' Werk und dessen Aussage zugewandt werden. (Die Betrachtung bleibt allerdings beschränkt. Sie geschieht ohne Anspruch auf Vollständigkeit. Eine Einordnung des Werks und seine Bedeutung in der und seine Bewertung durch die Kunstgeschichte werden nicht angestrebt. Vielmehr wird die folgende Information aus didaktischen Gründen herangezogen: Mit ihrer Hilfe soll das Verständnis von Originalität bei der Beurteilung von Schülerarbeiten hinterfragt werden.) Unter www.culturebase.net/artist findet sich zum Künstler und seinem Gesamtwerk – wovon die Arbeit »Kimbeville« eine ist – folgende Information:

»›Extrêmes Maquettes‹ – ›Extreme Modelle‹ – nennt der 1948 im Kongo geborene und dort lebende Künstler Bodys Isek Kingelez seine Architekturmodelle. Seine aus Papier und Pappe akribisch ausgestalteten Arbeiten versteht er als Vorbilder einer Architektur für Weltstädte, die er selbst nie gesehen hat [...] Mit seinen aus Karton, Papier und anderen Materialien gefertigten zusammengeklebten, eingefärbten und verzierten Architekturmodellen will er weder westliche Maler kopieren noch Werke seiner Vorfahren nachbilden. So weisen seine Arbeiten auch keinerlei Verbindung zur traditionellen oder modernen afrikanischen Architektur auf. Im Gegenteil: Der Formenreichtum seiner Werke übersteigt alle Spielarten der postmodernen Architektur. In Kingelez' eklektizistischen Modellen finden konkrete westliche Formen, afrikanische Stile und Farben, klassische Ornamentierung europäischer Bauwerke sowie futurische Formen zusammen. Dabei arbeitet Kingelez immer maßstabgetreu und achtet auf die Ausgewogenheit der Größenverhältnisse seiner mehrteiligen Baukörper. Aufgrund seiner Vorstellung, dass die Menschen in Gemeinschaft leben und sich gegenseitig helfen sollten, erschafft er seine Modellbauten meist als gemeinschaftlich genutzte Gebäude – Gebäude, die auf die geistigen, intellektuellen, sozialen, familiären, materiellen und spielerischen Bedürfnisse der Menschen zugeschnitten sind [...] Kingelez' Karriere begann in den sechziger Jahren, als er als Restaurator im Nationalmuseum von Kinshasa bisher unbekannte Restaurierungstechniken für die traditionellen Masken des Museums entwickelte. Jean Marc-Patras ist davon überzeugt, dass ›der ständige Kontakt mit dem ›alten Kram‹, den Kingelez restaurierte und den die Weißen so sehr bewundern, ihn dazu herausgefordert hat, selbst ein modernes und starkes Werk zu schaffen, das die Weißen eines Tages wahrnehmen müssten. Warum waren die Weißen nur so um die alten Werke in schlechtem Zustand besorgt, und warum konnten sie sich nicht für die zeitgenössische Kunst interessieren, die dem afrikanischen Geist entstammt?« [...] Er möchte sich abheben von einer Kunst, die seiner Meinung nach zu sehr in der Vorstellung präsent ist, die sich der Rest der Welt von Afrika macht.« (culturebase.net 2003)

In dem Text zeigt sich: Kingelez' Architekturmodelle sind das Produkt der Auseinandersetzung des Künstlers mit seiner gesellschaftlichen Umwelt. Seine Arbeiten sind historisch und kulturell verankert. Die historische und kulturelle Verankerung ergibt sich aus der unvermeidbaren Beziehung des Künstlers zu seinem Umfeld. Da Kingelez durch sein afrikanisches Umfeld sozialisiert ist, in dem er aufgewachsen ist und lebt, ist sein Selbst- und Weltbild unausbleiblich von den dort gemachten Erfahrungen geprägt. Diese bestimmen maßgeblich sein Werk. In seinem Werk sucht er künstlerische Antworten auf die Fragen, die ihm seine Realität stellt. In dem Text vermittelt sich des Weiteren, dass es sich bei Kingelez' Architekturmodellen nicht um reale Architekturmodelle handelt. Vielmehr dienen sie ihm als Träger von Bedeutungen. Das heißt, die äußere Form der Architekturmodelle verweist bei ihm als Symbol erst auf den eigentlichen Gegenstand der Darstellung: Die Sicht Kingelez' auf die von ihm – als Person, Afrikaner und

Künstler – erfahrene Realität. Das Kunstwerk »Kimbeville« ist dadurch originell, dass es als das Produkt der *einen* eigenen Aneignung und Gestaltung von Lebenswirklichkeit des Künstlers erscheint. In dem Werk hat Kingelez seinen eigenartigen Eindrücken arteigen Ausdruck verliehen. Mit anderen Worten, sein Kunstwerk ist originell »dadurch, dass es als die *eine* eigene Schöpfung *eines* Geistes erscheint, der nichts von außen her [nur] aufliest und zusammenflickt, sondern das Ganze im strengen Zusammenhange aus einem Guss, in einem Tone sich durch sich selber produzieren lässt, wie die Sache sich in sich selbst zusammengeeint hat« (Hegel 1835-1838, www.textlog.de/5730html). Im Rahmen der hier vorgenommenen Untersuchung ist also bedeutend, dass das Kriterium Originalität sich keineswegs nur auf die äußere, ungewöhnliche Erscheinung einer Darstellung bezieht, vielmehr einer Darstellung erst dann Originalität zugeschrieben werden kann, wenn sie als Gesamtes – den Inhalt und die Form betreffend – selbstschöpferisch ist.

In der Unterrichtseinheit von Dohnicht-Fioravanti sollten die Schüler – ausgehend von Kingelez' Werk »Kimbeville« – aus unterschiedlichen Materialien eine »Stadt der Zukunft« herstellen. In Bezug auf den Bildumgang ist zunächst einmal bedeutend, dass im Unterricht dem Thema inhaltlich nicht auf den Grund gegangen wurde. In den Ausführungen Dohnicht-Fioravantis spiegelt sich keine Auseinandersetzung mit dem Gegenstand »Stadt«. Mit den Schülern wurde nicht erörtert, was eine Stadt definiert und was essenziell ist, damit eine Stadt funktioniert. Vernachlässigt wurde von ihr auch zu vermitteln, dass es bei der Entwicklung von Städten stets um die Steuerung ihrer Gesamtentwicklung geht. Das heißt, neben baulich-räumlichen Aspekten hat die Stadtentwicklung immer auch die *soziale, kulturelle, ökologische und* wirtschaftliche Entwicklung des Ortes im Blick. Sich mit Stadtentwicklung zu beschäftigen, verlangt damit stets eine interdisziplinäre Herangehensweise. Unberücksichtigt blieb im Unterricht auch die Vermittlung des Sinns der Entwicklung eines Plans für die Zukunft einer Stadt. Dass mit Stadtentwicklungsplänen gegenwärtige Probleme durch geschickte Planung in der Zukunft minimiert werden können und sollen, spielte im Unterricht keine Rolle. Das heißt, in dem Unterricht wurde der eigentliche Gegenstand – die Stadt und ihre Entwicklung – nur als äußerliche Veranlassung betrachtet, um mit unterschiedlichen Materialien zu arbeiten. Welche Folgen es hat, mit dem Material letztlich willkürlich in seinem Unterricht verfahren zu lassen, soll im Folgenden aufgezeigt werden.

Der Unterricht war inhaltlich letztendlich gegenstandslos. Die Aufgabe erforderte von den Schülern keine inhaltliche Auseinandersetzung. Ihr Auftrag beschränkte sich im Grunde genommen auf einen – in Bezug auf Inhalte – willkürlichen Materialumgang. Ob die Heranwachsenden in und mit ihren Bildern etwas sagen wollten, war unbedeutend. Ausschlaggebend war nur, dass das Herzustellende an sich – losgelöst von Inhalten – originell, fantasievoll und ansehnlich war. Zunächst einmal kann ganz grundsätzlich gesagt werden, dass bezüglich des Erwerbs einer bildsprachlichen Kompetenz ein von Inhalten losgelöster Bildumgang keine guten Folgen hat. Dem Bild als Bedeutungsträger wird damit nicht entsprochen, denn durch dieses Vorgehen lernen die Schüler nicht, dass bei der Bildherstellung die Bildaussage zentral ist. Ihnen bleibt verborgen, dass die Aussage des Bildes stets als Maßstab anzusehen ist, an dem sich die Wahl der Mittel und Verfahren erst entscheidet. Vielmehr vermittelt sich durch ein solches Vorgehen den Heranwachsenden ganz entgegengesetzt, dass sie den Kriterien eines Bildes vermeintlich schon genügen, ist ihre Arbeit als Selbstzweck nur witzig, ungewöhnlich und ansehnlich. Sie erfahren die Bildherstellung als eine »Kunst, die sich um sich selbst allein dreht, die allein Fragen der Form [...] verfolgt« (Buschkühle 2007, 39). Ihnen bleibt verborgen: »Ist etwas ausschließlich Form, dann ist es leer, ohne Gehalt und somit irrelevant« (Samen 2007, o.n.A.). So wird mit Dohnicht-Fioravantis Unterrichtsvorgehen, weil es auf Inhalte verzichtet, ganz sicher die bildsprachliche Kompetenz der Schüler nicht entwickelt, denn außen vor blieb die Vermittlung der Relevanz eigener erkenntnisgenerierender Gedanken und Sinn stiftenden Ausdrucks bei der Bildherstellung.

Dass darüber hinaus auch die Zuschreibung von Originalität, Fantasie und Ästhetik von Dohnicht-Fioravanti zu leichtfertig vorgenommen wird, soll im Folgenden exemplarisch anhand des Kriteriums Originalität verdeutlicht werden. Weiter oben wurde schon – in Bezug auf Kingelez' Werk – dargelegt, dass sich das Kriterium Originalität keineswegs nur auf die äußere, ungewöhnliche Erscheinung einer Darstellung bezieht. Es wurde beschrieben, dass einer Darstellung erst dann Originalität zugeschrieben werden kann, wenn sie als Gesamtes – den Inhalt und die Form betreffend – selbstschöpferisch ist. Gewiss unterscheidet sich der Grad an Selbstschöpfung von Schülern und Künstlern. Sicher ist das Ausmaß an künstlerischer Reflexivität bei beiden Gruppen verschieden (Winzen 1999, 101). Dennoch wäre es falsch, weil dem Bild als Bedeutungsträger unangemessen, Originalität bei Schülerarbeiten schon an formal absonderlichen Beliebigkeiten festzumachen. Die Wahl, u.a. Joghurtbecher in Alufolie einzupacken, CDs auf leere Kassettenhüllen zu legen oder Streichhölzer in eine abgeschnittene PET-Flasche zu stecken, macht in der Betrachtung inhaltlich keinen Sinn. Denn was wäre – bezüglich der Stadtentwicklung – gewonnen, wenn Städte nur noch durch monotone, fensterlose Gebäude bestimmt würden, Grünpflanzen keinen Platz mehr hätten und Straßen und Wege nicht mehr existierten? Eine solche Entwicklung der Städte wäre in jeder Beziehung inhuman. Sie wäre unverträglich sowohl in sozialer, kultureller, ökologischer als auch wirtschaftlicher Hinsicht. Mag es also auch originell erscheinen, Joghurtbecher in Alufolie einzupacken, so ist die Idee doch nicht originell. Originalität hat im Rahmen von Gestaltung nichts mit Beliebigkeit zu tun: »Die Originalität ist von der Willkür bloßer Einfälle [zu unterscheiden]« (Hegel 1835-1838, www.textlog.de/5730html). Die scheinbar »originelle« Gestalt der Architekturmodelle der Schüler hat sich einzig aus dem Material ergeben. Die Architekturmodelle selbst sind keinesfalls originell: Da die Bildherstellung nicht von der Frage bestimmt wurde, wie sich eine Stadt in den Augen der Schüler entwickeln soll oder entwickeln wird, sind die Gestaltungen nichtssagend. In der Betrachtung fügen sich die einzelnen Bestandteile der Modelle nicht zu einem Sinn stiftenden Zukunftsentwurf für Städte zusammen. Die Schülerarbeiten sind letztlich trivial, denn sie beschränken sich darauf, die äußere Erscheinung der Arbeit Kingelez' abzubilden und das auf Grund von formaler Ungenauigkeit auch mehr schlecht als recht. Originalität kann ihnen nicht zugeschrieben werden.

Zusammenfassend kann gesagt werden, dass es gegenwärtig zu hohen Anteilen bildferne Kriterien sind, an denen die von den Schülern erbrachte Leistung im Kunstunterricht bewertet wird: mündliche Mitarbeit und Engagement, schriftliche Leistungen, soziale Kompetenzen, handwerkliche Fähigkeiten, Anwendung von Methoden usw. (Peez 2004, 25). Das fertige Produkt spielt nur eine marginale Rolle. Dass die in der Fachliteratur und in den Lehrplänen genannten Kriterien der Beurteilung vornehmlich nicht auf die bildnerischen Produkte abzielen, ist problematisch, denn bezüglich der spezifischen Bedeutung und Relevanz des Kunstunterrichts bewähren sich die bildfernen Kriterien nicht. Das Bild als eigentlicher Bildungsgegenstand des Kunstunterrichts wird aus dem Blick verloren. Zu einer bildsprachlichen Kompetenz der Schüler wird nicht beigetragen. Des Weiteren wurde deutlich, dass aber auch die bei der Beurteilung hinzugezogenen, vermeintlich bildgemäßen Kriterien – wie u.a. Originalität – dem Bild nicht per se gerecht werden. Für sich genommen, als Selbstzweck ohne Bildmaßstäbe und ohne Begründungszusammenhang verwendet, stiften auch sie im Bild nicht zwingend Sinn. Auch hier zeigt sich, dass die Fachvertreter der Kunstpädagogik ihren Gegenstand – das Bild – zunächst einmal selbst als Bedeutungsträger *für wahr nehmen* müssen, wollen sie zur bildsprachlichen Kompetenz der Schüler beitragen.

2.4 Sich des blinden Flecks annehmen

In den Ausführungen hat sich gezeigt, dass die konkreten Schülerarbeiten in der kunstpädagogischen Theorie und Praxis in der Regel nicht wahrgenommen werden. Sie stellen einen blinden Fleck der Kunstpädagogik dar. Die vorhandenen Scheuklappen der Fachvertreter gegenüber den künstlerisch-praktischen Ergebnissen sind bezüglich des kunstpädagogischen Bildungsauftrags problematisch. Denn wird von den Fachvertretern akzeptiert, dass zu einer Bildkompetenz beizutragen den essenziellen Bildungsauftrag des Faches Kunst darstellt (Niehoff 2006, 242), dürfen sie die Arbeiten der Schüler nicht ignorieren. Warum sich eine Blindheit gegenüber den Schülerarbeiten verbietet, soll im Folgenden ganz allgemein dargelegt werden. Deutlich werden soll, dass es nur unter Wahrnehmung der konkreten Schülerarbeiten gelingen kann, »zu einer nachhaltigen und [...] systematischen Erarbeitung und Vermittlung von grundlegendem fachspezifischen Wissen und Können« beizutragen (Regel 2003, 132).

Das Fach Kunst hat das Bild zum zentralen fachcurricularen Gegenstand (Bering u.a. 2004, 50). Die Vermittlung von Bildkompetenz ist sein Bildungsauftrag (Niehoff 2006, 240). Dies wird im Umgang mit Bildern erworben. Allerdings trägt nicht jeder Bildumgang voraussetzungslos zur Bildkompetenz bei. Voraussetzung für ihren Erwerb ist, dass sich im Umgang mit Bildern stets produktiv-gestalterische, rezeptive und reflexive Prozesse wechselseitig und qualitätsvoll durchdringen. Die Frage nach Qualität ist dabei entscheidend, »denn wenn diese zu wünschen übrig lässt«, hat die pädagogische Praxis »sogar eher eine negative Wirkung« auf die Fähigkeit der Lernenden, bildsprachlich zu kommunizieren (Bamford 2007, 58). Zu beachten gilt, dass ein zur bildsprachlichen Kompetenz beitragender Bildumgang Ansprüche stellt. Zum einen müssen gestaltete Bilder auf der reflektierten Rezeption anderer Bilder beruhen. Ein Nachdenken über den Kontext, in dem sich die eigene Bildherstellung bewegt, muss stattfinden. Zum anderen müssen die eigenen Gestaltungen reflektiert produktiv-gestaltet sein. Der Gestaltung muss eine Reflexion über die Bedingungen, Prozesse und Ergebnisse der Arbeit zu Grunde liegen. Nur wenn diese Ansprüche erfüllt sind, trägt ein Bildumgang zu einer Bildkompetenz der Lernenden bei. Ob der Kunstunterricht diese seine Aufgabe erfüllt, kann folglich nur an den Schülerarbeiten selbst abgelesen werden. Sie spiegeln den Stand der erreichten Kompetenz im Umgang mit Bildern. Demzufolge müssen in der kunstpädagogischen Theorie und Praxis die Schülerarbeiten als Spiegel der erreichten Fähigkeiten ernst genommen werden: Sie müssen dahingehend untersucht werden, ob sie zum einen Ausdruck reflektierter Rezeption der anderen Bilder sind, auf die die Schüler in ihrer aneignenden Auseinandersetzung gestoßen sind. Und zum anderen müssen sie dahingehend überprüft werden, ob sich in ihnen reflektierte Produktion spiegelt. Voraussetzung für die Untersuchung ist, dass den Schülerarbeiten fachlich fundierte Aufmerksamkeit geschenkt wird: Die einzelnen Arbeiten müssen von den Lehrpersonen bildsprachlich kompetent wahrgenommen werden. Mit anderen Worten: Fachvertreter müssen zunächst einmal selbst über bildsprachliche Kompetenz verfügen, wollen sie bildsprachliche Fähigkeiten auf Seiten der Schüler feststellen und entwickeln helfen. Denn nur wenn die Fachvertreter selbst über die Bildsprache verfügen, selbst Bilder souverän »lesen« und auch gestalten können, ist es ihnen möglich, die Schülerarbeiten bezüglich ihrer zum Ausdruck kommenden Bildkompetenz zu beurteilen. Diesbezüglich ist nun aber zu vermuten, dass es eben nicht nur den »Lehrern der anderen Fächer« – *wie in der Fachliteratur behauptet* –, sondern dass es auch den Kunstlehrern selbst heute noch »sehr oft an einem ausgeprägten Verständnis für die spezifischen Merkmale des Bildes mangelt«, dass auch sie »häufig nicht über die nötigen bildgemäßen Kompetenzen verfügen, um Schüler das Lernen mit Bildern und durch Bilder im Unterricht angemessen ermöglichen zu können« (Bering u.a. 2004, 53).

Welche Konsequenzen ergeben sich nun für die pädagogische Praxis aus dem Auftrag, eine bildsprachliche Kompetenz zu vermitteln? Will die pädagogische

Praxis ihrem Auftrag gerecht werden, müssen die Schüler lernen, ihre Arbeiten reflektiert zu rezipieren. Reflektiertes Rezipieren der eigenen Arbeiten wird angeregt, wenn im Unterricht über die einzelnen Arbeiten der Schüler konkret – ihrem Entwicklungsstand entsprechend – gesprochen wird. Was wollte der Schüler mit seinem Bild aussagen? Ist die Äußerung komplex? Was hat er in seinem Bild dargestellt, um seine Aussage zu vermitteln? Sind die Darstellungsinhalte für seinen Ausdruckswunsch repräsentativ? Wie – mit welchen Mitteln – hat er seine Aussage bildsprachlich vermittelt? Sind die angewendeten Mittel dem Inhalt angemessen, vermittelt sich also die angestrebte Aussage bildsprachlich deutlich? Welche Bedeutung vermittelt sich beim Betrachten der Darstellung? Und *last not least*: Wie verhält sich das Bild zu vergleichbaren anderen Bildern? Im Unterrichtsgespräch suchen alle gemeinsam nach begründeten Antworten auf die Fragen. Durch die Aussprache bekommt der Schüler eine differenzierte Rückmeldung zu seiner Arbeit. Ihm – und auch den anderen Schülern – wird bewusst, was er wie und warum erreicht bzw. noch nicht erreicht hat. Durch die gehaltvolle Rückmeldung lernen alle, Arbeiten bildsprachlich kompetent – ihrem Entwicklungsstand entsprechend – zu durchschauen: Sie erwerben die Fähigkeit, Bilder fachkompetent einordnen und bewerten zu können (nach Belting in Grünewald 2009, 16). In den oben genannten Fragen kommt zum Ausdruck, dass sich die Ausbildung bildsprachlicher Kompetenz nicht auf die Wahrnehmung der Arbeiten beschränkt, vielmehr darüber hinaus umfasst, ein Urteil über die Bilder, also auch über ihre Qualität zu fällen. Wird von den Fachvertretern der Kunstpädagogik auch zugestanden, dass »bildnerische Gestaltungen [...] keinesfalls wertfreie Zonen« sind (Peez 2004, 4), so tun sie sich doch mit der Beurteilung von Bildern schwer. Sie scheuen – vor dem Hintergrund kunsttheoretischer Abhandlungen – davor zurück, sich auf Qualitätskriterien von Bildern festzulegen. Ihre Scheu begründen sie mit dem Umstand, dass auch in den Entwicklungen der Bildenden Kunst selbst verbindliche Maßstäbe oder eine wie auch immer bestimmende »Regelhaftigkeit« die Kunstwerke betreffend heute – im Gegensatz zu früher – kaum noch auszumachen sind (Legler 2008, 136):

»Wir kennen das aus der Schule: Es war verhältnismäßig leicht, sich einen Überblick über die Kunst der Klassischen Moderne zu verschaffen. Wie an der Perlenkette reihten sich die [...] Bezeichnungen der verschiedenen aufeinanderfolgenden Stile vor dem geistigen Auge auf – Expressionismus, Kubismus, Surrealismus [...] Doch heute gibt es keinen einheitlichen Zeitstil, kein vorgeschriebenes Regelwerk mehr, wie Kunst geformt sein sollte. Früher existierten nur die drei großen künstlerischen Gattungen Malerei, Bildhauerei und Architektur, heute steht den Künstlern eine schwer überschaubare Fülle an Stilen, Medien und Techniken zur Verfügung.« (Saehrendt und Kittl 2007, 16)

Durch die unübersehbare Vielfalt von Werkformen und Anschauungsweisen ist es schwieriger geworden, Kunstwerke zu beurteilen. Sie zu bewerten, verlangt unterschiedliche Kriteriensätze: »Sie lassen sich nicht mehr über einen einzigen

Leisten schlagen« (Welsch 2007, 266). Sich ein Urteil über ein Kunstwerk zu bilden, fällt jedoch und nicht vorrangig durch die vorhandene Vielfalt von Stilen, Medien und Techniken schwer. Vielmehr ergibt sich die Schwierigkeit der Beurteilung von Kunst maßgeblich durch den Umstand, dass gegenwärtig das, was als Kunst in der Gesellschaft angesehen wird, nicht mehr über die Qualität der Werke, über ihre »formalen und wie auch immer gearteten geistigen Eigenschaften« bestimmt wird: Kunst ist heute keine Eigenschaft mehr (Billmayer 2008b, 316).

»Formale Stimmigkeit, handwerklich-technische Meisterschaft und ein ausgewogenes Verhältnis von Ordnung und Komplexität haben den traditionellen Werkbegriff geprägt. Diese klassischen Kriterien [...] haben seit dem Beginn der Moderne ausgedient.« (Saehrendt und Kittl 2007, 19)

Die Güte eines Kunstwerks selbst ist heute zweitrangig: Denn das, was als künstlerisch wertvoll angesehen wird, hängt weniger von der Qualität der künstlerischen Arbeit als vom Kunstsystem ab (Billmayer 2008b, 316). Das Sozialsystem Kunst entscheidet, was als künstlerisch wertvoll aufzufassen ist: Auf Messen und Auktionen bestimmen Galeristen und Sammler, was Kunst ist. Der Geldwert wird zum Kunstwert (Rauterberg 2007, 33). Die Macht des Marktes bleibt nicht ohne Folgen: Nach Rauterberg werden Künstler zu »Handelsvertretern« (ebd., 86), Museen zu Marktplätzen (ebd., 52) und Kunstkritiker zu »Markthörigen« (ebd., 70). So hat die Macht des Kunstmarktes die Bestimmung der Güte eines Kunstwerks verändert: Heute ist »für künstlerischen Erfolg [...] ein gutes soziales Netzwerk wichtiger als künstlerische Qualität« (Vilks 2001, zitiert in Billmayer 2008b, 318). Künstlerischer Erfolg, der nicht unbedingt mit künstlerischer Qualität einhergehen muss, wird an der Art und Anzahl der Stipendien, an dem Ruf des Galeristen, der den Künstler vertritt, und an dem Namen der Ausstellungshäuser abgelesen (Saehrendt und Kittl 2007, 203). Sicher ist, dass es heute schwieriger ist, die Qualität von Kunst zu beurteilen. Allerdings ist, ein Urteil über die Güte eines Kunstwerks zu fällen, auch gegenwärtig keineswegs unmöglich. Wie abseits der Kunstpädagogik auf die Wende vom sogenannten »ästhetischen zum institutionellen Paradigma« (Vilks 2001 nach Billmayer 2008b, 316) reagiert wird, soll im Folgenden ausgeführt werden. Dabei wird es um die Frage gehen, ob der »außerkunstpädagogische« Umgang Impulse für den Bildumgang der Kunstpädagogik geben kann. Dass durch die Wende vom ästhetischen zum institutionellen Paradigma der Kunst die Qualitätskriterien abhanden gekommen sind, wird gegenwärtig u.a. von dem Kunsthistoriker und Kunstkritiker Rauterberg problematisiert (2007). Ausgehend von der Feststellung, dass beim institutionellen Paradigma die Kunstwerke und ihre Qualität selbst nur eine untergeordnete Rolle spielen, fordert er vom Betrachter, sich vom Kunstmarkt und seinen Maßstäben nicht weiter bestimmen zu lassen, sich vielmehr von ihm und seinen Gesetzen zu befreien. Sich bei der Beurteilung von Kunst vom Kunstmarkt und seinen Maßstäben zu lösen, verlangt vom Betrachter, sich von der Autorität des Kunstsystems loszusagen (ebd., 20). Statt sich von dem Markt und seinen Maßstäben sein Urteil diktieren zu lassen, soll der Betrachter die Kunstwerke selbst befragen, sich selbst ein Urteil über sie bilden. Ziel Rauterbergs ist folglich, den Betrachter im Umgang mit Kunst zu emanzipieren. Dass, sich selbst ein Urteil über Kunstwerke zu bilden, grundsätzlich möglich ist, ergibt sich für Rauterberg aus der Tatsache, dass das, was Kunst ist, stets von zwei Faktoren bestimmt ist: dem Werk und seinem Betrachter (ebd., 19). Soll Kunst nun aber nicht nur nach eigenem Gutdünken bewertet, sondern angemessen beurteilt werden, muss das Kunstwerk ein Gegenüber haben, das künstlerische Arbeiten begründet beurteilen kann. Denn nur mit einer differenzierten Qualitätsbeurteilung wird der künstlerischen Arbeit entsprochen. Das heißt, im Kunstumgang ist es nicht damit getan, dem Betrachter die Freiheit zur Beurteilung zu eröffnen. Darüber hinaus ist gefordert, ihm Maßstäbe an die Hand zu geben, mit deren Hilfe er zum aufgeklärten, selbstbestimmten Urteil über künstlerische Arbeiten überhaupt erst befähigt ist. Diese Hilfe zu gewähren, ist notwendig, denn eine Qualitätsbestimmung kann nur gelingen, wenn das Kunstwerk ein Gegenüber hat, das befähigt ist, Kunst begründet beurteilen zu können.

Nachdem ausgeführt wurde, wie der Kunsthistoriker und Kunstkritiker Rauterberg auf die Wende vom ästhetischen zum institutionellen Paradigma reagiert hat, soll sich nun wieder der Kunstpädagogik zugewandt werden. Herausgearbeitet werden soll, ob die von Rauterberg formulierten Grundsätze Parallelen zu denen des Faches Kunst zeigen. Eine Gemeinsamkeit besteht darin, dass auch von den Fachvertretern der Kunstpädagogik »Ästhetische Urteile selbstständig bilden zu lernen«, als »ein wichtiges und ganz grundsätzliches Ziel von Kunstunterricht« angesehen wird (Kirschenmann und Otto 1998, zitiert in Peez 2008a, 15). Sollen die Schüler im Fach Kunst lernen, ästhetische Urteile zu fällen, bedürfen allerdings auch sie Kriterien, mit deren Hilfe sie die Güte von Bildern ausmachen können. Den Schülern Kriterien an die Hand zu geben, stellt demnach auch im Unterricht die Voraussetzung dafür dar, sie überhaupt zu einem aufgeklärten, selbstbestimmten Urteil über Bilder zu befähigen. Denn erst wenn sie über Kriterien zur Bildbeurteilung verfügen, ist es ihnen möglich, zwischen bildsprachlich kompetenten und bildsprachlich unsachkundigen Bildern zu unterscheiden.

2.5 »Wer Neuland kartografieren will, braucht Markierungen und Messinstrumente«[1]

In seinem Buch bietet Rauterberg Kriterien zur Beurteilung von Kunstwerken an (2007, 89-174). Im Folgenden sollen seine Kriterien auf die Beurteilung von Schülerarbeiten übertragen werden. Dieses Vorgehen scheint zu Recht im ersten Moment fraglich. Schüler produzieren schließlich keine Kunst (Billmayer 2008b, 318) und müssen ihre Arbeiten demzufolge auch nicht an deren Maßstäben messen lassen. Der Einwand ist unzweifelhaft begründet. Der Transfer wird dennoch unternommen, denn wie sich im weiteren Verlauf zeigen wird, ist er ertragreich bezüglich des Bildungsziels »Aufbau einer bildsprachlichen Kompetenz«. Zudem lassen sich Parallelen feststellen zwischen den von Rauterberg aufgestellten Kriterien und den von Kunstpädagogen genannten Kennzeichen guter Ergebnisse praktischen Kunstunterrichts (u.a. Voermanek 2007, o.n.A.; Wißmann 2007, o.n.A.).

2.5.1 Das Bildverständnis der Schüler

Wollen Schüler auch keine Kunst machen, so wollen sie, und das ist entscheidend, gute Bilder herstellen (Billmayer 2008b, 318). Im Rahmen einer Untersuchung, die nach bildsprachlicher Kompetenz fragt, gilt es nun allerdings wahrzunehmen, was die Schüler überhaupt unter guten Darstellungen verstehen. Welches Bildverständnis liegt ihrem Güteurteil zu Grunde? Im Folgenden wird dementsprechend nachgefragt, welche Kriterien dem Urteil der Schüler zu Grunde liegen und ob diese Ausdruck einer bildsprachlichen Kompetenz sind. Denn nur wenn die Schüler bei ihrer Beurteilung dem Bild angemessene Kriterien anwenden, erfüllt der Kunstunterricht seinen Bildungsauftrag. Nur dann ermöglicht er den Schülern, gute, eben im Sinne von bildsprachlich kompetenten, Bilder herzustellen. Nach Billmayer heißt für die Schüler ab der Sekundarstufe 1, gute Darstellungen zu machen, »realistische Bilder mit schönen Inhalten« herzustellen (ebd.).

(Sich in diesem Zusammenhang auf die Gestaltungen ab der Sekundarstufe 1 zu beziehen, macht Sinn, ist doch die freie Kinderzeichnung von eigenen Kriterien – Phänomenen – bestimmt. Sie unterliegt als kulturelle Tätigkeit der Kinder eigenen Gesetzen: Als »altersgebundene Bildsprache« wird sie »kontinuierlich und [weitgehend] kulturunabhängig von allen Kindern gleichermaßen entwickelt« [Kirchner 2008, 42].)

In der Auffassung der Schüler, gute Bilder auf realistische Darstellungen zu begrenzen, spiegelt sich ein beschränktes Bildverständnis. Es ist begrenzt, denn das Bild wird von den Schülern auf das Abbild reduziert: In ihren Darstellungen wollen sie das Sichtbare abbildgetreu wiedergeben. Ihr Bildverständnis kann als Ausdruck bildsprachlicher Inkompetenz angesehen werden, denn die Funktion des Bildes ist gerade nicht auf die Abbildung der visuellen Wahrnehmung zu re-

1 | Hölscher 2004, 432.

duzieren und der Grad des dargestellten Realismus ist nicht zum alleinigen Bewertungskriterium zu machen: Ein »Bild braucht [...] immer mehr als das nur Sichtbare« (Boehm 1993, 21). Bilder sind Bedeutungsträger. Ihre Funktion ist, Wirklichkeit sichtbar zu machen (Klee 1920, zitiert in Hess 1956, 82).

»Das [...] Bild bündelt das ›nach sichtbarer Vergegenständlichung strebende, sich in einer bestimmten Gestaltungsweise äußernde und in einem dementsprechenden Stil manifestierende ästhetische Weltempfinden‹.« (Regel 2008, zitiert in Grünewald 2009, 14)

So müssen Bilder vorrangig aufgefasst werden als »Gebilde von tiefer und reicher Bedeutung, die sich als Bedeutungsträger vorrangig an den Geist und nicht an die Augen wenden« (Welsch 1993, 81). An diesem Verständnis mangelt es den Schülern. Insofern muss ihre Auffassung, dass die Güte von Bildern an ihrem Grad der Abbildgenauigkeit zu messen ist, gewertet werden als Ausdruck eines »höchst beschränkten« Verständnisses »dessen, was ein Bild sei und was es vermöge« (Boehm 1994, 17). Kunstpädagogischer Handlungsbedarf tut not.

Ein beschränktes Bildverständnis spiegelt sich auch in der Auffassung der Schüler, gute Bilder auf Darstellungen mit schönen Inhalten zu begrenzen. Ihr Verständnis ist beschränkt, denn ihre ins Auge gefassten Bildinhalte umfassen nur einen Wirklichkeitsausschnitt: Gestaltet wird die heile Welt, die es nicht gibt. Ihr Bildverständnis kann als Ausdruck bildsprachlicher Inkompetenz angesehen werden, denn die Funktion des Bildes ist nicht, Wirklichkeit – durch die Ausblendung alles Abschreckenden – verschönert wiederzugeben. Vielmehr soll sich in Bildern die Wirklichkeitserfahrung der Gestalter in ihrer ganzen Breite und Tiefe spiegeln. Die Darstellungen sollen Aufschluss geben, wie die Gestalter die Welt auffassen und verstehen. Bilder sind als Erkenntnisträger sinnträchtig. Sie werden folglich grundsätzlich missverstanden, werden sie auf die Funktion reduziert, »schöne Objekte mit kunstvoll arrangierten Formen und Farben zum Vergnügen der Augen« zu sein (Welsch 1993, 81). Bildherstellung beschränkt sich niemals auf die Gestaltung erkenntnisloser Wunschbilder. An diesem Verständnis mangelt es den Schülern. Insofern muss auch ihre Auffassung, dass gute Bilder stets schöne Inhalte haben, gewertet werden als Ausdruck eines höchst beschränkten Bildverständnisses. Kunstpädagogischer Handlungsbedarf tut auch in dieser Hinsicht not.

Die Tatsache, dass gute Bilder zu machen, für die Schüler ab der Sekundarstufe 1 heißt, »realistische Bilder mit schönen Inhalten« herzustellen, und dass sie »dezidiert lernen wollen, wie man diese Bilder macht« (Billmayer 2008b, 318), ist kritisch zu sehen. Ihr Wunsch spiegelt ein fehlendes Bildverständnis, ist Ausdruck bildsprachlicher Inkompetenz. Im Folgenden sollen nun Rauterbergs Kriterien zur Beurteilung von Kunstwerken (2007, 89-174) auf die Beurteilung von Schülerarbeiten übertragen werden. Absicht des Transfers ist, bildgerechte Beurteilungskriterien auch in Bezug auf die Schülerarbeiten zu gewinnen. Die im

Folgenden genannten Kriterien sollen – als mögliche Maßstäbe – den Schülern Hilfe bieten, ein fachgerechtes Urteil über die Güte von Bildern zu treffen.

2.5.2 Kriterien der Bildgestaltung

Warum Joghurtbecher in Alufolie einpacken, CDs auf leere Kassettenhüllen legen oder Streichhölzer in eine abgeschnittene PET-Flasche stecken? (siehe Dohnicht-Fioravanti 2004, 26-27 und 2008, 77-81). Ein Schüler muss sich bei der Gestaltung von Bildern seiner eigenen Kriterien bewusst sein. Er muss sein eigenes Tun – seinem Entwicklungsstand entsprechend – begründen können (Rauterberg 2007, 92). Er muss benennen können, warum er ausgerechnet dieses Thema mit jenem Material und in dieser Weise dargestellt hat. Fragen nach dem »Wieso und Weshalb« seiner Arbeit muss er beantworten können. Seine erklärten Absichten müssen sich in seiner Darstellung bildsprachlich verständlich vermitteln.

»[Denn Kunstunterricht ist schlecht,] wenn Schülern der Eindruck vermittelt wird, in diesem Fach sei alles möglich. Wenn Freiheit durch Beliebigkeit ersetzt wird. Gutes [...] Lernen braucht Verbindlichkeiten.« (Loemke 2007, www.focus.de/schule/unterricht)

Bildgestaltung erfordert vom Schüler Entscheidungen. Im Gestaltungsprozess muss sich der Einzelne immer wieder fragen, was er »*machen* will im Angesicht eines Themas, eines Materials, einer Aussage, eines Sachverhaltes« (Wißmann 2007, o.n.A.). Gestaltungen erfordern die eigene Positionierung: Unter Abwägung aller sich auftuenden Möglichkeiten muss sich der Schüler entscheiden, was er wie mit welchem Effekt gestalten will. Seinen Entscheidungen – bezüglich der Auswahl des Themas, des Materials und der Art der Darstellung – muss das Wissen zu Grunde liegen, dass eine glaubwürdige Darstellung stets auf einer – wie auch immer gearteten – formal stimmigen Umsetzung eines – auf welche Weise auch immer – durchdrungenen Themas beruht. Der Schüler muss sich bewusst sein, dass sein Ergebnis nur dann in seiner Qualität überzeugt, wenn es konsequent und entschieden durchgestaltet ist und ein – dem Entwicklungsstand entsprechendes – Maß an Komplexität aufweist (ebd.). Bildgestaltung ist nicht regellos. Regellosigkeit machte Bilder beliebig, Bildgestaltung selbst willkürlich. Allerdings geht es bei Gestaltungen niemals um sture Regelerfüllung. Eine »mechanische Anwendung« (Dewey 1934/1980, 162) von bewährten Stimmig- und Schlüssigkeiten limitierte Bildgestaltung, machte Darstellungen vorhersagbar.

Gute Bilder entstehen nicht aus sich heraus. Vielmehr beziehen sie sich auf schon vorhandene Bilder: »Das künstlerische Forschen geht wie jede Forschung vom Bestand aus« (Kirschenmann 2006b, 5). Folglich benötigt der Schüler, um Bilder gestalten zu können, ein Wissen um schon existierende Bilder. Das Wissen um Bilder ist als Fundament für die Entwicklung eigener Bilder anzusehen. In der Bildgestaltung wird das schon Bestehende aufgegriffen, fortgeschrieben, variiert, dem eigenen Ausdruckswunsch angepasst. Mit anderen Worten gesagt:

Der Bildgestalter findet etwas in der Totalität des Vorhandenen und bildet es ab in einer Re-Konstruktion (ebd., 6).

»[Im Kunstunterricht, der auf eine bildsprachliche Kompetenz seiner Schüler abzielt, lernt der Schüler] in sich hineinzuhören, sich selbst ernst zu nehmen, seine Ideen mit den Ideen anderer abzugleichen und sich selbst in die ›Welt zu setzen‹.« (Loemke 2007, www.focus.de/schule/unterricht)

Bildgestaltung erfordert Verweilen: Verweilt werden muss beim konzentrierten Beobachten einer Sache, beim steten Verharren bei einem Thema und beim sorgsamen Beschreiben eines Gegenstandes. Erst wenn innegehalten wird, kann Bildgestaltung Möglichkeiten ausschöpfen, die auf Präzision beruhen (Rauterberg 2007, 118). Präziser Ausdruck zeigt sich in der Gestaltung in der Feinheit bei der Erfindung eigener Formen, in der Genauigkeit bei der Verwendung von Details und in der eindeutigen Bestimmung der Komposition. Des Weiteren kann Bildgestaltung – erst wenn verharrt wird – Möglichkeiten ausschöpfen, die auf komplexem Denken beruhen. In der guten Bildgestaltung ist kritisches Denken gefordert. Dieses zeigt sich, wenn Aussagen, Gegebenheiten, Gesetzmäßigkeiten oder sogenannte »Tatsachen« wahrgenommen, hinterfragt und reflektiert werden, wenn in eigenen Stellungnahmen begründet argumentiert wird (Heymann 1997, 25). Erst der kritische Vernunftgebrauch befähigt zur Entwicklung eines differenzierten, sich permanent weiterentwickelnden Weltbildes.

»Das Bild ist gleichsam ein inneres Modell der äußeren Welt: ein subjektives Abbild, das vom Abgebildeten abhängt, aber doch von diesem verschieden ist.« (Regel 2008, zitiert nach Grünewald 2009, 14)

Das Gegebene zu reflektieren, neu auszulegen, ist notwendiger Bestandteil der Bildgestaltung. Die Welt nur abzubilden, wie sie ist, heißt, die Welt als gegeben hinzunehmen, sich mit ihr einverstanden erklären. Gute Bilder streben aber gerade kein Einverständnis an. Sie wollen das noch nicht Wirkliche, aber Mögliche aufzeigen und damit die Sicht auf die Welt bereichern. Ihre Darstellung hebt sich ab von dem, was ist. Das macht ihre Qualität aus. Bei der Gestaltung eines guten Bildes geht es also darum, eigene Gedanken zu entwickeln und selbstständige Argumentationen zu bilden.

»[Im Kunstunterricht, der auf eine bildsprachliche Kompetenz seiner Schüler abzielt, will der Lehrer seinen] Schülern den Mut vermitteln, an eigene Ideen zu glauben; [und er will,] dass sie die Ausdauer und Disziplin haben, diese durchzusetzen.« (Loemke 2007, www.focus.de/schule/unterricht)

Betont werden muss an dieser Stelle, dass Bildgestaltung nicht per se vom kritischen Vernunftgebrauch bestimmt ist. Kritischer Vernunftgebrauch findet nicht statt, wenn Bildgestaltung darauf abzielt, gängige Lösungswege zu beschreiten. Bekannten Lösungswegen zu folgen, verhindert, dass sich der Bildgestalter überhaupt auf Fragen, Aussagen, Gegebenheiten oder sogenannte »Tatsachen« einlässt. Eine Bildgestaltung, in der das Beschreiten gängiger Lösungswege Vorrang hat, schläfert eher die kritische Vernunft ein, als dass sie zu ihrer Mobilisierung beiträgt (Heymann 1997, 25-26). Mit dem Resultat, dass sicher keine guten Bilder entstehen.

Da Denken immer inhaltsgebunden ist, hängt kritisches Denken immer von der Wahl der Inhalte ab (ebd., 25). Nur Inhalte können befragt, angezweifelt und begründet dargestellt werden. Somit setzen gute Bilder Inhalte voraus. In der Bildgestaltung inhaltlich zu arbeiten, bedeutet, die Welt wahrzunehmen, sie zu reflektieren und die gewonnenen Erkenntnisse in der Gestaltung kundzutun. Gute Bilder verlangen, seinen Eindrücken Ausdruck zu geben. Wesentlich ist also, dass gute Bilder sich nicht darauf beschränken, Abziehbilder von Wirklichkeit zu sein, sondern Konstrukte darstellen, in denen durchdachte Auswahlvorgänge, Interpretationen und Wertungen enthalten sind (Duncker, Maurer und Schäfer 1990, 11). Bei der Bildherstellung geht es allerdings nicht vorrangig um abschließende Deutungen, sondern darum, sich überhaupt auf Fragen einzulassen, die Aussagen, Gegebenheiten, Gesetzmäßigkeiten oder sogenannte »Tatsachen« aufwerfen. Gute Bildgestaltung zielt demnach eher auf eine in Frage stellende Auseinandersetzung ab als auf das Geben einer Antwort (Rauterberg 2007, 206).

Gestaltung bewegt sich zwischen Faktischem und Fiktivem, zwischen materiellen Realitäten und fiktiven Wirklichkeiten. Die Handlungsebene der Gestaltung umfasst beide Dimensionen. Dem Gestalten liegt folglich ein erweiterter Realitätsbegriff zu Grunde. Sind auch die Inhalte der Darstellung nicht eigentlich – fassbar – real, so ist das Dargestellte auch nicht unwirklich. In der guten Gestaltung wird handelnd –ausgehend von der materiellen Realität – mögliche Wirklichkeit gestaltet. So sind Bilder stets dadurch gekennzeichnet, dass sie real sind, ohne real zu sein (ebd., 143). Diese Eigenschaft stellt auch ihr Potenzial dar. Bildgestaltung erlaubt das Durchspielen von Möglichkeiten. Da das in Bildern Dargestellte nicht das wahre Leben ist, hat es auch keine unmittelbaren Folgen für das Leben. So kann in Bildern von Menschen in selbstständiger, eigenverantwortlicher Regie und nicht gebunden an gesellschaftliche Normen und Ansprüche gehandelt, gezeigt, gesprochen werden, ohne dass das Tun direkte Konsequenzen hat. Das heißt, in der Gestaltung können Menschen von den Zwängen und Gesetzen absehen, die in der Alltagswirklichkeit Denken, Fühlen und Handeln einschränken. So wird in guten Bildern die Welt unbegrenzt – nach eigenem Interesse und nach eigenen Bedürfnissen – erkundet.

Bei einem guten Bild zählt allein die Darstellung, es geht nicht um den Schüler. So steht bei der Betrachtung der Schülerarbeiten nicht der Bildgestalter im Mittelpunkt, denn nicht er muss glaubwürdig sein, sondern das, was er dargestellt hat (ebd., 120). Demgemäß ist für die Beurteilung der Güte eines Bildes letztlich unbedeutend, welches Konzept den Schüler bewegte und was ihn motivierte. Was zählt, ist allein das Dargestellte, die Wirkung des Bildes. Essenziell ist, dass sein Wollen in der Gestaltung einen präzisen Ausdruck gefunden hat. Er und sein Wollen spielen bei der Beurteilung der Güte seines Bildes also keine bzw. keine vorrangige Rolle. Ein gutes Ergebnis kommt ohne »Eigentlich«, »Hätte« und »Könnte« aus (Voermanek 2007, o.n.A.). Bilder »benötigen keine Nachbesserung oder nachträgliche Rechtfertigung durch das Wort« (Boehm 2004, 43):

»[Für den Bildgestalter gilt,] was für jeden guten Koch selbstverständlich ist. Da geht es um Raffinement und Präzision, um ein Miteinander der Gegensätze, um Erfindungsgabe, die richtige Präsentation - und am Ende doch eigentlich nur darum, was sich davon dem Publikum mitteilt. Es zählt nicht, was der Koch sich bei einem Essen gedacht, aus welchen Motiven und mit welchem Aufwand er es hergestellt hat oder wie teuer die Zutaten waren, es zählt, welches Geschmacksempfinden seine Gerichte anregen.« (Rauterberg 2007, 280)

Es ist zwar richtig, dass am Anfang der Bildgestaltung die Empfindungen des Schülers stehen. Diese veranlassen die Gestaltung. Ziel der Bildgestaltung ist aber nicht, die eigene Befindlichkeit auszustellen – »Gestaltung ist wesenhaft *mehr* als nur subjektive Artikulation oder subjektiver Ausdruck« (Glas und Sowa 2006b, 253) –, sondern mit der Darstellung Empfindungen im Betrachter zu wecken (Rauterberg 2007, 119). So kann behauptet werden, dass ein Schüler, der nur um sich selbst kreist, keine guten Bilder gestaltet. Er ist Tagebuchschreiber (ebd.). Er gerät in die Selbstbespiegelungsfalle. Er »verkleinert den Wert der Dinge zu Gunsten der angenommenen Wichtigkeit des eigenen Ich« (Dewey 1988, 123). Bildgestaltung erfordert hingegen stets, »sich selbst zu begegnen, es aber bei der Selbstbegegnung nicht zu belassen« (Rauterberg 2007, 281). So besteht ein »großes Missverständnis seitens der Autoren [...] in dem Glauben, dass eine Erfahrung am eigenen Leibe ein Qualitätsmerkmal für ihre [bild-]sprachliche Artikulation bedeute« (Vaihinger 1999, 5). Die Tatsache, dass das Bild für sie Bedeutung hat, heißt aber noch lange nicht, dass es auch für andere bedeutsam ist. Denn dafür muss ein Bild nicht authentisch, sondern gut gemacht sein (ebd.).

Ein Bildgestalter muss sein Handwerk beherrschen. Sein Können verhilft ihm dazu, seinen Gestaltungswunsch umzusetzen. Weil er über »Kunstfertigkeit« verfügt (Winner 2007, 114), kann er das Gewollte präzise darstellen. Gekonnt kann er Mittel und Motive verbinden. Mit der Fähigkeit des Ausdrucks steigt die Wahrscheinlichkeit, dass das ausgedrückt wird, was angestrebt wurde. Die freie Verfügbarkeit der Bildsprache erweitert den Handlungsspielraum. Da komplexere Aussagen komplexere Gestaltungen bedingen (Glas und Sowa 2006b, 253), verhilft Können zum Können (Rauterberg 2007, 129). Allerdings führt die Beherrschung der Grundfertigkeiten der Bildgestaltung nicht automatisch zu guten Bildern. Denn Bilder zeichnen sich eben nicht ausschließlich durch das ihnen zu Grunde liegende handwerkliche Können aus. Vielmehr rutscht ein Bildgestalter, der nur auf handwerkliche Meisterschaft, auf die Zurschaustellung seiner »guten und flexiblen Beherrschung der Materialien und Techniken« (Lindström 2007,

173) setzt, unabdingbar ins Kunsthandwerkliche ab: »Wenn der Betrachter staunend vor einem Bild steht und nur noch dessen Gelungenheit bewundert, wie aufwändig es gemacht ist, wie raffiniert, wie detailliert, [...] dann ist die Art der Darstellung wichtiger [geworden] als das Dargestellte« (Rauterberg 2007, 127). Die Grenze eines bildkompetenten Umgangs ist damit überschritten, denn die Vorführung von »isolierte[r] Geschicklichkeit führt [...] zu einer Konstruktion, bei der die Bedeutung in den linienhaften Konturen selbst liegt, die somit die Ausdruckskraft des Werkes als eines Ganzen beeinträchtigen« (Dewey 1988, 110). Dem Bild als Bild wird damit nicht entsprochen. Denn unberücksichtigt bleibt, dass Bilder anzusehen sind »als geistige Leistung, als Resultat produktiver Einbildungskraft und als gestalteter, sinnbildhafter Ausdruck einer höchst subjektiven Beziehung zur Realität, als anschauliche Mitteilung eines Subjekts über seine ganz persönliche Sicht und sein eigenes Empfinden der Welt und Zeit« (Regel 1999, 108). So darf eine Darstellung dem Gestalter niemals nur zur Zurschaustellung seines handwerklichen Geschicks dienen, vielmehr muss sie ihm stets – und darüber hinaus – behilflich sein zur sinnhaften Auseinandersetzung mit Inhalten. Ein Bildgestalter hat sich demgemäß stets zu fragen, wie und wofür er sein handwerkliches Vermögen einsetzen will. Denn entscheidend ist nicht, »dass man etwas kann, sondern die Frage, was man mit diesem Können anfängt, bzw. was man mit diesem Können machen kann« (Wißmann 2007, o.n.A.). Die Tatsache, dass ein von Könnerschaft bestimmter Formalismus zu inhaltlich entleerten Darstellungen führen kann, spricht den Bildgestalter allerdings nicht frei von dem Erwerb der Grundfertigkeiten. Denn auch ein Bild, das bestimmt ist vom Ungekonnten, an dem keine Fähigkeit abzulesen ist, Materialien und Techniken zu verwenden, richtet die Aufmerksamkeit auf das Handwerkliche. Das Bild erscheint in seiner Ungelungenheit als »eine Form negativer Kunsthandwerklichkeit« (Rauterberg 2007, 127). So gilt auch in diesem Fall: Die Art der Darstellung wird letztlich wichtiger als das Dargestellte. Damit dies nicht geschieht, sollte sich der Bildgestalter laufend fragen, in welchem Bereich er seine Fertigkeiten ausbauen muss, um der Darstellung gerecht zu werden.

Im Rahmen der Diskussion um Bildgestaltung wird in der Kunstpädagogik u.a. von ästhetischer Forschung (Kämpf-Jansen 2000), künstlerischer Feldforschung (Brenne 2004) und Experiment (u.a. Brohl 2004, 253-259) gesprochen. Doch wie in der Wissenschaft ist auch bei der Bildherstellung nicht die Methode das Wesentliche – und jede ästhetische Forschung, künstlerische Feldforschung und jedes Experiment ist nur eine Methode –, sondern das, was durch diese Methode erzielt wird (Rauterberg 2007, 129). Methoden haben immer eine dienende Funktion. Mit Hilfe der Verfahren sollen Erkenntnisse erlangt werden. Was zählt, sind die Ergebnisse. Folglich sollte sich auch ein Bildgestalter stets fragen, welchen Gehalt er u.a. durch die angewandten Verfahren erzielt. Die Verfahren dürfen auch im Rahmen von Bildgestaltung kein Selbstzweck sein. Der Gestalter von Bildern muss laufend hinterfragen, wozu die Verfahren dienen und ob er mit ihrer Hilfe die Ergebnisse erreicht, die er angestrebt hat. Hat er durch ihren Einsatz etwas entdeckt, bestätigt oder gezeigt? Von Bedeutung ist, dass der Bildgestalter im Blick behält, dass die Verfahren für sich genommen keinen Zweck erfüllen, keinen Sinn stiften. Das Spiel mit Formen und Farben ist kein Selbstzweck.

Die Schüler erheben keinen Kunstanspruch und brauchen ihn auch nicht zu erheben (Samen 2007, o.n.A.). Die von ihnen hergestellten Bilder dienen dem Hausgebrauch. Werden sie als gelungen empfunden, finden sie an den eigenen Wänden Platz. Dass die Bilder nur für den Hausgebrauch bestimmt sind, entbindet sie allerdings nicht der Kriterien, die bildimmanent von Bedeutung sind. In guten Darstellungen wird die Welt angeeignet und in der Aneignung neu erfunden (Rauterberg 2007, 281). Gute Bilder nehmen zur Kenntnis und stiften Bedeutung. Welche Form der Bildgestalter dabei für die Aneignung wählt, ist unerheblich. Keine Bedeutung stiftet eine Darstellung, wenn sie nur das leistet, was auch ein wahlloses Poster oder ein beliebiges Designobjekt leisten könnte: Es kann nicht von einem Bild gesprochen wenn, wenn die Darstellung »nur die Farbe der Vorhänge oder der Kissenbezüge aufgreift und für sich kein eigenes Recht behaupten kann«, eben keine Kenntnis hervorruft (ebd., 263). Bilder müssen immer als Kommunikations- und Erkenntnismittel verstanden werden (Grünewald 2009, 14). Im Gebrauch dienen sie dazu, Aussagen von Bedeutung zu vermitteln. Des Weiteren gilt, dass auch Bilder für den Hausgebrauch nicht nur zu ihrem Gestalter sprechen, nicht allein von dessen Vorlieben künden dürfen (Rauterberg 2007, 263). Geschieht dies, sind Bilder privatistisch und damit ohne Bedeutung. So finden sich bei guten Bildern in den bearbeiteten persönlichen Themen auch die Allgemeinheit betreffende Fragen. Trotz aller Privatheit wohnt ihnen etwas Allgemeingültiges inne. Das in den Arbeiten enthaltende Allgemeingültige will den Betrachter ansprechen, es will von ihm zur Kenntnis genommen werden. Das Bild ist somit ein Objekt der Erkenntnis sowohl für den Macher selbst als auch ein Objekt der Erkenntnis für den Rezipienten (Kirschenmann 2006b, 6). So beschränken sich gute Bilder für den Hausgebrauch nicht auf den eigenen privaten Kosmos. Sie berühren »nicht nur die nächste Verwandtschaft, sondern auch ein unbekanntes Publikum« (Eickhoff 2007, o.n.A.). Sie regen Außenstehende zur Auseinandersetzung über das den Alltag universal Bestimmende an. Es gilt: »Egal ob jemand einen Rosenstrauß malt oder eine raumfüllende Installation aufbaut, immer zeigt sich [die] Qualität« des Gestalteten erst »daran, ob sie mehr kennt als nur sich selbst« (Rauterberg 2007, 263). Das heißt, Altbekanntes muss in Bildern, um Bedeutung zu haben, in ein neues Gewand gehüllt werden, in welchem das Vertraute vor jener Vergessenheit bewahrt wird, von der das Gewohnte in der Regel betroffen ist (Dewey 1988, 163).

Im Rahmen der Bewertung von Schülerbildern findet sich oftmals das Kriterium des Neuen. Güte wird Bildern zugesprochen, wenn sie in ihrer Art neu sind: Wenn sie zum Beispiel eine unkonventionelle Idee, eine ungewöhnliche bildnerische Umsetzung oder aber eine ungewohnte Werkzeugnutzung aufweisen (Kirchner und Peez 2009, 11). Güte von Bildern an ihrem schlichten Neuigkeitswert ablesen zu wollen, ist problematisch: Dass man etwas Vergleichbares noch nicht gesehen hat, ist noch kein Qualitätsmaßstab (Saehrendt und Kittl 2007, 212). Das Neue ist noch »kein Qualitätskriterium, denn es sagt für sich genommen nichts darüber aus, ob es sich um eine sinnvolle Erneuerung handelt« (Rauterberg 2007, 101). Denn was ist damit gewonnen, wenn jemand eine Abbildung der Skulptur »David« von Michelangelo mit Hilfe von Buntstiften nach heutigem Geschmack bekleidet (siehe Loffredo 2007, 36)? Welchen Sinn stiftet es, aus Müll ein Auto herzustellen? (siehe u.a. Bloss 2006, 17)? Mögen diese Gestaltungen auch Neues darstellen, zur Kenntnis genommen wird in ihnen nichts.

Die Gestaltungen werden nicht von einem inhaltlichen Anliegen bestimmt. Sie begnügen sich damit, eine unkonventionelle Idee oder eine ungewöhnliche bildnerische Umsetzung als Selbstzweck zu transportieren. Ihre Gestalter werden Bildern damit nicht gerecht, denn sie haben vernachlässigt, dass Bilder stets aus »dem Was und Wie des Gesagten, aus Substanz und Form« (Dewey 1988, 125) bestehen müssen. So hat für die Bildgestalter ganz prinzipiell das bisher noch nicht Gemachte keinen Eigenwert. Bei der Bildgestaltung geht es vor allem darum, Kenntnis zu erzeugen. Dies kann geschehen, wenn etwas eindringlich dargestellt, eine Atmosphäre lebendig übermittelt oder ein plausibles Bild für abstrakte Begriffe, Theorien oder Gefühle gefunden wird (Rauterberg 2007, 102). Bei seinen Gestaltungen muss also den Schüler die Frage nach dem Neuen nicht kümmern. Es geht nicht um das Neue, sondern entscheidend für das Bild ist, wie – den Sinn betreffend – bedeutend es ist.

»Das Grundproblem besteht meiner Ansicht nach darin, dass man das Prinzip ›Fortschritt‹, welches das Prinzip unserer Gesellschaft ist und vielerorts seinen Sinn hat, einfach auf die Kunst übertragen hat. Die Wissenschaft erfindet segensreiche neue Medikamente, gut, die Wirtschaft entwickelt neue Rasierapparate, welche besser sind als die alten, auch gut, die Mode wirft neue, angeblich schönere Kleider auf den Markt, um sie zu verkaufen, soll sie. Aber die Kunst kann man eben nicht so weiterentwickeln wie einen Rasierapparat, da ist das Neue nicht automatisch das Bessere, und da gibt es auch ein paar ewige handwerkliche Wahrheiten, zum Beispiel, wie man eine Geschichte erzählen muss, damit andere ihr folgen können und sie interessant finden. Wenn ein neues Hustenmittel auf den Markt kommt, muss es die Leute vom Husten besser kurieren als die anderen, alten. Ein neuer Kunststil dagegen beruft sich oft lediglich auf die Tatsache, anders zu sein, und das ist genauso ein Schwachsinn, als ob man die Geranien mit der Blüte nach unten einpflanzt und dies zum Fortschritt erklärt.« (Martenstein 2007, 45)

Was für das Neue gilt, trifft auch für das Irritierende – das Störende – zu. Wer sagt, ein gutes Bild müsse provozieren, trifft keine Aussage. Denn was ist damit gewonnen, wenn jemand ein Traumhaus im Garten in Form eines Klos entwirft (siehe Riemann 2008, 32)? Was bringt es, seine Familie nackt – nur verdeckt mit Regenschirmen – darzustellen (siehe Sowa 2001a, 41)?

Mögen diese Gestaltungen auch provozieren, zur Kenntnis genommen wird in ihnen nichts. Sie sind aussagearm. Da sich die Qualität eines Bildes immer erst am Was und Wozu entscheidet (Rauterberg 2007, 113), ist bei der Beurteilung seiner Güte erstrangig, was es an Erkenntnis auslöst. Da in der Bildgestaltung das Mittel nicht zum Zweck erhoben werden kann, stellt die Tatsache, dass eine Darstellung provoziert, an sich noch kein Gütemerkmal dar. So sagt ein Bild, das ausschließlich als irritierend empfunden wird, noch nichts über seine Qualität aus: Auch banale Darstellungen erschrecken in ihrer Plattheit (ebd.). Den Betrachter zu irritieren, hat für sich genommen also keinen eigenen Wert. Kommt eine Provokation zum Einsatz, muss sie inhaltlich begründet sein. Nur dann macht sie Sinn. Wer also in der Bildgestaltung vor allem auf die Irritation setzt, betreibt schlichte Effekthascherei. Mag der Gestalter damit auch auf den ersten Blick Eindruck schinden, einen bleibenden Eindruck hinterlässt er auf diese Weise nicht. Denn nachhaltige Einsichten hängen von dem Gehalt ab, den ein Bild besitzt.

Die genannten Kriterien im Unterricht im Bildumgang – dem Entwicklungsstand der Schüler entsprechend – zu vermitteln, ist kunstpädagogisch geboten. Denn nur wer qualitative Unterschiede von Bildern erkannt und bewusst verarbeitet hat, ist befähigt, souverän – bildsprachlich kompetent – mit Bildern umzugehen. Über diese Fähigkeit zu verfügen, ist in der heutigen Zeit von Nöten, denn in unserer Gesellschaft sind »Bilder [...] so alltäglich geworden wie Sprache« (Bamford 2007, 66). Durch ihre Allgegenwart beeinflussen sie die alltäglichen kulturellen Orientierungs- und Kommunikationsprozesse (Niehoff 2006, 239). In einer Kultur, in der sich orientierendes und kommunikatives Handeln wesentlich mit Hilfe von Bildern vollzieht, ist die Ausbildung eines kompetenten Umgangs mit Bildern lebensnotwendig. Das Fach Kunst hat das Bild zum zentralen fachcurricularen Gegenstand (Bering u.a. 2004, 50). Die Vermittlung von Bildkompetenz ist sein Bildungsauftrag (Niehoff 2006, 240). Um diesem gerecht zu werden, muss der qualitätsvolle, im Sinne von bildsprachlich kompetente Umgang mit Bildern ins Zentrum der kunstpädagogischen Aufmerksamkeit rücken. Nur er macht Sinn.

So muss die in München 2003 von den Tagungsinitiatoren auf den Weg gebrachte und durch die Teilnehmer des kunstpädagogischen Kongresses verabschiedete Resolution um die Forderung nach Qualität im Bildumgang erweitert werden. Denn Erfolg wird die Kunstpädagogik nur dann haben, wenn die Güte der Schülerarbeiten Beachtung findet. Gute Bilder sind die Voraussetzung für gelingende Bildung. So reicht die 2003 an die Außenwelt gerichtete Forderung »Bildung ohne Bilder bildet nicht« nicht aus (Kirschenmann 2004, 448), sie greift zu kurz. Sie muss um eine Forderung an die eigenen Fachvertreter erweitert werden, denn es gilt: Bildung ohne gute Bilder bildet nicht.

2.6 Über die kunstpädagogische Notwendigkeit, die blinden Flecke wahrzunehmen

Wir leben in einer »Mediengesellschaft« (Schmidt 1998, zitiert in Bering u.a. 2004, 36). Unsere Kultur wird von bewegten und unbewegten Bildern bestimmt (Niehoff 2008a, 151). Das Leben wird in bestimmten Teilen mehr und intensiver durch Bilder in kulturellen Kontexten beeinflusst als durch Wort und Schrift (Bering u.a. 2004, 9). Bei den Heranwachsenden gehört die Beschäftigung mit visuell orientierten AV- und digitalen Medien zu den beliebtesten Freizeitbeschäftigungen. Sie verbringen täglich viele Stunden vor dem Bildschirm (Niemann 2004, 19). Bamford sagt, dass Kinder heutzutage sogar mehr Zeit vor dem Bildschirm verbringen als in der Schule (2007, 65). Obwohl bewegte und unbewegte Bilder im Leben der Kinder und Jugendlichen eine große Rolle spielen, ist das Fach Kunst, in dem doch das Bild im Mittelpunkt steht, für sie nicht von Bedeutung, wie sich in den folgenden Zitaten zeigt:

»An der Kunst finde ich gut, dass [...] man sich entspannen kann. Im letzten Halbjahr hatten wir Kunst in den letzten beiden Stunden der Woche, das war gut, weil wir dann direkt ins Wochenende starten konnten. Aber jetzt haben wir Kunst vor Schwimmen. Das finde ich nicht so gut.

Ich habe wenig Interesse an dem Thema Kunst, mag das Fach halt nur mehr, weil es am wenigsten Mühe macht.

Das Fach Kunst mag ich zwar besser als manch andere Fächer, aber nur, weil man da nicht überlegen [...] muss.

In der Vergangenheit hatte ich den Eindruck, dass oft nicht viel erklärt, sondern nur Aufgaben gestellt und das schon Gekonnte überprüft wird. Dabei bekommt jeder ständig dieselbe Note, und niemand lernt was.

Für mich macht Kunstunterricht in der Schule überhaupt keinen Sinn [...] Ich persönlich freue mich trotzdem immer auf Kunst, da man sich gut unterhalten kann und macht, was man will.« (Schüler, zitiert in Marr 2007, o.n.A).

In den Äußerungen zeigt sich nicht, dass sich den Schülern in ihrem Kunstunterricht vermittelt, dass Kunstpädagogik bei ihnen »die leibhaft blickende Antwort [...] auf die Bilder und die Bildlichkeit« fördert und sie damit befähigt, »heimisch zu werden in der Sichtbarkeit der Welt« (Grünewald 2009, 14). Vielmehr spiegeln die Aussagen, dass die Heranwachsenden der vorherrschenden Meinung sind, dass Kunstunterricht inhaltlich unbedeutend ist. Kunstunterricht dient den Heranwachsenden vorrangig zur Unterhaltung; er taugt ihnen zur Entspannung. Diese Einschätzung der Schüler wird in anderen Untersuchungen bestätigt. Billmayer stellt fest, dass »auf die Frage, wozu Kunstunterricht gut sei, die meisten antworten, dass er [...] vor allem dem Ausgleich diene, quasi als Psychohygiene, im schwierigen Geschäft des schulischen Lebens« (2004, 184). Dass das Fach Kunst »offenkundig nach wie vor als vernachlässigbare Kompensation zu ernst zu nehmenden kognitiven Leistungen in anderen Fächern gilt« (Buschkühle 2004a, 389) und dass Unterricht oftmals »nicht über die Wertschätzung zweier Erholungsstunden im Schulalltag hinauskommt«, bestätigt auch Buschkühle (ebd., 391). Dient der Kunstunterricht vor allem dazu, die Schüler vom Schulstress der anderen Fächer abzulenken, erfüllt er nicht die Mindestanforderung an das Lehren: einen Lernfortschritt auf Seiten der Schüler. Dient der Kunstunterricht vor allem der Entspannung, dann ist es nicht verwunderlich, dass der Unterschied zwischen dem, was Menschen wissen und können, die den Unterricht besucht haben, und dem, was Menschen wissen und können, die ihn nicht besucht haben, gering ist. Billmayer geht sogar davon aus, dass der Unterschied so gering ist, dass der Schluss nahe liegt, dass im Fach Kunst nichts gelernt werde (2004, 184). Wird im Kunstunterricht nichts gelernt, so ist es nicht verwunderlich, dass das Fach Kunst in den Augen der Menschen unbedeutend ist. Festgestellt werden kann, dass die Bildungsinhalte des Kunstunterrichts aus dem Bildungsbewusstsein unserer Gesellschaft verschwinden, wenn sie nicht schon verschwunden sind – unter der Dauerberieselung der Bildmedien.

In einer Kultur, in der sich orientierendes und kommunikatives Handeln wesentlich mit Hilfe von Bildern vollzieht, wird »die Vermittlung von [...] Bildkompetenz [...] zu einer vordringlichen Aufgabe [...] im gesamten Kulturvermittlungsbereich« (Thiele 2000, 177). Die Vermittlung von Bildkompetenz ist der Bildungsauftrag des Faches Kunst (Niehoff 2006, 240). Diesen Auftrag sollte die Kunstpädagogik annehmen, denn sie ist im Fächerkanon dafür zuständig, dass »die Diskrepanz zwischen dem Reichtum an verfügbaren Bildern – sowie den Mitteln, um Bilder herzustellen – und der mangelnden Fähigkeit der Betrachter, diese Bilder auch kritisch zu analysieren, nicht immer größer [wird]« (Bamford 2007, 73). Sie ist verantwortlich, dass die Schüler die von ihnen geforderten alltäglichen kulturellen Orientierungs- und Kommunikationsprozesse beherrschen und ihre »pure Konsumentenhaltung ebenso wie jeden Eskapismus« im Umgang mit Bildern überwinden können (Bering u.a. 2004, 43). Sie hat Sorge zu tragen, dass die Schüler dem oft beklagten »Bildermüll« kompetent begegnen können.

In den letzten Jahren ist in der Theorie der Kunstpädagogik die Ausbildung einer bildsprachlichen Kompetenz oft thematisiert worden. Die Vertreter des Faches sind sich einig, dass ein bzw. das Unterrichtsziel bildsprachliche Kompetenz ist. Es ist richtig, Kunstunterricht kann zu einer bildsprachlichen Kompetenz beitragen. Aber, wie Legler gesagt und wie sich in den Ausführungen gezeigt hat, ist das, was wir ihm als Möglichkeit zuschreiben, nicht unbedingt eine zutreffende Beschreibung kunstpädagogischer Praxis (2004, 140). Damit Kunstpädagogik nicht zu einer reinen »Postulatsdidaktik« wird, muss die kunstpädagogische Praxis überprüft werden. Erreicht die pädagogische Regelpraxis das, was ihre Theorie anstrebt?

- Steht das Bild selbst – mit seinen es bestimmenden Kriterien – bei dem Erwerb bildsprachlicher Kompetenz wirklich im Mittelpunkt?
- Durchdringen sich produktiv-gestalterische, rezeptive und vor allem *reflexive* Prozesse im Umgang mit Bildern?
- Wird wirklich bildsprachliche *Kompetenz* auf Seiten der Schüler erreicht?

Wird die kunstpädagogische Regelpraxis betrachtet, fällt es schwer, die Fragen mit Ja zu beantworten. Zu oft steht nicht das Bild mit seinen Maßstäben im Mittelpunkt, zu wenig Raum wird kritischem Denken eingeräumt, zu begrenzt wirken die bildsprachlichen Fähigkeiten, wie sie in den Schülerbildern zum Ausdruck kommen. Es kann und muss bedauerlicherweise festgestellt werden, dass in der kunstpädagogischen Praxis »das Potenzial, das in Bildern liegt und das dazu beiträgt, ein Kind auf die Herausforderungen der Zukunft vorzubereiten« (Bamford 2007, 58), nicht oder nur viel zu selten ausgeschöpft wird. Die kunstpädagogische Theorie ist aufgefordert, die Widerständigkeit ihrer Praxis zur Kenntnis zu nehmen, sonst »wächst die Vermutung, dass die Permanenz der [von den Fachvertretern in der Theorie niedergeschriebenen] unendlichen Erfolgsgeschichte in erster Linie dazu angetan ist, sich wechselseitig Bedeutsamkeit zu versichern und damit eine Form der Psychohygiene zu betreiben, die die Erkenntnis vermeiden hilft, dass außerhalb des unmittelbaren Fachbereiches die Wirkmächtigkeit – um es vorsichtig zu formulieren – bescheidener eingeschätzt wird als innerhalb« (Wimmer 2010, 24).

3. Bildung ohne gute Bilder bildet nicht

In einer Kultur, in der sich orientierendes und kommunikatives Handeln wesentlich mit Hilfe von Bildern vollzieht, ist eine Kompetenz im Umgang mit Bildern geboten: »Die Omnipräsenz der Bilder verlangt eine entsprechende Omnipräsenz an Bildreflexion« (Klinger 2008, 116). Ein bildsprachlich kompetentes Individuum »entsteht allerdings nicht ex nihilo, vielmehr ist entschiedene pädagogische Zuwendung notwendig« (Bering u.a. 2004, 41). Es bedarf einer visuellen Alphabetisierung (Pirstinger 2008, 166). Wie Bildkompetenz im Umgang mit Bildern erworben werden kann, wird im Folgenden ausgeführt. Zunächst werden theoretische Hintergründe zur künstlerischen Praxis in Lernprozessen benannt. Im Anschluss wird anhand einer Unterrichtsreihe aufgezeigt, wie die Ansprüche der Theorie in der pädagogischen Praxis realisiert werden können. Der Unterrichtspraxis in theoretischen Überlegungen Raum zu geben, tut not, denn soll die »Wirksamkeit im eigenen Schrebergarten« nicht nur behauptet werden (Wimmer 2010, 25), ist sie durch Praxisbeispiele zu belegen. Aufgezeigt werden muss, wie der »universelle Heilsanspruch« (Pirstinger 2008, 164) der kunstpädagogischen Theorie in der pädagogischen Praxis umgesetzt werden kann bzw. umgesetzt wird. Denn nur so kann und wird die – schon oft konstatierte – »nicht gegebene Anschlussfähigkeit kunstpädagogischer Theorien und Konzepte an die kunstpädagogische Praxis« überwunden (Kämpf-Jansen 2009, 88).

3.1 Flöte, Herz und Schmetterling – »Muss ich mich deutlicher ausdrücken?«[1]

Ein künstlerisches Projekt erfordert ästhetisches Denken (Buschkühle 2005a, 4). Ästhetisches Denken ist durch unterscheidendes und folgerichtiges Denken charakterisiert. Es vollzieht sich in vier Schritten (Welsch 1993, 49-52): Die einfache Beobachtung steht am Anfang. Im nächsten Schritt werden die Wahrnehmungsgehalte hinterfragt. Ob der Einzelbeobachtung etwas allgemein Gültiges

1 | Fischli und Weiss o.n.A.

innewohnt, muss im dritten Schritt geprüft werden. Die Prüfung geht der Frage nach, ob in der Analyse Indizien entdeckt werden können, die den vermuteten Zusammenhang zwischen Einzelbeobachtung und Gesamtsicht bestätigen können. Wenn sich ein Zusammenhang feststellen lässt, führt abschließend die reflexiv bestätigte Wahrnehmung zu einer kritischen Gesamtsicht des Phänomens. Sinn wird wahrgenommen. Nach Welsch gehört zu jedem Wahrnehmen – auch zum einfachsten – immer auch ein Nicht-Wahrnehmen. Selektivität ist wesentliche Bedingung für das Wahrnehmen: »Wir sehen, weil wir für das meiste blind sind« (ebd., 31). Es gibt »keine aisthesis ohne anaisthesis« (ebd., 32).

»Alles Wahrnehmen ist spezifisch. Damit meine ich [...] den Umstand, dass jedes Wahrnehmen eine bestimmte Typik aufweist und dass diese Typik zwar etliches wahrnehmbar macht, anderes aber konstitutiv ausschließt. Etwas zu sehen heißt stets auch, etwas anderes zu übersehen. Es gibt kein Sehen ohne blinden Fleck.« (Welsch 2007, 267)

Geht es um ästhetisches Denken, muss dem Wahrnehmenden die der Wahrnehmung innewohnende Beschränkung bewusst sein. Nur mit diesem Bewusstsein kann er seine Wahrnehmung selbst reflektieren, seine blinden Flecken entdecken. Könnte das *Für-wahr-Genommene* und das Für-wahr-Gehaltene nicht auch ganz anders sein? Die folgenden drei Selbstdarstellungen von Zehntklässlern (Abb. 6-8) können – bezüglich des sie bestimmenden Prinzips – als übliche Ergebnisse des Kunstunterrichts betrachtet werden.

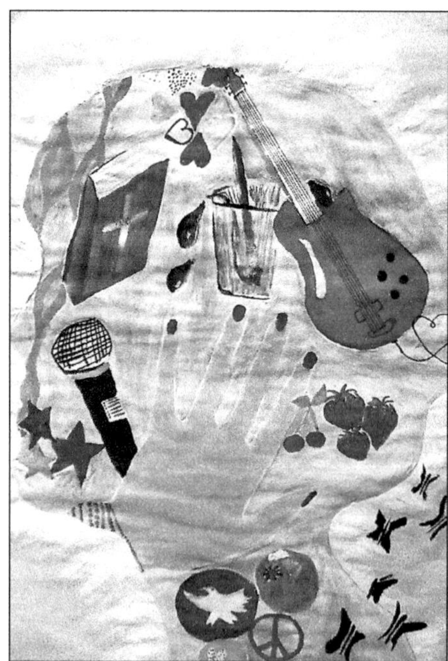

Abbildung 6

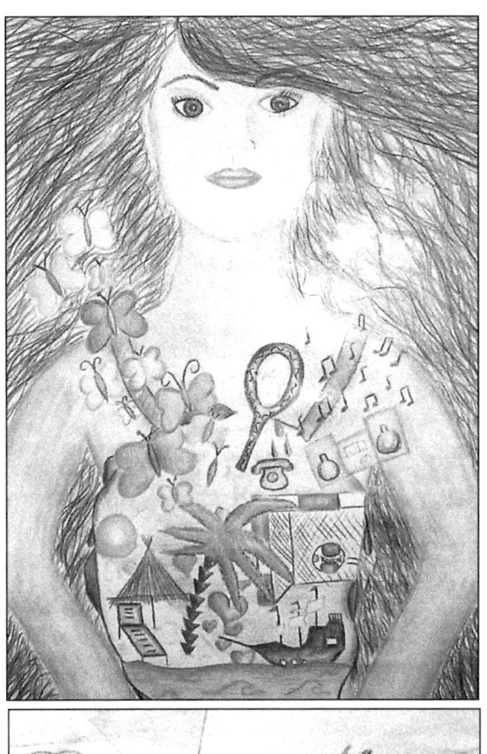

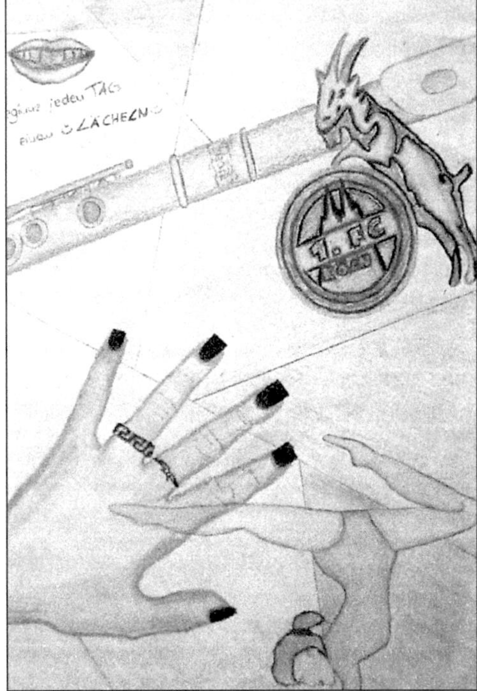

Abbildung 7 und 8

Sollen diese Schülerarbeiten bezüglich des in ihnen enthaltenen ästhetischen Denkens hinterfragt werden, so ist zu klären, ob dem Betrachter in den Selbstdarstellungen mitgeteilt wird, was das Leben im Jugendalter ausmacht. Es ist also der Frage nachzugehen, ob das in den Bildern Mitgeteilte bestimmend ist für das Leben der 15-Jährigen. Entspricht das Abgebildete dem *Für-wahr-Genommenen*? In den Bildern werden Gegenstände nebeneinander abgebildet, u.a. Gitarre und Herz, Flöte und manikürte Hand oder Telefon und Schmetterling. In den Darstellungen werden die Objekte so wiedergegeben, wie sie naturgetreu in Erscheinung treten oder als übliche Darstellungsformen erinnert werden. Die sich in den Schülerarbeiten spiegelnde Vorstellung vom Bild ist bedenklich. Hier reduziert sich Darstellung auf abgebildete Bildgegenstände als angehäufte »Sachen«. Dadurch, dass im Bild lediglich bereits Bestehendes repräsentativ wiedergegeben wird, verkümmert Darstellung hier zum Konstatieren. So kann behauptet werden, dass dieses Unterrichtsvorgehen nicht zum »Sehen lernen« der Schüler beigetragen hat, denn die Heranwachsenden wurden nicht geschult, »Sichtbares angemessen wahr[zu]nehmen« im Sinne von es sinnvoll zu verstehen und auszulegen (Sowa 2008, 217).

Die Schülerdarstellungen vermitteln, dass Bilder von den Heranwachsenden grundsätzlich missverstanden wurden. Bilder zu gestalten, beschränkt sich nicht darauf, eine Vielzahl optischer Daten wiederzugeben. Bildgestaltung reduziert sich niemals darauf, ein Wiedererkennen von Gegenständen durch exakte Umrisse und genaue Schattierungen zu ermöglichen. Künstlerische Gestaltung kann nicht auf die bloße Dokumentation von Erfahrungen oder Erkenntnissen begrenzt werden (Buschkühle 2005a, 5). Verkümmert Darstellung zum Konstatieren, kann von Bildern nicht mehr gesprochen werden: »Wer den Text hinter dem Bild [...] allzu stark betont, landet unweigerlich bei einer Dominanz der Sprache, die das Bild – im wörtlichen Sinne – in seinen Möglichkeiten übersieht« (Boehm 2004, 35). Bilder sind mehr als Abbilder. Sie sind Ausdrucksmedien. Damit Ausdruck in ihnen zum Tragen kommt, muss das konkret Vorgefundene aufgearbeitet werden. Aufgearbeitet wird das Vorgefundene durch vom ästhetischen Denken bestimmte Interaktion mit dem Gegenstand. Hierbei erfährt dieser eine Umwandlung: Er wird als Rohmaterial der Darstellung durch ästhetisches Denken in das umgewandelt, was mit ihm im Bild ausgedrückt werden soll. Beim Gestalten geht es demnach um die Darstellung der eigenen Position zum Gegenstand (Buschkühle 2005a, 4). Gestalten zielt immer auf die Wiedergabe des Auszugs dessen ab, was der Gegenstand dem Gestalter bei dessen ganzheitlicher Erfahrung im Besonderen gesagt hat (Dewey 1988, 110). Was ausgedrückt wird, wird dem Gestalter durch den persönlichen Eindruck abgerungen, den die Dinge auf ihn ausübten. Ohne *Ein-Druck* gibt es keinen *Aus-Druck* im Bild.

»Wenn es kein Zusammen-Drücken gibt, so gibt es auch kein Aus-Drücken. Unruhe kennzeichnet den Ort, an dem der innere Antrieb und der Kontakt mit der Umwelt zusammentreffen und eine Gärung in Gang setzen [...].« (Ebd., 81)

In den Schülerarbeiten wurden die Gegenstände »als solche« wiedergegeben, abgebildet. So wurden die Dinge in den Bildern nicht zu Mitteln, zu Ausdrucksmedien: In den Darstellungen fand die besondere Beziehung der Schüler zu den Sachen, zu deren Wesensstrukturen, Eigenschaften und Funktionen keinen Ausdruck. Die Heranwachsenden gaben im Bild keine Antwort auf die Fragen, was ihnen ihre Musik bedeutet, was sie mit Liebe verbinden, wie wichtig ihnen ihr äußeres Erscheinungsbild ist, welche Bedeutung Telefonieren hat und was sie unter Freiheit verstehen. Ihre Eindrücke blieben ausdruckslos. Unterricht darf sich nicht darauf beschränken, Bildsprache in ihrer praktischen Anwendung zu vermitteln. Bildkompetenz setzt voraus, dass zu den praktischen Fertigkeiten ein Wissen um die Wesensstruktur des Bildes kommt: Bilder sind Konstruktionen.

»Bilder künden von der Welt und Bilder sind ein besonderes Medium. Dieses Medium als Mittler liefert seine Botschaften nach seinen eigenen Bedingungen [...] beim Empfänger an: Es bringt [...] selbst eine Wirklichkeit hervor.« (Kirschenmann 2008, 103)

Ihr Wesen zu begreifen, ist grundlegend: Zwar werden Dinge in Bildern abgebildet, aber die Bilder, die man bei ihrer Betrachtung gewinnt, sind nicht Eigenschaften der Sache oder der Sachlage, sondern nur – von ästhetischem Denken bestimmte – menschliche Weisen, sie zu sehen. Darstellungen zeigen ein vom Menschen selbst bestimmtes Bild der Wirklichkeit. Bildgegenstände erfordern einen eigenen Zugang. Soll Bildkompetenz vermittelt werden, muss der Unterschied zwischen der Welt und den Dingen an sich und ihrer Bedeutung im Bild vermittelt werden. In der Darstellung haben die abgebildeten Gegenstände immer dienende Funktion. Sie helfen, Wirklichkeit zu konstruieren.

»Ein Gemälde mit Bäumen oder Felsen kann die charakteristische Wirklichkeit eines Baumes oder Felsens eindringlicher machen, als sie jemals vorher gewesen ist. Dies bedeutet jedoch nicht, dass der Betrachter einen Teil des Bildes für einen tatsächlichen Felsen hält, derart, dass er darauf hämmern oder sitzen könnte. Was ein Material zu einem Medium macht, ist der Umstand, dass es als Mittel benutzt wird, eine Bedeutung zum Ausdruck zu bringen, die anderer Art ist als die, die es kraft seiner puren physischen Existenz besitzt: d.h. die Bedeutung nicht dessen, was es physisch ist, sondern dessen, was es ausdrückt.« (Dewey 1988, 234)

Haben die Schüler erst begriffen, dass es im Bildumgang nicht um die Dinge der Welt in ihrer Gegenständlichkeit geht, können sie sich den – vom ästhetischen Denken bestimmten – Vorstellungsbildern von der Welt zuwenden und ausmachen, welche Rolle diese bei der Konstruktion eben dieser Welt spielen (Billmayer 2007, www.bilderlernen.at/theorie/zitate). Ihnen ist es möglich, die Bildverweise verständig zu lesen. Bilder müssen von den Schülern zunächst immer in ihren Prinzipien verstanden werden, bevor sie in ihren Techniken vollzogen werden. Denn geht es um Bildkompetenz, so ist für die pädagogische Praxis bedeutsam, dass Schüler zwar das Wesen des Bildes schadlos ohne die praktischen Fertigkeiten der Bildgestaltung erlernen können, sich jedoch ein Erwerb der praktischen Fertigkeiten der Bildgestaltung ohne ein Wissen von dem Wesen der Bilder ausschließt (von Hentig 1999, 187). Nur wenn gewusst wird, welche Gesetzmäßigkeiten Bilder bestimmen, kann Bild gerecht gehandelt werden. Bildsprache zu lehren, darf sich somit nicht nur auf ihre pragmatische Seite beschränken. Vielmehr muss die philosophische Seite hinzukommen. Diese kann mit den Wörtern *Bildbewusstsein* und *Bildreflexion* beschrieben werden. Dass derselbe Sachverhalt von Menschen in Bildern verschieden ausgelegt, dargestellt wird, dass die Welt auch in anderen Darstellungen »stimmt« (ebd., 192), gilt es als Basiswissen im Bildumgang zu vermitteln.

Wie sich im Folgenden zeigen wird, ist dieser Aspekt auch in Bezug auf Bildung bedeutend. Unbestritten ist, dass praktischer Unterricht, wie er sich in den Selbstdarstellungen der Schüler (Abb. 6-8) spiegelt, zu pragmatischen Fähigkeiten der Bildgestaltung beiträgt, diese festigt und im Laufe der Zeit wohl steigert. Dass jeder Heranwachsende durch Schulung seines pragmatischen Bildwissens in der Entwicklung seines eigenen formalen Zeichenrepertoires einen oder gar mehrere Schritte weiterkommt, sollte aber nicht darüber hinwegtäuschen, dass mit Vorgehen wie diesem dem Bildungsauftrag prinzipiell nicht entsprochen wird. Der Auftrag wird grundsätzlich nicht erfüllt, denn es wird den Heranwachsenden nicht geholfen, in der Welt, in der sie leben, zurechtzukommen (von Hentig 1985a, 18). Das Bildungsziel, durch ästhetisches Denken zur bewussten Wahrnehmung der Wirklichkeit beizutragen und das kritische Reflektieren der eigenen Haltung zur Lebenswirklichkeit anzuregen, wird nicht erreicht. Dinge wurden nur oberflächlich wahrgenommen, aber nicht durchschaut. Demgemäß ist es mit diesem Unterricht nicht gelungen, Gestaltung »als eine ganz eigene Art produktiver Lebens- und Welterfahrung, Weltaneignung und Wirklichkeitsveränderung« (Regel 2004c, 42) zu vermitteln. Da in Vorgehen wie diesem das *Für-wahr-Nehmen* der Umwelt und des Selbst nicht geschärft wird, werden die Heranwachsenden durch unterlassene Klärung der Sachen nicht gestärkt. Sie bilden *sich* nicht. Das Bildwissen bleibt ohne Auswirkung auf die Person.

Nach von Hentig findet Bildung ihren Ausdruck in drei verschiedenen Ausformungen (1999, 180): Sie kann erstens eine kanonisierte Sorte von Kenntnissen bezeichnen, die man hat. Bildung kann zweitens eine Fertigkeit oder eine Fähigkeit zu etwas bezeichnen, die man kann. Und drittens bezeichnet sie den Prozess der Formung einer Person, die man ist und der man sich bewusst ist. Die letzte Bedeutung der Bildung ist gekennzeichnet durch die Wechselwirkung zwischen Individuum und Welt. Durch Klärung der Sachen bildet *sich* der Mensch (von Hentig 1985b, 59): Bildung dokumentiert sich immer »in der mentalen Struktur des Subjekts, das *sich bildet*« (Meyer 2007, 144). Bildung verändert also die Person und ihr Handeln.

»Ein untrügliches Kennzeichen von Bildung ist, dass einer Wissen nicht als bloße Ansammlung von Information, als vergnüglichen Zeitvertreib oder gesellschaftliches Dekor betrachtet, sondern als etwas, das innere Veränderung und Erweiterung bedeuten kann, die handlungswirksam wird.« (Bieri 2005, 4)

In Bildungsprozessen geht es um die dritte Art von Bildung. Nur durch die Fähigkeit, sich zu bilden, werden Heranwachsende befähigt, im Leben zurechtzukommen, da nur ein Sich-Bilden Einfluss ausübt auf die Haltung zum und das Verhalten im Leben. »Materiales« Wissen und formale Fertigkeiten haben beim Prozess des Sich-Bildens eine dienende Funktion, denn sie stellen eine notwendige, aber keine hinreichende Voraussetzung dafür dar, dass die Heranwachsenden ihr Leben meistern.

»Mit dem Wissen ist es wie mit dem Öl: Interessant [...] ist nicht der Rohstoff an sich, sondern das, was er in Bewegung bringt. Öl treibt Maschinen an. Und Wissen wird nur dann [...] kostbar, wenn es von Denken begleitet wird [...] - und zu Handlungen führt.« (Wehrle 2012, 85)

Festzuhalten gilt also, dass erst die beim Sich-Bilden geforderten, geförderten und erworbenen Vermögen – Selbstständigkeit, Urteilskraft, Toleranz, Improvisationsgabe, Mut, Tatkraft und Verantwortungsbereitschaft – den Menschen ermöglichen, ihr Leben zu gestalten. Die Fachvertreter der Kunstpädagogik nehmen für sich in Anspruch, dass das, was im Kunstunterricht gelernt wird, für die Schüler im Leben von Bedeutung ist. Die Forderung, dass im Fach Kunst nicht für die Schule, sondern für das Leben gelernt wird bzw. gelernt werden soll, bestimmt die kunstpädagogischen Schriften. Die Schüler sollen im Kunstunterricht auf die Anforderungen vorbereitet werden, »die die gegenwärtigen und zukünftigen Entwicklungen in der Kultur ihnen stellen« (Niehoff 2008a, 150). Wenn Kunstunterricht die Heranwachsenden »auf das Leben vorbereiten will, wie es ist, ohne sie dem Leben zu unterwerfen, wie es ist«, dann muss er allerdings mehr leisten, als Wissen zu vermitteln und Fertigkeiten zu lehren (von Hentig 1985b, 99). Denn es ist davon auszugehen, dass die Schüler mit dem Leben nicht besser fertig werden, wenn sie zwar ein Wissen und ein Können haben, dieses aber nicht von Einstellungen getragen ist. So macht der Kunstunterricht bildungspolitisch nur Sinn, wenn Schüler nicht nur ein »Bildwissen« haben und handwerklich fähig sind, etwas herzustellen, sondern erst dann, wenn sie durch Bilder-Machen eine Einstellung zur Welt und zu sich selbst gewinnen können, die ihnen hilft zu leben (ebd., 101). Der hier für den Kunstunterricht formulierte Bildungsanspruch ist umfassend. Er beschränkt sich nicht auf den schlichten Bildgebrauch, sondern erwartet, dass der Unterrichtsstoff den Schüler bildet. Denn nur wenn dies geschieht, ist es dem Schüler möglich, das einmal Angeeignete selbstständig in einem anderen Kontext, in einem anderen Medium oder zu einem späteren Zeitpunkt – im Leben – anzuwenden (Glas 2008, 63-64).

Soll Bilder-Machen zum Sich-Bilden beitragen, muss Bildwirklichkeit als Konstruktion unterschiedlichster Möglichkeiten vermittelt werden. Denn nur wenn Bildwirklichkeit als Konstruktion begriffen wird, werden die Schüler in einen Prozess der Selbstbildung versetzt (Stielow 2004, 150). Die Selbstbildungen finden ihren Ausdruck in den Gestaltungen. Durch die eigenen und die Gestaltungen der Mitschüler gewinnen die Schüler einen Überblick über das komplexe Phänomen Wirklichkeit. Dieser Anspruch ist in den Selbstdarstellungen der Schüler (Abb. 6-8) nicht erfüllt worden.

3.2 Konzentration auf das Jenseits der unmittelbaren Wahrnehmung Liegende

Auftrag des Unterrichts ist, im und durch Bildumgang Wahrnehmung – im doppelten Wortsinn verstanden – zu thematisieren und Grenzen der Wahrnehmung aufzubrechen. Dies geschieht mit Hilfe ästhetischen Denkens. Wie dieses zur Pluralität und Differenz der Wahrnehmungen beiträgt und für diese sensibilisiert, wird im Folgenden ausgeführt. Wird ästhetisch gedacht, hinterfragt der Möglichkeitssinn den Wirklichkeitssinn: Was ist noch denkbar? Mit dem Möglichkeitssinn erschließt sich der Mensch also das, was nicht unmittelbar wahrnehmbar ist: Mit seiner Hilfe sieht er das, was nicht sichtbar ist (Schmid 1998, 195). Mehrperspektivität und Mannigfaltigkeit zeichnen den Möglichkeitssinn aus. Als Alternativen zum bisher Wahrgenommenen entstehen neue Welt-Entwürfe. Der Möglichkeitssinn erlaubt also dem Menschen, sich – die Realität betreffend – wünschenswerte Möglichkeiten vorzustellen, die noch keinen Ort im fassbar Wirklichen haben (ebd., 196). So wird mit seiner Hilfe der Blick auf die Welt erweitert.

»[Wer einen Möglichkeitssinn] besitzt, sagt zum Beispiel nicht: Hier ist dies oder das geschehen, wird geschehen, muss geschehen; sondern er erfindet: Hier könnte, sollte oder müsste geschehen; und wenn man ihm von irgendetwas erklärt, dass es so sei, dann denkt er: Nun, es könnte wahrscheinlich auch anders sein. So ließe sich der Möglichkeitssinn geradezu als Fähigkeit definieren, alles, was ebenso gut sein könnte, zu denken und das, was ist, nicht wichtiger zu nehmen als das, was nicht ist.« (Musil 1930, 16)

Ästhetisches Denken umfasst beide Sinne. Der Möglichkeitssinn setzt den Wirklichkeitssinn voraus. Wirklichkeit wird nicht gescheut, sondern als eine mögliche Auslegung betrachtet und als Aufgabe behandelt. Denn wird der Möglichkeitshorizont der Wirklichkeit in den Blick genommen, eröffnet sich dem Menschen ein Handlungsspielraum. Dieser betrifft zum einen die eigene Person: Der Mensch entdeckt für sich Entfaltungsmöglichkeiten. Zum anderen und darüber hinaus erlaubt ihm die Blicköffnung, auf wahrgenommene Gegebenheiten handelnd zu reagieren: sie zu beeinflussen und sie zu verändern oder aber sich auf sie einzustellen und für sie gewappnet zu sein (Schmid 1998, 196).

Deutlich wird, dass beim ästhetischen Denken »Wahrnehmung« im grundsätzlichen und weitreichenden Sinn von »Gewahrwerden« verstanden wird. Dies meint ein Erfassen von Sachgehalten, das zugleich mit Wahrheitsansprüchen verbunden ist (Welsch 1993, 48). Wird ästhetisch gedacht, wird also niemals bloß die äußere Erscheinung in Augenschein genommen. Vielmehr richtet sich die Aufmerksamkeit gerade auf das, was sich unter der Oberfläche verbirgt. Hinter der Fassade wird achtsam nach Bedeutungen gesucht, die es zu bewerten gilt (Regel 2006, 344).

Ein künstlerisches Projekt basiert auf ästhetischem Denken. Es zeichnet sich aus durch präzise und differenzierte Wahrnehmungsleistungen, selbstständig erzeugte Bedeutungen und visionäres Denken (Buschkühle 2005a, 5). Im künstlerischen Projekt lassen sich die Fähigkeiten der Aufmerksamkeit und Achtsamkeit, der kritischen Reflexion von Zusammenhängen und der Imagination im Bild ablesen (Buschkühle 2004c, 319). Die kritische Erkenntnis findet ihren Ausdruck im Bild. In der Darstellung zeigt sich die von Einsicht geprägte Neuformulierung der Wirklichkeit. Mit anderen Worten: Das Bild dient dazu, »Aussagen, die im Material anderer Erfahrungen verstreut sind und in abgeschwächter Form enthalten sind, zu erhellen und zu konzentrieren« (Dewey 1988, 100).

Die Vertreter der Künstlerischen Bildung – u.a. Buschkühle, Kettel und Regel – berufen sich zwar auf den Begriff »Ästhetisches Denken«, halten ihn aber bezüglich des geforderten Denkens bei künstlerischen Gestaltungen – richtigerweise – für unzureichend (Buschkühle 2004c, 319; Regel 2006, 330). Sie verwenden stattdessen den Begriff »Künstlerisches Denken«. Künstlerisches Denken basiert auf dem ästhetischen Denken. Es geht aber über Letzteres hinaus, denn es bezieht das beim gestalterischen Umsetzen der Einsicht geforderte Denken mit ein.

»Das künstlerische Denken umfasst das ästhetische, geht aber noch einen Schritt weiter: das Phänomen - sei es ein Material, ein Gegenstand oder ein Thema - wird nicht nur auf der Ebene der Wahrnehmung und Reflexion behandelt [...] Künstlerische Auseinandersetzung gibt sich nicht mit dem Erwerb kritischer Erkenntnis zufrieden, sondern bezieht Position [...] im Werk.« (Buschkühle 2004a, 390)

So muss die weiter oben vorgenommene Definition wie folgt präzisiert werden. Ein künstlerisches Projekt basiert auf ästhetischem Denken. Im künstlerischen Projekt lässt sich – wird darüber hinaus noch künstlerisch gedacht – die neu gewonnene Einsicht im Bild ablesen.

3.2.1 Künstlerische Projekte – Inhaltsangabe

Da ästhetisches Denken immer inhaltsgebunden ist, hängt seine Förderung immer auch von der Wahl der Inhalte ab (Heymann 1997, 25). Wenn ästhetisches Denken auch an Inhalte gekoppelt ist, dann ist es nicht an bestimmte Inhalte gebunden. »Alles« kann tatsächlich zum Gegenstand kultureller Bildungsprozesse werden (Fuchs 1994, 38). Jedes Thema, ist es nur gehaltvoll, kann über- und durchdacht werden. Da künstlerische Projekte auf ästhetischem Denken basieren, steht auch bei ihnen die intensive Auseinandersetzung mit bedeutungsvollen Inhalten im Vordergrund (Buschkühle 2004a, 391). Künstlerische Projekte sind immer themenorientiert. Mit ihnen wird stets ein inhaltliches Anliegen verfolgt. Sich sinnstiftend mit den jeweiligen Inhalten auseinanderzusetzen, ist die zentrale Aufgabe künstlerischer Projekte. In künstlerischen Projekten gehen die Teilnehmer den Dingen auf den Grund. In der inhaltlichen Auseinandersetzung werden Zusammenhänge und Beziehungen gesucht, erfasst, analysiert, reflektiert und bewertet. Ein- und Überblicke werden gewonnen, die über den privaten Lebenshorizont hinausreichen. Basierend auf dem gewonnenen, umfassenden Verständnis wird Sinn gefunden. Das Bestreben von künstlerischen Projekten ist folglich, sich Dinge zu erschließen, um sie erkennen und umfassend verstehen zu können. Im künstlerischen Projekt denkt der Mensch für sich selbst. Er macht sich sein eigenes Bild. Das heißt, er emanzipiert sich von Bevormundung; das, was von »Autoritäten« welcher Art auch immer als »richtig« vorgegeben wird, wird mittels des eigenen ästhetischen Denkens kritisch geprüft (Heymann 1997, 13). So zielen künstlerische Projekte darauf ab, dass sich jeder Teilnehmer in der Auseinandersetzung mit einer Themenstellung eine eigene tragfähige inhaltliche Position erarbeitet. Die selbstbestimmte und selbstverantwortete Ansicht findet ihren Ausdruck in der Gestaltung des je eigenen Werkes (Buschkühle 2004a, 391).

Im Folgenden soll anhand eines künstlerischen Projektes aufgezeigt werden, wie die Aneignung eines Rahmenthemas den Menschen Wege individueller Gestaltungen eröffnet. Das künstlerische Projekt, auf das Bezug genommen wird, hat die Autorin im Rahmen des Landesprogramms »Kultur und Schule« der Landesregierung Nordrhein-Westfalen durchgeführt. An dem Projekt haben zehn Schüler – neun Mädchen und ein Junge – der Jahrgangsstufe 10 eines Gymnasiums teilgenommen. Das Projekt hat im halbjährigen Projektzeitraum 2007-2008 wöchentlich jeweils zweistündig stattgefunden. Vereinzelt gab es auch ganztägige Projekttage.

In künstlerischen Projekten sollen Menschen an existenzielle Herausforderungen ihrer Lebenswirklichkeit heranführt und bei der Be- und Verarbeitung unterstützt werden (Bilstein 2010, 50). Die Pädagogen stehen folglich in der Verantwortung, einen Bildungsprozess anzuregen, der lebensbedeutsame Inhalte behandelt. Im Unterricht müssen die Lernenden die »wichtigsten Merkmale unserer Gesellschaft [kennenlernen] – diejenigen, die sie hat, und diejenigen, die sie haben will« (von Hentig 1993, 209). Soll in der Praxis auf Wirklichkeit Bezug genommen werden, auf Wirklichkeit in ihrer Alltäglichkeit und mit ihren besonderen Anlässen, mit ihren historisch gewachsenen Strukturen und ihren aktuellen Tendenzen (Schäfer 1988, 207), können u.a. folgende Themen als den Unterricht zu bestimmende Inhalte ausgemacht werden:

Inhalt der pädagogischen Praxis könnte sein, wie Menschen
- geboren werden,
- die Kindheit erleben,
- wie sie sich informieren,
- erwachsen werden oder
- mit Natur und Sexualität umgehen.

Zu behandelnde Inhalte könnten des Weiteren sein, wie Menschen
- lernen und sich ausbilden,
- wohnen und sich einrichten,
- kochen und essen oder
- sich kleiden.

Ein weiterer Gegenstand der Auseinandersetzung könnte sein, wie Menschen
- arbeiten,
- arbeitslos sind,
- als Paar leben,
- Kinder erziehen,
- befreundet sind,
- feiern,
- Sport treiben,
- sich im Verein gesellen,
- spielen,
- glauben,
- reich oder
- kriminell werden.

In der pädagogischen Praxis könnte überdies verhandelt werden, wie Menschen
- verreisen,
- fremd sind,
- schlafen und träumen,
- krank sind,
- alt oder
- begraben werden.

  (Nach Sommer 2004, 5-6)

In der Auseinandersetzung mit diesen Themen kann den Lernenden bewusst werden, dass die aktuellen gesellschaftlichen Richt- und Leitlinien des Lebens von Menschen bestimmt wurden, aber, da sie plastisch sind, keineswegs auf Dauer festgeschrieben sind. Sie können von den Menschen durch Gestaltung verändert werden (Fuchs 1989, 222). Soll in künstlerischen Projekten auf Wirklichkeit Bezug genommen werden, stellt Essen also ein mögliches Thema dar. Menschen müssen sich ernähren. Das Was und Wie des Essens ist damit aber noch nicht vorherbestimmt. Es wird von den Menschen selbst festgelegt, gestaltet (Barlösius 1999 und Kaufmann 2006).

- Menschen bestimmen selbst, was sie essen. So gibt es bei der Großmutter regelmäßig Hühnersuppe, während in der Studenten-WG oftmals Nudeln mit Würstchensoße auf dem Tisch stehen. Die Selbstbestimmung bei der Auswahl des Essens zeigt sich auch, wird das Essen für eine Woche einer deutschen Familie mit dem Essen einer italienischen Familie verglichen.
- Menschen entscheiden selbst, was für eine Art von Essen sie bevorzugen. Es liegt in der Hand des Einzelnen, ob er dem besten, dem größten oder einem mediterranen Schnitzel den Vorzug gibt.
- Menschen wählen selbst aus, wie viel sie essen. Ob das Frühstück reichlich, angemessen oder spärlich ausfällt, liegt im Ermessen des Einzelnen.
- Es sind Menschen, die festlegen, wer was zu essen bekommt. Bestimmten Menschen wird die Entscheidung, was sie essen, abgenommen: Es muss das gegessen werden, was auf den Tisch kommt, oder es muss das verzehrt werden, was vom Amt kommt.
- Menschen entscheiden selbst, wo sie essen. Es gibt keine Vorschriften, ob Menschen bei McDonald's, unter freiem Himmel oder vor dem Fernseher essen.
- Menschen bestimmen selbst, wie der Tisch gedeckt ist. Ob die Menschen ihre Mahlzeit an einem dreckigen Tisch oder an einer fein gedeckten Tafel einnehmen, liegt in ihrem Ermessen.
- Menschen haben es in der Hand, wie man sich am Tisch zu verhalten hat. Ob sie es bevorzugen, mit Messer und Gabel oder mit den Händen zu essen, beruht auf ihrer Entscheidung.
- Menschen entscheiden selbst, welche Nahrung zu wem passt. Auf die Frage »Womit verwöhnen Sie sich am liebsten?« antworten die meisten Frauen mit Schokolade, die meisten Männer mit Bier.
- Menschen legen selbst fest, welche Spielregeln am Tisch herrschen und wie man am Tisch Platz nehmen darf. Was am Tisch als sich gehörendes Verhalten und was als angemessene Kleidung gilt, schreiben sich die Menschen selbst vor.

Das Thema »Was und Wie Menschen essen« gibt folglich Auskunft über das Leben und seine Bedingungen: In ihnen spiegelt sich die innere Verfasstheit der Gesellschaft und ihrer Individuen (Schäfer 1988, 207). Wird dieses Thema im Rahmen von Kunstunterricht behandelt, dann ist die konkrete Lebenswirklichkeit der Gegenstand der Aneignung und das Handlungsfeld der Gestaltung (Mayrhofer und Zacharias 1976, 45). Bestimmt ein Thema wie dieses ein künstlerisches Projekt, dann wendet sich die Kunstpädagogik – wie sich später zeigen wird – den Herausforderungen des Lebens zu, denen sich der Mensch stellen muss: Freude und Trauer, Mut und Angst, Macht und Ohnmacht, Spaß und Verantwortung, Freund- und Feindschaft, Hass und Liebe.

Im ersten Schritt wurde mit den Schülern die Weite des Themas »Essen« anhand von Bildmaterial herausgearbeitet. Deutlich wurde, dass man niemals nicht gestalten kann. Vielmehr hat jeder Aspekt des Essens Ausdruckskraft. Des Weiteren wurde ersichtlich, dass das Thema ein nahezu uferloses Feld möglicher Aneignungen bereithält, da es »vielfältige Beziehungen entfaltet in den Alltag, in Kultur und Gesellschaft [...] hinein« (Buschkühle 2005b, 10). Mit Sicherheit war es offen genug für Fragestellungen, die sich aus dem Wahrnehmungshorizont der Heranwachsenden ergaben. Bei der Erarbeitung der Inhalte wurde neben Bildmaterial auch auf Textmaterial zurückgegriffen. Zeitschriftenartikel, Liedtexte, Auszüge aus Romanen, Gedichte und Beiträge aus unterschiedlichen Internetforen wurden gesichtet. Bild- und Textmaterial dienten im Unterricht als Gesprächsanlass. Durch das Material wurde der Blick der Schüler auf das Thema erweitert, ein Spielraum für das Thema entstand. Da das Material vielschichtig und zum Teil widersprüchlich war, forderte es die Schüler auf, ästhetisch zu denken. (Angemerkt werden muss, dass die Qualität des ausgelösten Denkprozesses selbstverständlich immer und ganz wesentlich von der Qualität des bereitgestellten Materials abhängt.) Nachdem sich die Schüler umfassend mit dem Thema »Essen« beschäftigt und es reflektiert hatten, standen ihnen inhaltliche Wahlmöglichkeiten für ihre eigenen künstlerischen Projekte zur Verfügung. Eine genaue Vorstellung von den Inhalten zu haben, ist eine wichtige Voraussetzung für Bildgestaltung. Denn erst, wenn man weiß, was man mit dem Bild aussagen will, kann man entscheiden, wie man dies vermittelt. Aus dem Spektrum an Möglichkeiten haben sich die Schüler für folgende drei Themen entschieden:

- »Solange du deine Füße unter meinen Tisch stellst ...«/Macht bzw. Ohnmacht im Jugendalter,
- »Nichts schmeckt so gut, wie dünn zu sein«/Das eigene Essverhalten und
- »Bei Mahlzeiten eine Maske aufhaben«/Die Bedeutung gemeinsamer Mahlzeiten.

Nachdem die Schüler ihre persönlichen Inhalte innerhalb des Rahmenthemas selbst bestimmt hatten, ging es im nächsten Schritt darum, sie dabei zu unterstützen, für ihre jeweiligen inhaltlichen Anliegen eine entsprechende künstlerische Form zu finden.

3.2.2 Künstlerische Projekte – Formfindung

In einem künstlerischen Medium die selbstbestimmte Aussage, die eigene Position zu formulieren (Buschkühle 2004b, 11), verlangt – zumindest gewisse – handwerklich-technische Fähigkeiten. Diese können bei der Formgebung des eigenen inhaltlichen Anliegens als Mittel dienlich sein. Darüber hinaus und unumgänglich erfordert die Realisierung des Ausdruckswunsches Kenntnisse über das Bild an sich. Denn sich bildkompetent auszudrücken, gelingt nur, »wenn man sich über die theoretischen Vorbedingungen des Bildlichen bewusst ist« (Maar und Burda 2004, 27). Dem Gestaltenden muss klar sein, dass »bei der Beurteilung der Qualität einer künstlerisch relevanten bildnerischen Leistung [...] vor allem nach dem Grade der Übereinstimmung von Inhalt und Form gefragt werden [muss], also nach dem, was zu sagen und zum Ausdruck zu bringen beabsichtigt wurde und dem, was tatsächlich realisiert ist, und nicht etwa danach, ob etwas richtig dargestellt oder irgendwelchen formalen Regeln entsprechend gemacht ist« (Regel 2006, 340). Der Gestalter muss wissen, dass das Inhaltliche formprägend ist. Sein Auftrag ist, seine Aussage in einer Form zu materialisieren und damit zu verwirklichen (Regel 2004a, 180). Einem Bild die Form zu geben, die dem inhaltlichen Anliegen entspricht, erfordert intensive Arbeit an der Form.

Im künstlerischen Projekt ist bedeutend, dass der angestrebte Inhalt vom Gestalter nicht umgehend in das Material eines Bildes verwandelt wird. Vielmehr kann die Formfindung als ein Entwicklungsprozess angesehen werden. In der Gestaltung bestimmt der Autor sein Endprodukt immer wieder neu auf der Grundlage seiner vorläufigen Projektergebnisse. Denn jedes Stadium, das sein Material erreicht hat, stellt neue Forderungen, die erfüllt werden müssen, und setzt einen neuen Rahmen, der bestimmte Vorhaben ausschließt (Dewey 1988, 131). Im künstlerischen Projekt erfährt die erste Idee immer eine Umwandlung. Ein gutes Bild entwickelt sich. Nicht-Entwicklung resultiert in schlechten Bildern, denn ein starr vorherbestimmtes Endprodukt führt ausschließlich zu mechanischen und akademischen Erzeugnissen (ebd., 161).

»Wenn ich davon spreche, dass der künstlerische Prozess wenig zielgerichtet ist, das Vorgehen im Vorfeld nicht bekannt ist, dann heißt das nicht, dass der künstlerische Prozess beliebig oder ziellos ist. Es heißt allein, dass Ziele nicht von vorneherein ein für allemal festgelegt sind, sondern erst im Prozess hergestellt werden müssen. Das Produkt schließt den Prozess ab oder formuliert zumindest Etappenziele, die zum Ausgangspunkt für weitere Auseinandersetzung werden können.« (Wißmann 2007, o.n.A.)

Des Weiteren müssen im Gestaltungsprozess die einzelnen Teile des Bildes mit Blick auf die Aussageabsicht einander zugeordnet werden. Denn nur wenn die einzelnen Teile des Bildes den Zweck haben, zum Erreichen der Aussageabsicht beizutragen, erfüllen sie einen Sinn im Bildgefüge. Tragen sie nicht zur Aussage bei, sind sie leere Ausschmückung. Sie sind wie Zuckerfiguren auf einer Torte: Sie dienen ausschließlich der äußeren Verzierung (Dewey 1988, 149). So verraten Teile des Bildes, die die Darstellung bloß ausschmücken, eigentliche Leerstellen und strukturelle Fehler der Gestaltung. An den Stellen ihres Gebrauchs lässt sich ein Auseinanderfallen von Inhalt und Form ablesen. Deutlich wird, Gestaltung macht Mühe: »Voller Einsatz und höchste Anstrengung ist gefordert«, »wenn das Resultat überzeugen soll« (Regel 2004c, 43). Im Prozess muss nachgefragt werden, ob die schon gestaltete Form dem eigenen Ausdruckswunsch entspricht.

Das Zwischenergebnis muss evaluiert werden. Kritische Reflexion ist gefordert (Buschkühle 2004a, 392). In der eigenen Darstellung müssen Widersprüche und Unstimmigkeiten erkannt werden. Gestaltung erfordert »Verunsicherungsfreude« (Eickhoff 2007, o.n.A.). Denn das sehr wohl mögliche eigene Scheitern muss ausgehalten werden. Ein Abbruch muss möglicherweise gewagt und ein Neubeginn muss angegangen werden (Kettel 2008a, 297). Zudem erfordert Gestaltung Vertrauen. Der Lernende muss Zuversicht haben, dass man die intensive Forschung den Dingen später ansieht, dass sich »die intensive Forschung [...] in der Form manifestiert« (Samen 2007, o.n.A.).

»das missratene Bild gehört zu den notwendigen Erfahrungen: dass nicht gleich und auf Anhieb alles »gut« wird, dass man vieles falsch macht, dass man dann üben, arbeiten und sich verbessern muss, um schließlich, nach langen Mühen [...], ein gutes Werk zustande zu bringen.« (Bilstein 2010, 48)

3.2.3 Künstlerische Projekte – Bedeutungsangabe

In Bildern werden Objekte nicht »als solche« dargestellt, das heißt, Gegenstände der natürlichen Umgebung werden nicht so wiedergegeben, wie sie naturgetreu in Erscheinung treten oder erinnert werden: Ein Bild unterscheidet sich von der Darstellung, »die eine Kamera geben würde, wenn [...] ein Detektiv für seinen Zweck eine bestimmte Szene festhalten wollte« (Dewey 1988, 103-104).

»Das Bildermachen darf nicht mit bloßer Veranschaulichung von Sachverhalten gleichgesetzt werden. Das künstlerische Bild ist nämlich mehr und etwas qualitativ anderes als eine Veranschaulichung von etwas oder die bloße Darstellung eines Sachverhalts.« (Regel 2006, 348)

Das Abbild ist kein Gegenstand des ästhetischen Denkens. In der Art, wenn auch nicht in den Einzelheiten, »gleicht das Abbild einem Hinweisschild«: Der abbildgetreue Gegenstand weist eher auf etwas hin, als dass er selbst eine Bedeutung enthält (Dewey 1988, 107). Das Dargestellte selbst spricht den Betrachter nur auf Grund dessen an, woran es uns erinnert: »Das [im Bild] Wahrgenommene geht sofort ins Angedeutete über« (ebd.). Das wird einem Bild nicht gerecht. Gestaltung muss stets auf die formende Vergegenständlichung des *Für-wahr-Genommenen* zielen (Fuchs 1994, 44). Denn der Auftrag von Bildern ist nicht lediglich, Sichtbares wiederzugeben, sondern sichtbar zu machen (Klee 1920, zitiert in Hess 1956, 82). »Macht sichtbar« muss hier bezogen werden auf das, was schon da ist, aber so noch nicht *für wahr genommen* wurde. Das Bild macht erkennbar. Das heißt, dem Gestalter muss es darum gehen, »unter der Oberfläche der Erscheinung verborgene Beziehungen und Zusammenhänge zu erfassen und diese sichtbar zu machen« (Regel 2006, 341). Bilder transportieren ihre Inhalte in symbolischen Formen (Fuchs 1999b, 33). Ein Kennzeichen von Symbolen ist, dass sie immer auf etwas anderes verweisen als auf sich selbst. Sie verweisen auf Bedeutungen. Bilder geben Bedeutungen Form; sie machen Bedeutungen sichtbar. Geht es beim Bild vorrangig um Bedeutung, so ist verständlich, dass dieser alles andere untergeordnet ist. Um Bedeutung zu vermitteln, wird ausgelassen, hinzugefügt und umgewandelt (Dewey 1988, 104). Im Bild wird demgemäß die fassbare Wirklichkeit durch Verfremdung stets »verfälscht« dargestellt. Die Umwandlung wird allerdings nicht um ihrer selbst willen vorgenommen. Vielmehr zielt sie darauf ab, Realität gerade durch die Verfremdung begreifbar zu machen: So wird »Nähe zur Realität« im Bild just »durch (scheinbare) Distanz« hergestellt (Fuchs 1994, 54).

»[Die Schüler müssen folglich] lernen, dass jede künstlerisch relevante Darstellung der Wirklichkeit eine Abstraktion ist. Es geht dabei aber nicht um das Weglassen, sondern um das Erfassen und Verdeutlichen von tatsächlich existierenden Beziehungen und Zusammenhängen.« (Regel 2006, 342)

Der Projektabschnitt »Solange du deine Füße unter meinen Tisch stellst ...« begann mit Zeichenübungen. Die Übungen verfolgten den Zweck, die Bedeutung des Spruchs in eine materialisierte Form zu bringen. Mit Hilfe von Bildmaterial wurde den Schülern zunächst die Mannigfaltigkeit von Gestaltungsmöglichkeiten vermittelt. Anhand von Skizzen und Zeichnungen wurde den Schülern verdeutlicht, dass zu zeichnen sich nicht darauf beschränkt, naturalistisch abzubilden: Gezeigt und ausführlich besprochen wurden u.a. Zeichnungen von Louise Bourgeois, Hanne Darboven, Frédéric Bruly Bouabré und David Shrigley. In diesen Darstellungen tat sich den Schülern ein vielfältiges Formenrepertoire auf. Der Blick auf die verschiedensten Zeichendarstellungen hat den Schülern ein Spektrum an Gestaltungsweisen eröffnet. Das nach der Betrachtung und Reflexion der Bilder ausgehändigte Arbeitsblatt enthielt folgende Aufgabenstellung:

Was meint der Spruch: »Solange du deine Füße unter meinen Tisch stellst ...«?

- Versetzen Sie sich in die Situation und stellen Sie sich vor, zu Ihnen würde dieser Spruch gesagt. Was würden Sie in Ihr Tagebuch schreiben? Greifen Sie dabei auf die Ästhetik zurück, die auch sonst Ihre privaten Eintragungen prägt.
- Stellen Sie sich nun vor, Sie wären die Person, die diesen Spruch gemacht hätte. Was würde diese Person in ihr Tagebuch schreiben?
- Was für eine Beziehung haben die beiden Personen zueinander? Zeichnen Sie das Verhältnis der beiden Personen zueinander. (Abb. 9)

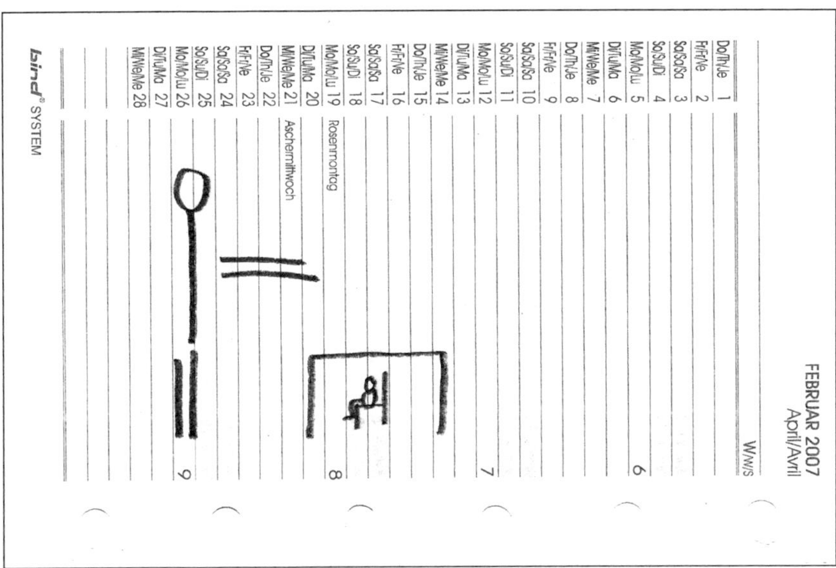

Abbildung 9

- Wie sieht die eine Person in den Augen der anderen Person aus? Zeichnen Sie, wie sich die Personen gegenseitig finden. (Abb. 10)

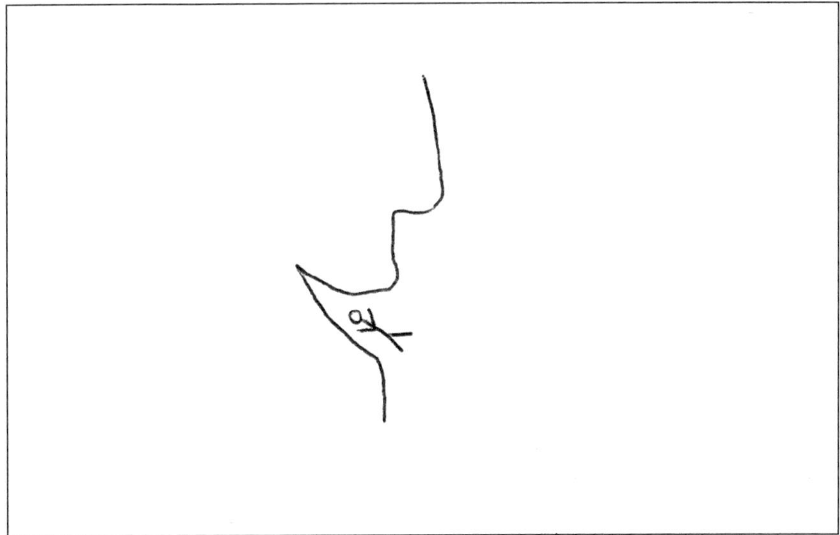

Abbildung 10

- Wenn Sie Ihre Zeichnungen betrachten, vermittelt sich, was für ein Machtverhältnis zwischen beiden Personen herrscht? Zeigt sich in den Darstellungen, wie sich die Personen fühlen? (Abb. 11)

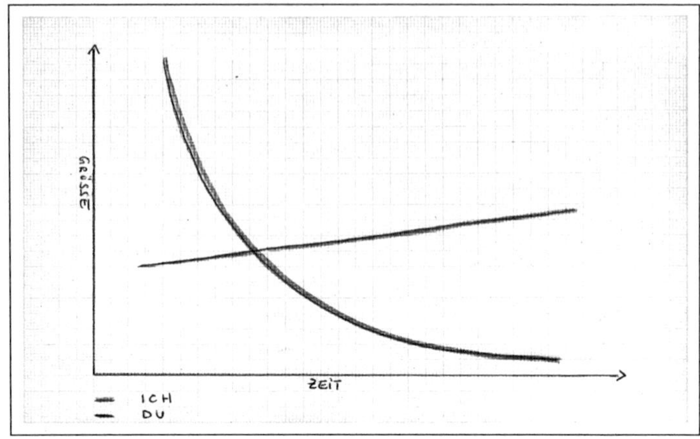

Abbildung 11

- Korrigieren Sie die Zeichnungen, wenn es nötig ist.
- Setzen Sie sich nun mit der Zeit auseinander, die in dem Spruch behandelt wird. Wie kann man Zeit darstellen? Wie stellen Sie sonst Zeit dar? (Abb. 12)

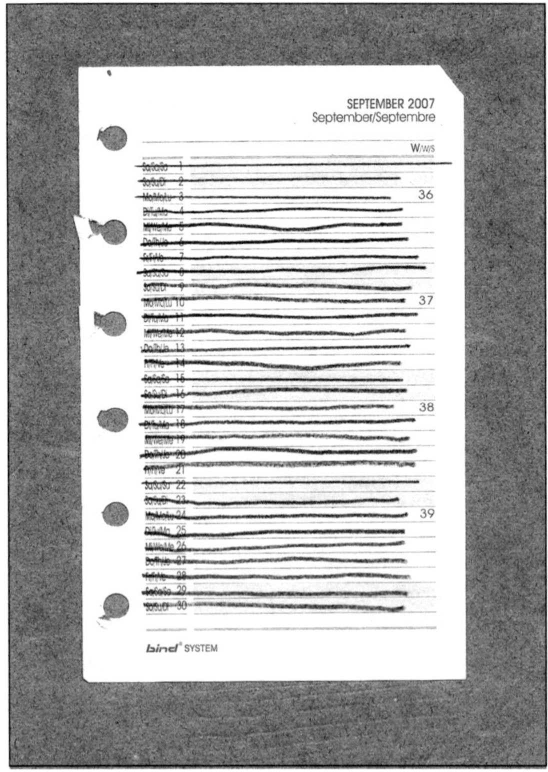

Abbildung 12

- Spielen Sie nun mit dem ganzen Satz. Wie kann man den Satz ins Bild setzen, so dass er zugleich auch Bild ist, bzw. aus den Satzteilen ein Bild entsteht? (Abb. 13)

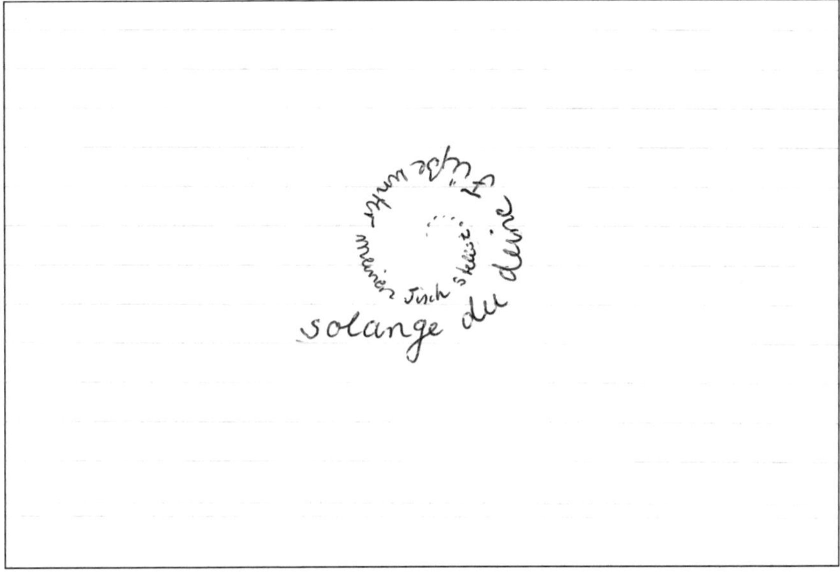

Abbildung 13

Nach der Übung kamen die Schüler zu dem Schluss, dass sie sich einerseits mächtig und andererseits klein gehalten und abhängig fühlen. Sprüche wie »Wenn du 18 Jahre alt bist …« oder »Wenn du Abitur hast …« bestimmen nach Ansicht der Schüler ihren Alltag. Im folgenden Projektabschnitt wollten sie ihre Macht und Ohnmacht fotografisch festhalten. In den Fotografien wollten sie auf der einen Seite ihre Verletzlichkeit und auf der anderen Seite ihre Überlegenheit zum Ausdruck bringen. Einführend wurde mit ihnen über inszenierte Fotografie gesprochen. Anhand von Fotoarbeiten von Cindy Sherman und Judith Samen wurde ihnen aufgezeigt, dass künstlerische Fotografien die Umwelt nicht schlicht abbilden, sondern Ergebnis einer Konstruktion sind. Der zu fotografierende Bildraum wird wie eine Bühne in Szene gesetzt: Orte werden erfunden, Kulissen werden aufgebaut und Menschen werden kostümiert (Saehrendt und Kittl 2007, 35). Wichtig ist zu betonen, dass es bei der Rezeption weniger darum ging, die Bilder der Cindy Sherman oder der Judith Samen einem historischen Kontext oder einer kunstgeschichtlichen Epoche zuzuordnen; vielmehr in diesem Moment bedeutsam war, der Frage nachzugehen, wie die beiden Künstlerinnen diese unerhört guten Bilder hergestellt haben. Bevor die Schüler mit dem Fotografieren begannen, haben sie folgendes Arbeitsblatt ausgehändigt bekommen. Das Arbeitsblatt sollte den Schülern bei der Formfindung behilflich sein:

Inszenierte Fotografie – »Solange du deine Füße unter meinen Tisch stellst ...«

Bevor Sie mit dem Fotografieren beginnen, klären Sie bitte folgende Fragen:

- Wo wollen Sie Ihre Fotos machen?
  Gibt es Orte an der Schule, die Weite bzw. Enge ausdrücken?
  Gibt es Orte an der Schule, die Macht bzw. Ohnmacht vermitteln?
  Gibt es Orte an der Schule, die Freiheit bzw. Gefangenheit präsentieren?
- Welche Haltungen wollen Sie in Ihren Fotografien ausprobieren?
  Stark, schwach, aufmüpfig, demütig, verschüchtert, selbstbewusst usw.? Wie wollen Sie diese Haltungen nicht nur darstellen, sondern versinnbildlichen?
- Wie wollen Sie aussehen? Wie wollen Sie wirken? Wollen Sie neutral, brav oder rebellisch aussehen?
  Was für Kleidung tragen Sie?
  Welche Frisur haben Sie?
  Welche Haltung nehmen Sie ein?
- Welche Dinge führen zu Hause immer wieder zum Streit?
  Aussehen? Ausgehen? Freunde? Alkohol? Schminken?
  Wie können Sie diese Aspekte im Bild thematisieren, ohne dass Sie die Gegebenheiten als Szenen eins zu eins nachstellen?

Als Räumlichkeiten standen den Schülern die Räume der Schule zur Verfügung. Als Material konnten sie benutzen: das Schulmobiliar, einen Kinderstuhl und einen Kindertisch, Bierflaschen, Schminkutensilien, Kostüme aus dem Theaterfundus, selbst mitgebrachte Kleidung, Stifte und Kreiden. Als Werkzeug wurden ihnen zwei digitale Fotokameras und ein Laptop bereitgestellt. In zwei Kleingruppen je zu fünft haben sie ihre Fotografien hergestellt.

Im Abschnitt 2.5.2 wurden Kriterien für die Beurteilung von Bildern genannt. Ein Kriterium war, dass ein gutes Bild nicht nur zu seinem Gestalter spricht, nicht allein von dessen Vorlieben kündet (Rauterberg 2007, 263), vielmehr wohnt ihm trotz aller Privatheit immer etwas Allgemeingültiges inne. Die Bedeutung eines Bildes ist eben in dem Maße von Wert, in dem sie das Denken auf viele Dinge der gleichen Art hinlenkt. Die Bedeutung des Bildes besitzt in dem Maße Wirkung, in dem sie die Betrachter, »wie ein glattes Pflaster, leicht zu vielen Orten befördert« (Dewey 1988, 107). Folglich reduziert ein gutes Bild ein Thema nicht auf persönliche Bedeutung, sondern erweitert ein Thema so, dass es für alle bzw. viele Menschen relevant ist. Allerdings sind Bedeutungsaussagen immer individualisiert. Bedeutung wird vor dem Hintergrund der eigenen Erfahrungen konstruiert. Vermittelt eine gute Darstellung auch nicht nur ein für den Autor persönlich relevantes Thema, so stellt sie doch ein Thema aus einem individuellen Blickwinkel dar. Der persönliche Blick siedelt das Thema an einem bestimmten Ort an (ebd., 108). An ihm findet die Darstellung ihren individuellen Ausdruck. Eigenart schlägt sich nieder. Enthält ein Bild keinen individuellen

Ausdruck, ist die Darstellung zwangsläufig nichts weiter als der Vertreter einer Art (Dewey 1988, 126-127) und damit als Bild bedeutungslos. In den Arbeiten der Schüler sollten Bedeutungsaussagen zum Thema »Macht bzw. Ohnmacht im Jugendalter« getroffen werden. Die in der Auseinandersetzung gewonnenen Erkenntnisse sollten in einer gestalteten Form zum Ausdruck gebracht werden. Um die Qualität der Schülerarbeiten zu beurteilen, wird nun »nach dem Grade der Übereinstimmung von Inhalt und Form gefragt [...], also nach dem, was zu sagen und zum Ausdruck zu bringen beabsichtigt wurde und dem, was tatsächlich realisiert ist« (Regel 2006, 339-340). Die Bilder (Abb. 14-24) werden folglich nun dahingehend überprüft, ob sich an ihnen Bedeutungsaussagen zum Thema »Macht bzw. Ohnmacht im Jugendalter« ablesen lassen. Betrachten wir die Darstellungen. Wodurch ist der Abschnitt des Jugendalters in den Augen der Heranwachsenden gekennzeichnet?

- Sich im Zwischenstadium befinden, weder Kind noch Erwachsener sein:

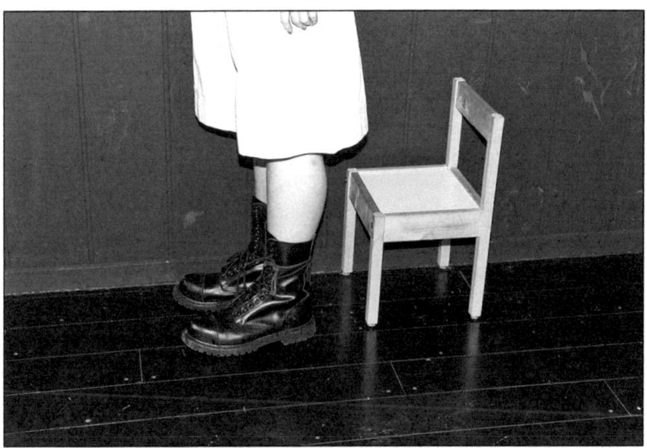

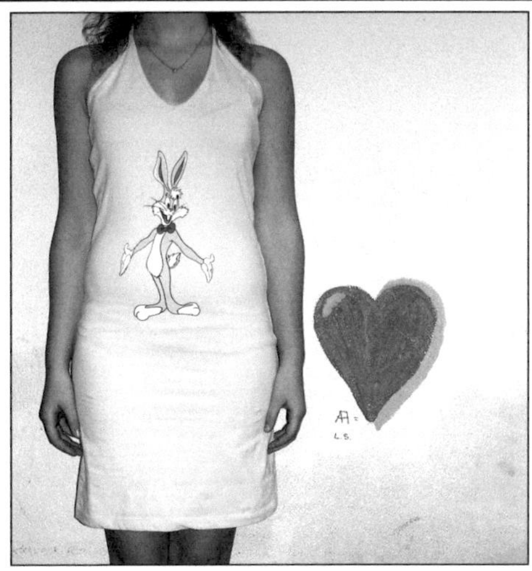

- Eine neue Rolle haben:

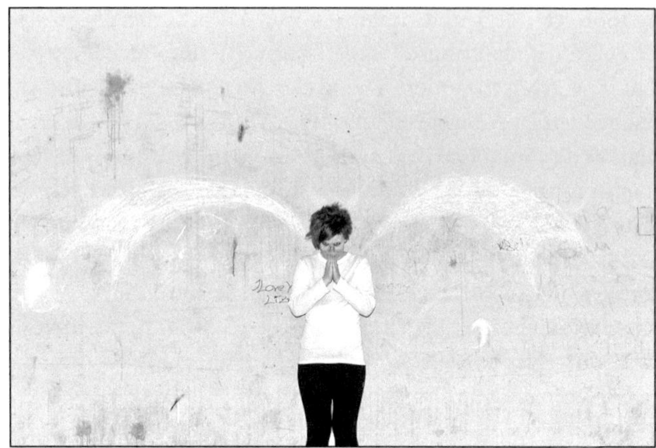

- Sich in die eigene Welt zurückgezogen haben:

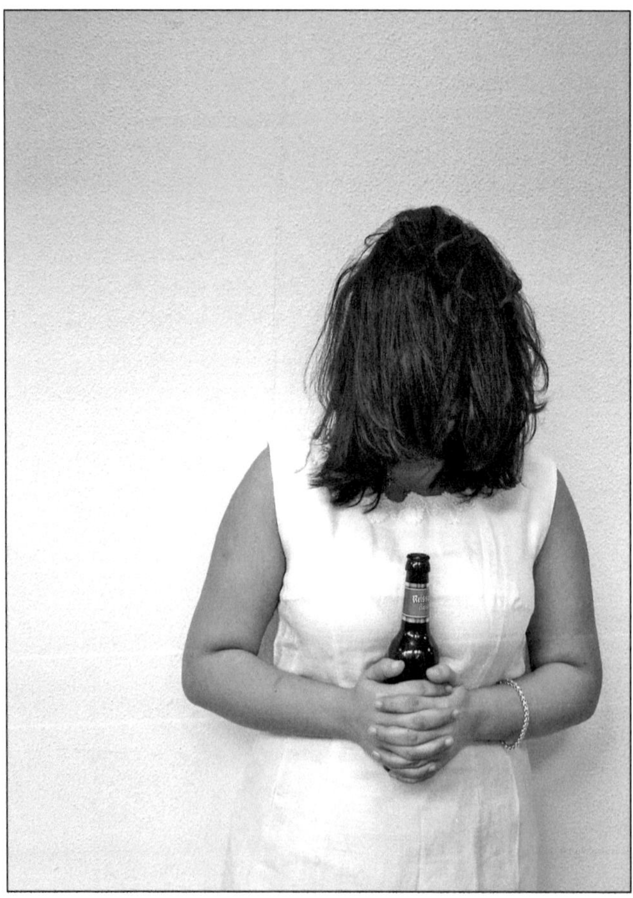

- Sich in die eigene Welt zurückgezogen haben:

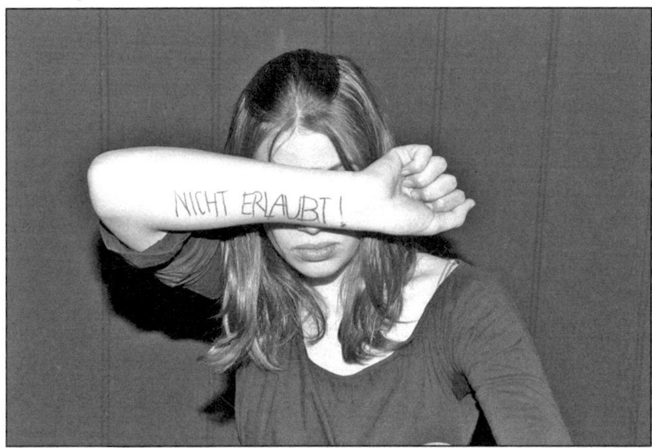

- Sich verlassen fühlen:

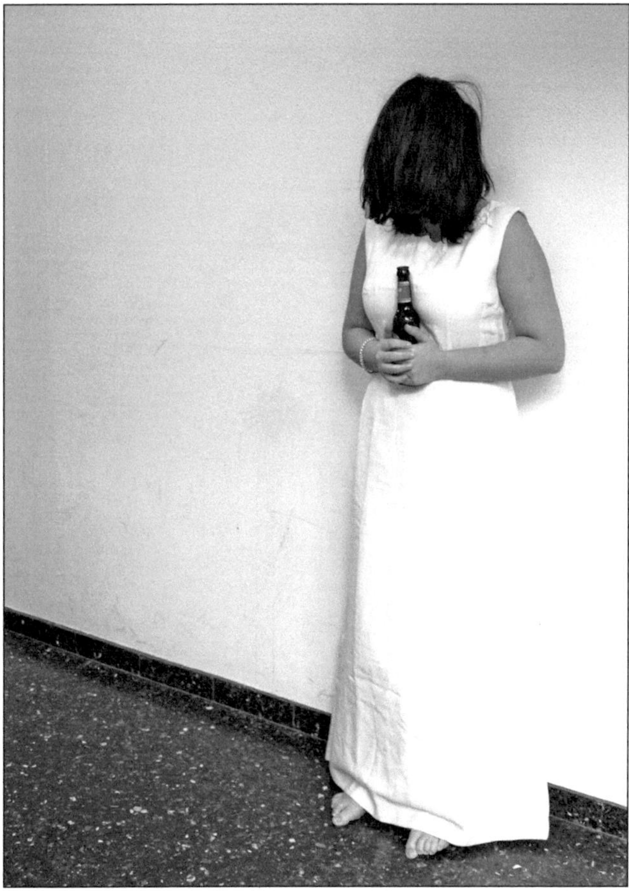

- Sich an die Wand gedrängt fühlen:

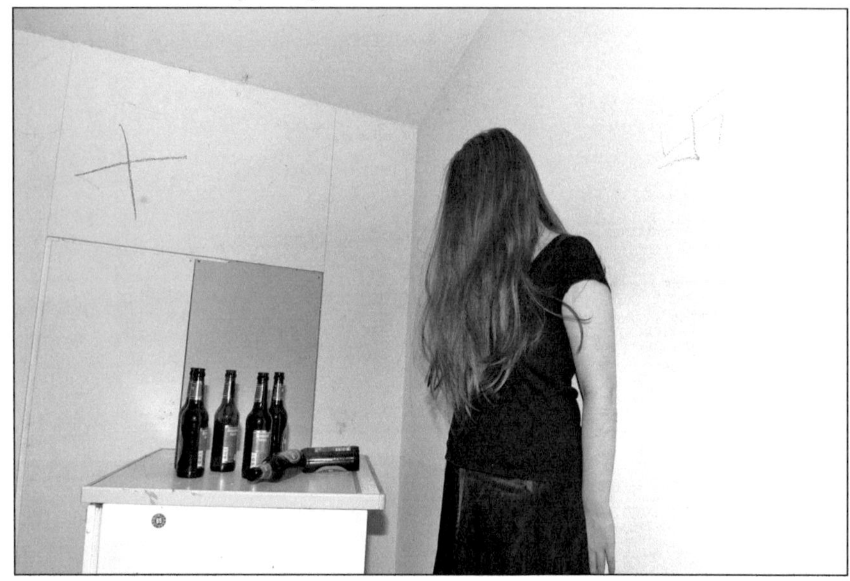

- Sich betäuben:

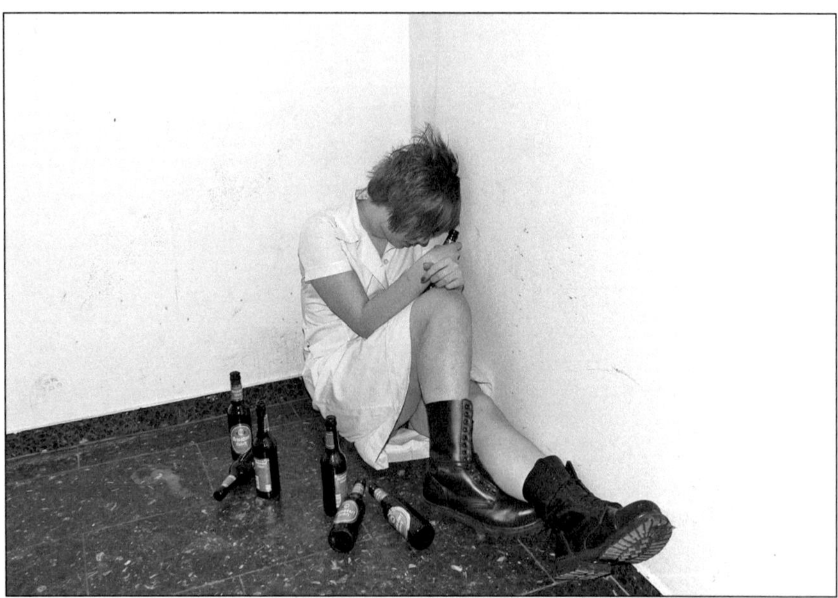

- Sich befreien:

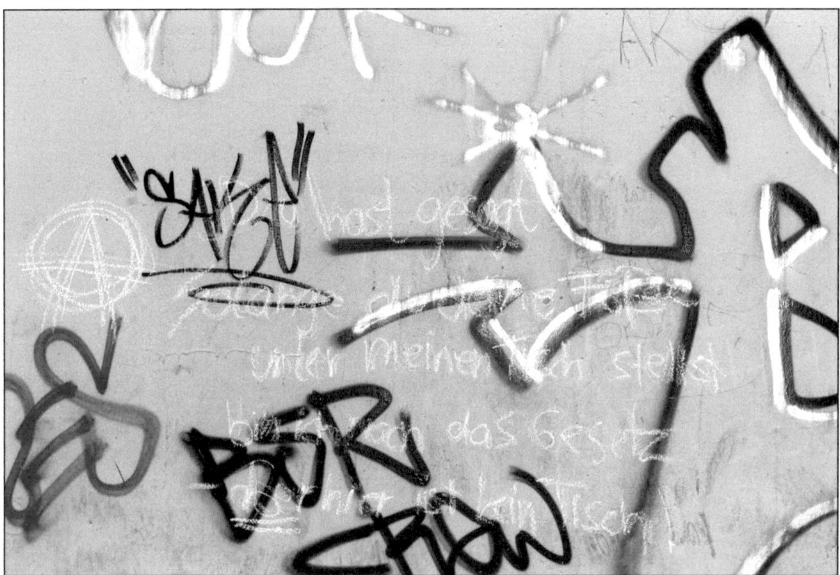

(An die mit Graffiti-Signaturen bezeichnete Wand haben die Schüler mit Kreide geschrieben: »Du hast gesagt: Solange du deine Füße unter meinen Tisch stellst, bin ich noch das Gesetz – aber hier ist kein Tisch!«)

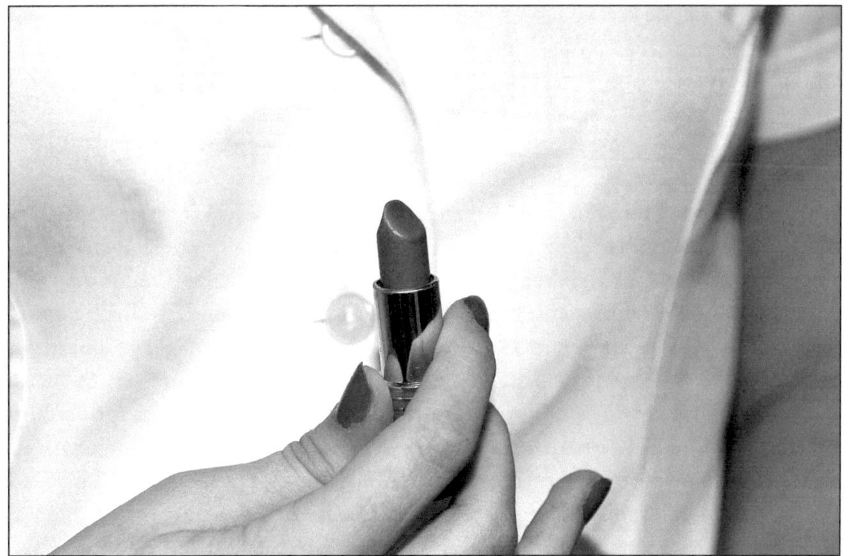

- Sich befreien:

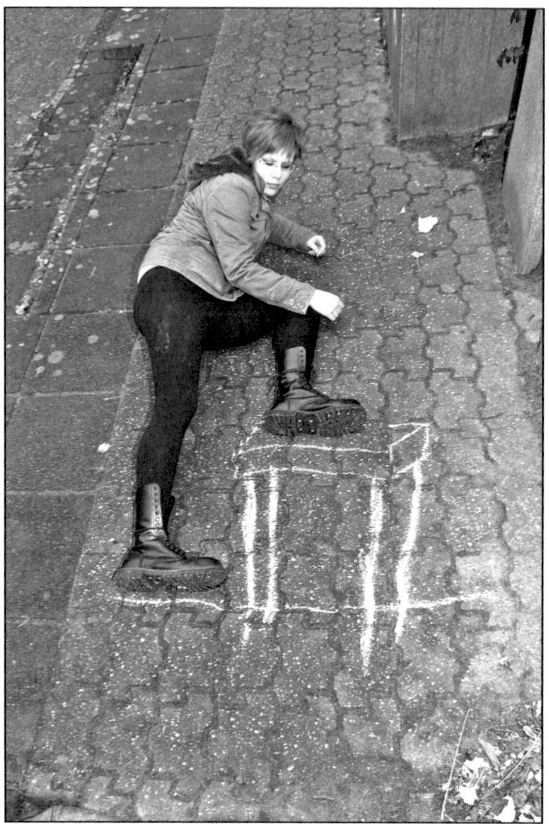

Abbildung 14-24

Die Schülerdarstellungen vom »Jugendalter« vermitteln nicht die persönlichen Probleme einer individuellen Person in der Pubertät; vielmehr zeigen sie die Aspekte, die dem Jugendalter gemein sind. Gute Bilder zeigen nicht die individuelle All- oder Ohnmacht, sondern sie vermitteln dasjenige Gefühl, das Jugendlichen gemein ist, wenn sie 16 Jahre alt sind. Die Bilder gehen über rein privatistische Darstellungen hinaus. Sind die Darstellungen auch nicht privatistisch, so sind sie doch durch die Individualität der Autoren geprägt. Die Individualität findet ihren Ausdruck in der Auswahl der Inhalte, die behandelt werden, und in der Art ihrer Umsetzung. Die Autoren haben das Thema an für sie selbst relevanten Ereignissen festgemacht. Sie haben die allgemeinen Macht- und Ohnmachtsgefühle des Jugendalters an selbstbestimmten Ereignissen dargestellt. Dadurch, dass sie die allgemeinen Aussagen an einem bestimmten, persönlich ausgewählten Ort angesiedelt haben, erhalten die Darstellungen allgemeine Bedeutung.

In dem künstlerischen Projekt haben sich die Schüler mit ihrer Lebenswelt auseinandergesetzt. Sie haben sich über ihre Einstellungen und Haltungen Klarheit verschafft. Ihre Auffassungen vom »guten und richtigen Leben« (Bockhorst 2001, 49) – in ihrer sicher für sie nicht immer als leicht empfundenen Lebenslage – haben sie reflektiert und in ihren Fotografien eindringlich zum Ausdruck gebracht. In der künstlerischen Projektarbeit haben sich die Heranwachsenden Lebenswirklichkeit angeeignet und gestaltet. Sich Lebenswelt zu eigen gemacht zu haben, wird ihnen – so wird zumindest gehofft – geholfen haben, gegenwärtig und zukünftig besser über sich und ihre Lebensführung verfügen (Fuchs 1994, 53), selbstbestimmter leben zu können.

»[In das künstlerische Projekt ist vieles eingeflossen, was dem Schüler] noch gar nicht oder nicht mehr bewusst ist, was zusammenhängt mit seinem Zeit- und Weltempfinden, mit seiner augenblicklichen Befindlichkeit, aber auch mit seinen Wertvorstellungen und seinem Bild von der Welt, vieles, was herrührt von seinen verinnerlichten Einsichten und Ansichten, von seinen Absichten und Aussichten, all das auch, was hervorgeht aus seiner ganz persönlichen Art zu sein. Kurzum: die Arbeit am Inhaltlichen der künstlerischen Tätigkeit betrifft die ganze Lebensweise des Heranwachsenden, die Intensität der Beziehungen zu seiner Lebenswirklichkeit, zu seiner natürlichen und sozialen Umwelt.« (Regel 1999, zitiert in Kettel 2008a, 297-298)

3.2.4 Künstlerische Projekte – Die Bedeutung der Lernform

Neben den Inhalten ist in künstlerischen Projekten die Handlungsebene bedeutungsvoll. Denn hier entscheidet sich, in welchem Ausmaß die Inhalte zur Bildung der Menschen beitragen: Was an und über Bilder und ihre Beziehungen zur Lebenswelt gelernt wird, hängt entscheidend davon ab, wie im Unterricht der »Stoff« behandelt wird (Heymann 1997, 28). »Das Maß der Zugänglichkeit und Wirkung steckt [eben] nicht in den Gegenständen, sondern in dem, was man [– hier ist die Lehrperson gemeint –] erreichen will und worauf man meint verzichten zu können. Ein Schulgegenstand ist das, wozu man ihn macht« (von Hentig 1999, 61). Soll im Kunstunterricht zum bildenden Umgang mit Bildern beigetragen werden, ist demzufolge von dem Pädagogen ein Bildumgang anzuregen, mit dessen Hilfe dies besonders wirksam geschieht. Kolloquien sind ein zentraler Bestandteil künstlerischer Projekte. Im Rahmen von Bildungsprozessen sind die Zusammenkunft und die Beratung der Schüler über Inhalte und deren Ausdruck wesentlich. In Kolloquien ist das Gespräch das Bildungsmittel. Im künstlerischen Projekt darf das, was der Einzelne *für wahr nimmt*, nicht ungeprüft bleiben. So werden die Bildinhalte und ihr Ausdruck im Kolloquium hinterfragt. Prüfung erfordert Abstand und Vergleich. Der persönliche Blickwinkel auf die eigene Darstellung wird erweitert, indem ihm etwas gegenübergestellt wird (ebd., 111-112). Bei den anderen Personen des Projektes wird nachgefragt: Was *nehmen* sie *für wahr*? Im künstlerischen Projekt wird durch die Ansicht der anderen eine Gewissheit oder ein Zweifel bestätigt. Über die Sache und ihren Ausdruck wird geredet. Die Bilder werden auseinandergenommen. Die Einzelteile werden befragt, auf Stimmigkeit überprüft. Das Gespräch dient dem genaueren Erkennen der Sache und ihres Ausdrucks. Das Gespräch mündet in pluralistischen – zum Teil auch widersprüchlichen – Möglichkeiten. Zu beachten gilt, dass es im künstlerischen Projekt nicht um ein einfaches Miteinander-Reden geht, denn ein schlichtes Miteinander-Reden ist noch kein Gespräch (ebd., 112). Ein Gespräch erfordert mehr als schlichte Meinungsbekundung. Es verlangt von den Einzelnen, das vorgelegte Bild vernünftig zu befragen, möglicherweise begründet anzuzweifeln, eben die eigene Sicht mit einsichtigen Argumenten zu belegen (Heymann 1997, 25). Dementsprechend ist das Gespräch durch gegenseitige Zuwendung von Personen gekennzeichnet. Im Gespräch wird auf die anderen eingegangen: Ihre Sicht auf die Dinge und deren Ausdruck werden wahr- und ernst genommen. Sie bieten Anlass für ästhetisches Denken. Im Kolloquium präsentierten die Schüler ihre mehr oder weniger fertigen Bilder den anderen Teilnehmern. Das Gespräch wurde üblicherweise mit der Frage »Wie findet ihr das Bild?« eröffnet. Von »Toll!«, »Öde«, »Ganz interessant, aber ...« bis zu einer ausführlichen Rückmeldung waren alle Antworten gestattet. An die ersten Eindrücke und Geschmacksurteile der Schüler schloss sich eine ausführliche Bildbesprechung an. Bei der Unterredung bestand die Aufgabe der Projektleitung darin, die Schüler miteinander ins Gespräch zu bringen und das Gespräch fragend zu moderieren. So hat sie vorrangig zugehört, wie die jeweilige Schülerarbeit in Einzelteile zerlegt, gelobt und kritisiert, verstanden oder eben missverstanden wurde. Durch Gedankenanstöße hat sie kritisches Hinterfragen des Inhalts ebenso wie der Form angeregt. Durch Impulse hat sie die Schüler dabei unterstützt, ihren Gesprächsanlass – den Gegenstand und seinen Ausdruck – nicht aus den Augen zu verlieren. Mit anderen Worten, sie hat die Lernenden immer wieder angeregt, die Intention des Bildes aufzuspüren und das Dargestellte an der mit dem Werk verfolgten Absicht zu messen und Verbesserungsmöglichkeiten aufzuzeigen (Zeh 2003, 8).

»[Im Kolloquium wurde nachgefragt,] was es denn gerade sei, was man da genau täte, und warum denn so und nicht anders [...] Alles wurde radikal hinterfragt. Manchmal war das recht hart, aber so konnten Dinge geklärt werden.« (Samen 2007, o.n.A.)

Im zweiten künstlerischen Projektabschnitt »Nichts schmeckt so gut, wie dünn zu sein« beschäftigten sich die Schüler mit Essen und seiner Bedeutung im Alltag. Im Gespräch kristallisierten sich zwei für die Schüler relevante Themen heraus: die gemeinsamen Mahlzeiten im Elternhaus und das eigene Essverhalten. Von den Heranwachsenden wird das gemeinsame Essen im Elternhaus oftmals als Pflichtritual empfunden. Die Frage bei der Mahlzeit, wie es in der Schule war, kommt ihnen wie ein Verhör vor, das bei ihnen das Verlangen nach Flucht auslöst. Das gemeinsame Essen ist für sie in der Regel eine lästige Pflicht. Sie schlingen ihr Essen hinunter. Oft kommt es auch vor, dass sie den Tisch verlassen, ihren Teller nehmen und fernsehen gehen. Die gemeinsame Mahlzeit aller Familienangehörigen stellt eine Ausnahme dar. Nur eine Schülerin erklärte, dass das gemeinsame Essen durchaus etwas Verbindendes hat, man durch Essen im Familienkreis Zuwendung erfahren kann. Des Weiteren zeigte sich im Gespräch, dass die Schüler oftmals mit ihrer Figur und ihrem Körpergewicht unzufrieden sind. Zu viel Gewicht stellt für sie eine Bedrohung dar, der sie dadurch, wenig zu essen, zu begegnen versuchen. Sie haben den Wunsch, Kontrolle über die Menge von Essen, das sie konsumieren, zu erlangen. Durch kontrolliertes Essverhalten versuchen sie, ihr Körperbild zu beeinflussen. Nach dem Gespräch wurden die Schüler aufgefordert, ihre Gedanken zum Thema »Essen« und zu seiner Bedeutung im Alltag in Sprüchen auf den Punkt zu bringen. In ihren Sprüchen sollten sie Position beziehen. Die prägnantesten Sprüche sollten später auf T-Shirts gedruckt werden.

Dem zweiten Projektabschnitt lag ein erweiterter Bildbegriff zu Grunde. Dieser musste den Schülern zunächst erschlossen werden. Ihnen wurde vermittelt, dass das »Bild« sich nicht beschränken lässt auf von Menschen professionell oder privat bildnerisch hergestellte, materialisierte oder virtuell verbreitete Darstellungen – wie Gemälde, Drucke, Fotografien, Computergrafiken, Plastiken, Skulpturen, Objekte, Filme, Videos, Computeranimationen usw. Auch Handlungsräume und Handlungen vermitteln im Anblick Bilder.

Betrachten Sie die Einrichtung der Zimmer: Was Sie erblicken, sind Bilder. Oder richten Sie Ihre Aufmerksamkeit auf die Haltung, die die Personen einnehmen: Was Sie wahrnehmen, sind Bilder. (Nach Pazzini 1986, 22) (Abb. 25 und 26)

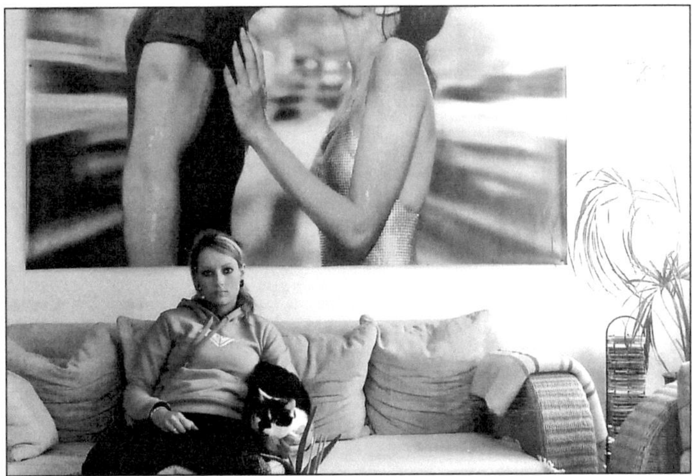

Abbildung 25

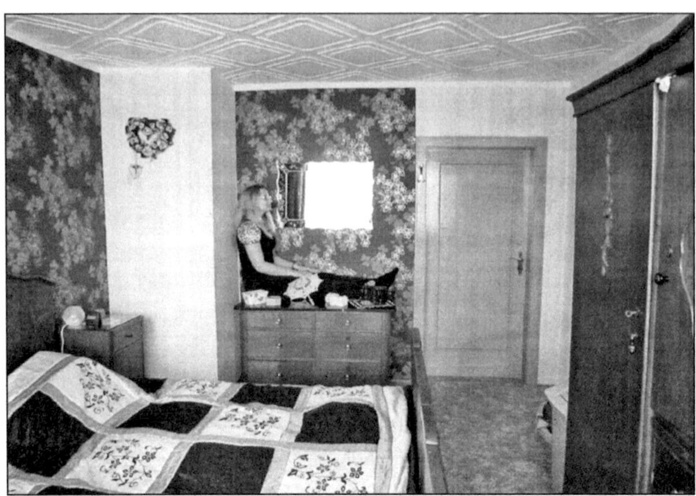

Abbildung 26

Bei der Bildanalyse gewannen die Schüler ein Verständnis davon, dass auch Lebensweisen und Lebensformen in Bildern präsentiert, repräsentiert werden (Otto und Otto 1987, 20). Ihnen wurde deutlich, dass heutzutage unter dem Begriff »Bild« weitreichend all das verstanden wird, was vorrangig visuell wahrgenommen wird: Objekte, Prozesse und Situationen (Niehoff 2006, 240). Im nächsten Schritt wurde ihnen aufgezeigt, dass Menschen nicht nur von Bildern umgeben sind, sondern dass sich auch ihr Denken in Bildern vollzieht. Der Mensch macht sich ein Bild, wenn er sich an etwas erinnert. Er entwirft »unstoffliche« Bilder, wenn er sich etwas vorstellt: Die Vorstellungskraft arbeitet als Einbildungskraft mit Bildern (Garlichs 1993, 85).

Im zweiten Projektabschnitt wurde sich zunächst auf immaterielle Bilder bezogen. Die Schüler wurden aufgefordert, ihre Gedanken zum Thema »Essen« und zu seiner Bedeutung im Alltag in verbalsprachlichen Bildern – Sprüchen – auf den Punkt zu bringen. Bei der Spruchfindung sollte von den Heranwachsenden nicht auf geläufige Ausdrucksweisen zurückgegriffen werden. Abgedroschene Sprüche, also überbeanspruchte und damit verschlissene Bilder, sollten vermieden werden. Es kam darauf an, eigene Bilder zu finden. Ziel war, in den verbalsprachlichen Bildern die eigene Sicht auf sich und die Welt zum Ausdruck zu bringen. Im Gespräch hatten sich, wie weiter oben dargestellt wurde, drei Themenschwerpunkte herausgebildet. Diese wurden von den Schülern u.a. wie folgt »vergegenständlicht«:

- Dass die gemeinsame Mahlzeit eine Ausnahme darstellt, sogar oftmals als Last empfunden wird, vermittelt sich in den folgenden Erklärungen der Schüler:
  - »Wir sitzen nie zusammen. Außer mal sonntags.«
  - »Wenn wir zusammen am Tisch sitzen, gibt es eh' nur Streit.«

- »Am liebsten esse ich allein vor dem Computer.«
- Dass Liebe durch den Magen geht, zeigt sich in dem Spruch:
- »Wenn ich krank bin, kocht meine Mama mir Kartoffelbrei.«

- Und dass das eigene Essen stark kontrolliert wird, wurde von den Schülern folgendermaßen auf den Punkt gebracht:
  - »Ich habe begriffen, dass Übergewicht unerwünscht ist.«
  - »Sie fragt mich: ›Wann hast du das letzte Mal etwas gegessen?‹«
  - »Ich esse immer halb so viel wie meine Freundin.«
  - »Ich esse nie etwas, wenn mein Freund dabei ist.«

Im Anschluss sollten die verbalsprachlichen Bilder in einer ihnen angemessenen Form realisiert werden. Adäquat erschien, die Sprüche auf T-Shirts als Bildträger drucken zu lassen. Dass damit eine Übereinstimmung von Inhalt und Form gewährleistet ist, wurde mit den Schülern erörtert.

»Heutzutage hat fast jeder Mensch ein T-Shirt mit einem Spruch auf der Brust. Da gibt es ›Jesus liebt Euch alle‹ von brasilianischen Fußballern, ›Heute Nacht bin ich Single‹ von hoffnungsvollen Fremdgängern und natürlich das unvermeidliche Modell ›Bier formte diesen Körper‹.« (Schmieder 2008, 1)

In unserer Gesellschaft sind T-Shirts als Bildträger alltäglich. Neben Sprüchen werden Markenzeichen und Bilder aller Art auf ihnen abgebildet. (Auf die beiden Letzteren wurde und wird auch hier nicht näher eingegangen.) Die Sprüche dienen auf dem Kleidungstück nicht vorrangig dem Schmuck. Ihre Funktion ist vielmehr, Bekenntnisse des Trägers zur Schau zu stellen. Mit ihnen offenbart sich der Mensch. Er gibt sich als Zugehöriger einer Gruppe zu erkennen.

»Ein Leitmotiv der Popbekleidung ist das T-Shirt [...] Das Bekleidungsstück der Informationsgesellschaft bietet auf Brust und Rücken Werbeflächen für ethnische, erotische und politische Appelle der Trägerin bzw. des Trägers.« (Wyss 1997, zitiert in Friebe und Passig 2004, o.n.A.)

T-Shirts mit Sprüchen werden als Mittel zur Selbstdarstellung benutzt. An ihnen lässt sich ablesen, wie der Träger gern sein oder zumindest wie er gesehen werden möchte (Billmayer 2010, 3).

»Wer ein bedrucktes Shirt trägt, will entziffert werden, will signalisieren, wes Geistes Kind er ist, will sichtbar machen, was ihm eben nicht ins Gesicht geschrieben steht.« (Schulze 2009, 1)

Auch die bedruckten T-Shirts der Schüler sollten dazu dienen, bisher nicht Gesagtes sichtbar und damit für andere wahrnehmbar zu machen. Die Sprüche der

Schüler waren heikel. Sie tun kund, was sonst verschwiegen wird. Mit ihrer Platzierung auf den T-Shirts wird nun das Nichtgesagte öffentlich. Würde die Person ihr Shirt tragen, würde sie sich outen: Für andere wäre ersichtlich, dass sie sich einsam fühlt, sich als hässlich empfindet oder essgestört ist. Da die Sprüche sehr persönliche Dinge verraten, würde es Mut erfordern, sie in der Öffentlichkeit anzuziehen. Menschen, die Probleme mit sich oder mit Familienangehörigen haben, gehen mit ihren Problemen in der Regel nicht hausieren. Aus Scham wird das, was einen »verfolgt«, verheimlicht. Über die eigenen Schwierigkeiten wird nicht in der Öffentlichkeit gesprochen. Der Kummer wird in sich hineingefressen. Was einem weh tut und die Tatsache, dass es einem schlecht geht, wird nicht nach außen getragen. Das eigene Leid wird heruntergeschluckt. Es ist für die Menschen aus dem persönlichen Umfeld nicht direkt fassbar.

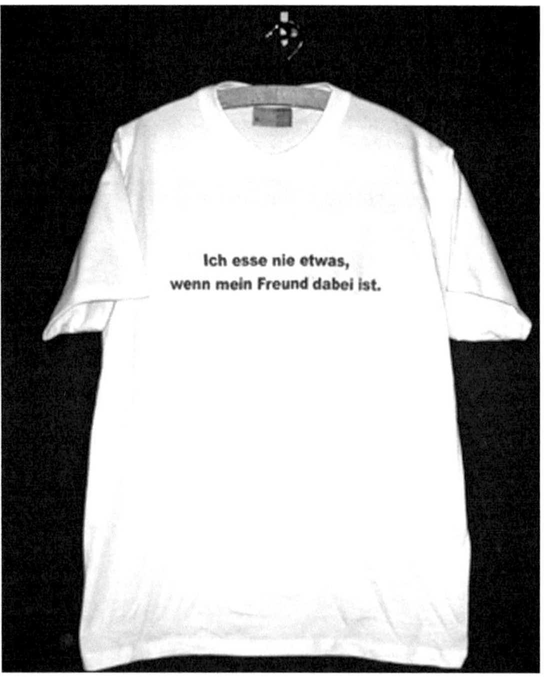

Abbildung 27

In dem künstlerischen Projekt sind die sonst von außen nicht sichtbaren Eindrücke und Gedanken der Schüler zum Ausdruck gebracht worden. Unverhüllt sind sie auf den T-Shirts abgebildet und damit für Außenstehende einsehbar. Da die T-Shirts aber nicht von den Schülern getragen, sondern allein auf Kleiderbügeln präsentiert wurden, konnte der Betrachter nicht zuordnen, von wem die Sprüche stammen. So erfuhr er zwar, dass diese Gedanken die Heranwachsenden bestimmen, aber er konnte sie nicht den einzelnen Jugendlichen zurechnen. Die Privatsphäre des Einzelnen blieb erhalten. So erreichten die Schüler mit ihren künstlerischen Arbeiten zweierlei: Neben der Wahrnehmung ihrer tatsächlichen Probleme gelang es ihnen darüber hinaus – unterschwellig – zu vermitteln, dass ihnen ein Sich-Outen aus Scham nicht möglich ist, dass sie mit ihren Problemen allein dastehen. So kann gesagt werden, dass durch die Präsentation der T-Shirts erreicht wurde, die Betrachter zum einen für die Probleme der Jugendlichen und zum anderen für deren Umgang mit diesen zu sensibilisieren (Abb. 27 und 28).

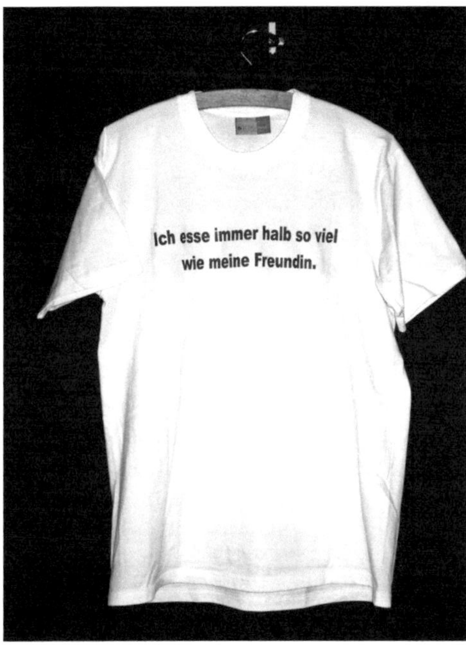

Abbildung 28

In dem künstlerischen Projekt haben die Schüler Bilder als Mittler zwischen sich und der Welt kennengelernt. Die Heranwachsenden haben erfahren, dass das Bild ihnen als Medium zur »Bewältigung« und »Erzeugung« von Wirklichkeit dienen kann (Billmayer 1999, 6). Das heißt, sie haben gelernt, dass bildsprachliche Kompetenz sie zur Aneignung und Gestaltung von Lebenswirklichkeit befähigt.

»Gestalterische Kompetenz erweist sich hier darin, wie Klee es ausdrückte, das Unsichtbare sichtbar zu machen. Dabei wird die ganze Vielfalt psychisch-geistiger Inhalte im Erleben integriert, damit für die Formgebung aufbereitet und dann schließlich in einer materialisierten gestalteten Form realisiert.« (Regel 2006, 341)

(Dass das T-Shirt als Bildträger auch in der Kunst Verwendung findet, darauf soll hier nur kurz hingewiesen werden. Im Bielefelder Kunstverein präsentierten im Jahr 2009 unter dem Titel »Mehr als ein T-Shirt« 25 Künstler ihre Werke.)

Im letzten Projektabschnitt »Bei Mahlzeiten eine Maske aufhaben« haben sich die Schüler mit Masken beschäftigt. Sich mit Masken bzw. mit Maskierungen zu befassen, ergab sich aus den zuvor stattgefundenen Gesprächen. Von den Jugendlichen wurde die gemeinsame Mahlzeit als Bühne beschrieben, auf der sie den Blicken der anderen ausgesetzt sind. Um sich den Erwartungen und dem Urteil der anderen zu entziehen, setzen sie bei Tisch eine Maske auf. Zunächst haben sich die Schüler mit der Bedeutung von Masken im Leben auseinandergesetzt. Mit ihrer Hilfe kann man seine wahren Gefühle und Gedanken vor der Umwelt verbergen. Sie ermöglichen es einem, sich hinter ihnen zu verstecken aus Angst, als das erkannt zu werden, was man wirklich ist. Masken bieten Schutz. Sie helfen einem, sich so zu zeigen, wie man meint, dass es von einem erwartet wird. Sich hinter Masken verstecken, durch eine Maske nicht erkannt werden wollen, mehrere Gesichter haben oder ein anderes Gesicht aufsetzen waren u.a. Aspekte, die künstlerisch mit Hilfe der inszenierten Fotografie ins Bild gesetzt werden sollten. Nach der inhaltlichen Auseinandersetzung haben sich die Schüler den Formen von Masken zugewandt. Sie haben sich mit unterschiedlichen Masken beschäftigt, ihren Ausdruck reflektiert. Für ihre eigene künstlerisch-praktische Arbeit haben sich die Schüler für zwei Maskentypen entschieden: Sie haben Masken aus vergrößerten Portraitfotografien und ganz einfach gezeichnete schematische Masken hergestellt. Als Räumlichkeiten standen den Schülern abermals die Räume der Schule zur Verfügung. Als Material konnten sie benutzen: das Schulmobiliar, Geschirr und Besteck, eine Papiertischdecke, zuvor selbst gezeichnete Lebensmittel und die im vorangegangenen Projektabschnitt hergestellten T-Shirts. Als Werkzeug wurden ihnen wieder zwei digitale Fotokameras und ein Laptop bereitgestellt. In zwei Kleingruppen je zu fünft haben sie ihre Fotografien gemacht (Abb. 29-35).

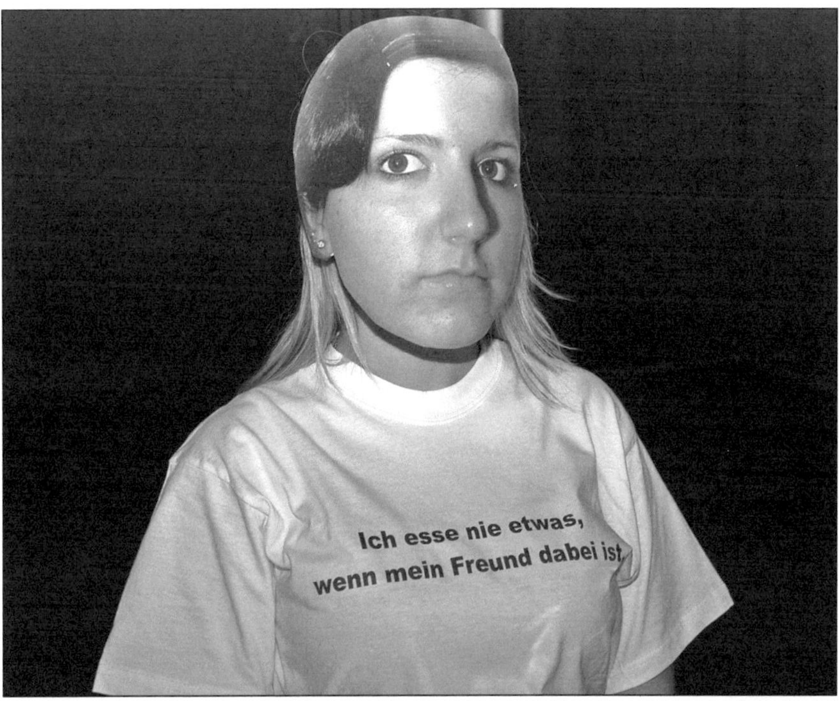
Ich esse nie etwas,
wenn mein Freund dabei ist.

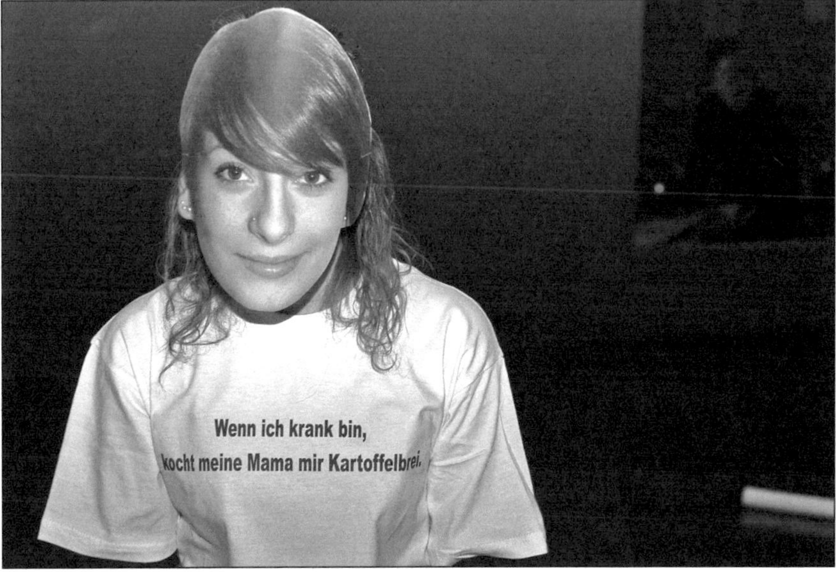
Wenn ich krank bin,
kocht meine Mama mir Kartoffelbrei.

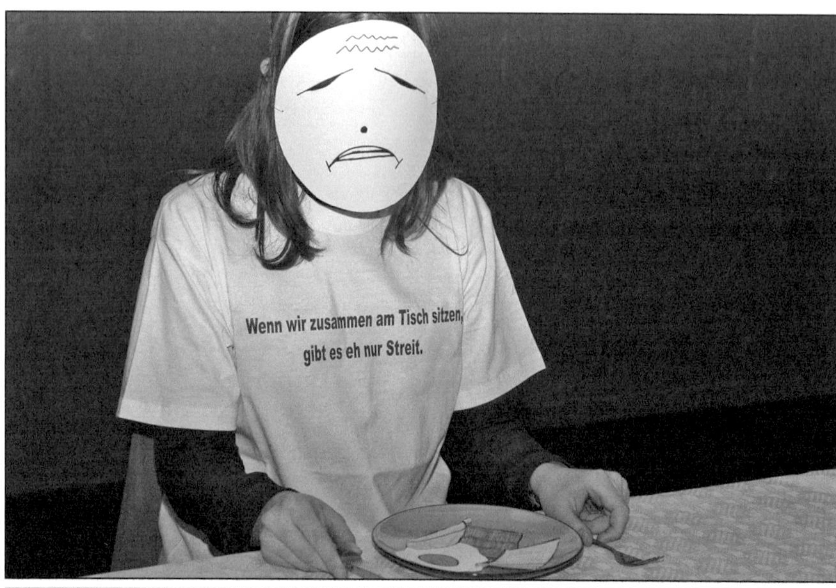
Wenn wir zusammen am Tisch sitzen,
gibt es eh nur Streit.

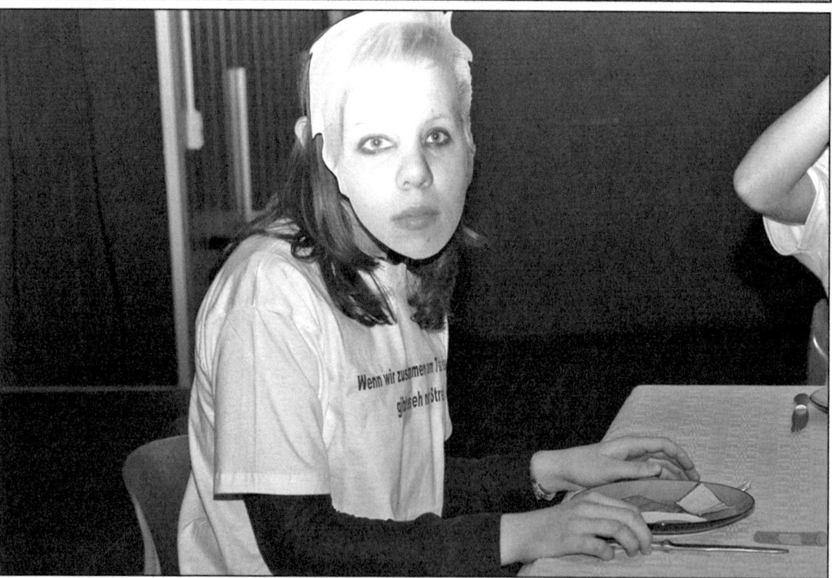

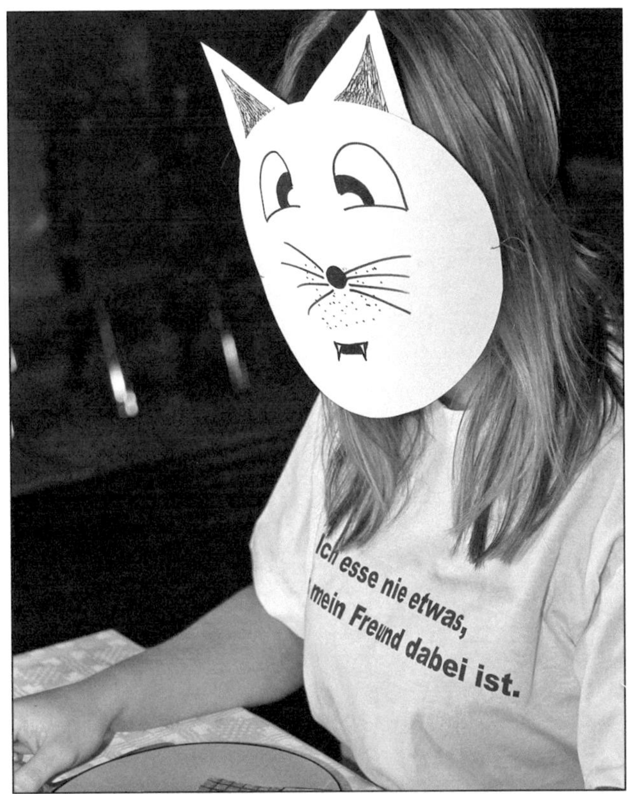
Ich esse nie etwas,
mein Freund dabei ist.

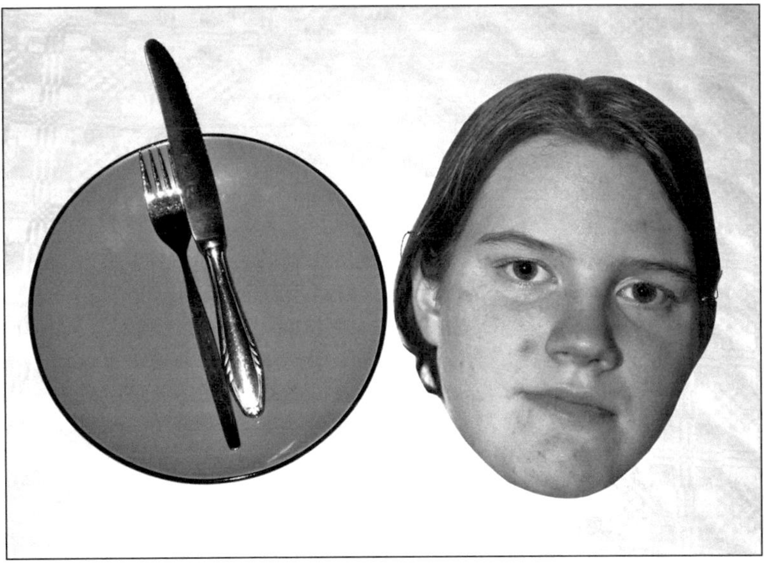

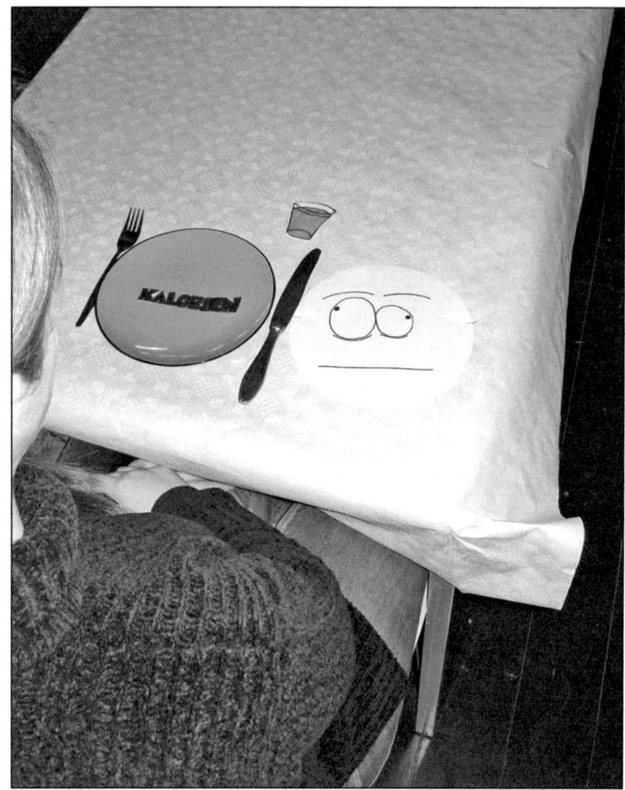

Abbildung 29-35

Der Vollständigkeit halber soll noch kurz erwähnt werden, dass die Schüler abschließend – im Bistro der Schule während der Pause – ein sogenanntes *tableau vivant* durchgeführt haben. Hinter Masken versteckt, mit den bedruckten T-Shirts bekleidet, haben sie sich selbst ausgestellt, sich den anderen Schülern der Schule stumm als lebendiges Bild präsentiert.

In dem künstlerischen Projekt haben sich die Schüler mit Bildern beschäftigt, die sich auf Wirklichkeit beziehen, auf die Wirklichkeit, in der sie leben, in der sie handeln und die sie sich wünschen. Sie haben Bilder als Medien der Erkenntnis, der Information und der Aufklärung kennengelernt (Otto und Otto 1987, 20). In dem künstlerischen Projekt haben die Heranwachsenden im Bildumgang sich selbst und ihre Lebenswelt betreffende Erkenntnisse gewonnen, die ihnen auch bei der Bewältigung von Anforderungen und Problemen in außerkünstlerischen Bereichen – im Leben – zu Gute kommen (Regel 2006, 338). Das heißt, bei den Schülern hat sich über die Werkdarstellung hinaus ein Bildungsprozess in Gang gesetzt.

3.2.5 Die Bildungswirkung künstlerischer Projekte

Das Besondere an künstlerischen Projekten ist: Was in dem künstlerischen Projekt von den Schülern erforscht, besprochen – und letztlich gelernt – wird, hängt von den Interessen und Fragen der Heranwachsenden ab. Stammt auch die Idee für das künstlerische Projekt von der Lehrperson, so ist das künstlerische Projekt selbst vor allem durch Selbstbildungsprozesse gekennzeichnet: In Aneignungs- und Gestaltungsprozessen setzen sich die Teilnehmer selbstbestimmt, eigeninitiativ, bedürfnisorientiert und interessengeleitet mit der im Thema enthaltenen Wirklichkeit und sich selbst auseinander. Künstlerischen Projekten liegt demnach stets ein konstruktivistisches Lernkonzept zu Grunde:

»Die Lernenden sind aktiv und regulieren den Zugang zum Wissen. Wissen wird in den Köpfen der Lernenden hergestellt. Das Lernen ist ein selbstgesteuerter und sozialer Prozess.« (Röll 2002, 15)

Nachdem den Schülern im künstlerischen Projekt vielfältige Bezüge des Themas vermittelt worden waren, mussten sie sich überlegen, was umzusetzen sie reizt, und welche Arbeitsschritte sich aus ihrem künstlerischen Vorhaben ergeben. Ausgehend von ihren Darstellungsabsichten mussten sie angemessene Darstellungsweisen finden (Buschkühle o.n.A., 9). Sie hatten sich zu fragen, mit welchen Inhalten sie sich noch näher beschäftigen müssen. Sie mussten klären, wie sie sich Information beschaffen wollen. Sie waren gefordert sich zu entscheiden, wie sie sich ihrem Thema künstlerisch-praktisch nähern und wie sie es umsetzen wollen. Sie mussten feststellen, welche praktischen Aufgaben sich aus ihrem Gestaltungswunsch ergeben und wie sie diese lösen können. Sie hatten zu überprüfen, welche Fertigkeiten sie erst noch erwerben müssen oder aber, welche Arbeitsschritte sie abgeben können. Im Arbeitsprozess waren sie aufgefordert, ihre Inhalte und deren Ausdruck kontinuierlich zu hinterfragen. Gestalten erfordert harte Arbeit.

»Wenn das Resultat überzeugen soll, dann geht es im Gestaltungsprozess nicht ohne Mühe ab. Da ist voller Einsatz und höchste Anstrengung im Sinne der Beteiligung der ganzen Persönlichkeit gefordert.« (Regel 2004c, 43)

Unbestritten ist: Die Anforderungen sind hoch, die ein künstlerisches Projekt an den Einzelnen stellt. Doch im Rahmen von Bildungsprozessen gilt: Nur wenn sich der Mensch unterschiedlichen Herausforderungen stellt und sich in vielfältigen Zusammenhängen erprobt, lernt er. Weil die Lernsituation im künstlerischen Projekt durch die Weite der inhaltlichen Bezüge komplex ist, bildet sich der Mensch umfassend; weil die Lernsituation durch die Komplexität der geistigen Aktivitäten anspruchsvoll ist, qualifiziert er sich mehrfach. Durch die »Einübung von Selbstständigkeit und Selbstverantwortlichkeit von Wahrnehmungsleistungen, Bedeutungserzeugungen und Handlungsentwürfen« (Buschkühle o.n.A., 2) wird beim Menschen Wahrnehmungsfähigkeit für komplexe soziale Zusammenhänge entwickelt, Urteilsvermögen gestärkt, das Selbst entfaltet, Identität gefunden und die aktive und verantwortliche Mitgestaltung der Gesellschaft angeregt.

»[Der dem künstlerischen Projekt zu Grunde liegende Bildungsbegriff ist weitreichend. Die angestrebte Bildung ist hier] mehr als eine Menge an Information und Wissen. Sie ist die Fähigkeit, die Komplexität gesellschaftlicher Prozesse bewerten und sich darin als handelndes Subjekt zufrieden und mitgestaltend verhalten zu können. Sie ist selbst Lebensform, die dem Einzelnen Teilhabe an sozialen, kulturellen und politischen Prozessen ermöglicht und als kulturelle Bildung sich in besonderer Weise auf die Wahrnehmung und ästhetisch-künstlerische Gestaltung des In-der-Welt-Seins bezieht.« (Bockhorst 2001, 51)

Künstlerische Projekte tragen zur umfassenden Persönlichkeitsbildung bei und entwickeln beim Menschen gesellschaftliche Handlungskompetenz (Lammert 1991, 261). Sie befähigen die Teilnehmer zur einsichtigen, verantwortungsbewussten und sinnorientierten Selbst- und Wirklichkeitsgestaltung. So kann bildsprachliche Kompetenz als Teil einer allgemeinen kulturellen Kompetenz beschrieben werden. Als so verstandene sollte sie den kunstpädagogischen Alltag bestimmen, denn als solche hat sie bildungspolitisch Gewicht.

4. Leipziger Allerlei und Kunstpädagogik

Legler hat beim kunstpädagogischen Generationengespräch 2003 in München eine Vielfalt der Positionen der Kunstpädagogik wahrgenommen (2004, 139). Betrachtet Legler auch die Vielfalt der Positionen des Faches durchaus als eine Qualität, so hat ihn der mangelnde Austausch zwischen den Fachvertretern beunruhigt. Es sei dringend geboten, Ordnung in die Diskurse zu bringen. In Anlehnung an den der Münchner Tagung folgenden Tagungsort Leipzig gibt er den Fachvertretern der Kunstpädagogik folgende Empfehlung: Möge man sich den Ort Leipzig zum Vorbild nehmen, »wo man es – zumindest kulinarisch – seit jeher versteht, ohne das aus der Vielfalt der Zutaten resultierende Spektrum geschmacklicher Nuancen zu einem ›Einheitsbrei‹ zu vermischen, aus einem ›Allerlei‹ ein köstliches Ganzes zu komponieren« (ebd., 143). Und er führt aus, dass sich das »Leipziger Allerlei« in seiner edleren Form eben nicht nur auf Gemüse beschränkt, sondern Morcheln, Krebsscheren und -schwänze sowie kleine Semmelklößchen enthält und mit Sahne-Krebssauce serviert wird.

Mag Vielfalt auch wunderbar sein, für sich genommen bedeutet sie nichts. Denn automatisch wird aus einem Eintopf durch die Zugabe raffinierter Zutaten kein Leckerbissen. Erhofft auch jeder fortgeschrittene Hobbykoch, durch das Beifügen exquisiter Zutaten sich zu profilieren, dem Eintopf muss das nicht unbedingt zuträglich sein. So erklärt Siebeck, dass aus einem deftigen Arme-Leute-Essen nicht gewaltsam ein extravagantes Mahl gemacht werden sollte (2007, 48). Vielmehr käme es für die Güte des Eintopfes darauf an, beim Einkauf auf die Qualität der Grundzutaten zu achten: Blumenkohl, Kohlrabi, Möhren und Erbsen vom Biobauern sind Gemüsen aus dem Supermarkt vorzuziehen, denn sie sind von Schadstoffen unbelasteter und darum gesünder und schmecken besser. Das heißt, bestimmend für das Essen ist nicht die Vielfalt der Zutaten, sondern ihre Qualität.

Was aber heißt das für die Kunstpädagogik? Vielfalt ist auch im Rahmen von Bildungsdiskussionen nur lobenswert, wenn sichergestellt ist, dass jeder einzelne kunstpädagogische Ansatz dem allgemeinen Bildungsauftrag gerecht wird. So muss es zunächst und vorrangig darum gehen zu prüfen, ob der allgemeine Auftrag der öffentlichen Pädagogik, »der nächsten Generation zu helfen, in der Welt, in der sie lebt, erwachsen zu werden« (von Hentig 1985a, 18) in den einzelnen kunstpädagogischen Positionen erfüllt wird. Nachgefragt werden muss, ob der von den einzelnen Positionen vertretene Unterricht den Schülern »ein sinnvolles Fundament für ihre gegenwärtige und künftige Lebensführung« bietet, indem er ihnen »Erfahrungen mit den Möglichkeiten der menschlichen Kultur und des menschlichen Zusammenlebens erschließt« (Liebau 2007, 87). Die Prüfung ist erforderlich, ist doch jeder Fachunterricht verpflichtet, allgemeinen Bildungszielen nachzukommen (Schnurr 2008, 199), steht doch jedes Schulfach in der Verantwortung, zur Allgemeinbildung seiner Schüler beizutragen (Heymann 1997, 9). Demgemäß gilt: Erst wenn der Bildungsauftrag grundsätzlich erfüllt ist, kann und darf mit der Verfeinerung der Positionen fortgefahren werden. Um dem Auftrag gerecht zu werden, müssen zunächst die Grundzutaten des Bildungsauftrags herausgearbeitet werden.

4.1 Die Sachen klären, die Menschen stärken

Den Auftrag der öffentlichen Pädagogik hat von Hentig schon 1985 mit »Die Menschen stärken, die Sachen klären« (1985b, 59) näher bestimmt. Die Bedeutung der Formulierung sieht von Hentig in der Verbindung zwischen »die Sachen klären« und »die Menschen stärken«. Denn erst wenn Sachen geklärt und Menschen gestärkt werden, bildet sich der Mensch. Bildung lässt sich weder auf Wissen (Heymann 1997, 8) noch auf ein Vermögen reduzieren. Kenntnisse zu haben oder die Fertigkeit, etwas zu können, kann nur gelehrt sein. Von Bildung kann erst gesprochen werden, wenn sich der Mensch die Kenntnisse und Fertigkeiten angeeignet, sie sich wirklich zu eigen gemacht hat: »Bildung besteht nicht aus Portionen, sondern aus einem größeren ›Ganzen‹« (Höxter 2006, 24). Bildung erfordert die Aktivität des »Sich-Bildens«: Wer sich bildet, arbeitet daran, etwas zu werden – er strebt danach, auf eine bestimmte Art und Weise in der Welt zu sein (Bieri 2005, 1). Allerdings ist Bildung ohne Wissen, »oder genauer: ohne ein gut strukturiertes Überblicks- und Orientierungswissen« (Heymann 1997, 8) auch nicht denkbar. So muss in Bildungsprozessen stets zwischen sich bloß selbst entfalten und sich bilden unterschieden werden. Eine Person ist eben nicht frei und somit fähig, sich selbst zu bestimmen, ohne Übersicht, ohne Wahrnehmung des historischen und systematischen Zusammenhangs, ohne die Verfeinerung und Verfügbarkeit der Verständigungs- und Erkenntnismittel und ohne die philosophische Prüfung des Denkens und Handelns (von Hentig 1999, 54).

In von Hentigs Formulierung zeigt sich, dass zum einen das Stärken der Menschen mit dem Klären der Sachen zusammenhängt und zum anderen das Klären der Sachen nicht von der Stärkung der Person zu trennen ist. Der Auftrag, die Menschen zu stärken und der Auftrag, die Sachen zu klären, ergänzen sich: Bildung betreibt das eine durch das andere: »die Stärkung der Person durch die Klärung und Aneignung von ›Welt‹« (ebd., 161). Erst die Erfüllung beider Aufträge stellt eine hinreichende Voraussetzung dafür dar, dass die Heranwachsenden gebildet werden und, da sie sich in der Welt zu orientieren wissen (Bieri 2005, 2), dem Leben gewachsen sind.

Dem Bildungsauftrag, »der nächsten Generation zu helfen, in der Welt, in der sie lebt, erwachsen zu werden« (von Hentig 1985a, 18) wird der Kunstunterricht gerecht, wenn Bildung – verstanden als Sich-Bilden – als zentrale Aufgabe angesehen wird. Diese Aufgabe im Kunstunterricht zu erfüllen, ist ohne Weiteres möglich, denn – wie von Hentig betont – prinzipiell können alle Sachen dem Ziel dienen, zur Bildung beizutragen. Wird nämlich der Grundsinn der Bildung – Formen und (reflexiv) Sich-Formen – ernst genommen, so bedeutet dies, dass nicht der Gegenstand, sondern die Gestalt, die ein Bildungsgegenstand hinterlässt, das Entscheidende ist (von Hentig 1999, 59). Der Gegenstand der Bildung ist bei der Gestaltbildung zweitrangig, er hat in dem Bildungsprozess nur eine dienende Funktion. Trägt er auch als Anlass zur Gestaltbildung bei, ist er für das Sich-Bilden nicht bestimmend. Denn für Bildungsprozesse gilt, dass der Mensch nicht durch den Gegenstand gebildet wird, vielmehr er sich selbst an ihm bildet (Bilstein 2010, 50). Er gibt sich selbst seine Gestalt. Insofern ist für die Erfüllung des Bildungsauftrags vorrangig bestimmend, dass Unterricht in der Absicht veranstaltet wird, zur Bildung der Heranwachsenden beizutragen. Die Zielrichtung bestimmt maßgeblich die Art der Auseinandersetzung. Damit der Kunstunterricht der nächsten Generation hilft, in der Welt, in der sie lebt, erwachsen zu werden, muss er also in der Absicht veranstaltet werden, diesem Ziel gerecht zu werden.

Mit Hilfe des Bildungskonzeptes von Hentigs – mit seinen beiden Teilaufgaben – soll im Folgenden aufgezeigt werden, wo Kunstpädagogik in Gefahr ist, den Bildungsauftrag zu verfehlen, und durch welche Änderungen ihr Beitrag zur Bildung gefördert werden kann. Es wird sich zeigen, dass die Bestimmung »Die Sachen klären und die Menschen stärken« für die Kunstpädagogik folgenreich ist: Sie fordert auf, bestimmte Positionen des Faches zu revidieren, zu berichtigen.

4.2 Kunstpädagogik im Projekt der allgemeinen Bildung

Kunstunterricht hat als Institution der öffentlichen Pädagogik einen allgemeinen Bildungsauftrag. Mit Hilfe des Bildes als Fachgegenstand hat Kunstpädagogik ihrem Auftrag gerecht zu werden, zum Sich-Bilden beizutragen. In der aktuellen Theorie der Kunstpädagogik wird der Rekurs der Kunstpädagogik auf das Projekt einer allgemeinen Bildung ausdrücklich proklamiert (Kirschenmann u.a. 2006c, 11). Der Tagungsband zum großen kunstpädagogischen Kongress 2005 in Leipzig ist mit »Kunstpädagogik im Projekt der allgemeinen Bildung« überschrieben. In dem Band wird allgemeine Bildung als Fundament des Bildungsauftrags der Kunstpädagogik herausgestrichen (ebd.). Darüber hinaus wird das spezifische und unentbehrliche Potenzial der Kunstpädagogik hervorgehoben, zur Bildung beizutragen.

»[Die Vertreter stimmen darin überein, dass] die künstlerisch-ästhetische Bildung und Erziehung einen unersetzlichen Beitrag zur Persönlichkeitsbildung im demokratisch-humanistischen Sinne, für Emanzipation und gegen Manipulation leisten kann, dass die in Kindheit und Jugendzeit auf künstlerisch-ästhetischem Gebiet erworbenen Fähigkeiten auf das Verhalten in anderen [- außerkünstlerischen -] Tätigkeitsfeldern übertragen werden können.« (Schulz 2006, 18)

In den Schriften wird sich zur Bildungsfunktion der Kunstpädagogik bekannt: Sie wird als zentral angesehen (ebd., 17). Demgemäß sollen im Kunstunterricht die Sachen geklärt und die Menschen gestärkt werden. Den Fachvertretern ist sehr wohl bewusst, dass der Bildungsfunktion der Kunstpädagogik nicht entsprochen wird mit einem »einseitigen Objektivismus«, wie er im formalen Kunstunterricht betrieben wurde, oder mit einem »einseitigen Subjektivismus«, wie ihn die Musische Erziehung verfolgt hat (ebd., 16). Ließen sich auch heutzutage in den einzelnen fachdidaktischen Positionen Schwerpunktsetzungen finden, so verlören die einzelnen Konzepte die jeweils andere Aufgabe nicht aus dem Blick, wie es in der Vergangenheit geschehen ist (ebd.). Die Bekenntnisse der Fachvertreter zur allgemeinen Bildung spiegeln sich allerdings in der pädagogischen Praxis in der Regel nicht oder nur unbedingt wider. Wird die kunstpädagogische Praxis betrachtet, so lässt sich feststellen, dass sich Kunstunterricht oftmals entweder am Pol der Sache oder aber am Pol der zu erziehenden Person positioniert. Eine einseitige Ausrichtung entweder in die eine oder in die andere Richtung ist problematisch. Bildung kann nur gelingen, wenn in der pädagogischen Arbeit beide Pole – die Sachen klären und die Menschen stärken – berücksichtigt werden. Im Folgenden soll exemplarisch anhand des Sachzeichnens aufgezeigt werden, dass bei Konzentration auf einen Pol der Auftrag verfehlt wird, zur Bildung beizutragen. Dafür werden zunächst die mit der Sachdarstellung verfolgten Zielvorstellungen wiedergegeben. Im Anschluss wird nachgefragt, ob die von den Vertretern argumentativ ins Feld geführten Begründungen stichhaltig sind.

4.3 Sachzeichnen

4.3.1 Die Tätigkeit des Sachzeichnens

Nach Nürnberger – einem Vertreter des Sachzeichnens – ist das sachorientierte Zeichnen durch drei Aktivitäten gekennzeichnet: Wahrnehmung, Beurteilung und zeichnerische Veranschaulichung (2006, 12-13). Beim sachorientierten Zeichnen sind die drei Tätigkeiten miteinander verzahnt, sie bedingen sich in ihrer Qualität. Sachzeichnen beginnt mit der Wahrnehmung der Gegenstände. Dabei konzentriert sich die Wahrnehmung beim sachorientierten Zeichnen auf die visuell wahrnehmbaren Aspekte eines Objektes (Schleicher 2006, 30): die Formgrenzen, die Ausdehnungen, die Oberflächenbeschaffenheit, den Linienverlauf, die Position im Raum, die Proportionen der Teilformen usw. (Nürnberger 2006, 13). Um die visuell wahrnehmbaren Aspekte eines Objekts besser verstehen zu können, können die Dinge auch in die Hand genommen werden. In der Berührung kommen nämlich Aspekte des Gegenstandes zum Vorschein, die sich dem Auge nicht direkt erschließen, aber für seine spätere visuelle Wiedergabe von Nutzen sind: Räumliche Anordnung, Ausdehnung und Aufbau werden in der Handhabung begriffen (Schleicher 2006, 30). Die mit Hilfe der Wahrnehmung erfassten objektiven, visuellen Gegebenheiten des Gegenstandes werden im zweiten Schritt vom Gehirn verarbeitet: Sie werden mit bereits im Gehirn gespeicherten »Mustern« des Gegenstandes und seiner Darstellungsmöglichkeiten in Verbindung gesetzt (Nürnberger 2006, 13). Ein inneres Vorstellungsbild vom zu zeichnenden Gegenstand entsteht. An diesem orientiert sich die dritte Tätigkeit des Sachzeichnens: das zeichnerische Veranschaulichen des Gegenstandes (ebd.). Beim Sachzeichnen werden die Linien dabei immer so auf dem Papier angeordnet, dass sie als eine Aufzeichnung des Gesehenen begriffen werden können (Huber 2006, zitiert in Sowa 2006b, 52).

4.3.2 Der pädagogische Nutzen des Sachzeichnens nach Einschätzung seiner Befürworter

Kinder im Vor- und Grundschulalter greifen für ihre Darstellung von Wirklichkeit auf Schemata zurück. In der sogenannten Schemaphase bedient sich das Kind geometrischer Grundformen, um sich auszudrücken. Die schematische Darstellungsweise ist »genügsam«, aber prägnant: Die einfachsten Schemata sind der Strich für jede Extension und die geschlossene Form für jedes Volumen (Schuster 1990, 19). Diese zunächst gebrauchten einfachen Schemata werden von den Kindern im Laufe der Zeit entwickelt. Sie werden differenzierter, wie sich in den folgenden Menschendarstellungen zeigt (Abb. 36-39).

Mit Hilfe der Bildschemata realisieren die Kinder ihre Gestaltungsabsichten. Ihr Zeichenrepertoire ermöglicht ihnen, die Wirklichkeit in differenzierter Weise in die Zeichenfläche zu übersetzen, ihrem Entwicklungsstand entsprechend. Das Zeichnen erlaubt den Kindern, sich ihre Lebenswirklichkeit auf gestaltende Weise anzueignen. Mit zunehmendem Alter stellt sich bei den Kindern eine Kluft zwischen Zeichnenwollen und Zeichnenkönnen ein. Erkennbar wird, dass mit wachsendem Verständnis von Wirklichkeit die Kinder mit ihren Darstellungsformen nicht mehr zufrieden sind, sie die Schemata als unzureichend empfinden, ihre Sicht auf Wirklichkeit zu vermitteln (Limper 2006, 17). Weil die Kinder der Auffassung sind, dass ihr Zeichenvermögen nicht ausreicht, um die Wirklichkeit realitätsgetreu abzubilden, verlieren sie ihre ursprüngliche Gestaltungsfreude (Kirchner 2008, 56). Zeichnen wird unattraktiv. Wie nun können Kinder im Unterricht unterstützt werden, die Kluft zwischen Zeichnenwollen und Zeichnenkönnen zu überwinden? Die Befürworter der Sachzeichnung meinen, mit der Schulung der Fähigkeit zur realistischen Darstellung den Kindern zu einem ihrem Ausdruckswunsch entsprechenden Ausdrucksvermögen verhelfen zu können.

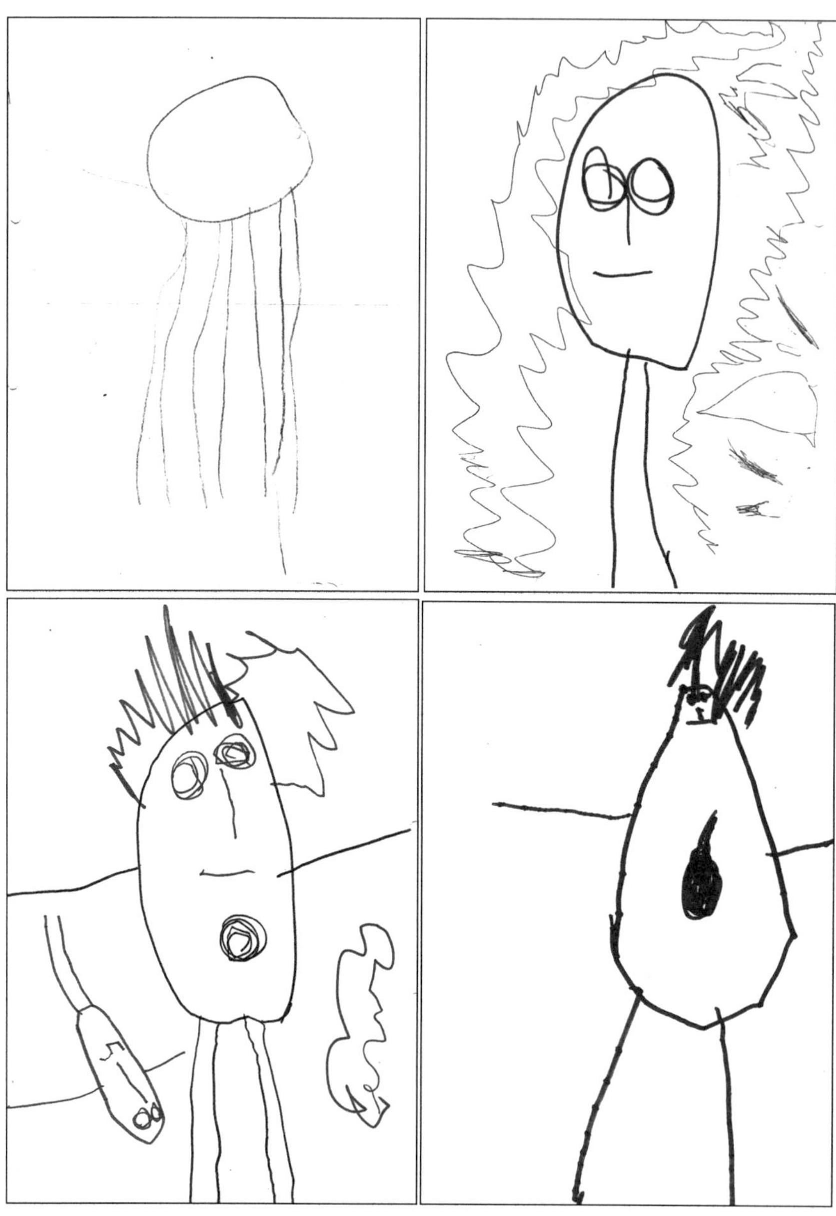

Abbildung 36-39

Dieser Auffassung folgend soll die realistische Sachzeichnung die Schemata ablösen, welche der Kinderzeichnung zu Grunde liegen. »Den Wünschen der Heranwachsenden nach wirklichkeitsadäquaten Zeichnungen« soll durch »gezielte Förderung [der Sachdarstellung] entsprochen werden« (Miller 2010, 2). Die Schulung des realistischen Zeichnens zielt dabei vorrangig auf die Übersetzung von räumlichen Beziehungen in die Zeichenfläche ab (Limper 2006, 17). Im Unterricht soll mit Zeichnen dazu beigetragen werden, »in der Anschauung von Objekten Strukturzusammenhänge ihrer körperlichen Organisation und ihrer räumlichen Beziehungen [...] zu klären« (Schubert 2006, 8). Wie oben erwähnt wurde, wird sich beim Sachzeichnen ausschließlich auf optische Phänomene des Gegenstandes bezogen (Scheurer 2006, 49): die Formgrenzen, die Ausdehnungen, die Oberflächenbeschaffenheit, den Linienverlauf, die Position im Raum, die Proportionen der Teilformen usw. Diese Aspekte gilt es, im Bild – gemessen an der Realität – richtig wiederzugeben. Voraussetzung für die Wiedergabe ist, den Gegenstand genau zu betrachten.

»Die Fähigkeit zeichnen zu können basiert [hier] also zum einen auf der genauen Beobachtung der gegenständlichen Wirklichkeit, zum anderen auf dem Vermögen, die beobachteten Formen auf der Zeichenfläche in Form von Linien und Flächen zu organisieren.« (Miller 2010, 2)

Sich auf Gesehenes zu konzentrieren, soll, so ist es der Wunsch der Vertreter des Sachzeichnens, die Reproduktion stereotyper Schemata in den Bildern der Schüler verhindern. »Flächige Schemata für wiedererkennbare und wiederholbare Darstellungen von Gegenstandsumrissen, also schematische Klischees (»how to draw a cat« [Davidow 2007, 35])«, sollen ausgeschlossen werden (Schubert 2006, 8).

Die Befürworter der Sachzeichnung gehen davon aus, dass die kontinuierliche Betreibung des sachorientierten Zeichnens im Unterricht zu differenzierten Zeichenfähigkeiten der Schüler führt. Durch Übung würde sich das Zeichenrepertoire der Schüler entwickeln (Limper 2006, 19). »Aus der durch Übung gewonnenen, zu Handlungsvermögen verinnerlichten Kenntnis von der Struktur [der Dinge], das heißt, dem Aufbau und der Funktion des Anschauungsgegenstands und seiner Teile« gewänne im Laufe der Zeit die Linienführung mehr und mehr an Überzeugungskraft (Schubert 2006, 4). Für die Vertreter des sachorientierten Zeichnens ist das Ziel der Schulung, zeichnen zu können, erreicht, wenn die Lernenden in ihren Zeichnungen die Realität abbildend wiedergeben können. Die Fähigkeit, gut zeichnen zu können und damit eine gute Zeichnung herstellen zu können, wird hier also ausschließlich »am Grad der technischen Sicherheit und Perfektion, mit der die Wirklichkeit realitätsgetreu abgebildet wird«, gemessen (Miller 2010, 1). In der realistischen Wiedergabe wird von den Vertretern der Sachzeichnung eine entwicklungsgemäße Darstellungs- und Ausdrucksform für Heranwachsende gesehen. Demnach betrachten sie die Aufgabe des Kunstlehrers darin, mit der Anleitung von Sachzeichnungen Handlungsimpulse zu geben, die eine solche Entwicklung ermöglichen. Bedenklich ist, dass in der Argumentation der Vertreter des Sachzeichnens nicht problematisiert wird, dass »der Trend vom freien Ausdruck hin zu einem realitätsorientierten Konventionalismus [...] zu einem beträchtlichen Maße durch den kulturellen Kontext« (Kirchner 2008,

56) bedingt ist. Dass sich also der Wunsch der Heranwachsenden nach wirklichkeitsanalogen Darstellungen nicht kontextfrei – kulturunabhängig – entwickelt hat, sondern vorrangig durch die gesellschaftliche Auffassung von Bild und Gestaltung bestimmt ist (Marr 2003, 54-56). In unserer Gesellschaft dominiert das Abbild die Auffassung vom Bild. Es stellt die am meisten verbreitete Bildpraxis dar. Dass dem so ist, kann aber gerade nicht als Ausdruck von Bildkompetenz gelesen werden, stellt doch, wie im Abschnitt 2.5.1 dargestellt wurde, das Abbild die schwächste Bildpraxis dar (Boehm 2004, 35).

4.3.3 Kunstpädagogisches Versagen nach Einschätzung der Befürworter des sachorientierten Zeichnens

Werden sachorientierte Darstellungen von Schülern der zehnten Jahrgangsstufe bezüglich ihrer realistischen Wiedergabe überprüft, lassen sich diesbezüglich erhebliche Defizite feststellen (Scheurer 2006, 27): Nahezu alle Schüler weisen realistische Zeichenfähigkeiten auf, die dem Gestaltungsniveau von Zwölf- bis Dreizehnjährigen entsprechen (Kopenhagen 2006, 23). Die allgemeine Darstellungsfähigkeit der Schüler von räumlich zu zeichnenden Objekten kann als mangelhaft bezeichnet werden (Scheurer 2006, 27). Die Heranwachsenden sind mit der realistischen Wiedergabe überfordert, weil sie nicht über Methoden zur Darstellung verfügen. Ihr handwerkliches Vermögen ist unzureichend entwickelt. Dieser Tatsache muss Kunstunterricht nach Ansicht der Befürworter der Sachzeichnung entgegenwirken.

Dass es den Schülern an realistischem Darstellungsvermögen mangelt, ist bedauerlich, denn unbestritten steigt mit der Fähigkeit des Ausdrucks die Wahrscheinlichkeit, dass Schüler das darzustellen vermögen, was sie darstellen wollen. Können verhilft zum Können (Rauterberg 2007, 129). Allerdings stellt die Beherrschung der Grundfertigkeiten für sich genommen noch keinen Wert dar. Isolierte Geschicklichkeit ist kein Bildungsgut. Bildung lässt sich nicht auf ein Vermögen reduzieren. Die Fähig- und Fertigkeit, zu etwas imstande zu sein, kann nur gelehrt sein. Insofern muss das Sachzeichnen dahingehend überprüft werden, inwieweit es grundsätzlich Gelegenheit zum Sich-Bilden bietet. So wird im Folgenden der Frage nachgegangen, ob beim sachorientierten Zeichnen der Bildungsanspruch erfüllt wird, zum Sachen-Klären und zum Personen-Stärken beizutragen.

4.4 Überprüfung des Bildungswertes des Sachzeichnens

Die Befürworter des Sachzeichnens sehen »die Auseinandersetzung mit der dinglichen Wirklichkeit unseres Lebensraumes« als selbstverständlichen Bestandteil kunstpädagogischer Bildung an (Schleicher 2006, 30). Für sie geschieht die Auseinandersetzung mit den Dingen der Wirklichkeit mit Hilfe der sachorientierten

Zeichnung. Die Tätigkeit des Zeichnens wird von den Befürwortern des Sachzeichnens als Mittel angesehen, reale Gegenstände zu verstehen.

»Beim Zeichnen nach der Natur bzw. nach dem Modell geht es darum, genau hinzusehen und etwas zu beobachten [...] Diese Vorgehensweise schärft den Blick für die Gesetzmäßigkeiten der Natur oder den Aufbau von Gegenständen. Wer zeichnet, sieht und versteht mehr von Welt um sich herum.« (Schmidt 2008, 2)

»Verstehen« zu lehren, kann – nach von Hentig – als die wichtigste lebensvorbereitende Aufgabe des Unterrichts angesehen werden (1985b, 115). Dass Unterricht vor allem verstehensorientiert sein sollte, darauf weist auch Heymann hin (1997, 24). Voraussetzung für Verstehen ist allerdings, dass das Erfasste denkend geprüft wird. Gefordert ist also, »einen Kassensturz des Wissens zu machen. Dazu gehören Fragen wie diese: Was für Belege habe ich für meine Überzeugungen? Sind sie verlässlich? Und belegen sie wirklich, was sie zu belegen scheinen?« (Bieri 2005, 2). Verstehen beschränkt sich also nicht auf den Gegenstand des Wissens – das Was. Beim Verstehen geht es vielmehr vorrangig um das Wie: Denn erst im Wie des Verstandenen zeigt sich, ob das Wissen über eine Sache zur Bildung beigetragen hat. Nur wenn Sachwissen in Einstellungen resultiert, hat sich der Mensch gebildet.

»[So zeigt sich Bildung zum Beispiel, wenn der Verdienst von Menschen und ihren Leistungen richtig gewichtet wird. Wenn erkannt wird, dass] Louis Pasteur für die Menschheit wichtiger war als Pelé, die Erfindung des Buchdrucks und der Glühbirne folgenreicher als diejenige des Rasierapparats und des Lippenstifts.« (Ebd., 1)

Es zeigt sich, dass der Gebrauch des Verstandenen das Entscheidende ist; denn erst im Gebrauch des Verstandenen zeigt sich Bildung. »›Bildung‹ meint [...] nicht bloß Wissen um das Richtige, sondern zeigt sich im Handeln« (Fuchs 2000b, 80). Bildung setzt also stets voraus, dass das Verstandene denkend geprüft wird. Wie weitreichend das Denken und Prüfen beim sachorientierten Zeichnen zum Tragen kommen, soll nun untersucht werden. Die Untersuchung wird dabei maßgeblich von der Frage bestimmt, ob die jungen Menschen durch das Sachzeichnen wirklich lernen, die Welt zu verstehen. Gewinnen sie beim Sachzeichnen – durch eingehende Prüfung des Sachgehaltes – das Zutrauen, die Welt verändern zu wollen, und erwerben sie den Willen, die angestrebte Veränderung auch zu verantworten (von Hentig 1985b, 105)?

4.4.1 Der Bildungsgegenstand des Sachzeichnens

Mit Hilfe des sachorientierten Zeichnens soll im Kunstunterricht das Interesse der Kinder und Jugendlichen an der Wirklichkeit gespeist, ihr Verständnis von der Realität erweitert werden. Unumstritten ist, dass Heranwachsende ein großes Interesse besitzen, sich mit Wirklichkeit auseinanderzusetzen, Wirklichkeit zu klären (Schubert 2006, 3). Haben sie auch ein großes Interesse daran, Realität zu verstehen, hält sich ihre Begeisterung für das sachorientierte Zeichnen in Grenzen: Nach Meinung der Schüler ist »Sachen einfach abzeichnen [...] langweilig« (Nürnberger 2006, 12). Woran liegt es nun, dass Heranwachsende zwar grundsätzlich Interesse haben, Sachen zu klären und zu verstehen, aber am Sachzeichnen desinteressiert sind, obwohl es eben – nach Auffassung der Befürworter – dem Klären und Verstehen der Sachen dient? Wird der Ausschnitt der Wirklichkeit in den Blick genommen, der beim Sachzeichnen bearbeitet wird, wird die geringe Resonanz der Schüler verständlich. Wird sich auch beim sachorientierten Zeichnen mit realen Gegenständen auseinandergesetzt, so kann behauptet werden, dass Wirklichkeit dennoch ausgeklammert bleibt. Obwohl sich Sachdarstellungen offensichtlich abbildend auf Gegenstände beziehen, sind es dennoch keine realistischen, die Wirklichkeit spiegelnden Darstellungen. Ein realistisches Bild kann nicht an bestimmten darstellerischen Charakteristika wie der Abbildgenauigkeit oder der Erscheinungstreue festgemacht werden. Die Tatsache, dass Gegenstände abbildgetreu im Bild wiedergegeben werden, ist noch kein Garant für ein realistisches Bild. Erscheinungstreue allein ist keine hinreichende Bedingung für die Qualifikation »realistisch« (Sowa 2001b, 8). Nicht jedes Abbild ist »realistisch«, denn die Zuordnung »realistisch« bezieht sich nicht vorrangig auf den Darstellungsstil, vielmehr ist sie Ausdruck einer Haltung: »Realistisch« denkt und handelt ein Mensch, der zu einem sachlichen Blick auf die Situation fähig ist, der für wahr nimmt, was ist (Stocking 1995, nach Sowa 2001b, 4). Dementsprechend bildet eine realistische Darstellung nicht einfach die Wirklichkeit ab, sondern sie macht Realität sichtbar, sie verdeutlicht Wirklichkeit. Was ist, was wirklich ist, ist demzufolge eine Frage des Urteils: Ohne Urteilskraft verliert sich der Blick auf die Realität im Beliebigen. Ausschließlich im Lichte einer »umsichtigen und genaue Differenzen beachtenden Urteilskraft zeigt sich die ›Relevanz‹ einer Sache, ihre Bedeutsamkeit« (Sowa 2001b, 5). Urteilskraft tut also not, um Wesentliches von Belanglosem zu unterscheiden. Erst Urteilskraft erlaubt, die Sache in ihrer Bedeutsamkeit zu erkennen. Die abbildgenaue Wiedergabe der Realität ist demnach nicht maßgebend, um Bildern eine Wirklichkeitsnähe zuzuschreiben. Muss doch eine erscheinungsgetreue Darstellung der gegenständlichen Welt nicht unbedingt aufdecken, was die Lebenswirklichkeit bestimmt.

Die Tatsache, dass in der Sachzeichnung die Dinge der Welt erscheinungstreu wiedergegeben werden, sichert demzufolge nicht automatisch, dass die Schüler ihr Verständnis von der Realität erweitern. Mit Blick auf die Realität handelt es sich bei der Darstellung von Regenschirmen (Kopenhagen 2006, 23-26), geknickten und gewellten Papierstreifen, Kuben und Quadern (Scheurer 2006, 27-29) oder bei Zeichnungen, die das Binden einer Schleife oder aber das Anspitzen eines Bleistiftes zeigen (Sowa 2006, 43-46), nur oberflächlich um realistische Bilder. Sie sind oberflächlich realistisch, da sie die Realität betreffend nur Unwesentliches und Belangloses darstellen. Wird Urteilskraft hinzugezogen, so zeigt sich:

Es ist naiv, die Realität, die unsere Heranwachsenden bestimmt, an Regenschirmen, geknickten und gewellten Papierstreifen, Kuben und Quadern oder aber am Binden einer Schleife oder aber am Anspitzen eines Bleistiftes festzumachen. Wird nach Bedeutsamkeit gefragt, so ist einsichtig, dass gerade, weil sich Schüler für die Klärung der Realität interessieren, sie an den lebensfernen Gegenständen des Sachzeichnens selbst kein Interesse haben. Es ist verständlich, dass sie sich in ihrer altersbedingt schwierigen Situation Sachen zuwenden, die ihre Lebenswirklichkeit betreffen, und sich von Gegenständen abwenden, die ihre Realität ausklammern. Da – bezüglich des Bildungsgegenstandes – gesagt werden kann, dass beim sachorientierten Zeichnen Schüler keinen Überblick über die sie bestimmenden Gegenstände gewinnen, haben sie – in der Regel und zu Recht – kein Interesse an dieser Tätigkeit. Mit »bewusstseinsarmem Nachahmen« und mit der »leeren Kunstfertigkeit des grafischen Kopierens« (Nürnberger 2006, 16) kann Kunstunterricht sie nicht für sich einnehmen.

»[Sicher ist:] Kunstunterricht bleibt unter seinen Möglichkeiten, wenn eine Basisübung wie das bildnerische Sachstudium sich in der Repetition von manieristischen Studien nach Äpfeln und Vasen, Lichteinfällen und grafischen Linien- und Strukturvarianten, Farbtheorien und Symbolisierungsabsichten, Formstudien und Kompositionsetüden erschöpft.« (Sowa 2006a, 44)

4.4.2 Die Sachzeichnung als Denkform

4.2.2.1 Erklärendes Zeichnen

Sachzeichnen trägt nach Ansicht seiner Befürworter zum Sachen-Klären und -Verstehen bei. Sogenanntes »Erklärendes Zeichnen« klärt ihrer Meinung nach Realität, da beim genauen Anschauen der Dinge ihre verborgenen Gesetzmäßigkeiten entdeckt und etwaige Zusammenhänge aufgespürt würden (Schleicher 2006, 30). Doch klären und verstehen junge Menschen durch das Sachzeichnen tatsächlich die Wirklichkeit? Taugt die Sachzeichnung wirklich »als klärendes [...] Verfahren einer komplexen Realitätsdurchdringung und -aneignung« (Glas und Sowa 2006b, 255)? Beim Sachzeichnen steht der Gegenstand in seiner Erscheinung, in seinem Aufbau und in seiner Funktion im Mittelpunkt der Auseinandersetzung. Die Merkmale des Gegenstandes sollen visuell erfasst und im Bild wiedergegeben werden. Geklärte Wahrnehmung soll in geklärter Darstellung ihren Ausdruck finden. Doch was wird geklärt und was wird verstanden? Beim Sachzeichnen wird der Gegenstand in seiner plastischen und materiellen Präsenz, in seinem Verhältnis zum Raum und zum Licht, in seiner Struktur oder aber in seinem einfachen Gebrauch untersucht. Da sich die Untersuchung nur auf offensichtliche Merkmale des Gegenstandes beschränkt, ist die Klärung des Gegenstandes auch nur auf diese Merkmale begrenzt. Diese Tatsache ist bedenklich, denn wer einen Gegenstand »nur visuell wahrnimmt, wer nur sieht, was man sehen kann, erfährt keinen Sinn«; der Sinn liegt immer jenseits dessen, was jeder sehen kann (Otto 1998, 1: 184-185). Diese Aussage lässt sich auf Gestaltungen ausweiten: Wer nur abbildet, was er sieht, klärt nichts. Sein Bild ist sinnfrei.

Soll in der kunstpädagogischen Praxis Sinn gestiftet werden, muss durch die Produkte bis hin zu den Symbolgehalten, die sie charakterisieren, hindurchgestoßen werden (ebd.). Diesem Anspruch wird die Sachzeichnung nicht gerecht. Sie begnügt sich damit, Offensichtliches wiederzugeben. Dies ist problematisch, denn nur wenn Gegenstände in ihrer geschichtlich entwickelten Komplexität erschlossen werden (Staudte 1991, 247), ist Kunstunterricht bedeutend, nur dann trägt er zur Klärung der Realität und zur Stärkung der Person bei.

4.4.2.2 Zeichnendes Denken

Das zuvor ausgeführte »erklärende Zeichnen« wird nach Sowa vom »zeichnenden Denken« bestimmt (2006b, 52). Zeichnerisches Denken ist nach Meinung der Vertreter des sachorientierten Zeichnens eine »hochgradig komplexe körperlich-geistige Leistung« (ebd.). Diese Leistung zeige sich darin, dass »dasjenige, was man mit den Augen vor sich im Raum sieht, mit Hilfe eines Stiftes und einer Hand in zweidimensionale Linien« übersetzt wird, »die so auf dem Papier angeordnet sind, dass man sie als eine Aufzeichnung des Gesehenen begreifen kann« (Huber 2006, 44). In Hubers Beschreibung des Denkprozesses zeigt sich, dass er das zeichnerische Denken auf die Übersetzung des Gesehenen in die Fläche beschränkt und er die Prüfung auf die Kontrolle dieses Prozesses begrenzt. Es kann behauptet werden, dass durch diese Tätigkeiten der Gegenstand nicht wirklich verstanden wird, denn Verstehen setzt immer voraus, dass das Verstandene denkend geprüft wird (von Hentig 1985b, 115). Das Prüfen der Sachen geschieht mit Hilfe ästhetischen Denkens. Beim ästhetischen Denken wird »Wahrnehmung« in dem fundamentalen und weitreichenden Sinn von »Gewahrwerden« verstanden. »Gewahrwerden« meint ein Erfassen von Sachgehalten, das zugleich mit Wahrheitsansprüchen verbunden ist (Welsch 1993, 48). Der Prozess der Wahrnehmung beim ästhetischen Denken ist langwierig, denn sein Ziel ist, eindeutig Scheinendes anders, neu wahrzunehmen; das heißt, die schnelle Subsumption der Phänomene unter wohlbekannte – schon gebildete – Kategorien und Begriffe gerade zu vermeiden (Pazzini 1999, 7). Wird der Prozess der Wahrnehmung beim ästhetischen Denken – hierbei wird auf Pazzini (ebd., 7-8) Bezug genommen – mit dem Prozess der Wahrnehmung beim zeichnenden Denken verglichen, dann zeigt sich, dass das Denken beim Sachzeichnen im Gegensatz zum ästhetischen Denken beschränkt ist. Beim Sachzeichnen wird sich auf das Offensichtliche konzentriert, statt sich gerade vom eindeutig Scheinenden zu lösen: eben neu anzufangen durch Entbildung. Da beim Sachzeichnen keine Entbildung gewünscht wird, vielmehr dasjenige, was der Zeichner vor sich sieht, abbildgetreu wiedergegeben werden soll, wird beim sachorientierten Zeichnen untersagt, sich die Dinge anders vorzustellen. Der Gegenstand wird vorbehaltlos übernommen, keinem prüfenden Denken unterzogen. Die fehlende Entbildung hat Konsequenzen. Beim Sachzeichnen wird unterbunden, sich Neues zu erdenken durch Einbildung, denn Einbildung setzt Entbildung voraus, denn erst losgelöst ist es dem Menschen möglich, sich Dinge vorbehaltlos anders vorzustellen. Da nur aus dem Eingebildeten Neues geschaffen – Neues gebildet – werden kann, setzt Bildung Einbildung voraus (ebd.). Da es beim Sachzeichnen keine Einbildung gibt, findet auch keine Bildung statt.

Ist hingegen Gestaltung von ästhetischem Denken bestimmt, wird sich gerade nicht auf das Offensichtliche bezogen, vielmehr wird sich auf die blinden Flecke konzentriert. Dem Gestaltungsprozess liegt hier eine Wahrnehmungskultur zu Grunde, die, weil sie vorrangig und »prinzipiell für Ausschlüsse, Verwerfungen und Andersheit« sensibel ist, das gerade nicht Offensichtliche erfasst: Bisher nicht wahrgenommene Leerzonen und Zwischenräume werden bewusst (Welsch 2007, 269). Bislang Unsichtbares wird aufgetan. In der fertigen Darstellung lassen sich die Fähigkeiten der Achtsamkeit, der kritischen Reflexion von Zusammenhängen und der Imagination ablesen (Buschkühle 2004c, 319). Die kritische Erkenntnis spiegelt sich im Bild: In der Darstellung zeigt sich die von Einsicht geprägte Neuformulierung der Wirklichkeit.

»Die Konstruktion von ›Wirklichkeit‹ vollzieht sich, indem ein Beobachter Differenzen in seiner Umwelt erkennt. Der Beobachter konstruiert ›Wirklichkeit‹, in der er sich bewegt, durch seine Wahrnehmung. Die Konstruktion eines Systems ist nicht bloß die Summe seiner Einzelfaktoren, sondern vielmehr der bedeutungsstiftende Zusammenhang als Orientierung im Differenten.« (Bering 2003c, 163)

Ist Gestaltung von ästhetischem Denken bestimmt, werden Sachen geklärt und verstanden. Der Gestalter bildet sich. In dem vorangegangenen Text hat sich gezeigt, dass nichts verstanden wird, wenn in der Wahrnehmung nicht prüfend gedacht wird. Sicht und Einsicht müssen zusammenkommen, damit Wahr-Nehmung entsteht. Diesem Anspruch wird das Sachzeichnen nicht gerecht. Sachen werden weder geklärt noch verstanden. Die Zielvorstellung der Fachvertreter mit der Sachzeichnung den Schülern »bildlich den Durchblick« (Nürnberger 2006, 13) zu ermöglichen, wird nicht erfüllt. Diese Tatsache sollte bei der Unterrichtsgestaltung Berücksichtigung finden. Die der Sachzeichnung zu Grunde liegenden Fertigkeiten sollten im Unterricht immer nur »nebenbei, ohne Aufhebens« (von Hentig 1999, 43), das heißt, nur als »Mittel zum Zwecke der Realisierung eines künstlerischen Anliegens« (Regel 2006, 342) vermittelt werden.

4.4.3 Geheimer Lehrplan der Sachzeichnung

Die Vertreter des Sachzeichnens sind der Auffassung, dass sachorientiertes Zeichnen kein »rigides, geschlossenes Lehrprogramm [sei], das verordnet [...] wird«, sondern dass vielmehr »die freie Selbstbestimmung der Lernenden«, ihre »Lust, selbst auf Entdeckung zu gehen und eigene Entschlüsse zu fassen« das Sachzeichnen bestimmten (Schleicher 2006, 30). »Neugier, Wissensdurst, Entdeckerfreude, Pioniergeist, Fantasie und Erfinderdrang« können sich ihrer

Meinung nach beim sachorientierten Zeichnen entfalten (ebd.). Ob dem so ist, soll im Folgenden untersucht werden. Beim Sachzeichnen ist der Schüler bemüht, den Gegenstand in seiner Erscheinung, in seinem Aufbau und in seiner Funktion im Bild abbildgetreu wiederzugegeben. Beim Zeichnen wird – so Nürnberger – die Darstellung dahingehend überprüft, ob die Zeichnung alle am Gegenstand entdeckten und für den Gegenstand bestimmenden Merkmale wiedergibt (2006, 13). Das beobachtende und wertende Auge »kontrolliert« die Zeichnung, beurteilt, wo die Darstellung den Gegenstand richtig oder aber falsch abbildet.

»[Es wird] beim Zeichensetzen jedes grafische Kürzel [...] im Bruchteil einer Sekunde registriert und seine Tauglichkeit zur Wiedergabe oder Interpretation des Gesehenen und Vorgestellten einzeln und im Zusammenhang beurteilt: Das Gebilde wird akzeptiert oder gibt Anlass zur Korrektur.« (Ebd.)

Sachzeichnen führt durch die Vorgabe des Gegenstandes und durch die Vorgabe der Handlungsanweisung, ihn realistisch dazustellen, zu normierten Ergebnissen. Eine sachorientierte Darstellung zeichnet sich durch eine – gemessen an der Realität – richtige Wiedergabe aus. Eine Sachzeichnung wird demnach von den Kategorien richtig und falsch bestimmt.

»Eine weit verbreitete Ansicht ist, dass es beim Naturstudium und beim Aktzeichnen so etwas wie ›Richtig‹ und ›Falsch‹ gibt, beispielsweise gemessen an solchen absolut gesetzten Parametren wie ›Proportion‹. Der Anspruch auf ›Richtigkeit‹ verbaut den Zeichnenden einen offenen Umgang mit den Dingen, die sich während des Machens ergeben: das, was auf dem Papier geschieht, was die Linien machen, was eben mit dem Zeichnen selbst zu tun hat.« (Samen 2007, o.n.A.)

Die bei der Sachzeichnung angewendeten Kategorien »richtig« und »falsch« führen dazu, dass in einer Klasse 25 Mal das Gleiche entsteht. Die einzige Unterscheidungsmöglichkeit bezüglich der Arbeiten ist ihr Grad des Scheiterns an der realistischen Wiedergabe (Lausch 2007, 33). Beim Sachzeichnen handelt es sich folglich um ein verordnetes, rigides, geschlossenes Lehrprogramm. Den Schülern werden mit den Vorgaben klare Grenzen gesetzt. Die Einhaltung der begrenzenden Vorgaben bestimmt die Tätigkeit. Die Schüler stehen unter einem permanenten Erfüllungsdruck. Ihnen ist es nicht möglich, Gestalten als ihre eigene Sache zu erkennen, eben als Bildung (von Hentig 1999, 162).

»12 Schüler sitzen in einem Klassenzimmer und versuchen die meiste Zeit die Gestalt des 13. Schülers, der in der Mitte [...] auf ihrem Papier wiederzugeben. Es ist mucksmäuschenstill im Raum. Man kann nur Radiergummis hören, wie sie über die Blätter wetzen. Dazwischen immer wieder die Kommentare der Lehrerin: ›Üben, üben, üben.‹, ›Sie müssen etwas mitdenken, wenn Sie sich einen Platz suchen!‹, ›Die Schulter stimmt hier nicht!‹, ›Völlig verzeichnet.‹ [...] Nun höre ich, Schülerin Nummer acht, wie die Lehrerin sich zu meiner Nachbarin links zuwendet: ›Ja, heute sind Sie ganz gut unterwegs.‹ Alle hören genau hin, was die Lehrerin zu sagen hat und jeder beneidet die Nachbarin der Schülerin Nummer acht.

Es ist nur deshalb so still im Raum, weil alle [...] hören möchten, was die Lehrerin zu sagen hat: Wer ist gut? Wer kann gar nichts? Wo stehe ich? Und das ist auch der Hauptgrund, warum nicht nur in dieser Unterrichtsstunde diese Spannung in der Luft liegt. In mir kommt ein Gefühl von Wut auf, weil ich nicht glaube, dass ich alleine Schuld daran habe, dass die letzte Zeichnung so miserabel geworden ist. Es ist dieser Druck, diese Abwesenheit von Leichtigkeit, die alles versaut. Sie versaut unsere Übungen und unsere Motivation.« (Nach Pepita 2009)

Bei der Sachzeichnung ist der Raum für Selbstbestimmung der Lernenden marginal. So kann das Verhältnis zur Disziplin als eigentliches Thema des Sachzeichnens ausgemacht werden. Beim Sachzeichnen lernen Schüler zu gehorchen, sie üben, den Zweck einer Handlung nicht zu hinterfragen (Lausch 2007, 33). Dieser Lerngewinn widerspricht dem Anspruch an Bildungsprozesse. Auch die Annahme, dass sich beim sachorientierten Zeichnen Neugier, Wissensdurst, Entdeckerfreude, Pioniergeist und Erfinderdrang entfalten könnten (Schleicher 2006, 30), ist zweifelhaft. Beim Sachzeichnen ist die Beherrschung der Bildsprache pragmatisch: Der Gegenstand soll sachlich richtig wiedergegeben werden. Die Güte einer Zeichnung wird gemessen »am Grad der technischen Sicherheit und Perfektion mit der die Wirklichkeit realitätsgetreu abgebildet« ist (Miller 2010, 1). Dass Schüler beim Sachzeichnen lernen, dass eine gute Zeichnung am Grad der Perfektion der Abbildtreue gemessen wird, hat nicht nur gute Folgen: Die Aufmerksamkeit auf die »Richtigkeit« der Mitteilung überlagert deren Zweck. Menschen mögen mit der Zeit nicht mehr zeichnen, weil ihnen das Zeichnen doch nur lauter Fehler beschert (von Hentig 1999, 192). So hat das Scheitern beim Sachzeichnen in der Regel nicht den Antrieb zur Folge, es besser machen zu wollen. Vielmehr wird resignierend festgestellt: »Ich kann nicht zeichnen!« (Kopenhagen 2006, 23; Peters 2005, 87) Als Folge wird die Tätigkeit des Zeichnens aufgegeben. Und das hat ein Nachspiel: »Die zeichnerische Fähigkeit der meisten Erwachsenen entspricht durchschnittlich dem Niveau eines 13-jährigen Heranwachsenden« (Miller 2010, 1). Es zeigt sich: Sachzeichnen zu lehren kann schädlich sein (von Hentig 1999, 141).

4.5 Kunstpädagogischer Fluchtversuch: Die empfindende und erspürende Annäherung an Dinge

Beim sachorientierten Zeichnen ist der Spielraum des Schülers zum eigenständigen Agieren gering. Der Schüler wird auf die Rolle des »technische[n] Ausführungsorgan[s] der Vorstellungen des Lehrers« degradiert: Sagen Sie mir, was ich tun soll, und ich tue es (Stielow 2004, 148). Ohne Zweifel ist die sich in der

Sachzeichnung spiegelnde »technokratische, ergebnisorientierte, abprüfbare Leistungskontrolle« (ebd.) pädagogisch zweifelhaft. Doch wie sich im Folgenden zeigen wird, führt auch die Umkehrung dieser technokratischen Didaktik in der Kunstpädagogik nicht zu der von von Hentig geforderten Bildung. Vielmehr resultieren auch die Flucht vor dem »Richtig« und »Falsch« und der Versuch zur Emanzipation vom Zwang des Objektiven bei der Sachzeichnung in pädagogisch nicht überzeugenden Ergebnissen (Lausch 2007, 36). Anhand des Unterrichts von Peters soll im Folgenden exemplarisch aufgezeigt werden, dass eben auch solche Vorgehen Bildung verfehlen, die ausschließlich die zu erziehenden Personen ins Zentrum stellen und dabei den Aneignungsgegenstand aus den Augen verlieren. Auf das Vorgehen von Peters zurückzugreifen, liegt nahe, da ihre Unterrichtsdarstellung, als »Musterbeispiel« für experimentelles Zeichnen, gehäuft in der Fachliteratur Eingang gefunden hat.

In ihren Unterricht hat Peters Tintenfische mitgebracht (2003, 109-112 und 2005, 87-90). Diese sollten von den Schülern wahrgenommen und zeichnerisch umgesetzt werden. Eine Schülergruppe erhielt die Aufgabe, die Tintenfische blind zu ertasten und ihre Tasteindrücke unmittelbar in Zeichenbewegungen umzusetzen. Eine zweite Gruppe war aufgefordert, zuvor von Peters angebratene Tintenfischstücke zu essen und ihre Geschmackseindrücke aufzuzeichnen. Eine dritte Schülergruppe wurde gebeten, die Tintenfische zu zeichnen, wobei es den Schülern beim Zeichnen nur erlaubt war, auf den Gegenstand, aber nicht auf das Zeichenblatt zu schauen. Die vierte Gruppe sollte die Tintenfische abbildgetreu zeichnen. Die letzte Gruppe wurde beauftragt, Personen auf dem Schulgelände zu bitten, einen Tintenfisch aus der Erinnerung zu zeichnen. Im Zentrum des Unterrichts standen die ersten drei Gruppen mit ihren sogenannten experimentellen Zeichenweisen (Peters 2005, 88). Die vierte und die fünfte Gruppe dienten als eine Art Kontrollgruppe.

Bei diesem Unterrichtsvorgehen sollten die Schüler durch empfindende und erspürende Annäherung an den Gegenstand aus den Festgelegtheiten und den Bestimmtheiten des an der visuellen Realität orientierten Sachzeichnens herausgelöst werden. Sie sollten Wohlbekanntes in neuer Form erleben und auf dem Papier zum Ausdruck bringen. »All-sinnliche« Wahrnehmungen und ihre zeichnerische Umsetzung sollten den Schülern vielfältige Erfahrungen mit der Wirklichkeit ermöglichen (ebd., 87). Durch die Drift hin zur sinnlich vielfältigen Gestalt sollten den Schülern neue Perspektiven auf den Gegenstand und sich selbst eröffnet werden (ebd.).

Die pädagogische Relevanz ihres Unterrichtsvorgehens sieht Peters – und hier bezieht sie sich auf Rumpf – in der Störung des »die Unbekanntheiten zudeckenden Gewohnheitsblickes« (1990, zitiert in Peters 2005, 87), der die realistische Sachzeichnung bestimmt. Dass die realistische Sachzeichnung durch Festgelegtheiten und Bestimmtheiten charakterisiert wird, ist in der Tat problematisch. Die Gegenstände aus einer überpersönlichen, überindividuellen, an der visuellen Realität orientierten Perspektive abbildgetreu wiederzugeben, ist zweifelhaft

(Kettel 1998, 8). Da beim realistischen Sachzeichnen die Gegenstände von einem Standpunkt jenseits der persönlichen Lebenswelt betrachtet werden, werden sie ihrer vielfältigen Auslegbarkeit entledigt. Wenn die persönliche Perspektive auf den Gegenstand keine Rolle spielt, wird in den Darstellungen die Welt simplifiziert, die Vielfalt der Welt findet keinen Ausdruck. Die Welt auf ihre visuelle Erscheinungsform im Bild festzulegen, kann folglich allein als ein eingegrenzter Weltentwurf mit nur einem beschränkten Sinn angesehen werden (Rumpf 1995, 4). Diese Erkenntnis stellt die beim realistischen Sachzeichnen zum Ausdruck kommenden Disziplinierungen in Frage, denn es kann davon ausgegangen werden, dass eine persönliche Perspektive auf den Gegenstand ihn präziser zu erkennen und dann in der Darstellung genauer wiederzugeben vermag. Erst aus einer persönlichen Perspektive ist es also möglich, die Vielfalt ins Blickfeld zu bekommen, die einem Gegenstand abzugewinnen ist. Was meint nun aber, einen Gegenstand aus persönlicher Perspektive zu betrachten? Geht es um Bildung und eben nicht nur um Entfaltung, so darf, einen Gegenstand aus persönlicher Perspektive zu betrachten, nicht darauf beschränkt werden, ihn auf sich zu beziehen. Vielmehr müssen, sollen Sachen geklärt und Menschen gestärkt werden, auch die anderen, die Bildung kennzeichnenden, Anforderungen erfüllt sein: Im Unterricht müssen die Schüler Zusammenhänge wahrgenommen haben. Durch Vergleich und Unterscheidung müssen sie verstanden haben. Ihre Erkenntnisse müssen sie geprüft, begründet und bewertet haben. Sie müssen Sinn gegeben und dabei Ambiguität ausgehalten und für den gebildeten Sinn Verantwortung übernommen haben. Der Bildungsprozess wird von der Person gestaltet. In der Bildung spiegelt sich die persönliche Perspektive. Da die Bildung ein individueller Prozess ist, kommt es zu vielfältigen Bildungen. In den Bildungen kommt das Sich-Gebildete zum Ausdruck. Im Folgenden soll Peters' Unterrichtsvorgehen hinsichtlich seiner Bildungswirkung überprüft werden. Es soll hinterfragt werden, ob durch die Drift hin zur sinnlich vielfältigen Gestalt die Schwächen der realistischen Sachzeichnung überwunden werden. Werden den Schülern durch die »all-sinnlichen« Erfahrungen und ihre zeichnerische Umsetzung neue Perspektiven auf den Gegenstand und sich selbst eröffnet?

Wird in Peters' Unterrichtsvorgehen der Gegenstand auch in seiner sinnlich vielfältigen Gestalt erfahren, in seiner vieldeutigen, an Sinn reichen Gestalt wahr-genommen wird er nicht. Warum die all-sinnlichen Erfahrungen nur begrenzten Sinn stiften, soll im Folgenden erläutert werden. In Peters' Unterricht werden sinnliche Zugriffe als pädagogischer Selbstzweck betrieben. Die Nutzung der Sinne wird auf die Anwendung der Sinne reduziert. Dies greift im Rahmen von Bildungsprozessen zu kurz. Es ist beliebige Spielerei, denn eine bildende Anwendung der Sinne erfordert Sinn-Wahrnehmung durch Sinnestätigkeit. Sinn-Wahrnehmung ist weitreichender als Sinneswahrnehmung (Welsch 1993, 48). Für Erkenntnisprozesse sind allein Wahrnehmungen ausschlaggebend, die nicht bloße Sinneswahrnehmungen sind. Geht es um Erkenntnis, ist Wahrnehmung im fundamentalen und weiter reichenden Sinn von Gewahrwerden zu verstehen.

Gewahrwerden bedeutet ein Erfassen von Sachverhalten, das zugleich mit Wahrheitsansprüchen verknüpft ist (ebd.). Bei Peters bleibt die Wahrnehmung in der Sinneswahrnehmung stecken, sie bleibt auf diese begrenzt. Denn welche Sinn stiftenden Erkenntnisse gewinnt derjenige, der seine Tastwahrnehmung zeichnet? Welchen Sinn erfährt ein Schüler, der seine Geschmacksempfindungen auf Papier bringt oder »blind« seine visuellen Eindrücke festhält? Mögen diese Erfahrungen für die Schüler neu sein, kenntnisreich – im Sinne von bedeutsam – sind sie nicht. Bedeutungslos sind sie, weil sie nicht von einem inhaltlichen Anliegen bestimmt werden. Sinnlos sind sie, denn in ihnen wird – die Realität betreffend – nichts Wesentliches zur Kenntnis genommen. In ihrem Unterrichtsvorgehen beschneidet Peters den Gestaltungsprozess um seine »intellektuellen Dimensionen«: Zugunsten der Entfaltung des Subjekts grenzt sie die »geistigen Kontexte« des Gestaltungsprozesses weitgehend aus (Buschkühle o.n.A., 6). Ein »einseitiger Subjektivismus« (Schulz 2006, 16) der Selbsterfahrung bestimmt das Handeln. Auch in Peters' Unterrichtsvorgehen vermittelt sich, dass Schüler letztlich nichts wahrnehmen, wenn sie sich dabei nicht auch etwas denken; dass eben Tun und Einsicht zusammenkommen müssen (Meyer-Abich 1987, zitiert in Staudte 1993, 15), damit der Mensch sich bildet.

»[So ist Unterrichtsvorgehen ohne eine Thematik] eine Absage zu erteilen, da die Gefahr von oberflächlichen, allenfalls sinnlichen Prozessen oder vorschnellen Ergebnissen besteht. Möglicherweise beeindruckende Effekte täuschen über die fehlende Tiefe ästhetischer Erfahrung [...] hinweg.« (Michl 2010, 1)

Mag Peters den Schülern auch vielfältige Erfahrungen mit der Wirklichkeit ermöglichen, die Realität angeeignet wird sich in ihrem Unterricht nicht. Denn eine Aneignung von Realität geschieht nur dann, wenn sinnliche Erfahrung mit Reflexion gekoppelt wird. Nur dann handelt es sich nicht allein um Sinneswahrnehmung, sondern um Sinnwahrnehmung. Sinneswahrnehmung ist – so Welsch – relativ trivial (1993, 48). Sinnwahrnehmung ist hingegen anspruchsvoll (ebd.), und nur sie ist für Bildungsprozesse bedeutsam. Wird Peters' Unterricht danach beurteilt, wie viel Sinn er – hinsichtlich der Aneignung von Realität durch ästhetische Praxis – gestiftet hat, so zeigt sich, dass durch die »all-sinnliche« Annäherung kein größerer »Mehrwert« an Bildung als bei den realistischen Sachzeichnungen entstanden ist. Mögen die Schüler auch ihre Sinne eingesetzt haben, mögen sie sich auch in der Sinneswahrnehmung gespürt (Peters 2005, 87) und sich dadurch entfaltet haben, gebildet haben sie sich nicht. Denn in Bildungszusammenhängen ist »nichts mit dem Staunen und Entsetzen getan, fängt alles erst mit dem [durch Bildung] gewandelten Leben an« (von Hentig 2003a, 199). Mag die Ermöglichung allein sinnlich gewonnener Erfahrung auch den Unterricht verändern, mag sie auch die Handlungsbedürfnisse der Schüler befriedigen – Peters' Schüler empfanden die experimentellen Aufgaben im Vergleich mit dem detailgetreuen Abbilden der Dinge als spannender und interessanter (Peters 2005,

90) –, so erweitert die Ermöglichung allein sinnlich gewonnener Erfahrung nicht zwangsläufig schon die Erkenntnisprozesse und die Prozesse des Suchens nach Sinn (Otto 1998, 1: 184). Denn Sinn liegt jenseits dessen, was jeder sehen, schmecken und tasten kann. So wird Rumpfs Forderung nach der Störung des »die Unbekanntheiten zudeckenden Gewohnheitsblickes« von Peters missverstanden (Rumpf 1990, zitiert in Peters 2005, 87). Rumpf fordert keine neue Methode, sondern einen anderen Umgang mit Inhalten. Rumpfs geforderte »Drift hin zum sperrigen Einzelnen, [...] zum Brüchigen, Widersprüchlichen, Befremdlichen; [...] zur sinnlichen Gestalt in ihrer Vieldeutigkeit; [...] zu persönlichen, individuellen Perspektiven und Expressivität und [...] zum praktischen Ernstfall, in dem es etwas auszurichten, aufzuspüren, zu zeigen, ins Werk zu setzen gilt«, geschieht nicht um ihrer selbst willen, vielmehr soll die Drift der Vermittlung von Inhalten zu Gute kommen. Nach Rumpf muss die Drift vollzogen werden, damit die Schüler Erkenntnisse erwerben, die sie bilden und die den Schülern helfen, dem Leben gewachsen zu sein. Für bildenden Unterricht ist eben nicht entscheidend, ob alle Sinne zum Einsatz kommen oder ob experimentell gezeichnet wird. Von Bedeutung ist allein, ob sich entscheidende Veränderungen in den Köpfen der Lernenden vollziehen. Was lief also grundsätzlich falsch bei Peters' Unterrichtsvorgehen? Peters hat den »modernen« Lehrmethoden ihre ganze Aufmerksamkeit geschenkt, anstatt sich auf die schülergerechte Vermittlung von Inhalten zu konzentrieren. Dem Kerngeschäft des Unterrichts – nämlich der Vermittlung von Inhalten (Stern 2006, o.n.A.) – ist sie nicht nachgekommen. In ihrer Unterrichtseinheit hat sie vernachlässigt, dass Gestaltung immer auf die formende Vergegenständlichung einer Absicht zielt (Fuchs 1994, 44), dass die Form also stets der produktiven »Verkörperung einer Aussage« dient (Regel 2006, 342). Peters hat übersehen, dass Gestaltwahrnehmung und -verarbeitung stets mit einer Inhaltswahrnehmung und -verarbeitung einhergehen muss (Fuchs 1994, 45). Der Tintenfisch als Inhalt spielte bei ihr keine Rolle, er wurde mit keinem Wort erwähnt. Ein Sachen-Klären fand demzufolge nicht statt.

»Künstlerische Auseinandersetzung krümmt sich nicht ein auf die Subjektivität von Erfahrungen und Fantasien, sondern entwickelt sich in polaren Bewegungen zwischen Subjektivität und Objektivität, zwischen mimetischer Wahrnehmung und Erkenntnisinteresse, zwischen emotionaler Anteilnahme und visionärem Ausdruck, zwischen persönlichen Intentionen und Herausforderungen der Praxis. In dieser Polarität entfaltet sich die Unruhe künstlerischer Gestaltung, die nicht aufs eine oder andere zu fixieren ist.« (Buschkühle 2005a, 5)

Da das Klären der Sachen nicht von der Stärkung der Person zu trennen ist, kommt es bei einer unterlassenen Klärung der Sachen auch zu keiner Stärkung der Person. So wird auch dieser Unterricht den Bildungsansprüchen von Hentigs nicht gerecht. Die Flucht vor dem »Richtig« und »Falsch« und der Versuch, sich vom Zwang des Objektiven zu emanzipieren, kann – die Bildungswirkung betreffend – demnach als gescheitert angesehen werden. Allerdings ist experimentelles Zeichnen nicht per se unnütz. Werden experimentelle Zeichnungen bezüglich der sich in ihnen spiegelnden Möglichkeiten zu zeichnen besprochen, trägt es zum erweiterten bildsprachlichen Vokabular der Schüler bei. Ist den Heranwachsenden das Potenzial der einzelnen Zeichenarten bewusst, dann können sie sich zu einem späteren Zeitpunkt einer ausgewählten Zeichenart als Mittel zum Zwecke der Realisierung ihres künstlerischen Anliegens bedienen (Regel 2006, 342).

4.6 Das Salz in der Suppe der Kunstpädagogik

Unterhalb seiner bildenden Möglichkeiten bleibt Kunstunterricht, wenn sachorientiertes Zeichnen sich auf die abbildgetreue Wiedergabe von beliebigen Objekten beschränkt. Die bildenden Potenziale werden aber ebenso wenig ausgeschöpft, wenn sich experimentelles Zeichnen begrenzt auf die empfindende und erspürende Annäherung an willkürliche Dinge. Mit anderen Worten: Das Ziel, zur Bildung beizutragen, wird verfehlt, sowohl von kunstpädagogischen Vorgehen, die das Subjekt vernachlässigen, indem sie ausschließlich die »Objektseite in den Mittelpunkt des [pädagogischen] Interesses [stellen]« (Schubert 2006, 4), als auch von Vorgehen, die einen »eskapistischen Subjektivismus auf Kosten soliden Sachbezugs [verfolgen]« (Sowa 2005, 46). Die kunstpädagogische Tendenz, sich entweder am Pol der Sache oder aber am Pol der Person der Erziehung zu positionieren, ist problematisch, denn Bildung betreibt das eine durch das andere. So begehen die Fachvertreter der Kunstpädagogik einen fundamentalen Fehler, wenn sie »Die Sachen klären« und »Die Menschen stärken« unter sich aufteilen. Sie teilen auf, was nicht aufteilbar ist. Mögen sie auch behaupten, damit das Ganze zu erreichen – es kann, wie sich gezeigt hat, nicht gelingen (von Hentig 2001, 62), denn um beim Bild der Suppe zu bleiben: Eine gute Suppe braucht immer beide Grundzutaten und das in bester Qualität.

5. Über den Umgang mit Wirklichkeit in der kunstpädagogischen Regelpraxis

In der pädagogischen Praxis zeigt sich, dass eine Unterrichtseinheit »Gegenstandszeichnen« nach dem Prinzip »aus Fehlern lernen« keinen Erfolg bringt. Fehlerhafte Zeichnungen motivieren die Schüler in der Regel nicht, es noch einmal zu versuchen (Kopenhagen 2006, 23). Der Wunsch, es besser machen zu wollen, besteht nicht. Vielmehr schließen die Schüler, denen die abbildgetreue Wiedergabe nicht gelungen ist, mit der resignativen Feststellung »Ich kann nicht zeichnen!« die Tätigkeit des Zeichnens ab. Werden ausschließlich die Schüler betrachtet, die nicht abbildgetreu zeichnen können, so liegt der Schluss nahe, dass das Nicht-Können das Nicht-Wollen verschuldet. Werden allerdings auch die Schüler in den Blick genommen, denen ansprechende plastisch wirkende Zeichnungen gelingen, so zeigt sich, dass das Können nicht der bestimmende Faktor für den Willen zu zeichnen ist. Denn auch Schüler, die die realistische Wiedergabe beherrschen, empfinden das detailgetreue Abbilden der Dinge als langweilig und uninteressant (Peters 2005, 89). Auch sie wollen nicht zeichnen – zumindest nicht auf diese Art. Das Nicht-Können scheint nicht die bestimmende Ursache zu sein, dass Schüler die realistische Sachzeichnung als Tätigkeit ablehnen. Insofern wird ein Unterrichtsvorgehen, das den Schülern durch Handlungs- und Konstruktionshilfen zum detailgetreuen Abbilden der Dinge verhilft, bei ihnen nicht den Willen zu zeichnen nachhaltig auslösen.

Es hat sich gezeigt, dass der Grund für die Unlust der Schüler zu zeichnen nicht mit der oben geschilderten Diskrepanz zwischen dem, was sie in ihren Zeichnungen äußern wollen, und dem, was sie praktisch umzusetzen vermögen, begründet werden kann. Im Folgenden soll der Frage nachgegangen werden, ob das Desinteresse der Schüler möglicherweise vielmehr daher rührt, dass die Diskrepanz zu groß ist zwischen dem, was und wie sie selbst etwas sagen wollen, und dem, wozu sie sich im Unterricht auf welche Weise äußern müssen. Es ist unumstritten, Heranwachsende haben ein Interesse an dem Klären und Verstehen von Realität. Ihr Interesse an der Realität geht mit dem Bildungsauftrag konform, durch Befähigung zur Aneignung und Gestaltung von Wirklichkeit »der nächsten Generation zu helfen, in der Welt, in der sie lebt, erwachsen zu werden« (von Hentig 1985a, 18). Wenn Schule die kommende Generation zur Lebensführung in der heutigen Wirklichkeit befähigen soll, dann muss sie sich der heutigen Wirklichkeit stellen, ihre Strukturen berücksichtigen. Im Folgenden wird dargestellt, welche grundlegenden Erfahrungen den Alltag heute bestimmen. (Die Darstellung bezieht sich auf die Aspekte, die in der Theorie der kulturellen Bildung Eingang gefunden haben. Der Anspruch einer umfassenden Darstellung wird nicht erhoben. Der Bezug geschieht aus didaktischem Interesse: Mit der Darstellung soll allein der begrenzte Wirklichkeitsbezug der kunstpädagogischen Praxis verdeutlicht werden.)

5.1 Pluralistische Wirklichkeit

Es gibt Zeiten, in denen individuelle Lebensführung in einen festen kulturellen Rahmen von verlässlichen Traditionen »eingebettet« ist (Keupp u.a. 1999, 47). Die in der Gesellschaft anerkannten Traditionen vermitteln den Menschen auf der einen Seite Sicherheit. Durch die klaren Vorgaben wissen sie, wie sie ihr Leben führen müssen. Auf der anderen Seite wird ihnen durch die klaren Vorgaben auch eine Vorstellung vom »guten« und »richtigen« Leben vorgeschrieben. An das Vorgeschriebene müssen sich die Menschen halten, wollen sie gesellschaftlich anerkannt sein. Des Weiteren gibt es Zeiten der »Entbettung« (Giddens 1997, zitiert in Keupp u.a. 1999, 47). In diesen Perioden wird die individuelle Lebensführung nur durch wenige kulturelle Vorgaben vorherbestimmt. Der Mensch kann nicht auf klare Vorgaben zurückgreifen. Vielmehr muss er für seine Lebensführung eigene Maßstäbe finden. Sinngebung wird zu einer privaten Angelegenheit (Hitzler und Hohner 1994, 309). Die Befreiung von den »kulturellen Korsettstangen« stellt eine hohe Anforderung an den Einzelnen dar (Keupp u.a. 1999, 47): Er muss, auf sich allein gestellt, eine eigene Vorstellung vom »guten« und »richtigen« Leben entwickeln.

»Das individuelle Leben gestaltet sich angesichts gestiegener Wahlmöglichkeiten etwa im Hinblick auf den Lebenslauf zu einem Prozess um. Dieses legt dem Individuum den Zwang zu individuellen Entscheidungen auf [...] ›in einem Dialog ohne gesellschaftlich vorab festgelegtes Drehbuch [...]‹ [Taylor 1993] [müssen Lebensführungen gestaltet werden].« (Junge 2002, 71)

Die heutige Gesellschaft ist bestimmt von einer Vielfalt von Lebensformen. Die relativ stabilen und Halt gebenden Lebensverhältnisse und Lebensordnungen der 1960er Jahre haben sich aufgelöst. Lebensführung kann heutzutage nicht mehr auf der »Basis traditioneller Muster und selbstverständlicher Gewissheiten« angegangen werden (Lange 2000, 54), denn die Schnittmuster haben ihre Prägekraft verloren, nach denen Menschen sich biografisch entwerfen und ihr Leben verwirklichen sollten (Keupp u.a. 1999, 47). Gesellschaftlich verfasste Lebenskonzepte, die einen klaren, in gradlinigen Bahnen verlaufenden Lebensweg vorzeichneten, sind vielfältigen Lebenskonzepten gewichen. Heute bestimmen »Nicht-Linearität, Diffusität und Ambiguität« die Lebensführung (Scheuch 2000, zitiert in Lange 2000, 52). Dem Menschen steht eine unendliche Fülle von Alternativen für die Lebensführung zur Verfügung. Ein Spielraum für individuelle Gestaltungsmöglichkeiten ist entstanden (Behringer 2000, 36).

5.2 Pluralismus und Sachzeichnung

Im Folgenden soll der Frage nachgegangen werden, inwieweit die sachorientierte Zeichnung den »explosive[n] Pluralismus« (Berger 1994, zitiert in Keupp u.a. 1999, 50) in unserer Gesellschaft berücksichtigt. Dies im Unterricht zu überprüfen, ist bezüglich des Bildungsauftrags sinnvoll: Denn nur wenn »die Koexistenz des radikal Verschiedenen« (Welsch 1993, 69) in unserer Wirklichkeit im Unterricht Anerkennung findet, befähigt Unterricht die kommende Generation zur Lebensführung in der heutigen Wirklichkeit. Nur dann wird Unterricht seinem Bildungsauftrag gerecht. Beim Sachzeichnen findet die Koexistenz des radikal Verschiedenen in unserer Wirklichkeit keinen Ausdruck. Vielmehr verhindert die Vorgabe, den Gegenstand sachlich richtig – »neutral« – wiederzugeben, jegliche Pluralität. Die »Diktatur der Sachlichkeit« (ebd., 61) standardisiert Wahrnehmung. Die beim Sachzeichnen oktroyierte Wahrnehmung geht unumgänglich mit einem Wahrnehmungsverlust durch Wahrnehmungsbegrenzung einher, denn die Wirklichkeit betreffend gibt es keine »neutrale« Darstellung. Auch die Sachzeichnung beinhaltet durch ihren am Erscheinungsbild orientierten Blick auf die Wirklichkeit eine Wahl: Das Sachzeichnen unterwirft den Blick einer bestimmten Perspektive. Da jede Wahl subjektabhängig ist, ist also auch eine Sachzeichnung nicht objektiv: »Die Bevorzugung einer bestimmten Wahrnehmungstypik [...] ist [...] nicht bloß eine ästhetische, sondern zugleich eine anästhetische Entscheidung: Sie drängt andere Wahrnehmungsmöglichkeiten ins Abseits« (Welsch 2007, 267). Beim Sachzeichnen wird folglich unter dem Deckmantel der Neutralität die vielfältige Wahrnehmung des Gegenstandes verhindert. Mit anderen Worten: Das Sachzeichnen ist eine Art von Manipulation der Wahrnehmung von Wirklichkeit im Gewand von Objektivität (Welsch 1993, 61). Der Wirklichkeit wird es damit nicht gerecht. Die Wirklichkeit wird beim sachorientierten Zeichnen nur begrenzt wahrgenommen. »Anästhetik« bestimmt die Wahrnehmung der Wirklichkeit bei der Sachzeichnung. Den Begriff »Anästhetik« verwendet Welsch als Gegenbegriff zu »Ästhetik« (1993, 10 und 2007, 267). »Anästhetik« bedeutet nach Welsch den Zustand, wo die »Elementarbedingung des Ästhetischen – die Empfindungsfähigkeit« (1993, 10) als Voraussetzung für erkenntnishaftes Wahrnehmen – aufgehoben ist. Dass das Sachzeichnen durch Anästhetik geprägt ist, vermittelt sich in der beschränkten Wahrnehmung des Gegenstandes: Er wird auf seine Erscheinungsform beschränkt wahrgenommen und abbildgetreu im Bild wiedergegeben. Problematisch ist, dass beim sachorientierten Zeichnen die beschränkte Wahrnehmung dem Sachzeichner oftmals nicht bewusst ist. Da ihm das eigene Wahrnehmen als objektiv und richtig erscheint, negiert er guten Gewissens die gleichen Rechte anderer oder abweichender Wahrnehmungs- und Darstellungsformen. Er glaubt nicht, dass seine Perspektive überschreitungswürdig wäre. So werden beim Sachzeichnen »Anästhetik und Absolutismus zum Paar« (ebd., 34) mit bedenklichen Folgen.

Die in der Schule vermittelte Sachdarstellung prägt – neben den am Abbild orientierten Bildern in den Medien (Kirchner 2008, 56) – entscheidend das Bild, das sich Menschen vom selbst zu gestaltenden Bild machen. Das Bild vom Bild, das Schülern mit der Sachzeichnung vermittelt wird, bestimmt fortan ihr Wahrnehmen und Handeln bei bildnerischer Gestaltung. So wird die Güte einer Darstellung von Menschen in der Regel – den Kriterien der Sachzeichnung folgend – am Grad der Perfektion gemessen, mit der sie die Wirklichkeit realitätsgetreu abbildet (Peters 2005, 87). Die Verengung des Bildes auf das Abbild ist im Rahmen von Bildungsprozessen problematisch. Da, wie weiter oben dargelegt, die Empfindungsfähigkeit – als Voraussetzung für erkenntnishaftes Wahrnehmen – beim sachorientierten Zeichnen unterbunden ist, führt Sachzeichnen – bezüglich der Realität – zu keiner »richtigen Erkenntnis« (von Hentig 2003b, 45). Was von Hentig unter richtiger Erkenntnis versteht, vermittelt er nach Platon am Beispiel des Zügels als Studienobjekt (ebd., 45-46).

Keine richtige Erkenntnis, sondern nur ein oberflächliches Wissen vom Zügel gewinnen Gestaltende, die ausschließlich die Farben und die perspektivischen Formen des Studienobjekts wahrnehmen. Ihre Wahrnehmung und ihre Handlung ist von Anästhetik bestimmt: Sie beschränken sich darauf, in ihren Darstellungen einen Zügel abzubilden, ohne sich gefragt zu haben, was ein Zügel ist und welchen Zweck er erfüllt. Durch »geistige Blindheit« (Welsch 1993, 10) bestimmt, tragen Sachdarstellungen nicht zu deutlicher, dauerhafter und folgerichtiger Erkenntnis bei (von Hentig 2003b, 45). Der Erkenntnisgewinn bezüglich der Realität, der durch sie gewonnen wird, ist demzufolge beschränkt, ihr Beitrag zur Lebensführung in der heutigen Zeit marginal. Richtige und für das Leben nützliche Erkenntnis setzt voraus, dass zu dem richtigen Wissen von den konkreten Zügeln – was sie sind, woraus sie bestehen, wozu sie brauchbar sind – ein Wissen kommt, das nach den Zwecken und Voraussetzungen aller Zügel gefragt hat: Erst ein solches Wissen enthält die Erkenntnis, »was einen Zügel zum Zügel macht – zu einem richtigen, das heißt zu einem guten Zügel« (ebd.). Erst ein solches Wissen schließt die Erfüllung der besonderen Bestimmung des Gegenstandes in der Wirklichkeit mit ein (Abb. 40). Um dieses Wissen geht es in Bildungsprozessen, die die Heranwachsenden befähigen sollen, in der Welt, in der sie leben, erwachsen zu werden (von Hentig 1985a, 18).

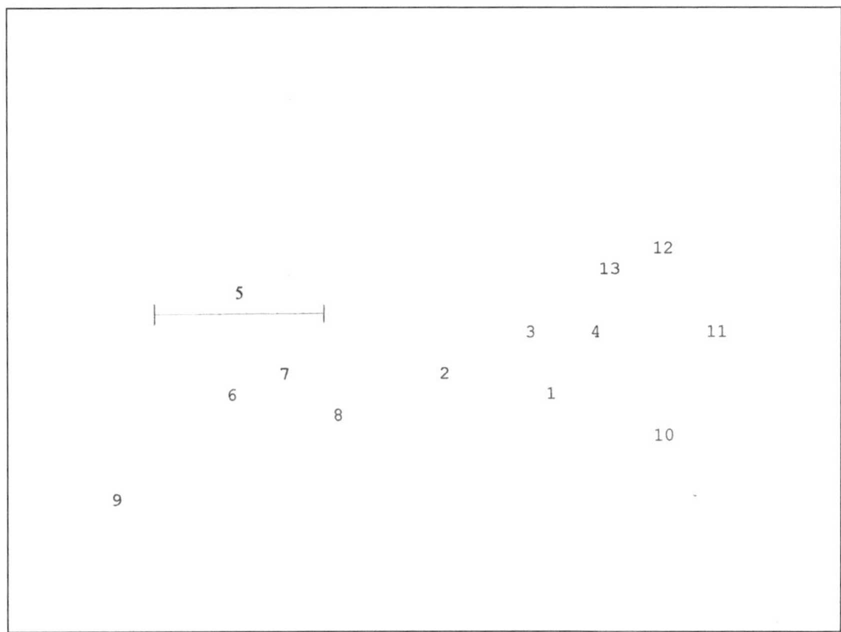

Abbildung 40: Zügel

Es hat sich gezeigt, dass, weil die Sachzeichnung von Anästhetik bestimmt ist, ihr Zugang zur Wirklichkeit begrenzt ist. Der sich in der Sachzeichnung spiegelnde Umgang mit Realität ist lebensfern, wird der pluralistischen Wirklichkeit nicht im Mindesten gerecht. In der pädagogischen Praxis der Koexistenz des radikal Verschiedenen in unserer Wirklichkeit keinen Raum zu geben, ist problematisch. Denn nur wenn im Unterricht der »explosive Pluralismus« Anerkennung findet, befähigt Unterricht die kommende Generation zur Lebensführung in der heutigen Wirklichkeit. Bildung ist heutzutage dem Faktum geschuldet, dass Pädagogen »die Pluralität der Werte anerkennen müssen und dass Einheitsformeln oder Reduktionsleistungen [im Unterricht] nicht mehr erlaubt sind« (Tenorth 1994, zitiert in Wagner 1999, 90).

5.3 Lebensführung in einer von Pluralismus bestimmten Wirklichkeit

Bisher wurden ganz allgemein die Rahmenbedingungen des Lebens in der heutigen Zeit ins Auge gefasst: Eine »radikale Pluralität als Grundverfassung der Gesellschaft« wurde ausgemacht (Wagner 1999, 84). Im Folgenden wird dargestellt, welche Auswirkungen der Sinnpluralismus auf die Lebensführung des Einzelnen hat. Die Lebensführung – als Handlungsmöglichkeit des Einzelnen – ins Auge zu fassen, ist sinnvoll, denn Pädagogik kann nicht die pluralistischen Verhältnisse ändern, sondern nur die Heranwachsenden gegen diese stärken: »Pädagogik und Unterricht [...] reparieren kein Objekt, sie helfen einem Subjekt« (von Hentig 2001, 53). Die Heranwachsenden zu stärken, beinhaltet, jeden Einzelnen in seiner Selbstaneignung und Selbstmächtigkeit zu stärken, »um einer Zumutung von Außen und einer Beherrschung durch andere entgegentreten zu können« (Schmid 1998, 11). Dass Lehrende beauftragt sind, diese Bemühung für jedes einzelne Individuum zu unternehmen – nach dem Maß seiner Möglichkeiten: seiner bisherigen Erfahrungen, seiner Anlagen und seiner Lebenssituation – (von Hentig 2001, 52), ist gerade in Zeiten, die durch eine Vielfalt von Lebensformen bestimmt ist, von besonderer Bedeutung. Um die einzelnen Menschen zur Lebensführung in der von Pluralismus bestimmten Welt zu befähigen, ist es notwendig, die Anforderungen heutiger Lebensführung in den Blick zu nehmen.

Der »explosive Pluralismus« (Berger 1994, zitiert in Keupp u.a. 1999, 50) stellt das Individuum vor neue Herausforderungen. In der »multioptionalen Gesellschaft« (Keupp u.a. 1999, 47) ist durch das Schwinden klarer Orientierungsmuster die Lebensführung für den Einzelnen offener, aber auch widersprüchlicher geworden. Einerseits gewinnt er die Freiheit, sein Leben selbstbestimmt zu gestalten, andererseits kann er dem Risiko unterliegen, sich im »Dschungel der gesellschaftlichen Möglichkeiten« zu verirren (Büchner 1983, zitiert in Behringer 2001, 35). Der Sinnpluralismus zieht also sowohl Freiheiten als auch Belastungspotenziale nach sich (Lange 2000, 52). Durch den Verlust an klaren Vorgaben, wie ein Leben zu leben ist, steigen die Ansprüche an die Lebensführung: Denn in einer Zeit, in der vieles möglich ist, sind die Menschen gezwungen, aus der Vielfalt auszuwählen, was ihnen selbst wichtig und was für sie selbst richtig ist (Behringer 2001, 37). Sein Leben zu führen, beinhaltet folglich, sich für seine Art zu leben zu entscheiden, sein eigenes Leben selbst zu gestalten, mit anderen Worten »das Gesetz des Handelns hinsichtlich des eigenen Lebens auf reflektierte Weise selbst wahrzunehmen« (Schmid 1998, 117). Der Einzelne ist gefordert, zum Regisseur der eigenen Lebensführung zu werden.

»[In der heutigen Zeit ist der Einzelne] darauf angewiesen, die Drehbücher seines individuellen Lebens selber zu schreiben, die Landkarten für seine Orientierung in der Gesellschaft selber zu zeichnen, über seine Biografie, seine Persönlichkeit, sein Selbstverständnis selber Regie zu führen.« (Hitzler und Hohner 1994, 312)

Heutzutage hat der Mensch nicht bloß sein Leben, sondern er muss es – gezwungenermaßen – führen (Fuchs 2001a, 44). Demgemäß ist, zum Regisseur der eigenen Lebensführung zu werden, für den Einzelnen nicht nur Kür, sondern auch Pflicht (Keupp 2004, 75). Der Zwang zu gestalten, beinhaltet – wie oben schon erwähnt wurde – sowohl die Chance einer selbstbestimmten Lebensführung als auch das Risiko, in der Vielfalt der Möglichkeiten die Orientierung zu verlieren. Ob die Einzelnen die Freiheitschancen, die die heutige Zeit eröffnet, in reelle Freiheitsgewinne umsetzen können, hängt ganz entscheidend von den Individuen und ihren Fähigkeiten ab. Sie müssen die Gestaltungskompetenz besitzen, unter bestimmten Voraussetzungen auswählen, urteilen und planen – also einen Lebensentwurf entwickeln können (Altheim 1999, 115). Gestaltungskompetenz besitzt der Mensch nun aber nicht von sich aus, er muss sie erwerben, einüben (Krüger 2001, 39). Auftrag der Pädagogik ist, die Voraussetzungen dafür zu schaffen, dass Heranwachsende Gestaltungskompetenz für die eigene Lebensführung im Unterricht erwerben. Wie die pädagogische Praxis ihrem Auftrag gerecht wird, wird im Folgenden dargestellt.

5.4 Umgang mit dem Bildungsziel »Lebensführung« in einer von Pluralismus bestimmten Wirklichkeit

Gestaltungskompetenz – für das Führen des eigenen Lebens in der heutigen Zeit – setzt Bildung voraus. Denn nur wer gebildet ist, kann sich bewusst zu sich, zu seiner gesellschaftlichen und natürlichen Umwelt, zur Geschichte und zu seiner Zukunft verhalten (Fuchs 1999b, 32). Bildung kann als »Handwerkszeug« bezeichnet werden, das Menschen benötigen, um ihre Lebensgestaltung selbstbewusst in die Hand zu nehmen (Krüger 2001, 39). Sie erlaubt, »dem Neuen (welt-) offen, flexibel und zur Verunsicherung bereit, entgegentreten zu können« (Hasse 1996, 89). Bildung ist also die Antwort auf die durch Pluralismus bestimmte Welt (von Hentig 1999, 9).

In bildungspolitischen Überlegungen ist der Auftrag der Kunstpädagogik klar bestimmt: Die Heranwachsenden sollen unterstützt werden, sich in einer immer komplexer, instabiler und unübersichtlicher werdenden globalen Welt selbstbewusst und selbstbestimmt zu bewegen (Höxter 2008, 20). Bildungsziel ist, den Lernenden Lebensmöglichkeiten als Lebenschancen zu eröffnen. Will die kunstpädagogische Praxis diesem Anspruch gerecht werden, muss sie sich leiten lassen vom Nutzen, den die Einzelnen für sich und ihre individuell zu gestaltende Lebensführung aus der Teilhabe erfahren können (Breuning 2000b, 39). Die pädagogische Praxis muss bestimmt sein vom Gewinn, den die Lernenden langfristig im Transfer einmal gemachter Erfahrungen und erworbener Fähigkeiten im Hinblick auf die Gestaltung des eigenen Lebens ziehen können. Um dem Auftrag gerecht zu werden, müssen folgende Voraussetzungen in der pädagogischen Praxis erfüllt werden.

In Bildungsprozessen müssen Heranwachsende lernen, ein bewusstes Verhältnis zu sich und ihrer Lebenswelt aufzubauen. Sie müssen sich Lebenswirklichkeit erschließen, in der ihnen eigenes Leben gelingt. Ein gelingendes Leben hat, wer befähigt ist, ein selbstbestimmtes, ein seinen Bedürfnissen und Interessen weitgehend entsprechendes Leben zu führen, wem es möglich ist, zentrale Lebensmöglichkeiten zu erkennen und zu verwirklichen (Altheim 1999, 115). (Die hier vorgenommene Definition von einem erfüllten Leben wird demnach bestimmt »weniger vom guten Leben, sondern eher – pragmatischer – vom gut geführten Leben« [Baltes 1993, zitiert in Altheim 1999, 115].) Die Tatsache, dass es nicht mehr die eine richtige Art gibt, sein Leben zu führen, eröffnet dem Einzelnen Ausgestaltungsmöglichkeiten. Der verfolgte Anspruch auf ein eigenes Leben findet demnach seinen Ausdruck in der radikalen Pluralität von Lebensentwürfen, die Menschen für sich bilden können.

Sich Lebenswirklichkeit zu erschließen, erfordert, Lebenswirklichkeit als gestaltbar zu begreifen. Die Heranwachsenden müssen im Unterricht erfahren, dass sie sich äußeren Lebensbedingungen nicht einfach anpassen müssen, sondern auf Grund eigener Überlegungen die Lebenswirklichkeit verändern können. Sich Lebenswirklichkeit anzueignen, schließt folglich immer den Aspekt der »Möglichkeit« ein. So gilt es in der pädagogischen Praxis, den Lernenden die Wirklichkeit für ihr mögliches Anderssein zu öffnen: »Denn das, was ist, erschöpft die Möglichkeiten, wie es sein kann, nicht« (Schmid 1999, 18). Bisher nicht wahrgenommener Möglichkeitshorizonte innezuwerden, stellt die Voraussetzung dafür dar, nicht auf Bestehendem zu verharren, sondern Lebensgestaltungsmöglichkeiten aufzutun. So gilt es im Unterricht, die Schüler mit der Bandbreite der Möglichkeiten bekannt zu machen, denn als Mensch das Mögliche zu sehen, mit Möglichkeiten zu spielen und zu arbeiten, letztlich Möglichkeiten zu leben, verhilft zur selbstbestimmten Lebensführung, befähigt zur Lebenskunst (Breuning 2000b, 39). Lebenswirklichkeit zu erschließen verlangt des Weiteren, dass in Bildungsprozessen der einzelne Mensch und seine Lebenswirklichkeit im Zentrum der pädagogischen Überlegungen stehen. Denn nur wenn sich Schüler mit der sie bestimmenden Lebenswirklichkeit auseinandersetzen, leistet Unterricht Orientierungshilfe. Nur dann unterstützt er die Heranwachsenden, den gegenwärtigen Anforderungen gewachsen zu sein.

Im Abschnitt 5.3 wurde ausgeführt, dass in einer Gesellschaft, die von einer Pluralität der Lebensmöglichkeiten bestimmt ist, der Entscheidungszwang in Bezug auf Lebensgestaltung und Selbstdefinition gewachsen ist (Altheim 1999, 119). Der Alltag wird zur Aufgabe: Er erlaubt nicht nur Entscheidungen, sondern er macht sie auch notwendig (Lange 2001, 54). Um diesem Zwang positiv begegnen zu können, ist Lebensgestaltungskompetenz erforderlich. Diese umfasst das Erkennen, Verstehen, Wählen und Herstellen von Sinnkonstruktionen. Wird über sie verfügt, ist der Mensch davor gefeit, im Überangebot unterzugehen. Auftrag der pädagogischen Praxis ist, die Schüler zu unterstützen, Gestaltungskompetenz zu erwerben. Sie müssen befähigt werden, eigenständige Urteilskraft zu gewinnen, eine Wahl treffen und entsprechend handeln zu können (Schmid 1999, 22). Soll der Auftrag erfüllt werden, gilt es in Bildungsprozessen, Rahmenbedingungen zu thematisieren, Wahlmöglichkeiten zu erarbeiten und Entscheidungskompetenzen zu stärken. Leistet die pädagogische Praxis dies, so versetzt sie die Heranwachsenden in die Lage, sich in der durch Pluralismus bestimmten Wirklichkeit mit ihrer unverbindlichen Vielfalt von Orientierungsangeboten zu behaupten.

Werden die eben genannten Voraussetzungen in der pädagogischen Praxis erfüllt, trägt sie zur Lebensführung in der heutigen Zeit bei: Sie wird ihrem Bildungsauftrag gerecht.

5.5 Die kunstpädagogische Praxis und ihr Beitrag zur Lebensführung

Die heutige Gesellschaft ist von einer Vielfalt von Deutungs- und Lebensmustern bestimmt. So stellt sich jedem Einzelnen die Aufgabe, den Sinn des eigenen Lebens zu erkennen und »innerhalb gesellschaftlicher Rahmenbedingungen persönliche Freiheiten, Selbstbestimmungsmöglichkeiten und Autonomie zu realisieren« (Altheim 1999, 114). Dass sich Menschen in »multiplen Realitäten« bewegen (Behringer 2001, 46) und dass sie die in den unterschiedlichen Lebensbereichen erfahrenen vielschichtigen Orientierungen individuell für sich bestimmen und selbstständig in einen Zusammenhang stellen müssen, findet in der kunstpädagogischen Praxis in der Regel keine Berücksichtigung. Heutige Wirklichkeit und Umgang mit der Wirklichkeit sind in der pädagogischen Regelpraxis kein Lerngegenstand. Das ist problematisch, denn der Bedarf an Orientierung ist umso größer, je schwieriger die Verwirklichung der eigenen Lebensführung ist. Auf der Suche nach Hilfe beim Überblick und Durchblick in einer zunehmend unübersichtlich werdenden Welt kann – wie sich im vorangegangenen Abschnitt gezeigt hat – pädagogische Praxis behilflich sein. Kunstunterricht sollte diese Möglichkeit nutzen. Denn unterstützt er eine »Entwicklung verallgemeinerter Handlungsfähigkeit mit dem Ziel einer Kontrolle über Bedingungen der eigenen Existenz« (Altheim 1999, 124), wird er bedeutsam für die Heranwachsenden. Er stiftet Sinn. Eine Bedeutsamkeit von Kunstunterricht und eine Sinnstiftung durch Kunstunterricht täte dem Fach gut, denn die Tatsache, dass mit diesem Fach überhaupt Bedeutung und Sinn gestiftet werden kann, vermittelt sich den Schülern oftmals nicht. Wer Schüler fragt, was sie vom Kunstunterricht halten und wozu Kunstunterricht gut sei, bekommt Antworten wie folgt:

»Für mich macht der Kunstunterricht in der Schule überhaupt keinen Sinn. Wir behandeln nur Themen, die mich überhaupt nicht interessieren [...] Also alles in allem braucht kein Mensch die Kunst. Kunst in der Schule ist überflüssig [...] Als Fazit kann man sagen: Weg mit dem Kunstunterricht in der Schule.« (Marr 2007, o.n.A.)

»Der Kunstunterricht in der Schule ist für mich unwichtig. Die Dinge, die wir tun, interessieren mich nicht sonderlich und spielen in meiner Freizeit keine Rolle.« (Ebd.)

»Die Kunst spielt für mich eine relativ große Rolle, wenn ich zu Hause zeichne, wozu *ich* Lust habe. Kunstunterricht in der Schule gibt mir allerdings nichts [...] Eigentlich ist Kunst so, wie sie unterrichtet wird, völlig sinnlos!« (Ebd.)

»Der Kunstunterricht, den ich bis jetzt hatte, war teilweise ziemlich sinnlos. Man sollte die Schüler selber Themen auswählen lassen und nicht Papierschnipsel schneiden und diese wieder zusammenkleben lassen. Man sollte den Schülern eigenen Freiraum lassen.« (Ebd.)

»Kunst interessiert mich mit der Zeit immer weniger. Früher hat man noch mit Freude gezeichnet und gemalt, heute zeichne und male ich nur noch, wenn ich dazu gezwungen werde. Kunst als Schulfach ist nicht sinnvoll. Abschaffen!!!« (Ebd.)

»In der Schule wird man nicht sehr für Kunst begeistert. Man bekommt eine Aufgabe und muss diese erledigen, es ist eine ›Pflicht‹. Kunst macht keinen Spaß, vielleicht liegt es daran, dass man sich selten wirklich einbringen kann. Ich denke, dass alle kunstbegeisterten Leute durch den schlechten Unterricht an Schulen die Lust und den Spaß am Zeichnen bzw. Malen verlieren. Ich habe nur noch in der Schule mit Kunst zu tun und wenn sich die Unterrichtsmethoden nicht ändern, wird bald keiner (kein Jugendlicher und kein Schüler) mehr Interesse an Kunst zeigen!« (Ebd.)

In den Aussagen der Schüler zeigt sich, dass sie auf die Frage »Warum und wozu gibt es das Fach Kunst in der Schule?« keine positive plausible Antwort wissen. Ihrer Meinung nach ist Kunstunterricht in seiner jetzigen Form sinnlos, für das Leben nicht entscheidend und von daher unnötig. Die Einschätzung der Schüler bestätigt Billmayer: Das, was im Kunstunterricht gelernt wird, wird von den Menschen für entbehrlich gehalten (2004, 184). Für die Heranwachsenden bleibt in der gängigen Regelpraxis unklar, wozu Kunstunterricht taugt und warum er bedeutsam ist. Die Bedeutungslosigkeit des Kunstunterrichts für die Schüler ist Resultat der gängigen Praxis. Da diese oftmals nicht mit der Absicht veranstaltet wird, durch eine systematische Auseinandersetzung mit und Aneignung von Welt den Heranwachsenden zu helfen, sich selbst und ihre mögliche Rolle in der Welt zu finden (Heymann 1997, 7), bleibt sie ohne Relevanz für die Schüler. So ist es nicht erstaunlich, dass Menschen, werden sie nach »absolut notwendigen und völlig sinnlosen Fächern« gefragt, das Fach Kunst fast ausnahmslos als unnötig einstufen und gegen seine Abschaffung nichts einzuwenden haben:

»Kunst ist ganz klar das unwichtigste Fach. Ich kann bestätigen, dass ich da nichts Neues gelernt habe.

Wer braucht das noch, Bilder zu machen?

Kunst ist ein Talent voraussetzendes Fach. Es ist völliger Schwachsinn. Schule sollte sich um den Intellekt kümmern.

Malen kann man auch zu Hause lernen, auch wenn im Kunstunterricht immer eine chillige Stimmung ist.

Kunst ist entspannend und eine nette Abwechslung. Dass es wichtig ist, ist aber eher übertrieben.

Den Sinn dieses Faches soll mir mal jemand erklären. Egal. Man kriegt leicht eine Eins.

Mit Kunst kann ich nichts anfangen. Ich weiß auch nicht, warum das später für mich wichtig sein sollte. Ich habe meinen Lieblingskünstler (Edward Hopper) und sonst interessiert mich Kunst absolut nicht.

Im Kunstunterricht wird auch gerne gesagt, dass man bestimmte Künstler kennen müsse. Aber warum sollte ich irgendwelche toten Maler kennen wollen?

Ich habe in meinen 11 Jahren Kunstunterricht nichts gelernt, auf das ich nicht verzichten könnte.« (Nach www.multimediaxis.de/archive)

In den Aussagen vermittelt sich, dass sich in der gängigen Praxis den Menschen das Bildungspotenzial des Faches nicht erschließt. Kunstunterricht ist für sie auf Grund seiner Sinnlosigkeit ein unnötiges Fach. Dass die Menschen in ihrer Einschätzung nicht falsch liegen, bestätigt auch Kämpf-Jansen: Auch sie nimmt seit Jahrzehnten »alltäglichen kunstpädagogischen Unsinn« wahr (2004a, 403).

Der Frage, was es in der pädagogischen Praxis Sinnvolleres und damit Bedeutsameres zu tun gäbe, soll nun nachgegangen werden. Der Beantwortung der Frage liegt dabei die Annahme zu Grunde, dass Kunstunterricht relevant für Schüler wird, wenn in ihm die Heranwachsenden dabei unterstützt werden, sich in einer immer komplexer, instabiler und unübersichtlicher werdenden globalen Welt, selbstbewusst und selbstbestimmt zu bewegen (Höxter 2008, 20). Mit anderen Worten, wenn in ihm Bildung – verstanden als Sich-Bilden – als zentrale Aufgabe verwirklicht wird. Dem Bildungsauftrag endlich gerecht zu werden, ist – nach Billmayer – überhaupt die Voraussetzung für die weitere Existenzberechtigung des Kunstunterrichts (2004, 184): Denn nur wenn die pädagogische Praxis zum Sachen-Klären und zum Menschen-Stärken beiträgt, wird das, was in dem Fach gelernt wird, zu Recht für bedeutend gehalten. Im Folgenden soll aufgezeigt werden, durch welche Änderungen sein Beitrag zur Bildung gefördert werden kann.

5.6 Über Schuhe oder über einen Schuh

5.6.1 »Ein Schulgegenstand ist das, wozu man ihn macht«[1]

Im Folgenden wird mit Hilfe der Lehrerfortbildungsveranstaltung »Zeichnen als Selbstausdruck und Wirklichkeitsaneignung – Erweiterung der Lebenskompetenz durch Bilder-Machen« aufgezeigt, wie kunstpädagogische Praxis zur Bildung beitragen kann. Die Veranstaltung fand dreitägig im Jahr 2009 statt an der Akademie Schloss Rotenfels – Landesakademie für Schulkunst. Teilgenommen haben 16 Kunstlehrer aller Schulformen. In der Veranstaltung sollte die pädagogische Praxis in Bezug auf ihre Inhalte, Methoden und Qualitäten reflektiert

1 | Von Hentig 1999, 61.

werden. Die bildende Reichweite pädagogischer Unterrichtsvorgehen sollte exemplarisch untersucht werden. Ziel der Veranstaltung war, anhand eines Themas und seines Umgangs in der pädagogischen Praxis aufzuzeigen, wie die Klärung der Sache die Stärkung der Menschen bewirkt und Unklarheit sie versäumt (von Hentig 1999, 181).

Als zu behandelnden Gegenstand der Fortbildungsveranstaltung hat die Autorin das Thema »Schuhe« ausgewählt. »Schuhe« stellen ein sehr beliebtes Thema in der kunstpädagogischen Praxis dar (u.a. Wiegandt 2005, 132-133; Riemann 2007, 22-24). Wird der Begriff »Schuh und Kunstunterricht« gegoogelt, stößt man auf unzählige Unterrichtsbeispiele. Im Folgenden soll der Frage nachgegangen werden, welches Bildungspotenzial im Thema »Schuh« steckt. Zunächst wird dargestellt, wie mit dem Gegenstand »Schuh« in der Regel im Unterricht umgegangen wird. Es wird überprüft, wie weitreichend der Blick auf das Thema in der kunstpädagogischen Regelpraxis geöffnet und inwieweit mit dem Regelunterricht zur Bildung der Lernenden beigetragen wird. Anschließend wird dargestellt, wie mit dem Thema »Schuh« umgegangen werden muss, damit das Thema im Rahmen von Bildungsprozessen auf seine Kosten kommen kann, den Anspruch an Bildungsprozesse erfüllt. Die Wahl des Themas »Schuhe« lag in der Häufigkeit der Bearbeitung des Gegenstandes in der kunstpädagogischen Praxis begründet. Wunsch war, ein Regelthema der Kunstpädagogik zu reflektieren. Demzufolge fiel die Wahl nicht auf den Gegenstand »Schuh«, weil angenommen wurde, dass die Anleitung zum Sich-Bilden an Schuhen besonders wirksam geschehen kann. Da jedoch der Bildungsgegenstand beim Prozess des Sich-Bildens nicht entscheidend ist (von Hentig 1999, 59), vielmehr alle Sachen dem Ziel dienen können, zur Bildung zu verhelfen, schien die Herausforderung groß herauszuarbeiten, wie weitreichend selbst mit einem scheinbar so begrenzten Unterrichtsgegenstand wie dem Schuh zum Sachen-Klären und Menschen-Stärken beigetragen werden kann. Denn niemals steckt in Bildungsprozessen das Maß der Wirkung in den Gegenständen selbst, sondern in dem, was die Lehrperson erreichen will und worauf sie meint, verzichten zu können (ebd., 61). So bestand die Aufgabe der Autorin darin, sich in der Vorbereitungsphase der Fortbildungsveranstaltung bewusst zu machen, was an dem Gegenstand »Schuh« welche Bildungswirkung tun kann und soll, und ihn dann für die Veranstaltung so aufzubereiten, dass er es tatsächlich tut: »Ein Schulgegenstand ist das, wozu man ihn macht« (ebd.).

5.6.1.1 Ein Schuh ist ein Schuh ist ein Schuh

Werden die praktischen Ergebnisse des Kunstunterrichts zum Thema »Schuh« betrachtet, lassen sich drei Umgänge mit dem Gegenstand feststellen (siehe u.a. Seydel 2007c). Zum einen gibt es traditionelle Sachdarstellungen. In diesen werden Schuhe in ihrer äußeren Erscheinungsform abbildgetreu wiedergegeben (Abb. 41 und 42).

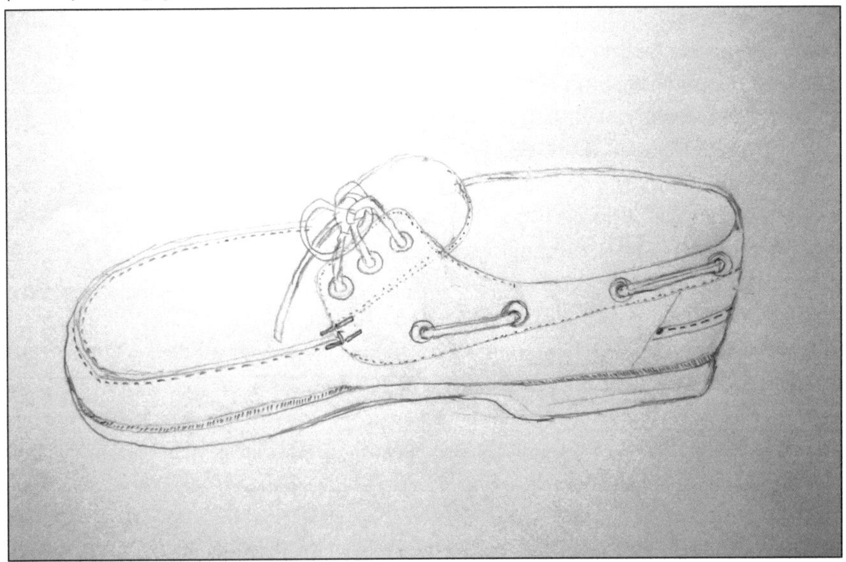

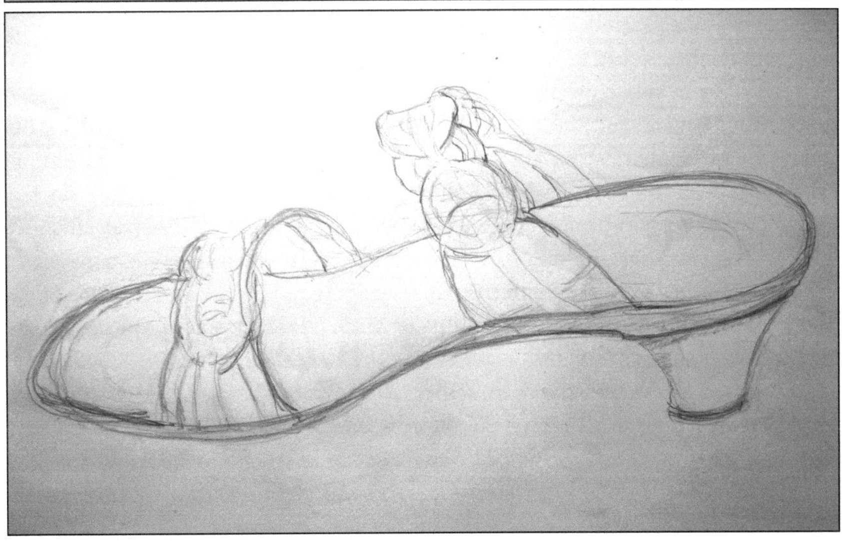

Abbildung 41 und 42

Bei den Sachdarstellungen handelt es sich nicht um Bilder, sondern um bloße Abbilder. Abbilder erschöpfen sich darin, existierende Dinge nochmals zu zeigen. Sie beschränken sich darauf, in der Nachahmung einen Gegenstand vorzutäuschen. Sich im Unterricht mit dem Abbild zu begnügen, wird Bildern nicht gerecht. Denn von einer Darstellung als Bild kann allein dann gesprochen werden, wenn die Bildgegenstände nicht als »Double« der Realgegenstände, sondern als ihre bildlichen Repräsentationen begriffen werden (Boehm 1994, 16), das heißt, wenn die auf dem Bild dargestellten Dinge Abbildungen erfahrener Realitäten der Gestalter mit diesem Gegenstand zeigen. Bilder erfordern, dass sich die Beziehung des Gestalters zu den dargestellten Inhalten vermittelt. Der Vorteil des Bildes gegenüber dem Abbild ist, dass es durch die persönliche Auslegung unendlich viele Bilder ein und desselben Gegenstands geben kann, so viele nämlich, wie es Bildhersteller gibt (Jonas 1994, 113). Demgemäß besitzen nur Bilder, aber keine Abbilder, das Potenzial, zum selbstbestimmten Bilden und damit zum Sich-Bilden der Lernenden beizutragen.

»[In der Sachdarstellung] gibt es keinen Platz für den Menschen, der die kunstpraktische Aufgabe bearbeitet. Eine solche Aufgabe ist widersinnig, denn der Lernende lernt nicht, selbst zu forschen und nach eigenen Entscheidungen etwas bildnerisch zu formulieren. Vielmehr ist er Handlanger, ausschließlich Ausführender einer Illustration [...] Das ist langweilig [...] und hat mit künstlerischer Praxis nichts zu tun.« (Samen 2007, o.n.A.)

Da Abbilder das Bild vom Bild im Kunstunterricht determinieren, trägt Kunstunterricht in der Regel nicht zum Verständnis von Bildern bei. Die Vermutung liegt sogar nahe, dass er letztlich durch unterlassene Aufklärung – »dass es [eben] in keiner Weise um eine irgendwie fotografisch-objektive Abbildung geht, sondern um eine Erfahrung mit diesen Dingen, darum, diese aus dem inneren Bereich in die Sichtbarkeit zu bringen« (Liesbrock 1993, 27) – sogar einen Beitrag zu einem »bilderfeindlichen« und »bildnegierenden« Verständnis leistet (Boehm 1994, 34). Seinem Auftrag, gerade das »höchst beschränkte Vorverständnis dessen, was ein Bild sei und was es vermöge, [bei den Schülern] abzubauen« (ebd., 17), wird er damit sicher in keiner Weise gerecht.

Bei der Sachzeichnung spielen Inhalte keine oder nur eine marginale Rolle. Im Zentrum steht, Gesehenes abbildgetreu in die Zeichenfläche zu übersetzen. Gekonnt soll der Gegenstand in seiner Plastizität wiedergegeben werden. Da beim sachorientierten Zeichnen der dargestellte Gegenstand selbst unbedeutend ist, nur die Art, wie er dargestellt ist, von Interesse ist, rutscht die Sachdarstellung ins Handwerkliche ab. Die Grenze zum Handwerk ist immer dann überschritten, wenn die Art der Darstellung wichtiger ist als das Dargestellte (Rauterberg 2007, 127). Da das Dargestellte in der Sachzeichnung keine Rolle spielt, wird dem Bild als Bedeutungsträger nicht entsprochen.

Das Vorgehen der Sachzeichnung negiert, dass Wirklichkeit heute als Konstruktion verstanden wird. Wirklichkeit ist von Menschen gemacht, und weil sie von uns gemacht ist, kann sie auch von uns verändert werden. Da Wirklichkeit plastisch ist, muss sie von den Menschen immer wieder aufs Neue verhandelt werden (Billmayer 2004, 185). In der neuen Aushandlung liegt die Chance einer Veränderung. Somit ist die Tatsache, dass Wirklichkeit gestaltet und gestaltbar ist, sowohl für das Individuum als auch für die Gesellschaft bedeutend: Wirklichkeit kann den sich wandelnden Einstellungen und Bedürfnissen angepasst werden. In der Sachzeichnung wird die Welt als gegeben hingenommen. Sie wird abgebildet, wie sie ist. Ihr Zustand wird nicht in Frage gestellt. Wirklichkeit wird gefestigt. Ein Bewusstsein davon, dass sie auch ganz anders – möglicherweise »besser« – sein könnte, wird von den Lernenden nicht erworben.

5.6.1.2 Ein Schuh ist kein Schuh

Werden die praktischen Ergebnisse des Kunstunterrichts zum Thema »Schuh« betrachtet, gibt es zum Zweiten Darstellungen, die den realen Schuh verfremden: Ein Schuh ist kein Schuh. Im Unterricht werden Schuhe mit Dekorationsmaterial beklebt (siehe Riemann 2007, 24-25) oder mit Miniaturgegenständen verziert. In den verfremdeten Darstellungen der Schüler zeigt sich angeblich Einfallsreichtum. Einfallsreichtum selbst ist aber noch kein Qualitätskriterium. Güte erhält dieser erst, wenn es sich um einen sinnvollen Einfall handelt. Sinnvoll ist ein Einfall, wenn er neue Perspektiven auf den Gegenstand eröffnet, wenn er – bezüglich der Realität – Kenntnis hervorruft (Rauterberg 2007, 101). Zu fragen ist also, was damit gewonnen ist, wenn jemand Schuhe mit Federn beklebt und mit Ostergras schmückt? Oder was es bringt, eine Krake aus einer Schuhöffnung krabbeln zu lassen? Festgestellt werden kann, dass bezüglich der Wirklichkeit mit diesen Darstellungen nichts gewonnen ist. Sie sind aussagearm, denn in ihnen wird nichts – die Realität betreffend – zur Kenntnis genommen. Sie sind nicht von einem inhaltlichen Anliegen bestimmt, vielmehr setzen sie auf einen Effekt. Die Einfälle sind beliebig und die Realität betreffend wenig gehaltvoll. Diese Tatsache ist bedenklich, denn Bilder sind nach ihrem präzisen Gehalt zu beurteilen. Die Fähigkeit, außerhalb der üblichen Bahnen zu denken, ist zwar eine wichtige Voraussetzung für Bildgestaltungen, aber weder die einzige noch eine hinreichend sichere. Denn Einfallsreichtum allein stiftet keinen Sinn, wenn er sich als Ziel verselbstständigt. Sich vom Bewährten und Üblichen loszureißen, ohne einen Zweck, bringt keinen Nutzen (von Hentig 1998, 77). Was also ist der Zweck eines Einfalls? Voraussetzung für einen Einfall ist die Erfahrung eines wirklichkeitsrelevanten Problems, noch ohne Lösung, aber mit der berechtigten Erwartung, dass es eine gibt, bzw. dass zumindest eine Annäherung möglich ist. Das Problem wird zur Aufgabe.

»Gute Ideen sind [...] keine Glückssache, sondern das Ergebnis harter Arbeit: Die Auseinandersetzung erfordert, die eigene Wahrnehmung zu schärfen und ein höchstmögliches Maß an Intensität sowie ein spezifisches Interesse an einer Problematik zu entwickeln.« (Wißmann 2007, o.n.A.)

Das Problem zu erkennen, zu prüfen, zu verstehen, es bloßzustellen, eröffnet den Weg, sich von ihm zu befreien. Sich von dem Problem zu befreien, setzt voraus, die Wirklichkeit als Möglichkeit aufzufassen. Realität kann verwandelt werden. Bei der Verschiebung der Realität geht es stets darum, Wichtiges von Unwichtigem zu unterscheiden. Dem Wichtigen wird nachgegangen, auch wenn es neue, ungewöhnliche Lösungen – Einfälle – erfordert. Erst vernünftiges, wirklichkeitsbezogenes Denken verleiht Einfällen Sinn. Es zeigt sich, für die Bloßstellung der Realität und die Befreiung von ihr bedarf es nicht beliebiger Einfälle. Der Einfall um des Einfalls willen ist sinnlos. Er selbst stellt keinen Wert dar, er bedarf immer eines Zwecks: Einfälle dienen dazu, durch befreites Denken schwierige Sachverhalte zu klären, nicht gehemmt von Furcht vor dem Risiko, was in Einfällen steckt (von Hentig 1998, 72). Bleibt der Zweck in der pädagogischen Praxis unberücksichtigt, ist der Einfall bloß Ausdruck eines blinden Aktionismus.

5.6.1.3 Schuhe verkaufen

Werden die praktischen Ergebnisse des Kunstunterrichts zum Thema »Schuh« betrachtet, gibt es zum Dritten Darstellungen, die sich mit Schuhdesign beschäftigen. Im Unterricht entwerfen die Schüler Schuhe. Neben Zeichnungen von Turnschuhen (siehe Wiegandt 2005, 132-133) oder Sneakern (siehe Riemann 2007, 24) entstehen im Unterricht auch Schuhe aus ungewöhnlichen Materialien wie zum Beispiel Schlappen aus Damenbinden. Werden die Ergebnisse betrachtet, ist fraglich, ob den Schülern durch den Unterricht die Funktion von Schuhen bewusst geworden ist. In den Darstellungen vermittelt sich nicht, dass die Schüler Schuhe als Ausdrucks- und Kommunikationsformen wahrgenommen, geprüft, verstanden und in ihren Darstellungen vermittelt haben. Vielmehr zeigt sich auch in diesen Schülerarbeiten eine auf die Oberfläche beschränkte Auseinandersetzung mit dem Gegenstand, die – wie sollte es anders sein – in beliebigen, aussagearmen Darstellungen mündet. Die Darstellungen sind belanglos, denn die identitätsstiftenden und inszenatorischen Momente von Kleidung bleiben unberücksichtigt.

Bei Kleidung trifft der Mensch, wenn er die Möglichkeit dazu hat, eine Wahl. Er greift aus vielen Möglichkeiten eine heraus. Als »zweite Haut« dient Kleidung als Mittel der Identitätsstiftung (Walch 2000, 4). Sie verleiht dem Menschen Ausdruck, hebt seine Eigenart hervor. Mit der Wahl »stilisiert« sich der Mensch (Schmid 1998, 127). Kleidung dient als Ausdrucksmittel (Gorke 2007, 26). Da Kleidung sichtbar ist, dient sie des Weiteren als Kommunikationsmittel. Mit Kleidung inszeniert sich der Mensch. Er trägt seine Lebensauffassung nach außen: Mit Kleidung gelingt eine demonstrative Vorstellung und Darstellung des Selbst. Menschen treten mit ihrer Kleidung in einen Dialog mit ihren Mitmenschen. Sie setzen Kleidung als Instrument ein. Sie wissen, dass die Erscheinung maßgeblich den Eindruck bestimmt, welcher in Begegnungen hinterlassen wird (Wenrich 2005, 4): »Wichtig ist alles, was sichtbar ist« (Fries 2004, zitiert in Wenrich 2005, 8). Des Weiteren nützt die Stilisierung, Gemeinsamkeiten mit anderen

Menschen hervorzuheben oder aber Unterschiede zu ihnen zu markieren, denn ebenso wie ein bestimmter Kleidungsstil Zugehörigkeit zu einer bestimmten Gruppe – zum Beispiel einer Schicht, einem Geschlecht, einem Berufsbild – vermitteln kann, so kann man sich mit einem bestimmten, in äußeren Merkmalen sichtbaren Lebensstil von anderen unterscheiden (Breuning 1999b, 56). Inszenierungen dienen als klares Bekenntnis, als visuelle und/oder ideologische Markierung (Wenrich 2005, 8). Kleidung ist ein nonverbales Kommunikationsmittel. Als Instrument der Selbstgestaltung und Selbststilisierung stellt es ein Mittel der Distinktion von anderen Personengruppen dar.

»[Die Kleidung kann als] Sprache verstanden werden – vergleichbar Wörtern und Texten, ihren Sinn muss man erlesen, zusammenfügen, neu herstellen, es gibt ihn nicht von vornherein als etwas ein für alle Mal Feststehendes […] So kann man in seiner Kleidung ästhetische Nachteile des Körpers verbergen und Vorzüge betonen, Funktionen herausstellen oder in den Hintergrund rücken oder ganz darüber hinwegtäuschen, man kann soziale Bedürfnisse anzeigen oder verstecken. Wie in der Sprache kann das, was nicht bezeichnet werden soll, wichtiger sein als das Gesagte; Formen der Abgrenzung und des Unterschieds, der Gestus zum anderen, sind in der Mode oft die eigentliche Botschaft.« (Apel 1984, 13)

Werden die Ergebnisse aus dem Unterricht betrachtet, vermittelt sich von alledem nichts: In den Darstellungen werden nicht Träume verkauft, sondern Schuhe (Penn 1999, zitiert in Walch 2000, 7). Der Anspruch bleibt unerfüllt, den Schülern Mode und Kleidung als Gestaltungs- und Kommunikationsmittel näher zu bringen. Auch hier bestimmen die Auffassungen »Der Schuh ist ein Schuh ist ein Schuh« oder aber »Der Schuh ist kein Schuh« die Gestaltungen mit denselben Folgen: Die Ergebnisse des Unterrichts sind trivial.

»Dass die Ergebnisse oft trivial sind, liegt sicher auch daran, dass die LehrerInnen die Schüler nicht genügend fordern. Oft haben die Schüler gar nicht die Möglichkeit, in eine eigene Auseinandersetzung zu kommen: Der Unterricht bleibt bei der Technik stehen; das eigentlich Spannende an der Kunst wird den SchülerInnen vorenthalten.« (Wißmann 2007, o.n.A.)

Nachdem der gängige Umgang mit dem Thema »Schuh« im Unterricht dargestellt und reflektiert wurde, soll nun erarbeitet werden, wie das Thema »Schuh« im Unterricht behandelt werden muss, damit die »Koexistenz des radikal Verschiedenen« (Welsch 1993, 69) in unserer Wirklichkeit in der pädagogischen Praxis Anerkennung findet.

6. Über Schuhe oder über einen Schuh

6.1 Die visuelle Wirklichkeit im Bild abbildgetreu wiedergeben

Die erste Aufgabe für die Teilnehmer der Lehrerfortbildungsveranstaltung »Zeichnen als Selbstausdruck und Wirklichkeitsaneignung – Erweiterung der Lebenskompetenz durch Bilder-Machen« lautete wie folgt: »Ziehen Sie einen Ihrer Schuhe aus, stellen Sie diesen vor sich auf den Tisch und setzen Sie sich zeichnerisch mit ihm auseinander. Für die Darstellung haben Sie 30 Minuten Zeit.« Wie dieser Auftrag »richtig« zu erfüllen ist, meinten die Teilnehmer zu wissen, denn Aufgaben wie diese sind typische Pflichtübungen auch ihres Unterrichts. Das Vorgehen schien ihnen vertraut. Von den Zielvorstellungen ihres eigenen Unterrichts bestimmt, nahmen sie an, dass eine Sachzeichnung von ihnen erwartet würde, bei der die Schuhe in ihrer stofflichen Beschaffenheit realitätsgetreu abgebildet werden sollten. Ihren eigenen Unterrichtserfahrungen entsprechend meinten sie, dass ihre fertigen Darstellungen an der Wiedergabe von Material- und Formeigenschaften gemessen würden, dass also das Maß für den Wert ihrer Darstellungen von der Perfektion ihrer Ähnlichkeit zum realen Schuh abhängen würde. Ihre Darstellungen haben die Lehrer den vermeintlichen Zielvorstellungen angepasst. Ergebnis der Aufgabe waren 16 – gemessen an der visuellen Realität – abbildgetreue Darstellungen der eigenen Schuhe (Abb. 43-56).

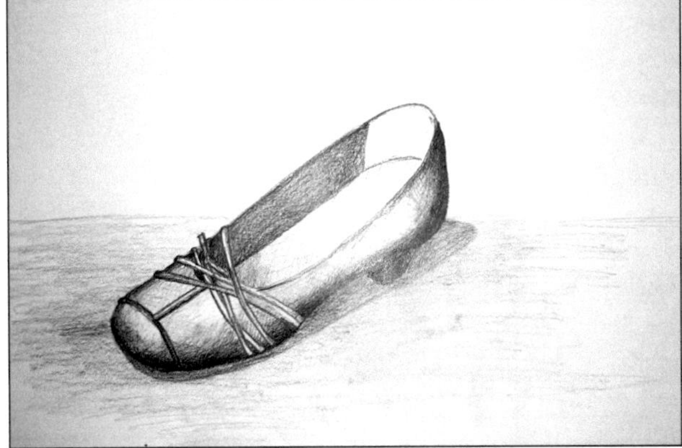

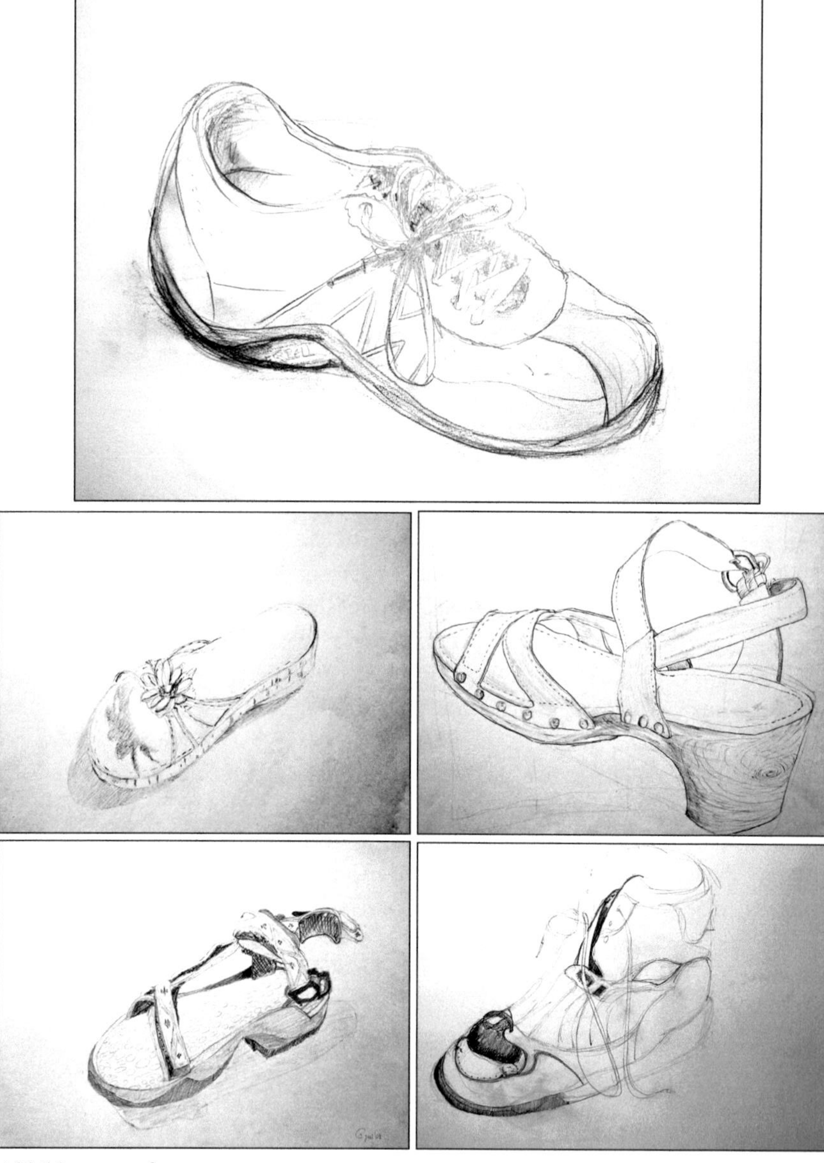

Abbildung 43-48

Bei der Wiedergabe des Schuhs gab es bei den Teilnehmern der Lehrerfortbildung in der Regel keine Darstellungsprobleme. Schuhe gehören neben anderen alltäglichen Gegenständen zu den Dingen, die in der Vergangenheit von ihnen schon oft genug abgebildet wurden: Die Lehrer konnten überwiegend auf ein erprobtes und bewährtes Abbildungs- und Ausführungswissen zurückgreifen. Die Schuhe konnten routiniert – in Standardausführung – wiedergegeben werden.

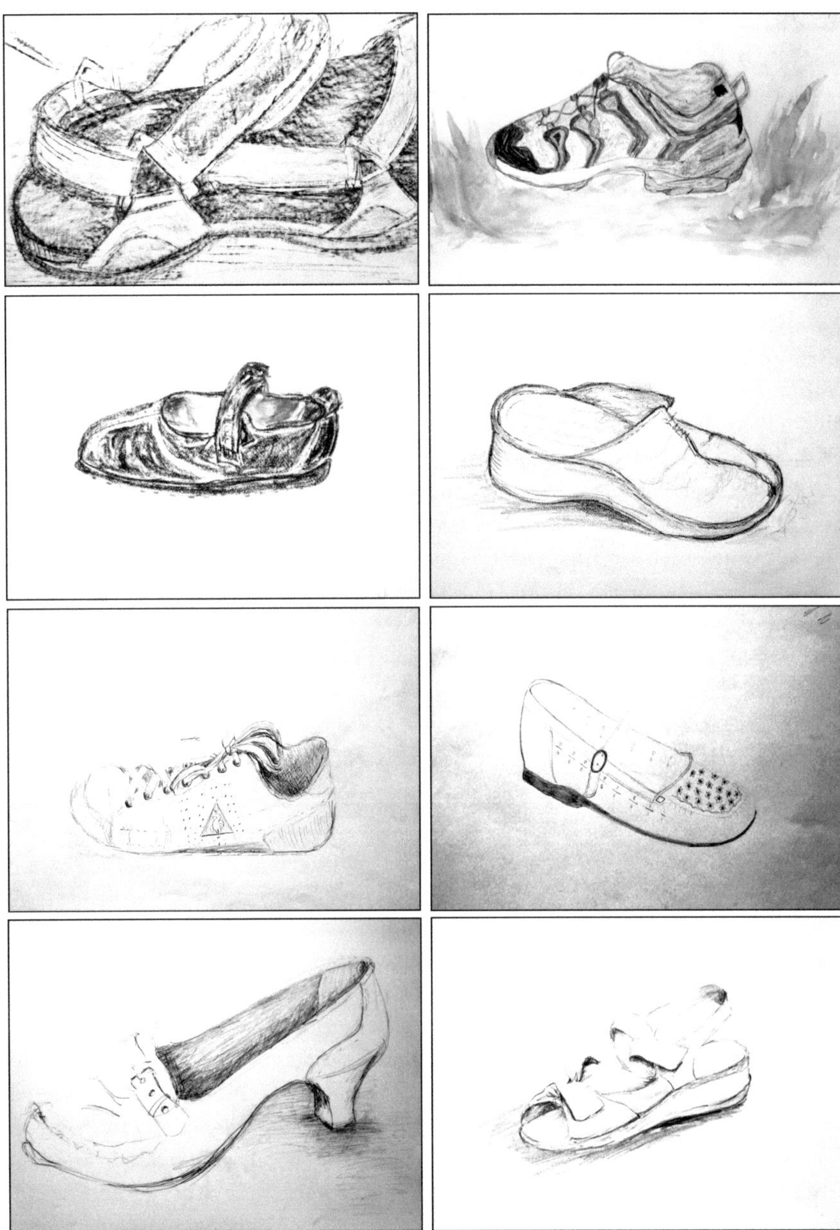

Abbildung 49-56

6.2 Über die Wirklichkeit, mit der Darstellung von Schuhen nichts oder nur Belangloses auszusagen

Im Plenum wurden die Ergebnisse besprochen. Die Teilnehmer wurden nach ihrer Zufriedenheit mit ihren Zeichnungen befragt. Die Mehrheit war mit ihren Darstellungen zufrieden. Ihre Zufriedenheit begründeten sie mit der in der Darstellung gelungenen Wiedergabe des realen Schuhs. Sie waren stolz, dass es ihnen geglückt war, ihren Schuh proportionsgenau, plastisch und materialgerecht in ihrer Zeichnung abzubilden. Dafür erhielten sie auch von den anderen Teilnehmern Anerkennung. Ihr Können wurde hoch geschätzt. Die Wertschätzung ihrer Arbeit hat sie befriedigt. Waren diese Lehrer auch mit ihren Zeichnungen zufrieden und hat ihnen auch der Beifall der anderen Teilnehmer gefallen, so hat ihnen das Zeichnen selbst nicht rechte Freude gemacht. So war es nicht verwunderlich, dass sie trotz der Zufriedenheit mit den eigenen Zeichnungen und trotz der anerkennenden Worte der anderen, es ablehnten, im Anschluss gleich weitere Sachzeichnungen anzufertigen. Ihre fehlende Motivation erklärten sie damit, dass es ihnen nichts bringen würde, nun noch weitere Sachen zu zeichnen. Das heißt, mag auch die von diesen Lehrern in ihren Zeichnungen erreichte Perfektion zunächst befriedigen und tut auch die Wertschätzung des eigenen Könnens erst einmal gut, so stellen beide auf Dauer nicht zufrieden, vermögen es nicht, der Zeichentätigkeit dauerhaft Sinn zu geben. Von den mit ihrer Zeichnung unzufriedenen vier Personen begründeten zwei ihr Urteil mit ihrer in der Zeichnung noch nicht gelungenen Wiedergabe des realen Schuhs. Dass sie es nicht erreicht haben, ihren Schuh proportionsgenau, plastisch und materialgerecht in ihrer Zeichnung abzubilden, hat sie frustriert. Die Aussage, dass es für ihre zeichentechnischen Probleme Hilfsmittel und Hilfestellungen geben würde, die es auch ihnen in absehbarer Zeit problemlos möglich machen würden, naturalistisch zu zeichnen (Regel 2006, 342), hat sie beruhigt. So erstaunte es nicht, dass diese Lehrer trotz der Unzufriedenheit mit den eigenen Zeichnungen und trotz der fehlenden anerkennenden Worte der anderen, grundsätzlich motiviert gewesen wären, gleich im Anschluss weitere Sachzeichnungen anzufertigen. Ihre Motivation erklärten sie damit, dass auch sie gerne »richtig« zeichnen können würden. In ihrer Erklärung zeigt sich, dass es diesen Teilnehmern beim Zeichnen vorrangig um das Zeichnenkönnen an sich geht. Was abgebildet wird, scheint für sie keine Rolle zu spielen. Zu zeichnen ist für sie Selbstzweck. Die anderen zwei – mit ihren Zeichnungen unzufriedenen Lehrer – waren hingegen weniger mit ihren eigenen Darstellungen als mit der Art der Zeichnung an sich unzufrieden. Unabhängig vom gezeigten eigenen Können und losgelöst von der positiven Einschätzung ihrer Kollegen, haben ihnen ihre Zeichnungen nicht behagt. Ihre Zeichnungen schienen ihnen, wenn auch technisch perfekt, im Grunde bedeutungslos. Die Tätigkeit des Zeichnens machte für diese Lehrer keinen Sinn.

Im Anschluss folgte eine Analyse des Unterrichtsvorgehens. Die Einschätzung der meisten Teilnehmer, dass die Aufgabe alltagsnah, offen und persönlich sei, wurde diskutiert. Die Zuschreibung der Alltagsnähe erfolgte, weil es sich bei dem Schuh um einen Gegenstand aus dem alltäglichen Leben handeln würde. Die Offenheit der Aufgabenstellung sahen die Lehrer dadurch gewährt, dass die Einzelnen nicht alle denselben, sondern jeder seinen Schuh hätte darstellen sollen. Dadurch sei auch ein persönlicher Bezug zum Thema hergestellt worden. Diese Einstellung der Teilnehmer galt es zu reflektieren. In Frage gestellt werden sollte, ob die Begründungen überzeugend sind. So wurde zunächst der Frage nachgegangen, ob es im Kunstunterricht ausreicht, Lebensnähe darauf zu beschränken, einen Alltagsgegenstand naturalistisch wiederzugeben. Es ist richtig: Der Schuh selbst ist ein Gegenstand des alltäglichen Lebens. Ist er im Bild abgebildet, lässt sich folglich ein Lebensweltbezug nicht abstreiten. Problematisch ist jedoch, dass der Bezug zur Realität in diesem Vorgehen darauf beschränkt wird, im Bildumgang die Schuhe als Realgegenstände in ihrer Erscheinungsform abzubilden. Durch die bloße Abbildung sind die Bildgegenstände nur bloße »Doubles« der Realgegenstände (Boehm 1994, 16). Daher erfahren die Menschen beim Betrachten der Bilder nicht mehr über den Gegenstand, als sie es beim Betrachten der realen Schuhe täten. Die Sachdarstellungen der Schuhe stiften keinen eigenen Sinn. Durch die Beschränkung der Darstellung auf die bloße Wiedergabe des Realgegenstandes wird folglich das Bild als Bild von den Gestaltern nicht wahrgenommen. Es wird ignoriert. So kann behauptet werden, dass in diesem Vorgehen die Tätigkeit des Bilderherstellens nicht nötig – im Sinne von überflüssig – ist. Die Darstellungen sind letztlich sinnlos. Dass dem so ist, lässt sich auch anhand der Einstellungen der Lehrer zu ihren Schuhdarstellungen vermitteln. In ihren – oben ausgeführten – Einstellungen zeigt sich, dass sie die Bedeutung der Schuhdarstellungen am Perfektionsgrad der Ausführung messen. Bedeutung erlangen die Zeichnungen durch die gekonnte Art der Darstellung, aber nicht durch das Dargestellte selbst. Das, was gezeichnet ist, ist unbedeutend. Inhalte spielen keine Rolle. So dient den Teilnehmern die Tätigkeit des Zeichnens im Grunde genommen nicht – auch wenn es paradox klingt – als Mittel zur Herstellung eines Bildes. Die Zeichnungen werden vielmehr lediglich als Mittel zur Präsentation der eigenen handwerklichen Fähigkeiten angesehen. Dass die Ausstellung des eigenen Geschicks auf Dauer langweilig ist, weil die wiederholte Demonstration des eigenen Könnens in ein und derselben Gruppe eben wenig Sinn macht, erklärt die mangelnde Motivation der Teilnehmer, im Anschluss an die erste Zeichnung weitere Sachzeichnungen herzustellen. Wie dargelegt wurde, zeigt sich in den bloßen Abbildern der Schuhe nicht nur ein beschränktes – nur auf die Erscheinungsform reduziertes –, sondern ein die Potenziale des Bildes ignorierendes Bildverständnis. Bilder sind nicht auf einen bildlichen Realitätsersatz zu beschränken, vielmehr erfordern sie eine bildliche Repräsentation der Wirklichkeit. Das heißt, bei Gestaltungen geht es niemals um die vollständige Wiedergabe der oberflächlichen Erscheinung, sondern gerade um die Darstellung der Bedeutung, die dieser Gegenstand im Leben der Gestalter spielt. Im Bild hat die Bedeutung sichtbar zu werden. Entscheidend ist die Art der Verwendung des

Gegenstandes als bedeutungsstiftendes Mittel. Mit dem Gegenstand muss, über den Realgegenstand hinaus, etwas ausgesagt werden, über sich und sein Leben. Nur wenn dies geschieht, ist Alltagsnähe als Maßstab für Bildungsprozesse bedeutsam.

Als nächstes wurde der Frage nachgegangen, ob es im Kunstunterricht ausreicht, die in der Theorie geforderte Offenheit einer Aufgabenstellung schon darin erfüllt zu sehen, wenn alle Teilnehmer nicht ein und denselben, sondern jeder einen Gegenstand derselben Art zeichnen darf. Um diese Frage beantworten zu können, muss zunächst geklärt werden, was unter einer offenen Aufgabe zu verstehen ist, bzw. was durch sie im Unterrichtsgeschehen bewirkt werden soll. Offene Aufgabenstellungen gewähren methodische, inhaltliche und organisatorische Offenheit (Peschel o.n.A.). Peschel führt diese drei Begriffe wie folgt aus:

Methodische Offenheit ist gewährleistet, wenn den Lernenden ein methodischer Spielraum bereitgehalten wird. Dieser ist gegeben, wenn die Lernenden die Art und Weise der Auseinandersetzung mit dem Lerngegenstand selbst bestimmen können. Das wird ihnen methodisch eingeräumt, wenn sie die Aufgaben auf unterschiedlichen Wegen angehen und lösen können. Angestrebtes Ziel methodischer Offenheit ist folglich, dass jeder Einzelne die Aufgabe auf seine Art löst. Das Ziel, eigene Lösungen zu finden, erlaubt den Lernenden, die Aufgabe auf einem ihnen entsprechenden Niveau zu erfüllen. Bei Aufgabenstellungen ist inhaltliche Offenheit gewährleistet, wenn den Lernenden ein inhaltlicher Spielraum zugestanden wird. Dieser wird ihnen bereitgehalten, wenn sie Einfluss auf den Lerngegenstand ausüben können. Einfluss wird genommen, wenn das Oberthema nur als Rahmenthema angesehen wird, innerhalb dessen jeder einen eigenen Aspekt als Bezugspunkt wählen und bearbeiten kann (Buschkühle 2005a, 9). Angestrebtes Ziel inhaltlicher Offenheit ist folglich, dass jeder Einzelne die Aufgabe inhaltlich selbst füllen und selbstbestimmt ausarbeiten kann. Dieses Ziel erlaubt den Lernenden, die Aufgabe ihren Bedürfnissen und Interessen entsprechend zu erfüllen. Bei Aufgabenstellungen ist organisatorische Offenheit gewährleistet, wenn den Lernenden ein organisatorischer Spielraum zugestanden wird. Dieser wird ihnen bereitgehalten, wenn sie die Rahmenbedingungen mitbestimmen können. Mitbestimmung in organisatorischer Hinsicht heißt, dass die Lernenden u.a. mitentscheiden können, wie viel Zeit sie auf die Aufgabe verwenden und an welchem Ort oder in welcher Sozialform sie die Aufgabe erfüllen wollen. Zusammenfassend kann gesagt werden, dass offene Aufgabenstellungen den Lernenden gewähren, eigene Lernwege zu verfolgen. Die gewährte Offenheit zielt darauf ab, dass die Teilnehmer die Fähigkeit erwerben, Verantwortung für ihr Lernen zu übernehmen. Wird die Aufgabenstellung »Ziehen Sie einen Ihrer Schuhe aus, stellen Sie diesen vor sich auf den Tisch und setzen Sie sich zeichnerisch mit ihm auseinander. Für die Darstellung haben Sie 30 Minuten Zeit« betrachtet, kann festgestellt werden, dass der Auftrag – da er, auf diese Weise formuliert, gewohnheitsmäßig als Sachdarstellung begriffen wird – weder methodischen, noch inhaltlichen oder organisatorischen Spielraum gewährt hat. Die Aufgabe hat sowohl die Zugangsweise, als auch den Inhalt und die Rahmenbedingungen diktiert. Die Rolle der Teilnehmer war darauf beschränkt, Statisten in der Bildgestaltung zu sein. Sie hatten ihre Schuhe zu kopieren. Durch die in der Aufgabenstellung enthaltenen Vor- und Festschreibungen wurde der Lernweg vorherbestimmt. Eine Übernahme von Verantwortung für das eigene Tun war weitgehend unterbunden. Von einer Offenheit der Aufgabenstellung kann demnach nicht die Rede sein.

Im Anschluss wurde diskutiert, ob es im Kunstunterricht ausreicht, einen persönlichen Bezug schon als erfüllt zu sehen, wenn der eigene und nicht irgendein Schuh gezeichnet werden muss. Die von den Teilnehmern der Fortbildungsveranstaltung angestrebte realistische Darstellung des Schuhs ist von der gesellschaftlichen Auffassung des Bildes bestimmt: Das Ziel der Lehrer war, in ihren Zeichnungen ihre Schuhe an der visuellen Wirklichkeit orientiert abzubilden. Die Schuhe in ihren Bildern schlicht in ihrer äußeren Erscheinungsform wiederzugeben, hieß, sie aus einer überpersönlichen, überindividuellen Perspektive wahrzunehmen und darzustellen. Dadurch, dass die Teilnehmer ihre Schuhe von einem sachlichen Standpunkt aus betrachtet und dargestellt haben, entstanden standardisierte Abbilder. Abbilder sind niemals persönlich, denn ihre Darstellung ist bestimmt von der äußeren Erscheinung des Gegenstandes, aber nicht von dem persönlichen Blick der Gestaltenden auf ihn.

»[Im Kunstunterricht tritt an Stelle eines] experimentellen und offenen Umgangs mit dem Medium der Zeichnung, der auf der Höhe einer künstlerischen und kunstnahen Reflexion [ist], die überflüssige Selbst-Disziplinierung und Funktionalisierung des Subjekts gegenüber gesellschaftlichen Ansprüchen auf Genauigkeit, Sauberkeit, Wiedererkennbarkeit und Kunstfertigkeit. Das Subjekt mit seinen vielfältigen Fähigkeiten zum Selbst- und Fremdbezug, seinen lebensgeschichtlichen Aspekten […] wird so größtenteils zum Verschwinden gebracht.« (Kettel 1998, 7)

In der Einschätzung der Lehrer zeigt sich ein grundsätzliches Missverständnis. Sie setzten die Abbildung eines persönlichen Gegenstandes mit der Herstellung eines persönlichen Bildes gleich. In der vorgenommenen Gleichsetzung zeigt sich, dass sie das »Wesen« des Bildes verkannten. Bilder geben – im Gegensatz zu Abbildern – nicht lediglich Sichtbares wieder, sondern sie machen sichtbar. Sollen Bilder diesem Anspruch gerecht werden, muss den Gestaltenden die Funktion von Bildern bewusst sein. Bilder dienen zur selbstbestimmten Aneignung und Gestaltung von Wirklichkeit. Das persönlich Angeeignete findet in der Gestaltung der persönlichen Bildaussage seinen Ausdruck. Demzufolge gilt: Bilder sind ihrem »Wesen« nach immer schon persönlich, da sie das Ergebnis selbstbestimmter Auslegung der Gestaltenden sind. Abbilder sind hingegen immer schon unpersönlich, denn unabhängig davon, ob der eigene oder irgendein anderer Schuh gezeichnet wird, immer ist ihre Darstellung durch den sachlichen Blick auf den Gegenstand bestimmt. Dadurch, dass der sachliche Blick die Darstellung determiniert, wird in Abbildern stets nichts oder, nur oberflächlich, Belanglos-Persönliches zum Ausdruck gebracht. Dies war auch der Fall bei den Arbeiten der Lehrer bei der Aufgabenstellung »Zeichnen Sie Ihren Schuh«. Wenn die persönliche Perspektive und die individuelle Annäherung bei der Bildherstellung im Unterricht unterbunden werden, kann es nicht zu einer selbstbestimmten Aneignung und Gestaltung von Wirklichkeit im Umgang mit Bildern kommen. Dies ist bedenklich zum einen bezüglich des Bildes. Denn wird mit der Aufgabenstellung vielfältigen Auslegungen der Wirklichkeit zuvorgekommen, verstummt die Bildsprache. Die Bilder verlieren ihren Sinn, denn mit ihnen wird nichts ausgesagt. Zum anderen ist dies bedenklich bezüglich des Weltwissens. Denn durch die Unterbindung von Auslegungen wird die Welt »stumm gemacht […]: sie wird zur Wüste, das eigene Leben, die Vielfalt sind aus ihr ausgetrieben« (Rumpf 1995, 4). Die Welt im Bild auf Sachdarstellungen zu reduzieren, vermittelt sehr begrenzte Weltentwürfe und damit immer nur äußerst beschränkten Sinn. Der Pluralismus, der die heutige Gesellschaft bestimmt, wird in der Sachdarstellung negiert. Der Bildumgang der Sachdarstellung trägt nicht zur Aneignung und Gestaltung der pluralistischen Wirklichkeit bei. Er fördert nicht die Lebenskompetenz der Lernenden. Er erfüllt nur einen Selbstzweck. Dass die Unterbindung einer persönlichen Perspektive und einer individuellen Annäherung zu aussagelosen und beschränkten Darstellungen führt, konnte den Teilnehmern der Lehrerfortbildung anhand eines Gedankenspiels verdeutlicht werden. Das Gedankenspiel lautete wie folgt:

Stellen Sie sich vor, dass landesweit in allen Klassen der 10. Jahrgangsstufe eines Gymnasiums eine Vergleichsarbeit mit folgender Aufgabe gestellt stellt wird: »Ziehen Sie einen Ihrer Schuhe aus, stellen Sie diesen vor sich auf den Tisch und zeichnen Sie Ihren Schuh. Für die Darstellung Ihres Schuhs haben Sie 30 Minuten Zeit«. Malen Sie sich die Ergebnisse der Schüler im Kopf aus. Kommen Sie dann zu einer Einschätzung der Ergebnisse. Bei Ihrer Einschätzung sollen allerdings die Darstellungen nicht wie üblich danach bewertet werden, welcher Schüler im Unterrichtsstoff weiter voraus oder zurück ist, vielmehr sollen Sie die vorgestellten Darstellungen bezüglich ihrer Qualität als Bilder beurteilen. Als Leitfaden für Ihre Beurteilung sollen Ihnen folgende Fragen dienen: Wie interessant sind die einzelnen Bilder? Wie lange wecken die einzelnen Bilder Ihre Aufmerksamkeit? Nach Ansicht wie vieler Bilder haben Sie den Eindruck, »Kenn' ich eins, kenn' ich alle«? Nach wie vielen Bildern haben Sie genug gesehen?

Durch das Gedankenspiel wurde den Lehrern deutlich, dass die Schuhdarstellungen als Bilder nicht von Interesse sind. Sie langweilen schnell. Wirkliche Aufmerksamkeit können sie nicht wecken. Sie sind unerheblich, denn in ihnen wird nichts ausgesagt. Die Schuhdarstellungen sind fad, denn Inhalte spielen keine Rolle. Im Mittelpunkt der Aufgabe steht die formale Bildgestaltung. Auf diese wird sich auch in der Betrachtung konzentriert: Haben die Gestaltenden Plastizität erreicht? Ist es ihnen gelungen, die Proportion einzuhalten? Haben sie Materialeigenschaften wiedergegeben? Da die einzelnen Bilder über ihre Herstellung hinaus nicht weitere Fragen aufwerfen, sind sie langweilig. Sie können schnell als erledigt betrachtet, ad acta gelegt werden. Grund für die Öde der Darstellungen ist, dass in ihnen nicht eine persönliche Aneignung und Gestaltung der Lebenswirklichkeit stattgefunden hat. Dass die Arbeiten von einzelnen Subjekten mit je eigenem Lebenshintergrund hergestellt wurden, kommt in ihnen nicht zum Ausdruck. Die Gestaltenden sind letztendlich in einem solchen Vorgehen austauschbar. Die Darstellungsergebnisse zu dieser Aufgabenstellung haben sich vor 20 Jahren nicht grundsätzlich von den jetzigen Ergebnissen unterschieden und werden es auch in 20 Jahren nicht sein. Eine sachliche Schuhdarstellung war, ist und wird eine sachliche Schuhdarstellung bleiben, unabhängig davon, ob sich die Zeiten gewandelt haben und wandeln werden. Die Reduktion auf Formales negiert die Lebenswirklichkeit und die Subjekte. Dies ist im Rahmen von Bildungsprozessen unzulässig. Soll Unterricht zur Bildung und nicht nur zu handwerklichen Fertigkeiten der Lernenden beitragen, dürfen Inhalte nicht beliebig und Lernsubjekte nicht austauschbar sein.

Ein weiteres Argument, das in den Augen der Teilnehmer der Fortbildungsveranstaltung für die Sachdarstellung im Unterricht sprach, war die mit diesem Vorgehen erreichte Wahrnehmungsschulung. Die Schüler würden lernen, den Gegenstand genau wahrzunehmen. Es ist richtig: Die Wahrnehmung zu schulen, ist ein wichtiges Lernziel. Es ist jedoch falsch, im Unterricht die Wahrnehmungsschulung auf die Erfassung der äußeren Erscheinungsform zu begrenzen. Durch die Wahrnehmung des äußerlich Wahrnehmbaren wird noch nicht Sinn gestiftet. Erst die Reflexion des Wahrgenommenen führt zu sinnlicher Erkenntnis. So gilt es im Unterricht, Wahrnehmung umfassender als Für-wahr-Nehmen zu verstehen. Dafür ist es nötig, den Gegenstand der Auseinandersetzung nicht isoliert zu betrachten. Erforderlich ist vielmehr, ihn in Zusammenhängen zu sehen und einzuordnen. Denn erst, wenn er im Kontext für wahr genommen wird, kann seine Bedeutung erfasst werden. Die Bedeutungszuschreibung wird sich bei den einzelnen Schülern unterscheiden. In selbstbestimmter Aneignung und Gestaltung werden sie Unterschiedliches für wahr genommen haben. Im Prozess der genauen Auseinandersetzung haben sie sich ihr eigenes Bild von dem Gegenstand gemacht. Vielfältige Auslegungen des Objektes werden das Ergebnis sein. Das heißt, durch das persönliche Für-wahr-Nehmen des Gegenstandes tut sich eine Vielfalt von Bedeutungen auf, die einem Gegenstand abzugewinnen sind. Diese entspricht den heutigen pluralistischen Lebensweisen. Die sich in den Bildergebnissen spiegelnden verschiedenen Bedeutungen können von allen Schülern wahrgenommen werden. Das sich in den Bildern vermittelnde Wahrzunehmende ist reichhaltig. Eine umfassende, sinnstiftende Wahrnehmungsschulung hat stattgefunden. Um diese geht es, wird im Unterricht von Wahrnehmungsschulung gesprochen. Wie Aufgabenstellungen aussehen müssen, damit sie die Kriterien »alltagsnah«, »offen« und »persönlich« erfüllen, sollte im Anschluss mit den Teilnehmern erarbeitet werden.

6.3 Über die Möglichkeit, mit Schuhdarstellungen etwas über sich selbst und die Wirklichkeit auszusagen

Die zweite Aufgabe für die Teilnehmer der Lehrerfortbildungsveranstaltung lautete wie folgt:

»Alles, was ich sage, ließe sich auf jeden von uns anwenden. Das ist also kein Geheimnis. Das Geheimnis liegt in dem, was man damit macht.« (Bourgeois 1996, 21) – Zeichnen!

Das Zitat stammt von der Künstlerin Louise Bourgeois. Der Text gehört zu ihrer Zeichnung »La Femme fière d'elle-même«. Sie beschreibt und erläutert ihr Bild so:

Sie hat ein schönes, flauschiges Kleid an, und sie trägt Absätze. Wenn man hohe Absätze trägt, dann wird man von den Menschen geliebt. Wenn man von den Menschen geliebt werden will, dann muss man sich zuerst selbst lieben. Das ist die Bedeutung [der Zeichnung]. (Bourgeois 1996, 51)

Lesen Sie aufmerksam den Text von Louise Bourgeois. Über was denkt Louise Bourgeois in ihrem Text nach? Was ist ihr Thema? Was sagt Ihnen der Text? Was hat der Text mit Ihnen zu tun? Was für Assoziationen kommen Ihnen beim Lesen des Textes? Was für ein Vorstellungsbild entsteht in Ihnen?

Nehmen Sie die Botschaft des Textes und zeichnen Sie. Wie viele Zeichnungen Sie herstellen, liegt in Ihrem Ermessen. Für die Gestaltung haben Sie einen Nachmittag Zeit.

Bei dieser Aufgabe ging es auf der Inhaltsebene nicht um den Schuh an sich. Eine Abbildung des Schuhs um seiner selbst willen war nicht angestrebt. Das Maß für den Wert der Darstellung lag hier nicht in der abbildgetreuen Wiedergabe des Objektes. Demzufolge spielte bei dieser Aufgabe die Abbildung dieses Gegenstands in seiner stofflichen Beschaffenheit und die Wiedergabe seiner Material- und Formeigenschaften keine entscheidende Rolle. Ausschlaggebend war vielmehr, in der Auseinandersetzung mit der Bedeutung von Schuhen etwas über sich und die Wirklichkeit zu erfahren und in der Gestaltung etwas über sich und die Wirklichkeit auszusagen. Den Teilnehmern sollte deutlich werden, dass selbst Schuhe über das eigene Leben Bericht erstatten. Ihnen sollte bewusst werden, dass ihre Fußbekleidung codiert Auskunft gibt über die Wertvorstellungen der einzelnen Menschen. In der Auswahl seiner Schuhe spiegeln sich der Mensch und seine Auffassung vom Leben. Die hier – mit Hilfe des Textes von Bourgeois – angestrebte Auseinandersetzung mit Schuhen sollte die Lehrer anregen, sich selbst und ihre Lebensführung zu reflektieren. Angestrebt war zum einen, ein Bewusstsein von sich selbst und seinen Bedürfnissen und zum anderen ein Bewusstsein von den Rahmenbedingungen des eigenen Lebens zu erlangen. In der Auseinandersetzung mit Schuhen sollten sich die Lehrer in ihrer wirklichen Begrenztheit und in ihrer möglichen Weite erkennen: Wie bin ich bzw. wie bin ich nicht? Was will ich bzw. was will ich nicht? Was kann ich bzw. was kann ich nicht? Was wünsche ich mir bzw. was wünsche ich mir nicht? Diese Fragen beantworten zu können, ist wichtig, denn durch ihre Beantwortung entwickelt der Mensch ein Selbstbild, und ein Bild von sich zu haben, ist die Voraussetzung dafür, sich selbst zu verwirklichen. Wer die Fragen »Wer bin ich?«, »Wie bin ich geworden?« und »Wie will ich werden?« beantworten kann, ist sich seiner selbst bewusst. Er hat genügend Einsichten für eine sinnorientierte Selbst- und Wirklichkeitsgestaltung. Im Rahmen vom Kunstunterricht findet die eigene Selbst- und Weltsicht ihren Ausdruck in der bildnerischen Gestaltung. Im Bild wird die Aneignung des Selbst und der Welt gestaltet; im Bild wird die eigene Sicht auf sich und seine Wirklichkeit der Welt mitgeteilt. Bei dieser Aufgabe sollte eine individuelle Perspektive und eine persönliche Beziehung zum Bildgegenstand durch eigene Betroffenheit erreicht werden. Die Darstellungen sollten den persönlichen, eigenen Blick auf das Thema erkennen lassen. Die Persönlichkeit der Gestaltenden sollte sich im Bild widerspiegeln.

Bei dieser Aufgabe konnte von den Lehrern nicht auf ein erprobtes und bewährtes Abbildungs- und Ausführungswissen zurückgegriffen werden. Die Darstellung der Bedeutung, die Schuhe für den Einzelnen hatten, konnte nicht in Standardausführung wiedergegeben werden. In Lösungen für Aufgaben wie diese haben die Menschen in der Regel keine Routine, denn in Gestaltungszusammenhängen sind der subjektiven Meinung und Haltung nahestehende Beiträge die Seltenheit. Individuell biografische, situative Schilderungen sind die Ausnahme. Ihren Eindrücken im Bild Ausdruck zu geben, darin haben die Menschen keine Übung. So herrschte auch bei den Lehrern bei dieser Aufgabe große Unsicherheit. Dies betraf sowohl die Darstellungsinhalte als auch die Darstellungsweise. Statt wie bei der vorherigen Aufgabe umgehend »loszulegen«, herrschte Ratlosigkeit. Die Lehrer waren hilflos, wie sie mit dieser Aufgabe umgehen sollten. So ging es im Plenum zunächst darum, die mit dem Text eröffneten Darstellungsinhalte zu thematisieren. Sie erörterten den Text von Bourgeois, fragten nach seiner Bedeutung. In der Diskussion wurde herausgearbeitet, dass es in dem Text um das Selbstbewusstsein eines Menschen geht. Selbstbewusst ist ein Mensch, der sich selbst erkannt und definiert hat und selbstsicher entsprechend seinen Interessen und Bedürfnissen auftritt. Hat sich der Mensch selbst angenommen, ist es ihm möglich, seinen Interessen und Bedürfnissen entsprechend zu handeln, unabhängig davon, ob er mit den Wertvorstellungen der anderen Menschen konform geht. Er steht zu sich, ist er auch anders. Er hat ein Selbstwertgefühl. Des Weiteren vermittelt der Text, dass sich selbst zu akzeptieren, wie man ist, auch die Voraussetzung für die Anerkennung durch andere Menschen darstellt. Selbstachtung führt zu einem sicheren Umgang mit sich und der Umwelt. Auf Selbstachtung basierende Selbstsicherheit wird von anderen Menschen grundsätzlich positiv beurteilt. Da die positive Beurteilung wiederum das Selbstbewusstsein stärkt, wächst die Selbstwertschätzung erneut. Diese Bedeutung vermittelt Bourgeois mit Hilfe von Schuhen. Das Tragen von Absatzschuhen symbolisiert für sie vorhandenes Selbstbewusstsein. Demzufolge sind die von Bourgeois in ihrer Zeichnung dargestellten Schuhe, auch wenn sie Realgegenstände abbilden, nicht als ihre Stellvertreter anzusehen. Vielmehr dienen sie dazu, die eigenen Vorstellungen von der Wirklichkeit als Form zu symbolisieren. Das heißt, mit Hilfe der Schuhe hat Bourgeois in ihrer Zeichnung das eigene Weltbild zum Ausdruck gebracht.

»Zeichnungen sind Denkfedern, es sind Ideen, die ich mitten im Flug erhasche und auf Papier setze. Alle meine Gedanken sind visuell.« (Bourgeois 2005, zitiert in Sohl und Rizzolli 2005)

Nachdem die Bedeutung des Textes mit den Teilnehmern der Fortbildungsveranstaltung herausgearbeitet worden war, galt es, ihnen ihre Vorstellungsbilder von der von Bourgeois beschriebenen Situation bewusst zu machen. Welche Bilder sind ihnen in der Diskussion in den Kopf gekommen? Wie sahen diese aus? Für die eigenen Gestaltungen nach den Vorstellungsbildern zu fragen, ist effektiv, denn das Denken des Menschen vollzieht sich in Bildern: Der Mensch macht sich ein Bild, wenn er sich an etwas erinnert; er entwirft Bilder, wenn er sich etwas vorstellt. Die Vorstellungskraft arbeitet als Einbildungskraft mit Bildern (Garlichs 1993, 85). Da in der Diskussion Erinnerungen wachgerufen und Vorstellungen provoziert wurden, konnte davon ausgegangen werden, dass die Lehrer Bildvorstellungen im Kopf entwickelt hatten. Diese Einschätzung war richtig: Ohne Umschweife konnten die Teilnehmer von ihren im Kopf vorhandenen Bildern berichten. Der Aufforderung, diese nun auf Papier zu bringen, meinten die meisten Teilnehmer jedoch nicht nachkommen zu können. Ihre Abbildungs- und Ausführungsfähigkeiten würden nicht ausreichen, um ihre inhaltlich und formal komplexen Vorstellungsbilder angemessen im Bild abbilden zu können. In ihrer Einschätzung spiegelt sich ein erneutes Missverständnis vom Bild: Bildherstellung beschränkt sich niemals auf die Abbildung. Diese Tatsache gilt auch für Vorstellungsbilder. Auch sie erfordern eine Transformation in bildkräftige Zeichen. Auch sie bedürfen einer bildlichen Repräsentation. Wie Vorstellungsbilder umgesetzt werden können, wurde den Teilnehmern mit Hilfe von weiteren Zeichnungen und den dazugehörigen Texten von Bourgeois verdeutlicht (siehe Bourgeois 1996). Die Vorlage des Bild- und Textmaterials sollte die Lehrer ermutigen, von ihrem vom Abbild geprägten Bildverständnis abzurücken. Ihr Argument, dass es ihnen an Abbildungs- und Ausführungsfähigkeiten mangele, sollte entkräftet werden. Da Bourgeois' Art zu zeichnen, keine – im traditionellen Sinne verstandenen – Abbildungs- und Ausführungsfähigkeiten erfordert, sollten sich die Teilnehmer angeregt fühlen, selbst auf »einfache« Weise zu zeichnen. Sie sollten bestärkt werden, die ihre Bilder im Regelfall bestimmenden naturalistischen Erwartungen hinter sich zu lassen.

Bei der Analyse der Zeichnungen und Texte von Bourgeois konnte im Plenum ausgemacht werden, dass sie rein persönlicher Natur sind: Keine formalen und inhaltlichen Erwartungen von außen scheinen in den Zeichnungen erfüllt werden zu müssen (Helfenstein 1996, 8). Sie sind eigenwillig, sie unterliegen von Bourgeois selbst bestimmten Kriterien. Dennoch sind sie nicht privatistisch. Bedeutung wird zwar von Bourgeois vor dem Hintergrund der eigenen Erfahrungen konstruiert, aber das Thema wird stets so erweitert, dass es für alle Menschen relevant ist.

Durch die Auseinandersetzung mit Bourgeois' Zeichnungen und Texten verringerte sich bei den Teilnehmern der Lehrerfortbildung die Kluft dazwischen, Vorstellungsbilder zu haben und Vorstellungsbilder auf Papier zu bringen. Sie waren hoch motiviert, es mit der Zeichenaufgabe aufzunehmen. Da die Lehrer im Umgang mit einer solchen Aufgabe keine Übung hatten, verlief der Herstellungsprozess des Bildes für die Teilnehmer nicht einfach, im Sinne von geradlinig. Immer wieder wurde über die Inhalte und ihre Umsetzung diskutiert: Darstellungsabsichten wurden genannt und in Frage gestellt, Ideen zur Umsetzung wurden entwickelt und verworfen, mit Techniken wurde experimentiert, bis das angemessene Werkzeug und Material gefunden war. Der Herstellungsprozess wurde folglich von intensiven Gesprächen über Bilder begleitet. Dass die Bildherstellung nicht glatt, auf direktem Wege verlief, schien den Willen der Teilnehmer zu gestalten, nicht zu beeinträchtigen. Vielmehr konnte eine hohe Motivation festgestellt werden, die Schwierigkeiten lösen zu wollen. Die Ergebnisse waren vielfältig, sowohl in inhaltlicher als auch in formaler Hinsicht. Jeder hat sich sein Bild gemacht und es in eigener Weise in Bilder transformiert.

»Ein Indikator für gelungenen Kunstunterricht ist, wenn der gesamte Klassensatz der Arbeiten zu einer Aufgabe recht unterschiedlich daherkommt, jedes Stück etwas Besonderes ist. Jede Arbeit ist anders, aber auf ihre Weise gut. Ein solches Ergebnis spräche dafür, dass jeder Schüler die bildnerischen Techniken und Mittel zu seiner freien, persönlichen Ausdrucksform gebracht.« (Samen 2007, o.n.A.)

Da die Teilnehmer ihre Eindrücke zum Ausdruck gebracht haben, war die Identifikation mit den eigenen Arbeiten hoch. Die Mehrzahl der Teilnehmer war mit ihren Ergebnissen hoch zufrieden (Abb. 57-68).

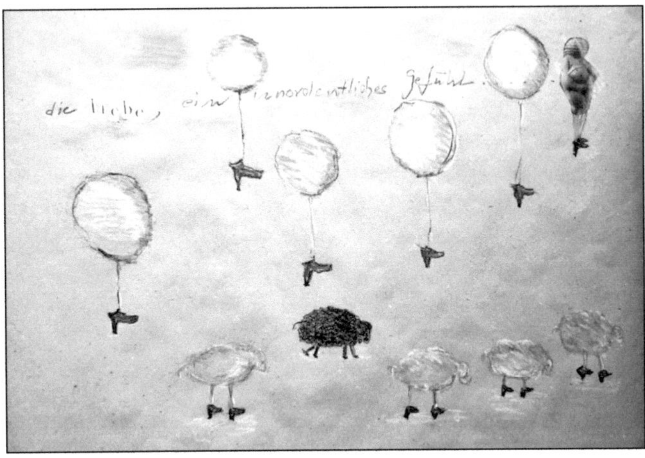

Abbildung 57

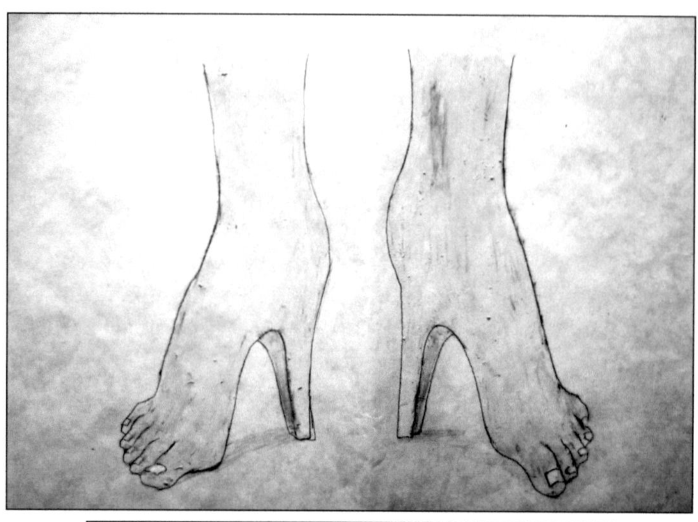

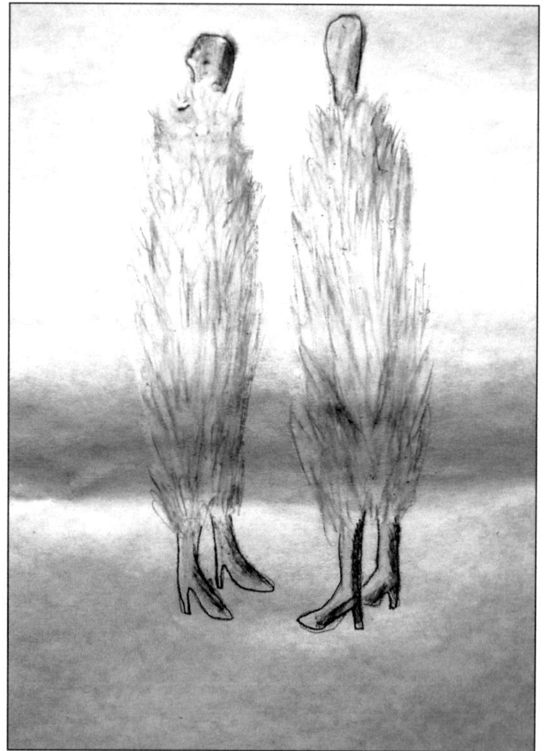

Abbildung 58 und 59

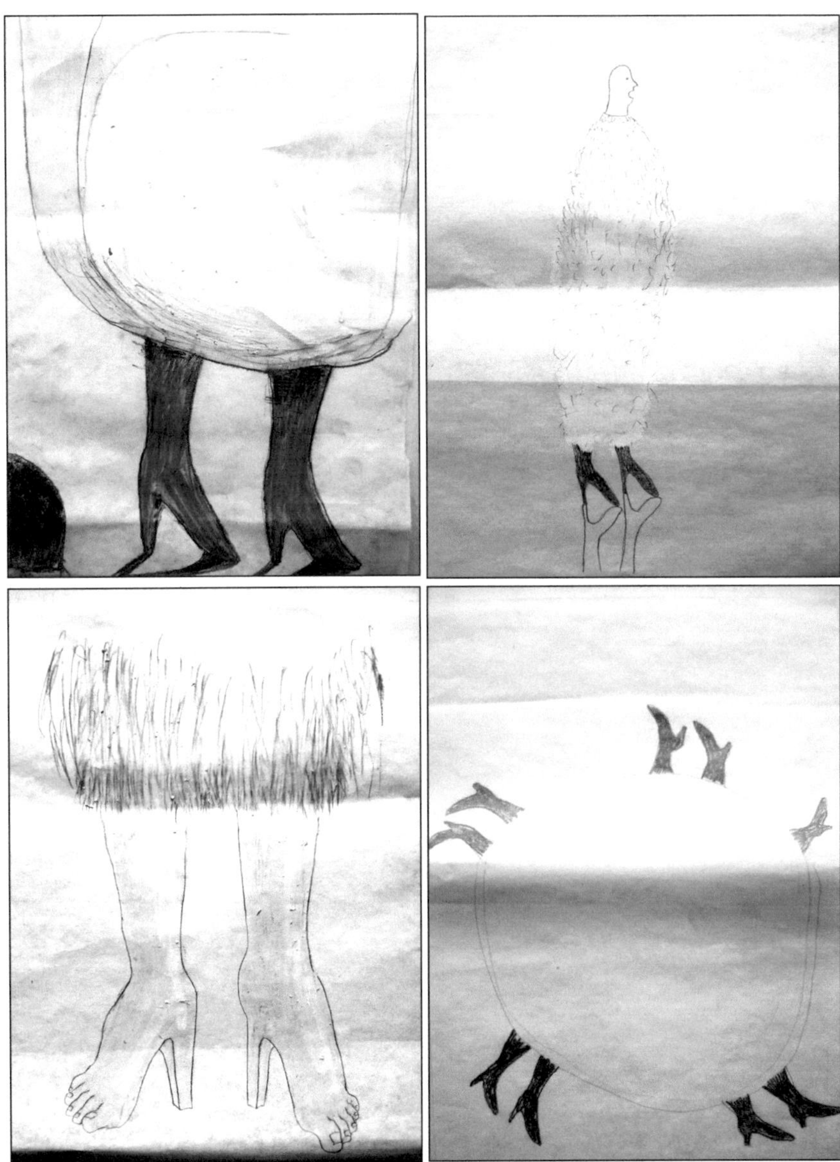

Abbildung 60-63

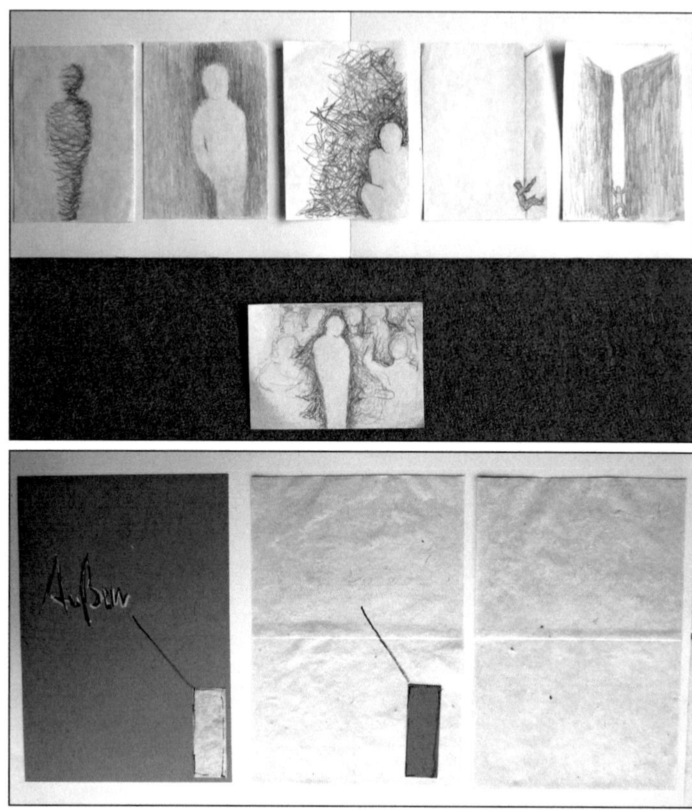

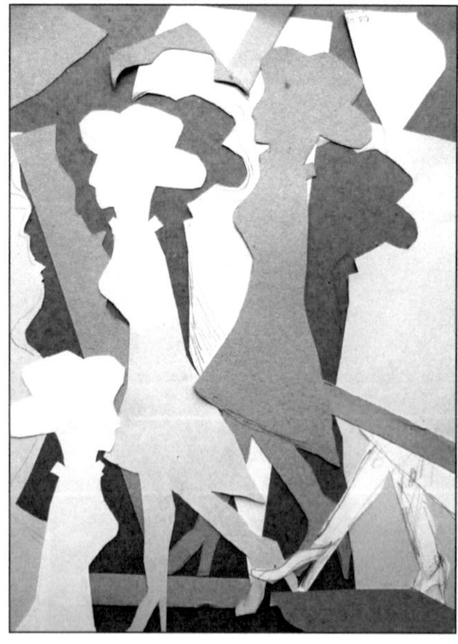

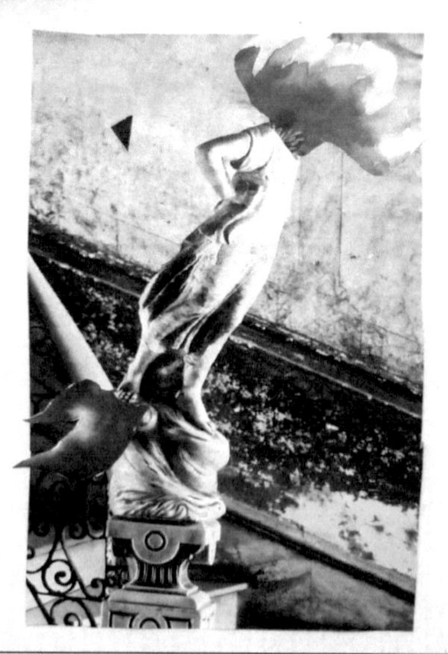

Abbildung 64-67

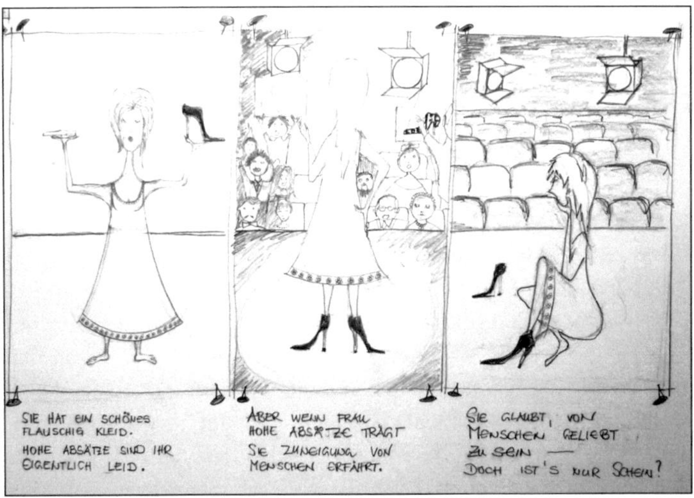

Abbildung 68

Allerdings soll kurz erwähnt werden, dass beim Betrachten der Ergebnisse die unterschiedliche Qualität der Arbeiten ins Auge stach. Gab es auch Arbeiten, die sowohl in inhaltlicher als auch in formaler Weise überzeugten, so ließen sich auch Arbeiten finden, die bezüglich beider Aspekte hilflos und unbewältigt waren. Es kann gesagt werden, dass sich in letzteren Arbeiten keinerlei bildsprachliche Kompetenz vermittelte. Diese Tatsache ist bedenklich. Wollen Lehrer zur bildsprachlichen Kompetenz ihrer Schüler beitragen, müssen sie selbst die Bildsprache souverän beherrschen. Diese Voraussetzung scheinen nicht alle Lehrer zu erfüllen. In der Ausbildung von Studierenden des Lehramtes Kunst besteht diesbezüglich Handlungsbedarf.

6.4 Über Schuhe und die mit ihnen vermittelbaren Wirklichkeiten

Im Anschluss sollte anhand von Aussagen zum Thema »Schuhe« den Lehrern der Fortbildungsveranstaltung dargestellt werden, wie inhaltlich weitreichend selbst mit einem scheinbar so begrenzten Unterrichtsgegenstand wie dem Schuh zur Bildung der Lernenden – zum Sachen-Klären und Menschen-Stärken – beigetragen werden kann. Die folgenden Kommentare sollten den Teilnehmern bewusst machen, dass sich selbst unter dem scheinbar beschränkten Thema »Schuhe« sehr viele Wirklichkeitsbereiche abhandeln lassen: Wichtige Aspekte der Lebensführung und Identitätsarbeit lassen sich an der Wahl der eigenen Schuhe ablesen.

Schuhe sind mehr als Schuhwerk.
In folgenden Zitaten wird auf Schuhe Bezug genommen. In den Aussagen geht es nur vordergründig um Schuhe. Machen Sie sich beim Lesen der Texte Gedanken, was für Sinnfiguren hinter den Aussagen stehen. Über welche Bereiche des Lebens können Schuhe Auskunft geben?

- Zum Weltfrauentag: Mädchen fragen Mädchen.
  [caroline-vonlowtzow fragt:] Sagt mal, wie macht ihr das mit den hohen Schuhen? Es gibt Absatz-Mädchen und Flachschuh-Mädchen, fällt mir immer wieder auf, also Mädchen, die immer und zu jeder Gelegenheit flache Schuhe tragen und andere, die selbst beim Wandern noch Absätze tragen. Ich gehöre definitiv zu den Flachschuh-Mädchen. Eine Zeit lang war ich das aus Überzeugung. Ich trug von etwa 15 bis 24 fast ausschließlich Knöchel hohe schwarze 8-Loch-Doc-Martens und im Sommer Chucks. Nachdem ich bei einem Familienfest irgendwann doch mal Schuhe mit Absätzen tragen musste, fand ich diese nicht mehr nur affig, sondern auch frauenfeindlich und überlegte mir kurz, ob man nicht bei der UNO eine Petition gegen hochhackige Schuhe einreichen sollte, so sehr schmerzten meine Füße. Mal abgesehen davon, dass ich mich alles andere als sexy in ihnen bewegte, weil ich rumstakste wie ein betrunkener Storch und Angst hatte, mir sofort einen Bänderriss einzufangen. Daran hat sich bis heute nichts geändert. Dummerweise würde ich aber heute gerne manchmal hohe Schuhe tragen, weil ich mittlerweile finde, dass das super aussieht. Ich habe auch mehrere Paar hohe Schuhe in meinem Schrank stehen, nur mit dem Anziehen sieht es eher mau aus. Ab und zu wage ich mich mal wieder dran, nur um nach einer Stunde völlig frustriert festzustellen, dass ich nicht mehr stehen kann, geschweige denn laufen. Auch mein Gang in diesen Schuhen ist nicht gerade das, was man als graziös bezeichnen würde. Und so schimmeln die Schuhe fröhlich im Schrank vor sich hin und ich schaue euch Absatz-Mädchen neidisch hinter her, wie ihr souverän und sexy mit zehn Zentimeter-Absätzen die Straße entlang rennt, die Nacht durchtanzt oder gar den Watzmann besteigt. Immer und immer wieder frage ich mich: Wie macht ihr das? Leidet ihr keine Höllenqualen wie ich in diesen Schuhen? Habt ihr euch so gegen alle Schmerzen abgehärtet? […] Und: Ist für mich der hochhackige Schuhe-Zug ein für alle Mal abgefahren oder kann ich es noch lernen?

  [penni-dreyer antwortet:] Eines gleich vorweg: Ganz ohne Schmerzen geht es definitiv nicht. Bei mir fing das mit den Absatzschuhen in der zehnten Klasse an, als ich Röcke für mich entdeckt habe. Und weil Rock und Turnschuhe für mich einfach nicht zusammen gehen, mussten eben Absatzschuhe her. Und das tat – natürlich – erst einmal weh. Der störrische Fuß protestiert zunächst nämlich ganz ordentlich gegen die für ihn unnatürlich gekippte Fußhaltung, die ein Absatzschuh ihm abverlangt. Und – es tut mir leid, dich da enttäuschen zu müssen – gegen diese Art von Schmerz gibt es weder ein Geheimrezept noch lässt er sich einfach wegignorieren. Mittlerweile trage ich seit Jahren Absatzschuhe und meine Füße schmerzen nur noch, wenn ich flache Schuhe trage. Schön und gut, wirst du dir denken, aber wie komme ich dahin? Im Grunde verhält es sich mit Absatzschuhen wie mit dem Epilieren. Spaß macht das erst einmal nicht, aber es ist ja das Ergebnis das zählt, frei nach der Devise »Wer schön sein will muss leiden«. Und wie sich beim Epilieren die nachwachsenden Härchen mit jedem Mal weniger gegen das Herauzreißen zur Wehr setzen, wird auch beim Absatztragen mit jeder Woche der Schmerz weniger. Wem das zu schmerzhaft ist und bleibt, der entscheidet sich eben für Stoppeln am Bein und flache Schuhe. Wer sich aber einmal durch den ersten Monat durchgebissen hat, der wird merken, wie jeder Schritt leichter wird – bis man schließlich sogar schlammige Festivals und steinige Hügel schmerzfrei mit Absatz begehen kann. Natürlich sind auch wir nicht für alle Zeiten vor Schmerzen gefeit: Genauso wie bei flachen Schuhen, muss auch ein Absatzschuh erst einmal eingetragen werden. Und manchmal passiert es selbst dem erfahrensten Absatzschuhmädchen, dass man den falschen Schuh kauft. Aber das geht dir mit flachen Schuhen ja sicher nicht anders. Ein paar Grundregeln, wie man das Tragen hoher Schuhe lernen kann, gibt es aber dennoch: Zum Beispiel sollte man nie zu Beginn seiner Absatzkarriere gleich in einen zehn Zentimeter Pfennigabsatzschuh steigen. Entscheidend ist in jedem Fall, dass der Schuh um den Knöchel herum ordentlich Halt bietet, so vermeidet man nämlich storchenhaft staksiges Herumgewackel. Und niemals und unter gar keinen Umständen sollte man sich in Absatzschuhen freiwillig auf Kopfsteinpflaster begeben, das ist in jedem Fall tödlich. Befolgt man diese Regeln, ist dem wackligen Gang der Garaus gemacht. Ein entscheidender Punkt, denn – da sind wir sicher einer Meinung: Es gibt nichts Schlimmeres als Frauen, die Schuhe tragen, in denen sie nicht laufen können. Du siehst also, der Zug ist noch nicht abgefahren, lernen kann man das Absatzschuhtragen in jedem Alter. Schmerzfrei wird das Ganze allerdings nur bei einer Entscheidung für's Leben – wie beim Epilieren. In deinem Fall fürchte ich, läuft es auf die übliche Zwischenlösung heraus. Du gehörst zu denjenigen, die, wenn es ihnen besonders wichtig ist, zum Epilierer greifen, im Alltag aber gewohnheitsmäßig Nassrasierer bleiben: Die müssen dann eben jedes Mal schmerzende Ballen und rote Pusteln auf sich nehmen. Und immer wieder neu abwägen, ob ihnen das die Sache wert ist. (www.jetzt.sueddeutsche.de 2008)

- Gesundheitliche Aspekte: [...] Presseberichten zufolge, wonach Absätze grundsätzlich ungesund seien, sind fachlich nicht zu rechtfertigen. Insofern sind so genannte Gesundheitsschuhe nicht grundsätzlich gesünder. Diese werden fast immer ohne Absatz und häufig sogar mit einer negativen Absatzhöhe gefertigt [...] Grundsätzlich entlasten Absätze das Fußlängsgewölbe und erleichtern den Beginn der Abrollbewegung. Nach medizinischer Einschätzung überwiegen diese positiven Aspekte bei Absätzen bis zu einer Höhe von 3 bis

4 Zentimetern. Anders verhält es sich mit höheren Absätzen. Von orthopädischer Seite wird das häufige Tragen hoher Absätze als gesundheitsbedenklich erachtet. Beide Faktoren (häufig und hoch) müssen zusammentreffen, um spürbare und unter Umständen auch bleibende Schäden zu verursachen. Die daraus resultierenden Krankheitsbilder sind mannigfaltig. (www.wikipedia.de Absatz_(Schuh) 2008)

- Hochhackige Schuhe
  Kurz bevor die Dinosaurier ausstarben, rannten sie durch die Wälder und schrieen: »Lasst uns jetzt auch noch Pumps unterschnallen, damit wir noch ein Stück größer werden!« Sie schnallten sich Pumps unter. Latschten durch die Matsche und verschwanden. Jetzt erst trifft man sie wieder. (PeterLicht 2007, 86)

- Es gibt ein gutes Argument, was für den häufigen Schuhkauf von Frauen spricht. Während Hosen, Röcke, Oberteile stets von der Körperform abhängig sind und man bei drei draufgefutterten Kilos schnell schon mal eine frustrierende Kleidergröße nach oben rutscht, bleibt die Schuhgröße stets die selbe. (www.werbeblogger.at 2008)

- [barbie384 fragt:] Stehen alle Männer auf hohe Schuhe?
  Ich hatte schon einige Freunde. Und ausnahmslos alle hatten eine Vorliebe für Stiefel. Alle wollten das ich möglichst täglich hochhackige Stiefel trage. Einer wollte sogar das ich bei der Hausarbeit Stiefel mit hohen Absätzen trage. Er hat mir extra Hausstiefel mit 10 cm Absatz gekauft! Stehen wirklich alle Männer auf hohe Stiefel?

  [jereon3 antwortet:] Ich mag Stiefel. Damen die Schuhe mit hohen Absätzen tragen, finde ich sexy. Heutzutage ist das Tragen von hohen Schuhen doch fast schon ein politisches Statement: Ja, ich genieße es eine Dame zu sein (im Vergleich mit Frauen, die Burka und Kopftuch tragen). Und was ist eigentlich das Problem? Hohe Schuhe zu tragen ist nicht wirklich bequem bei der Hausarbeit oder bei langen Spaziergängen, aber dafür sind die Schuhe ja auch nicht gedacht. Wenn ich im nächsten Leben eine Dame werde, werde ich das Tragen von hohen Schuhen ausnutzen, um die Männer verrückt zu machen. Es ist leicht, einfach und toll.

  [rumpelstilzchen2 antwortet:] Nur so viel: Ich habe bisher noch keinen Mann kennen gelernt, der hohe Absatzschuhe bei seinem Heimwerkerhobby oder beim Renovieren getragen hat. (www.forum.gofeminin.de 2008a)

- [Sarah333 fragt:] Hochhackige Schuhe in jungem Alter? Ich weiß nicht, ob ihr diese neuen modischen Stiefel mit den Pfennigabsätzen kennt. Auf jeden

Fall möchte meine Tochter (15 Jahre) unbedingt diese Stiefel haben!!! Nun, ich trage auch öfter Pumps oder Sandaletten mit hohen Hacken, aber ich weiß nicht ob das für eine Kind so angebracht ist. Aufgrund meines Verbotes hat sie letzte Woche die Stiefel ihrer Freundin – ohne mein Wissen – in der Schule getragen. Da die Stiefel zu klein waren hat sie sich ordentliche Blasen geholt. Aber selbst die schmerzenden Füße können meine Tochter nicht von diesen Stiefeln abhalten!!! Was soll ich tun? (www.med1.de 2005)

- [petra361 fragt:] Ich habe ein Problem: Ich bin 186 Zentimeter groß und würde aber gerne hochhackige Pumps tragen. Meint ihr das geht? Oder lieber doch nur flache Schuhe? Über Antworten würde ich mich freuen.

  [chameleon83 antwortet:] Nur weil du 1,86 groß bist, solltest du auf keinen Fall auf hohe Schuhe verzichten. Ich bin selbst so groß wie du und ebenfalls mit Schuhgröße 44 gesegnet. Dennoch habe ich Schuhe mit Absatzhöhen von 1-8 Zentimetern. Und das, obwohl mein Ehemann 3 Zentimeter kleiner als ich ist [...] Nur weil wir groß sind, heißt das noch lange nicht, dass wir uns auf kleinen Absätzen verstecken müssten!!!

  [kleineente antwortet:] Übertreiben würde ich es nicht, aber ein bisschen Absatz ist schon okay. Es kommt für meine Begriffe darauf an, wie groß der Partner ist. Wenn du mit Absatzschuhen größer bist als er, würde ich eher auf hohe Schuhe verzichten, denn das sieht dann doch ein wenig merkwürdig aus. Und auch wenn du auf Männersuche bist, können hohe Absätze ein Hindernis sein, weil du eh schon recht groß bist und sich manche Männer von der Größe – dann über 1,90 – vielleicht abschrecken lassen (www.forum.gofeminin.de 2008b)

- [karin fragt:] Kann mir jemand logisch begründen, warum Frauen hohe Absätze tragen und Männer nicht?

  [lena antwortet:] Vermutlich, weil es bei Frauen hoch erotisch ist. Über den Umstand, warum Männer High Heels bei Frauen so sexy finden, haben sich natürlich auch schon Forscher den Kopf zerbrochen. Die Erklärung lautet: Die Fußstellung, die eine Frau in High Heels hat (also extrem gestreckter Fuß), sei wohl vergleichbar mit dem weiblichen Fuß beim Orgasmus. Das Bild eines nackten Frauenfußes in hohen Schuhen appelliert bei den Männern an ihren Urinstinkt. Ein Weibchen mit Orgasmus heißt ja, dass das Männchen mächtig Eindruck geschunden hat. Letztlich geht es bei allem, was ein Lebewesen tut, um Arterhaltung und damit Fortpflanzung. Das war jetzt ziemlich zusammengefasst. Das Ganze habe ich mal vor Ewigkeiten bei Galileo gesehen. Glaube ich zumindest.

> [karin fragt zurück:] Wenn das Tragen von hohen Absätzen logisch ist, weil es zur Arterhaltung nötig ist, warum hat die Evolution dann nicht Weibchen hervorgebracht, deren anatomische Fußform sich annähert, dem künstlichen Tragen eines Schuhes mit hohen Absätzen? (www.wer-weiss-was.de 2005)

Mit Hilfe des Materials wurde den Teilnehmern der Lehrerfortbildung deutlich, dass sich mannigfaltige Aspekte der Lebensführung und Identitätsarbeit mit Hilfe des Themas »Schuhe« bearbeiten lassen. Schuhe eignen sich u.a. dazu, das Ichbewusstsein, die Weise der Selbstinszenierung, die Einstellung zum eigenen Körper, das persönliche Gesundheitsbewusstsein, die eigene Vernunft, die eigenen Erziehungsvorstellungen, die Geschlechterverhältnisse, den Umgang mit Rollenzuschreibungen und die eigenen Idole zu hinterfragen. Durch die Auseinandersetzung mit dem Material wurde den Lehrern bewusst, dass es stets weniger auf den Lerngegenstand selbst ankommt, als auf die Art, wie er von den Pädagogen eingerichtet wird. Pädagogen sind dafür zuständig, den Horizont auf den Gegenstand zu eröffnen. Tun sie dies, ermöglichen sie jedem Einzelnen einen selbstbestimmten Zugang zu dem Gegenstand.

Horizonterweiterung wird in diesem Unterrichtsvorgehen erreicht, wenn die Lernenden Antworten u.a. auf folgende Fragen finden: Was sind die Vorteile, was sind die Nachteile von hohen oder flachen Schuhen? Wie stehen die Lernenden persönlich zu hohen oder flachen Schuhen? Welche Erfahrungen haben sie mit beiden Arten gemacht? Wann sollte man ihrer Meinung nach hohe Schuhe tragen bzw. wann sind flache Schuhe zu bevorzugen? Welche Konsequenzen hat das Tragen von hohen bzw. flachen Schuhen? Welches Image haben hohe oder flache Schuhe? Wem empfehlen die Lernenden, Absatzschuhe zu tragen, wem raten sie davon ab? Bei welchen Gelegenheiten? Ab welchem Alter? Was haben Schuhe mit Erotik zu tun? Warum gibt es überhaupt hohe Schuhe? Und lassen sich die Fragen auf andere Kleidungsstücke übertragen? Durch die Beantwortung der Fragen machen sich die Lernenden ihre eigene Sicht auf den Gegenstand bewusst. Sie machen sich ihr eigenes Bild. Eine Standortbestimmung findet statt. Dafür, dass dies geschieht, tragen die Pädagogen die Verantwortung. Sie müssen den Lernenden pluralistische Zugangsweisen ermöglichen und damit bewusst machen. Sie müssen »dem Einzelnen ermöglichen, sein Leben zu verstehen und seine Wahl treffen zu können« (Altheim 1999, 114). Zusammenfassend kann gesagt werden, dass in der Auseinandersetzung mit dem Textmaterial die Teilnehmer der Lehrerfortbildung die Erkenntnis gewonnen haben, dass ein Schulgegenstand stets das ist, wozu Pädagogen ihn machen (von Hentig 1999, 61).

6.5 Freie Wahl der Bildkonstruktionsmöglichkeiten

Nachdem den Teilnehmern der Lehrerfortbildung die vielfältigen möglichen Wirklichkeitsbezüge von Schuhen aufgezeigt worden sind, ging es im Folgenden darum, unterschiedliche Bildkonstruktionsmöglichkeiten bei der Schuhdarstellung aufzuzeigen. Anhand von zwei Kunstwerken sollte deutlich gemacht werden, dass es nicht eine richtige Art von Schuhdarstellungen gibt, vielmehr Darstellungsweisen stets von den Darstellungsabsichten abhängen. Die Darstellungsweisen ergeben sich aus den Darstellungsabsichten, sie werden diesen angepasst. Da die Darstellungsabsichten bei jedem Einzelnen unterschiedlich und damit stets pluralistisch sind, ist ein Verfügen über vielfältige Bildkonstruktionsmöglichkeiten erforderlich. Nur wenn vielfältige Darstellungsformen beherrscht werden, kann der Wirklichkeit entsprochen und damit den Lernenden zur Aneignung und Gestaltung ihrer Wirklichkeit verholfen werden. Die Auseinandersetzung mit den Kunstwerken diente der Eröffnung der Bildkonstruktionsweisen. Betont werden soll, dass hier nicht eine umfassende Bildanalyse unter kunsthistorischen Aspekten angestrebt wurde. Es war nicht beabsichtigt, den kunsthistorischen Stellenwert der beiden Kunstwerke herauszuarbeiten. Eine Darstellung der komplexen kunsthistorischen Bedeutung der einzelnen Kunstwerke wurde in diesem Zusammenhang nicht angestrebt. Sie wurden vielmehr aus didaktischen Gründen herangezogen: Mit ihnen sollten die Lehrer für unterschiedliche Bildkonstruktionsmöglichkeiten sensibel gemacht werden. Bei dem ersten Kunstwerk handelte es sich um die Zeichnung »Ohne Titel« (1988) von Louise Bourgeois (siehe Bourgeois 1996, 155). Zu der Zeichnung gehört der folgende Text:

Das hier ist eine Lösung im Sinne der Kontinuität, die sehr zweckmäßig ist […]. Es ist etwas, woran man nicht vorbei kann; es ist unfallsicher. Es ist eine Garantie für Erfolg. Genau das ist es.

Das ist ein Schuh. Das brauche ich doch nicht zu sagen, oder? Es ist ein Stiefel. Sehen Sie, an der Seite sind kleine Ösen. Einige meiner Stiefel hatten Ösen, die waren idiotensicher, aber wenn sie Haken anstelle von Ösen hatten, dann war das nicht idiotensicher. Man konnte sie verfehlen. Es geht also um die Suche nach einer Garantie für etwas, das funktioniert. Es sieht doch beruhigend aus, oder?

Es hat auch etwas mit den Sorgen eines jungen Menschen zu tun. Eines der ersten Dinge, die man ein Kind fragt, lautet: »Kannst du dir die Schuhe zubinden? Nein, das kannst du nicht. Du bist zu nichts gut. Du kannst dir noch nicht einmal selbst die Schuhe zubinden.«

Es ist eine feminine Farbe. Das bedeutet, dass ich sehr glücklich darüber bin, ein Mädchen zu sein. Ich schaffe es, obwohl ich ein Mädchen bin. (Bourgeois 1996, 154)

In ihrer Zeichnung hat Bourgeois nach eigenen Angaben einen Stiefel dargestellt. Auf der Zeichnung abgebildet hat sie allerdings nur die Schnürung. Angedeutet sind zwei gegenüberliegende Kanten, die mittels eines durch Ösen hin- und hergezogenen Bandes verbunden sind. Abgeschlossen wird die Schnürung auf der Zeichnung unten durch Verknoten der Schnurenden mittels einer Schleife. Ein regelmäßiges, einfaches Erscheinungsbild der Schnürung hat Bourgeois durch den symmetrischen Verlauf erreicht, den der Schnürsenkel durch die einzelnen Löcher nimmt. In ihrer Darstellung konnte sich die Künstlerin auf die Schnürung begrenzen, denn in ihrer Darstellung ging es ihr nicht um den Schuh an sich. Vielmehr hat sie den Schuh als Symbol verwendet. Mit ihm wollte sie das Gefühl von Nichtachtung, Gewalt und Ohnmacht in der Kindheit zum Ausdruck bringen. Festgemacht hat sie ihre Gefühle an der Fähig- bzw. Unfähigkeit, als Kind einen Stiefel zubinden zu können. Da für die Vermittlung ihrer Gefühle die Darstellung der Schnürung ausreichte, hat sie auf die Abbildung anderer Merkmale des Schuhs verzichtet. Der von ihr angestrebte Bildsinn ließ sich am eindringlichsten durch die Reduktion des Schuhs auf sein für die Bildaussage notwendiges repräsentatives Merkmal – die Schnürung – erreichen. Demnach hat bei Bourgeois der Bildsinn die Auswahl der Aspekte des Stiefels bestimmt, die sie in ihre Darstellung aufgenommen hat. In ihrem Vorgehen hat sie den Kriterien entsprochen, die Bildherstellung bestimmen. Beim Bilder-Machen geht es stets um die Auswahl des Bedeutungsvollen, wobei mit demselben Impuls, womit Bedeutsames erhöht und verdichtet, Bedeutungsloses ausgeschieden wird (Dewey 1988, 242). Der Gewinn durch die Konzentration auf das Wesentliche liegt in der Expressivität, indem die Züge, auf die es ankommt, hervorgehoben werden (Jonas 1994, 109). So trägt hier das Weniger an Vollständigkeit des Schuhs zu einer Konzentration auf das vermittelte Bedeutende bei. Die Zeichnung der Schnürung wirkt flüchtig und dennoch gesetzt. Der Tuschestrich ist brüchig aber nichtsdestotrotz entschieden. Das gewählte Papier – beschmutzt und eingerissen – wirkt wie ein Rest und ist gleichwohl in seiner scheinbaren Zufälligkeit bewusst gewählt. Die Farbe des Papiers wurde den Darstellungsabsichten entsprechend ausgesucht. Das gebrauchte Papier vermittelt »Lebensspuren«. Mit der Wahl der bildnerischen und technischen Mittel unterstreicht Bourgeois ihr Verständnis von ihren Zeichnungen. Für sie haben diese inhaltlich wie formal etwas »Federartiges« (Bourgeois 1996, 21). Flüchtige Gedanken werden beiläufig auf dem Papier eingefangen und damit festgehalten.

> »Manchmal hat man einen Gedanken, aber er ist so flüchtig, so leicht, dass man keine Zeit hat, sich im Tagebuch eine Notiz zu machen. Alles ist flüchtig, doch die Zeichnung wird daran erinnern; sonst würde man es vergessen.« (Ebd.)

Das zweite Kunstwerk, das mit den Lehrern besprochen wurde, war »Lolita« von Konrad Klappheck aus dem Jahr 1969 (siehe Hofmann 1985a, 109). Neben dieser Arbeit wurden eine Werbeabbildung eines Polar-Rollschuhs, die Klappheck als Inspirationsquelle für sein Kunstwerk gedient hat, und eine Vorstudie betrachtet (siehe ebd., 108).

Auf dem Kunstwerk »Lolita« ist ein einzelner Rollschuh abgebildet. Auf den ersten Blick erscheint die Darstellung realistisch. Der Betrachter hat den Eindruck, dass Klappheck einen Rollschuh präzise gegenständlich wiedergegeben hat. Die Material- und Formeigenschaften muten stimmig an. Doch der Schein trügt. Wird bei dem abgebildeten Objekt die Frage nach seiner Verwendbarkeit gestellt, wird deutlich, dass er letztlich die an einen Rollschuh gestellten Funktionserwartungen enttäuscht (Hofmann 1985b, 7). Durch die zu schmale Standfläche fände der Fuß nicht Halt; durch die übergroße Schleife wäre die Gefahr des Stolperns beim Fahren groß. Nur auf den ersten Blick ist die Darstellung des Rollschuhs sachlich schlüssig und stimmig. Auf den zweiten Blick kommen Zweifel an der Sachlichkeit auf: Der Rollschuh ist nicht handhabbar, zum Laufen denkbar ungeeignet. Ist Klapphecks Darstellung auch formal sachlich, inhaltlich sachlich ist sie nicht, bezogen auf den Realgegenstand. Dass sie es auch gar nicht sein muss, erklärt sich abermals aus dem Auftrag des Bildes. Ein Bild hat nicht das Sichtbare wiederzugeben, sondern Wirklichkeit sichtbar zu machen. Auch wenn es auf den ersten Blick so schien, Klappheck hat mit seinem Bild nicht das Sichtbare wiedergeben. Vielmehr war es sein Anliegen, mit seiner Darstellung Wirklichkeit sichtbar zu machen. Da sein Ziel war, mit Hilfe des Rollschuhs Aussagen über die Wirklichkeit zu treffen, konnte er den dargestellten Gegenstand im Bild – seinem Ausdruckswunsch entsprechend – verfremden. Er war frei, bestimmte Aspekte des Rollschuhs zu betonen oder abzuschwächen, unabhängig davon, ob damit der abgebildete Gegenstand seiner realen Funktion nicht mehr gerecht wird. Ein dargestellter Gegenstand muss nicht funktionstüchtig sein, vielmehr muss er als Symbol bildkräftig Bedeutung vermitteln. Um welche Bedeutung es Klappheck ging, vermittelt der Titel »Lolita«. Dieser gibt einen Hinweis, wie der Künstler das Werk verstanden wissen wollte. Seit Erscheinen des Romans »Lolita« von Nabokov (1955/1999) steht der Mädchenname als Synonym für frühreife Mädchen. Klappheck ging es folglich nicht um die Darstellung eines Rollschuhs an sich, vielmehr gebrauchte er ihn als Symbol, um die sexuelle Frühreife eines Mädchens darzustellen. Für Klappheck personifiziert der Rollschuh Lolita. Die Personifikation des Rollschuhs mit Lolita vermenschlicht diesen, der Schuh wurde zu einer Darstellerin mit menschlichen Zügen. Um die sexuelle weibliche Frühreife darzustellen, hat der Künstler das Objekt mit Eigenschaften und Attributen ausgestattet, die vom Betrachter als frühreif identifiziert werden: Die rote, große Schleife lockt und verführt, die prallen Räder sind reif und reizen, der strahlende Glanz des Metalls blendet und bezaubert in seiner Reinheit. Durch das für einen Rollschuh gewählte übergroße Format (70 x 80 Zentimeter) wird die Ausstrahlung noch verstärkt. Er lockt unwiderstehlich in seiner Präsenz. Die präzise Darstellung der frühreifen Ausstrahlung des Rollschuhs ist Klappheck durch die Wahl seiner bildnerischen und technischen Mittel gelungen. Durch seine sorgfältige formale Ausführung erscheint der Schuh kostbar, glatt und vollendet und erfüllt damit seine Funktion als Lockmittel bestens. Nur weil er so perfekt dargestellt ist, vermittelt er glaubhaft, dass er verführen kann. Der Titel gibt folglich den entscheidenden Hinweis zur Lesrichtung des Bildes. Als »Augenöffner« (Hofmann 1985b, 11) fordert er den Betrachter auf, das Kunstwerk gegen den ersten Anschein – den des Rollschuhs – zu lesen, ihn also als Symbol zu deuten.

Werden die Arbeiten Bourgeois' und Klapphecks miteinander verglichen, wird deutlich, dass sie sich grundsätzlich in ihren Bildkonstruktionsweisen unterscheiden. Bei ihrer Bildherstellung haben die Künstler auf unterschiedliche technische und bildnerische Mittel zurückgegriffen. In der Auseinandersetzung mit ihren Arbeiten zeigte sich jedoch, dass beide die ihren Aussageabsichten entsprechenden Mittel gewählt haben. Sie haben ihrem Ausdruckswunsch angemessene Ausdrucksmittel gewählt. Beide Arbeiten überzeugen. Dass auch die Arbeit von Bourgeois uneingeschränkt überzeugt, ist im kunstpädagogischen Zusammenhang von Bedeutung. Denn ein Bewusstsein darüber, dass sich künstlerische Arbeiten nicht allein durch die Anwendung beherrschter formaler Fähig- und Fertigkeiten auszeichnen, bestimmt die kunstpädagogische Praxis im Allgemeinen nicht. Gestaltenkönnen wird hier in der Regel an der Kompetenz festgemacht, über ein naturalistisches Abbildungs- und Ausführungsvermögen verfügen zu können. Aus der Tatsache, dass eine naturalistische Gestaltungsfähigkeit nicht als vorhanden vorausgesetzt werden kann, sondern erst allmählich und aufbauend erworben werden muss (Reiß 1996, 6), ergibt sich der vorherrschende kunstpädagogische Auftrag: Die zeichnerische Entwicklung der Lernenden soll von der »primitiven« schematischen zur »gekonnt« naturalistischen Darstellung vorangetrieben werden. Das dieser Auffassung zu Grunde liegende, auf die naturalistische Darstellung verengte Bildverständnis wird Bildern nicht gerecht. In ihnen wird durch Aneignung und Gestaltung Wirklichkeit konstruiert. Für die Wirklichkeitskonstruktion stehen den Menschen unterschiedliche Bildkonstruktionsmöglichkeiten zur Verfügung. Unter anderem existieren – nach Stielow – folgende Bildkonstruktionsmöglichkeiten:

»[Wir haben in Europa die] Perspektivkonstruktion, seit dem Kubismus haben wir ein polyperspektivisches Raum-Zeit-Konstrukt, seit Duchamps haben wir ein Kontext-Konstrukt, seit Schwitters Merzbau haben wir ein Installations-Konstrukt, der Betrachter befindet sich mitten im Bild, seit Schwitters Ursonate haben wir ein Performance-Konstrukt, seit Max Ernst haben wir ein magisches Material-Konstrukt, seit Gary Hill haben wir ein interaktives Medien-Konstrukt usw.« (Stielow 2004, 150)

Da die Bildkonstrukte unterschiedliche Möglichkeiten bereithalten, Wirklichkeit zu konstruieren, muss Kunstunterricht alle Konstrukte gleichermaßen vermitteln. Geschieht dies nicht, wird er weder dem Bild noch der Wirklichkeit gerecht. Das hat Folgen. Denn wird der Kunstunterricht von einem beschränkten Bild- und Wirklichkeitsverständnis bestimmt, trägt er nicht zur Bildung der Lernenden bei. Nur wenn diese über alle Bildkonstruktionen verfügen, ist es ihnen möglich, selbstbestimmt die ihrer Aussageabsicht entsprechenden Mittel auszuwählen, und sind sie damit befähigt, sich präzise im Bild auszudrücken. Über alle Bildkonstruktionsmöglichkeiten zu verfügen, stellt also die Voraussetzung dafür dar, frei und selbstbestimmt im Umgang mit Bildern handeln zu können. Diese Tatsache resultiert in der Forderung, dass sich die pädagogische Praxis den unterschiedlichen Bildkonstruktionen öffnen muss. Dann ist ein gleichberechtigtes Nebeneinander von sogenannten »primitiv« schematischen und »gekonnt« naturalistischen Darstellungen im Unterricht möglich. Erweiterte Handlungsmöglichkeiten tun sich den Schülern auf. Die den Kunstunterricht traditionell bestimmende Kluft zwischen Zeichnenkönnen und Zeichnenwollen wird in den Hintergrund treten, denn ein erweiterter Gestaltungsspielraum wird entstehen. Dementsprechend sollte, souverän mit unterschiedlichen Darstellungsweisen umzugehen, Ziel kunstpädagogischen Bildumgangs sein.

Im Vergleich von Klapphecks »Lolita« mit der Werbedarstellung des Polar-Rollschuhs konnte den Teilnehmern der Lehrerfortbildung der Unterscheid zwischen Bild und Abbild verdeutlicht werden. Während Klappheck in seinem Kunstwerk den Rollschuh als Symbol verwendet hat, um Wirklichkeit sichtbar zu machen, wird auf der Abbildung der Verpackung nur der Realgegenstand in seiner visuellen Erscheinungsform wiedergegeben. Die Abbildung des Rollschuhs ist hier sachlich. Material- und Formeigenschaften werden exakt abgebildet. Ihre genaue Wiedergabe dient dazu, den Rollschuh als handhabbaren, ausgeklügelten Gebrauchsgegenstand darzustellen, durchdacht und damit funktionstüchtig. Aufgabe der Werbeabbildung ist folglich, die Funktionserwartungen des Betrachters an das Objekt zu erfüllen. Er soll zum Kauf eingeladen werden. Auf der Abbildung muss der abgebildete Schuh demzufolge nichts über den Schuh hinaus aussagen. Seine Aufgabe ist darauf beschränkt, als Abbild den realen Gegenstand zu vertreten. Als Stellvertreter ist er dem Realgegenstand untergeordnet und kann damit für sich nicht ein eigenes (Bild-)Recht in Anspruch nehmen. Im Vergleich von Klapphecks Vorstudie mit der Werbedarstellung des Polar-Rollschuhs wurde den Lehrern deutlich, dass sich beide letztlich nur formal unterscheiden. Beide Darstellungen beschränken sich darauf, den Rollschuh wiederzugeben. Denn dass die Vorstudie durch einen sogenannten eigenen Strich gekennzeichnet ist und dadurch lebendig und persönlich wirkt, ist, an den Kriterien des Bildes gemessen, unerheblich. Ein Bild wird bestimmt von seiner Aussage. Diese muss bei der Bildherstellung im Mittelpunkt stehen. Da die Vorstudie über sich selbst hinaus nichts über das Leben – die Wirklichkeit – mitteilt, ist sie die Realität betreffend aussagearm. Da die Vorstudie nicht die Sicht des Künstlers auf den Gegenstand spiegelt, enthält sie keinen persönlichen Ausdruck. Diese Tatsache ist entscheidend, denn bei der Beurteilung von Darstellungen als Bilder kommt es stets darauf an, ob in ihnen über den Realgegenstand hinaus etwas ausgesagt wird. Das ist sowohl bei der Werbedarstellung als auch bei der Vorstudie nicht der Fall. In beiden Darstellungen spielen Inhalte keine Rolle. Mögen die beiden Darstellungen auch jede auf ihre Weise technisch perfekt, formal ausgewogen und gefällig sein, Bildaussagen werden mit ihnen nicht getroffen. Inhaltlich wird von ihnen nichts oder nur belanglos Oberflächliches vermittelt. Das Bild als Ausdrucksträger der eigenen Eindrücke der Wirklichkeit ist in beiden Fällen unbedeutend. Im Vergleich von Klapphecks »Lolita« mit seiner Vorstudie wurde den Teilnehmern einsichtig, dass durch formale Geschicklichkeit nicht gewährleistet ist, dass Bilder und nicht nur Abbilder entstehen. Sie haben erfahren, dass bei der Bildherstellung die Bildaussage bestimmend ist. Sie ist es, die den Gebrauch bestimmter Mittel sowohl erfordert als auch rechtfertigt. Die Lehrer haben begriffen, dass das bildnerische formale Gestaltungs- und das bildnerische Ausdrucksvermögen zusammengehören, sich aufeinander beziehen. Denn nur wenn die Darstellung als Vermittler des eigenen Ausdrucks begriffen wird, wird im Bild eigener Sinn gestiftet, und nur dann macht die Tätigkeit Sinn. Den Teilnehmern der Lehrerfortbildung wurde im Vergleich der drei Rollschuhdarstellungen bewusst, dass die Anwendung bildnerischer und technischer Mittel in kunstpädagogischen Zusammenhängen nicht um ihrer selbst willen geschehen darf, sondern stets in einen Handlungszusammenhang mit persönlichen Bedeutungsbezügen eingebunden sein muss, sollen Bilder hergestellt werden.

6.6 Bildbetrachtung von Schuhdarstellungen in der Kunst und in der pädagogischen Praxis

Im nächsten Schritt sollte den Teilnehmern der Lehrerfortbildung der verschiedene Umgang mit Schuhen in der Kunst und in der pädagogischen Praxis anhand von Bildvergleichen veranschaulicht werden. Für den Vergleich wurden Bilder aus beiden Bereichen ausgewählt, die sich in ihren Darstellungsinhalten auf den ersten Blick ähneln. Dass sie sich dennoch grundlegend unterscheiden und worin ihre Differenz besteht, sollte von den Lehrern mit Hilfe des Materials herausgearbeitet werden. Betont werden soll, dass es auch in diesem Fall nicht um eine umfassende Bildanalyse unter kunsthistorischen Aspekten ging. Es war nicht beabsichtigt, den kunsthistorischen Stellenwert der einzelnen Kunstwerke herauszuarbeiten. Eine Darstellung der komplexen kunsthistorischen Bedeutung der einzelnen Kunstwerke wurde nicht angestrebt. Sie wurden auch in diesem Fall vielmehr aus didaktischen Gründen herangezogen, um auf die unterschiedliche Bildqualität aufmerksam zu machen. Es ist die didaktische Absicht, die begründet, warum überhaupt Kunstwerke mit Schülerarbeiten in einen Zusammenhang gestellt und verglichen werden sollten. Für den Vergleich wurde den Teilnehmern folgendes Arbeitsblatt ausgehändigt:

Schuhdarstellungen von Künstlern und Schülern

Betrachten Sie die einzelnen Abbildungen. Bevor Sie mit der Beantwortung der einzelnen Fragen beginnen, klären Sie zunächst, was auf den einzelnen Bildern zu sehen ist. Stellen Sie fest, was es zeigt. Erst nach der Bildbeschreibung wenden Sie sich bitte der Beantwortung der einzelnen Fragen zu.

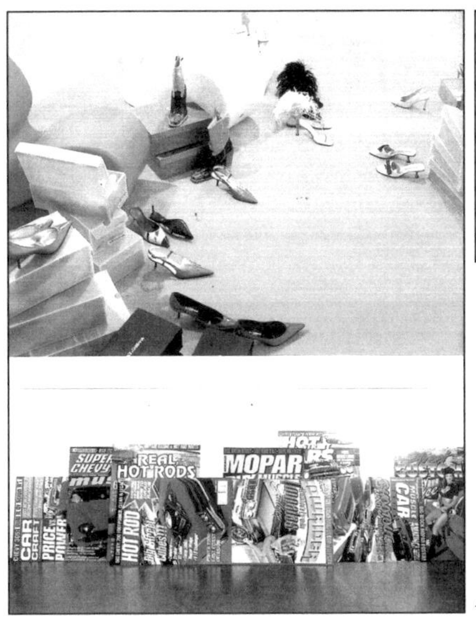

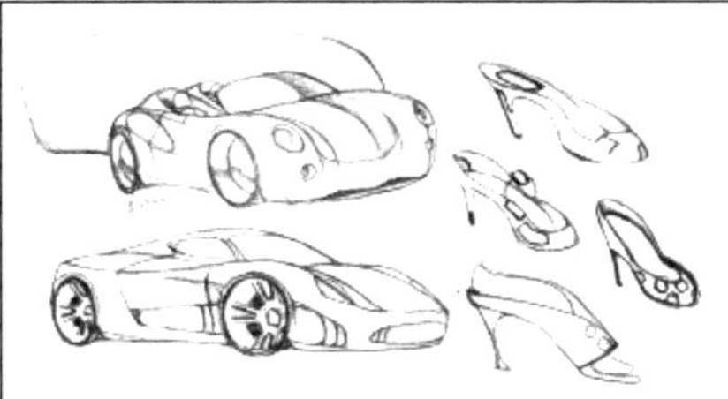

Abbildung 69 und 70

- Was ist auf den Bildern von den Installationen von Sylvie Fleury zu sehen (Abb. 69)?
- Was thematisiert die Künstlerin in ihren Bildern?
- Was ist auf der Zeichnung des Schülers zu sehen (Abb. 70)?
- Was thematisiert er in seiner Zeichnung?
- Wie unterscheidet sich die Wahrnehmung Fleurys von der des Schülers bezüglich der Wirklichkeit? Was wird von der Künstlerin und was wird von dem Schüler wahrgenommen?

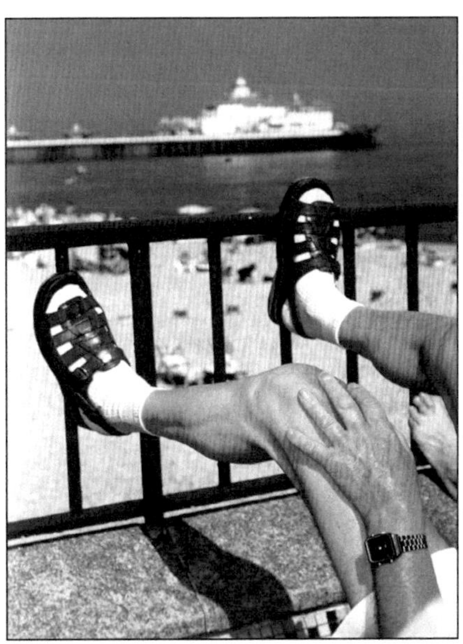

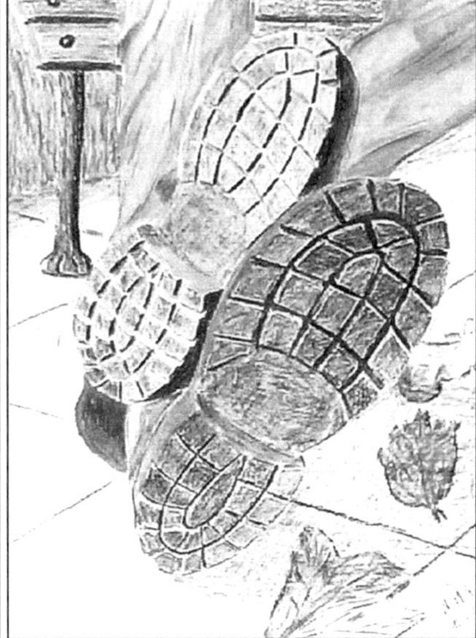

Abbildung 71 und 72

- Was ist auf der Fotografie von Martin Parr dargestellt (Abb. 71)?
- Wofür stehen bei ihm die Schuhe? Um was geht es Martin Parr?
- Was ist auf der Schuhzeichnung des Schülers dargestellt (Abb. 72)?
- Was sagt diese aus? Um was geht es dem Schüler?
- Welche Wirklichkeiten werden in den Arbeiten jeweils vermittelt? Was wird in ihnen jeweils sichtbar gemacht?

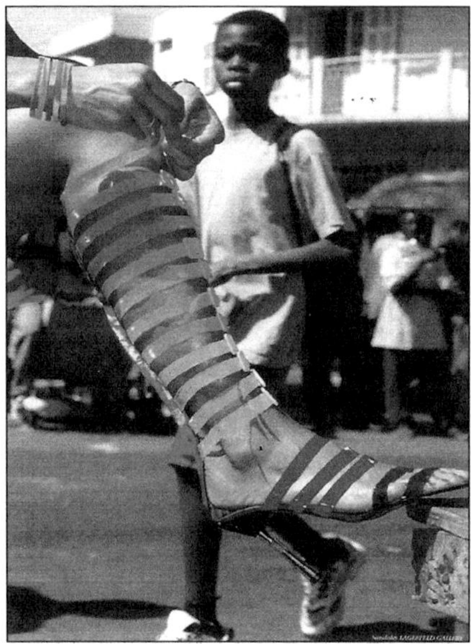

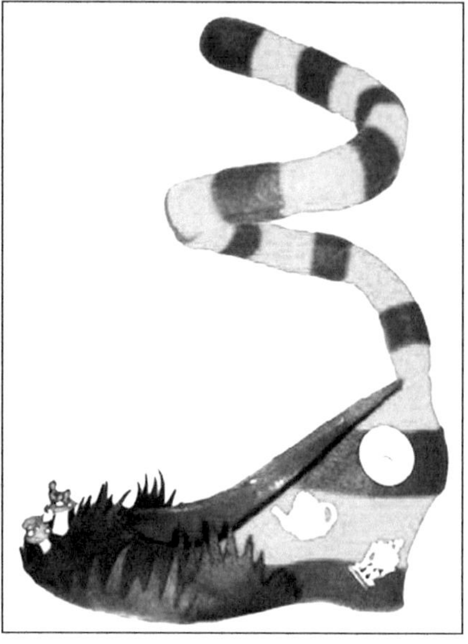

Abbildung 73 und 74

- Was ist auf der Fotografie Martin Parrs zu sehen (Abb. 73)?
- Welches Thema behandelt Martin Parr in seiner Fotografie?
- Was hat die Schülerin dargestellt (Abb. 74)?
- Welches Thema behandelt die Schülerin in ihrem Schuhobjekt?
- Welcher Bedeutung geben Künstler und Schülerin jeweils Form?

Ziehen Sie ein Fazit:
Wie lässt sich der Umgang mit dem Schuh in der Kunst beschreiben?
Was können Kunstpädagogen aus dem Umgang der Künstler mit dem Schuh für die pädagogische Praxis lernen?

Bei der Untersuchung der Kunstwerke mit den Lehrern wurde deutlich, dass Künstler Schuhe nicht um ihrer selbst willen darstellen. Den Künstlern geht es nicht um die Schuhe an sich, vielmehr verwenden sie diese, um Aussagen über die Wirklichkeit zu treffen. Die Voraussetzung, dass in Bildern Aussagen über die Wirklichkeit getroffen werden und nicht nur Wirklichkeit abgebildet wird, ist, dass vom Material der Welt nichts »unverwandelt« ins Kunstwerk gelangt. Wirklichkeit zeigt sich im Kunstwerk stets »gebrochen«, »verschoben« und umgebildet (Dewey 1988, 104). Künstler verarbeiten das Thema »Schuhe«, indem sie es künstlerisch reflektieren.

Zeigt Fleury in ihrer raumgreifenden Installation »Untitled« auf einem weichen Teppich neben eleganten Sitzmöbeln auch zahllose Designer-Schuhe und Schuhkartons oder präsentiert sie in ihrer neunteiligen Arbeit »Car Magazine Covers« auch fotografische Vergrößerungen der Titelseiten von Autozeitschriften (Abb. 69), so sind die ausgestellten Dinge nicht ihr eigentliches Thema. Gegenstand ihrer Auseinandersetzung ist vielmehr die sich in den Dingen spiegelnde Luxus- und Konsumkultur der heutigen Waren- und Medienwelt. Es ist richtig: Auf der Erscheinungsebene bildet sie die Konsumgüter nur schlicht ab. Schuhe und Zeitschriftencover werden, so wie sie sind, der Warenwelt entnommen und von Fleury als Readymades in ihren Arbeiten verwendet (Dorsch 2007, 45). So könnte man den Eindruck gewinnen, dass Fleurys Arbeiten die Wertmaßstäbe der Konsumgesellschaft schlicht abbildend bestätigen. Aber Fleurys Arbeiten sind keine Abbildungen, denn auf der Ebene des Für-wahr-Nehmens wird deutlich, dass sie in ihren Kunstwerken die ästhetische Belanglosigkeit und Inhaltsleere der Luxus- und Konsumkultur hinterfragt. »Die zerstörerischen Kehrseiten des schönes Scheins« (Hess 2001, 137) werden von ihr thematisiert. Durch die Anhäufung des Konsumguts Schuh in ihrer Arbeit und den unachtsamen Umgang mit den Schuhen in ihrer Installation vermittelt sie, dass »jede befriedigte Begierde den Wunsch nach mehr weckt« (Fleury, zitiert in Hess 2001, 134). Durch die Anhäufung und Inszenierung der vergrößerten Titelblätter der Automagazine in ihrem Kunstwerk treibt sie die beschränkte männliche Weltsicht auf die Spitze, die sich in den Illustrierten spiegelt. Der Zusammenhang von schnellen Autos, Motorsport, Frauen und männlicher Macht wird als banal entblößt. So unterscheidet sich Fleurys Umgang mit den Waren grundsätzlich von ihrem Gebrauch in der Konsumgesellschaft. Lebenserfüllung durch Konsum, wie ihn die Waren- und Medienwelt verspricht, wird von ihr in ihren beiden Arbeiten gerade nicht bestätigt. Neben der Reflexion der Waren- und Medienwelt hinterfragt sie in ihren Arbeiten auch die überwiegend von Männern geprägten Kunstströmungen des 20. Jahrhunderts, insbesondere die Kunst der Pop Art: In ihren Arbeiten bezieht sich Fleury auf diese Kunstwerke, codiert sie allerdings neu, indem sie diese mit einem »femininen« Akzent versieht (Hess 2001, 132). So fügt sie der überwiegend männlich geprägten Kunstwelt einen weiblichen Blick auf die Konsumgesellschaft hinzu. Dadurch, dass sie das tut, reflektiert sie die von Männern bestimmte Kunstwelt und das sich darin spiegelnde Weltbild. Wird die Arbeit des Schülers (Abb. 70) mit Fleurys Kunstwerken verglichen, so zeigt sich, dass seiner Darstellung eine künstlerische Reflexivität fehlt. Er bildet die Rennautos und die Absatzschuhe schlicht ab. Er macht sich kein eigenes Bild von den Gegenständen. Seine Darstellung entspricht der Präsentation der Dinge in der Warenwelt. Die sich in den Objekten spiegelnde konstruierte Warenwirklichkeit wird von ihm in seiner Zeichnung nicht reflektiert. Dadurch, dass er die Art der Präsentation der Gegenstände aus der Konsumgesellschaft übernimmt, erklärt er sich einverstanden mit der sich in ihr spiegelnden Wirklichkeit. Diese wird von ihm also als gegeben hingenommen, nicht in Frage gestellt. Hierin besteht der grundlegende Unterschied zwischen seiner und Fleurys Arbeit.

Parr zeigt in seiner Fotografie »Eastbourne, East Sussex« aus der Serie »Think of England« (1996-2000) (Abb. 71) die mit Sandalen beschuhten nackten Beine eines Mannes beim Sichsonnen an einer Uferpromenade. Sind auch die beschuhten Beine sein Abbildungsgegenstand, so sind sie nicht sein eigentliches Darstellungsthema. Gegenstand seiner Auseinandersetzung ist die sich in den Dingen spiegelnde Wirklichkeit. Wird der Begriff »weiße Tennissocken in Sandalen« gegoogelt, erhält man unzählige Einträge. In vielen Foren wird die Verknüpfung diskutiert, in redaktionellen Beiträgen wird sie kommentiert. In den Eintragungen zeigt sich, dass die Verknüpfung weißer Tennissocken mit braunen Sandalen mit der Assoziation der Kleinkariertheit verknüpft ist: Weiße Tennissocken in braunen Ledersandalen an nackten behaarten Beinen von Männern mittleren Alters in Kombination mit weißen Shorts stehen für den klassischen Spießer. Die vorgenommene Zuordnung zum Spießer verknüpft die äußere Erscheinung mit einer inneren Haltung der Person. Männer, die weiße Tennissocken in braunen Ledersandalen tragen, wird Engstirnigkeit, geistige Unbeweglichkeit und ausgeprägte Konformität mit gesellschaftlichen Normen zugeschrieben. Das heißt, die Wahl der Kleidung sagt für den Betrachter über die Kleidung hinaus etwas über die Persönlichkeit des Sandalenträgers aus. Vom spießigen Sandalenträger hat er ein eigenes Bild:

> »Über dem dicken gemusterten Teppichboden liegt ein anders gemusterter Zierteppich, darauf ein Spitzendeckchen, auf dem ein verschnörkeltes Glastischchen steht. Die zwei Etagen des Tischchens sind mit Brokatdeckchen belegt. Darauf silberne Untersetzer, dann eine Schicht Schnapsgläser, geschart um eine Kristallvase. Die darin stehenden Papierblumen füllen den Luftraum über dem Tischchen in seiner unteren Schicht, darüber hängt eine an der Zimmerdecke befestigte Blumenampel.« (Schulze 2005, zitiert in Mrozek 2007, o.n.A.)

So vermittelt Parr mit seiner Darstellung – über das Abgebildete hinaus – eine Weise, wie Menschen ihr Leben führen. Indem er in seiner Fotografie die gesellschaftliche Wirklichkeit spiegelt, hält er der Art, wie Menschen leben, den Spiegel vor (Williams 2004, 10). Er regt zum Nachdenken über die Wirklichkeit an. Wird die Arbeit des Schülers (Abb. 72) mit Parrs Fotografie verglichen, so zeigt sich, dass der Schülerdarstellung eine künstlerische Reflexivität fehlt. Auf der Zeichnung des Schülers sind frontal Männerhalbschuhe an ausgestreckten Unterschenkeln abgebildet. Der Mann trägt eine blaue Hose und sitzt auf einer im Bild angedeuteten Bank. Neben seinen Schuhen liegen Zigarettenstummel. So erweckt das Dargestellte den Anschein, als ob ein auf einer Bank sitzender Mann entspannt einen Herbsttag genießt. In der Schülerarbeit ist der Abbildungsgegenstand das Darstellungsthema. Es geht ausschließlich um die abgebildeten Schuhe. Besondere Aufmerksamkeit wird dabei auf die Wiedergabe der Profilsohle gelegt. Ihre

Darstellung steht im Mittelpunkt und bestimmt maßgeblich die Zeichnung. Das übrige Dargestellte erweckt den Eindruck gekünstelten Beiwerks. So kann gesagt werden, dass sich in der Darstellung des Schülers über den Schuh hinaus keine Bedeutung – die Wirklichkeit betreffend – vermittelt. Eine Weise, wie Menschen leben, tut sich nicht auf. Hierin besteht der grundlegende Unterschied zwischen der Arbeit des Schülers und Parrs Fotografie.

Auf Parrs Fotografie »Dakar« (2001) (Abb. 73) aus seinem »Fashion Magazine« (2005) ist im Vordergrund das angeschnittene, hochgestellte, gebräunte und enthaarte Bein einer Frau zu sehen, die sich gerade die letzte Schnalle ihres Schuhs zumacht. Die Szene spielt sich auf einem kleinen Marktplatz in Afrika ab. Bei dem Schuh handelt es sich um eine bis zu den Knien reichende Sandalette, die am Unterschenkel aufwendig mit zwölf Plastikschnallen einzeln geschlossen werden muss. Die einzelnen Schnallen des Schuhs sind farbig. Die Sandalette hat einen sehr hohen Pfennigabsatz aus silberfarben glänzendem Metall. Der Schuh wirkt bunt, schrill und ungewöhnlich. Im Mittelgrund ist – unschärfer aufgenommen – ein ungefähr 13-jähriger schwarzer Junge zu sehen, der im Vorbeigehen die Handlung der Frau aus dem Augenwinkel beobachtet. Seine Kleidung ist alltäglich. Er trägt ein kurzärmeliges hellrosa T-Shirt und eine petrolfarbene Bermuda, die allerdings durch den Schuh der Frau größtenteils verdeckt ist, schwarze Socken und Turnschuhe. Im Hintergrund steht, nur unscharf zu erkennen, eine Gruppe von schwarzen Männern vor einem zweistöckigen Haus. Die Männer sind alltäglich gekleidet und beobachten die Szene. Auf der Erscheinungsebene geht es scheinbar um die Präsentation eines ungewöhnlichen Designer-Schuhs. Seine Darbietung steht im Mittelpunkt. Auf der Ebene des *Für-wahr-Nehmens* wird jedoch deutlich, dass sich Parrs Fotografie von der üblichen Modefotografie unterscheidet. Ihm geht es gerade nicht bloß um eine effektvolle Präsentation eines kuriosen Schuhs. Vielmehr will er Aussagen über die Wirklichkeit machen. Dafür inszeniert er sein Motiv. Von der Frau, die den Schuh trägt, sieht man nur das Bein. Dadurch, dass er das Fotomodell auf ihr Bein reduziert, wird deutlich, dass sie als Person in der Modewelt nicht von Interesse ist. Ihr Zweck ist beschränkt. Sie dient als Kleiderständer für den Schuh: Sie ist ein Gebrauchsobjekt der Modeindustrie. Afrika ist als Ort für Modefotografie nicht unüblich. Doch im Gegensatz zur Modefotografie reduziert Parr Afrika nicht als Hintergrundszenario auf ein sonniges, exotisches Plätzchen. Der gewählte Ort dient ihm nicht als Objekt zu Dekorationszwecken. Vielmehr behält die afrikanische Welt in seiner Aufnahme ihre Eigenständigkeit. Sie besteht gleichberechtigt neben der künstlichen Welt der Mode. In ihrer Gegenüberstellung erscheint sie als Gegenwelt zur Modewelt. Auf der Fotografie wirken die Schwarzen natürlich. Sie sind alltäglich gekleidet und ihre Haltung ist ungezwungen. Das, und wie sie die Szene betrachten, wirkt unverfälscht. In ihrer Mimik und in ihrer Körpersprache vermittelt sich, dass sie die Szene befremdlich finden, der Sache skeptisch gegenüberstehen. Es ist also Parrs Inszenierung des Motivs – die Gegenüberstellung des Fotomodells mit den Schwarzen –, durch die die Modeaufnahme an diesem Ort in Frage gestellt wird, denn die Platzierung des Modells auf dem afrikanischen Marktplatz wirkt seltsam deplatziert und das Tragen von Schuhen dieser Art an diesem Ort höchst absurd. So fragt sich der Betrachter der Fotografie nicht wie sonst bei Modeaufnahmen üblich, wo er die Sachen zu welchem Preis erwerben kann (Hampel 2006, 56). Dadurch, dass sich Parr nicht an die Regeln der Modefotografie hält, hinterfragt er die Künstlichkeit der Modewelt.

Im Folgenden wird Parrs Fotografie mit einer Schülerarbeit verglichen (Abb. 74). Der Vergleich bezieht sich auf die Reflexion der Wirklichkeit. Verglichen werden soll, inwieweit die Schülerin in ihrer Arbeit die Wirklichkeit der Modewelt hinterfragt hat. Für die Herstellung ihrer Arbeit hat die Schülerin auf einen realen Schuh zurückgegriffen. Diesen hat sie lila-rosa gestreift angemalt und an der Schuhspitze versehen mit aus Filz ausgeschnittenem Gras, kleinen aus dem Bastelgeschäft stammenden Fliegenpilzen und einer Schnecke. Des Weiteren hat sie auf den Absatz kleine Abbildungen von Uhren geklebt und am hinteren Ende ein aus Pappmaschee die Wade umkreisendes »Band« befestigt. Wird die Arbeit der Schülerin betrachtet, zeigt sich, dass sie sich in ihrer Gestaltung auf die schlichte Herstellung eines verrückten Schuhs beschränkte. Ihr Ziel war, einen originellen Schuh herzustellen, vielleicht sogar auch nur ein Schuhobjekt zu kreieren, denn die Tragbarkeit des Schuhs kann bezweifelt werden. Damit gleicht ihr Ziel dem mancher Designer der exklusiven Modewelt. Auch sie setzen auf Originalität als Eigenwert. Werden Schuhe aus der exklusiven Modewelt betrachtet, stellt sich oftmals umgehend die Frage nach dem Sinn dieser Schöpfungen. Als Schuhwerk taugen sie nicht. Ein außerhalb der Modewelt geltender Sinn von Bedeutung kann nicht ausgemacht werden. Beschäftigen sich Schüler mit Schuhdesign, muss die sich selbst genügende und die sich nur auf sich selbst beziehende Wirklichkeit der Modewelt reflektiert werden. Geschieht dies, ist es den Schülern möglich, ihre Arbeiten vor dem Hintergrund der die Modewelt bestimmenden Kriterien herzustellen. Nur dann sind sie in der Lage, in ihren Arbeiten die Wirklichkeit der Modewelt kritisch zu reflektieren, sie verdichtet, verschoben, verfremdet, gebrochen in ihren Gestaltungen wiederzugeben. Im Unterricht, aus dem die Arbeit der Schülerin stammt, wurde ein Zusammenhang zwischen Schuhdesign und Modewelt offensichtlich nicht hergestellt. Die Herstellung des Schuhs geschah losgelöst von der Modewirklichkeit. Schuhdesign verkam zum Selbstzweck. Da die Herstellung der Arbeit nicht von einem inhaltlichen Anliegen getrieben war, ist sie ausdrucks- und damit bedeutungslos. Resultat ist demnach ein beliebiges Designobjekt, aber nicht ein Bild, das Wirklichkeit sichtbar macht. So ist es die von der Realität abgeschnittene Betrachtungsweise des gestalteten Schuhs, die die Arbeit der Schülerin grundlegend von der Fotografie Parrs unterscheidet. In diesem Zusammenhang soll noch kurz ein weiteres Foto einer unbekannten Person dazu genutzt werden, um aufzuzeigen, wie in einer künstlerischen Arbeit die Wirklichkeit der Modewelt kritisch reflektiert und dann verdichtet, verschoben, verfremdet und gebrochen dargestellt werden kann. Das Foto (Abb. 75) tauchte im Jahr 2007 im Internet auf und löste heftige Diskussionen aus.

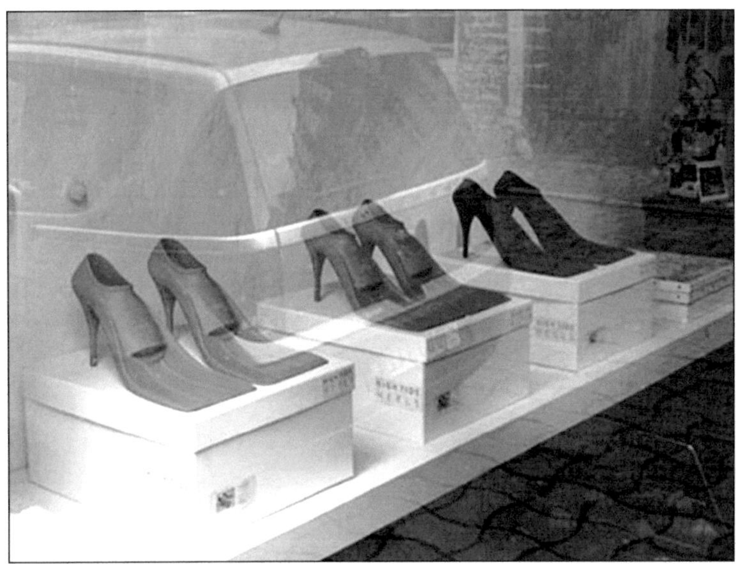

Abbildung 75

Auf dem Foto ist in Nahaufnahme ein Schaufenster eines Geschäfts abgebildet. Im Geschäft stehen – edel präsentiert – auf einem weißen Regal drei Schuhkartons, auf denen jeweils ein Paar Schuhe ausgestellt sind. Diese können aber nur bedingt als Schuhe im herkömmlichen Sinne bezeichnet werden, da es sich bei ihnen um Schwimmflossen mit hohen Pfennigabsätzen in den Farben orange, blau und schwarz handelt. Dass diese Objekte untragbar sind, steht außer Zweifel. Im Internet wird jedoch auch angezweifelt, dass es sich bei diesem Foto überhaupt um das Abbild eines realen Schaufensters handelt, denn trotz intensiver Recherche konnte das Geschäft nicht ausgemacht werden. So wird vermutet, dass es sich bei diesem Foto um ein Kunstprojekt handelt (Hempel 2007, o.n.A.). Wenn es sich so verhielte, wären die Schuhe nur als ein Teil der künstlerischen Arbeit anzusehen. Kernstück der Arbeit wäre der soziale Austausch der Menschen im Internet über die Schuhe, zentral wären demzufolge die Fragen der Leute, ob es sich um ein wirkliches Foto handelt, ob es also die Schuhe real – und wenn ja wo – zu sehen gibt, sowie das absurde Kaufinteresse bestimmter Personen an den untragbaren Schuhen. Das Foto hat demgemäß zu einem regen Meinungsaustausch über Mode und Wirklichkeit eingeladen. Beide Aspekte wurden durch das Aufkommen des Fotos reflektiert.

Wie oben dargelegt wurde, ist die Ähnlichkeit der Schülerarbeiten und der Kunstwerke in Bezug auf die Darstellungsgegenstände allein oberflächlich. Im Grunde sind sie verschieden, denn die Arbeiten der Schüler zeigen keine künstlerische Reflexivität. Im Vergleich konnte den Teilnehmern der Lehrerfortbildung vermittelt werden, und das ist wichtig, dass das Problem nicht ist, dass die Schüler nicht den Grad an künstlerischer Reflexivität zu Wege bringen, den Kunstschaffende erreichen. Schüler können auf Grund ihres Entwicklungsstandes – ihres Wissens und Könnens – nicht mit der künstlerischen Reflexivität von Künstlern mithalten (Winzen 1999, 101). Sie können selbstverständlich nicht den Künstlern entsprechende Leistungen hervorbringen. So kann von ihnen keinesfalls erwartet werden, dass sie den Grad an künstlerischer Reflexivität der Kunstschaffenden erreichen. Erwartet werden muss jedoch, dass ihre Darstellungen zumindest eine gewisse künstlerische Reflexivität widerspiegeln, denn diese ist die Voraussetzung dafür, dass überhaupt Darstellungen als Bilder anzusehen sind. So müssen auch die Schüler in ihren Gestaltungen stets den Kriterien des Bildes entsprechen. Dies ist auf jedem Entwicklungsstand möglich und kann folglich in der pädagogischen Praxis den Lernenden – ihrem Entwicklungsstand entsprechend – zugetraut werden.

6.7 Sich an Schuhbildern bilden

Das die drei zuvor beschriebenen Schülerarbeiten (Abb. 70, 72, 74) bestimmende Unterrichtsvorgehen wird von der Annahme geleitet, dass der bildhaften Gestaltung das Erlernen von Techniken vorausgehen muss. So wird im Unterricht vorrangig auf die technische Ausführung Wert gelegt. Darstellungsinhalte spielen keine oder nur eine untergeordnete Rolle. Darstellungsprinzipien werden seit Jahrzehnten an immer wiederkehrenden Aufgabenstellungen um ihrer selbst willen gelehrt.

»Die Mehrzahl der Hunde kam und kommt noch immer auf die gleiche Weise in den Unterricht: Auf die Aufforderung einer Lehrerin ›Malt einen Hund‹ malen die Kinder ein Tier mit vier Pfoten, mit Schnauze und Schwanz [...] Gelegentlich geht es auch darum, einen Hund zu zeichnen, um die Struktur des Fells, die Senkrecht-Achsen der Beine zu dem Waagerecht-Volumen des Körpers und der Diagonal-Stellung des Schwanzes wahrzunehmen [...] Die kunstpädagogischen Muster sind klar und die Motive sind austauschbar. Statt Hund geht auch der Fisch oder Baum oder Blume oder Tiger im Käfig, Clown im Zirkus und Affe im Dschungel.« (Kämpf-Jansen 2004b, 106-107)

Im Kunstunterricht wird letztlich nach dem Motto gehandelt: »It doesn't matter what you say so long as you pronouce it properly« (Thornbury 1996, zitiert in Dirks 1997, 101). Das Ziel des Unterrichts ist, zunächst das Darstellungsrepertoire der Schüler zu erweitern, um ihnen irgendwann – später – durch die erworbenen formalen Fähigkeiten und Fertigkeiten zu einer differenzierten und verfeinerten Darstellung zu verhelfen. Die Realität zeigt, dass dieses Ziel, wenn überhaupt, dann nur formal mit einem solchen Unterrichtsvorgehen erreicht wird. Da sich die Lernprozesse auf formale Prinzipien beschränkt haben, »Farbe und Form als Selbstzweck« und Inhalt nur als Vorwand für das Erlernen von bildnerischen und technischen Mitteln kennengelernt wurden, sind die Geschulten am Ende der Ausbildung nicht in der Lage, sich im Bild auszudrücken. Ihnen ist es nicht möglich, bildsprachlich komplexe, anspruchsvolle Aussagen zu machen. Denjenigen, welche »gut« gelernt haben, ist es wohl möglich, technisch perfekte, formal ausgewogene und gefällige Bilder herzustellen. Bildaussagen treffen sie mit und in ihren Darstellungen allerdings nicht. Inhaltlich wird von ihnen nichts oder nur Belangloses vermittelt.

»Betrachtet man die Arbeiten aus dem Kunstunterricht [...], so [...] fällt die Ansammlung des Immer-Gleichen auf. Klischees und Versatzstücke verhindern den Einbruch des Anderen, Fremden, Unbekannten, die Auseinandersetzung mit [...] menschlichen Grundfragen. Themen wie Liebe, Tod, Angst, Hass und Gewalt, Momente großen Glücks und Außer-sich-Seins, Haltungen der Trauer und Nachdenklichkeit, überschäumender Fantasie und irritierender Wirklichkeitswahrnehmung kommen kaum zum Tragen. Es dominieren Fähigkeiten und Fertigkeiten in Form jeder Art von Beherrschung der zeichnerischen und darstellerischen Mittel.« (Kettel 1998, 7)

Es ist zwar richtig, dass der Ausdruck eines Bildes durch den optimalen Einsatz bildnerischer und technischer Mittel gesteigert werden kann: Je weiter reichend die Kenntnisse über die Mittel und die Erfahrungen in ihrem Gebrauch sind, desto präziser können bildnerische Aussagen gemacht werden. Nicht richtig ist hingegen, dass der Ausdruck eines Bildes unmittelbar und bestimmend von der Beherrschung der Technik abhängig ist. Bildnerische Gestaltungen, die auf Grund von technischen Mängeln und Unzulänglichkeiten in der Form unbeholfen wirken, können trotz allem ausdrucksstark sein. Dass hohe Ausdrucksqualität trotz wenig entwickelter handwerklicher und technischer Kenntnis und Erfahrung erreicht werden kann, zeigt sich zum Beispiel in freien Kinderzeichnungen (Abb. 75 und 76).

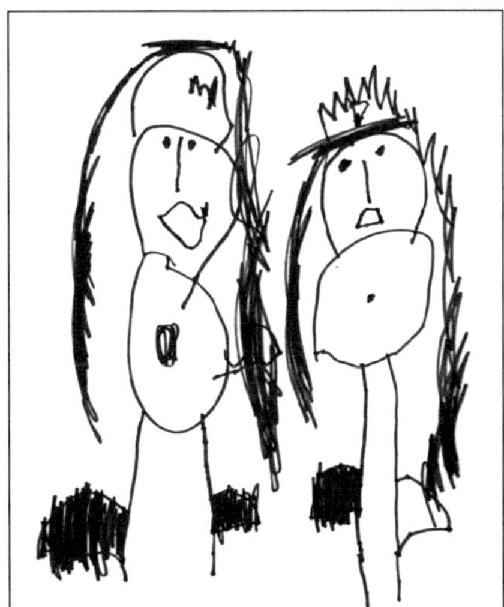

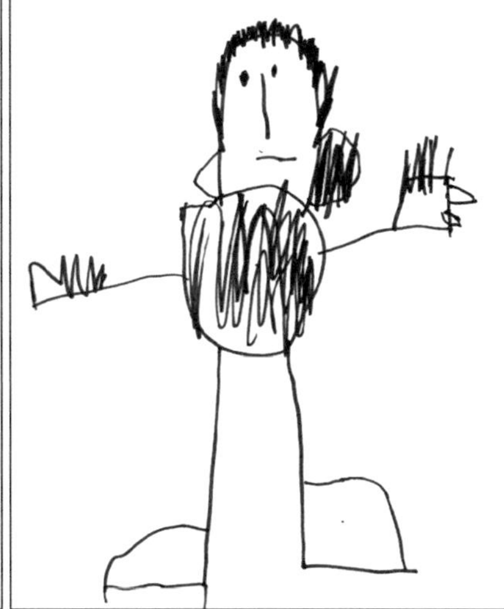

Abbildung 76 und 77

> [Der Kommentar der dreieinhalbjährigen Zeichnerin zur ersten Abbildung lautete:] »Mama und Mia [das Kind] mit Absatzschuhen. Ich habe keine kurzen Haare. Ich bin eine Prinzessin.« [Und ihr Kommentar zur zweiten Abbildung war:] »So sieht mein Papa aus. Der ist keine Prinzessin. Er trägt keine Absatzschuhe.«

In den Zeichnungen hat das Mädchen seinen Eindrücken Ausdruck gegeben. An der ersten Darstellung lässt sich ablesen, dass für das Mädchen das Attribut Absatzschuhe – neben langen Haaren und Krone – Weiblichkeit maßgeblich bestimmt. Dass Weiblichkeit mit den drei genannten Attributen verknüpft ist, vermittelt sich, wenn die zweite Zeichnung hinzugezogen wird, auf der das Mädchen ihren Vater dargestellt hat. Er hat kurze Haare, er trägt keine Krone und hat flache Schuhe an. (Dass der Strich beim linken Schuh zu lang geworden ist, beruht auf motorischer Ungeschicklichkeit.) In den Darstellungen spiegelt sich die Erfahrung des Mädchens, dass Frauen und Männer verschieden sind. Sie ordnet Frauen und Männer unterschiedlichen Kategorien zu: Diese lauten »Prinzessin« oder aber »keine Prinzessin«. In ihrer Zuordnung bringt sie die von ihr erkannten, in ihrer Umgebung festgestellten Geschlechtermuster sehr präzise – trotz begrenzter bildnerischer Mittel – zum Ausdruck. Sich im Bild auszudrücken, hängt also nicht primär vom technischen Können ab. So darf das Erlernen bildnerischer und technischer Mittel im Unterricht nicht um ihrer selbst willen geschehen, sondern muss stets in einen Handlungszusammenhang mit persönlichen Bedeutungsbezügen eingebunden sein. Die Lernenden müssen erfahren, dass eine von ihnen bestimmte Aussageabsicht den Gebrauch bestimmter Mittel sowohl erfordert als auch rechtfertigt. Der Sinn und der Nutzen der Gestaltungsmittel für die eigene Mitteilungsabsicht muss ihnen erschlossen werden.

> »Eine gelungene Form ist [...] nicht, und schon gar nicht nur deshalb gelungen, weil sie äußerlich als gestaltete Form überzeugt, sondern weil sie sinnträchtig ist und demzufolge etwas Inhaltliches mitzuteilen und zum Ausdruck zu bringen hat. Und eine misslungene Form ist deshalb schlecht oder wenig überzeugend, weil sie, obgleich vielleicht formal geschickt, ›kunstvoll‹ gemacht, inhaltlich leer und banal ist.« (Regel 1999, 108)

Das bildnerische Gestaltungs- und das bildnerische Ausdrucksvermögen müssen als zusammengehörend, sich aufeinander beziehend, von den Schülern verstanden werden. Denn das Bild als Vermittler des eigenen Ausdrucks zu begreifen, ist die Voraussetzung dafür, in der Gestaltung Sinn zu finden. Damit die Lernenden ermutigt sind, das Bild als Ausdrucksmedium zu nutzen, bedarf es in der pädagogischen Praxis eines nicht diskriminierenden, fehlertoleranten Umgangs mit einer – wie auch immer defizitären – Bildsprache (Dirks 1997, 105). Ein fehlertoleranter Umgang hilft, dass von den Menschen auch bildsprachlich riskante, den subjektiven Meinungen und Haltungen näher stehende Beiträge gewagt werden.

Nicht bestimmt von der Angst, etwas nicht »richtig« darzustellen, fühlen sie sich frei, ihren Eindrücken Ausdruck zu verleihen. Ein fehlertoleranter Umgang ist also die Voraussetzung für freie Gestaltung. Diese im Unterricht zu initiieren, sollte das Ziel sein, denn sie ist die Bedingung, damit Menschen erfahren, wie sehr sich ihre Selbst- und Weltsicht in der Begegnung mit Bildern ausdifferenzieren lässt, wie sehr sich das Bilder-Machen auf das unmittelbare Wohlbefinden – im Sinne von einem erfüllten Leben – auswirkt, wie umfassend also die Lebenskompetenz durch Bilder-Machen erweitert wird.

6.8 Ich bin meine Schuhe

Zum Abschluss der Lehrerfortbildungsveranstaltung wurde den Teilnehmern eine weitere Gestaltungsaufgabe gestellt. Anhand der von ihnen im Gestaltungsprozess gefundenen Bildlösungen sollte den Lehrern verdeutlicht werden, dass Kunstunterricht Menschen den Erwerb von Lebenskompetenz ermöglicht, wenn in ihm Aufgaben gestellt werden, die pluralistische Zugangsweisen gewähren und individuell unterschiedliche Voraussetzungen ernst nehmen. Das Arbeitsblatt lautete wie folgt:

Ich bin meine Schuhe

Gehen Sie in Gedanken Ihren Schuhschrank durch.

- Wie viele Schuhe sehen Sie? Was sagt die Anzahl über Sie aus?
- Welche Arten von Schuhen sehen Sie? Was sagt die Art bzw. was sagen die Arten über Sie aus?
- Welche Schuhe sind für Sie von Bedeutung? Warum? Welche Assoziationen rufen sie hervor?
- Was sind Ihre liebsten Schuhe? Warum bedeuten Ihnen gerade diese Schuhe viel?
    - Was hat Sie zum Kauf bewogen? Wer wollen oder wollten Sie in diesen Schuhen sein?
    - Für welchen Anlass haben Sie diese Schuhe besorgt? Haben Sie die Schuhe auch bei dem Anlass getragen? Haben sich Ihre Erwartungen an den Auftritt erfüllt?
    - Ziehen Sie Ihre Lieblingsschuhe oft an?
    - Welche Erlebnisse verbinden Sie mit diesen Schuhen?
    - Welches Image geben Ihnen Ihre Lieblingsschuhe?
    - In welcher Stimmung müssen Sie sein, um diese Schuhe zu tragen?
    - Sind Ihre liebsten auch Ihre schönsten Schuhe?

- Haben Sie auch Schuhe im Schrank, die Sie nie anziehen? Warum ziehen Sie die Schuhe nicht an?
  - Sind die Schuhe unbequem? Warum haben Sie sie dennoch gekauft? Was sagt der Kauf über Sie aus?
  - Sind die Schuhe doch nicht Ihr Stil? Warum passen die Schuhe doch nicht zu Ihnen?
  - Sind die Schuhe zwar »toll«, aber es fehlt Ihnen an Mut, sie zu tragen?
  - Sind die Schuhe zwar »toll«, aber es fehlt Ihnen der Anlass, sie zu tragen?
  - Warum befinden sich die Schuhe trotzdem noch in Ihrem Schuhschrank?
  - Welches Image würden diese Schuhe Ihnen geben?

- Haben sich Ihre Vorlieben für Schuhe im Laufe der Jahre verändert?
- Wie würden Sie sich jetzt fühlen, wenn Sie die Schuhe von damals tragen würden?
- Könnten Sie sich vorstellen, ganz andere Schuhe zu tragen? Was wäre, wenn Sie plötzlich Stiefel, Pumps, Ballerinas oder Turnschuhe tragen würden? Wären Sie ein anderer Typ?
- Würden Sie sich andere Schuhe kaufen, wenn Sie mehr Geld oder mehr Mut hätten?
- Welche Schuhe hätten Sie gern? Was würde in Ihrer Vorstellung passieren, wenn Sie diese Schuhe hätten und tragen würden?
- Oder aber: Was halten Sie von Menschen, die Schuhen und Kleidung so viel Aufmerksamkeit widmen? Wie stehen Sie persönlich zu Anziehsachen? Was sollten Ihrer Ansicht nach Auswahlkriterien für Kleidung sein?

Bei Ihrer Darstellung soll es nicht um den Schuh an sich gehen. Vielmehr sollen Sie mit Hilfe des Schuhs Aussagen treffen, über sich und die Welt. Ihre Aussagen sollen dabei persönlicher, aber nicht privatistischer Natur sein. Mit anderen Worten: Machen Sie – in Ihren Bildern – aus persönlicher Perspektive eine die Allgemeinheit betreffende Aussage. Bevor Sie anfangen zu gestalten, rufen Sie sich bitte noch einmal folgende Aspekte ins Gedächtnis:

- Erinnern Sie sich daran, dass der Mensch in Bildern denkt. Auf der Suche nach einem Bildmotiv berücksichtigen Sie ihre Vorstellungsbilder.
- Finden Sie Bildzeichen für Ihr Vorstellungsbild. Geben Sie nicht das vorgestellt Sichtbare wieder, sondern machen Sie sichtbar: Stiften Sie Bedeutung.
- Machen Sie sich bewusst, dass es auf den Bildgehalt ankommt. Bei der Gestaltung kommt das Denken vor dem Handeln. Entwerfen und verwerfen Sie Bildideen, bevor Sie mit dem Gestalten beginnen.

Mit der Aufgabenstellung wurde den Teilnehmern ein Themenfeld vorgegeben. Dieses wurde jedoch so weitläufig präsentiert, dass es vielfältige Zugänge bot und unterschiedliche Fragestellungen und Zielsetzungen bei den einzelnen Personen provozierte. So war es jedem Einzelnem innerhalb der Aufgabenstellung möglich, einen, seinen Bedürfnissen und Interessen entsprechenden, inhaltlichen Zugang zu wählen. Damit wurde die gestellte Aufgabe der Verschiedenheit der Individuen bzw. der Heterogenität in der Lerngruppe gerecht. Sie konnten sich – ihnen selbst entsprechend – bilden. Mit der Aufgabenstellung wurde den Einzelnen auf der einen Seite eigenverantwortliches Handeln ermöglicht, andererseits wurde von ihnen aber auch Selbstständigkeit und Selbsttätigkeit gefordert. Von ihnen wurde verlangt, selbstbestimmt ihre eigenen Vorstellungen zu reflektieren und individuelle Zielvorstellungen zu entwickeln. Das heißt, dadurch, dass weder der Lösungsweg noch die Lösung vorgezeichnet war, regte die Aufgabe den Einzelnen zum Nachdenken an. Innerhalb der Gruppe entfachte die Aufgabe intensive Gespräche. Durch das eigene Nachdenken und die Diskussion in der Gruppe wurde die Auseinandersetzung mit dem Lernstoff vertieft. Neben dem selbstgesteuerten Arbeitsverhalten wurde den Lehrern auch selbstgesteuertes Leistungsverhalten abverlangt. Sie mussten bzw. konnten ihren Zuwachs von Fertigkeiten, Wissen und Können selbst beeinflussen. Diese Herausforderung, ihr Arbeits- und Leistungsverhalten selbst bestimmen zu können, hat die Teilnehmer motiviert. Sie nahmen die Aufgabe an. Sie wollten ihren Eindrücken bestmöglich Ausdruck verleihen. Dafür nahmen sie die Beratung der Projektleitung und der anderen Teilnehmer rege in Anspruch. Über die von ihnen geforderte Arbeitszeit hinaus haben sie sich ihrer Bildherstellung gewidmet. Individuelle Bildlösungen waren das Ergebnis. Erklärt werden kann das Spektrum der Darstellungsinhalte und der Darstellungsweisen dadurch, dass es sich um eine »echte« Zeichensituation gehandelt hat. Alle Teilnehmer wussten, »dass es nicht um ein ›schönes Bild‹ (was immer das sein mag) geht, sondern darum, alles persönlich und sachlich Wichtige festzuhalten« (Dieck 1998, 12). Deshalb konnte »einer ganz skizzenhaft mit Bleistift einen einzigen Gegenstand umreißen, eine andere dagegen mit Buntstiften eine detailreiche Szenerie ausbreiten« (ebd.).

Da die Teilnehmer sich mit ihren Bildern identifiziert haben, hatten sie großes Interesse, ihre Bilder in der Gruppe vor- und zur Diskussion zu stellen (Abb. 78-91).

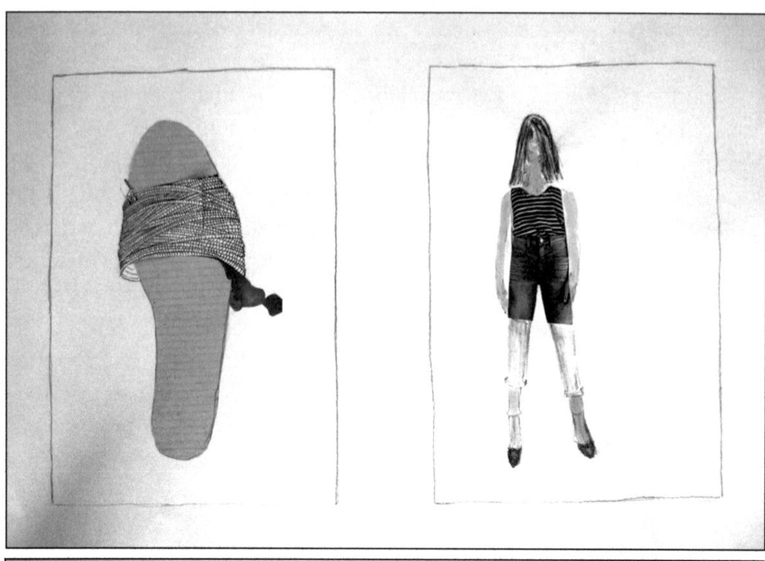

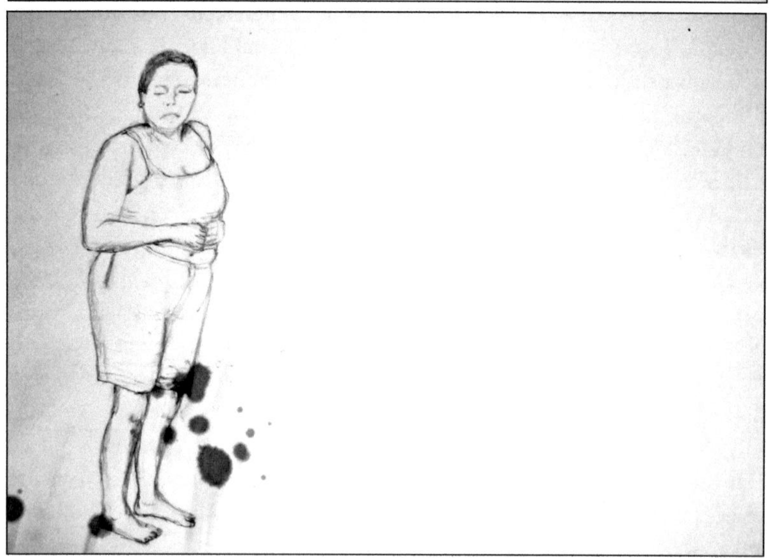

Abbildung 78 und 79

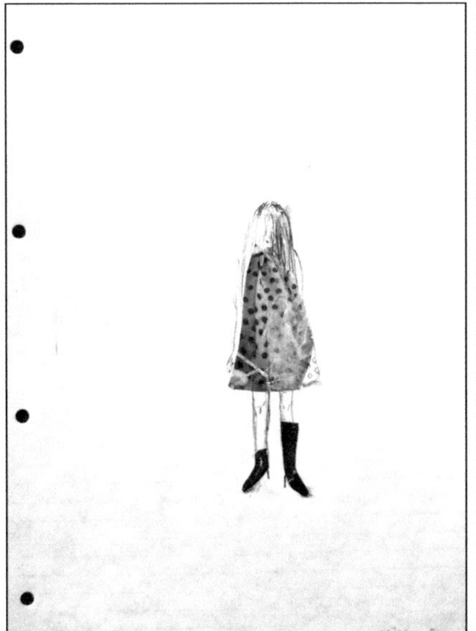

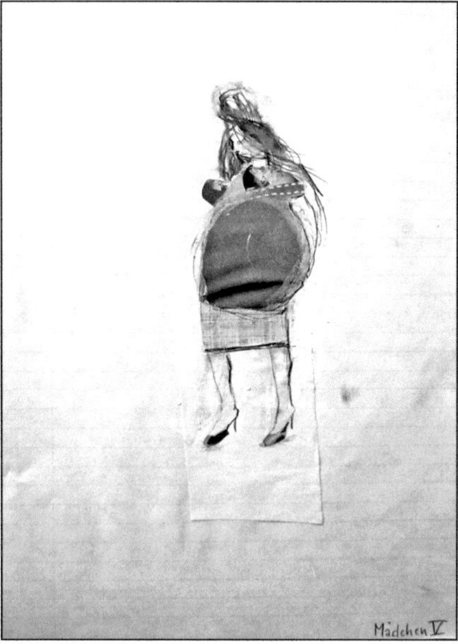

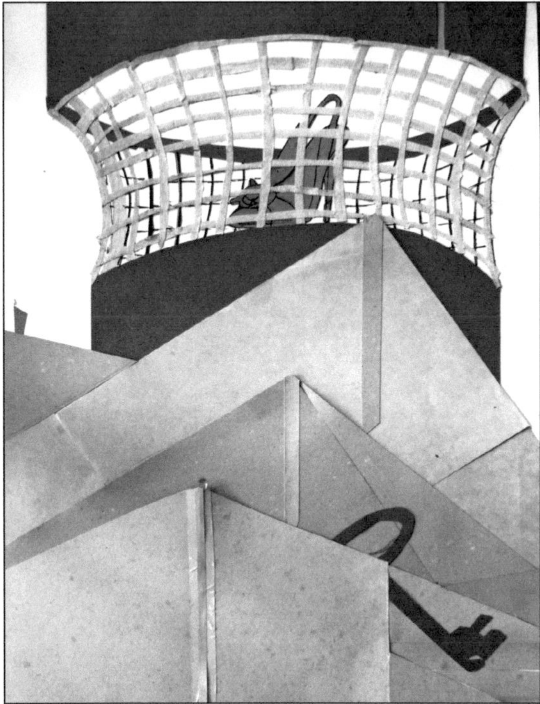

Abbildung 80-82

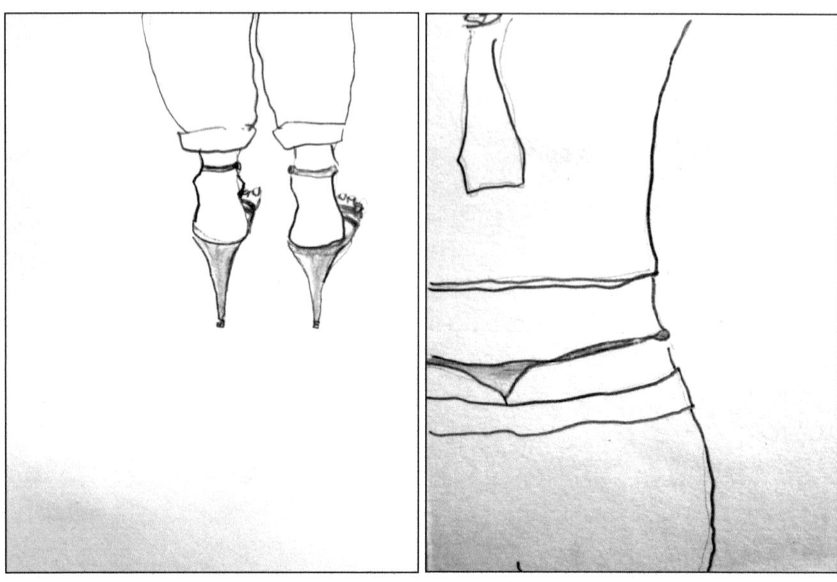

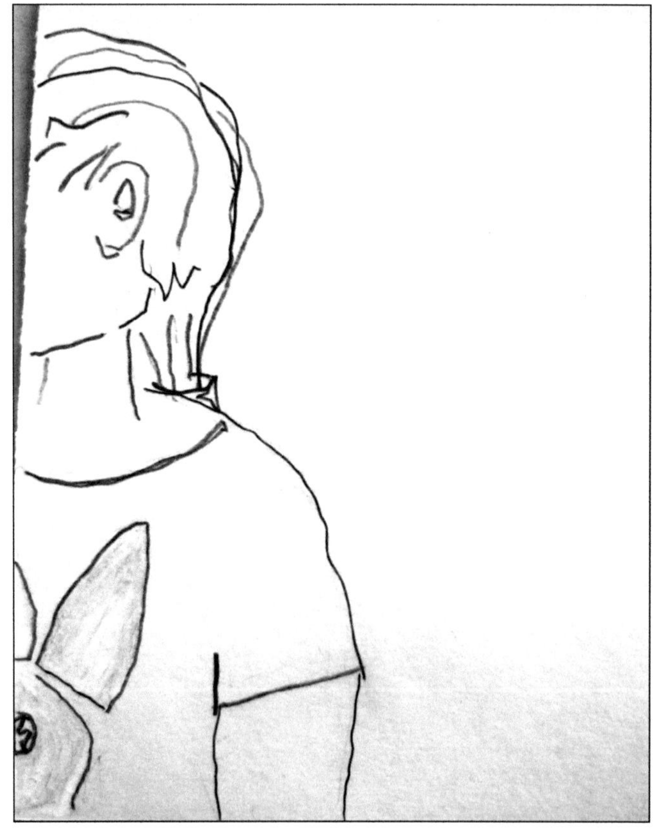

Abbildung 83-85

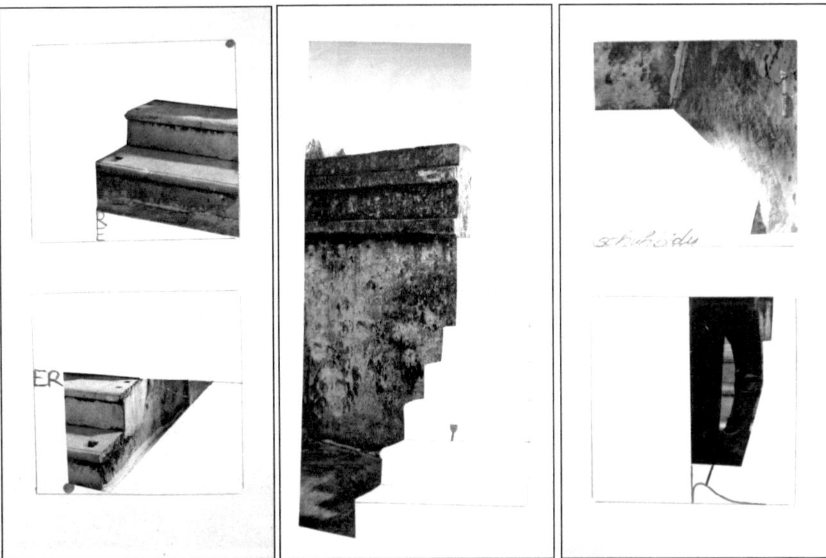

Abbildung 86-88

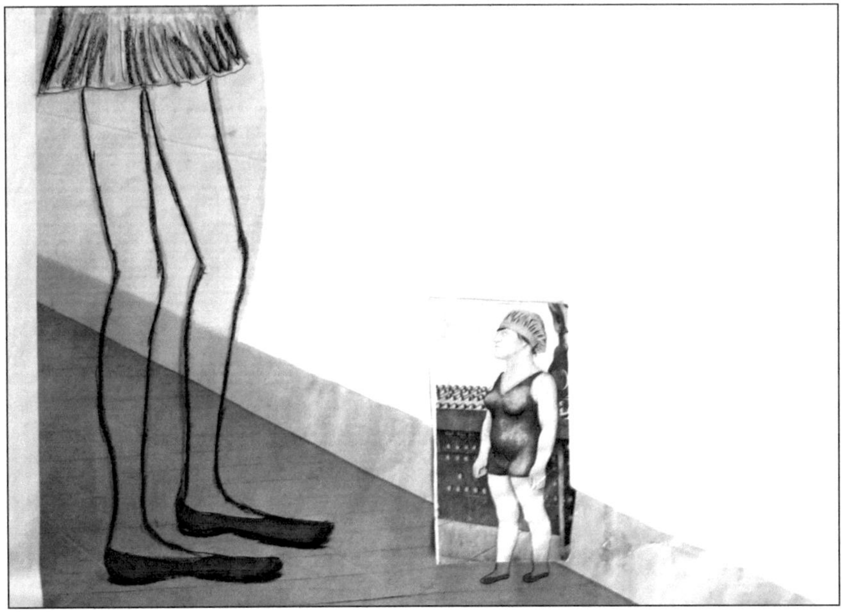

Abbildung 89

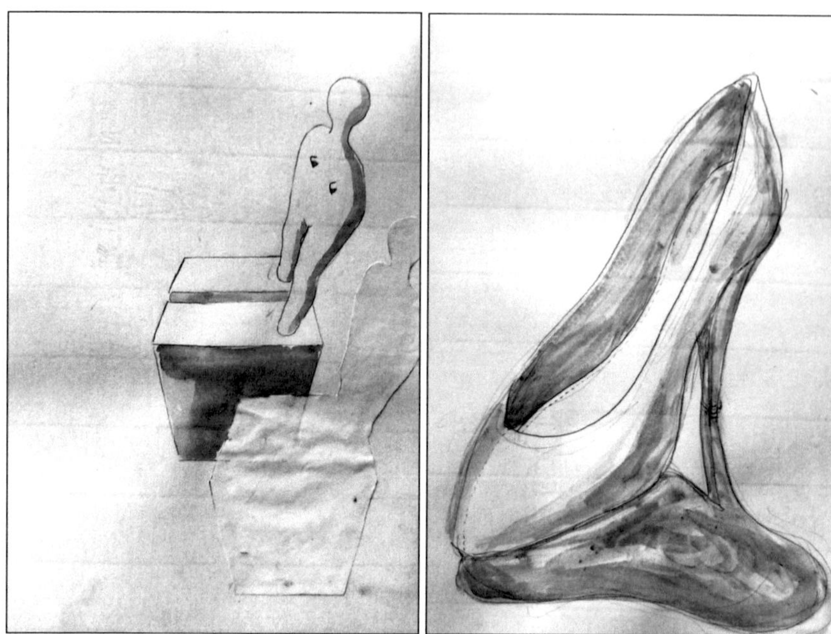

Abbildung 90 und 91

Durch die mit der offenen Aufgabe gemachte positive Erfahrung fühlten sich die Teilnehmer der Lehrerfortbildung angeregt, auch ihren Unterricht künftig weitgehend prozess- und ergebnisoffen gestalten zu wollen. Der Wille wurde allerdings von der Angst blockiert, den Anforderungen offener Aufgaben im Kunstunterricht nicht gewachsen zu sein. Mangelnde Erfahrung im Umgang mit freier Gestaltung – ihrer Anregung und Begleitung – und mangelnde Erfahrung in der Gesprächsführung über selbstbestimmte Bilder würden sie hemmen. Ihre Hemmung abzubauen, kann als kunstpädagogischer Handlungsbedarf in der Lehrerfortbildung ausgemacht werden.

6.9 Bildende Kunst ist mehr als nur Zeichnen

Menschen brauchen in der Regel keine künstlerisch-praktischen Fertigkeiten, wie sie im üblichen kunstpädagogischen Kontext – dies ist im weitesten Sinne gemeint – erworben werden: Die Fertigkeit, einen Schuh abbildgetreu zu zeichnen, einen Schuh beliebig zu verfremden oder ihn willkürlich zu entwerfen, hat in ihrem Leben nie wieder Bedeutung. Um einen Weg zu beschreiben oder Kindern etwas vorzumalen, reicht ihr Vor- bzw. Grundschulwissen aus. So nimmt niemand unmittelbaren Schaden, wenn er eine solche künstlerisch-praktische Schulung nicht erfährt. Es ist paradox. Der praktizierte Kunstunterricht ist selbst an der Bedeutungslosigkeit der künstlerisch-praktischen Tätigkeit für den Menschen Schuld, denn mit und in ihm gelingt es offenbar nur selten, Bilder-Machen als Sinn stiftende Tätigkeit zu vermitteln. Unvermittelt bleibt, weshalb es sinnvoll ist zu gestalten. Wie sehr sich die Sicht – auf sich selbst und die Welt – in der Begegnung mit Bildern ausdifferenzieren lässt und wie sehr sich das Bilder-Machen auf das »unmittelbare Wohlbefinden« – im Sinne von einem selbstbewussten, selbstbestimmten Leben – auswirkt, erfahren die Lernenden oftmals nicht. Verschlossen bleibt ihnen also die Erfahrung, wie umfassend die Lebenskompetenz durch Bilder-Machen erweitert wird. Fühlt sich der praktische Kunstunterricht der bildenden »Kunst« verpflichtet, muss in ihm mehr vermittelt werden als nur Zeichnen und Malen. Kunstunterricht hat im Rahmen von Bildungsdiskussionen nur seine Berechtigung, wenn er nicht lediglich als Sammlung spezieller Techniken, sondern als eine besondere Art der Aneignung und Gestaltung des Lebens, eben als eine besondere Weise des Wahrnehmens, Denkens und Problemlösens von den Lernenden erfahren werden kann. Dann ist er elementar und lebensnotwendig. Dann trägt er zur Aneignung und Gestaltung des Lebens – zur Lebenskunst – bei. Da der Mensch gezwungen ist, sein Leben zu gestalten, und dies gelernt werden muss, kommt es zu einem »Schaden«, wenn Lebenskunst nicht beherrscht wird, denn sie nicht zu beherrschen, bedeutet im Umkehrschluss, zur Aneignung und Gestaltung des Selbst und der Welt nicht befähigt zu sein. Damit Leben gelingt, kann als Auftrag und Ziel der Kunstpädagogik angesehen werden, den Weg des Lebens bestimmen und dem Leben Form verleihen zu können. Wird der Auftrag erfüllt und das Ziel erreicht, trägt Unterricht nicht nur zur Bildenden Kunst, sondern mit Hilfe von Bildern bildend zur Lebenskunst bei.

7. Vorhersehbar unvorhersehbares Lernen

Der Bundeskongress der Kunstpädagogik im Jahr 2007 in Dortmund stand unter dem Motto »(Un)Vorhersehbares Lernen: Kunst – Kultur – Bild«. Ziel war, das Vorhersehbare und das Unvorhersehbare in didaktischen Situationen zu untersuchen und ihr spezifisches Potenzial in kunstpädagogischen Lernprozessen einzuschätzen. Der Titel der Tagung sowie der Titel des Tagungsbandes vermitteln, dass sich die Fachvertreter bezüglich des Potenzials unvorhersehbaren Lernens im kunstpädagogischen Kontext zurückhaltend verhalten (Busse und Pazzini 2008a). Eine vorbehaltlose Zustimmung kann nicht abgelesen werden, steht doch die Vorsilbe »Un« in Klammern. Im Folgenden wird der Frage nachgegangen, ob das unvorhersehbare Lernen in der kunstpädagogischen Praxis nicht uneingeschränkt bejaht werden muss, hat doch in der Vergangenheit »das Durchlaufen kunstpädagogischer Grundkurse, das öde Hin- und Herlaufen in eingefahrenen Bahnen auf begrenzter Fläche, das unbeirrte Einhalten von Anweisungen, formalen Vorgaben, Rezeptologien und Richtlinien [...] noch niemanden zum Tanzen auf dem Eis gebracht« (Kämpf-Jansen 2004, 403), das heißt, noch niemanden gebildet.

7.1 Vorhersehbares Lernen

In kunstpädagogischen Zusammenhängen wird das Unvorhersehbare in der Theorie als Tatsache und als Lernvoraussetzung zwar akzeptiert, aber in der pädagogischen Praxis traut man ihm wenig: Das Unvorhersehbare wird in der Regel als Mangel an Planung begriffen (Pazzini 2008a, 45). So soll durch Planung gesteuertes Erwartetes den alltäglich praktizierten Kunstunterricht bestimmen. Denn Effizienz wird Kunstunterricht dann zugesprochen, wenn Schüler die vom Lehrer erwarteten Ergebnisse hervorbringen (Busse 2008b, 27). Größte Effizienz scheint nachgewiesen, wenn sich die erwarteten Ziele der Lehrer in den Arbeiten der Schüler spiegeln. Dies gelingt, wenn durch exakte Planung die Fein- und Feinstziele festgelegt und den Schülern die bildsprachlichen Antworten quasi in den Mund gelegt werden (Wagner 1999, 84). Der Wunsch nach nachweisbarer Effizienz führt also dazu, dass Erwartetes im Tagesgeschäft des Kunstunterrichts überwiegt. Der gegenwärtigen Tendenz der Bildungs-, bzw. richtiger, Ausbildungspolitik in Richtung Vorhersehbarkeit wird damit entsprochen (Pazzini 2008a, 45).

Das Unerwartete lässt sich jedoch in didaktischen Kontexten nie ganz ausschließen. Da keine Planung die Realität vorhersehen kann, birgt Unterricht immer das Risiko, unvorhersehbar zu verlaufen (Busse 2008b, 27). Auch ein durch Erfahrung und Wissen entwickelter Verlauf kann scheitern: Ein Unterrichtsverlauf kann in der Praxis wie geplant ablaufen, er muss es aber nicht (Weskott 2000, 75). Um den eigenen Anspruch nach Erwartetem trotz der Widrigkeiten zu erfüllen, wird in der alltäglichen kunstpädagogischen Praxis Unerwartetes in das Erwartete gelenkt (Busse 2008b, 28). Nicht zum geplanten Ziel führende Auseinandersetzungen der Schüler werden durch Lenkung in den sicheren Hafen des Vorgezeichneten geführt (Bertram 2008, 346). Das Unvorhersehbare wird in das Vorgesagte überführt. So wird dem eigenen Anspruch der Lehrer an Erwartetes entsprochen.

Im Unterricht, der auf Vorhersehbares abzielt, soll durch Planung der Verlauf bestimmt, der Prozess gesteuert werden. Im vorherbestimmten Unterricht enttäuscht das Unvorhergesehene grundsätzlich, denn das, was da unerwartet passiert ist, war nicht geplant (Pazzini 2008a, 43). Da das Unvorhersehbare passierte, ohne dass es erwartet war, stellt es die am geplant Vorhersehbaren orientierte Effizienz des Unterrichts in Frage. So wird das Unerwartete selbst dann negativ bewertet und als »böse« Überraschung betrachtet, wenn es als Ergebnis im Grunde überzeugt. Auch unvorhergesehene gute Ergebnisse enttäuschen, denn in den Augen der Lehrperson belegen sie ihren unvermögenden Blick, den Ablauf des Unterrichtsgeschehens vorauszusehen.

Zusammenfassend kann festgehalten werden, dass das Unvorhergesehene in didaktischen Kontexten in der Regel nicht willkommen ist, vielmehr als Störung empfunden wird und folglich als zu vermeiden gilt (ebd., 44). Dass das Unvorhersehbare im Kunstunterricht nicht erwünscht ist, begreifen auch die Schüler. Sie verstehen, dass sie für eine gute Beurteilung sich dem erwarteten Ergebnis unterwerfen müssen. So richten sie ihre Arbeit nach dem erwarteten Ergebnis aus und produzieren die vom Lehrer vorgesehenen Bilder. Da das Vorgesehene das Verhalten der Schüler bestimmt, kann der Prozess der Gestaltung als Diktat angesehen werden: Die Ergebnisse werden den Schülern durch die Erwartungshaltung des Lehrers vorgeschrieben. Die Schüler können in diesem Unterricht als technische Ausführungsorgane der Vorstellungen des Lehrers angesehen werden: Sagen Sie mir, was ich Ihnen machen soll, und ich tue es (Stielow 2004, 148). Da das Diktat die Arbeiten der Schüler bestimmt, sind ihre Ergebnisse vorhersehbar. Durch das an die Erwartungshaltung des Lehrers angepasste Verhalten der Schüler wird Unvorhersehbares ausgeschlossen; Unvorhersehbares, das eben gerade eine selbstbestimmte Aneignung und Gestaltung des Stoffes mit sich brächte. So bestätigen die Schüler durch Anpassung das System, das Effizienz einem Unterricht immer dann zuspricht, wenn die Ergebnisse der Vorsehung entsprechen.

7.2 Folgen vorhersehbaren Lernens

Die Haltung, das Unvorhersehbare in kunstpädagogischen Situationen möglichst auszuschließen, wird von Bertram angezweifelt (2008, 341-361). Sie bestätigt zwar, dass Unterricht am besten nach Plan abläuft, je weniger Unvorhersehbares im Unterricht Raum hat und zugelassen wird. Sie räumt auch ein, dass Klassenergebnisse der eigenen Erwartung am besten entsprechen, je exakter geplant ist, wie das Thema von den Schülern wahrgenommen wird und welchen bildnerischen Ausdruck die Wahrnehmung annehmen soll. Dass mit dem Vorhersehbaren allerdings der Erwartung einer Bildungspolitik an Unterricht bestmöglich entsprochen wird, hält sie für fraglich. Das Vorgehen hat in ihren Augen nicht nur gute Folgen. Der Preis für vorhersehbares Lernen ist groß: Denn je mehr im Unterricht das Bild durch Lenkung auf vom Lehrer erwartete Produkterfüllung beschränkt wird, desto redundanter fallen die bildsprachlichen Ergebnisse der Schüler aus. Allein Bekanntes wird wiedergegeben. Eigenes der Schüler findet keinen Ausdruck (ebd., 347). Der Schüler hat nichts selbst gebildet. Er hat sich nicht gebildet. Bertrams Einschätzung des zu zahlenden Preises für vorhersehbares Lernen kann durch von Foerster gestützt werden. Auch er beurteilt vorhersehbares Lernen negativ. Nach von Foerster werden Lernende in Lernprozessen, die durch Vorhersehbarkeit bestimmt sind, zu Trivialmaschinen erklärt (nach Bering u.a. 2004, 99). Auf Trivialmaschinen reduziert, beschränkt sich der Auftrag der Schüler darauf, auf einen bestimmten kunstpädagogischen Input einen vorherbestimmten bildnerischen Output zu geben. Ob die Übersetzung von Input in Output richtig von den Schülern vollzogen wurde, kann leicht mit Hilfe des binären Codes »Fehler – Nicht-Fehler« festgestellt werden, denn es gilt: Für den Output gibt es nur *eine* richtige, die vorherbestimmte Lösung.

»Einmal sollten wir Farben auf ein Blatt machen [...] und uns nachher überlegen, was es sein könnte, das Gesehene umrahmen und dem Bild einen Namen geben. In dem Bild sah ich eine Erdbeere, umrahmte sie schwarz und nannte das Bild auch ›Die Erdbeere‹. Nachher wurde ich angemeckert, wie unkreativ ich sei, dass Bild so zu nennen. ›Die Banane‹ wäre besser gewesen – (hätte eine bessere Note gegeben).« (Schüler, zitiert in Marr 2007, o.n.A.)

Mögen die Ergebnisse auch »richtig« sein, als Bilder überzeugen sie nicht. Durch ihre Vorhersehbarkeit langweilen sie. Dass technokratische, ergebnisorientierte, abprüfbare Leistungen der Schüler den Unterricht bestimmen, spiegelt sich auch in den Eignungsmappen der Bewerber für das Fach Kunst. In den Bildern zeigt sich die Erfüllung der im Unterricht erwarteten Leistung: In ihren Arbeiten zeigen die Bewerber, dass sie, wenn es gefragt war, Gegenstände, Tiere oder Menschen mehr oder weniger naturalistisch zeichnen konnten; in ihren Bildern weisen sie nach, dass sie, wenn es die Aufgabe von ihnen verlangte, einen Menschen expressiv oder eine Landschaft impressionistisch wiedergeben konnten; in ihren Darstellungen ist ablesbar, dass die Bewerber, war es erwartet, Farben mischen und großflächig abstrakt zu Papier bringen konnten; sie konnten, war es gewünscht, aus Ton menschliche Figurinen herstellen oder ein Portraitfoto von sich mit Acrylfarbe in der Art und Weise der Pop Art umgestalten. Werden die Arbeiten aller Bewerber betrachtet, so vermittelt sich: Die Arbeiten in den Mappen sind einheitlich. In ihrer Einheitlichkeit sind sie vorhersehbar: Ein Akt ist ein Akt ist ein Akt, ein Schuh ist ein Schuh ist ein Schuh, ein Selbstportrait in der Manier der Pop Art ist ein Selbstportrait in der Manier der Pop Art, ist ein Selbstportrait in der Manier der Pop Art usw. Dadurch, dass die Darstellungen nichts Unerwartetes, nichts Selbstgebildetes enthalten, wirken sie beliebig. Sie schläfern ein. Die Prüfungskommissionen sind ihrer überdrüssig (Stielow 2004, 150).

Kunstunterricht, der auf Vorhersehbares abzielt, vermittelt eindeutiges Fertigungswissen, das von den Schülern bei der Leistungskontrolle wiedergegeben werden soll. Das eindeutige Fertigungswissen wird in der Regel ohne Handlungszusammenhang erworben. Bilder werden um der technischen Bildsprachenbeherrschung hergestellt. Die Ergebnisse des vorhersehbaren Lernens können als Illustrationen der Aufgabenstellung des Lehrers angesehen werden. Bildung wird hier missverstanden als eine von außen gesteuerte Überformung: Das Vorstellungsbild des Lehrers wird von den Schülern in ihren Bildern schlicht nachbuchstabiert. Als Bilder selbst sind die Arbeiten der Schüler aussagearm. Ein eigener Ausdruck findet sich nicht und kann sich auch gar nicht finden, da subjektiv bedeutsame Eindrücke beim vorhersehbaren Lernen keine Rolle spielen bzw. Unvorhersehbarkeiten als Ausdruck der Subjekte unterbunden wurden.

»Ich male meine Bilder oft so, dass sie dem Lehrer gefallen und ich eine gute Note bekomme, obwohl ich eigentlich finde, dass ich mein Bild nach den Ratschlägen des Lehrers versaut habe.« (Schüler, zitiert in Marr 2007, o.n.A.)

So kann gesagt werden, dass den Schülern im Kunstunterricht durch vorhersehbares Lernen »systematisch die Irrelevanz eigener, potenziell erkenntnisgenerierender und sinnstiftender Meinungen und Haltungen« (Dirks 1997, 101) vermittelt wird. Wird der hier betriebene Bildsprachenerwerb auf den verbalen Spracherwerb übertragen, bedeutete das, den Schülern Rechtschreibung, Satzbau und Grammatik zu vermitteln, ihnen aber nie aufzuzeigen, wozu Sprache als Kommunikations- und Verständigungsmittel dient. Dass der damit erreichte Lernerfolg unzureichend wäre, ist offensichtlich: Grammatikalisch korrektes, aber beliebiges Reden erfüllt nicht die Ansprüche, die man gemeinhin an Bildungsprozesse stellt.

Im Unterricht für unvorhersehbares Lernen zu plädieren, heißt, sich von der Rolle der Lernenden als Trivialmaschinen zu verabschieden. Lernende als Nicht-Trivialmaschinen wahrzunehmen, bedeutet, sie als Subjekte ernst zu nehmen. Diese Haltung verändert den Lernprozess grundlegend. Werden Schüler als Subjekte anerkannt, muss ihnen Spielraum gewährt werden, den kunstpädagogischen Input selbstbestimmt zu befragen und nach der eigenen Auseinandersetzung einen ihnen angemessenen bildnerischen Output zu produzieren. In dem

Prozess der Auseinandersetzung hat der Schüler einen Gestaltungsspielraum, eigenständig zu agieren. Er fühlt sich derart als Person ernst genommen. Die Teilhabe der Schüler am Output führt zu einer Vielzahl von richtigen möglichen Ergebnissen (Abb. 92-101).

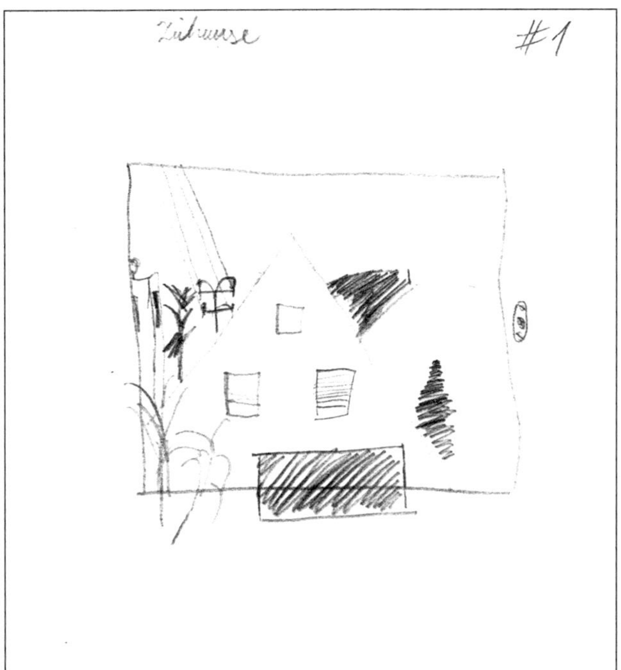

Abbildung 92

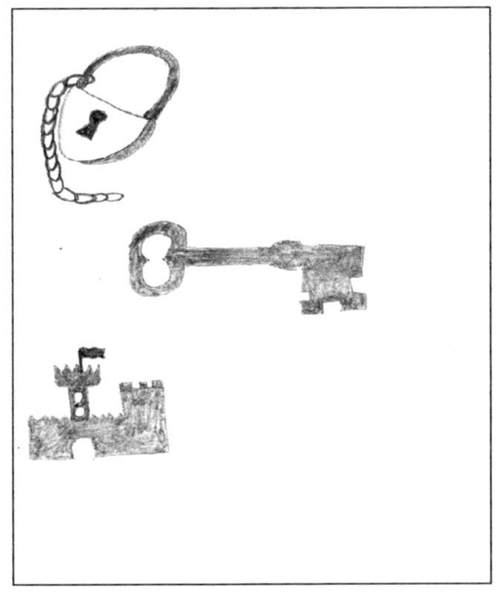

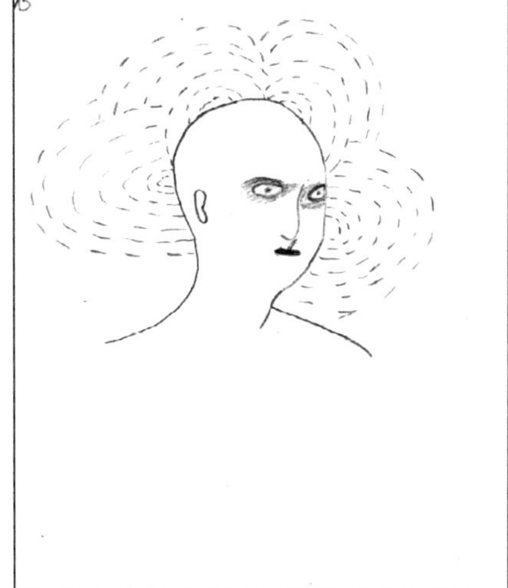

Abbildung 93 und 94

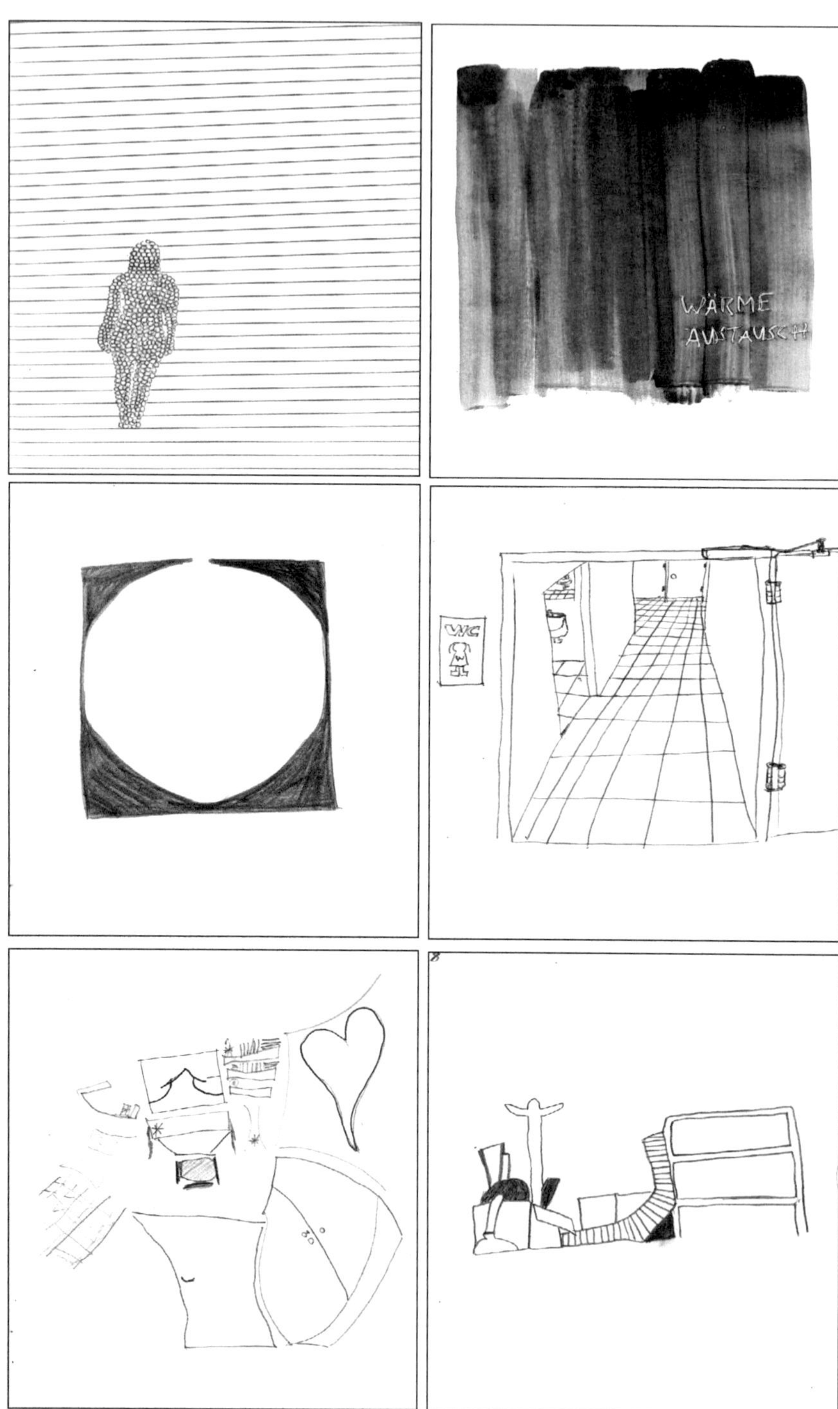

Abbildung 95-100

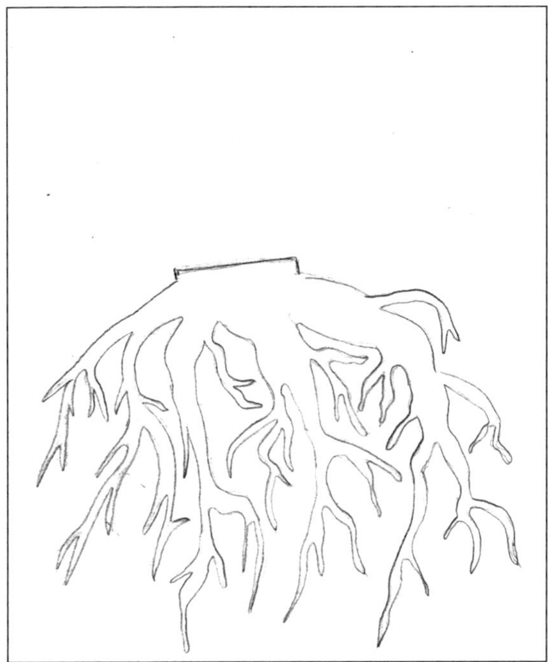

Abbildung 101

Ob der kunstpädagogische Input zu einer bildnerisch überzeugenden Lösung geführt hat, muss im Einzelnen geprüft und beurteilt werden. Ein Lehrer, der mit seinem Unterricht auf Unerwartetes abzielt, kann die bildnerischen Arbeiten der Schüler nicht vorhersehen. Aber gerade dass sich die Ergebnisse nicht am Erwartungshorizont zeigten, kann als Ausdruck geglückter Bildung angesehen werden: Eingefahrenes, Festgelegtes (von anderen, von der Situation, von der eigenen Beschränktheit) kann als im Bildungsprozess überwunden betrachtet werden (Pazzini 2008a, 43), zeigt sich doch in den Ergebnissen selbstgebildetes Neues. Da dieses nicht vorhersehbar war, erregt es Aufmerksamkeit. Es fordert im Anblick heraus. Es wirkt anregend. Im Unterricht gilt es, das Unvorhersehbare zuzulassen. Denn je mehr selbstbestimmt Neues zugelassen wird, je weniger der Prozess minuziös geplant und abgewickelt wird, desto mehr wird zur Bildung der Schüler beigetragen.

Vorhersehbare Vorgehen werden jedoch nicht nur den Schülern nicht gerecht. Auch dem Potenzial des Bildes wird nicht entsprochen. Unterrichtstechnologien, die darauf abzielen, bei einem bestimmten kunstpädagogischen Input einen bestimmten gestalterischen Output zu produzieren und zwar zuverlässig, vorhersagbar und wiederholbar, missverstehen das Bild als Bild (nach Eco 1990, 198). Bilder sind Konstruktionen (Billmayer, 2007). Sie zeigen ein vom Menschen selbstbestimmtes Bild der Wirklichkeit. Wenn Bilder-Machen als Konstruktion unterschiedlichster Möglichkeiten verstanden wird, zerplatzt die Illusion der Darstellung *einer* richtigen, angeblich objektiven Realität von Selbst und Welten, denn selbstbestimmte Bilder sind niemals zuverlässig, vorhersehbar und wiederholbar. Durch selbstbestimmte Konstruktion sind sie strukturell »mehrdeutig« und »unvorhersagbar« (Eco 1990, 198). Des Weiteren gilt, nur wenn Bilder-Machen als Konstruktion unterschiedlichster Möglichkeiten verstanden wird, wird der Schüler in einen Prozess der Selbstbildung versetzt (Stielow 2004, 151): Erfordert doch, sein Bild zu konstruieren stets, sich sein eigenes Bild zu machen, sich sein eigenes Bild zu bilden. Ein auf vorhersehbare Bilder reduzierter Kunstunterricht erfüllt seinen Bildungsauftrag nicht. Beim vorhersehbaren Lernen reduziert sich das durch selbstbestimmte Bildkonstruktionen mögliche offene Universum auf eine kleine geschlossene Welt voller »Fremdheitszumutungen« gegenüber den Lernenden (Dirks 1997, 102): Das vom Lehrer vorgesehene Bild ist anzufertigen. So hängt der Beitrag des Kunstunterrichts zur Bildung von dem Vorhandensein bzw. Fehlen unvorhersehbarer Bilder ab. Kunstlehrer sollten, wollen sie ihren Bildungsauftrag erfüllen, es als ihre Aufgabe ansehen, im Klassenraum dem Unvorhersehbaren Raum zu geben.

Das Unvorhersehbare ernst zu nehmen, ist plausibel, denn im herkömmlichen Kunstunterricht wird der Nutzen des zu Lernenden sowohl über- als auch unterschätzt. Einerseits brauchen die meisten Schulabgänger später erheblich weniger künstlerisch-praktische Fertigkeiten, als sie im vorhersehbaren Kunstunterricht vermittelt werden: Die Fähigkeit, einen Akt, ein Tier oder einen Gegenstand naturalistisch zu zeichnen, einen Menschen expressiv oder eine Landschaft impressionistisch wiederzugeben, mit Farben großflächig und abstrakt zu malen, aus Ton menschliche Figurinen herzustellen oder ein Portraitfoto von sich mit Acrylfarbe in der Art und Weise der Pop Art umzugestalten, hat aller Voraussicht nach nie wieder im Leben der Schüler Bedeutung. Dass die erworbenen Fähigkeiten später aller Voraussicht nach bedeutungslos sein werden, ist wahrscheinlich, denn schon in der Gegenwart stiften die im Kunstunterricht erworbenen Fähigkeiten oftmals keinen Sinn für die Schüler.

»Ich erkenne den Nutzen des Kunstunterrichts nicht. Ich ärgere mich Jahr für Jahr durch diese Stunden. Bei erster Gelegenheit werde ich Kunst abwählen. Dann werde ich nie wieder mit Kunst in Kontakt kommen und werde auch nie Verwendung für das bei mir Wenige, was ich gelernt habe, finden. Ich kann mir bei anderen Fächern vorstellen, das Gelernte irgendwann einmal verwenden zu können, aber nicht in der Kunst. Und die Moral von der Geschicht': Was wir hier machen, braucht man nicht!« (Schüler, zitiert in Marr 2007, o.n.A.)

»Kunstunterricht in der Schule gibt mir allerdings nichts. Eigentlich ist Kunst so, wie sie unterrichtet wird, völlig sinnlos!« (Ebd.)

»Kunst interessiert mich mit der Zeit immer weniger. Früher hat man noch mit Freude gezeichnet und gemalt, heute zeichne und male ich nur noch, wenn ich dazu gezwungen werde. Kunst als Schulfach ist nicht sinnvoll. Abschaffen!!!« (Ebd.)

Andererseits wird der Nutzen des zu Lernenden im herkömmlichen Kunstunterricht unterschätzt. Alle Schulabgänger sind lebenslang auf Bildung angewiesen, denn Bildung, verstanden als Beitrag zu weitsichtigem, kritischen, vernunftgeleiteten Denken und zum verantwortungsbewussten Handeln, stellt eine Voraussetzung dafür dar, sich im Leben orientieren zu können (von Hentig 1999, 13): »Bildung, nicht Information, auch nicht Wissen, auch nicht Bewusstsein oder guter Wille – Bildung als Oberbegriff, der verschiedene Qualitäten und Kompetenzen erfasst«, kann »als Schlüssel für die [...] Lösung der Zukunftsprobleme« angesehen werden (Krüger 2002, 12). Die Fähigkeit, durch Bildung Orientierung suchen, Orientierung haben und Orientierung geben zu können, vermittelt der herkömmliche, auf vorhersehbares Lernen abzielende Kunstunterricht nur unzureichend. Das ist problematisch, denn wer nicht selbstständig und frei zu denken gelernt hat, der kann diesen Mangel nicht ersetzen durch noch so viele Fertigkeiten und Information (Rau 2004, 42). Erst durch Bildung werden Fachfertigkeiten und Fachinformation fruchtbar. Denn »wer von der Schule in erster Linie erwartet, dass sie die jungen Menschen befähigt, ›sich zu bilden‹, wer in dem Wort ›Bildung‹ das Verbalnomen zu ›bilden‹ sieht, also einen individuellen Vorgang und nicht eine messbare Substanz, der wird nicht unruhig« (von Hentig 2003a, 14), wenn er beim Prüfen der Sachdarstellungen seiner Oberstufenschüler erhebliche Defizite bezüglich der realistischen Wiedergabe ausmacht (Scheurer 2006, 48). Er bleibt gelassen, auch wenn die Mehrzahl seiner Schüler aus der Oberstufe »realistische Zeichenfähigkeiten aufweisen, die dem Gestaltungsniveau von 12-Jährigen entsprechen« (Kopenhagen 2006, 23). Denn oberste Priorität in Bildungsprozessen hat für ihn, ob seine Schüler prinzipiell »in der Lage sind, sich die Kenntnisse zu erwerben, wenn es nötig ist, und ob sie es dann auch wollen« (ebd.).

Es hat sich gezeigt: Der Wunsch nach Vorhersehung ist sowohl aus bildungspolitischer Sicht als auch aus kunstpädagogischer Perspektive fraglich. Kunstunterricht darf sich, will er als subjekt- und als bildorientiert gelten, weder an der Trivialisierung der Schüler noch an der Trivialisierung der Bilder beteiligen. An dieser Stelle soll ausdrücklich betont werden, dass sich die Ausführungen zwar grundsätzlich gegen vorhersehbares Lernen, aber nicht gegen vorhersehbares unvorhersehbares Lernen richten. Im Kunstunterricht angestrebte Bildung ist nicht ohne Wissen denkbar. Bildung bedarf eines gut strukturierten Überblicks- und Orientierungswissens. Kunstunterricht darf sich aber nicht auf eine belehrende Vermittlung dieses Wissens beschränken. Denn über Wissen zu verfügen, kann nur gelehrt sein. Da nur-gelehrtes Wissen den Menschen nicht bildet, ist es nicht wesentlich. Gelehrtes Wissen an sich stellt noch keinen Wert dar. So darf sich Kunstunterricht nicht zufriedengeben mit in vorhersehbaren Lernprozessen gelehrtem und gelerntem Wissen. Will er seinem Bildungsanspruch gerecht werden, muss er, über die bloße Wissensvermittlung hinaus, Bildung anstreben. Bildung wird erreicht, wenn sich die Lernenden Wissen aneignen. Aneignung von Wissen geschieht in Selbstbildungsprozessen. Selbstbildungsprozesse sind nicht vorhersehbar. Da nur angeeignetes Wissen den Menschen bildet, ist in Bildungsprozessen unvorhersehbarem Lernen Raum einzuräumen. In den folgenden Ausführungen geht es darum, das Potenzial unvorhersehbaren Lernens ins Bewusstsein zu rücken, um ihm in Zukunft seinen ihm gebührenden Platz in kunstpädagogischen Bildungsprozessen zu gewähren. Sein Potenzial, weiter reichende Bildungsprozesse in Gang zu setzen, als es die gängige Wissensvermittlung zurzeit tut, sollte nicht ungenutzt bleiben, sondern ausgeschöpft werden.

In dem einführenden Text dieses Abschnitts wurden Argumente für unvorhersehbares Lernen benannt. Im Folgenden sollen die einzelnen Argumente ausgeführt werden. Das unvorhersehbare Lernen wird zu den im Tagungstitel genannten Aspekten »Kultur« und »Kunst bzw. Bild« in Beziehung gesetzt. Eine Verbindung zur Bildung im Rahmen von Kultur und Kunst bzw. Bild soll hergestellt werden. So soll ein Bewusstsein von dem Potenzial unvorhersehbaren Lernens geschaffen werden, das zu einer Verankerung des nicht vorhersehbaren Lernens in der Kunstpädagogik führt.

7.3 Das Unvorhersehbare der Kultur

Dem Begriff »Kultur« liegt in der kulturellen Bildung ein erweiterter Kulturbegriff zu Grunde (Erny u.a. 1988, zitiert in Grüneisl und Zacharias 1989, 33). Kultur wird allgemein als das Gesamt einer gestalteten Lebensform angesehen. Der Kulturbegriff bezieht sich auf die gesamten Lebensaktivitäten: Kultur ist, wie der Mensch lebt und arbeitet (Fuchs 1994, 32). Weil den Menschen viele und zunächst einmal gleichwertige Möglichkeiten offen stehen, ihr Leben zu gestalten, ist »Kultur« stets als Pluralitätsbegriff zu verstehen (Fuchs 2001a, 46): Kultur umfasst Vieles und Vielfältiges, auch Widersprüchliches (Glaser 2001, 36). Da in bildungspolitischer Hinsicht Bildungsvorgänge nicht befriedigend sind, solange sie nicht einem Maßstab unterliegen, benötigt Kultur einen Maßstab, woran sie sich bewährt (von Hentig 1999, 73). Erst ein Maßstab gibt Kultur Richtung. So wird für pädagogisches Handeln in Bezug auf Kultur ein normativer Begriff benötigt, »der die Lebensäußerungen und Arbeitstätigkeiten als Ausdruck der Kultur entsprechend einer entwickelten und begründeten Zielsetzung wertet« (Fuchs 1994, 32). Als Maßstab für Kultur führt Fuchs die »humane Lebensweise« ein (ebd., 33). Der von Fuchs verwendete Begriff »human« beruht auf dem Gedanken, dass das Leben erst dann und insoweit menschliches Leben ist, wenn der Mensch als Gestalter seiner Lebensbedingungen agiert. Mit anderen Worten: Ein Mensch lebt nur dann human, wenn er die vorgefundenen Bedingungen gegebenenfalls selbstbestimmt verändern kann, sich ihnen nicht prinzipiell machtlos anpassen, sich ihnen nicht hilflos unterwerfen muss. Die Bindung von Kultur an den Begriff »Humanität« ändert die anfängliche allgemeine Definition von Kultur. Kultur wird nun nicht mehr darauf beschränkt, wie der Mensch lebt und arbeitet, vielmehr geht es um die Frage, wie der Mensch menschlich lebt und arbeitet, das heißt, wie er sein Leben human gestaltet (ebd., 34). Nachdem zunächst der

Begriff »Kultur« ganz allgemein bestimmt wurde, soll im Folgenden der Frage nachgegangen werden, wie sich in der heutigen Gesellschaft Kultur als humane Lebensweise realisiert und welches Handlungsrepertoire Menschen benötigen, um an heutiger Kultur teilhaben zu können.

7.3.1 Gegenwärtige Kultur

»Pluralisierung von Lebensformen« und »Individualisierung von Lebensführungen« kennzeichnen das Leben der Menschen in der Gegenwart (Behringer 2001, 36). Die Pluralisierung von Lebensformen findet ihren Ausdruck darin, dass heute viele Lebensstile nebeneinander existieren. Diese können teilweise übereinstimmen, sich ergänzen oder aber auch im Gegensatz zueinander stehen. Gemeinsam ist ihnen, dass sie alle gleichermaßen legitim sind und keiner sich als der »bessere« oder »richtige« herausheben kann (Keupp u.a. 1999, 50). Verbunden mit dem Prozess der Pluralisierung der Lebenslagen ist eine radikale Individualisierung von Lebensführungen. Durch den Prozess der Freisetzung von Personen aus traditionellen Bindungen, die vorgaben, wie ein Leben zu führen ist, ist es dem Einzelnen heute möglich, ein Leben weitgehend entsprechend seiner jeweilig eigenen Vorstellung zu führen (Eickelpasch und Rademacher 2004, 17). Er kann seinem Leben Form und Richtung geben. Die Prozesse der Pluralisierung und der Individualisierung sind durch zwei Tendenzen gekennzeichnet. Zum einen sind feste Strukturen als Vorgaben für die Lebensführung weitgehend weggefallen (Behringer 2001, 37): Eindeutige, verlässliche und berechenbare Regeln, wie der Mensch sein Leben zu führen hat, haben abgenommen. Zum anderen hat sich durch das Angebot an Lebensformen ein Spielraum für individuelle Gestaltungsmöglichkeiten aufgetan: Der Mensch hat nicht einfach eine Lebensführung, vielmehr kann er selbstbestimmt über seinen Lebensweg entscheiden, ihn frei bestimmen. Die Folgen der Pluralisierung und Individualisierung sind zweischneidig. Einerseits ist die Lebensführung für den einzelnen Menschen offener geworden: »Die Möglichkeitsräume haben sich in einer pluralistischen Gesellschaft explosiv erweitert« (Keupp u.a. 2004, 75). Aus einer Vielzahl an Lebensformen kann er eine ihm entsprechende Lebensform auswählen. Andererseits ist die Lebensführung durch die Offenheit für die Einzelnen auch komplexer und widersprüchlicher geworden. Waren die 1960er Jahre noch durch Sicherheit bietende Ordnungssysteme bestimmt, so ist die heutige Zeit in erster Linie durch Unverbindlichkeiten und leicht austauschbare Optionen gekennzeichnet (Leu 1999, zitiert in Breuning 2000b, 41). Der Vielfalt von Deutungs- und Lebensmustern muss der Mensch begegnen, in ihnen muss er sich selbst orientieren. Lebenssinn und -ziele fallen dem Einzelnen nicht mehr zu. Er muss sich entscheiden. Diese Aufgabe des Alltags fordert heraus, denn »Pluralismus stellt laufend Alternativen vor Augen« (Berger und Luckmann 1995, zitiert in Weskott 2000, 73): »Nichts ist mehr selbstverständlich so wie es ist, es könnte auch ganz anders sein« (Keupp 2004, 75). Je mehr Sinnangebote zur Verfügung stehen, desto schwerer fällt es gewöhnlich, sich für ein Angebot zu entscheiden. Die Notwendigkeit, permanent Entscheidungen treffen zu müssen, stellt eine große Herausforderung dar (Behringer 2001, 37).

»Das Wählen, Herstellen und Aushandeln von Sinnkonstruktionen fordert vom Einzelnen eine neue individuelle Belastbarkeit und die gewachsene Fähigkeit, sich im Überangebot von ›Sinn‹ zurechtzufinden und sinnvolle Angebote von Anfechtungen unterscheiden zu können.« (Duncker und Hanisch 2000, zitiert in Lange 2001, 59)

Die Lebensführung des Einzelnen gestaltet sich angesichts des erweiterten Entscheidungsraumes zu einem »Projekt – genauer zu einer Serie von Projekten« um (Berger 1994, zitiert in Keupp u.a. 1999, 50). Der durch Pluralisierung und Individualisierung geöffnete, unbegrenzte Gestaltungsraum fordert den Menschen heraus, Entscheidungen zu treffen und für diese Verantwortung zu übernehmen. Diese Aufgabe ist belastend, denn sie bürdet dem Einzelnen die Verantwortung für seine »Bastelexistenz« auf (Hitzler und Hohner 1994, 307), ohne ihn mit einer Versicherung auszustatten für das Gelingen der Bastelarbeit (Junge 2002, 72). In einer Zeit, in der Gestaltungsspielraum unbegrenzt ist, in der der Mensch selbst auswählen kann aber auch muss, was ihm wichtig und für ihn richtig ist, steigen die Anforderungen an die Lebensführung (Behringer 2001, 37). Dass die Einbettung und Verankerung des Einzelnen in Ordnungsgefüge abgenommen hat (Keupp u.a. 1999, 47), stellt gerade für Heranwachsende eine große Schwierigkeit dar, denn sie befinden sich in einer Phase, in der sie verstärkt nach Orientierung suchen. In einer Zeit, die in erster Linie durch Unverbindlichkeiten und leicht austauschbare Optionen gekennzeichnet ist, fällt sich zu orientieren schwer. Für die Lebensführung fehlen Orientierungspunkte im Umfeld. So hat für Heranwachsende das Risiko zugenommen, trotz erweiterten Gestaltungsspielraumes in ihrer Lebensführung zu scheitern: Denn sie wissen nicht, wie sie der Vielfalt von Deutungs- und Lebensmustern begegnen sollen. Ihnen fehlt die Fähigkeit zur Sinnsynthese (Lange 2001, 59). Da »die Aufforderung, sich [und sein Leben] selbstbewusst zu inszenieren, ohne den Zugang zu den erforderlichen Ressourcen etwas Zynisches hat« (Keupp u.a. 1999, 53), gilt es, im Unterricht an die beschriebenen Probleme gesellschaftlicher Modernisierung anzuknüpfen.

»Wer die Wahl hat, unterschiedliche Wege zu gehen, der muss sich entscheiden. Wer das nicht tut oder nicht kann, der kann daran zerbrechen. Das verhindern zu helfen, darin liegt eine entscheidende Aufgabe einer Bildung für den ganzen Menschen.« (Rau 2004, 45)

7.3.2 Gegenwärtige Kultur und Unterricht

Die heutige Gesellschaft ist bestimmt von Uneindeutigkeit und Mehrdeutigkeit (Lange 2001, 60). Die Tatsache, dass Unklarheit und Ambivalenz die gesellschaftlichen Prozesse determinieren, sollte im kunstpädagogischen Kontext akzeptiert und zum Ausgangspunkt eigenen Handelns gemacht werden. Nur wenn im Kunstunterricht Raum für Uneindeutigkeiten und Mehrdeutigkeiten als Bestandteil der Realität zugelassen wird, kann er den Heranwachsenden helfen, diese produktiv zu bewältigen. Will Unterricht zu einem in biografischer Perspektive humanen Umgang mit Offenheiten beitragen (Leu 1999, zitiert in Breuning 2000b, 41), müssen die sich aus Pluralismus und Individualisierung ergebenen Gestaltungsfreiräume den Schülern einsichtig und verfügbar gemacht werden. Fähigkeiten sind zu vermitteln, die es den Schülern erlauben, die potenzielle Freiheit auch zu nutzen. Uneindeutigkeiten und Mehrdeutigkeiten erfordern, dass Schüler im Unterricht in Lernsituationen versetzt werden, in denen Interessenlage und Gestaltungsspielräume zunächst erkundet und dann Handlungsabsichten auf Basis dieser Analyse formuliert und in Folge umgesetzt werden. Diese Aufgabe fordert von den Schülern »Urteilsvermögen, Denken in Alternativen, Umlernbereitschaft, Fähigkeit zu Kompromiss und Revision sowie Toleranz für unvollkommene und spannungsvolle Lösungen« (Krappmann 2000, zitiert in Lange 2001, 60) und fördert all dies. Lange fasst die geforderten und geförderten Fähigkeiten unter den Begriffen »Sinnstiftung« und »Ambivalenz- bzw. Ambiguitätsmanagement« zusammen. Unter Sinnstiftung versteht er die Fähigkeit zur Sinnsynthese in einer pluralisierten Welt, und als Ambivalenz- bzw. Ambiguitätsmanagement bezeichnet er den Umgang mit Mehrdeutigkeiten und Widersprüchen (Lange 2001, 59).

»Die psychische Voraussetzung für eine positive Verunsicherung ist ›Ambiguitätstoleranz‹. Sie meint die Fähigkeit, sich auf Menschen und Situationen offen einzulassen, sie zu erkunden, sie nicht nach dem ›Alles-oder-Nichts‹-Prinzip als nur gut oder nur böse zu beurteilen. Es geht also um die Überwindung des ›Eindeutigkeitszwanges‹.« (Keupp 2004, 82)

Verfügt der Schüler über diese Fähigkeiten, kann er sich autonom und handlungsfähig in der durch Pluralismus und Individualisierung gekennzeichneten Welt behaupten. Das Schwinden traditioneller Sicherheits- und Bezugssysteme als Merkmale des gesellschaftlichen Strukturwandels im Unterricht zu berücksichtigen, resultiert in unvorhersehbarem Lernen. Unvorhersehbares Lernen ergibt sich, denn in einer pluralisierten Welt sind »einfache Rezepte nach dem Modell von Ursache und Wirkung [...] nicht hilfreich« und damit nicht angebracht (Wagner 1999, 84). Es führen »viele Wege nach Rom«: »Leben unter heutigen Bedingungen ist Leben im Plural« (Welsch 1993, 171). Pluralismus führt laufend Alternativen vor Augen. Eine Sache kann so, aber auch ganz anders wahrgenommen, reflektiert und bewertet werden: »Nichts ist mehr selbstverständlich so, wie es ist, es könnte auch ganz anders sein« (Keupp u.a. 1999, 56). Eine humane Lebensweise in einer durch Pluralismus und Individualisierung gekennzeichneten Welt erfordert, auf unvorhersehbares Uneinheitliches und Mehrdeutiges reagieren zu können. In einer Gesellschaft, die sich ständig verändert, ist die Fähigkeit grundlegend, mit Wandel umzugehen, Wandel zu nutzen und zu gestalten (Rau

2004, 16). Die Fähigkeit zur Sinnsynthese und das Ambivalenzmanagement stellen das Werkzeug für diesen geforderten Umgang dar. Wird durch Übung über diese Kompetenzen verfügt, kann souverän gehandelt werden, trifft unvorhersehbares Uneinheitliches und Mehrdeutiges ein. So ist es nach Bertram verkehrt, Unvorhergesehenes im Unterricht zu vermeiden oder vermeiden zu lehren. Für sie besteht die richtige Strategie vielmehr darin, zu lehren, mit unvorhergesehenen Situationen umgehen zu lernen, denn »nicht das geschlossene System ist der Normalfall, sondern das offene System mit unvorhersehbaren Ereignissen [...], in denen wir [hoffentlich] gelernt haben zu navigieren« (Bertram 2008, 361).

Die gegenwärtige gesellschaftliche Entwicklung stellt den Einzelnen vor eine Fülle von zu bewältigenden Anforderungen. Für Unterrichtsgestaltung sollten die gesellschaftlichen Prozesse und ihre Auswirkungen auf das Leben von Bedeutung sein. Denn grundsätzlich lässt sich jedes gesellschaftliche Problem als eine Herausforderung an den Unterricht begreifen, sofern sich angeben lässt, welche Lern- und Bildungsprozesse des eigenen Unterrichts dazu beitragen können, die Fähigkeiten der Heranwachsenden zu verbessern, um mit den jeweiligen Schwierigkeiten kompetenter umgehen zu können. Eine verantwortungsbewusste pädagogische Arbeit erklärt sich deshalb zuständig für gesellschaftliche Probleme und ihre Auswirkungen auf das Leben (Scherr 2002, 53): Denn nur mit Blick auf die gesellschaftlichen Bedingungen kann der Bildungsauftrag erfüllt werden, »der nächsten Generation zu helfen, in der Welt, in der sie lebt, erwachsen zu werden« (von Hentig 1985a, 18). Wünschenswert ist also ein Unterricht, der sich nicht, wie das vorhersehbare Lernen, der bloßen Vermittlung bildnerischer Ausdrucksfertigkeiten verschrieben hat, sondern der die Methoden, Inhalte und Ziele seiner Bildungsangebote gesellschaftsbezogen bestimmt (Scherr 2002, 54). So sollte der Kunstunterricht die neuen gesellschaftlichen Entwicklungsaufgaben als Herausforderung annehmen und in der praktischen Arbeit berücksichtigen.

7.4 Das Unvorhersehbare von Bildungsprozessen

Nach der Darstellung des Kulturbegriffs als inhaltliche Orientierung für unvorhersehbares Lernen soll im Folgenden, da die eigene Lebensform aktiv zu gestalten, Bildung voraussetzt, der Begriff »Bildung« als methodische Orientierung genauer bestimmt werden (Sting 1993, 311). Nach klassischer Bestimmung wird »Bildung als [...] Verschränkung von Mensch und Welt« verstanden (Fuchs 2001a, 43): Aus der wechselseitigen Beziehung zwischen Mensch und Welt entsteht Bildung. Der von Fuchs verwendete Begriff »Welt« kann mit Kultur gleichgesetzt werden, denn die Welt findet ihren Ausdruck in der sie bestimmenden Lebensweise bzw. Kultur. Bildung ist folglich nicht ein »Ding«, das als solches vermittelt werden könnte, sondern Bildung bildet – formt sich – als Ergebnis der Beziehung zwischen Mensch und Welt (Fuchs 1994, 39). Da die Beziehung zwischen Mensch und Welt nicht vorgegeben ist, vielmehr vom Menschen aktiv gebildet wird, ist sie nicht vorhersehbar: »Bildung realisiert sich [...] im Handeln der Menschen miteinander und im Umgang von Menschen mit Gegenständen« (ebd.). Bildung ist folglich in der Spannung von Subjekt und Objekt (Kultur) verankert (Duncker 1994, 466). Da bei diesem Vorgehen Subjekt und Objekt durch Wechselwirkungsprozesse verbunden sind, bedingen sich die Entwicklung des Subjekts und die Veränderung der Welt gegenseitig. Es stellt sich eine wechselseitige, im Gleichgewicht gehaltene Anpassung ein. So kommt es in Bildungsprozessen sowohl zu einer Veränderung des Subjekts als auch des Objekts. Beide bilden sich, formen sich neu. Beide gehen verändert aus dem Bildungsprozess hervor.

Durch Bildung wird der Mensch befähigt, sein Leben in selbstbestimmter Weise – also human – zu führen. Bildung ermöglicht ein »bewusstes, aktives und gestaltendes Verhältnis zu sich, zu seiner natürlichen und gesellschaftlichen Umgebung, zu seiner Vergangenheit und Zukunft« (Fuchs 1999c, 413). Die von Fuchs angesprochene Beziehung zu sich und seiner Umwelt betont, dass es bei Bildung um den Menschen in seinen sozialen und kulturellen Bezügen geht. So bezieht sich im Rahmen von Bildungsprozessen Selbstbestimmung nicht auf die privatistisch-verengte, individuelle Lebensführung, vielmehr zielt Selbstbestimmung auch ab auf »die Teilhabe an öffentlichen Auseinandersetzungen über politische Gestaltung der gemeinsamen Angelegenheiten« (Scherr 1996, 391). Das der Definition zu Grunde gelegte Konzept von Bildung hat folglich sowohl eine emanzipatorische als auch eine humanistische Ausrichtung (Fuchs 1999c, 413).

In der Definition zeigt sich ein Verständnis von Bildung, das Bildung als Praxis eines bewussten, selbstbestimmt gestaltenden Verhältnisses zu sich in Auseinandersetzung mit Kultur versteht. Es ist offensichtlich, dass eine Bildung solcher Art nicht erreicht werden kann durch schlichte Vermittlung eines in Lehrplänen vorgegebenen vorhersehbaren Wissens: »Bildung ist [...] weit mehr als eine Menge an Information und Wissen« (Bockhorst 2001, 51). Bildung ist der Tatsache geschuldet, dass Pluralität anerkannt ist und »dass Einheitsformeln und Reduktionsleistungen nicht mehr erlaubt sind« (Tenroth 1994, zitiert in Wagner 1999, 90). Obwohl im fachdidaktischen Diskurs Bildung längst »nicht mehr oder vorrangig mit bestimmten Kenntnissen in Verbindung gebracht wird« (Meyer 2008, 150), ist die Praxis weiterhin bestimmt von vorgeschriebenem, vorhersehbarem – letztlich also bildungsfernem – Lernen. Nachdem zunächst der Begriff »Bildung« ganz allgemein bestimmt wurde, soll im Folgenden aufgezeigt werden, wie sich Bildung realisiert und welche besondere Bedeutung Bildung in der heutigen Gesellschaft zukommt.

7.4.1 *Sich bilden*

Von Hentig schreibt, dass der prägnante Sinn des Wortes »Bildung« erst in der reflexiven Form des Verbums zum Ausdruck kommt: »Bilden ist Sich-bilden«, Bildung ist vor allem Selbstbildung (1999, 37) und »beginnt erst dort, wo man sie selber in die Hand nimmt« (ebd., 149). Der sich bildende Mensch »arbeitet an sich selbst wie ein Bildhauer, der sein eigenes Bildnis schafft« (Bilstein 2010, 50). Er gibt sich »selbst seine geistige Gestalt« (ebd.). Den Bildungsprozess bestimmt von Hentig nach Humboldt näher (1999, 38-39): Bildung kann von außen nur angeregt, aber nicht erzwungen werden. Erst wenn der Mensch selbst involviert ist, kommt Bildung – Selbstbildung – zu Stande. Da Bildung nur angeregt, aber nicht mechanisch übertragen werden kann, ist sie unvorhersehbar. In Bildungsprozessen ist der Mensch als Ganzes herausgefordert in seinem Denken, Fühlen und Handeln. Wie man denkt, fühlt und handelt, kann nicht vorherbestimmt werden. Im Bildungsprozess wird dem Subjekt und seinen Potenzen vertraut. Der Mensch ist das Aktivitätszentrum (Fuchs 1999c, 415): Ihm wird Entfaltung – Selbstbildung – zugetraut. Die Form, die seine Entfaltung findet, ist nicht vorherzusehen. Das Subjekt entfaltet sich durch die Aneignung von Welt. Die Aneignung und Bildung geschieht in wechselhafter, harmonisch-proportionierlicher Ver- und Beschränkung. In von Hentigs Ausführungen vermittelt sich, dass Aneignung und Bildung als selbstbestimmte Prozesse vom Ergebnis her nicht planbar sind, vielmehr Sich-Bilden unvorhersehbares Lernen voraussetzt. So muss unvorhersehbarem Lernen im Unterricht Raum gegeben werden, soll das vorrangige Bildungsziel der Kunstpädagogik – »die Vermittlung von Orientierung in einer sich stets wandelnden Gesellschaft« (Bering 2009, 89) – erfüllt sein.

Mattheis weist darauf hin, dass die Bezeichnung des »Sich-Bildens« im Grunde eine Tautologie ist, da sich das Subjekt immer nur selbst bilden kann (2001, 75). Dennoch wird im Rahmen der Diskussion um Bildung zu Recht der Aspekt des Sich-Bildens immer wieder betont, um auf den wesentlichen Unterschied von Bildung – Menschenbildung – und Ausbildung aufmerksam zu machen. Wie sich im Folgenden zeigen wird, tut diese Betonung gerade auch gegenwärtig not. Sich in Bildungsprozessen auf das Subjekt als Selbst zu beziehen, ist gerade in heutiger Zeit von immenser Bedeutung, denn das Subjekt als Selbst kann unter den heutigen gesellschaftlichen Bedingungen weniger denn je vorausgesetzt werden. Es muss sich erst selbst bilden. Da Bildungsprozesse das Subjekt als Selbst voraussetzen, muss Unterricht, will er bildend wirken, zunächst die Schüler bei der Bildung des Subjekts als Selbst unterstützen. Wie sich im Folgendem zeigen wird, erfüllt Bildung in ihrer institutionalisierten Form diese Aufgabe bisher nur unzureichend.

7.4.2 Funktionale Bildung

Die Forderung nach einer »selbstorientierten Bildung« steht für eine »Wendung aufs Subjekt« (Mattheis 2001, 76). Diese Zuwendung bezieht sich auf das »Subjekt als Selbst«. Sich auf das Subjekt als Selbst zu beziehen, wird in heutigen Bildungsprozessen oftmals vernachlässigt. Beachtung findet heute in Bildungsprozessen hauptsächlich die Aneignung verwertbaren Wissens und Könnens für eine gesellschaftlich-berufliche Identität: »Wissen kommt häufig nur als Instrument vor, als ein Werkzeug, das man braucht, um erfolgreich zu sein« (Rau

2004, 41). Bildung in ihrer institutionalisierten Form dient also vorrangig der Ausbildung von Funktionsträgern für die moderne wissenschaftlich-technische Welt (Schmid 1998, 311). So steht im Mittelpunkt der Bildungsarbeit nicht das Subjekt als Selbst, sondern der Mensch in »seiner gesellschaftlichen Funktion für Andere(s) mit Anpassung an objektive Vorgaben«, der berufsorientierte, in Arbeitsteilung eingegliederte »Fachmensch« (Mattheis 2001, 76). Durch funktionale Bildung sollen qualifizierte Arbeitskräfte hervorgebracht werden.

»[Unter Bildung wird im] dominanten Diskurs gegenwärtig keineswegs zentral die Praxis einer autonomen Selbst-Bildung, der freien und eigensinnigen Entfaltung der individuellen Kräfte und Vermögen in Auseinandersetzung mit Kultur und Gesellschaft verstanden [...], sondern wesentlich Qualifizierung und Erziehung im wohlverstandenen Eigeninteresse der Anpassung an gesellschaftlich, insbesondere ökonomisch vorgegebene Anforderungen.« (Scherr 2002, 52)

Durch die in der funktionalen Bildung verankerte Fremdbestimmtheit wird das Subjekt dezentriert: »weg vom Selbstsein als Ausgangs- und Endpunkt seiner Aktivitäten und Lebensgestaltung, hin zu äußeren Zwecken als Entscheidungszentrum und Beweggrund seines ganzen Lebens« (Mattheis 2001, 76). Der Mensch als Subjekt stellt hier nicht das Aktivitätszentrum dar (Fuchs 1999c, 415). Im funktionalen Bildungsprozess wird bzw. macht sich das Subjekt selbst durch Anpassung zum Objekt. Eine solche Schulbildung ist »inhuman« (von Hentig 1999, 46), denn sie fördert mehr die Anpassung der Menschen an die Verhältnisse, als dass sie die Anpassung der Verhältnisse an die Menschen verfolgt (ebd., 157).

»Bei dieser Umorganisation gibt das Ich als Betriebsleiter so viel von sich an das Ich als Betriebsmittel ab, dass es ganz abstrakt, bloßer Bezugspunkt wird: Selbsterhaltung verliert ihr Selbst.« (Adorno 1981, zitiert in Mattheis 2001, 83)

Da Bildung Subjekte benötigt und Kultur auf Bildung angewiesen ist, ist die Dezentrierung des Subjekts durch funktionale Bildung in Bildungsprozessen problematisch. Ihr ist entgegenzuwirken. In Bildungsprozessen muss immer das Subjekt im Zentrum stehen. Es darf nicht vernachlässigt werden bzw. – wie beim vorhersehbaren Lernen der funktionalen Bildung – als potenzieller Störfall betrachtet werden (von Hentig 1999, 158). Der Auftrag, das Subjekt im Bildungsprozess ernst zu nehmen, um humane Lebensweise zu ermöglichen, ergibt sich aber nicht nur aus der Struktur von Bildung. Auch die gegenwärtigen gesellschaftlichen Entwicklungen erfordern, das Subjekt als Selbst ins Zentrum der pädagogischen Bemühungen zu stellen, denn die Subjektkonstitution an sich ist – wie im Folgenden dargelegt wird – in der heutigen Zeit zum Problem geworden. Subjekte als Selbst können nicht ohne Weiteres vorausgesetzt werden. Sie müssen sich erst bilden: »Wir sind nicht, was wir sind, sondern was wir aus uns machen: Das Selbst wird zum reflexiven Projekt« (Fuchs 2001c, 214). So muss sich eine verantwortungsbewusste pädagogische Arbeit den Schwierigkeiten bei der Subjektkonstitution stellen. Die Probleme, die die Einzelnen gegenwärtig bei der Subjektkonstitution haben, müssen in Bildungsprozessen wahrgenommen und be- und verarbeitet werden. Mit anderen Worten, in der pädagogischen Praxis ist gefordert, dem Subjekt als Selbst die Möglichkeit einzuräumen, sich selbst zu bilden, um in Folge fähig zu sein, ein bewusstes, aktives und gestaltendes Verhältnis zu sich, zu seiner natürlichen und gesellschaftlichen Umgebung, zu seiner Vergangenheit und Zukunft aufzubauen, um sein Leben human gestalten zu können (Fuchs 1999c, 413).

7.4.3 Das Selbst bilden

Wie sich gezeigt hat, wird die Subjektkonstitution durch funktionale Bildung unterbunden. Das ist problematisch, ist doch die Subjektkonstitution unter den gegenwärtigen Bedingungen ohnehin erschwert. Bis in die 1960er Jahre ermöglichten die gesellschaftlichen Bedingungen noch verhältnismäßig beständige Bedingungen für die Subjektkonstitution. Für den Lebenslauf gab es eine relativ stabile Normierung: Es war in einer bestimmten Weise festgelegt, was als richtiges Alter für bestimmte Lebensereignisse galt und es herrschten klare Vorstellungen von der »richtigen« Abfolge der Ereignisse (Junge 2002, 64). Der Lebenslauf verlief in weitgehend vorgeschriebenen, geordneten Bahnen. Heutzutage sind die relativ stabilen und Halt gebenden Lebensordnungen der 1960er Jahre einer Vielzahl von individuellen Lebensordnungen gewichen (Behringer 2001, 35). Das hat Konsequenzen. Die Individualisierung des Lebenslaufs befreit von der Vorhersehbarkeit der »Normalbiografie« (Eickelpasch und Rademacher 2004, 31). Sie macht diesen flexibler – sei es für Abweichungen von Altersnormierungen oder von Ereignisabfolgen (Junge 2002, 64). Durch Flexibilisierungsprozesse ist eine individuelle Ausgestaltung des Lebenslaufs möglich. Dass ein Spielraum für den Verlauf des eigenen Lebens entstanden ist, ist einerseits positiv. Dieser eröffnet dem einzelnen Individuum einen Gestaltungsraum. Andererseits bringt die Flexibilisierung Belastungen mit sich. Der eigene Lebenslauf kann nicht mehr an äußeren, Halt gebenden Normen orientiert werden: »Die einzelne Person wird zur Steuerungseinheit« ihres Lebenslaufs (Keupp u.a. 1999, 52). Durch den Verlust an klaren Vorgaben, wie ein Leben zu gestalten ist, steigen die Anforderungen nicht nur an die Lebensführung, sondern in Folge auch an die Subjektkonstitution.

»[Das Individuum *muss*] zum Baumeister seines eigenen Selbst [werden], der sich aus den institutionell vorgegebenen ›Bausätzen biografischer Kombinationsmöglichkeiten‹ (Beck 1986, 217) sowie aus sozial verfügbaren Lebensstilen und Identifikationsangeboten [...] seine eigene ›Wahlbiografie‹ und sein ganz persönliches ›Existenzdesign‹ (Keller und Heuberger 1988, 334) zusammenstellt.« (Eickelpasch und Rademacher 2004, 7)

Bevor im Abschnitt »Identitätsarbeit in Zeiten der Pluralisierung und Individualisierung« auf die besonderen Anforderungen eingegangen wird, muss zunächst grundsätzlich die heute geforderte Art der Subjektkonstitution – die »Identitätsarbeit« (Keupp u.a. 1999, 9) – erläutert werden. Der Begriff »Identitäts*arbeit*« verdeutlicht, dass Identität heutzutage nicht mehr als Besitzstand, als eine Substanz angesehen wird, über die ein Individuum verfügt (Keupp und Höfer 1997, nach Eickelpasch und Rademacher 2004, 15). Vielmehr wird heute Identität als eine fortwährende aktive Herstellungsleistung des Subjekts betrachtet. Identität wird gebildet. Identitätsarbeit ist die beständige Konstruktion – Bildung – des Selbst (Behringer 2001, 40). Die Individuen müssen »ohne Schablonen der Selbstdefinition« ihre Identität selber definieren (Junge 2002, 71).

Die Konstruktion des Selbst umfasst den Dreischritt: Selbstwahrnehmung, kritische Selbstreflexion und Selbstgestaltung (Schmid 1998, 256). Die Konstruktion des Selbst erfordert im ersten Schritt, dass sich der Mensch als Selbst wahrnimmt, als Selbst, das sich zum einen nicht mehr als gegeben betrachtet und zum anderen als Selbst, das sich als »Eigenes« erfährt, also das sich selbst gehört und selbst bestimmt (ebd., 246). Der Selbstwahrnehmung folgt im zweiten Schritt die kritische Selbstreflexion: »Was für ein Mensch bin ich, und was für ein Mensch will ich sein und werde ich in Zukunft sein?« (Behringer 2001, 40). In Distanz zu sich, gleichermaßen von außen, reflektiert der Mensch sich und seine Bedingungen und erkennt seine Möglichkeiten. Durch Selbstbewusstsein eröffnet die kritische Selbstreflexion dem Menschen den Möglichkeitsraum, »aus sich das Selbst zu machen, das er sich vorstellt« (Schmid 1998, 241). Im dritten Schritt, der Selbstgestaltung, macht sich das Selbst zum Gegenstand der Gestaltung. Die gestaltende Einwirkung belässt das Selbst nicht mehr als dasjenige, als das es sich in der Selbstwahrnehmung vorgefunden und in der Selbstreflexion erkannt hat: Durch die Gestaltung wächst das Selbst über das hinaus, was es schon ist. Es bildet sich neu.

Die Konstruktion des Selbst – seine Bildung – ist immer *auch* eine soziale Konstruktion (Behringer 2001, 40). Das Selbst bestimmt sich in der Auseinandersetzung mit anderen und anderem. Die Erwartungen der anderen an die Person beeinflussen die Konstruktion des Selbst. Das Selbstbild wird von Fragen mitbestimmt wie: Welche Erwartungen haben die anderen an mich? »Wie bin ich im Verhältnis zu den anderen? Wie sind die anderen im Verhältnis zu mir?« (ebd.). Identität bildet sich unter Einfluss der gesellschaftlichen Erwartungen an den Einzelnen: »Identität und Alterität stehen in einem unauflösbaren Zusammenhang« (Keupp u.a. 1999, 67). So ist der Blick von außen auf das Selbst ein essenzieller Bestandteil der Selbstwahrnehmung, der Selbstreflexion und der Selbstgestaltung. Identität als Selbstwahrnehmung, Selbstreflexion und Selbstgestaltung geschieht also nicht abgehoben vom alltäglichen Geschehen, sondern basiert auf alltäglichem Handeln und Kommunikation (Behringer 2001, 41). Identitätsarbeit ist die »permanente Passungsarbeit zwischen inneren und äußeren Welten« (Keupp u.a. 1999, 30).

7.4.3.1 Identitätsarbeit in Zeiten der Pluralisierung und Individualisierung

Durch den Verlust an klaren Vorgaben, wie man zu sein hat, sind die Anforderungen an die Identitätsarbeit gestiegen: Denn »weder die gesellschaftlichen Erwartungen noch die Selbstwahrnehmung sind in [den] unterschiedlichen Situationen und Lebensbereichen konsistent« (Behringer 2001, 40). Familienmitglieder, Freunde, Bekannte und Kollegen erwarten von einem, und man selbst erwartet von sich Verschiedenes und je nach Situation Unterschiedliches. Die Erwartungen sind vielgestaltig, wird zudem berücksichtigt, dass die Ansprüche der einzelnen Familienmitglieder, Freunde, Bekannten und Kollegen auch noch variieren können. Bei ihrer Subjektkonstitution müssen die Menschen nun die zum Teil widersprüchlichen, sich ständig ändernden Erwartungen der verschiedenen sozialen Bereiche an ihre Person in sich miteinander vereinbaren und diese in ihrer Konstruktion des Selbst in Einklang bringen. So ist Identität heutzutage ein Relationsbegriff: Identität ist zu verstehen als »die Identität von etwas mit etwas« (Angehrn 1991, zitiert in Behringer 2001, 41). Daraus folgt, dass sich der Mensch heutzutage in der Identitätsarbeit nicht nur mit der Frage »Wer bin ich, und wer will ich sein?« beschäftigt, sondern zudem mit Fragen wie »Wie kann ich noch ein und dieselbe Person sein, obwohl ich mich in verschiedenen Situationen und in den verschiedenen Rollen unterschiedlich verhalte? Wie kann ich noch ein und dieselbe Person sein, obwohl ich mich doch durch Erfahrungen ständig verändere?« (Frey und Hauser 1987, zitiert in Behringer 2001, 41). Diese Fragen verdeutlichen, dass Identitäten offene, in ständiger Veränderung begriffene Projekte sind. Identität muss als lebenslanger, alltäglicher Prozess aufgefasst werden (Keupp u.a. 1999, 83).

»Identitäten gleichen in der zerrissenen Welt der Spätmoderne nicht fertigen Behausungen mit einem dauerhaften Fundament und einem schützenden Sinn-Dach, sondern permanenten, lebenslangen Baustellen, auf denen die freigesetzten oder ›versetzten‹ (*dislocated*) Individuen ohne festen Bauplan und unter Verwendung vorhandener Bausätze und Sinnangebote sich (bis auf weiteres) eine Unterkunft schaffen. Je nach situativem und biografischem Erfordernis sind An- und Umbauten fällig.« (Eickelpasch und Rademacher 2004, 14)

Ob die Konstruktion des Selbst unter diesen Bedingungen gelingt, ist eine Frage der Kohärenz. Kohärenz hat für die Identitätsarbeit eine zentrale Bedeutung, denn sie organisiert »die vielen Aspekte des Ichs in einem vielfarbigen Selbst« (Schmid 1998, 252). Kohärenz bezeichnet »das Band, das eine Person zusammenhält, auch wenn sie sich in unterschiedlichen Kontexten ganz unterschiedlich erlebt« (Behringer 2001, 41). Kohärenz zeichnet sich durch eine offene Struktur aus. Scheinbar widersprüchliche Fragmente dürfen sein, denn einzig entscheidend für Kohärenz ist, dass die verschiedenen Elemente nicht bloß additiv nebeneinanderstehen, sondern von dem Subjekt zueinander in Beziehung gesetzt werden und dann in ihrer Verbindung für die »Gesamtheit des Subjekts« stehen (Schmid 1998, 254). Das heißt, bedeutend für Kohärenz ist, »dass die individuell hergestellte Verknüpfung für das Subjekt selbst eine authentische Gestalt hat« (Keupp u.a. 1999, 57). So führt Kohärenz dazu, dass Subjekte, obwohl sie sich in unterschiedlichen Lebensbereichen ganz unterschiedlich erleben, sich doch als »sich selbst« erfahren. Denn Kohärenz lässt den Menschen sagen: »Ich bin meine Widersprüche« (Schmid 1998, 253). Menschen, die Kohärenz herstellen können, nehmen ihre Widersprüche wahr, setzen sich mit ihnen auseinander und siedeln sie als Teilselbste bewusst im Selbst an. So geht es beim Konzept der Kohärenz letztlich darum, den Zusammenhang des Selbst zu konzipieren und zugleich seine Offenheit zu bewahren, »alle Rollen unter einen Hut zu bringen und sich auch in wechselnden sozialen Bezügen als Einheit zu empfinden« (Eickelpasch und Rademacher 2004, 18). Die Kohärenz des Selbst entsteht allerdings nicht ex nihilo, sondern muss als Teil der Selbstgestaltung von den Individuen bewusst und reflexiv hergestellt werden. Das Selbst wird zur Aufgabe, »es muss sich in einem kontinuierlichen Prozess der Selbstbefragung [...] stets von neuem erschaffen« (ebd., 22). Je mehr ehemals tragende Lebensordnungen sich auflösen, desto schwieriger ist es für immer mehr Menschen, Kohärenz herzustellen. Vielen Menschen gelingt es nicht, ihre Erfahrungen mit sich selbst in den einzelnen Lebensbereichen zu einer Ich-Identität zu synthetisieren (Mattheis 2001, 77). So setzt sich ihre Identität – auf Grund mangelnder Ich-Synthese – nur zerstückelt, bruchstückhaft zusammen. Die durch mangelnde Ich-Synthese hervorgerufene Desintegration im Subjekt kann nach Mattheis als ein gegenwärtiges Problem der Subjektkonstitution angesehen werden (ebd.).

Die Probleme der Subjektkonstitution, die als »Dezentrierung« und »mangelnde Ich-Synthese« bezeichnet wurden, machen auf einen neuen Bedarf in Bildungsprozessen aufmerksam: Gefordert ist eine »am Selbst und seiner Entfaltungsdynamik orientierte Bildung« (ebd., 82). In der pädagogischen Arbeit müssen Formen des Selbstbezugs entwickelt werden, die den Lernenden helfen, eigene Dezentrierungs- und Desintegrationsprozesse zu reflektieren und Wege zu finden, diese zu überwinden. Leistet Unterricht dies, trägt er dazu bei, dass sich die Schüler zu behaupten vermögen gegen die zunehmend unberechenbarer werdende »biografische Unsicherheit« (Eickelpasch und Rademacher 2004, 9). Dass die am Selbst orientierte Bildung nicht vorhersehbar ist, denn ihr liegt unberechenbare Selbstwahrnehmung, Selbsteinschätzung und Selbsterkenntnis zu Grunde, ist für diesen Lerngewinn in Kauf zu nehmen. Unvorhersehbares Lernen ist – wird die Bildung des Selbst angestrebt – gefordert.

7.5 Das Unvorhersehbare der bildnerischen Gestaltung

In den folgenden Ausführungen wird die Bedeutung des Unvorhersehbaren in der bildnerischen Gestaltung dargestellt. Wie sich zeigen wird, ist das Unvorhersehbare in der Gestaltung nichts Ungewöhnliches. Vielmehr kann das Unvorhersehbare der Gestaltung als grundlegendes Merkmal zugewiesen werden.

7.5.1 Kulturelle Bildung mit Medien

Nach klassischer Bestimmung wird »Bildung als Verschränkung von Mensch und Welt« verstanden (Fuchs 1999a, 80): Aus der wechselseitigen Beziehung zwischen Mensch und Welt entsteht Bildung. Die Beziehung zwischen Mensch und Welt ist dabei keineswegs vorgegeben und damit vorhersehbar, sondern wird vom Menschen aktiv gebildet, gestaltet. Für die Gestaltung benötigt der Mensch Mittel: Medien. Sie dienen ihm, seine Wirklichkeitsentwürfe darzustellen. Medien für sich zu nutzen, um sich Wirklichkeiten anzueignen und gestalten zu können, setzt Medienkompetenz voraus. Über Medienkompetenz zu verfügen, heißt, die spezifischen Möglichkeiten der Medien reflektiert wahrnehmen, beurteilen und somit souverän einsetzen zu können. Nur wer diese Fähigkeit besitzt, kann entscheiden, was er mit den Medien machen, wie er produktiv – sich bildend – mit ihnen umgehen kann.

Der Gestaltungsspielraum des Menschen ist also immer nur so weit, wie seine Kompetenz im Umgang mit Medien ausgebildet ist. Zwischen schlichter Anwendung und kompetentem Gebrauch muss unterschieden werden (Wetzel 2004, 412). Kant folgend unterscheidet Gideon Verstandes- und Vernunftgebrauch im Umgang mit Medien:

»Verstand […] ist das Vermögen nach (also der Anwendung von) Kategorien. Vernunft hingegen das ›Vermögen nach Ideen‹, also die geschulte Kraft, den Sinn eines möglichen Verfahrens – eben nicht nur dessen Funktionieren – zu bedenken, zu begründen, moralisch zu beurteilen und es damit im strengen Sinne als ›Mittel‹ zu nehmen, das nur nützt und dient, wenn ich seine Grenzen kenne und nicht übersehe.« (Gideon 1997, 416)

In Gideons Ausführung zeigt sich: Der alleinige Umgang mit Medien sichert noch keinen bildenden Gebrauch. Erst ein vernünftiger Gebrauch der Medien gewährleistet die Ausschöpfung ihrer bildenden Potenziale. Denn so, wie Texte zu lesen oder zu schreiben allein noch keinen klug macht, hängt auch der Nutzen der Bildrezeption und der Bildproduktion davon ab, wie reflektiert in der Aneignung und Gestaltung vorgegangen wird. Der Reflexionsgrad bestimmt, wie bildend und folglich nützlich die eigene Aneignung und Gestaltung ausfallen wird (Krüger 2001, 40), wie sehr die Gestaltung dem Menschen taugt, seine Wahrnehmung und Erfahrung zu erweitern (Lammert 1991, 265). So erfordert Medien*bildung*, verstanden als »bewusstes, aktives und gestaltendes Verhältnis zu sich, zu seiner natürlichen und gesellschaftlichen Umgebung, zu seiner Vergangenheit und Zukunft« (Fuchs 2001a, 43) mittels Medien, nicht nur »die technologische Seite des Mediums mehr oder weniger beherrschen oder anwenden zu können« (Rooch 2003, 139). Bildung in und durch Medien verlangt – nicht stattdessen – aber darüber hinaus einen ästhetisch kompetenten Umgang. Die Menschen zum ästhetisch kompetenten Umgang mit Medien zu befähigen, ist Auftrag der kunstpädagogischen Praxis. Diese erfüllt ihren Auftrag, wenn die Wirklichkeit betreffende, Sinn stiftende Wahrnehmungs- und Gestaltungsweisen im Zentrum der pädagogischen Bemühungen stehen (Zacharias 2001b, 62).

Im Folgenden soll näher auf das Medium Bild eingegangen werden. Aufgezeigt werden soll, wie das Bild als Mittleres bildend vermittelt (Pazzini 1999, 6). Im Bilder-Machen legt der Mensch die Welt aus, die Welt, in der er handelt, er legt sein Verhältnis zu der Welt aus, in der er lebt (Otto und Otto 1987, 20). In Bildern wird die »gebildete« Sicht auf sich und die Welt mitgeteilt. So beziehen sich Bilder immer auf Wirklichkeit, auf die Wirklichkeit, in der Menschen leben, in der Menschen handeln und die sich Menschen wünschen. Bilder sind demnach als Medien der Aufklärung, der Erkenntnis und der Information zu verstehen (Jentsch, Lehmann und Wolters 1987, 11). Deutlich wird, Bilder sind kein Selbstzweck, sondern Mittel, mit deren Hilfe die Menschen ihre Beziehung zur Wirklichkeit als auch zum Ich selbstbildend klären. Gerade dadurch, dass in ihnen die »Differenz zwischen dem Möglichen und Wirklichen« (Kirschenmann 2006d, 552) thematisiert wird, tragen sie zur »Bewältigung« und »Erzeugung« von Wirklichkeit bei (Billmayer 1999, 6). Bildsprachliche Kompetenz ist demnach weitreichend zu verstehen als eine Fähigkeit, wahrzunehmen, zu fühlen, zu denken, zu handeln und zu leben (Pazzini 1986, 21). Als so verstandene stellt sie eine »wesentliche Basiskompetenz« dar, ermöglicht sie doch den Menschen, am gesellschaftlichen Leben teilzuhaben (Freiberg 2004, 408).

Wird das Bild als bildender Mittler zwischen Mensch und Welt verstanden und respektiert, dann ist es nicht vorhersehbar: Die »Bewältigung« und »Erzeugung« von Wirklichkeit mittels Bildern kann nicht diktiert werden. Die Verschränkung von Mensch und Welt im Bild durch bildsprachlich ästhetische Kompetenz ist nicht vorhersagbar. Ihr liegt Selbstbildung zu Grunde. So wird in der pädagogischen Praxis eine bildende Wirkung von Bildern nur dann erreicht, wenn die am Selbst orientierte Bildung im Bildumgang geachtet wird. Dass der Bildumgang im Unterricht vorrangig nicht durch eine sich im Bild spiegelnde Verschränkung von Schüler und Welt durch bildsprachlich ästhetische Kompetenz bestimmt ist, wird im Folgenden thematisiert.

7.5.2 Kulturbildung

Kultur wurde als human gestaltete Lebensweise definiert (Fuchs 1994, 34). Durch den Ausdruck »human« wurde betont, dass der Mensch sich nicht in die äußeren Bedingungen einfügen muss, er vielmehr Subjekt seiner Verhältnisse ist: Der Mensch kann seine Lebensbedingungen gestalten. In Bildungsprozessen setzt sich der Mensch mit der Kultur auseinander, wobei Aneignung und Gestaltung wechselseitig aufeinander bezogen werden. In Bildungsprozessen kommt es sowohl zu einer Veränderung des Lernsubjektes als auch des Lernobjektes. Das Subjekt bildet sich und das Objekt bildet sich, formt sich neu. Beide gehen verändert aus dem Bildungsprozess hervor. Um diesem Anspruch gerecht zu werden, muss der Mensch wahrnehmen, reflektieren und entscheiden, welche äußeren Bedingungen wünschenswert und folglich erhaltenswert und welche Bedingungen unerwünscht und demzufolge veränderungswürdig sind. Denn Bildung an Kultur bedeutet immer zweierlei: Einerseits geht es um die Aneignung dessen, »was im Rahmen kultureller Überlieferung als besonders tradierungswürdig gilt, etwa weil es für das Verständnis der Gesellschaft und zur Beantwortung von Sinnfragen besonders notwendig erscheint« (Duncker 1994, 466). Andererseits geht es bei Bildung an Kultur um die Neu- und Umgestaltung dessen, was im Rahmen kultureller Überlieferung als nicht tradierungswürdig gilt, etwa weil es dem Selbstverständnis der Gesellschaft nicht mehr entspricht und als Antwort auf Sinnfragen überkommen wirkt (ebd.). Um den Menschen das Handlungsspektrum der Kultur zu eröffnen, muss in Bildungsprozessen sowohl die Normerhaltung als auch die Normveränderung der Kultur berücksichtigt werden. So hat im Unterricht das Lernen zum einen auf die »Tradierung von Normen« abzuzielen, und zum anderen hat das Lernen im Unterricht die Infragestellung der Normen, ihre Veränderung zum Ziel zu haben (Otto 1998, 2: 102). Nur wenn beide Herangehensweisen zum Zuge kommen, wird der Unterricht dem Anspruch gerecht, der allgemein an Bildungsprozesse im Umgang mit Kultur gestellt wird: Die Heranwachsenden zu befähigen, »an dem immerwährenden Prozess des kulturellen Umbaus, an den ständigen kulturellen Wandlungen aktiv teilzunehmen, den Rhythmus von Destruktion, Selektion und Konstruktion bzw. Rekonstruktion zu kennen und daran mitzuwirken« (Bering 2003c, 161).

Die gegenwärtige pädagogische Praxis gibt der Normvermittlung durch vorhersehbares Lernen den Vorrang (Otto 1998, 2: 102). Ohne Zweifel hat die Normvermittlung ihre Funktion und damit ihre Berechtigung: Die Lernenden erhalten Ein- und Überblick in tradierte Ordnungs-, Typisierungs- und Systematisierungsprinzipien (Heymann 1997, 8). Diese zu vermitteln, ist eine, aber nicht einzige Verpflichtung, der der Unterricht nachzukommen hat. Der andere, der weitere Auftrag ist, zu einer Veränderung der Normen beizutragen. Dass der Unterricht sich hier schwer tut, liegt zum einen am Unterrichtsverständnis: Qualität wird Unterricht in der Regel dann zugesprochen, wenn die zuvor vom Lehrer penibel festgelegten Ziele in dem im Vorfeld genau bestimmten Zeitrahmen von den Schülern erreicht werden (Bertram 2008, 346). Dass im Unterricht der Normvermittlung durch vorhersehbares Lernen der Vorzug gegeben wird, ist zum anderen durch das vorherrschende Lehrverständnis begründet: »Erwachsene sind oft [und nur] mit ihrer erzieherischen Arbeit zufrieden, wenn Kinder Anregungen und Aufgaben so lösen«, wie die Erwachsenen »selbst es sich vorgestellt haben« (Korte 1993, 155). Dieses Unterrichts- und Lehrverständnis resultiert in einem verordneten, kontrollierten Lernen nach Plan und Programm. Vorhersehbare Darstellungen sind sein Ergebnis.

In vorhersehbaren kunstpädagogischen Lernprozessen wird die Auseinandersetzung der Schüler mit der Wirklichkeit auf das passive Aufnehmen des bestehend Gültigen begrenzt. Die Möglichkeit, sich Wirklichkeit eigenständig eben auch anders vorzustellen, ist nicht gewünscht. Es liegt auf der Hand, dass ein solches Vorgehen dem Auftrag nicht gerecht wird, sowohl zur Erhaltung als auch zur Veränderung der Traditionen beizutragen: Bestimmen nämlich »Nachahmungsästhetik oder abbildgläubige Als-ob-Didaktik« (Kettel 2008a, 296) den Unterricht, geht Lernen nicht über funktionale Anpassungsvorgänge hinaus (Duncker 1994, 472). Wird in der pädagogischen Praxis die Auseinandersetzung mit der Wirklichkeit auf das schlichte Wahrnehmen, Feststellen, Benennen und Abbilden begrenzt, wird die Wirklichkeit stillgestellt: Ihr Sein erscheint festgeschrieben und unveränderbar. Das ist problematisch, wird doch hier ignoriert, dass Menschen Wirklichkeit konstruieren und damit gestalten. Übersehen wird, dass Wirklichkeit gerade deshalb flexibel und veränderbar ist, weil der Mensch als Konstrukteur an ihrer Schaffung beteiligt ist (Bering 2003c, 163). Will die pädagogische Praxis der Wirklichkeit gerecht werden, muss Wirklichkeit stets als eine mögliche, von den Menschen gemachte vermittelt werden, in der vieles als tradierungswürdig, aber vieles auch als veränderungswürdig angesehen werden muss. Unterricht muss darüber hinaus die Schüler befähigen, sich die Wirklichkeit auch anders vorstellen zu können, und ihnen aufzeigen, wie sie Veränderungen gegebenenfalls angehen und umsetzen können. Geschieht dies, werden den Heranwachsenden beide Zugänge zur Wirklichkeit aufgezeigt: den der Aneignung *und* den der Gestaltung (Bering 2006, 233). Dann umfasst das Lernen im Unterricht neben dem »Erlernen von Kontexten, ›Lebenskontexten‹« auch das Sich-Aneignen der Gestaltung von Kontexten (Bering 2003c, 161).

In dem oben ausgeführten Unterrichts- und Lehrverständnis, das im vorhersehbaren Lernen seinen Ausdruck findet, spiegelt sich, dass Kunstunterricht in der Regel den gleichbleibenden Verlauf bestimmter Sichtweisen verfolgt. In der pädagogischen Praxis ist nicht gewünscht, dass Schüler mit »neuen faszinierenden Entwürfen« »die Glaswände der Konvention« durchstoßen (Schulz 1983, 36). Beschränkt sich Kunstunterricht jedoch auf die Vermittlung von konservativen, System stabilisierenden Sichtweisen, ist er selbst nicht ein Ort der Kulturbildung. Denn nur wenn im Unterricht »Kulturerschließen und Kulturschaffen« aufeinander bezogen werden, ist er ein Ort, von dem Kultur gespeist wird (Duncker 1994, 473). Von einem angemessenen Umgang mit Kultur im Kunstunterricht kann folglich nur dann gesprochen werden, wenn sich Kunstunterricht zumindest partiell von gesellschaftlich etablierten Wirklichkeiten distanziert und Spielraum eröffnet, in seinem Rahmen eben auch neue, veränderte Wirklichkeiten zu entwerfen.

7.5.3 Bildbildung

Im Kunstunterricht zur Kulturbildung beizutragen, könnte in selbstverständlicher Weise gelingen, denn sein Fachgegenstand ist das Bild, und dieses kennt keine Regeln und Gesetze, es ist »eigengesetzlich« (Schmid 1998, zitiert in Heil 2007, 340); es ist bestimmt von produktiver Freiheit (Lehnerer 1994, 152). Würde das Bild als solches im Unterricht verstanden, würden sich die Darstellungen nicht wie bisher auf die Abbildung der Realität nach Vorgabe beschränken, vielmehr zeigte sich in ihnen die wahrgenommene, reflektierte und gestaltete Sicht der Schüler auf Wirklichkeit. Die Gestaltungen der Schüler wären dann nicht mehr nur bestimmt durch Vorgegebenes, sondern in ihnen würde sich auch unbekannt Mögliches und Denkbares zeigen (Duncker 1994, 467). Kunstunterricht sollte dieses Potenzial nutzen. Denn werden im Kunstunterricht Bilder von produktiver Freiheit bestimmt, zeigen sich in den Bildern die Ein- und Ansichten der Schüler. Zuvor verborgene Sichtweisen der Heranwachsenden auf die Wirklichkeit kommen zum Vorschein: »Das Bild der Welt, das ›im Kopf‹ der Schüler existiert« (Bering 2006, 234), findet Ausdruck. Im Bild wird es sichtbar mitgeteilt und stiftet wahrgenommen neue Bedeutung. Das sich in den Bildern spiegelnde Neue wird nicht ohne Einfluss bleiben. Es wird sich auf das Bild von Wirklichkeit seiner Betrachter wie auch auf die Wirklichkeit selbst auswirken (Duncker 1994, 465). So trägt ein Bildumgang, der von unvorhersehbarem Lernen bestimmt ist, zu einem bewussten, aktiven und gestaltenden Verhältnis zu sich, zu seiner Umgebung, zu seiner Vergangenheit und Zukunft bei. Er ermöglicht humane Lebensweise.

»Jedes geglückte Bild ist [...] Welteröffnung [...] Und das heißt nicht: Das Gebilde zeigt uns etwas anderes in der Welt oder eine andere Welt, sondern es zeigt diese Welt als andere. Es zeigt keine neue Welt, sondern die Welt von neuem. Bei der ›wunderbaren Reise‹ [...] kommen wir durch eine Umkehrung am Ende wieder dahin, wo wir zu Anfang waren. Wir lernen, das zu sehen, was wir immer schon gesehen haben – und doch nicht gesehen haben.« (Wohlfart 1994, 182)

Die sich in den Bildern der Gestalter spiegelnden einzelnen Entwürfe von Wirklichkeiten stellen jeweils nur eine von unzählig möglichen Vorstellungsbildern von Welt dar. In Bildern kommt ein vielfältiges und mehrschichtiges Wirklichkeitsverständnis zum Ausdruck. Das unvorhersehbare Lernen im Umgang mit Bildern kann folglich als eine den gesellschaftlichen Entwicklungen der Pluralisierung und Individualisierung entsprechende und eine das Subjekt von den gesellschaftlichen Entwicklungen emanzipierende, weil zum Sich-Bilden beitragende Kunstdidaktik bezeichnet werden. Sie wird der Wirklichkeit, den Lernsubjekten und dem Bild gerecht.

Um zur Bild- als Kulturbildung beizutragen, muss der Versuch als methodische Herangehensweise im Unterricht Berücksichtigung finden. Die pädagogische Praxis muss den Lernenden Spielraum gewähren, im Gestaltungsprozess Versuche zu machen mit sich und seinen Möglichkeiten von »Subjektbildung, Selbst- und Fremdreferenz, Selbst und Weltkonstruktion« (Kettel 2004b, 24). Gestaltungsversuche dienen dazu, lieb gewonnene Denkgewohnheiten zu hinterfragen und im Experiment auf andere Gedanken zu kommen, eben durch Versuche, anders denken zu lernen, als man schon gedacht hat (Schmid 1999, 18). Ziel ist, bisher verschlossene Möglichkeitshorizonte zu eröffnen. Dadurch, dass der Versuch das Gewohnte überschreitet, indem er »mögliche Zukünfte entwirft und die Bedingungen ihrer Möglichkeit erkundet« (Keupp u.a. 2004, 69), erlaubt er dem Schüler die Erfahrung des Anderen: Im Versuch wird die Beziehung zum Anderen hergestellt, zum Anderen als Idee und Möglichkeit (Schmid 1998, 360). So eröffnet der Versuch »über die vordergründige Wirklichkeit hinaus den Reichtum der Möglichkeiten von Selbst und Welt, und verhilft dazu [...], sich nicht in einer herrschenden Wirklichkeit einzuschließen, vielmehr den Horizont des Künftigen in den Blick zu bekommen« (ebd., 313). Sich versuchend macht der Schüler Erfahrungen und gewinnt aus diesen neue Erkenntnisse. Durch Versuche wird die eigene Denkweise neu austariert. Ein neuer Standort wird gefunden.

Versuche verlangen vom Lernenden Mut, denn Versuche gehen ins Ungewisse (ebd., 365). Im Gestaltungsversuch weiß der Schüler nicht, wohin ihn sein Tun führt. Bestimmt der Versuch sein Vorgehen, hält der Lernende nicht an seiner ersten Idee fest, vielmehr unternimmt er vorsätzlich Versuche, um weitere Möglichkeiten zu erkunden. Indem er Versuche in der Gestaltung unternimmt, experimentiert er mit sich selbst und der Wirklichkeit. Sich und die Wirklichkeit im Bild auf die Probe zu stellen, dient dazu, eine neue mögliche Form seiner selbst und der Welt zu finden und in der Gestaltung zum Ausdruck zu bringen. Der Ausdruck der Gestaltung ergibt sich aus der im Versuch gewonnenen Erkenntnis. Das Werk spiegelt die neu bezogene Position (Buschkühle 2004a, 390). Basiert Gestaltung auf Versuchen, kann weder der Schüler noch die Lehrkraft voraussehen, wohin das Experiment führt, wohin der Lernende gelangt. Da das Ziel nicht vorgeschrieben ist, können Versuche auch missglücken (Lindström 2007, 175). Nichtsdestotrotz birgt gerade »das Eingehen von Risiken [...] Chancen« (Bögeholz 1997, 89). Denn selbst wenn der Gestaltungsversuch in Bildungsprozessen missrät, geht er nicht grundsätzlich fehl, ist doch das Fehlgehen selbst reich an Erfahrung und Erkenntnis. Es ist reicher an Erfahrung und Erkenntnis als der vorgeschriebene gerade Weg zum vorhersehbaren Gestaltungsprodukt (Bilstein 2010, 48), erschöpft sich doch dessen Ausdruck darin, die Linearität und Langeweile eines Plans zu spiegeln: »Schablonen-Lösungen« sind sein Ergebnis (Eickhoff 2007, o.n.A.). In Bildungsprozessen Gestaltung als Versuch zu begreifen, hat des Weiteren den Vorteil, dass ohne große Vorbereitung – mitten im Leben – mit ihr versuchend begonnen werden kann: Denn wird Gestaltung als Versuch begriffen, muss nicht »von vorne« angefangen, nicht erst eine »umständliche Grundlegung« betrieben werden (Schmid 1998, 363). Vielmehr können die Schüler von ihren Erfahrungen ausgehen und diese in vom Versuch bestimmten Gestaltungsprozessen erweitern. Findet der Versuch als methodische Herangehensweise im Unterricht Berücksichtigung, so wird die durch rezepthafte Konzepte »oft zu formalem Schematismus erstarrte Praxis des Faches« überwunden (Buschkühle 2004a, 389).

7.6 Unvorhersehbares Lernen als Notwendigkeit

Die sich im Tagungsband (Busse und Pazzini 2008a) spiegelnde Zurückhaltung der Fachvertreter bezüglich des Potenzials unvorhersehbaren Lernens im kunstpädagogischen Kontext ist nicht gerechtfertigt. Denn wie sich in den vorherigen Ausführungen gezeigt hat, ist, im Unterricht offen zu sein für unerwartet Neues und in Folge die Schüler tatsächlich selbst gestalten zu lassen, eine Chance, sowohl für den Unterricht als auch für die Menschen (Breuning 2000, 41). Nur wenn unvorhersehbares Lernen zugelassen wird, kann die zentrale Aufgabe des Kunstunterrichts erfüllt werden: die Aufgabe, »den Raum der Wahrnehmungen zu erweitern, den Raum der Vorstellungen und des Denkens zu öffnen, den Raum der Handlungsmöglichkeiten zu verbreitern, den Raum des Urteilens anzureichern, Formen zu erschließen, um sublimere Formen des Lebens, um autonomes und solidarisches Leben zu ermöglichen« (Liebau 1993, 611). Da Bildung des Unvorhersehbaren bedarf, sollte dem Unerwarteten in der kunstpädagogischen Praxis Raum eingeräumt werden. Im Unterricht sollte Unvorhersehbares als Ausdruck von stattgefundener Bildung angestrebt werden. Geschieht dies, verändert sich das Selbstverständnis von Kunstunterricht. Er versteht sich dann »weniger als Unterricht und mehr als Laboratorium, als Experimentierstation für das Vordringen ins Ungewisse und Verlockende« (Selle 1995, 20, zitiert in Heil 2009, 81). Zu betonen gilt, dass das Unvorhersehbare als Ausdruck von Bildung sich grundsätzlich von dem Unvorhersehbaren als Ausdruck eines Mangels an Planung unterscheidet. Das Unvorhersehbare als Ausdruck der Bildung bedarf genauer Planung und Vorbereitung. (Auf diesen Aspekt wird in den folgenden beiden Kapiteln näher eingegangen.) Gefordert ist also, dass in Zukunft durch Planung gesteuertes Unerwartetes das kunstpädagogische Tagesgeschäft bestimmt.

8. Anleitung zur Selbstbildung

In den vorangegangenen Kapiteln hat sich gezeigt, dass es unumgänglich ist, das Unvorhersehbare als das Offene in didaktischen Situationen zuzulassen (Busse 2008b, 28), denn das unvorhersehbare Offene kann als Fundament der kulturellen Bildung mit Medien angesehen werden. Des Weiteren wurde deutlich, dass sich »Bildung« nicht planen lässt. In Selbstbildungsprozessen macht sich der Mensch sein eigenes Bild. Dieses ist unvorhersehbar. Kann auch Bildung in der pädagogischen Praxis nicht diktiert werden, so kann Bildung sehr wohl angeregt werden (Buchheim 2002, 49). Wie die pädagogische Praxis Bildungsprozesse unterstützen kann, soll im Folgenden dargestellt werden. Die Prinzipien, die die pädagogische Praxis bestimmen müssen, damit Menschen sich bilden können, werden im Folgenden herausgearbeitet. Wie die Ansprüche der Theorie in der pädagogischen Praxis realisiert werden können, wird im Anschluss – im Kapitel »Umsetzung kultureller Bildung in der pädagogischen Praxis« – anhand eines künstlerischen Projekts mit Studierenden verdeutlicht.

8.1 Den Menschen Aneignung und Gestaltung zutrauen

Wie zuvor dargestellt wurde, ist Bildung vor allem Selbstbildung (von Hentig 1999, 37). Selbstbildung setzt das Subjekt als Selbst voraus: Im Bildungsprozess stellt es das Aktivitätszentrum dar (Fuchs 1999c, 415): Es bildet sich. Die Tatsache, dass Selbstbildung grundsätzlich auf Subjekte angewiesen ist, hat Folgen für die Förderung von Bildungs- bzw. Selbstbildungsprozessen. Setzt Bildung das Subjekt voraus, so muss in angeregten Bildungsprozessen den Lernenden der Subjektstatus zugebilligt und damit verbunden die Kompetenz zur humanen Lebensgestaltung entsprechend ihrer Entwicklungsstufe zugesprochen werden (Breuning 2000b, 39). Die Lernenden als Subjekte von vornherein anzuerkennen, heißt, die Lernenden als aktive und kompetente Menschen zu betrachten, die »sind« (Baacke 1999, 219 nach Zacharias 2001a, 65). Die für Bildungsprozesse notwendige Auffassung vom Menschen, der schon »ist«, unterscheidet sich grundlegend vom Bild der Lernenden, das man sich in Ausbildungsprozessen macht. Während in Ausbildungsprozessen vom »unfertigen« Menschen ausgegangen wird, der eben noch nicht ist und durch die Ausbildung erst zu etwas wird, gehen Bildungsprozesse vom »ganzen Menschen« aus, vom ganzen Menschen, der schon etwas ist, hat und kann (Zacharias 2001a, 65). So werden in Bildungs-, im Gegensatz zu Ausbildungsprozessen die Lernenden als Menschen mit eigener Geltung betrachtet (Leu 2000, 25), die eigene Erfahrungen gesammelt haben und Potenzen besitzen. Das Sein, Haben und Können der Lernenden wird als Potenzial betrachtet, das es in Bildungsprozessen zu entfalten gilt (Breuning 2000b, 42). In dieser Haltung spiegelt sich, dass der Standort der Lernenden – ihr Sein, Haben und Können – niemals defizitär wahrgenommen wird (Leu 2000, 33). Vielmehr wird ihr Standort als gegeben angenommen und als solcher ernst genommen. Das Sein, Haben und Können wird zum Ausgangspunkt der Bildungsarbeit gemacht: Die Lernenden werden da abgeholt, wo sie stehen (Bockhorst und Schäfer 1994, zitiert in Fuchs 1994, 98). So bestimmt in angeregten Bildungsprozessen die Vorstellung vom und der Respekt vor dem einzelnen Menschen den Umgang mit den Lernenden. Der Respekt vor der Subjekthaftigkeit der Menschen findet seinen Ausdruck in der Anerkennung der Lernenden als wahrnehmende, reflektierende und gestaltende Subjekte: Ihnen wird zugetraut, dass sie sich Wirklichkeit vor dem Hintergrund ihrer Lebensgeschichte und ihrer aktuellen Lebenssituation in Selbstbildungsprozessen interpretierend aneignen, ihr Bedeutung und Sinn verleihen können (Scherr 1996, 392). Das Zutrauen geht mit einer Abgabe an Kontrolle der Pädagogen einher. In Bildungsprozessen übertragen Pädagogen Verantwortung auf die Lernenden mit dem Risiko, bzw. besser der Chance, dass die Lernenden andere Bildungen vornehmen als die Pädagogen es selbst tun würden (Breuning 2000b, 47). Das Zutrauen der Pädagogen in die Lernenden, sich aktiv mit sich und der eigenen Umwelt auseinandersetzen und sich in der Auseinandersetzung Fähigkeiten aneignen zu können, kann als wichtigste Voraussetzung für Bildungsprozesse ausgemacht werden (Münchmeier 2001, 72). Dieses Zutrauen ist unumgänglich, denn Lernenden ist Selbstbildung nur dann möglich, wenn sie in angeregten Bildungsprozessen von vornherein als Subjekt – und eben nicht als zu Belehrende – behandelt werden (Leu 2000, 28), wenn ihnen die Kompetenz zur humanen Lebensgestaltung entsprechend ihrer Entwicklungsstufe bedingungslos zugesprochen wird. Das heißt, wenn ihnen ausgehend von ihren Möglichkeiten uneingeschränkt Selbstbildung zugetraut wird. Selbstbildung setzt also immer ein Umfeld der Anerkennung voraus, Anerkennung umfassend verstanden als »emotionale Zuwendung, als kognitive Achtung und als soziale Wertschätzung« der einzelnen Person (Breuning 2000b, 39).

8.2 Sich gegenseitig respektieren und sich an Unterschieden bilden

Menschen im Bildungsprozess Subjektstatus zuzubilligen und ihnen Selbstbildung zuzutrauen, verändert das Verhältnis zwischen Pädagogen und Lernenden grundlegend. In Ausbildungsprozessen treten Pädagogen den Lernenden als Autoritäten gegenüber, die genau wissen und vorschreiben, was wie zu tun ist. Die Auszubildenden gelten als zu Belehrende, die eben noch nicht wissen, was zu tun ist, und denen es noch an Fähigkeiten bei der Umsetzung mangelt. Legitimiert werden die Vorschriften in Ausbildungsprozessen durch den fachspezifischen Erfahrungs- und Wissensvorsprung der Pädagogen. Im Vordergrund steht, was Lernenden im Vergleich zu den Pädagogen an Wissen, Fähig- und Fertigkeiten fehlt (Leu 2000, 33). Der Blick der Pädagogen konzentriert sich folglich immer auf die Defizite (Sturzenhecker 1998, 210, zitiert in Breuning 2000b, 46), die die Lernenden im Verhältnis zum Pädagogen haben. Durch den Machtvorsprung, den Pädagogen qua Position innehaben, setzen sie die Ausbildungsziele durch. So sind in Ausbildungsprozessen die Lernenden Objekte in einer von den Pädagogen für richtig befundenen Schulung. In angeregten Bildungsprozessen treten hingegen die Pädagogen den Lernenden nicht, zumindest viel weniger, als Autoritäten gegenüber, die genau wissen und vorschreiben, was wie zu tun ist (Scherr 1996, 392). Umfassende Vorschriften scheinen fraglich, wird doch den Lernenden grundsätzlich zugetraut, vor dem Hintergrund ihrer Biografie sich die Wirklichkeit selbst aneignen, ihr Bedeutung und Sinn verleihen und sie gestalten zu können (Scherr 1996, 218, zitiert in Zacharias 2001a, 66). So verschafft die Anerkennung als Subjekt den Lernenden einen grundsätzlich gleichberechtigten Status im angeregten Bildungsprozess (Leu 2000, 33). Sie sind zu achtende Persönlichkeiten und in diesem Sinne gleichberechtigt. Durch die Anerkennung der Lernenden als Subjekte verändert sich Unterricht »vom Befehls- zum Verhandlungshaushalt« (ebd., 25).

Wichtig zu betonen ist, dass die Forderung nach Gleichberechtigung in Bildungsprozessen die Differenz zwischen Pädagogen und Lernenden nicht negiert. Selbstverständlich gibt es und muss es einen fachspezifischen Erfahrungs- und Wissensvorsprung auf Seiten der Pädagogen geben (Otto 1998: 1, 153). Dieser ist unumgänglich, denn nur das Vorhandensein eines fachspezifischen Erfahrungs- und Wissensvorsprungs auf Seiten der Pädagogen erlaubt diesen, den spezifischen Entwicklungsstand und die weniger ausgebildeten Kompetenzen der Lernenden im Unterricht zu berücksichtigen, und ermöglicht ihnen damit erst, den Lernenden angemessen zu handeln. Das Postulat nach Gleichberechtigung im pädagogischen Handeln ist folglich nicht in einem formalen Sinne gleicher Rechte und Pflichten zu verstehen (Leu 2000, 33). Das Postulat nach Gleichberechtigung bezieht sich vielmehr auf den Umgang. So zeichnet sich ein gleichberechtigter Umgang durch die Anerkennung der Selbst- und Weltsicht der Lernenden aus. Die Ansichten der Lernenden werden akzeptiert, also anerkannt, unabhängig von den sich in ihnen spiegelnden Wissens- und Erfahrungshorizonten (Scherr 1996, 392). Eine anerkennende Haltung ist notwendig, denn Lernende werden auf Dauer ihre Ansichten nur dann offen äußern, wenn sie das Gefühl haben, dass die Pädagogen ihre Welt- und Selbstsicht grundsätzlich achten und sich folglich um einen fairen Austausch über den Gegenstand der Auseinandersetzung bemühen. Des Weiteren werden Lernende nur dann ihre Meinung offen bekunden, wenn sie fühlen, dass die Pädagogen nicht versuchen, sie zu überreden oder sie durch herablassende Bemerkungen über ihre Selbst- und Weltsicht zu diskreditieren (Leu 2000, 34). Die Anerkennung der Lernenden als gleichberechtigte Subjekte manifestiert sich folglich in der Akzeptanz ihrer Selbst- und Weltsichten. In Bildungsprozessen soll dementsprechend zum Ausdruck kommen, wie Lernende sich sehen und was sie von der Welt halten. Ihre Eindrücke und Einsichten sollen sich in den Gestaltungen vermitteln.

In Bildungsprozessen spielt das Ungleichgewicht zwischen Pädagogen und Lernenden bezüglich des schon verfügbaren Wissens und der bereits gemachten Erfahrungen sehr wohl eine Rolle. Diese aber unterscheidet sich grundsätzlich von der in Ausbildungsprozessen. Während das Ungleichgewicht in Ausbildungsprozessen die Pädagogen berechtigt, ihre Ansichten mit Macht durchzusetzen, hat es in Bildungsprozessen eine dienende Funktion. Der Wissens- und Erfahrungsvorsprung dient vorrangig der Unterstützung der Selbstbildung der Lernenden. So befähigt das Mehr an Wissen und Erfahrung Pädagogen überhaupt erst, Bildungsprozesse anzuregen. Durch ihren Wissens- und Erfahrungsvorsprung genießen sie Ansehen bei den Lernenden und können Zutrauen ausstrahlen, kompetent Selbstbildungsprozesse zu begleiten. Folglich gewinnen Lehrende durch ihren Vorsprung an Wissen und Erfahrung überhaupt erst das Vertrauen der Lernenden, ihnen kompetent mit Rat und Tat beiseitestehen zu können. Dadurch, dass Pädagogen ihr Mehr an Wissen und Erfahrungen den Lernenden für Selbstbildungsprozesse zur Verfügung stellen, dienen sie den Lernenden. Selbstbildung zu initiieren, bedarf also sehr wohl eines Wissens- und Erfahrungsvorsprungs der Lehrenden. Geht es um Bildung, ist allerdings die Frage entscheidend, wie Pädagogen mit dem Vorsprung an Wissen und Lebenserfahrung in der pädagogischen Praxis umgehen. Deutlich wurde, dass das Mehr an Wissen und Erfahrung als entscheidendes Argument für Belehrung ins Feld zu führen, dazu führt, jede Form der Selbstbildung zu verunmöglichen (ebd., 33). So muss die Ausübung pädagogischer Macht im Maß gehalten werden (Schmid 1998, 316). Damit Selbstbildung in der pädagogischen Praxis gelingt, ist auf Gleichberechtigung basierende Teilhabe der Lernenden erforderlich.

Den Lernenden zugestandene, gleichberechtigte Teilhabe rückt die Eigenschaft des Verstehens in den Vordergrund. Um ihr Gegenüber zu verstehen, müssen Pädagogen offen sein für Neues, unter Umständen auch Fremdes, das ihnen durch die Welt- und Selbstsicht der Lernenden vermittelt wird (Leu 2000, 34). So fordert die Fähigkeit des Verstehens die Pädagogen heraus: Lehrende müssen zunächst einmal absehen von ihrer eigenen Sicht auf die Dinge. Die Differenz, die sie zwischen ihrer und der Weltsicht der Lernenden wahrnehmen, muss in Bildungsprozessen in den Hintergrund treten. Die Differenz muss für weniger wichtig erklärt werden als das Verstehen selbst. Das heißt, bevor sich Pädagogen mit den Lernenden über den Gegenstand der Bildung verständigen, gilt es für sie, zunächst einmal die Welt- und Selbstsicht der Lernenden wahrzunehmen und, für sich genommen, verstehend nachzuvollziehen. Sich zunächst der vorhandenen Welt- und Selbstsicht der Lernenden verstehend zuzuwenden, kann als eine Voraussetzung für Verständigung angesehen werden. Die Tatsache, dass der Wille zu verstehen für Verständigung im Unterricht grundlegend ist, muss den Bildungsprozess leiten: Die Welt- und Selbstsichten der einzelnen Lernenden müssen erst einmal von den Pädagogen mit ihren Unterschieden wahr- und ernst genommenen werden, denn Bildungsprozesse kommen gerade dann zu Stande, wenn eine einheitliche, gemeinsame Sicht auf den Gegenstand den Prozess der Auseinandersetzung nicht bestimmt – jedenfalls zunächst einmal nicht. Bisher wurde herausgestellt, dass Verständigung von Verstehen abhängt. Das Verhältnis von Verständigung und Verstehen ist allerdings wechselseitig. Auch das Verstehen hängt von Verständigung ab. Zu verstehen setzt einen grundsätzlichen Willen zur Verständigung von den Pädagogen voraus: Dem ist so, denn ein Wille zur Verständigung muss vorhanden sein, um den strittigen Gegenstand der Auseinandersetzung für weniger wichtig zu erklären als die Verständigung über ihn (von Hentig 1999, 83). Das Ziel, sich zu verständigen, muss vorrangig sein. Da Verstehen von Verständigung abhängt, ist auch Verstehen unmöglich ohne den Willen, sich verständigen zu wollen. Eine Auseinandersetzung über einen Gegenstand, die nicht vom Willen zur Verständigung von den Lehrenden geprägt ist, wird das Verstehen der Welt- und Selbstsichten der Lernenden unterbinden.

So kann in angeleiteten Bildungsprozessen die Bereitschaft zur Akzeptanz anderer Sichtweisen als grundlegend angesehen werden. Die Anerkennung anderer Welt- und Selbstsichten beschränkt sich allerdings nicht nur auf die Lehrenden, vielmehr ist sie von allen am Bildungsprozess Beteiligten gefordert. Denn setzen Bildungsprozesse einen gleichberechtigten Umgang der Beteiligten voraus, so heißt das, dass die Forderung, zu verstehen und sich verständigen zu wollen, für alle Beteiligten gleichermaßen gilt. Folglich sind auch von den einzelnen Lernenden die Offenheit und die Bereitschaft gefordert, sowohl auf die Vorstellungen von dem Pädagogen als auch auf die Welt- und Selbstsichten von den anderen Teilnehmern einzugehen. In Bildungsprozessen gilt es für alle, sich auf die Welt- und Selbstsichten der anderen einzulassen, ihren Eigensinn zu verstehen und sich über ihn verständigen zu wollen (Leu 2000, 34). Lehrende *und* Lernende sind folglich herausgefordert, sich mit ihren Ansichten selbst zu zeigen, deutlich zu machen, wo ihr Standort ist, was ihnen bewahrenswert erscheint und was verändert werden müsste. Bildungsprozesse fördern somit Selbstbildungsprozesse bei allen Beteiligten und fordern diese bei Letzteren heraus (ebd.). So gilt es für Pädagogen in angeleiteten Bildungsprozessen, Schulung gezielt auch einmal sein zu lassen – gelassen zu führen –, um allen Beteiligten – auch sich selbst – Freiraum zu geben, sich selbst zu bilden und sich auch bilden zu lassen »von Anderen, von ›der Gesellschaft‹ und ›vom Leben‹, mit all der Widersprüchlichkeit, mit der vertraut zu werden wesentlich zum Lebenlernen gehört« (Schmid 1998, 316).

8.3 Mündigkeit als Bildungsideal – Emanzipation fördern und fordern

Wie sich gezeigt hat, wird Bildung nicht erreicht, wird im Lehrprozess das Weltbild, das dem Pädagogen selbst im Hinblick auf das Leben und Zusammenleben als das richtige erscheint, normativ festgelegt und den Lernenden aufoktroyiert. Bildung kommt nicht zu Stande, denn sie lässt sich nicht mechanisch übertragen: »Gebildet wird man nicht, bilden muss man sich selbst« (Leu 1999, 172, zitiert in Breuning 2000b, 43).

»Wer viel aufnimmt, aber nichts bei sich behält und assimiliert, wer nichts davon zu sich selbst macht, der wird bei allem Hunger und Verzehr [des Wissens] niemals gebildet, bleibt unverwandelt und damit eben ein ›Unverbeß‹ [ein Unverbesserlicher].« (Buchheim 2002, 49)

Lässt sich Selbstbildung auch nicht verordnen (von Hentig 1999, 39), »vollzieht sich auch Selbstbildung, wenn sie zustande kommt, von allein« (Buchheim 2002, 49), so entbindet sie als Bildungsziel die Pädagogen nicht von jeglicher Verpflichtung: Selbstbildung muss als Ziel verfolgt und ermöglicht werden (Schmid 1998, 311).

Das Subjekt ist der Fokus angeregter Bildungsprozesse. Dadurch, dass angeregte Bildungsprozesse von den Subjekten ausgehen und auf das Subjekt und seine Bildung abzielen (Scherr 1996, 389), unterscheiden sie sich grundsätzlich von anderen Ausbildungsprozessen. Ein wesentlicher Unterschied ist auszumachen zu eher gegenstandsdominierten Ausbildungsprozessen, in denen das Subjekt den Lerngegenständen untergeordnet ist und sich damit diesen zu fügen hat, oder zu anderen eher institutionsdominierten Ausbildungsprozessen, in die sich der Lernende – quasi als Statist – einfügen muss (Zacharias 2001a, 64). In gegenstands- und institutionsdominierten Ausbildungsprozessen spielt das Subjekt keine oder nur eine dem Gegenstand oder der Institution untergeordnete Rolle. Der Prozess der Auseinandersetzung ist hier durch vorgefertigte Meinungen und Interpretationen anderer bestimmt. Lerninhalte werden vorwiegend schematisch vermittelt. Dies ist bildungspolitisch problematisch. Werden Ausbildungsprozesse von vorgefertigten Meinungen und Interpretationen bestimmt, wird das eigene kritische Urteilsvermögen der Lernenden nicht geschult. Geradezu unterdrückt wird die Ausbildung des Vermögens, den eigenen Verstand zu bilden und diesen eigenständig sowie kritisch zu gebrauchen. So versetzt dieses Vorgehen die Lernenden in den Stand der Unmündigkeit, Unmündigkeit verstanden als das Unvermögen, sich des eigenen Verstandes ohne Anleitung eines anderen bedienen zu können (Schnurr 2008, 200-201). So wird in gegenstands- und institutionsdominierten Ausbildungsprozessen das wichtigste Bildungsziel verfehlt, »Menschen dazu befähigen, für sich selbst zu denken, sich von Bevormundung zu emanzipieren, das, was von ›Autoritäten‹ welcher Art auch immer vorgegeben wird, kritisch zu hinterfragen und mittels der eigenen Vernunft zu prüfen« (Heymann 1997, 13) und damit zur Mündigkeit zu befähigen. »Die Disziplinierungen« und die »gesellschaftlich verankerte Festlegung des Blicks« (Kettel 1998, 8) sind demnach bildungspolitisch kontraproduktiv.

Sollen Lernende hingegen in den Stand der Mündigkeit versetzt werden, müssen ihre gegenwärtigen Ansichten und die vorhandenen Auffassungen anderer in der pädagogischen Praxis zum Gegenstand einer kritischen Urteilsbildung gemacht werden. Da heutzutage viele unterschiedliche und sich zum Teil widersprechende Sichtweisen auf sich und die Welt denkbar sind, gilt es, den Lernenden zunächst vorhandene »Einseitigkeiten des erkennenden Blicks« bewusst zu machen (Schnurr 2008, 201). Von ihnen muss verstanden werden, dass die vorhandene Sichtweise auf den Gegenstand nicht die einzig mögliche ist. Diesem Anspruch wird genügt, wenn in der pädagogischen Praxis stets verschiedene Perspektiven auf den Gegenstand einbezogen werden und damit den Lernenden ermöglicht wird, sich und »die Welt auf mehrdimensionale [...] Weise zu erfassen« (ebd., 203). Das heißt, dadurch, dass die Lernenden in angeregten Bildungsprozessen mit »Vielseitigkeiten des erkennenden Blicks« konfrontiert werden, werden sie befähigt, mannigfaltige Möglichkeiten des Handelns zu erkennen (ebd., 203). Ihr Urteilsradius wird erweitert. In angeregten Bildungsprozessen wird jedoch nicht nur der Urteilshorizont vergrößert, sondern auch das Vermögen geschult, über sich und die Welt, über ihre Widersprüche und ihre Realisierung urteilen zu können. Dadurch, dass der Pädagoge den Auseinandersetzungsprozess begleitet und unterstützt (Wagner 1999, 95), indem er die Lernenden immer wieder auffordert, Aussagen, Gegebenheiten, »sogenannte« Tatsachen und Gesetzmäßigkeiten zu hinterfragen und reflektiert, begründet zu argumentieren (Heymann 1997, 25), lernen Letztere, den eigenen Verstand zu bilden und diesen eigenständig sowie kritisch zu gebrauchen. Die Heranbildung einer selbstständig urteilenden und entschlossen handelnden – mündigen – Persönlichkeit ist ihr Ergebnis. Mündigkeit, die ihren Ausdruck darin findet, dass der Mensch über das Vermögen zur Selbstbestimmung, Autonomie und damit zu geistiger Freiheit verfügt (Schnurr 2008, 200).

Muss und darf sich der Mensch auch in angeregten Bildungsprozessen weder dem Lerngegenstand noch den Prinzipien einer Institution schlicht fügen, so üben selbstverständlich auch angeregte Bildungsprozesse einen orientierenden und gestaltenden Einfluss aus. Ohne Frage beeinflusst auch die begleitende Unterstützung durch die Pädagogen die Gestaltung des jeweiligen Selbst und seines Lebens. Angeregte Selbstbildung geschieht nicht in einem Vakuum. Übt die Anregung auf den Bildungsprozess unbestritten Einfluss aus, so ist sie doch stets so dosiert, dass sie den Selbstbildungsprozess nicht bestimmend beeinflusst. Dies ist möglich, ist doch die bestimmende Einflussnahme in angeregten Bildungsprozessen nicht primäres Ziel. Geht es doch den Pädagogen in angeregten Bildungsprozessen vorrangig darum, »frühzeitig und in wachsendem Maße die Möglichkeiten und Instrumente der Gestaltung dem Individuum selbst zur Verfügung zu stellen«, so dass es die Arbeit der kritischen Urteilsfindung selbst ausführen kann (Schmid 1998, 316). So unterstützen angeregte Bildungsprozesse die Lernenden bei der Aufgabe, die Fähigkeit zur eigenen kritischen Selbst- und Weltgestaltung zu erlangen, das heißt, das Vermögen zu erwerben, sich selbst und der Welt die Form zu geben, derer sie nach dem eigenen kritischen Urteil bedürfen. Dadurch, dass sie den Lernenden Bildungsräume – im metaphorischen Sinne verstanden – überlassen, verhelfen sie zur Mündigkeit, wirken emanzipatorisch.

8.4 Pädagogische Konsequenzen aus dem Ziel »Selbstbildung«

8.4.1 Beteiligung

In den vorangegangenen Abschnitten wurde deutlich, dass Selbstbildung nicht erreicht werden kann durch »bloße Wissensvermittlung« (Otto 1998:1, 149). Selbstbildung setzt vielmehr voraus, Menschen als Subjekte ihres Bildungsprozesses zu achten und zu fördern (Mattheis 2001, 75). Lernende müssen als Gleichberechtigte ernst genommen werden: In der pädagogischen Praxis muss ihnen zugetraut werden, sich mit sich selbst und ihrer sozialen und gegenständlichen Umwelt reflektiert auseinandersetzen und nach Bedeutung suchen und Sinn stiften zu können (Leu 2000, 34). Es hat sich gezeigt, dass der Prozess der Selbstbildung von Seiten der Pädagogen unterstützt und erweitert werden kann (Wagner 1999, 91). Neben einer der Selbstbildung angemessenen pädagogischen Haltung, haben Pädagogen dafür Sorge zu tragen, dass eine Lernform zur Verfügung steht, die es den Menschen ermöglicht, sich mit sich und der Welt selbstbestimmt bildend auseinanderzusetzen. Als geeignete Methode, um selbstbestimmte Bildungsprozesse in Gang zu setzen, kann die Projektarbeit angesehen werden.

Projektarbeit will Menschen zur selbstbestimmten und selbstorganisierten Auseinandersetzung mit sich und der Lebenswelt aktivieren (Bartscher 2000, 64). Ziel der Auseinandersetzung ist neben der Aneignung gerade auch die Gestaltung des Selbst und der Welt. So ist in der Projektarbeit die Wahrnehmung des Vorgefundenen kein Selbstzweck, vielmehr dienen die durch Wahrnehmung gewonnenen Erkenntnisse dazu, sich und die Umwelt gemäß der neuen Einsichten gestaltend zu verändern. Projektarbeit strebt »Selbst- und Weltveränderung« (Wolters 1994, 175, zitiert in Bartscher 2000, 65), (Neu-)Bildung an. Eine klare Schülerzentrierung und Handlungsorientierung liegt somit der Projektarbeit zu Grunde (Otto 1998:1, 152). Die auf bewusster Reflexion beruhende, auf Veränderung gerichtete Handlung stellt den eigentlichen Bildungsgegenstand dar. Der Bildungsanspruch von Projektarbeit, »handelnd und wenn möglich verbessernd in gesellschaftliche Prozesse einzugreifen« (Wolters 1994, 175, zitiert in Bartscher 2000, 65), ist bedeutend, vermittelt er doch, dass Projektarbeit nicht auf ein Lernen »an sich« abzielt. In der Projektarbeit geht es gerade nicht um von der Lebenswirklichkeit losgelöstes Wissen oder um von der Lebenswirklichkeit abgeschnittene Fähig- und Fertigkeiten. Vielmehr zielt der Bildungsanspruch stets auf reale gesellschaftliche Einflussmöglichkeiten ab. Angestrebt wird die Befähigung zur Gestaltung der Verhältnisse »durch problemformulierendes und problemlösendes Handeln« (Otto 1998:1, 147). Es ist genau dieser Aspekt, der der bildenden Auseinandersetzung der Projektarbeit »Ernstcharakter« verleiht (Wolters 1994, 175, zitiert in Bartscher 2000, 65) und zum Ausdruck bringt, dass es sich bei Projektarbeit um eine gleichermaßen pädagogische wie politische Methode handelt (Bartscher 2000, 64). Projektarbeit wirkt politisch, denn sie fordert und fördert politische Handlungsfähigkeit in dem Sinne, dass sie die Lernenden auffordert, das Vorgegebene nicht kritiklos zu übernehmen, vielmehr die Teilnehmer ermutigt, das Vorhandene zu reflektieren und gegebenenfalls durch die Formulierung eines neuen Standpunkts zu überschreiten.

Projektarbeit ermöglicht selbstorganisierte Bildungsprozesse (ebd.). Selbstbestimmung ist ihr kennzeichnendes Merkmal. Selbstbestimmung wird grundsätzlich ermöglicht dadurch, dass in der Projektarbeit den Lernenden der Freiraum gewährt wird, zu einem vorgegebenen Oberthema eigene Fragen aus eigenen Interessen zu entwickeln und eigene Antworten zu suchen und handelnd umzusetzen (Buschkühle 2005a, 9). Ist es auch richtig, dass Projektarbeit als Methode grundsätzlich auf selbstorganisierte Bildungsprozesse abzielt, so gilt es darüber hinaus in der pädagogischen Praxis zu berücksichtigen, dass Projektarbeit »an sich« noch nicht eine ausreichende Gewähr für Selbstbildung bietet. Denn werden den Lernenden in der Projektarbeit auch weitreichende Bildungsspielräume eröffnet, so können sie ungenutzt bleiben, treffen sie nicht auf das Interesse der Betroffenen (Breuning 2000a, 9). So muss neben der eigentlichen Methode der Auswahl der Inhalte Aufmerksamkeit geschenkt werden. Grundsätzlich kann davon ausgegangen werden, dass Menschen sich engagieren wollen. Allerdings zeigen sie Engagement nur dann, wenn Aufgaben ihrem Interesse und ihren Bedürfnissen entsprechen und wo sie selbst Ergebnisse ihres Engagements sehen und meinen, es für sich nutzen zu können (Breuning 2000b, 47). Die Bedeutung des individuellen Interesses als Voraussetzung für Engagement wird durch die Lerntheorie bestätigt (Sliwka 2000, 93). In dieser wird davon ausgegangen, dass nur dann eine hohe Lernmotivation vorhanden ist, wenn individuelles Interesse an einer inhaltlichen Thematik besteht. Denn nur wenn die Lernenden »ihre eigene Biografie, ihr Vorwissen und ihren spezifischen Zugang zu einem Thema aktiv [...] einbringen« können, sind sie überhaupt motiviert, sich mit ihrer gesamten Persönlichkeit an der Gestaltung eines Prozesses zu beteiligen (ebd., 94). Demzufolge bleiben bereitgehaltene Bildungsräume in der Projektarbeit immer dann ungenutzt, wenn Teilnehmer nicht ein eigenes Interesse an der Beteiligung haben. Es ist nicht möglich, Lernende für Selbstbildung an von ihren persönlichen Interessen weit entfernten Themen zu gewinnen (Breuning 2000b, 46). So müssen in der Projektarbeit Teilnehmer mit ihren Interessen im Mittelpunkt stehen, denn erst vor dem Hintergrund dieser können Bildungsanregungen von außen von den Teilnehmern als Sinn stiftend erlebt und wahrgenommen werden (Fuchs 2000, 89, zitiert in Zacharias 2001b, 65). Demzufolge ist für den Erfolg einer Projektarbeit entscheidend, dass die Interessen der Lernenden mit dem Projekt »getroffen« werden (Weskott 2000, 74). Wollen Pädagogen den Lernenden die Möglichkeit geben, eigene Vorerfahrungen, Ideen und Gedanken in den Bildungsprozess einzubringen, müssen sie sich bei der Auswahl einer Thematik an den Interessen der Teilnehmer orientieren. Sie müssen im Vorfeld die Interessen der Lernenden wahr- und ernstnehmen (Leu 2000, 29). In der Wahrnehmung wird sich aller Voraussicht nach zeigen, dass nicht von gleichen Interessen der Teilnehmer ausgegangen werden kann. Die Interessen der einzelnen Lernenden werden sich mit großer Sicherheit unterscheiden (Bartscher 2000, 59). Dementsprechend müssen sich Pädagogen immer der Verschiedenheit der Teilnehmer und ihrer Motivationen bewusst sein, um im Projekt »einen Grad an inhaltlicher Offenheit [anzubieten], der es einzelnen Teilnehmern mit unterschiedlichen Interessen und Erfahrungen ermöglicht, aktiv eine eigene Beziehung zum Lernstoff zu entwickeln« (Sliwka 2000, 93). Nur bei inhaltlicher Offenheit wird eine Lernsituation geschaffen, in der es verschiedenen Menschen möglich ist, persönliche Bezüge herzustellen, und damit die Voraussetzung erfüllt ist, dass Teilnehmer mit voneinander abweichenden Interessen sich an einem Projekt beteiligen wollen.

Das Bildungsziel von Projektarbeit ist Selbstbildung zu Gunsten der subjektiven Entwicklung einer selbstbestimmten Persönlichkeit und zu Gunsten eines selbstbestimmten Lebens. Ist Lebenskunst das Ziel, so ist die Zielperspektive offen (Zacharias 2001a, 64): Für Lebenskunst gibt es »keinen inhaltlich bestimmten, festen Bestand des Selbst- und des Lebenswissens« (Schmid 1998, 311). Auf Grund der subjektiven und situativen Gebundenheit des Selbst- und Lebenswissens kann bei der Projektarbeit somit nur der optative Aspekt leitend sein (ebd.): In angeregten Bildungsprozessen gilt es, die Weite der Bezüge eines Themas zu berücksichtigen, diese vor den Lernenden auszubreiten, so dass sich ihnen ein mehrperspektivischer Blick auf ein Thema eröffnet, der zu vielfältigen Interpretationen einlädt und mannigfaltige, selbstbestimmte Bildungen ermöglicht.

8.4.2 Horizonteröffnung – Horizonterweiterung

Projektarbeit zielt auf Lebenskunst ab. Diese wird erreicht durch die Aneignung und Gestaltung von Welt und die Stärkung des Ichs durch diese Aneignung. Projektarbeit lässt sich folglich keinesfalls auf die Bereitstellung von beliebigen Beschäftigungsmöglichkeiten reduzieren (Bockhorst und Schäfer 1993, 169). Ihre

Bedeutung wird vielmehr an ihrem Anspruch gemessen, Menschen Chancen zu eröffnen, ihr Leben human zu gestalten.

»Wenn Projektunterricht nicht der Hobbypflege dienen oder zur Beliebigkeit verkommen soll, müssen seine Themen eine Relevanz für die gesellschaftliche Praxis haben. Das ergibt sich aus dem Anspruch der Projektmethode, zur ›Höherentwicklung‹ des Einzelnen und der Gesellschaft beizutragen.« (Bartscher 2000, 70)

Lebenskunst ist nicht nur das Ziel der Projektarbeit; Lebenskunst bestimmt auch die Inhalte der Auseinandersetzung. Da das Material der Lebenskunst das Leben ist (Schmid 1999, 16), kann das Leben mit all seinen Facetten als ihr Inhalt ausgemacht werden. In der Projektarbeit ist die Wirklichkeit in ihrer Komplexität der Lerngegenstand. Das Leben »als Weg mit Umwegen, Abwegen, Auswegen, [...] gekrümmt von verschiedenen Einflüssen, geprägt von Strukturen, die in den Lebensgeschichten zum Vorschein kommen«, wird behandelt und reflektiert (Schmid 1998, 319). Da der Mensch in seiner konkreten sozialen Situation Ausgangspunkt des pädagogischen Handelns ist (Mayrhofer und Zacharias 1976, 29), ist Projektarbeit immer aktuell: Sie reagiert auf gesellschaftliche Prozesse und thematisiert gesellschaftliche Problemlagen. Gerade weil sich Projektarbeit nicht im Elfenbeinturm abspielt, bekommt sie Bedeutung für den Menschen und seinen Lebensalltag (Lammert 1991, 263).

Ist das Leben der Gegenstand der Auseinandersetzung, kann der Lerninhalt nicht normativ vermittelt werden. Vielmehr erfordert das gegenwärtige Leben, Inhalte optativ darzubieten (Schmid 1998, 312). In der Projektarbeit gilt es, Möglichkeiten im Umgang mit dem Lerngegenstand aufzuzeigen, unter denen die Lernenden selbstbildend den ihnen angemessen erscheinenden auswählen können. Inhalte optativ zu vermitteln, ergibt sich aus den Eigenschaften des Lerngegenstandes »Leben«. Das Leben ist gegenwärtig durch »Pluralisierung von Lebensformen« gekennzeichnet (Keupp u.a. 1999, 50). Lebensläufe sind nicht mehr weitgehend vorherbestimmt, vielmehr ist jeder Mensch aufgefordert, »die ›Drehbücher‹ seines individuellen Lebens selber zu schreiben, die Landkarten für seine Orientierung in der Gesellschaft selber zu zeichnen, über seine Biografie, seine Persönlichkeit, sein Selbstverständnis selber Regie zu führen« (Hitzler u.a. 1994, 312). Das heißt, das Leben ist bestimmt von gesellschaftlichen Entscheidungssituationen. Diese »unterscheiden sich grundsätzlich von der Entscheidungssituation eines Fallschirmspringers, für den es letztlich nur ein Ziel und einen richtigen Lösungsweg gibt« (Grammes 1997, 46). In der Selbst- und Lebensgestaltung können sich zum einen die Ziele unterscheiden, und zum anderen können die Ziele auf verschiedensten Wegen und unter Einsatz verschiedenster Mittel verwirklicht werden. Das hat Konsequenzen für die pädagogische Praxis: Was in der Gesellschaft kontrovers ist, muss auch im Unterricht als Kontroverses dargestellt und behandelt werden (ebd.).

Für die Projektarbeit wählt der Pädagoge ein Thema aus. Bei der Auswahl berücksichtigt er die für die angestrebte Selbstbildung notwendige Selbstbeziehung der Lernenden zum Lernstoff. Denn nur bei der Wahl eines das Leben der Teilnehmer bestimmenden Themas fühlen sich die Lernenden angesprochen und motiviert, sich mit dem Angebotenen auseinanderzusetzen (Breuning 2000a, 9). Inhalte der Projektarbeit beziehen sich folglich immer auf die konkrete Lebenswirklichkeit der Teilnehmer. Diese ist, schon die Themenwahl betreffend, Ausgangspunkt des pädagogischen Handelns. Erst bei einer in diesem Sinne richtigen Wahl herrscht der notwendige »Ausgangskonsens« auf Seiten der Lernenden, sich mit der angebotenen Sache näher beschäftigen zu wollen (Bartscher 2000, 67). Die Beschäftigung mit dem ausgewählten Inhalt ist umfassend und anspruchsvoll: Das Themenfeld soll in seiner Breite und in seiner Struktur durchdrungen werden. Die Auseinandersetzung beginnt damit, dass das angebotene Lebensthema als plastischer Bildungsgegenstand den Teilnehmern zunächst überhaupt erst einmal bewusst gemacht bzw. bewusst wird: Es gibt nicht die Sache »Wirklichkeit«, vielmehr ist Wirklichkeit als Konstruktion zu verstehen (Bering u.a. 2004, 15). Wirklichkeit ist von Menschen gemacht, und da sie gemacht ist, ist sie auch von Menschen veränderbar. Aus der Tatsache, dass Wirklichkeit gestaltet und gestaltbar ist, resultiert, dass sie nicht als gegeben hingenommen werden muss. Vielmehr kann sie von den Menschen immer wieder aufs Neue verhandelt werden (Billmayer 2004, 185). In der neuen Aushandlung liegt die Chance ihrer Veränderung. Durch Gestaltung kann die Wirklichkeit den sich wandelnden Einstellungen und Bedürfnissen der Menschen angepasst werden. So beginnt Projektarbeit damit, den Lernenden in Bezug auf das Thema aufzuzeigen, dass sie sich vorgegebenen Aussagen oder sogenannten »Tatsachen« nicht einfach anpassen müssen, sondern auf Grund eigener Überlegungen die Wirklichkeit anders auslegen können. Ziel ist hier, ein Bewusstsein anzuregen, dass Wirklichkeit auch ganz anders – möglicherweise »besser« – sein könnte. Zu Beginn der Projektarbeit wird den Lernenden das Leben als kontinuierliche Gestaltungsaufgabe als Tatsache bewusst. Hat auch der Sachverhalt vorher schon bestanden, wird er nun, vor dem Bewusstsein von weiteren Möglichkeiten, zu einem »Problem« bzw. zu einem zu verfolgenden Interesse (Weskott 2000, 76). Das heißt, die Bewusstwerdung von Möglichkeiten zieht den Wunsch nach weiterer Aktivität nach sich. Die Lernenden wollen sich mit dem Sachverhalt auseinandersetzen, ihn für sich klären.

»[Projektarbeit] ist eine aktive Auseinandersetzung mit [relevanten Themen, mit den in ihnen steckenden] Schwierigkeiten, [...] Brüchen, Unstimmigkeiten [und] ihren Unübersichtlichkeiten, aber auch mit ihren Chancen und mit dem, was sie an Gemeinschaft, an Richtung geben und was sie an der Lust an Veränderung bieten können.« (Sliwka 2000, 87)

Der inhaltliche Rahmen von Projektarbeit ist durch Offenheit gekennzeichnet. Diese wird erreicht, indem Pädagogen zunächst die verschiedenen Richtungen aufzeigen, in die sich ein Thema entwickeln lässt (Buschkühle 2005a, 8). Ein Thema in seiner Mehrdimensionalität zu erschließen, gelingt u.a. durch Text- und Bildmaterial. Text- und Bildquellen lösen ein Nachdenken über den Lerngegenstand aus, denn in Texten und Bildern ist Erfahrungswissen niedergelegt (Schmid 1998, 320). So offeriert das Material den Lernenden die Möglichkeit, sich die Erfahrungen und Sichtweisen Anderer zu vergegenwärtigen, sie kennenzulernen. Die Deutung des Materials zeigt Zusammenhänge auf. Über ihre Interpretation können verschiedene Sinnstrukturen erschlossen und ihre Brauchbarkeit für die eigene Selbst- und Weltgestaltung kann diskutiert und hinterfragt werden. Text- und Bildquellen stoßen an, eigene Fragen zu stellen. Die von den Teilnehmern artikulierten Fragen zu den sich in dem Text- und Bildmaterial spiegelnden Weltentwürfen helfen, einen eigenen Standpunkt zu finden, tragen dazu bei, sich selbst zu positionieren.

Projektarbeit fördert eine aktive Auseinandersetzung mit relevanten Themen von Menschen mit verschiedenen Hintergründen. Bedeutend ist, dass die einzelnen Teilnehmer ihre eigenen Gedanken einbringen, die sie mit dem Themenkomplex verbinden (Sliwka 2000, 88). Dadurch, dass die verschiedenen Wahrnehmungen und Erfahrungen der einzelnen Mitglieder der Gruppe in die Sicht auf den Lerngegenstand mit einfließen, wird dieser in seiner Vieldeutigkeit offengelegt. Damit der Blick des Einzelnen auf das Thema durch die Eindrücke der anderen wirklich angereichert und erweitert wird, reicht es allerdings nicht aus, die Wahrnehmungen und Erfahrungen der einzelnen Teilnehmer schlicht additiv zusammenzutragen. Vielmehr müssen die verschiedenen Sinnwelten der Einzelnen wechselseitig verstanden werden, soll ein Thema erschlossen werden. Die Ansichten der einzelnen Teilnehmer müssen in Betracht gezogen werden (Leu 2000, 26): Erst im kommunikativen Aushandeln und Interpretieren der unterschiedlichen Perspektiven erlangen die Lernenden neue Sichten auf sich und die Welt und können sich jeder in einem eigenen gewählten »*third place*« neu verorten (Kramsch 1993, zitiert in Dirks 1997, 105). Das heißt, in der Projektarbeit wird Wert darauf gelegt, dass die Auseinandersetzung mit den anderen Positionen keinesfalls zu einer »Angleichung und Nivellierung« der einzelnen Sinn- und Wahrnehmungswelten führt (Sliwka 2000, 87). Der Zweck des Austausches der individuellen Sinn- und Wahrnehmungswelten dient vielmehr der wechselseitigen Befruchtung gerade für den Aufbau erweiterter eigener Bildungen.

Der Prozess der Auseinandersetzung wird von dem Pädagogen moderiert (Leu 2000, 32). Durch inhaltliche und methodische Hilfen unterstützt er die Lernenden, ihren Horizont zu erweitern (Bartscher 2000, 67). Inhaltliche Hilfe gewährt der Pädagoge – wie oben erwähnt – durch bereitgestelltes Text- und Bildmaterial. Dieses gibt Einblick in die Grundstrukturen des Lebens und der Welt, der geschichtlichen Herkunft und der gesellschaftlichen Gegenwart. Da allerdings Text- und Bildquellen zunächst immer nur unverbundene, nebeneinanderstehende Sichtweisen liefern, gilt es in der unterrichtlichen Auseinandersetzung, Beziehungen zwischen den einzelnen Materialien herzustellen. In der Projektarbeit ist der »integrative Gedanke« zentral: Die einzelnen Quellen, die für die Teilnehmer zunächst »nurmehr fragmentarische Splitter ihrer Wahrnehmung und Erfahrung [...] sind«, müssen in Zusammenhänge gestellt werden (Schmid 1998, 318). Denn nur wenn sich die gewonnenen Einblicke zu einem Überblick zusammenfügen, kann es zu einer kritischen Gesamtsicht auf das Phänomen kommen. Das heißt, nur wenn die einzelnen Aspekte reflexiv verknüpft werden, wird durch neue Bildungen neuer Sinn wahrgenommen. In der Projektarbeit werden die Teilnehmer darüber hinaus auch stets zur selbstständigen Erkundung des Themas aufgefordert. Sie werden gebeten, Text- und Bildquellen zu sammeln und ihr Quellenmaterial in der Gruppe zu präsentieren. Bei der Präsentation weist der Pädagoge auf noch unbedachte Aspekte des Themas hin. Er macht aufmerksam, wo noch Fragen zu klären sind, und fordert die Lernenden auf, sich erneut auf die Sache einzulassen: noch einmal hinzuschauen, *für wahr zu nehmen* und zu verstehen. Auch so trägt er zur umfassenden »Ausdifferenzierung der inhaltlichen [...] Auseinandersetzung« mit dem Thema bei (Buschkühle 2005a, 9).

Für die Erkundung und Auseinandersetzung mit dem Lerngegenstand gibt der Pädagoge zudem methodische Hilfen. Diese sind notwendig, denn ein Themenfeld in seiner Breite und in seiner Struktur zu durchdringen, sich an ihm zu bilden, ist anspruchsvoll, erfordert Fähigkeiten. Methodische Hilfen zu geben, ist unabdingbar, denn Bildungsräume bleiben ungenutzt, reichen die Fähigkeiten der Teilnehmer nicht aus. Bildungsangebote überfordern, sind sie nicht den Lernenden gerecht gestaltet (Breuning 2000b, 46). Da selbstbestimmte Wahrnehmung, Reflexion und Sinnstiftung immer an Ressourcen gebunden sind, die einem Individuum zur Verfügung stehen (Leu 2000, 31), muss in der Projektarbeit auch über »die Bedingungen, die Ressourcen, die Eingrenzungen und offenen Türen« nachgedacht werden, die sich den einzelnen Teilnehmern für die Selbstbildung bieten (Münchmeier 2001, 67). Eine Freie-Bahn-Bildung existiert nicht. In der pädagogischen Praxis zeigt sich, dass die Teilnehmer nicht immer und sofort wissen, was sie wollen: Ihnen fällt es schwer, sich für bestimmte und gegen andere Projektinhalte zu entscheiden: »Was soll ich wählen? Wofür entscheide ich mich, wenn zugleich klar ist, dass ich damit eine Entscheidung gegen eine unendliche Zahl weiterer Möglichkeiten treffe?« (Wagner 1999, 83). Im Dschungel der Möglichkeiten fühlen sie sich außer Stande, sich auf ein Thema festzulegen. Sie brauchen Hilfestellung im Umgang mit den sich ihnen anbietenden Möglichkeiten (Bartscher 2000, 67). Der Pädagoge hat durch methodische Hilfen den Weg zur Selbstbildung im Umgang mit Text- und Bildquellen zu ebnen. Er muss den Lernenden aufzeigen, wie sie die Mengen an Information be- und verarbeiten können, das heißt, wie sie für den eigenen Standpunkt nützliche von bedeutungsloser Information trennen und wie sie dann mit ihnen wichtiger Information umgehen können.

Die Phase der Horizonterweiterung hat für den weiteren Projektverlauf eine immense Bedeutung. Da Gestaltung kein Selbstzweck ist, vielmehr im Werk ein inhaltliches Anliegen zum Ausdruck kommen soll (Regel 2006, 340), ist vom

Gestalter gefordert, sich vor der eigentlichen Formgebung über sein inhaltliches Anliegen bewusst zu werden. Um sich über sich und sein Verhältnis zur Welt und zur Zeit (Regel 2004a, 179) im Klaren zu werden, muss er sich umtun, Dinge wahrnehmen, Wissen erwerben, sich Gedanken machen, eine Haltung einnehmen, Vorstellungen entwickeln (Buschkühle 2001, 56). Da Gestaltung auf solche Weise betriebene Aneignung voraussetzt, ist klar, dass mit der Güte der Aneignung maßgeblich die Grundlage für die Qualität der Gestaltungsergebnisse gelegt wird (Bartscher 2000, 67).

8.4.3 Arbeit in einem Medium an sich selbst und der Welt

In der Phase der Horizonterweiterung wurde die Aufmerksamkeit der Lernenden auf inhaltliche Zusammenhänge gelenkt. Bedingungen der Lebenswirklichkeit wurden differenziert wahrgenommen und kritisch reflektiert. Erweiterte mögliche Selbst- und Weltbeschreibungen taten sich auf. In der Auseinandersetzung mit dem Lerngegenstand wurde sich dieser zu eigen gemacht. In der kunstpädagogischen Praxis sollen sich die Lernenden allerdings nicht nur erweiterte Selbst- und Weltbeziehungen aneignen, sie sollen ihnen darüber hinaus in Gestaltungen eine »adäquate Form« geben (Regel 2006, 339).

Die im Aneignungsprozess unternommenen Recherchen münden in Konstruktionen von relevanten Zusammenhängen. Fußt auch die Gestaltung auf diesen, so reduziert sie sich doch keinesfalls auf die bloße Dokumentation der gewonnenen Erfahrungen und Erkenntnisse (Buschkühle 2005a, 5): Gestaltung hat über die »bloße Darstellung«, Wiedergabe hinauszugehen (Glas und Sowa 2006b, 252). In Gestaltungen haben die Erfahrungen und Erkenntnisse immer transformiert zum Ausdruck zu kommen (Buschkühle 2005a, 8). Vordergründig wird diese Forderung schon dadurch erfüllt, dass der Ausdruckswunsch durch die Übersetzung in ein Medium immer schon eine Transformation nach sich zieht (Fuchs 1999a, 86). Diese Tatsache erklärt sich durch die Eigenschaften von Medien: Jedes Medium hat seine eigenen Darstellungsmöglichkeiten und Darstellungsbeschränkungen (Wetzel 2004, 414). Mit jedem Medium kann Wirklichkeit nur auf seine, dem Medium »eigentümliche Weise« konstruiert werden (Liesbrock 1993, 7). Folglich hat die Übersetzung einer Aussage in ein Medium immer Auswirkungen auf die Art, wie sich der Mensch auf die Welt bezieht: Das Medium gibt vor, was wie mit ihm mitgeteilt werden kann (Dewey 1988, 125). So bleibt die Übertragung einer Aussageabsicht in ein Medium nicht ohne Einfluss auf den Ausdruckswunsch. Dieser erfährt eine Umbildung, er wird transformiert. Neben dieser offensichtlichen Transformation erfährt der Ausdruckswunsch durch Gestaltung des Weiteren eine Veränderung durch das »Wesen« der Bilder. Beim Bilder-Machen geht es »in keiner Weise um eine irgendwie fotografisch-objektive Abbildung« der Realität (Liesbrock 1993, 27). Der Auftrag von Bildern ist vielmehr, Wirklichkeit sichtbar zu machen (Klee 1920, zitiert in Hess 1956, 82). Dies geschieht, wenn die in der Aneignung gewonnene *Erfahrung* mit dem Gegenstand dargestellt wird (Liesbrock 1993, 27). Durch ihre gestaltete, materialisierte Form wird sie sichtbar.

»Was man also aus einer künstlerischen Äußerung erfahren kann, das ist nicht, wie die Welt beschaffen ist, sondern [welchen Eindruck sie auf den Gestalter gemacht hat und wie er diesen bewertet].« (Regel 2004a, 180)

Demnach ist die Repräsentation eines Gegenstandes im Bild stets determiniert von den Erfahrungen der Menschen mit und seinen Erkenntnissen über ihn. Solcherart Bilder sind nicht schon objektiv gegeben. Für die aus den eigenen Erfahrungen und Erkenntnissen resultierenden, inneren Vorstellungen gibt es keine visuellen Vorbilder. Die Bilder müssen von den Lernenden selbst konstruiert werden. Für ihre Bildkonstruktionen müssen sie jeweils eigene Lösungen finden bzw. erfinden (Regel 2006, 338). Selbstständig müssen sie ihre eigenen Erfahrungen und Erkenntnisse in Bildzeichen transformieren (Buschkühle 2005a, 5).

Der abgebildete Gegenstand dient der Vermittlung von Bedeutungen. Als Symbol transportiert er innere Vorstellungen der Gestaltenden. Die Formgebung des Zeichens entspringt einer bildeigenen Logik, die der Bedeutungsvermittlung verpflichtet ist. Um bildkräftige Bedeutung zu vermitteln, wird in den vorgefundenen Bestand eingegriffen (Dewey 1988, 242): Aus dem Vorgefundenen wird ausgewählt, es wird modifiziert und verformt. Die Transformation des Vorgegebenen manifestiert sich in arteigenen Erscheinungsformen. Durch die Präsentation im Bild wird der abgebildete Gegenstand – gemessen am Realgegenstand – durch seine fälschliche Übertragung ins Bild in seiner Erscheinungsform minimiert, jedoch in seiner Funktion als Symbol wird sein Potenzial maximiert (Jonas 1994, 109): Durch Transformation wird Bedeutung bildhaft verdichtet zum bildkräftigen Zeichen (Fuchs 1994, 54). Die Mitteilungsabsicht in größtmöglicher Deutlichkeit zu vermitteln, erfordert folglich immer eine – der Bedeutung verpflichtete – eigenwillige Formgebung.

Den vorherigen Ausführungen entsprechend sind Gestaltungsprozesse durch drei charakteristische Arbeitsformen gekennzeichnet: Die Recherche, die Konstruktion von Zusammenhängen und die Transformation (Buschkühle 2005a, 7). Alle drei Arbeitsformen erfordern Kompetenzen, die nicht allen Teilnehmern eines Projekts gleichermaßen zur Verfügung stehen werden. Dass sich die personalen Ressourcen für Gestaltung unterscheiden, wird sich in den Arbeitsergebnissen vermitteln. Es ist sicher, dass die Bilder variieren werden in ihrer berücksichtigten inhaltlichen Komplexität als auch in ihrer erreichten Schlüssigkeit bezüglich der Darstellungsweise. Eine unterschiedliche Qualität der Ergebnisse wird auszumachen sein. Die unterschiedliche Güte wird die Verarbeitung der Erfahrungen und der Erkenntnisse betreffen. Das Niveau der Reflexion des Materials und der Konstruktion von Zusammenhängen wird sich bei den Teilnehmern unterscheiden. Der verschieden erreichte Reflexions- und Konstruktionsgrad wird sich in den Bildern spiegeln. Die Gegenstände werden unterschiedlich komplex dargestellt sein. Des Weiteren werden die Arbeiten auch bezüglich ihrer gestalteten Umsetzung qualitativ voneinander abweichen. Die Bildgegenstände werden unterschiedlich gebrochen und verschoben dargestellt sein: Ob und inwieweit ein bewusst herbeigeführter Bruch und eine absichtlich hervorgerufene Entfremdung von den Wahrnehmungsgewohnheiten erreicht wurde, wird in den Bildern ablesbar sein. In den Arbeiten wird sich vermitteln, wie weitreichend und damit unterschiedlich das Bild als Bedeutungsträger verstanden und genutzt wurde und damit, wie grundlegend Bedeutung als Sinn gestiftet wurde. Kann eine schon ausgebildete Kompetenz für die Recherche, für die Konstruktion von Zusammenhängen und für die Transformation bei den Teilnehmern eines Projekts nicht immer schon vorausgesetzt werden, so kann sie doch bei allen Teilnehmern in der Projektarbeit gefördert werden. Auftrag der Pädagogen ist es, die einzelnen Teilnehmer beim Erwerb dieser Kompetenzen zu unterstützen. Dabei müssen sie mit ihren Bemühungen von den Menschen ausgehen, wie diese sind. Die Anstrengung, den Subjekten beim Erwerb der Kompetenzen zu helfen, ist für jeden einzelnen Teilnehmer zu unternehmen – nach dem Maß seiner Möglichkeiten: seiner bisherigen Erfahrungen und Erkenntnisse, seiner Anlagen und seiner Lebenssituation (von Hentig 2001, 52).

Deutlich wurde, dass in der kunstpädagogischen Praxis künstlerische Medien als Mittel der Auseinandersetzung mit sich und der Welt dienen. Mit ihrer Hilfe sollen die in der Aneignung neu gewonnenen Einsichten über sich und die Welt gestaltet und damit mitteilbar gemacht werden. Die Lebenswirklichkeit in all ihren Facetten stellt folglich den Ausgangs- und Bezugspunkt der Gestaltungsprozesse dar. Sie bietet das Anregungspotenzial für das zu Erfahrende und zu Erkennende als auch den Raum für die Umsetzung des zu Gestaltenden. Der Sinn von Gestaltungsprozessen ist, Menschen dazu zu verhelfen, neue und weitere Zugänge zu sich und ihrer Lebenswirklichkeit zu erhalten, und damit ihre Lebensgestaltung selbstbewusster in die Hand nehmen zu können (Breuning 1999b, 59). Die kulturelle Bildung verfolgt hier ein Konzept, in dem es vorrangig darum geht, welchen Gewinn Menschen langfristig im Transfer einmal gelernter Gestaltungskompetenzen im Hinblick auf die Gestaltung des eigenen Lebens ziehen können (Breuning 2000b, 39). Das heißt, welchen Nutzen der Einzelne für sich und seine individuell zu gestaltende Lebensführung aus der Fähigkeit zur »Recherche«, zur »Konstruktion von Zusammenhängen« und zur »Transformation« gewinnen kann (Buschkühle 2005a, 5). Dass die kunstpädagogische Praxis für die Ausbildung dieser Kompetenzen prädestiniert ist, wird in der vorliegenden Arbeit an vielen Stellen deutlich. Dass sie diesem Auftrag nachkommen muss, ist offensichtlich: Die Erfüllung dieses Auftrags in der pädagogischen Praxis entscheidet über den Wert angeleiteter Gestaltungsarbeit, ist ausschlaggebend dafür, ob es sich überhaupt um *kulturelle Bildung* handelt.

Zusammenfassend kann gesagt werden, dass in angeregten Bildungsprozessen die Bildung von Individuen bzw. deren bewusste Selbstbildung angestrebt wird. Über die Aneignung eines Themas, das sich die Lernenden selbst zu eigen machen, sollen sie zur Selbstbestimmung befähigt werden. Sie sollen Selbstmächtigkeit erlangen. Selbstmächtigkeit wird erreicht dadurch, dass in angeregten Bildungsprozessen die thematische Auseinandersetzung stets mit der Aufforderung verbunden ist, die gewohnten, vertrauten Verhältnisse auf ihre Tauglich- und Verträglichkeit zu befragen. Vorgegebenem soll nicht blind gefolgt werden, vielmehr sollen die Lernenden sich und die Welt selbst erfahren und eigenständig reflektieren. In Folge soll mit den aus der Reflexion gewonnenen Erkenntnissen selbstbestimmt handelnd auf sich und die Welt eingewirkt werden. Durch die Einflussnahme wird Macht – Selbstmächtigkeit – über sich und die Welt gewonnen. Wie sich gezeigt hat, liegen der Selbstmächtigkeit Urteilsfähigkeit, Entscheidungsmut, Verantwortungsbereitschaft, das heißt Mündigkeit, zu Grunde, derer nicht nur der Einzelne für sich und sein Leben bedarf. Auch die Gesellschaft ist auf Mündigkeit ihrer Bürger angewiesen. Angeregte Bildungsprozesse haben folglich immer eine pädagogische wie eine politische Dimension.

9. Umsetzung kultureller Bildung in der pädagogischen Praxis

Wie die Ansprüche der Theorie kultureller Bildung in der pädagogischen Praxis realisiert werden können, wird im Folgenden exemplarisch anhand eines mit Studierenden durchgeführten künstlerischen Projekts dargelegt, das sowohl an der Universität Siegen mit Studierenden der Sozialpädagogik als auch an der Universität zu Köln mit Studierenden der Kunstpädagogik von der Verfasserin durchgeführt wurde. Die Projektdauer betrug jeweils ein Semester. Die Seminare fanden über 16 Wochen zweistündig statt.

9.1 Anerkennung der Lernenden als Subjekte

Die eigene künstlerische Praxis hat in beiden oben erwähnten Studiengängen einen unterschiedlichen Stellenwert. Ist sie für die Studierenden der Sozialpädagogik im Studium und später im Beruf nur am Rande von Bedeutung, so ist sie für die Studierenden der Kunstpädagogik zentral. Während ihres gesamten Lehramtsstudiums sind angehende Kunstpädagogen aufgefordert, sich künstlerisch-praktisch zu äußern. Eine ausgebildete bildsprachliche Kompetenz ist ein hauptsächliches Studienziel, bestimmt doch, über Bildsprache verfügen zu können, maßgeblich die Professionalität im späteren Berufsalltag (Binzen u.a. 2008, 9). Eine Disposition für Gestaltung wird schon in der Eignungsprüfung für das Fach Kunst auf Lehramt abgefragt. Nur Bewerber, denen Gestaltungsfähigkeit attestiert wird, werden zum Studium zugelassen. Dass sich die Anforderungen sowohl in der Eignungsprüfung als auch im Lehramtsstudium an die Bewerber je nach gewähltem Schultyp unterscheiden, ist in diesem Zusammenhang erwähnenswert. Die bei den Bewerbern vorausgesetzten und von den Studierenden im Lehramtsstudium abverlangten Gestaltungskompetenzen sind unterschiedlich hoch. So variiert die Rolle, die die eigene künstlerische Praxis im Studium spielt, je nach gewähltem Schultyp. Bei angehenden Grund-, Haupt-, Real- und Sonderschullehrern unterscheidet sich der Stellenwert, den die künstlerische Praxis einnimmt.

Die Teilnehmer an dem künstlerischen Projekt hatten folglich viel, wenig oder kaum Übung in bildnerischer Gestaltung. Sie unterschieden sich in ihren künstlerisch-praktischen Fähig- und Fertigkeiten. Ihre bildsprachliche Kompetenz war mehr, weniger oder so gut wie gar nicht entwickelt. Dass sie bei allen Teilnehmern unterschiedlich ausgebildet war, wurde zwar sehr wohl von der Projektleitung als gegeben wahrgenommen, aber nicht als problematisch empfunden. Ein gelassener Umgang mit dem noch nicht Vorhandenen war der Projektleitung ohne Weiteres möglich, sind doch in angeregten Bildungsprozessen gerade nicht die noch nicht disponiblen Erfahrungen und Erkenntnisse zentral, steht doch stets das schon Vorhandene im Mittelpunkt. Da allen Studierenden grundsätzlich zugetraut wurde – und das stellt das schon Vorhandene dar –, sich Wirklichkeit vor dem Hintergrund ihrer Lebenserfahrungen und Lebenserkenntnisse in Selbstbildungsprozessen interpretierend aneignen und ihr Bedeutung und Sinn verleihen zu können (Scherr 1996, 395), traute sie allen Studierenden gleichermaßen die Teilnahme am Projekt zu.

9.2 Auswahl des Bildungsgegenstandes

Dass im Vorfeld allen Studierenden – unabhängig von ihren bildsprachlichen Kompetenzen – Aneignung und Gestaltung der Lebenswirklichkeit zugetraut wurde, hatte Folgen für den Gegenstand der Auseinandersetzung. Er unterschied sich für die Teilnehmer nicht. Allen Teilnehmern wurde – unabhängig von ihrem bildsprachlichen Entwicklungsstand – derselbe Gegenstand für ihre Selbstbildungsprozesse zur Verfügung gestellt. Das ist für die Anleitung künstlerischer Praxis ungewöhnlich, wird doch im Unterricht in der Regel zwischen leichten – für Anfänger ohne besondere Vorkenntnisse – und schweren – für Fortgeschrittene bestimmten – Lerngegenständen unterschieden. Die noch nicht Ausgebildeten müssen gewöhnlich auf schwierige, inhaltlich komplexe Gegenstände verzichten, ihnen kommt zunächst an leichten Gegenständen eine bildnerische Grundversorgung zu (von Hentig 1999, 59). Ist es auch richtig, dass vielschichtige Aussagen komplexere Gestaltungen bedingen (Glas und Sowa 2006b, 253), so darf daraus nicht der Schluss gezogen werden, den Lernenden inhaltlich umfassende und damit interessante Gegenstände erst nach erfolgter Ausbildung von bildnerischen Grundfähig- und Grundfertigkeiten anzubieten. Denn zu beachten ist, dass künstlerische Praxis nur bedeutend ist, wenn sie Sinn stiftet. Da Sinnstiftung nun aber davon abhängig ist, dass der Bildungsgegenstand der Wirklichkeit entsprechend aktuell und komplex ist (Weskott 2000, 75), dürfen Gestaltungsprozesse niemals inhaltlich trivial und damit unbedeutend sein. Demzufolge sollte in künstlerischen Projekten den Teilnehmern immer eine aktuelle und komplexe Themenstellung zur Auseinandersetzung bereitgestellt werden. So wirkte sich die Tatsache, dass den Einzelnen individuell unterschiedliche bildsprachliche Möglichkeiten zur Verfügung standen, in dem Projekt nicht auf den angebotenen Bildungsgegenstand aus. Allen Teilnehmern wurde unabhängig von ihren Vorerfahrungen und Vorkenntnissen dieselbe vielschichtige Aufgabe zur selbstbildenden Auseinandersetzung angedient, als Anlass zur Einsicht zur Verfügung gestellt.

Die Idee für das künstlerische Projekt kam der Projektleitung beim Betrachten des Kochbuchs »La nonna La cucina La vita« (Bertonasco 2005). In dem Buch geht es um eine ligurische Großmutter, deren Kochkünste und deren Leben. Drei Monate verbrachte Bertonasco bei ihrer Großmutter, kochte mit ihr unzählige Gerichte und hielt die Eindrücke ihres Aufenthaltes in Bildern und Erzählungen fest. Das aus dem Material entstandene Buch ist nicht ein Kochbuch im gewöhnlichen Sinne. Enthält es auch Rezepte, so spielen diese nur eine untergeordnete Rolle. Sie stellen nur einen Teil der neu gewonnenen und im Buch dargestellten umfassenden Erfahrungen und Erkenntnisse dar. Im Buch zeigt sich, dass Kochen und Essen nicht nur Leib und Seele zusammenhält, sondern darüber hinaus Anstöße für umfangreiche Gedanken bietet. Da sicher davon auszugehen ist, dass jeder Mensch eigene vielfältige Erinnerungen an Essen hat und umfassende Vorstellungen damit verknüpft, bot sich das Thema als Gegenstand der Auseinandersetzung für ein künstlerisches Projekt an (Schirmer und Kirschenmann 2008, 17). Von einem vorhandenen Interesse auf Seiten der Teilnehmer als Voraussetzung für künstlerische Projektarbeit konnte ausgegangen werden. Eine *bildende* Auseinandersetzung mit dem Thema schien gewährleistet, ist doch im Leben der Umgang mit Essen nicht vorherbestimmt, wird er doch gerade als Ausdruck der Kultur von den Menschen selbst festgelegt: Menschen bestimmen, was und wie Menschen speisen. Ist Essen als Ausdruck der Kultur von Menschen gestaltet, so ist es auch gestaltbar. Als Gestaltetes und Gestaltbares fordert es zu Bildungen auf. Der Auseinandersetzung mit dem Gegenstand »Essen« kann folglich ein Bildungspotenzial unterstellt werden.

Mit Hilfe des Ausschreibungstextes sollte das Interesse der Studierenden für die Teilnahme am künstlerischen Projekt geweckt werden. Angeregt durch den Ankündigungstext sollten sie sich für die Teilnahme entscheiden. Er lautete wie folgt:

Schmecken. Erinnern. – Kochbuchbiografien
Larissa hat Glück: Sie hat eine italienische Großmutter. Sie hat sogar großes Glück: Sie hat eine italienische Großmutter, die gerne kocht. Gnocchi zum Beispiel, die feinen Kartoffelklößchen, die in der deutschen Supermarktvariante nach gebackenem Zement schmecken. Bei Larissas Großmutter schmecken sie nach Butter und Salbei, nach Holz und Meer. Am allerbesten schmecken sie übrigens, wenn man sie mit einer kleinen Scheckkarte aus Plastik aussticht – sagt die Großmutter.

Viele Stunden hat Larissa mit ihrer Großmutter verbracht, in denen sie gemeinsam kochten, redeten, kochten und redeten. Aus diesem gemeinsamen Erlebnis ist eine »Kochbuchbiografie« in Bild und Text entstanden. Das fertige

Buch ist nicht nur ein Kochbuch, sondern ein Stück Familiengeschichte und eine Reise in die Vergangenheit, denn Larissa ergänzte die Rezepte mit Lebensbeschreibungen ihrer Großmutter: Mit den Erinnerungen ihrer Oma an Freunde, ihre Männer und an die Liebe.

In dem Seminar soll jeder Teilnehmer eine Kochbuchbiografie gestalten. In den Kochbuchbiografien soll sich verfolgen lassen, wie Menschen in ihrem Leben bestimmte Ziele und Werte zu verwirklichen suchten, dabei möglicherweise auch mit anderen in Konflikt gerieten. Ob die Kochbuchbiografie eine Autobiografie oder eine Biografie wird, liegt im Ermessen der einzelnen Teilnehmer.

9.3 Aufbereitung des Bildungsgegenstandes

9.3.1 Einführung in ein Thema

Haben Lehrpersonen einen Gegenstand bezüglich seiner Bildungswirkung ausgewählt, müssen sie ihn für die pädagogische Praxis so einrichten, dass er sein Ziel, zur Selbstbildung beizutragen, auch tatsächlich erreicht (von Hentig 1999, 63). Sie sind aufgefordert, das Thema für die Lernenden als Bildungsanlass aufzubereiten. Das heißt, ein Gegenstand ist nicht, sondern er wird erst zum Bildungsgegenstand, durch das, wozu ihn der Pädagoge macht. Das Maß, zur Bildung beizutragen, steckt in der Art und Weise, wie Lehrpersonen ihn einrichten (ebd., 61). Aufgabe der Projektleitung war es folglich, das Thema so aufzuarbeiten, dass es zugänglich, verständlich und damit bildend für alle wirksam werden konnte. Zunächst wurde mit den Teilnehmern der Frage nachgegangen, was ein Kochbuch ist. Für die Beantwortung wurden den Studierenden unterschiedliche Publikationen als Anschauungsmaterial zur Verfügung gestellt. In der Auseinandersetzung wurde festgestellt, dass – ganz allgemein – Kochbücher in Rezepten die Zubereitung von Speisen beschreiben: Sie nennen die Dauer der Vor- und Zubereitung, die Liste der Zutaten, die Reihenfolge der Arbeitsschritte und mögliche Varianten. In der Betrachtung konnte des Weiteren ausgemacht werden, dass die Information zur Zubereitung von Speisen heutzutage stark bebildert ist. Bilder sind den Anleitungen zum Kochen ebenbürtig. Darüber hinaus wurde von den Studierenden herausgearbeitet, dass Kochbücher sich in ihren Rezepten spezialisieren: auf Orte (Regionen und Länder), auf Konsumsituationen (u.a. Feste, Brunch), auf Konsumenten (u.a. Kinder, Kranke), auf Köche (u.a. Singles und Männer), auf Rohstoffe (u.a. Fleisch und Kartoffeln), auf Endprodukte (u.a. Torten und Braten) oder auf Küchentechnik (u.a. Grill und Wok). Entscheidendes Untersuchungsergebnis war die Erkenntnis, dass Kochbücher zwar in Rezepten die Zubereitung von Speisen beschreiben, aber überwiegend nicht mehr nur der Anleitung zum Kochen dienen. Zwar lassen sich unter den verbreiteten Publikationen auch nüchterne Rezeptsammlungen finden, die neben Standardrezepten in Küchentechniken einführen und Warenkunde bieten, doch ihre Anzahl ist gering im Vergleich zu Kochbüchern, die mit ihren Rezepten ein ganzes Lebensgefühl transportieren wollen. Im Trend liegen Veröffentlichungen, die vermitteln, wenn auch oberflächlich,

- wer man war und was man hatte: beispielsweise »Gieß Wasser in die Suppe – heiß alle willkommen: Die Küche meiner Kindheit« (von Bredow 2001),
- wer man ist und was man hat: etwa »Liebesmenüs« (Schubeck 1994), und
- wer man sein und was man haben möchte: beispielhaft »Männer, die kochen, sind unwiderstehlich« (Harles 2008).

In der Untersuchung wurde deutlich, dass sich Kochbücher heute nicht mehr auf Rezeptansammlungen zur Zubereitung von Speisen beschränken. Sind auch die Publikationen nicht mehr von Kochanleitungen bestimmt, so erfüllen sie dennoch keineswegs die Kriterien, die die herzustellenden Kochbuchbiografien bestimmen sollten. So ging es im nächsten Schritt darum, den Studierenden das »Wesen« der angestrebten Kochbuchbiografien zu vermitteln. Mit Hilfe eines Arbeitsblattes sollte ihnen aufgezeigt werden, dass die Herstellung von Kochbuchbiografien von ihnen fordert, sich Wirklichkeit vor dem Hintergrund ihrer Lebensgeschichte und ihrer aktuellen Lebenssituation in Selbstbildungsprozessen interpretierend anzueignen (Scherr 1996, 395). Auf dem Arbeitsblatt wurde demnach zunächst einmal der grundsätzlichen Frage nachgegangen, was überhaupt »Schmecken. Erinnern.« bedeutet. Das Arbeitsblatt lautete wie folgt:

> **Was meint »Schmecken. Erinnern.«?**
> Leberwurstbrot, *das*. Die armen Metzger! Dürfen nichts mehr. Kein kleines hautloses Schnäuzchen von Fleischwurst (in unserer Gegend Schnuppel genannt) für die Kleinen über die Theke schieben. Höchstens 80 Gramm Kalbsleberwurst pro Haushalt und Monat absäbeln. Längst ist eine erste Großelterngeneration aus Kressesamen herangewachsen, für die tüchtig essen und groß und stark werden der unmittelbaren Vorstufe zu Typ-1-Diabetes gleichkommt. Auch ich, ein zeitweilig dickes Kind des bundesdeutschen Wirtschaftswunders, habe den Kontakt zu den Streich- und Aufschnittwürsten verloren, oder nur den Mut zu ihnen, und vielleicht ist es gut so, denn die Wonnen der Kindheit lassen sich nicht nachbauen, auch nicht mit echten Zutaten.
>
> Mein Leberwurstbrot! Die Butter unter der Leberwurst durfte nur sehr dünn auf das Graubrot aufgestrichen sein. Wenn eine halbe Gurke eingelegt war und ich die Brotscheiben auseinander nahm und die Gurke herunteraß, war die Leberwurst unter dem Abdruck leichengrau, was ich nicht schön fand. Aber sonst war das von Mutter in Pergamentpapier eingewickelte Leberwurstbrot (wobei die Leberwurst gelegentlich von der noch viel unsichtbar-fetteren,

ins Orange changierenden Tee- oder Braunschweigerwurst sympathisch vertreten war) das Höchste. Streichleberwurst, Schmierleberwurst, Kalbsleberwurst: Grobe Leberwurst mit sichtbaren Speckbrocken durfte es auf keinen Fall sein, denn Speckbrocken, weiße Fettränder am Schinken oder Durchwachsenes, von der Kriegsgeneration mit Engelszungen an die Kleinen herangeredet, mochten diese schon 1964 nicht mehr. Ich barg das Leberwurstbrot, gelegentlich oder immer mit einem kleinen Apfel, in der Einraumwohnung meines Kindergartentäschchens aus braunem Leder, das vor dem Bauch baumelte, wenn ich zu den [Kindergarten-] Tanten Margot und Margarethe schlenkerte, an der Hand der Mutter oder allein, ich weiß nicht mehr, ganz gewiss aber ungern. Irgend jemand [...] hatte dem Kindergartentäschchen ein Abziehbild, das gab es schon, von Tick aufgeklebt, dem Tick-Trick-und-Track-Drilling mit der grünen Kappe. Aus Kindergartenweg, Leberwurst und Lederduft, längst reine Vorstellung, ist meine Madelein. (Nentwich 2008, 51)

Zitronensprudel, den, gibt's doch noch? Stimmt, aber erstens trinkt ihn niemand mehr, und zweitens sind hier nicht jene Getränke gemeint, die unter ihrem Produktnamen firmieren. Eine Sprite ist eine Sprite, Seven-up bleibt Seven-up. Zitronensprudel, das war etwas ganz anderes. Der kam nämlich nicht aus den Vereinigten Staaten, sondern aus dem natürlichen, mit Kohlensäure versetzten Brunnen der Gegend und entstand durch Zusatz von Glucose-Fruktose-Sirup, Zucker, Säuerungsmittel, Zitronensäure, natürlichem Aroma und Säureregulator E331. Je nach Brunnen und Rezept konnte der Zitronensprudel verschieden schmecken, in Hamburg trank man aus einer anderen Quelle als in Lüneburg. Zitronensprudel war ein regionales Getränk. Das war uns Kindern natürlich damals egal. Wie mochten Zitronensprudel in seiner geschätzten Spitzenverbrauchszeit zwischen 1976 und 1981 nicht etwa wegen unserer gerade im Erwachen begriffenen globalisierungskritischen Einstellung. Zitronensprudel war einfach ein Sommergetränk. Wenn er eiskalt ins Glas geschüttet wurde, stieg ein herrlicher dichter, weißer Schaum aus feinsten Bläschen in Sekundenschnelle auf. Durch diesen musste man in großen Schlucken trinken, so dass sich die Süße und der saure Zitronengeschmack optimal die Waage hielten. Anschließend hatte man Schluckauf. Bevorzugter Konsumationszeitpunkt und -ort: der in der Hitze eines träge sich unter blauen Himmel erstreckenden Sommernachmittags liegende Rasen des örtlichen Tennisplatzes. Noch immer kann ich, wenn ich mich an diesen Geschmack erinnere, die Geste vor mir sehen, mit der Björn Borg in Wimbledon sein Stirnband nach einem Punktegewinn zurechtrückte. Von 1976 bis 1981 gewann er dort immer. Das waren die Zitronensprudeljahre [...] Heute trinken die Leute [...] gequetschte Früchte mit niedlichen Namen oder -naden mit exotischen Zusätzen à la Birne-Litschi-Melisse-Aloe-Vera-Holunder. Zitronensprudel ist das offizielle Getränk einer untergegangenen Welt. (Hüster 2008, 89)

Mit Hilfe der Texte wurde deutlich, dass sich »Schmecken. Erinnern.« nicht auf schlichte Erinnerung – um des Gedenkens willen – beschränkt. Die Wahrnehmung des Erinnerten ist kein Selbstzweck. Vielmehr führt die Auseinandersetzung mit dem Erinnerten zu neuen Erkenntnissen. Die durch die *für wahr genommene* Erinnerung neu gewonnenen Erkenntnisse schaffen neue Einsichten. Der Horizont auf den Gegenstand wird erweitert. Neue Einsichten sollten auch die Kochbuchbiografien bestimmen. Wie sich in den Texten zeigt, setzen neue Einsichten eine selbstbestimmte kritische Auseinandersetzung mit der Wirklichkeit voraus. Eigene Gedanken müssen entwickelt, selbstständige Argumentationen müssen gebildet werden. Es ist dieses Merkmal, was die herzustellenden Kochbuchbiografien von den oben erwähnten, sich nur oberflächlich mit der Wirklichkeit auseinandersetzenden Kochbüchern unterscheiden sollte. Können sich diese darauf beschränken, anekdotisch auf Aspekte des Essens einzugehen, muss in den Kochbuchbiografien das vorgefundene Erinnerte reflektiert und dann durch die Formulierung eines neuen Standpunkts überschritten werden.

9.3.2 Interesse wecken

Im nächsten Schritt ging es darum, die eigenen Erfahrungen der Studierenden mit dem Gegenstand »Schmecken. Erinnern.« zum Ausgangspunkt der weiteren Auseinandersetzung zu machen. Nun die eigenen Erfahrungen der Teilnehmer in den Mittelpunkt zu stellen, war unabdingbar. Denn nur, wenn den Lernenden bewusst ist, dass sie ihre eigene Biografie, ihr Vorwissen und ihren spezifischen Zugang zu einem Thema einbringen können, sind sie motiviert, sich auf den Bildungsgegenstand einzulassen (Sliwka 2000, 94). Als Aufhänger wurde zunächst ganz allgemein über Speisen gesprochen, die die Einzelnen in der Kindheit geliebt oder gehasst haben. Wie sich im folgenden Arbeitsblatt spiegelt, ging es in dem Gespräch nicht nur darum, die Speisen zu benennen, vielmehr sollte auch der Kontext der Essensaufnahme berücksichtigt und erörtert werden. Die Studierenden sollten sich ein umfassendes Bild machen.

Kinderteller – Das schmeckt nach Kindheit

»*Essen, das ich in meiner Kindheit geliebt habe: Fleischpflanzerl*
Bei uns gab es am Heiligabend immer Frikadellen. Das ist ja an und für sich schon ein Topgericht. Wenn es heute irgendwo Frikadellen gibt, muss ich eine essen. Ich kann nicht anders. Und dabei gibt es wirklich auch sehr schlechte Frikadellen. Die daheim waren natürlich die besten, aber der Clou war eigentlich ein anderer. Am ersten Weihnachtsfeiertag, wenn die ganze Wohnung noch nach Baum und Geschenkpapier roch, war ich natürlich als Erster wach. Aufwachen in lauter neuen Spielsachen war schon gut, aber dann in die Küche zu schleichen und mit nackten Füßen auf dem kalten Küchenboden eine von den restlichen Frikadellen zu essen, das war das Größte!« (Scharnigg 2008a)

»*Essen, das ich in meiner Kindheit gehasst habe: Fruchtschnitten*
Schlimm waren die Fruchtschnitten, denen meine Mutter das Versprechen abnahm, ›gute‹ Nascherei zu sein. Auf langen Autofahrten hatte sie das grässliche Zeug immer zur Hand, wenn wir Kinder nach Süßem krähten: Dörrfruchtriegel, die aus einer dünnen Oblatenschicht bestanden, die erst kurz nach Papier schmeckte und dann vom schlimm aprikosigen Fruchtbatz abgelöst wurde. Jedes Mal biss ich aus Hunger hinein und schaffte nicht mehr als ein paar Brocken. Wie das schon nach Schneekoppe roch! Bah!« (Scharnigg 2008b)

Welcher Geschmack erinnert Sie an Kindheit?
- Welches Gericht war in Kindertagen Ihre Leibspeise? Wie hat es geschmeckt?
- An welches Essen erinnern Sie sich mit Schrecken?

Welche Erinnerungen verbinden Sie mit diesen Gerichten?
- Zu welchem Anlass gab es diese Speisen?
- Wie haben Sie sich beim Essen gefühlt?
- Welche Dinge erscheinen Ihnen darüber hinaus noch in diesem Zusammenhang erwähnenswert?
- Welche Bedeutung haben diese Gerichte aus Kindertagen heute?
- Rufen sie noch dieselben Gefühle hervor?
- Haben Sie Ihr Lieblingsessen schon einmal aus »fremder« Hand gekocht bekommen oder haben Sie sich später selbst einmal an der Herstellung der Speise versucht? Wie hat Ihnen das Gericht geschmeckt? Hat es dieselben Glücksgefühle ausgelöst?

9.3.3 Den Kontext exemplarisch verdeutlichen

Nachdem einleitend für jeden Studierenden deutlich wurde, dass jeder umfassende Erinnerungen an Essen knüpft, sollte im Folgenden am alltäglichen Gegenstand »Eisessen« exemplarisch verdeutlicht werden, dass sich selbst in dieser einfachen Alltagshandlung kulturelle Ordnungen spiegeln. Diese, den Alltagsdingen zu Grunde liegenden, kulturellen Konstruktionen sind den Menschen oftmals nicht bewusst. Sie werden vielmehr als »normal« wahrgenommen und als selbstverständlich Gegebene unhinterfragt hingenommen (Littke 2003, 395). Die kulturellen Konstrukte der Alltagshandlungen ins Bewusstsein zu heben, sollte Ziel der folgenden Auseinandersetzung sein. Die Studierenden sollten den Umgang mit Eis als Ausdruck kultureller Konstruktionen verstehen. Sie sollten wahrnehmen, dass der Vorgang des Eisessens von Menschen gestaltet ist. Ein Bewusstsein von den, dem Eisessen zu Grunde liegenden, kulturellen Ordnungen zu vermitteln, wurde von der Projektleitung als unabdingbar angesehen. Denn nur, wenn Studierende Eis zu essen als gebildeten Gegenstand begreifen, kann er als gestaltbarer Gegenstand – als Bildungsgegenstand – erkannt werden. Eine

Sensibilisierung für Kultur bzw. für ihre Gestaltung durch den Menschen sollte mit Hilfe des folgenden Arbeitsblattes erreicht werden:

Eis essen
Der Abstand zwischen mir und dem Kind, das ich mal war, lässt sich in Eissorten berechnen. Schoko, Vanille, Frucht: Darin bestand die Grundausstattung der DDR-Eisdiele um 1980. Nur in mondänen »Milchbars« wurde das so genannte Angebot ergänzt durch Banane, Sahne oder sogar Malaga. Sahne kostete 10 Pfennige, Malaga 25. Malaga – das waren schon die späteren achtziger Jahre, der schleichende Übergang von der sozialistischen Mangelversorgung zum bundesrepublikanischen Dolce Vita, wahrscheinlich finanziert aus dem Straußschen Milliarden-Kredit, jede Kugel ein Rosinenbomber im längst entschiedenen Kampf der Gesellschaftsordnungen. Aber das wussten wir damals noch nicht. Deshalb aß das Kind, das ich war, bei jedem Eisdielenbesuch stoisch vier Kugeln Frucht. Manchmal hieß Frucht Johannisbeer, Erdbeer, Kirsch, aber zur Wahl stand stets nur eine Variante, je nach Saison. In meiner Erinnerung schmeckt das Einheits-Rosa der unterschiedlichen Sorten immer gleich gut. Die Wende zur totalen Überfluss-Eisdiele kam plötzlich und allmählich. Heute koste ich sie voll aus, nie wähle ich zweimal das Gleiche. Pistazie? Trüffel? Ach, heute mal Quark-Mohn! Es muss eine schreckliche Systemkonformität sein, die sich in meinem Konsumverhalten Bahn bricht. Wenn es mal hart kommt, und wir alle den Gürtel enger schnallen, werde ich klaglos zum Fruchteis-Purismus regredieren. (Finger 2005)

- Welche Erinnerungen haben Sie ans Eisessen?
- Welche Rolle spielte Eisessen in Ihrer Kindheit?
- War es eine Selbstverständlichkeit oder war es etwas Besonderes, ein Eis zu essen?
- Machte es einen Unterschied, ein Eis aus der Familienpackung als Nachtisch zu Hause, ein Eis am Stiel vom Kiosk oder einen Eisbecher in der Eisdiele zu essen?

Familienpackung Eiscreme
- War, Eis zu Hause zu haben, eine Selbstverständlichkeit?
- Welches Eis gab es meist als Nachtisch?
- Zu welcher Gelegenheit gab es Eiscreme?
- Was war eine normal große Portion?
- Durften Sie sich selbst bedienen oder wurde Ihnen das Eis zugeteilt?
- Wie wurde das Eis ausgeteilt? Bekamen alle Familienmitglieder gleich viel? Gab es manchmal Streit?

Eis am Stiel

- Erinnern Sie sich an die Langnese-Eiskarte Ihrer Kindheit.
- Welche Eissorten gab es?
- Was verbanden Sie mit den einzelnen Sorten? Gab es eine Hierarchie? Welches Eis war besonders begehrenswert? Welches Eis war ein guter Kompromiss?
- Kennen Sie noch die Preise der einzelnen Eissorten?
- Haben Sie sich Eis von Ihrem Taschengeld gekauft?
- Durften Sie sich beim Einkaufen immer ein Eis aussuchen?
- Wurde bei Ihnen in der Familie mit Eis getröstet oder belohnt?

Eisdiele

- Gab es normalerweise ein Eis in der Tüte oder einen Eisbecher?
- Wie viele Eiskugeln waren beim Eis in der Tüte die Regel? Waren drei Eiskugeln viel?
- Was waren Ihre bevorzugten Kugeln?
- Erinnern Sie sich an die Eiskarte? Welche Eisbecher gab es? Wie sahen sie aus? Wie war das Eis garniert bzw. dekoriert?
- Bei welcher Gelegenheit gab es einen großen Eisbecher?
- Was war Ihr Traumbecher?

In dem Gespräch mit den Studierenden wurde deutlich, dass sich im Gegenstand »Eisessen« kulturelle Ordnungen spiegeln. Am Umgang mit dem Nahrungsmittel in der Kindheit konnte abgelesen werden, wie die Einzelnen erzogen wurden, welche Werte die Erziehung bestimmten. Auch konnte die Rolle, die die Teilnehmer als Kinder im Familienleben inne hatten, der Handlung des Eisessens entnommen werden. Des Weiteren zeigten sich im Umgang mit dem Lebensmittel die materiellen Rahmenbedingungen, die die Kindheit der einzelnen Studierenden bestimmten. Im Vergleich der Aussagen der einzelnen Teilnehmer wurde klar, dass Eisessen in der Kindheit nicht zu jeder Zeit, überall und für alle gleich war. Eine Differenz zwischen lange vergangenem und vergangenem Umgang konnte ausgemacht werden. Eis zu essen, ist in den letzten 30 Jahren alltäglicher geworden, hat seinen Zauber als etwas Besonderes in der Regel eingebüßt. Im Austausch zeigte sich des Weiteren, dass der Umgang mit dem Nahrungsmittel auch vom Ort des Aufwachsens abhing. Während von den ehemaligen Stadtkindern Eisdielen regelmäßig und häufig besucht wurden – es gab sie an jeder Ecke –, stellte der Besuch einer Eisdiele für Kinder, die auf dem Land groß geworden sind, eine Ausnahme dar. In ihrer Kindheit wurde dieser Ort nur zu besonderen Anlässen angefahren. Er wurde nicht beiläufig, sondern stets bewusst besucht. Neben den Differenzen, die durch Zeiten und Orte bedingt sind, ließ sich aber auch – selbstverständlich – ein individual-biografisch unterschiedlicher Umgang ablesen. Eis zu essen, hing ganz entscheidend von den materiellen, sozialen und kulturellen Rahmenbedingungen der eigenen Kindheit ab. Nicht jeder Familie war es möglich, regelmäßig Eis essen zu gehen, nicht in jedem Zuhause hatten gemeinsame Aktivitäten denselben Stellenwert, nicht alle Eltern haben, Eis zu essen, gut geheißen. Im Gespräch vermittelte sich den Studierenden die Relativität des Gegenstandes »Eis essen«. Ihnen wurde bewusst, dass nicht von einer Kultur des Eisessens in der Kindheit ausgegangen werden kann, dass nicht ein einheitliches Erinnerungsbild von »Eisessen« in der Kindheit besteht. Ihnen wurde deutlich, dass der Umgang mit dem Nahrungsmittel als Ausdruck von Kultur ein vielgestaltiger Gegenstand ist. Kultur als vielgestaltigen Gegenstand zu erkennen, ist Voraussetzung für künstlerisch-praktische kulturelle Selbstbildungsprozesse.

9.3.4 Inhaltliche Kontexte eröffnen

Nachdem den Studierenden das Thema »Schmecken. Erinnern.« mit Hilfe des Eisessens exemplarisch als plastischer Bildungsgegenstand bewusst gemacht wurde, hatten sie ein Verständnis dafür, dass in kulturellen Bildungsprozessen nicht von *einer* festgeschriebenen Wirklichkeit ausgegangen werden darf, dass Wirklichkeit vielmehr als gestaltete und gestaltbare – veränderbare – kulturelle Konstruktion zu verstehen ist. Sie haben begriffen, dass Realität nicht einfach als gegeben hingenommen werden darf, vielmehr von den Menschen immer wieder aufs Neue verhandelt werden muss (Billmayer 2004, 185). Künstlerische Praxis hält Raum für Verhandlungen bereit. Damit der Raum von den Lernenden genutzt wird, muss individuelles Interesse an der inhaltlichen Thematik auf Seiten der Teilnehmer vorhanden sein. Dieses kann durch facettenreiche Einführung in das Thema geweckt werden. So gilt es für die Projektleitung, den Lernenden die verschiedenen Richtungen aufzuzeigen, in die sich ein Thema entwickeln lässt. Die sich aus dem Facettenreichtum ergebende Offenheit ermöglicht es den Einzelnen mit ihren jeweils unterschiedlichen Interessen und Erfahrungen, eine eigene Beziehung zum Gegenstand zu entwickeln. Dadurch dass in das Thema inhaltlich weitläufig eingeführt wird, eröffnet sich den Lernenden ein Gestaltungsspielraum, zu dem vorgegebenen Thema eigene Fragen aus persönlichen Interessen zu entwickeln und individuelle Antworten zu suchen, das heißt, einen selbstbestimmten Gegenstand selbstbildend zu verhandeln.

Das Thema »Schmecken. Erinnern.« in seiner Mehrdimensionalität zu erschließen, sollte in dem Projekt durch Text- und Bildmaterial erreicht werden. Die Studierenden wurden aufgefordert, sich jeweils mit einem Aspekt des Essens zu beschäftigen. Sie sollten Texte und Bilder zu dem von ihnen ausgewählten Gesichtspunkt suchen und Zusammenhänge zwischen den einzelnen gesammelten Quellen herstellen. Die Untersuchung zielte dabei nicht nur darauf ab, das gefundene Material als solches zu präsentieren, vielmehr sollten die in der Untersuchung aufgedeckten inhaltlichen Widersprüche der Bild- und Textquellen die Präsentation bestimmen. Mit Hilfe des Materials sollte den Kommilitonen und der Projektleitung ein mehrperspektivischer Blick auf den Gegenstand eröffnet werden. Die den Studierenden zur Darstellung und Reflexion angebotenen Aspekte lauteten wie folgt:

- Umgang mit und Bedeutung von Lebensmitteln in unserer Gesellschaft
- Essverhalten (Genuss und Essen, Sucht und Essen)
- Kochverhalten (Freude am Kochen, Last des Kochens, geschlechtstypisches Kochverhalten)
- Verschiedene Küchen (Mutters Küche, Bürgerliche deutsche Küche, Fast Food: Currywurst, Gyros und McDonald's)
- Tischmanieren (Zucht und Ordnung)
- Tischkultur (Geschirr, Tischdecken, Tischdekoration)
- Bedeutung einzelner Lebensmittel: Alkohol, Fleisch, Süßigkeiten, Obst und Gemüse.

Das Thema »Schmecken. Erinnern.« in seiner Mehrdimensionalität zu erschließen, sollte des Weiteren mit einer für die Studierenden zusammengestellten Text- und Bildsammlung der Projektleitung erreicht werden. Das umfangreiche Material zum Thema »Essen« wurde den Teilnehmern als Ausstellung präsentiert. Die Studierenden wurden aufgefordert, Gruppen zu bilden. Als einzelne Gruppen sollten sie durch die Ausstellung gehen und gemeinsam die Bilder betrachten und die Texte lesen. Über das angebotene Material sollte gesprochen und es sollte reflektiert werden. Folgende Fragen wurden ihnen für ihren Rundgang durch die Ausstellung auf einem Arbeitsblatt als Diskussionsgrundlage zur Verfügung gestellt:

Rund ums Essen

- Welches Thema wird jeweils behandelt?
- Was wird in den einzelnen Materialien dargestellt?
- Welche möglichen unterschiedlichen Perspektiven auf den Gegenstand eröffnen sich in der Betrachtung?
- Welcher Problemhorizont tut sich bezüglich des Themas auf?

Nachdem Sie das Material für sich genommen diskutiert und analysiert haben, stellen Sie Bezüge zu Ihren Erfahrungen mit dem Gegenstand her.

- Welche Assoziationen stellen sich bei Ihnen beim Betrachten des Materials ein? Welche Gedanken und Erfahrungen verknüpfen Sie mit den dargestellten Inhalten?
- Zeigt sich Ihr Blick auf das Thema in den Materialien oder haben Sie ein eigenes noch nicht präsentiertes Bild von dem Gegenstand? Welche Aspekte müssten noch hinzugefügt werden, um das Bild vom Gegenstand abzurunden?

Nachdem Sie das Material – nun auch noch mit Hilfe Ihrer Sicht auf die Dinge – reflektiert haben, beantworten Sie bitte folgende allgemeine Fragen. Die Beantwortung der Fragen soll Ihnen helfen, Kriterien für die Auswahl des Themas Ihrer Kochbuchbiografie zu finden.

- Wann ist Material komplex? Wie wird Komplexität erreicht?
- Wann ist Material interessant? Wodurch weckt Material Interesse?
- Wann ist Material lebensrelevant? Wodurch wird es bedeutsam?

- Welche Wirklichkeitsbezüge lässt das Thema Essen zu? Welche Themenbereiche können mit Essen in Verbindung gebracht werden?
- Welche Themenkomplexe halten Sie für relevant? Was reizt Sie an dem Thema?

Um einen Einblick in die Art der Materialsammlungen sowohl der Studierenden als auch der Projektleitung zu geben, wird im Folgenden exemplarisch das Material für einen Aspekt dargelegt. Der Gesichtspunkt »Essensreste« wurde mit Bild- und u.a. folgenden Textquellen im Seminar vorgestellt:

> Übrig
> Das hier ist übrig. Kann weg. Bisschen bräunlich werden die Bananen, die Milch ist seit dem Wochenendtrip ranzig, das Brot etwas hart, keinen Appetit mehr auf den Rest Hähnchen. Kann alles weg. Die *New York Times* hat am vergangenen Sonntag gezeigt, was Amerikaner an essbaren Lebensmitteln so wegwerfen, umgerechnet 60 Kilo monatlich pro vierköpfiger Familie. Die Briten können da mithalten: Ein Drittel des Essens, das sie gekauft haben, werfen sie weg, darunter 1,2 Millionen Äpfel und 1,2 Millionen Würstchen. Und die Schweden! Ein Viertel der Einkäufe geht in den Müll. Interessiert das im Westen, während weltweit die Lebensmittelpreise steigen, irgendwen? So vielleicht: Verrottetes Essen produziert klimaschädliches Methan, Tonnen an Treibhausgas! Und das stinkt zum Himmel. (o.V. 2008, 12)
>
> Ich hatte noch knapp zehn Euro im Portemonnaie, eine Fleischdose und ein paar Scheiben Brot, die Milch war schon alle. Wenn das weg ist, hab ich gedacht, was machste dann? Da fiel mir der Artikel ein über die Berliner Tafel, die Zeitung hatte ich noch. Die Ausgabestelle einer Kirchengemeinde war hier in der Nähe. Aber es war ein schwerer Weg. Bisher hatte ich doch immer mein Auskommen gehabt – und jetzt gehst du dahin wie ein Bettler! Dabei habe ich mein ganzes Leben gearbeitet [...] Die amtlichen Bescheide musste ich als Nachweis mitnehmen. Das alles ist schon beschämend. Denn ich finde, ich habe mich da nicht selbst reingeritten. Immer konnte ich für mich selber sorgen, und ohne dass ich etwas getan habe, sitzt die Karre nun im Dreck. Du wirst nicht die einzige sein, habe ich mir immer wieder gesagt. Ja,

es waren wirklich viele Leute da. Wenn man einen Euro bezahlt hat, bekommt man eine Wartenummer. Dann geht man der Reihe nach in einen Raum, wo die Sachen auf Tischen stehen. Dahinter zwei Leute, die einen fragen: Was möchten Sie denn? Das tut gut, dass sie so nett sind, man fühlt sich nicht so als Bittsteller. Erleichtert ging ich nach Hause. Was ich in den Tüten hatte, weiß ich noch genau: Salat, ein Glas Sauerkraut, Joghurt, Äpfel, eine Tiefkühlpizza. Und es gab Bananen, die waren reif und mussten weg. Damit habe ich mir einen Milchshake gemacht – zum ersten Mal in meinem Leben! Ein großes Brot war auch dabei. Das habe ich scheibchenweise eingefroren, damit es nicht verschimmelt. Mir etwas holen und dann wegwerfen, das würde mir wehtun. Die Leute geben mir das doch, weil ich nichts habe! Da muss ich dann schon darauf achten [...] Heute das zweite Mal herzukommen, da habe ich mich lange geziert. Aber der Monat ist noch lang, und die Freundinnen sind verreist. Seit die beiden bemerkt haben, wie es bei mir steht, bringen sie immer mal was vorbei. Mal eine Hand voll Trauben, mal ein Brot oder ein Päckchen Kaffee. Erst war mir unwohl dabei, das anzunehmen. Ich kann ja nichts zurückgeben, außer Freundschaft und Höflichkeit. Ich kam mir klein vor. Das ist jetzt besser geworden. Aber mir ist wichtig, dass sie auch mal ohne Mitbringsel kommen. Wasser und einen Teebeutel gibt's bei mir immer, und dann hole ich einen Kuchen dazu, der ist ja oft preiswert zu haben. (Schüler 2007, 54)

»Das Brot hier ist doch 1 A«, meint Hanna und sie hat völlig Recht. Es sieht appetitlich aus und ist ordentlich in Plastikfolie eingeschweißt. Nichts scheint es von den anderen im Supermarktregal zu unterscheiden, nur dass die 21-jährige es gerade aus dem Abfall gefischt hat. Ihr Essen kauft Hanna schon lange nicht mehr in Supermärkten, sondern besorgt es sich aus den Müllcontainern dahinter. »Containern« heißt das in der Szene der selbsternannten Resteverwerter, die sich dem Konsumkreislauf der Wegwerfgesellschaft verweigern. Nicht aus Not, sondern aus Überzeugung. Konkrete Zahlen, wie viele Lebensmittel in Deutschland weggeworfen werden, gibt es nicht. Allein auf dem Kölner Großmarkt kommen bis zu zehn Tonnen an einem normalen Markttag zusammen. (Dombrowe u.a. 2008, o.n.A.)

Es ist alles eine Frage der Verteilung. Während weltweit jährlich Millionen Menschen an Hunger sterben, produzieren wir Lebensmittel, mit denen 12 Milliarden Menschen ernährt werden könnten. Die Menge an Brot, die zum Beispiel in Wien täglich weggeworfen wird, entspricht dem Tagesbedarf einer Stadt wie Graz mit rund einer Viertelmillion EinwohnerInnen. (Weitzel 2006, o.n.A.)

Das bereitgehaltene Material spiegelte, dass Lebensmittelreste ein Thema voller Widersprüche darstellen. Zum einen gibt es Menschen, die nicht genügend Geld haben, um sich Nahrungsmittel zu kaufen. Sie können sich nicht selbst ernähren. Um nicht zu hungern, müssen sie sich von Lebensmitteln ernähren, die andere übrig gelassen haben. Sich »durchfüttern« lassen zu müssen, stellt für die Betroffenen ein Problem dar. Sind diese Personen auch für die Lebensmittel grundsätzlich dankbar, so fühlen sie sich doch als Menschen von der Gesellschaft abgespeist. Zum anderen gibt es Personen, die Essen im Überfluss haben. Sie können sich Nahrungsmittel in Hülle und Fülle leisten. Dieser Luxus bringt allerdings auch Probleme mit sich. Da diese Menschen mehr Lebensmittel einkaufen, als sie essen können und wollen, müssen sie regelmäßig Essen vernichten. Nahrungsmittel werden aus Überfluss nicht gegessen oder aus Rücksicht auf die Figur nicht aufgegessen und landen auf dem Müll. Darauf, dass der Umgang mit Nahrungsmitteln in unserer Gesellschaft fraglich ist, reagieren Personen, die containern. Aus ideologischen Gründen weigern sich diese Leute in Supermärkten einzukaufen. Sie ernähren sich stattdessen aus deren Abfallcontainern. Dadurch, dass sie sich bewusst vom Konsum verabschiedet haben, wollen sie in der Überflussgesellschaft ein politisches Zeichen setzen. Mit dem bereitgestellten Bild- und Textmaterial wurde als Einblick ein Überblick über das Thema »Nahrungsmittelreste« gegeben. Mit Hilfe der Bild- und Textquellen konnte wahrgenommen und reflektiert werden, dass sich der Umgang mit Lebensmittelresten zwischen Nahrungsmittelnotstand und Überflussgesellschaft bewegt. Da das jeweils von den einzelnen Studierenden oder von der Projektleitung bereitgehaltene Material stets vielschichtig, widersprüchlich und in der eigenen Auslegung offen war, forderte es alle Beteiligten zum Denken, Entscheiden und wertbezogenen Urteilen heraus. In seiner Vielschichtig- und Widersprüchlichkeit provozierte es, sich ein eigenes Bild von den Gegenständen zu machen.

9.4 Gestaltungskompetenzen eröffnen

Um bedeutungsvolle Bilder herstellen zu können, bedarf es allerdings nicht nur einer Horizonterweiterung im inhaltlichen Bereich. Neben der Realitätsaneignung müssen umfassende künstlerische Ausdrucksmöglichkeiten vermittelt werden. Denn in kulturellen Bildungsprozessen geht es nicht nur darum, sich ein Thema anzueignen, sondern es gerade auch bildsprachlich angemessen und deutlich darstellen zu können (Regel 2006, 337). Der eigene Ausdruckswunsch muss im Bild ablesbar sein. Bildsprachenbeherrschung ist erforderlich. Diese Forderung ist offensichtlich, denn verfügen die Lernenden nur über einen restringierten Sprachcode, ist es ihnen nicht möglich, ihre gewünschten Inhalte in Bildern zu realisieren. So verhindert eine nur rudimentär zur Verfügung stehende bildsprachliche Kompetenz, dass die Lernenden ihre Gestaltung selbst bestimmen können (Schnurr 2008, 200) und versetzt damit die Lernenden in den Status eines entmündigten Subjekts (Dirks 1997, 99). Essenzielle Voraussetzung für den *Ausdruck* der in der Aneignung neu gewonnenen, kritisch reflektierten

Gedanken ist demnach eine freie Verfügbarkeit der Bildsprache. Diese muss in der pädagogischen Praxis entwickelt und präzisiert werden (Fuchs 1994, 99). Den Lernenden muss das Handwerkszeug für einen selbstbestimmten bildkommunikativen Gebrauch vermittelt werden.

9.4.1 Rezeptiver Bildsprachenerwerb

9.4.1.1 Form-Inhalts-Bezug

In Bildern kann sich der Mensch ausdrücken. Mit ihrer Hilfe kann er seine Einstellung mitteilen. Für Bildmitteilungen steht dem Menschen eine Vielzahl von bildnerischen und technischen Mitteln zur Verfügung. Jedes von ihnen vermag durch seine Besonderheiten, Inhalte auf seine je eigene Weise zu transportieren. So kommt es bei der Bildherstellung ganz wesentlich auf die richtige Auswahl und Verwendung der Gestaltungsmittel an. Für die beabsichtigte Aussage gilt es, die geeignetsten Verwirklichungsmittel als Werkzeug und Material auszuwählen und zum Einsatz zu bringen.

Mit Hilfe der Analyse der Kochbücher »La nonna La cucina La vita« (Bertonasco 2005) und »Gequälte Brötchen« (von Willsdorf und Klose 2005) sollte den Studierenden der Form-Inhalts-Bezug verdeutlicht werden. In der Auseinandersetzung mit diesen Büchern sollten sie erfahren, dass ein bestimmter Ausdruckswunsch bestimmte Mittel nach sich zieht, dass also der Gebrauch der Mittel stets abhängig ist von der Aussage, die gemacht werden soll. Für die Analyse wurde den Studierenden neben den Kochbüchern folgender Fragebogen zur Verfügung gestellt:

Kochbuchanalysen

Analysieren Sie das Kochbuch »La nonna La cucina La vita«.

Welche Ausstrahlung hat das Buch?
Wie hat Larissa Bertonasco diese Wirkung erreicht?

- Widmen Sie sich zunächst den einzelnen Bildern (Abb. 102-106).
  - Was ist dargestellt?
  - Wie ist es dargestellt? Wie hat sie gezeichnet, gemalt, collagiert?

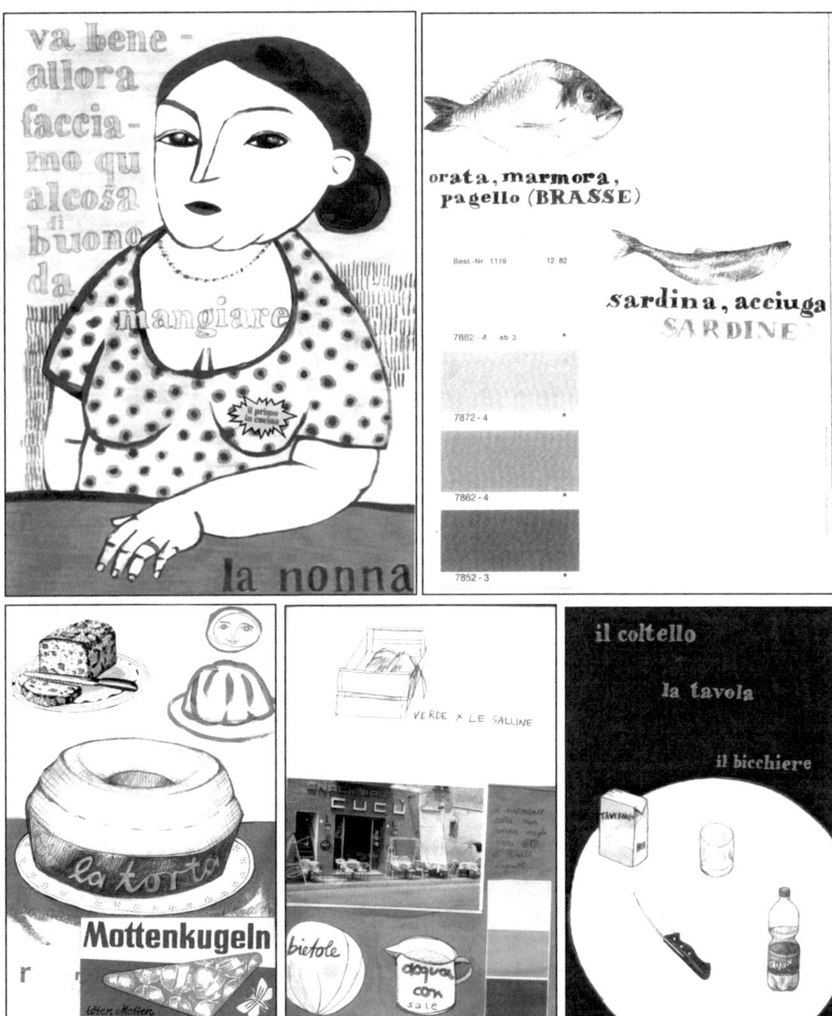

Abbildung 102-106

- Widmen Sie sich nun den Rezepten und Texten.
  - Wodurch zeichnen sich die Rezepte aus?
  - Wie sind die Texte geschrieben?

Meine Nonna ist klein und rund. Zuhause trägt sie meist geblümte Hauskleider. Ihre kleinen Füße stecken in rosaroten Frotteehausschuhen oder sie schlittern auf zwei Stofflappen durch die Wohnung, um den Marmorboden zu polieren. Wenn Nonna aus dem Haus geht, trägt sie einen Jeansrock, eine bordeauxrote Strickjacke und kleine ausgetretene Schuhe mit Absatz, die sie vor ihrer Wohnungstür in einem hohen Terracottatopf aufbewahrt. Schaukelnd balanciert sie ihren kompakten Körper, ihre Handtasche baumelt neben ihren Beinen hin und her. Obwohl sie mittlerweile schon weit über achtzig ist, arbeitet sie im Sommer noch immer in der Küche einer kleinen Pension, um für ein paar Stunden am Tag kochen zu können. Mit schnellen routinierten Handgriffen rollt sie mit einer Gabel Unmengen von Gnocchi oder bereitet ihre leckere grüne Sauce zu, die man sowohl zu Fleisch als auch zu Fisch essen kann. Hin und wieder hilft sie auch ihrer Nachbarin, die von ihrem Mann sitzen gelassen wurde und zwei kleine Kinder hat, beim Kochen, Bügeln und Putzen. Sie braucht es, unter Menschen zu sein, es macht ihr Spaß zu reden, zu scherzen, und ab und zu muss sie einfach mal ihre schlechte Laune an jemanden auslassen. Aber meistens lacht sie. Nonna lacht gern und oft; dabei wackelt und vibriert ihr Körper, und ihre Augen verengen sich zu kleinen Schlitzen. Wenn sie auf den Markt geht, wird sie von allen Seiten begrüßt: »Ciao Maria! Come va?« und lässt sich leicht in lange Gespräche verwickeln. Im Sommer sitzt sie abends gern mit ihrer Nachbarin Rosetta auf einer Bank an der Straße neben den Garagen, um zu plaudern und Neuigkeiten auszutauschen. Rosetta ist fünfzehn Jahre jünger, aber dauernd krank und hat immer etwas zu jammern. Meine Nonna meint, das kommt nur davon, dass sie nicht arbeite und zuwenig andere Sorgen habe. Manchmal bringen sie sich Kostproben ihrer Gerichte mit, und dann diskutieren sie darüber, wer den besten Arrosto di tacchino, einen Putenbraten, oder die beste Zuppa inglese macht. (Bertonasco 2005, 12-13)

Warum wollte Bertonasco die von Ihnen zuvor herausgearbeitete Ausstrahlung erreichen?
Halten Sie das Buch für gelungen bezüglich seines Form-Inhalts-Bezugs?

Analysieren Sie das Kochbuch »Gequälte Brötchen«.

Welche Ausstrahlung hat das Buch?
Wie haben Jovanka von Willsdorf und Chrish Klose diese Ausstrahlung erreicht?

- Widmen Sie sich zunächst den einzelnen Bildern (Abb. 107-111).
    - Was ist dargestellt?
    - Wie ist es dargestellt? Wie wurde gezeichnet, gemalt, collagiert?

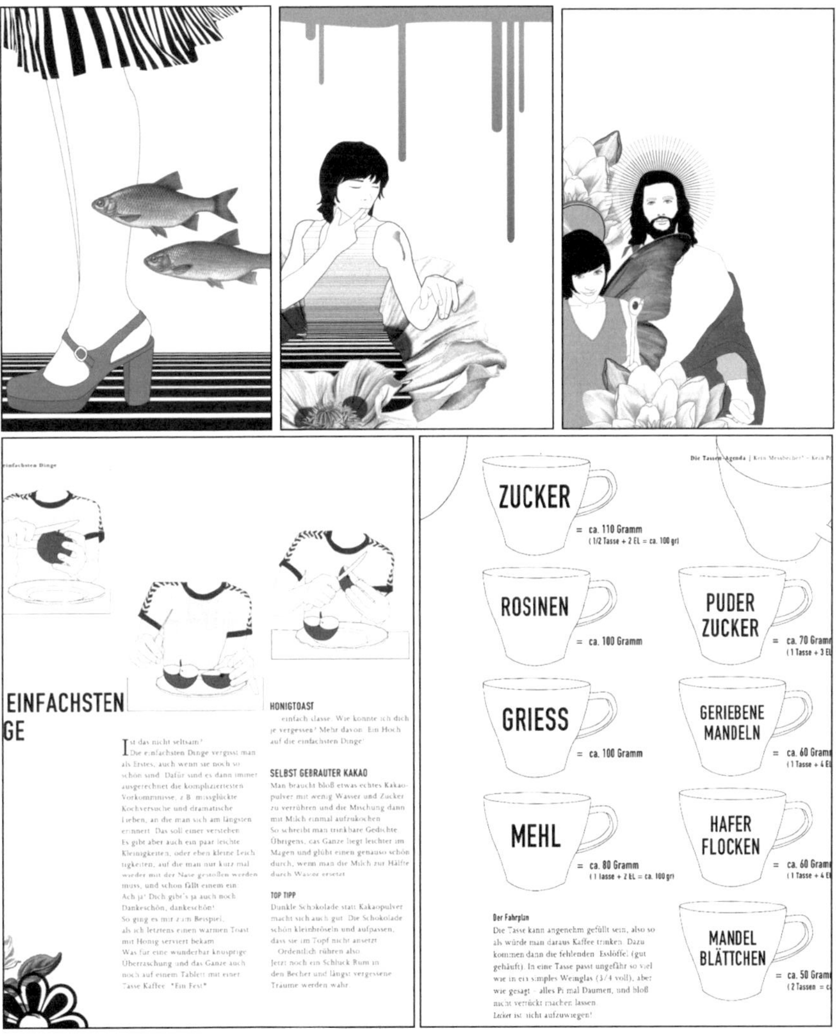

Abbildung 107-111

- Widmen Sie sich nun den Rezepten und Texten.
  - Wodurch zeichnen sich die Rezepte aus?
  - Wie sind die Texte geschrieben?

Es war einmal ein grau verregneter Sonntagmorgen in Berlin [...] Ja, genauso fing es an. Klassisch quasi. Ich war zu Hause, hatte große Lust zu frühstücken, und in meiner Küche tat sich das typische »Sonntagmorgen-fast-nichts-da« auf. Jetzt auf nüchternen Magen runter in den grauen Tag zu laufen, kam natürlich gar nicht erst in Frage. Außerdem wollte jeden Moment meine beste Freundin zu Besuch kommen. Na Toll! Und was jetzt? Zum Glück bestand das »Fast-nichts« aus ein paar alten Brötchen – womit ich Brötchen von gestern meine. Die sind ja ähnlich wie Zeitungen: von gestern heißt alt, nur dass man Zeitungen eben nicht so gut aufbacken kann. Außerdem waren noch ein Schüsselchen Quark, eine ausgetriebene Zwiebel, ein paar kleine Käsestückchen, ein Marmeladenrest und sogar noch eine einsame Tomate zu finden. Na bitte, ist doch was. Also schnell von jedem Brötchen eine Ecke abgeschnitten (eigentlich ja abgebissen) und dann mal sehen, womit man die Teilchen am besten füllen kann. (von Willsdorf und Klose 2005, 14)

[Nach dem Füllen der Brötchen wurden sie] dann noch etwas nass gemacht und zu zweit in meiner großen Teflonpfanne auf kleiner Flamme und mit Deckel drauf zum Schmoren verdammt. Jedenfalls hatte ich das eigentlich vor. Aber mein Hunger war schon fast so groß wie meine Küche, und meine Freundin konnte auch jede Minute vor der Tür stehen. Also zack, den Deckel wieder runter und die Brötchen mit Hilfe einer Untertasse auf den heißen Pfannenboden gedrückt [...] Das zweite Pärchen war gerade in der Pfanne, als es klingelte. Ich rannte schnell zur Tür und war schon wieder mitten im nächsten Pressvorgang, als mein Besuch in der Küche auftauchte. »Was machst du denn da?« Hmm, das klang irgendwie eher entsetzt als interessiert. Ich dachte: »Na, Frühstück!«, fragte aber beleidigt: »Wonach sieht's denn aus?« Meine Freundin grinste: »Also, Brötchenquälen würde ich sagen.« Wie bitte? Zum Glück hatte ich aber schon die erste Fuhre fertig, und zur Strafe musste sie sofort ein geschmortes Exemplar probieren – noch im Regenmantel. »Wow – Lecker!« Aha! [...] und dann war wieder alles gut. (von Willsdorf und Klose 2005, 14)

Warum wollten von Willsdorf und Klose diese Ausstrahlung erreichen?
Halten Sie das Buch für gelungen bezüglich seines Form-Inhalts-Bezugs?

Vergleichen Sie nun die Bücher.
Welches der beiden Kochbücher halten Sie bezüglich seines Form-Inhalts-Bezugs für gelungener? Warum?
Falls Sie sich nicht entscheiden, welches der beiden Bücher besser gelungen ist, begründen Sie Ihre »Unentschiedenheit«.

Was ist der Zweck der einzelnen Kochbücher? Was wollten die Autoren mit welchen Inhalten und welchen bildnerischen Mitteln aussagen?

Den Kochbüchern wurde von den Studierenden zu Recht eine unterschiedliche Wirkung zugesprochen. Während das Buch »La nonna La cucina La vita« auf die Teilnehmer eine »persönliche«, »liebevolle«, »unbefangene«, »lebendige« und »ursprüngliche« Ausstrahlung hatte, wirkte das Kochbuch »Gequälte Brötchen« auf sie »unpersönlich«, »kühl«, »anonym«, »gekünstelt« und »oberflächlich«.

Die Studierenden stellten fest, dass die jeweilige Wirkung von den Autoren zum einen erreicht wurde durch die Weise, wie die Autoren mit den Bildern und dem Text umgegangen sind, und zum anderen durch die Art der Rezepte. Wichtig ist, dass in beiden Fällen die Wirkung der Texte, Bilder und Rezepte kongruent ist: Sie unterstützen sich gegenseitig in ihrem beabsichtigten Ausdruck. Auf allen drei Ebenen folgt die Form dem Ausdruckswunsch. Wie dies geschieht, wurde mit den Studierenden anhand des Form-Inhalts-Bezugs der Bilder der Kochbücher erarbeitet. Im Folgenden werden die Ergebnisse der beiden Analysen kurz vorgestellt. (In den Seminaren wurde auch auf den Form-Inhalts-Bezug der Texte und der Rezepte eingegangen. Da diese Bezüge in dieser Untersuchung aber zweitrangig sind, werden sie hier nicht weiter ausgeführt.)

In den Bildern des Buches »La nonna La vita La cucina« geht es um eine ligurische Großmutter, deren Kochkünste und deren Leben. Um der einfachen, natürlichen, ursprünglichen Lebensweise der Großmutter in ihren Bildern gerecht zu werden, hat die Autorin auf bestimmte bildnerische und technische Mittel zurückgegriffen. Ganz allgemein kann gesagt werden, dass die Darstellungsweise Bertonascos – bis auf wenige Ausnahmen – nicht vom Naturalismus bestimmt ist. Sie hält sich nicht an Proportionen: Unbefangen bestimmt sie das Verhältnis der Teile zueinander selbst. Sie verzichtet auf die Zentralperspektive: In der Regel platziert sie ihre Bildgegenstände ganz naiv auf einem einfachen Malgrund. Sie schmückt ihre Figuren und Szenen nicht mit Details aus: Ihre Darstellung wirkt schnörkellos, bodenständig. Ist ihre Darstellung auch nicht detailreich, so widmet sie doch den einzelnen Flächen viel Aufmerksamkeit. Mit Ornamenten ausgeschmückt bekommen die Dinge etwas Liebevolles, Häusliches. Der private Charakter wird zudem durch das Einfügen von einfachem, vorgefundenen Bildmaterial aus dem Alltag verstärkt: Das aufgeklebte Einwickelpapier einer Orange, das Etikett einer Tomatendose, ein Heiligenbildchen, eine altertümliche Werbeanzeige für Mottenkugeln u.a. Durch die Anwendung verschiedener bildnerischer Mittel und Materialien wirkt das Buch abwechslungsreich, lebendig – es kommt der Vielfältigkeit des Lebens nahe.

In den Bildern des Buches »Gequälte Brötchen« geht es um eine junge alleinstehende Frau in Berlin und deren Lebensstil. Letzterer findet in ihrem Kochverhalten seinen Ausdruck. Um dem unpersönlichen, gekünstelten, oberflächlichen, nach außen gerichteten Lebensstil der Großstadtbewohnerin in ihren Bildern gerecht zu werden, hat Klose auf bestimmte bildnerische und technische Mittel zurückgegriffen. Ganz allgemein kann gesagt werden, dass ihre Gestaltung von Oberflächlichkeit bestimmt ist. Sie verwendet den Heiligenschein oder die Jesusfigur losgelöst von ihren eigentlichen Bedeutungen: Sie reduziert die Symbole auf ihre äußerliche Form. Sie dienen einem Effekt. Die Darstellung der Protagonistin ist unpersönlich. Sie wird als Typ dargestellt ohne irgendwelche Macken und Kanten. Sie hat keinen individuellen Ausdruck. Sie wirkt austauschbar. Dadurch, dass die Figur glatt, ohne jeden Makel dargestellt wird, wirkt sie künstlich. Durch den Verzicht auf Lebensspuren wirkt sie unlebendig. Des Weiteren wird die Protagonistin stets mit großen, vom Zeitgeist bestimmten Gesten in Szene gesetzt. Wie auf einer Bühne wird sie präsentiert. So wirkt die Figur inszeniert, nicht authentisch. Der Schein ist wichtiger als das Sein. Bei den Darstellungen steht ganz allgemein im Vordergrund, die einzelnen Bildelemente dekorativ und für den Betrachter ansprechend in Szene zu setzen. Die Bildelemente – seien es nun Figuren oder seien es Gegenstände – dienen der Ausschmückung. Ihre Funktion ist begrenzt: Mit ihrer Hilfe wird das sich auf die Erscheinung beschränkende Leben nach außen getragen. Durch die Anwendung ähnlicher bildnerischer Mittel und Materialien wirkt das Buch einheitlich glatt: Es kommt der Begrenztheit des Lifestyles nahe. Der Eindruck der einheitlichen Glätte wird durch die angewandten technischen Mittel verstärkt. Sie zeigen keine Spur einer individuellen Handschrift: Die Flächen sind einfarbig gedruckt, die Linien sind glatt gezogen. Da die Bilder des Buches durch Oberflächlichkeit charakterisiert sind, entsprechen sie dem Zeitgeist, jenem Zeitgeist, der die Lebensweise auf einen Lifestyle reduziert. Denn durch die Art der Gestaltung kommt zum Ausdruck, dass das Leben bestimmter Menschen vorrangig davon bestimmt ist, sich selbst und ihre Lebensform zeitgemäß – chic und »trendy« – zu inszenieren. So gelingt es Klose mit Hilfe der bildnerischen Mittel und Materialien, das auf die Erscheinung ausgerichtete Leben in ihren Bildern zu vermitteln.

In beiden Büchern zeigt sich, dass der Bildinhalt die Wahl der bildnerischen und technischen Mittel bestimmt hat. Er determinierte, wie etwas ausgedrückt wurde. In beiden Fällen wurden die Mittel der Mitteilung untergeordnet. Die Form der Bilder folgte der jeweiligen Funktion. So können die Bilder beider Bücher bezüglich ihres Form-Inhalts-Bezugs als gelungen betrachtet werden. Die Form der Bilder überzeugt, weil sie sinnträchtig ist: Mit ihr wird etwas Inhaltliches mitgeteilt, zum Ausdruck gebracht. In der Untersuchung eröffnete sich den Studierenden, dass, wird die Form der Bilder an ihrer Funktion gemessen, eine Form nicht, und schon gar nicht nur deshalb als gelungen bezeichnet werden darf, weil sie äußerlich als gestaltete Form überzeugt. Sie haben erfahren, dass Formen stets an ihren Inhalten zu messen sind: So ist eine Form als gelungen zu bezeichnen, erscheint sie »als Echo des Sinns« (Pope, zitiert in Kläger 1999, 193). Umgekehrt gilt, dass eine Form immer dann als misslungen zu betrachten ist, wenn sie inhaltlich leer ist. Dann ist sie missraten, unabhängig davon, ob sie formal geschickt und »kunstvoll« ausgeführt wurde (Regel 1999, 108). Bei der Analyse der beiden Bücher haben die Studierenden erkannt, dass die bildnerischen und technischen Mittel bei der Bildgestaltung letztlich nur eine dienende Funktion haben. Sie haben sich erarbeitet, dass der Auftrag der Mittel ist, dem Inhalt die Form zu verleihen, die er benötigt. Für ihre herzustellenden Kochbuchbiografien resultierte daraus der Auftrag, für ihre beabsichtigten Aussagen die geeigneten Verwirklichungsmittel als Werkzeug und Material auszuwählen und zum Einsatz zu bringen.

9.4.1.2 Transformation der Erfahrungen und Erkenntnisse in Gestaltungen

Nachdem der Form-Inhalts-Bezug den Studierenden bewusst gemacht wurde, sollten sie im Folgenden ein Bewusstsein davon gewinnen, dass sich Gestaltung keinesfalls auf die bloße Dokumentation gewonnener Erfahrungen und Erkenntnisse reduziert (Buschkühle 2005a, 5). Sie sollten erfahren, dass Bilder niemals die Wirklichkeit bloß reibungslos abbilden, sondern ihr Auftrag vielmehr darin besteht, Wirklichkeit sichtbar zu machen. Dies zu tun erfordert, dass die Gestalter ihre Auffassungen von erfahrenen und erkannten Wirklichkeiten in ihren Bildern zum Ausdruck bringen. Die persönliche Sicht auf sich und die Welt muss in die eigenen Bilder transformiert werden. Was es bedeutet, seine persönlichen Vorstellungen von den Dingen in Bilder zu transformieren, wurde mit Hilfe von Kochbüchern der 1950er und 1960er Jahre vermittelt. Zunächst ging es darum, die in diesen Quellen enthaltenen Wirklichkeiten auszumachen. Mit Hilfe von Bildern und Textausschnitten aus Kochbüchern aus jener Zeit sollten die Studierenden den sich in den Büchern spiegelnden Zeitgeist herausarbeiten. Das ihnen zur Verfügung gestellte Arbeitsblatt sah wie folgt aus:

> Praktische Winke für zeitgemäßes Kochen in den 1950er und 1960er Jahren
>
> Betrachten Sie die Abbildungen der Buchdeckel (Abbildungen siehe www.wirtschaftwundermuseum.de/kochbuecher-50er-1html, Seite 2).
>
> - Was ist dargestellt?
> - Wie ist es dargestellt?
> - Welche Auffassung von Wirklichkeit spiegelt sich?
>
> Lesen Sie die Einführungen zu Salaten und Süßspeisen.
> Setzen Sie die Texte in Beziehung zu den Bildern.
>
> Süßspeisen
> Höhepunkt und festlicher Abschluss einer Mahlzeit – gleichermaßen beliebt bei jung und alt und nicht zuletzt gerade bei den Männern – das ist die süße Nachspeise. Im Sommer ersetzt sie oft das Hauptgericht, auf welches bei warmem Wetter sowieso niemand großen Appetit hat, während ein kühler Pudding mit Saft oder Früchten angenehm erfrischt. Als Abendgericht sättigt die Süßspeise, ohne den Organismus zu belasten. Deshalb kann ein Pudding auch niemals die »schlanke Linie« in Gefahr bringen! In der Kranken- und Schonkost haben die Süßspeisen ihren festen Platz ihrer leichten Verdaulichkeit wegen, und weil ein hübsch angerichteter, verlockender Pudding am ehesten die Appetitlosigkeit des Kranken oder Genesenden bekämpft. Kluge Frauen sorgen darum stets für einen ausreichenden Vorrat in allen Dr. Oetker Pudding-Pulvern und bereiten ihren Lieben gern täglich Freude mit einem köstlichen Nachtisch. (Oetker 1960, 275)

> Salate
> »Drei Dinge können Frauen aus dem Nichts zaubern: einen Hut, einen Salat und einen Ehestreit« – sagen die Amerikaner. Was den Hut und den Ehestreit betrifft, so wollen wir uns dazu nicht äußern. Aber hinsichtlich des Salats haben sie sicherlich Recht, denn es gibt wohl kaum etwas Essbares in der Küche, was sich nicht für einen fantasievollen Salat verwenden ließe. Ob rohe oder gekochte Salate, ob frischer grüner Salat oder Salat aus Gemüse, Fleisch, Fisch und dergleichen, je einfallsreicher ihre Zusammenstellung, um so besser. (Oetker 1960, 203)

In der Analyse der Bilder und Texte haben die Studierenden herausgearbeitet, dass eine traditionelle Sicht auf die Geschlechterrollen das bürgerliche Leben von Frauen und Männern in den 1950er und 1960er Jahren in Deutschland maßgeblich bestimmte. Der Mann war Ernährer der Frau und Familie. Durch seine Berufstätigkeit war er präsent im öffentlichen Raum. Seine Berufstätigkeit erforderte repräsentative Kleidung. Als Oberhaupt der Familie hatte er das Sagen. Frauen waren von ihren Männern – »Göttergatten« – abhängig, ihnen unterworfen, selbst wenn sie auch berufstätig waren. Denn der eigentliche Zuständigkeitsbereich der Frauen war der private Bereich. Als »Hausmütterchen« hatten sie Sorge zu tragen für Haus, Familie und sich selbst – es galt, schick und adrett zu sein –, denn schließlich waren das Heim, die Familie und die Frau die Visitenkarte des Mannes. Die klassische Rollenverteilung wurde von beiden Geschlechtern nicht in Zweifel gestellt und wurde dementsprechend auch schon den Kindern durch Erziehung nahegebracht.

In ihren Kochbuchbiografien sollten die Studierenden nicht nur den Zeitgeist einer Zeit einfangen und wiedergeben. Vielmehr sollten sie die in den Auseinandersetzungen mit dem Gegenstand gewonnenen Erfahrungen und Erkenntnisse in ihren Bildern transformiert darstellen. So ging es im Folgenden darum, mit den Studierenden zu erarbeiten, wie der sich in den Kochbüchern spiegelnde Zeitgeist der 1950er und 1960er Jahre in eigenen Gestaltungen gebrochen werden könnte. Zunächst wurde grundsätzlich geklärt, dass sich in den Illustrationen der Kochbücher zwar der Zeitgeist – die Wunschvorstellung von der Wirklichkeit –, aber nicht die Realität selbst spiegelt. So wurde u.a. deutlich gemacht, dass womöglich nicht jede Frau in der Rolle des »Heimchens am Herd« aufgegangen ist, nicht jede Frau mit der dem Mann untergeordneten Rolle zufrieden war. Dass also die traditionelle Rollenverteilung nicht unbedingt in harmonischen Familien und glücklichen, mit ihrer Rolle zufriedenen Frauen resultierten musste, wie es in den Abbildungen der Kochbücher dargestellt wird. Darüber hinaus kann angenommen werden, dass wohl auch die Darstellung der Frauen, stets zum Gefallen der Männer nett herausgeputzt und mit Wespentaille gesegnet, mehr einem Wunschbild entsprach als der realen Hausfrau jener Zeit.

Dass in guten Bildern die Darstellung des Bildgegenstandes bestimmt ist von den Erfahrungen der Menschen mit und seinen Erkenntnissen über ihn, sollte den Studierenden im Anschluss erschlossen werden. Mit Hilfe des folgenden Arbeitsblattes sollte deutlich gemacht werden, welche Vorgehensweise gefordert ist, sollen Erfahrungen und Erkenntnisse in Bildzeichen transformiert werden.

Frauenglück

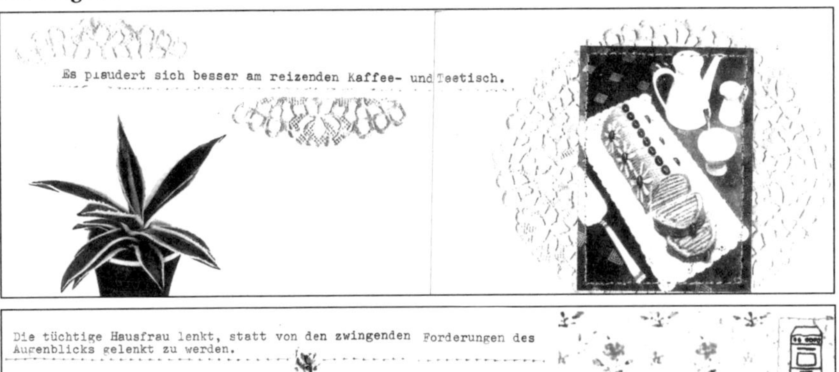

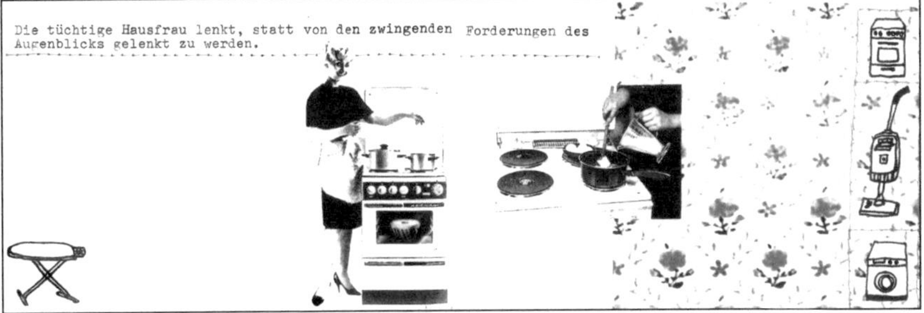

Abbildung 112 und 113

Betrachten Sie die Abbildungen (Abb. 112-113).

- Was ist dargestellt?
- Betrachten Sie die unterschiedlichen Ebenen der Darstellung – Foto, Stickerei und Zeichnung?
- Welchen Ausdruck haben die unterschiedlichen Gestaltungsmittel? Was assoziieren Sie mit ihnen?
- Welche Aussage haben die Bilder?
- Wie unterstützen die einzelnen Darstellungsmittel die Aussage des Bildes?
- Ist der Grund ausschließlich Hintergrund oder hat er selbst auch für den Inhalt Bedeutung?
- Was unterscheidet die Darstellungen von den Abbildungen der Kochbuchdeckel der 1950er und 1960er Jahre? Wird die Wirklichkeit der Zeit des Wirtschaftswunders in den Bildern wirklich transformiert dargestellt?

In der Auseinandersetzung mit den beiden Darstellungen (Abb. 112-113) wurden folgende Aspekte herausgearbeitet. Müller und Gerlach haben in ihrem Buch »Frauenglück – Lasst uns anmutig bleiben« (2005) auf Bilder und Textausschnitte u.a. aus alten Frauenzeitschriften, Lebensratgebern und Kochbüchern zurückgegriffen. In ihren Darstellungen haben sie die vorgefundenen Bilder bzw. Elemente aus diesen collageartig neu zusammengefügt. In die Collagen haben sie zudem mit Schreibmaschine auf vergilbtem Papier getippte Zitate jener Zeit montiert. Des Weiteren haben sie mit Hand gestickte Linien als grafische Elemente verwendet. Mit den gestickten Linien haben sie u.a. Zitate unterstrichen oder Bildelemente umrahmt. Ferner haben die Autorinnen in die Collagen kleine mit Tinte gezeichnete Bildchen eingefügt. Entstanden sind Darstellungen, die die Welt der Hausfrau in der damaligen Zeit illustrieren, ihren häuslichen Verantwortungsbereich als kleinbürgerliche Idylle aufzeigen. Dieser Eindruck wird durch die einzelnen Darstellungsmittel gewonnen. Durch die in der Regel verwendeten alten Schwarz-Weiß-Fotos vermittelt sich die »reale« Lebenswelt vergangener Tage. Mit der Stickerei wird auf typische, der Hausfrau zugeschriebene Tätigkeiten verwiesen. Durch die kleinen, vereinfachten Tintenzeichnungen bekommen die Darstellungen eine »persönliche« Note, eben genau jene persönliche Note, die eine Hausfrau ihrem Heim in damaliger Zeit zu geben hatte. Die Verwendung einer Schreibmaschine mit ihrer in heutiger Zeit altertümlich anmutenden Typografie gibt den Bildern einen häuslichen Charakter. Der leere, weiße, glatte Papiergrund, auf dem die einzelnen Elemente montiert sind, vermittelt die reinliche Sauberkeit, zu der eine Hausfrau stets angehalten wurde. Bekommen die Darstellungen durch das Verfahren der Collage zwar äußerlich einen modernen Charakter – in dieser Weise wären die einzelnen Bildelemente zu jener Zeit nicht angewendet worden –, so unterscheiden die Bilder sich, ihren Sinn betreffend, nicht von den Vorlagen. Der damalige Bildsinn wird in den Gestaltungen selbst nicht gebrochen. Er wird einzig äußerlich leicht verändert abgebildet. Eine andere Bedeutung entsteht folglich nur durch die zeitbedingte veränderte Sicht auf den Gegenstand. Diesen anderen Sinn lösen allerdings auch schon die originalen Bilder selbst aus. Durch Müllers und Gerlachs Bilder wird folglich der Blick auf die Wirklichkeit nicht erweitert. Mit anderen Worten: In ihren Darstellungen werden visuelle Vorbilder schlicht abgebildet. Damit wird die Forderung an gute Bilder nicht erfüllt, dass die Darstellung eines Bildgegenstandes bestimmt sein muss einerseits von den eigenen Erfahrungen der Gestalter mit ihm und andererseits von ihren Erkenntnissen über ihn. Wie solche Bilder bezüglich der Frauenrealität der 1950er und 1960er Jahre aussehen könnten, vermittelt sich in den von einer Studentin hergestellten Darstellungen. In ihrem »Mutterkochbuch« hat sie, ausgehend von der Rolle ihrer Mutter als Hausfrau, die traditionelle Rolle der Frau als Mutter, Haus- und Ehefrau reflektiert. In ihrer Darstellung hat sie die Rolle der Frau in der damaligen Zeit nicht nur abgebildet, vielmehr hat sie in ihren Bildern die Enge der Rollenzuweisung – ironisch gebrochen – verdeutlicht (Abb. 114-116).

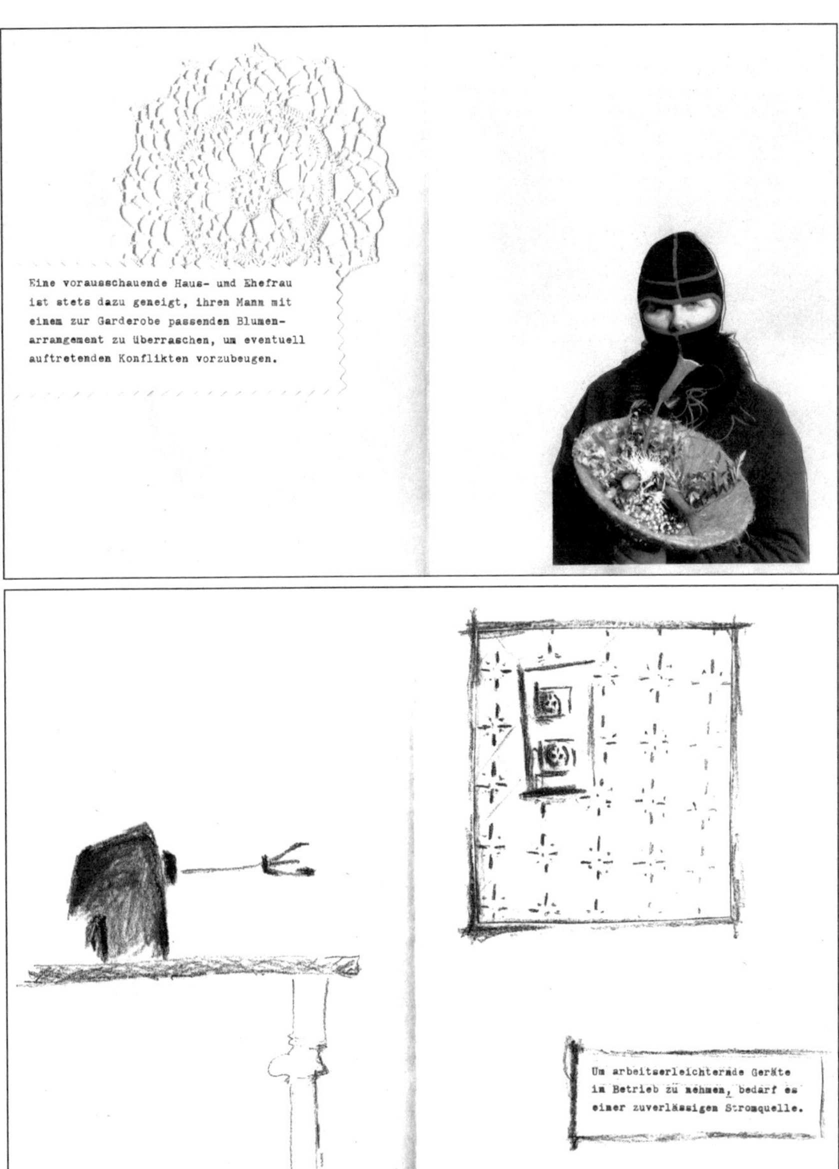

Abbildung 114 und 115

Die Bilder der Studentin waren nicht schon objektiv gegeben: Für ihre Darstellungen gab es keine visuellen Vorbilder. Sie musste ihre eigenen Bilder selbst konstruieren, um ihre selbstbestimmte, subjektive Sicht auf den Gegenstand wiedergeben zu können. Ihre Erfahrungen und Erkenntnisse hat sie in Bildzeichen transformiert. Durch Vorstellungskraft hat sie ihre eigenen Bilder entworfen.

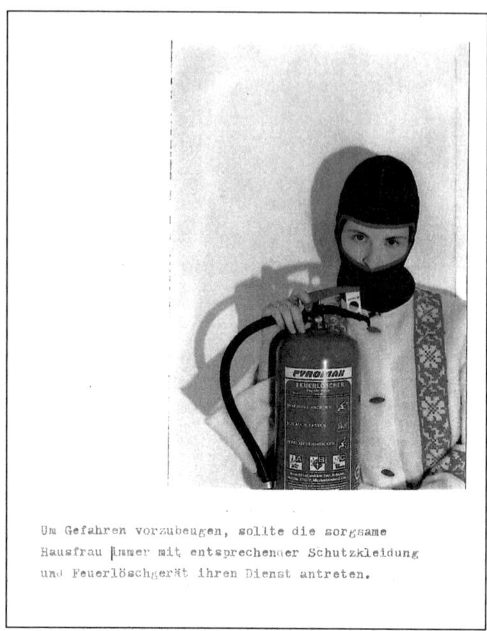

Abbildung 116

9.4.2 Produktiver Bildsprachenerwerb

Neben der rezeptiven Auseinandersetzung mit Gestaltungen sollte die produktive bildsprachliche Kompetenz der Studierenden in künstlerisch-praktischen Übungen entwickelt werden. Diese sollten dazu dienen, die Studierenden für Bilder und ihre Herstellung zu sensibilisieren.

9.4.2.1 Feststellen des Standorts

In der ersten Übung ging es darum, die Zeichenvorstellungen der Studierenden kennenzulernen. Mit Hilfe der folgenden Aufgabe sollte ihre Art, Zeichnungen herzustellen, festgestellt werden.

Gestaltungsmöglichkeiten – Essen und Trinken

1. Dokumentieren Sie bis zum nächsten Seminartermin an einem Tag Ihr Essen. Halten Sie kurz nach den Mahlzeiten das Wichtigste – das Essen betreffend – mit dem Zeichenstift fest. Für jede Dokumentation haben Sie nicht mehr als 5 Minuten Zeit.

2. Betrachten Sie am Abend Ihre Zeichnungen. Sind Sie mit ihnen zufrieden oder unzufrieden?

➔ Falls Sie unzufrieden sind, klären Sie für sich, womit Sie hadern. Nutzen Sie am folgenden Tag Ihre in der Betrachtung gewonnenen Erkenntnisse bei der Herstellung von weiteren Zeichnungen. Verwenden Sie zum Beispiel anderes Werkzeug. Geben Sie sich weniger oder etwas mehr Zeit. Vergrößern oder verkleinern Sie das Format. Verändern Sie den Ausschnitt. Zeichnen Sie mit der linken Hand. Zeichnen Sie, ohne auf das Papier zu schauen usw.

➔ Falls Sie zufrieden sind, probieren Sie, Ihre Zeichnung auszuarbeiten. Gelingt es Ihnen mit mehr Zeit und besseren Rahmenbedingungen präziser zu werden? Oder probieren Sie, eine Variation Ihrer Zeichnung herzustellen. Gelingt es Ihnen in der zweiten Zeichnung, sich nicht bloß zu wiederholen, sondern ein neues Bild zu schaffen?

Neben der Aufgabenstellung erhielten die Teilnehmer ein Arbeitsblatt mit Abbildungen von Zeichnungen u.a. von Mistress, David Shrigley und Frédéric Bruly Bouabré. Die Abbildungen wurden mit den Studierenden ausführlich besprochen. Die Besprechung der Zeichnungen sollte die Studierenden anregen, Zeichnungen nicht mehr nur auf die klassische, sachliche Handzeichnung zu reduzieren. Vielmehr sollten sie Zeichnungen erfahren auch als »Gedankenkonzentrat, [...] Erzählform, Ideenspeicher, Selbsterforschung und Dokumentation« (Sand 2004, 27).

Essen und Trinken – Bildanregungen

Setzen Sie sich mit den Zeichnungen der einzelnen Künstler auseinander. Stellen Sie mit Hilfe der Fragen fest, welche mit Essen und Trinken verbundenen Wirklichkeiten im Bild festgehalten und wie sie dargestellt wurden.

Betrachten Sie die Zeichnungen von Mistress (Abb. 117-120).
Was hat sie dargestellt? Was ist abgebildet?
Was ist ihr Thema?
Wie hat sie ihr inhaltliche Anliegen dargestellt?
Stört es Sie, dass Mistress naiv und »falsch« zeichnet?
Warum zeichnet Mistress?
Was macht die Qualität der Bilder aus? Was macht sie für den Betrachter spannend?

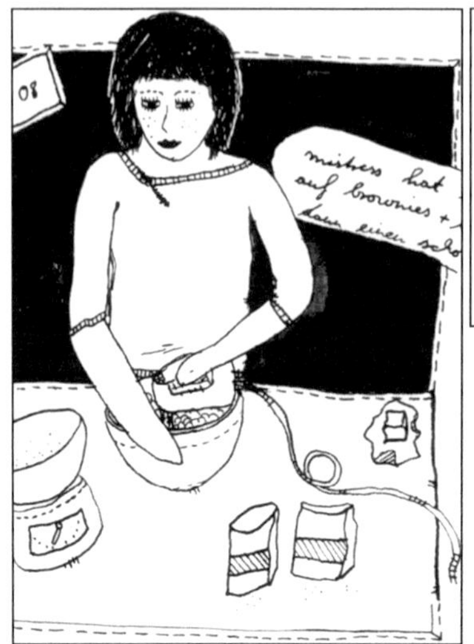

AM NACHMITTAG

einkaufen gehen und nichts von den ganzen guten sachen brauchen können ist deprimierend. dafür viele fertigsuppen, babybrei + pudding gekauft, was aber nicht glücklich macht.

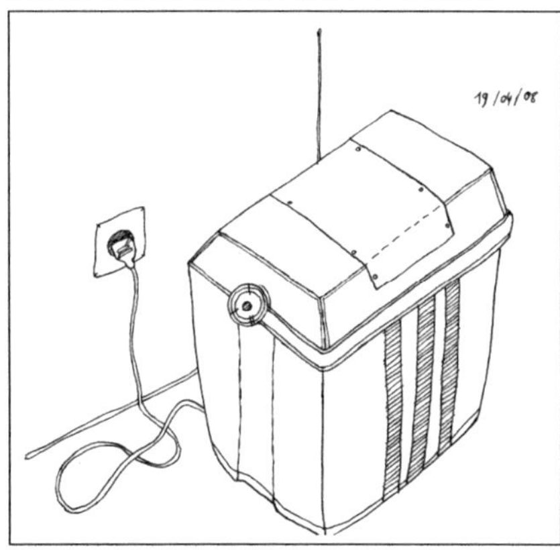

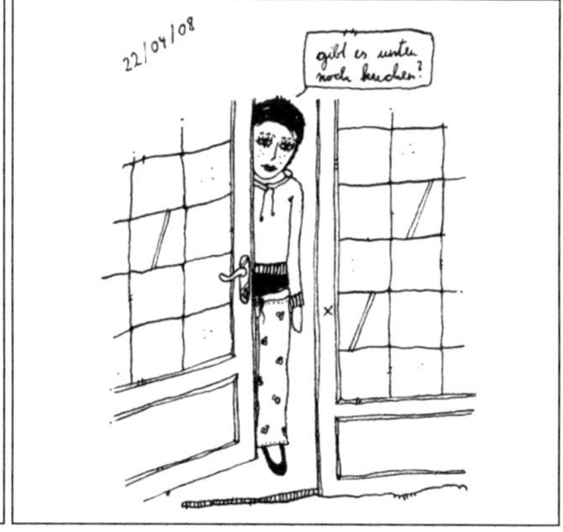

Abbildung 117-120

Betrachten Sie die Zeichnungen von David Shrikley und Frédéric Bruly Bouabré.
Was haben die Künstler dargestellt? Was ist abgebildet?
Was ist jeweiliges Thema?
Wie haben sie ihr inhaltliches Anliegen dargestellt?
Welche Vereinfachungen zeigen sich?
Stört es Sie, dass die Künstler naiv und »falsch« zeichnen?
Warum können sie möglicherweise ruhig »falsch« zeichnen?
Um was geht es David Shrikley und Frédéric Bruly Bouabré?
Was ist die Qualität der Bilder? Was macht sie spannend?
Welche Art von Zeichnung gefällt Ihnen?
Welche Art von Zeichnung könnte Sie reizen umzusetzen?
Worauf müssten Sie formal achten?

Die von den Studierenden zu Hause hergestellten Darstellungen zum Thema »Essen und Trinken« beschränkten sich inhaltlich auf die Wiedergabe von Sachgegenständen: Abgebildet wurden u.a. Kaffeetassen, Müslischalen oder eine Espressomaschine. Manchmal wurden die Darstellungen um einen Ort erweitert: Eine Kaffeetasse steht auf einer Küchenzeile (Abb. 121), ein Topf mit Milch kocht auf dem Herd, auf einem Tisch befindet sich ein Gedeck. Nur eine Studentin hat auch Personen abgebildet: Menschen sitzen beim gemeinsamen Essen zusammen, eine Person isst im Laufen eine Scheibe Brot.

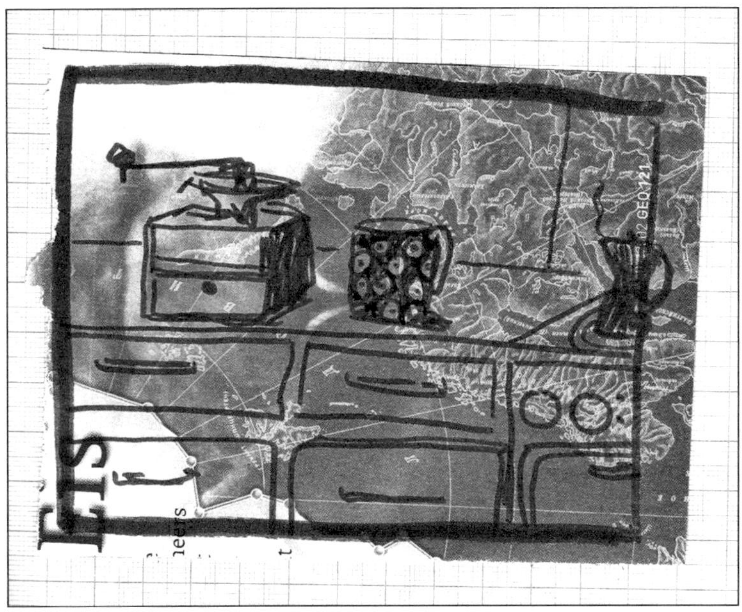

Abbildung 121

Die Möglichkeiten der zweiten Aufgabe wurden von den Studierenden nur sehr begrenzt ausgeschöpft: Die Studierenden entschieden sich ausschließlich dafür, mehr Zeit auf ihre ersten Zeichnungen zu verwenden. Die von ihnen mehr verwendete Zeit wurde allerdings nur dafür genutzt, die Darstellungen detailreicher auszuschmücken. So erhielt die Kaffeetasse in der überarbeiteten Fassung ein Ornament und die Küchenzeile wurde plastischer dargestellt. Dass die Zeichnungen in der Überarbeitungsphase nur ausgeschmückt wurden, machte sie allerdings nicht zu besseren Darstellungen: Das Mehr an Zeit, das zu einem Mehr an Form führte, brachte – und das ist entscheidend – nicht ein Mehr an inhaltlicher Komplexität. Inhaltlich weiter reichend waren die überarbeiteten Bilder nicht. Die Anregungen zum »anders« zeichnen – anderes Werkzeug, anderes Format, anderer Ausschnitt, andere Hand usw. – wurden nicht aufgenommen. Die Möglichkeit, ihr Motiv zu variieren, blieb ungenutzt. Bei der Reflexion der Zeichnungen wurde deutlich, dass »das traditionelle Bildkonstrukt des perspektivischen Raumes, gekoppelt an einen phänomenologischen Naturalismus« (Stielow 2004, 150), die Bildvorstellung der Studierenden bestimmt. Sie zeichnen ab, was eben da ist, und was sie sehen. Die ihnen auf dem Arbeitsblatt zur Anregung bereitgestellten Abbildungen von Zeichnungen und deren Besprechung blieben ohne Einfluss. Dass Ziel, den Studierenden einen Weg zu Zeichnungen zu eröffnen, verstanden als »Gedankenkonzentrat, [...] Erzählform, Ideenspeicher, Selbsterforschung und Dokumentation« (Sand 2004, 27), wurde nicht erreicht. Eine andere Herangehensweise war gefordert. Mit einer weiteren Gestaltungsaufgabe sollte erneut versucht werden, den Studierenden die vielfältigen Wege der Zeichenmöglichkeiten aufzuzeigen. Der nun erteilte Arbeitsauftrag zielte auf Darstellungen ab, für die es keine Vorbilder gibt. Gefordert wurden künstlerische Arbeiten zu abstrakten Fragen. Folgende Fragen sollten von den Studierenden zeichnerisch beantwortet werden:

- Stellen Sie dar, wie idealerweise ein Tischgespräch verläuft.
- Was möchten Sie am liebsten auf Ihrem aufgegessenen Teller sehen?
- Was halten Sie von Fast-Food?
- Welche Portion halten Sie für ein Kind für angemessen?
- Was ist der Unterschied zwischen Essen im Stehen und Essen im Sitzen?
- Wie essen Sie vor dem Fernseher, am Computer?
- Zeichnen Sie, was Sie in Bezug auf Essen als Verschwendung betrachten.
- Stellen Sie dar, warum es sich zu kochen lohnt.
- Kommentieren Sie bildnerisch einen Kassenbon.
- Zeigen Sie, welche Auswirkungen Essen auf Sie hat.
- Was macht Schokolade mit Ihnen?
- Zeichnen Sie die Zubereitung einer Mahlzeit.
- Zeichnen Sie eine ausgewogene Mahlzeit.

Für die Beantwortung der einzelnen Fragen hatten die Teilnehmer jeweils fünf Minuten Zeit. Vorbilder für die selbst herzustellenden Bilder fehlten, denn es konnte davon ausgegangen werden, dass die Fragen mit hoher Wahrscheinlichkeit noch nie bildsprachlich beantwortet wurden. Da die Fragen abstrakte, vom Dinglichen gelöste Antworten forderten, wurde das Risiko minimiert, sich bei der Beantwortung ausschließlich auf das Abbilden von Gegenständen beschränken zu können. Neue Zeichenmöglichkeiten wurden provoziert. Die Aufgaben waren auf 13 einzelne Zeichenstationen verteilt. Zu Beginn haben sich die Studierenden für eine Station entschieden. Die Stationen wurden dann von ihnen im Rotationsverfahren durchlaufen. Die Übung hatte bewusst Spielcharakter. Den Teilnehmern sollte damit der Druck genommen werden, bildsprachlich die »richtige« Antwort geben zu wollen. Ihre hergestellten Zeichnungen ließen die Studierenden verdeckt an den jeweiligen Stationen liegen. Die nachfolgenden Kommilitonen sollten nicht von den schon entstandenen Bildern beeinflusst werden.

Die bildnerischen Antworten der Studierenden zu den einzelnen Fragen waren vielfältig, sowohl in inhaltlicher als auch in formaler Hinsicht. Sie waren inhaltlich mannigfaltig, weil in ihnen die eigene Sicht der Teilnehmer auf das Thema gefragt war. Die Studierenden waren aufgefordert, ihre Sicht auf die Dinge festzustellen und dann darzustellen. Da es für ihre Sicht auf die Dinge kein Vorbild gab, waren sie »gezwungen«, ihr eigenes Bild zu konstruieren. Und weil die Fragen abstrakte, vom Dinglichen gelöste Antworten forderten, waren sie herausgefordert, vielfältige Darstellungsformen zu verwenden. Wie sich in den folgenden Abbildungen zeigt (Abb. 122-166), gelang es durch die Aufgabenstellung, von selbstbestimmtem Eigensinn bestimmte Zeichnungen zu provozieren, sowohl in inhaltlicher als auch in formaler Hinsicht.

Stellen Sie dar, wie idealerweise ein Tischgespräch verläuft. (Abb. 122-125)

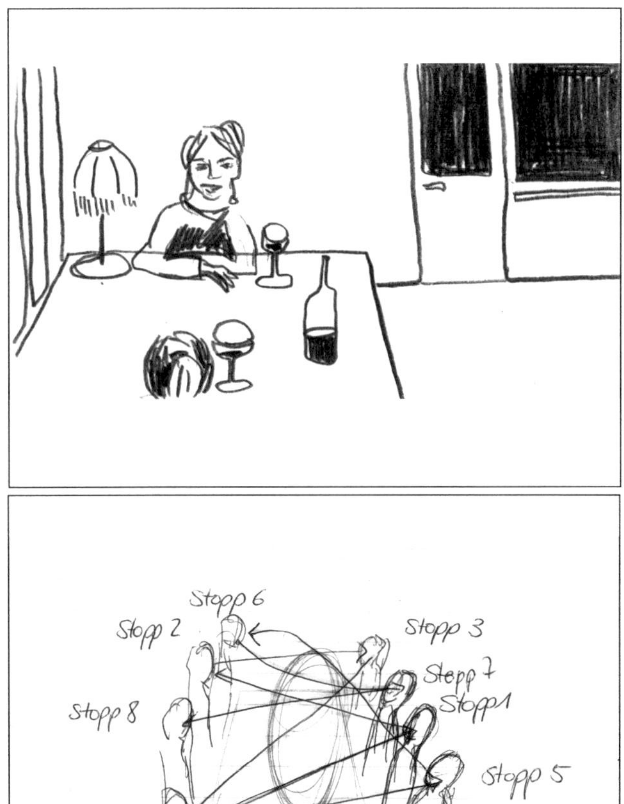

Abbildung 122 und 123

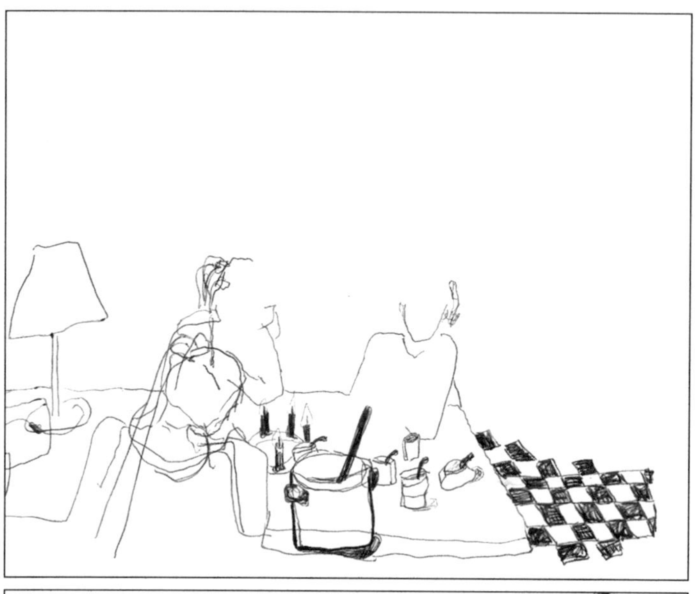

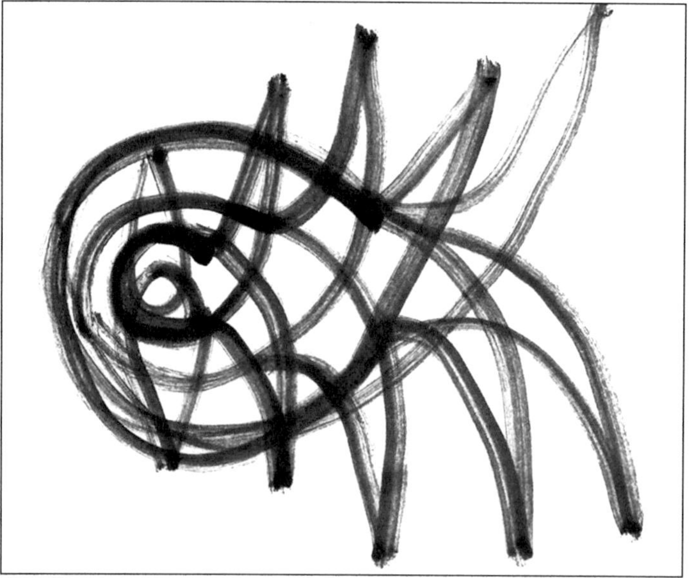

Abbildung 124 und 125

Stellen Sie dar, was Sie am liebsten auf Ihrem aufgegessenen Teller sehen möchten. (Abb. 126-128)

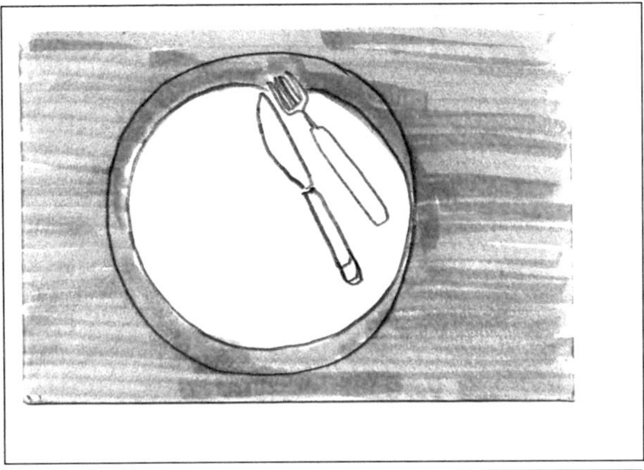

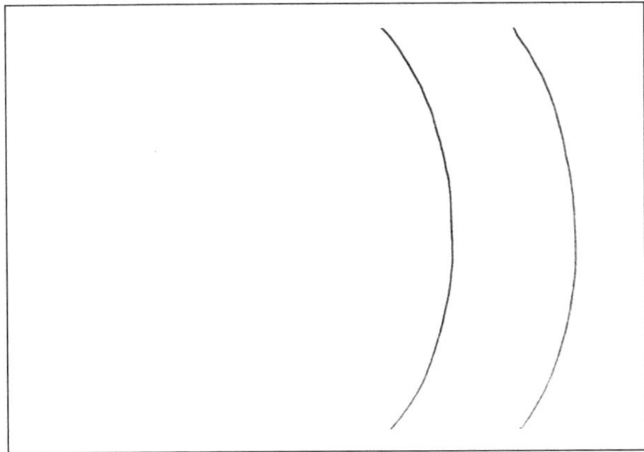

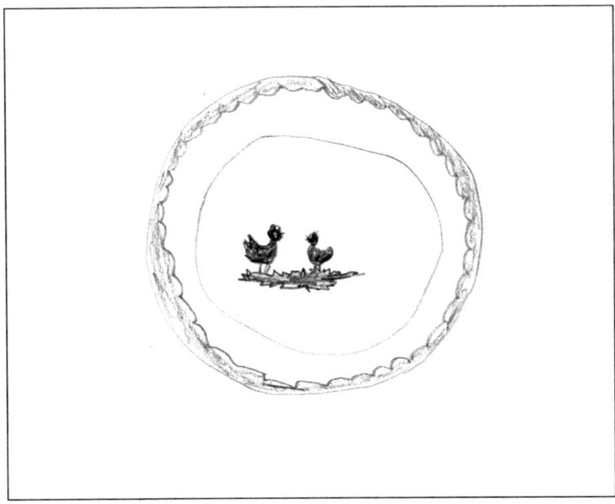

Abbildung 126-128

Was halten Sie von Fast-Food? (Abb. 129-133)

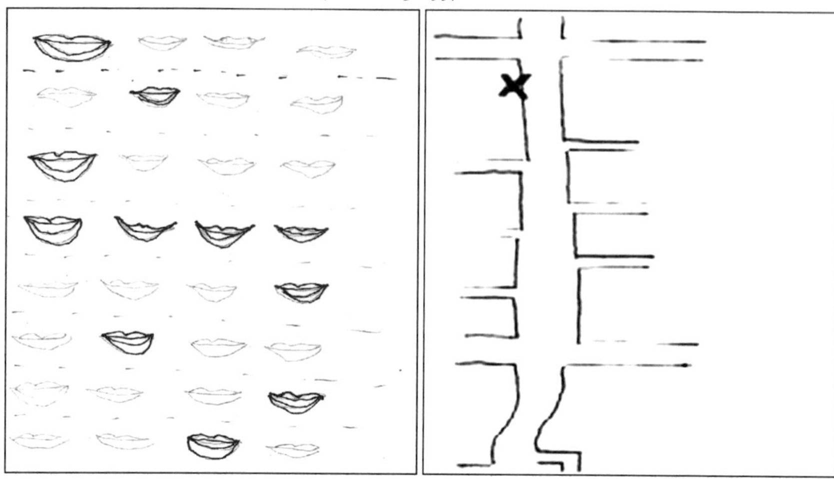

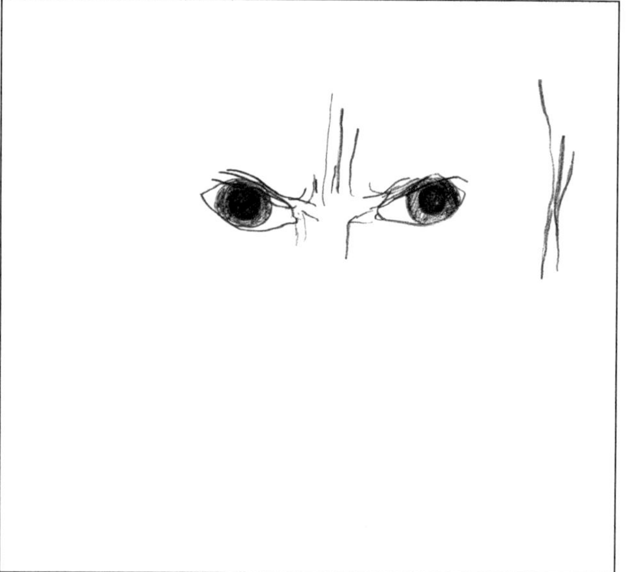

Abbildung 129-131

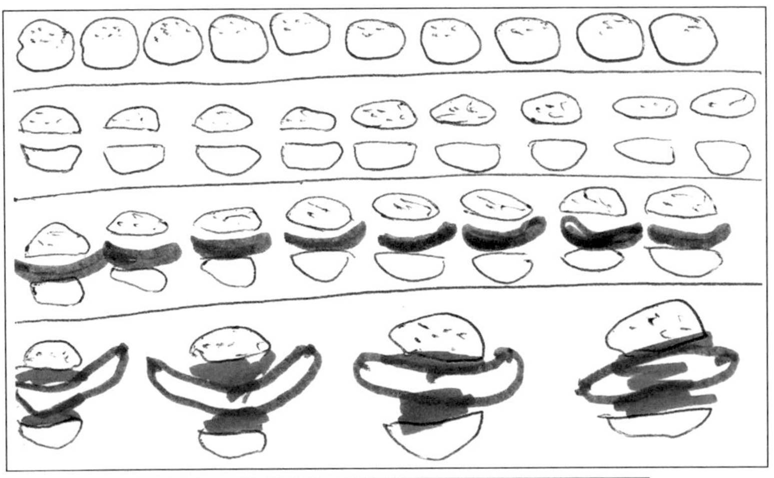

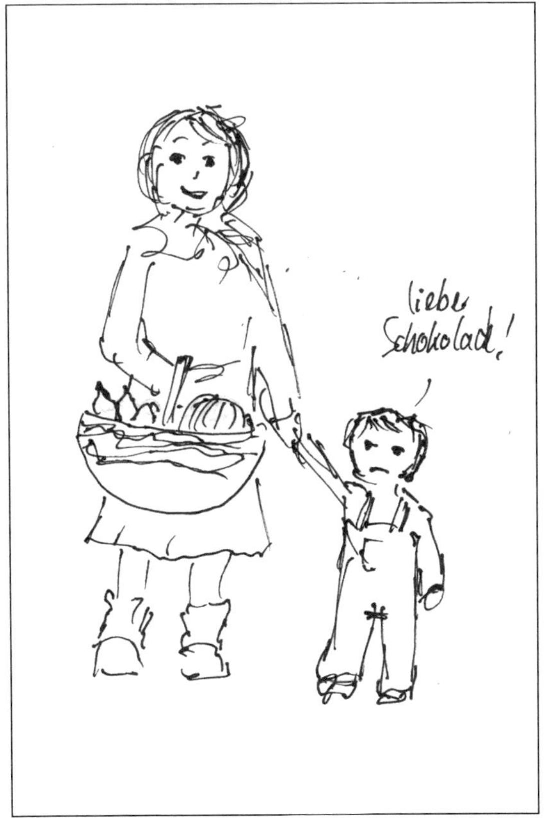

Abbildung 132 und 133

Welche Portion halten Sie für ein Kind für angemessen? (Abb. 134-136)

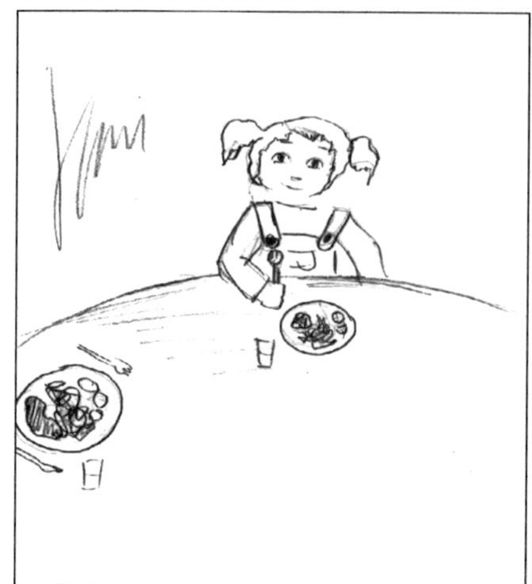

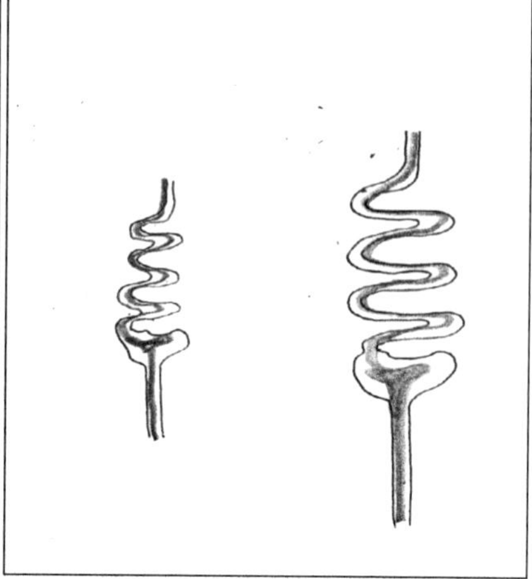

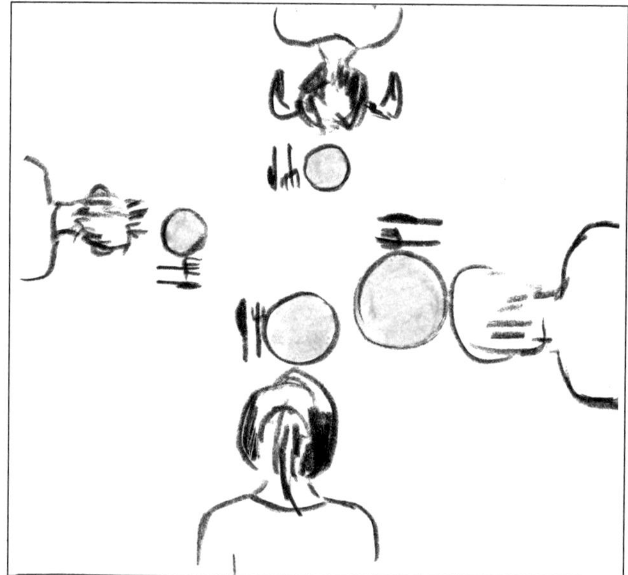

Abbildung 134-136

Was ist der Unterschied zwischen Essen im Stehen und Essen im Sitzen? (Abb.137-138)

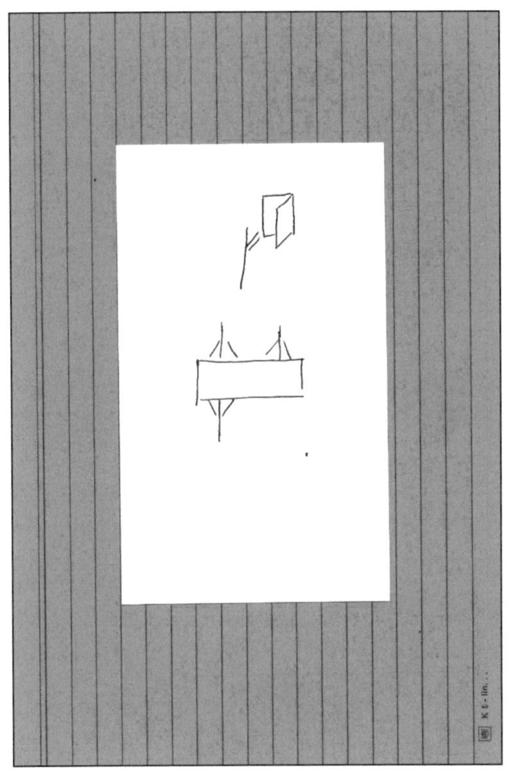

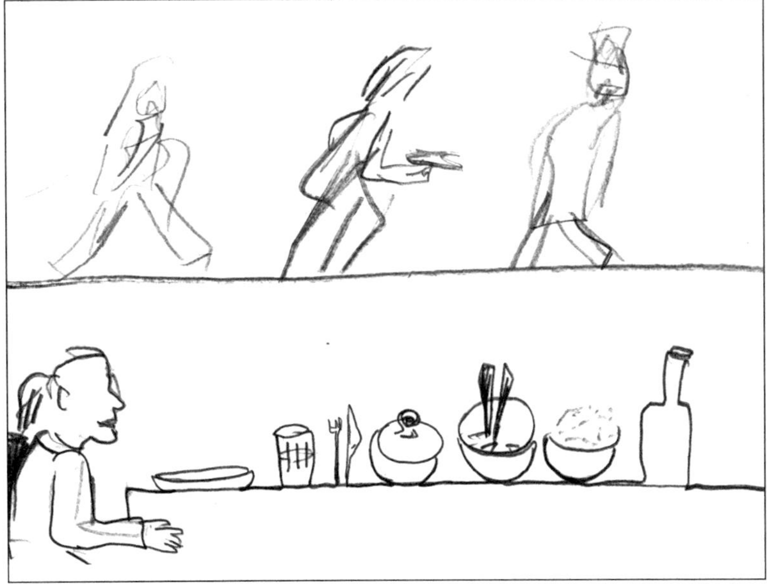

Abbildung 137 und 138

Wie essen Sie vor dem Fernseher, am Computer? (Abb. 139-142)

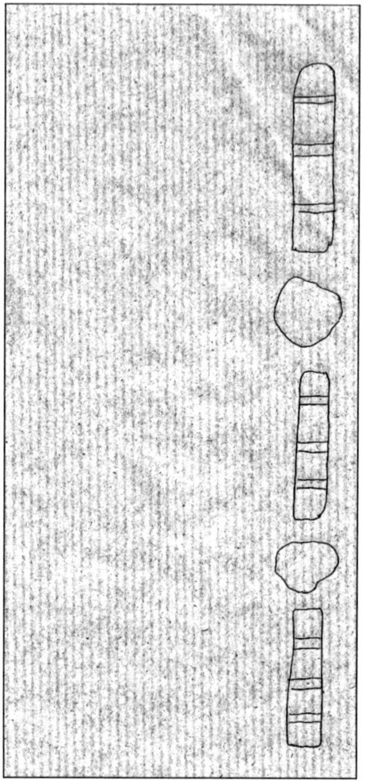

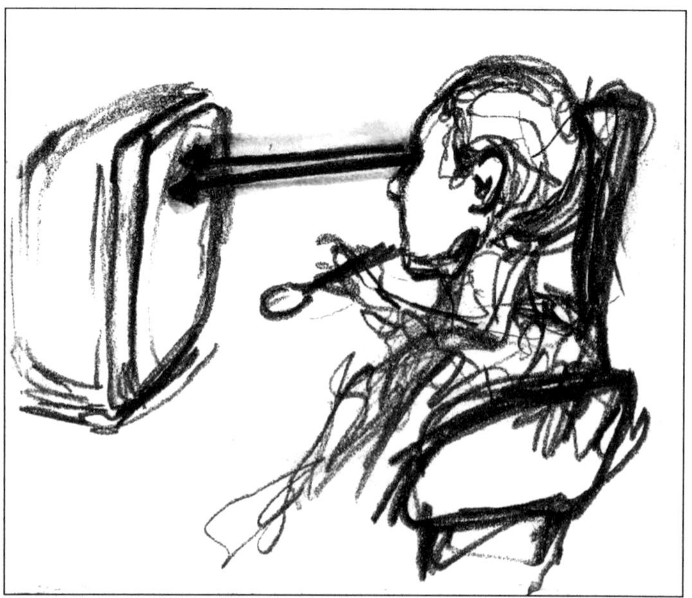

Abbildung 139 und 140

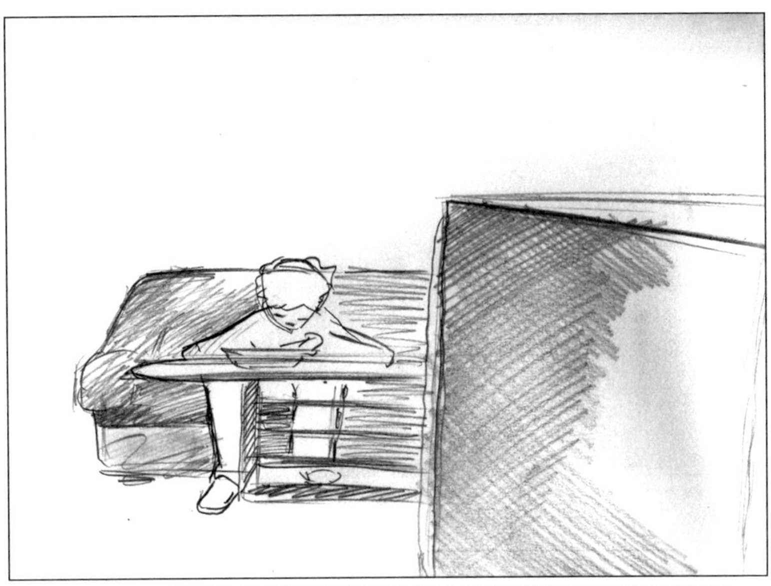

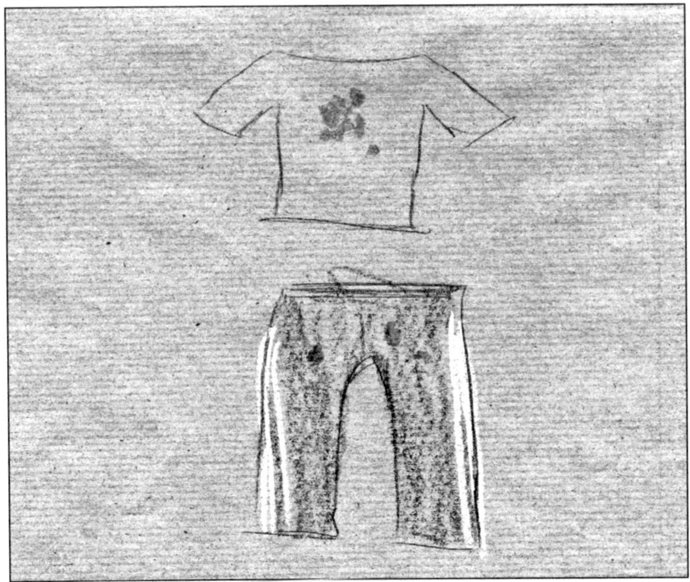

Abbildung 141 und 142

Zeichnen Sie, was Sie in Bezug auf Essen als Verschwendung betrachten. (Abb. 143-147.)

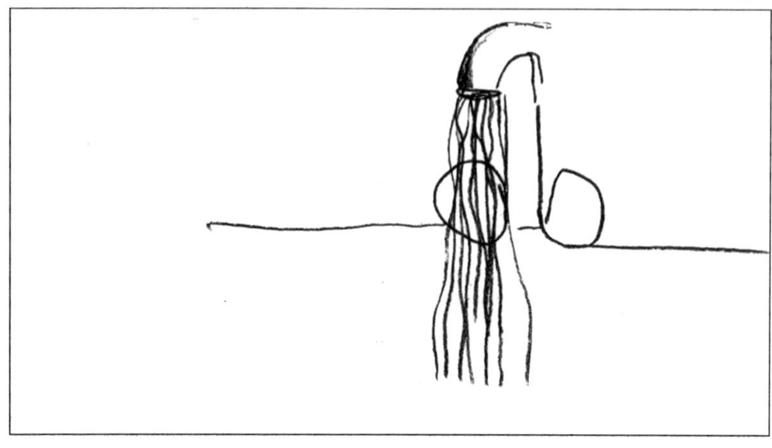

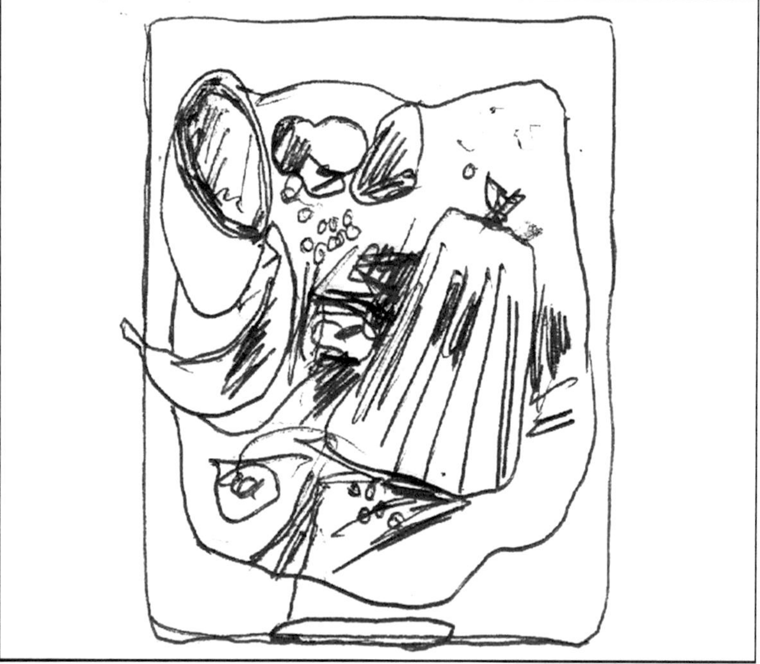

Abbildung 143 und 144

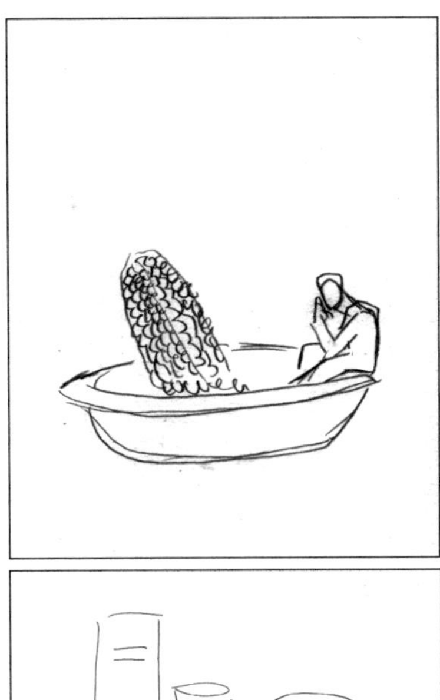

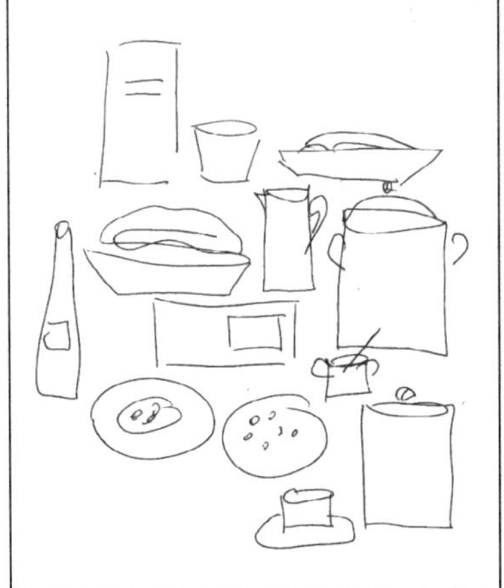

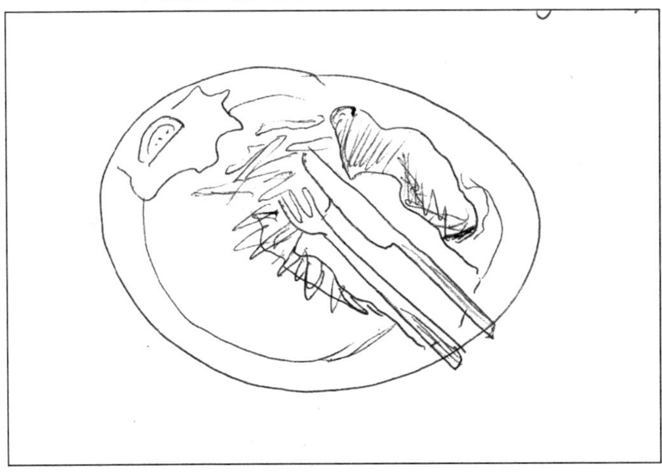

Abbildung 145-147

Stellen Sie dar, warum es sich zu kochen lohnt. (Abb. 148-150)

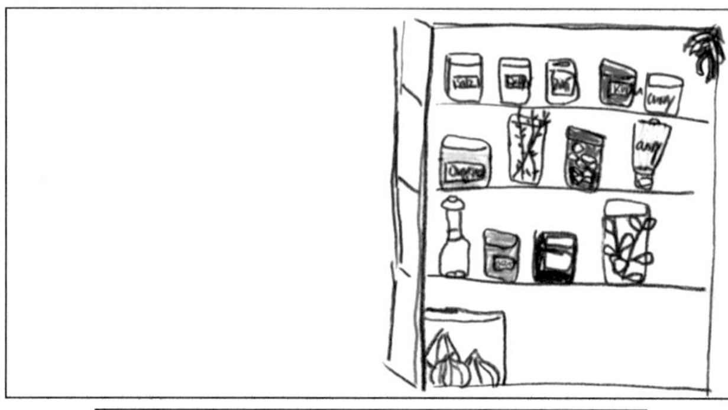

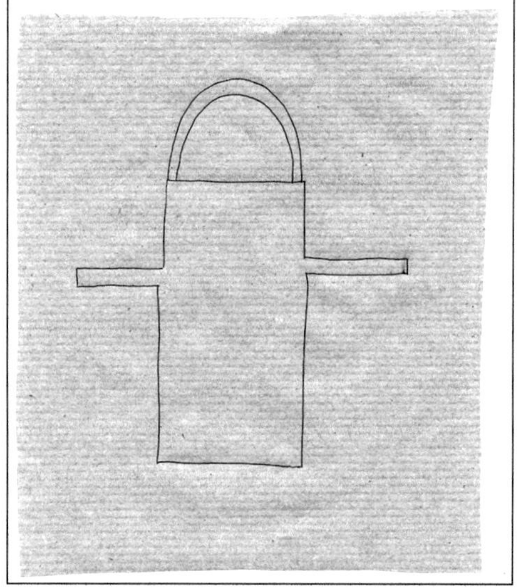

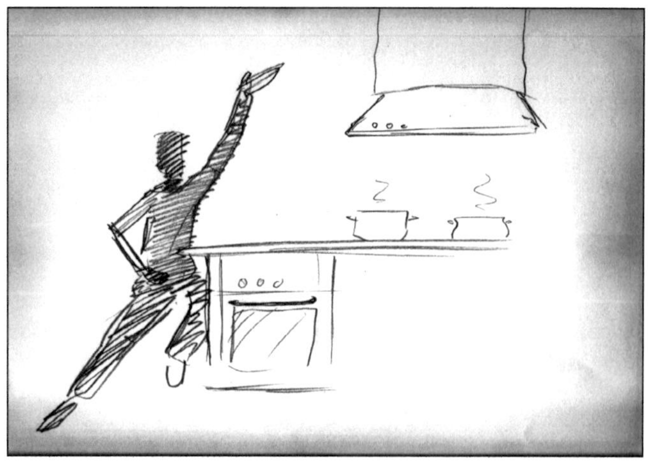

Abbildung 148-150

Kommentieren Sie bildnerisch einen Kassenbon. (Abb. 151-154)

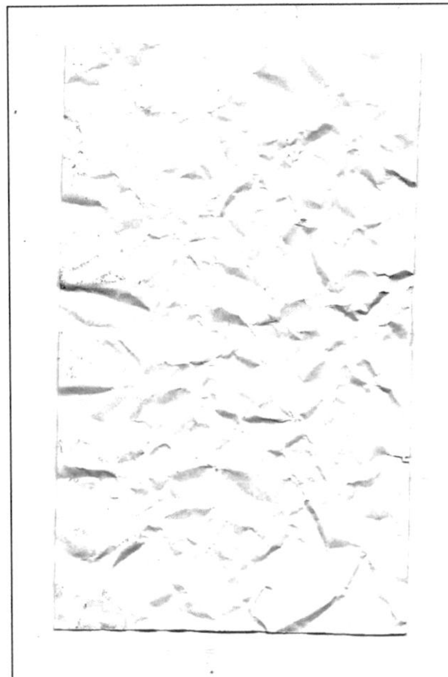

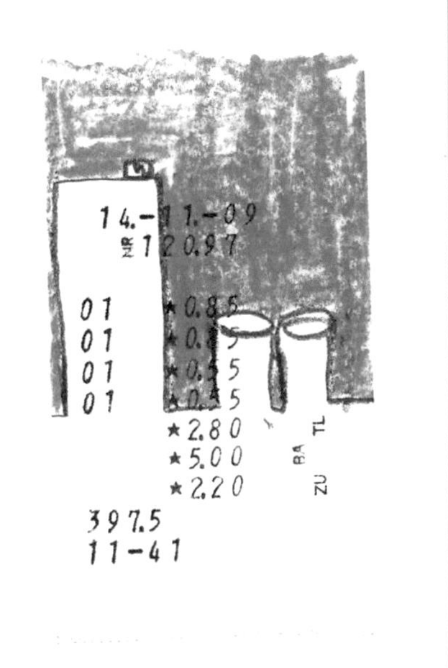

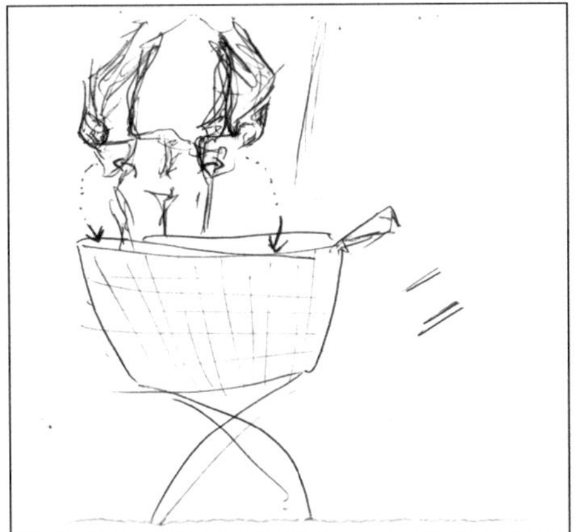

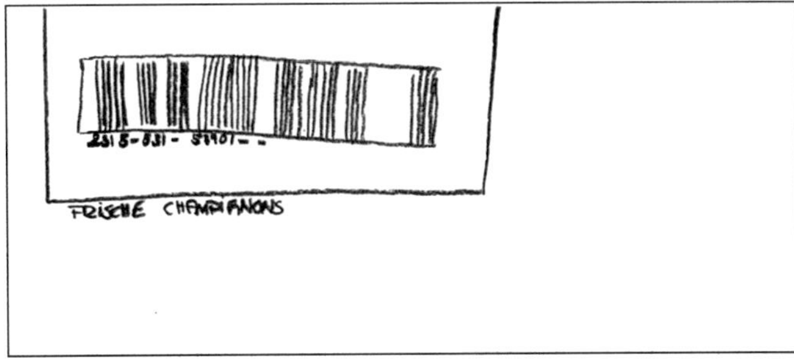

Abbildung 151-154

Zeigen Sie, welche Auswirkungen Essen auf Sie hat. (Abb. 155-157)

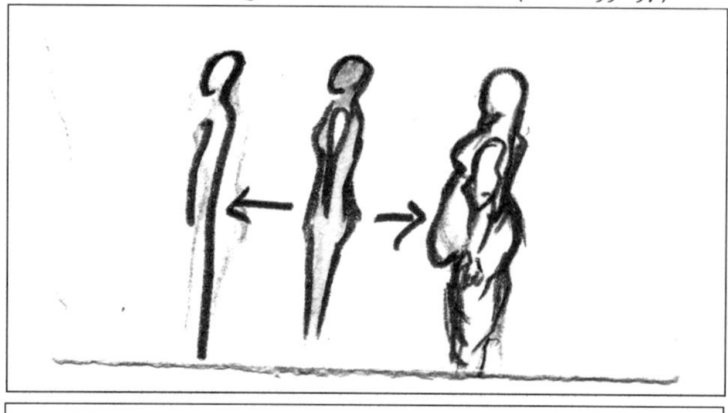

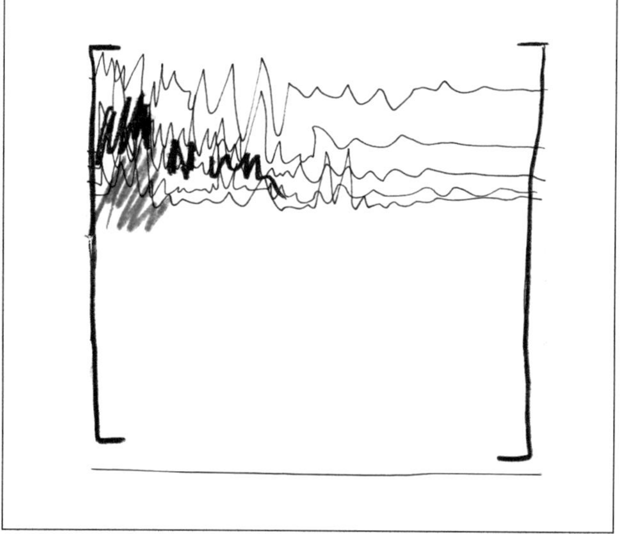

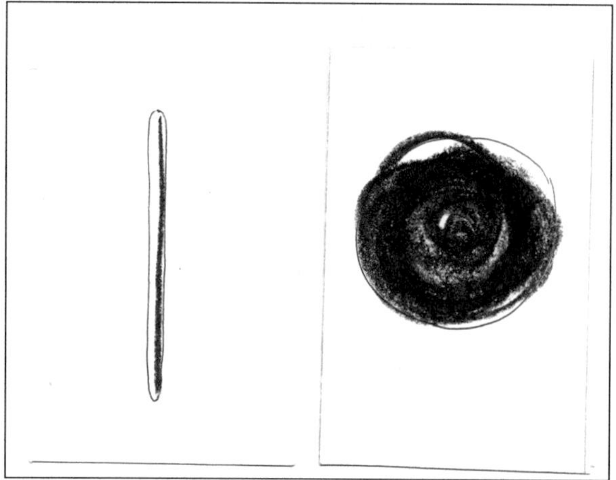

Abbildung 155-157

Was macht Schokolade mit Ihnen? (Abb. 158-160)

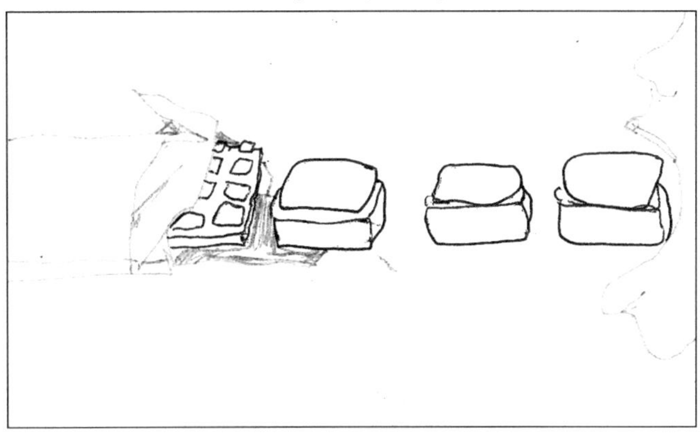

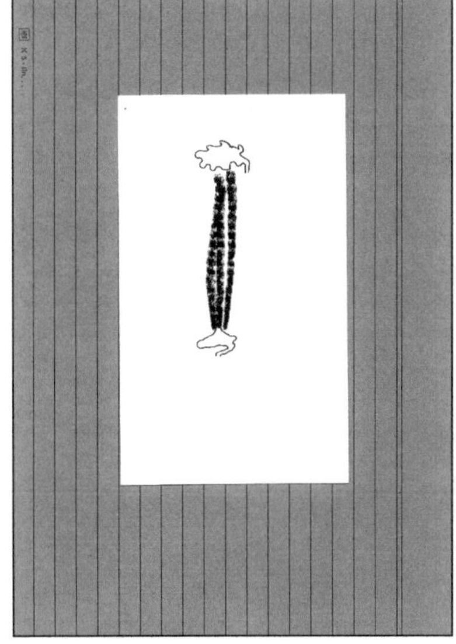

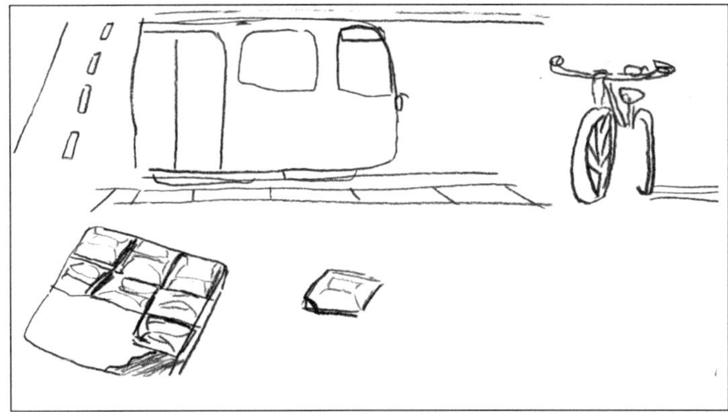

Abbildung 158-160

Zeichnen Sie die Zubereitung einer Mahlzeit. (Abb. 161-164)

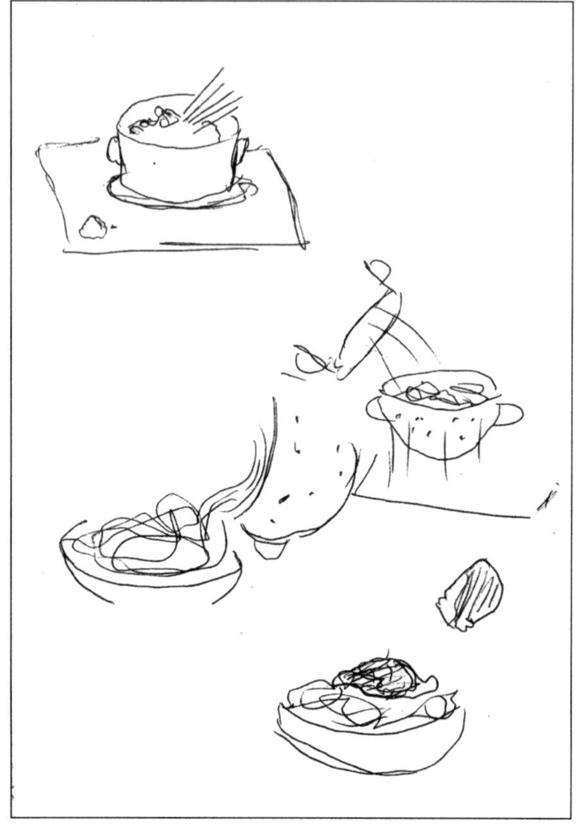

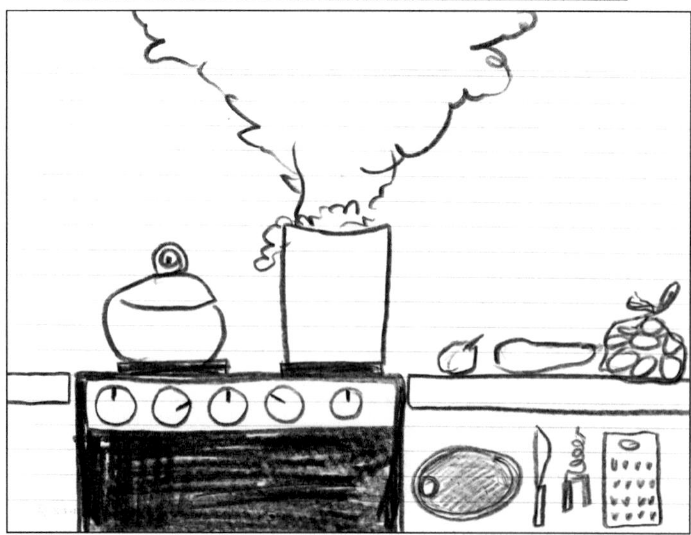

Abbildung 161 und 162

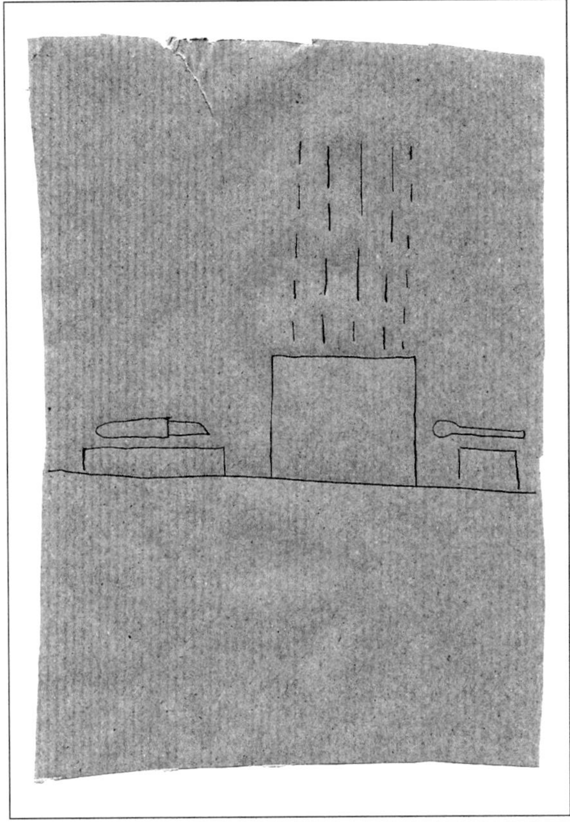

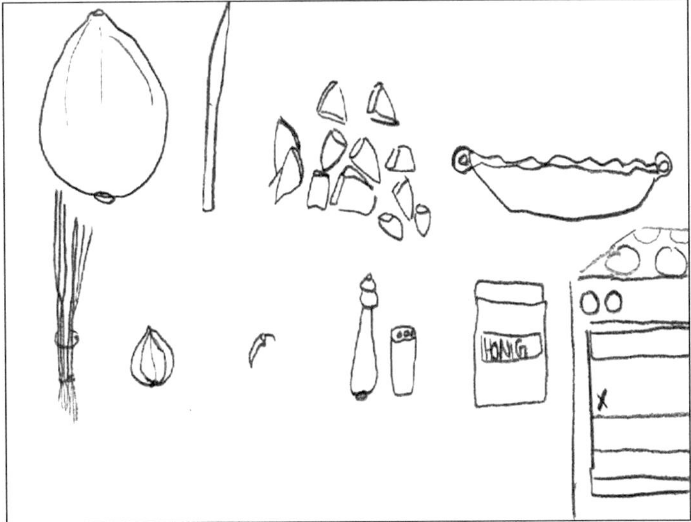

Abbildung 163 und 164

Zeichnen Sie eine ausgewogene Mahlzeit. (Abb. 165-166)

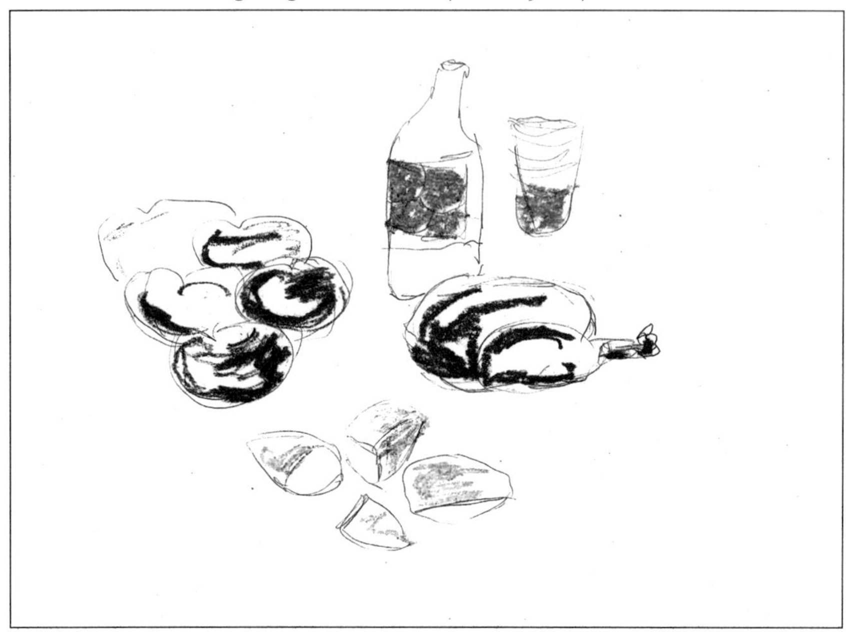

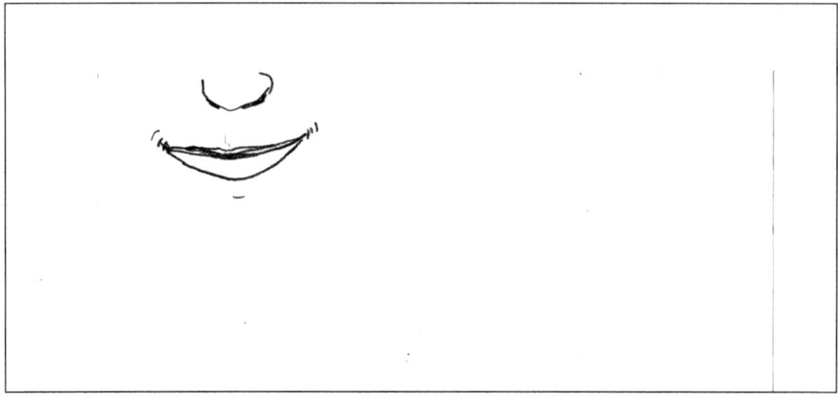

Abbildung 165 und 166

Wie sich in den Zeichnungen zeigt, wurde das Ziel der Übung erreicht, über die Provokation vielfältiger Ausdrucksformen der Zeichnung die bildsprachliche Kompetenz der Studierenden zu erweitern. Nicht unerwähnt bleiben soll, dass es nicht allen Teilnehmern bei allen Aufgaben leicht gefallen ist, Lösungen zu finden. Zu ungewohnt war für sie die Herangehensweise. Diesen Studierenden fehlten die für die Herstellung der Zeichnungen erforderlichen Kompetenzen. Es mangelte ihnen an der Fähigkeit, sich selbstbestimmt eigensinnig ausdrücken zu können. Ihre Zeichnungen wirkten unbeholfen. Hier zeigt sich zukünftiger kunstpädagogischer Handlungsbedarf auf.

9.4.2.2 Horizonterweiterung bezüglich des Sinns des Zeichnens – Essensreste als Zeichenanlass

Im nächsten Schritt stellte die Projektleitung den Teilnehmern zwei Gegenstände zum Zeichnen zur Verfügung: einen Apfel und ein Kerngehäuse eines Apfels. Die Studierenden sollten einen der beiden Gegenstände auswählen und diesen zeichnen. Ihre Auswahl sollten sie schriftlich begründen. Mit der Aufgabe wollte die Projektleitung den Beweggründen der Studierenden für Zeichentätigkeit auf den Grund gehen. Durch die Aufgabe wollte sie ihnen bewusst machen, dass sich Zeichnen nicht auf die schlichte Wiedergabe visueller Eindrücke – welcher Art auch immer – beschränkt. Nur wenn ihr ästhetisches Denken zu Grunde liegt, stiftet Zeichentätigkeit nachhaltigen Sinn. Beim vom ästhetischen Denken bestimmten Zeichnen geht es darum, einen Gegenstand nicht nur um seiner selbst willen zu erfassen. Vielmehr muss die Tätigkeit davon bestimmt sein, das Beobachtete kritisch zu hinterfragen. Zentral ist, beim Gestalten den Zusammenhang herauszuarbeiten, in den sich die Einzelbeobachtung einordnen lässt. Das Hinterfragen des Wahrgenommenen mit Hilfe ästhetischen Denkens führt zu einer kritischen Gesamtsicht des Phänomens. Diese zum Ausdruck zu bringen, ist Sinn der Zeichentätigkeit. Diese Bedeutung zu begreifen, ist grundlegend. Denn es gilt: Nur wenn die eigene kritische Sicht auf den Gegenstand ausgedrückt wird, kann das Zeichnen selbst für den Zeichner nachhaltig Sinn stiftend und damit bedeutungsvoll sein. Die Studierenden für Sinn stiftende Zeichnungen zu sensibilisieren, war Ziel der Übung.

Wie erwartet, haben sich alle bis auf zwei Teilnehmer für die Darstellung des Kerngehäuses entschieden. (Da in diesem Zusammenhang die Entscheidung für die Darstellung des Apfels zahlenmäßig redundant und hier inhaltlich nicht von Bedeutung ist, wird auf sie nicht weiter eingegangen.) Die Auswahl des Kerngehäuses begründeten die Teilnehmer – und auch das war vorhersehbar – wie folgt: Zum einen fiel ihre Wahl auf diesen Gegenstand, weil er interessanter sei als ein Apfel. Hervorragender sei er durch seine Form. Diese wäre vielfältiger: Kein Kerngehäuse sei wie ein anderes. Seine Form wäre zudem komplexer: Ein Kerngehäuse hätte viele Ecken und Kanten, sei nicht nur glatt. Seine Darstellungsform wäre dadurch reizvoller. Sie böte Gelegenheit zu Licht- und Schattenspiel, zu großen und kleinen, zu rauen und glatten Flächen. Zum anderen begründeten die Studierenden ihre Wahl damit, dass durch die mit den Bissen vorgenommene Einflussnahme auf den Apfel dieser zu ihrem Apfel geworden wäre. Sie selbst würden sich in dem Kerngehäuse spiegeln. So wären die Zeichnungen eines Kerngehäuses persönlicher als die Zeichnungen eines bloßen Apfels. Nach der Nennung wurden die Begründungen für den einen oder anderen Gegenstand mit den Teilnehmern reflektiert. Das Nachdenken wurde mit Hilfe des folgenden Arbeitsblattes angeregt:

Essensreste als Zeichenanlass

Betrachten Sie den Apfel und das Kerngehäuse eines Apfels. Schätzen Sie die Gegenstände als Zeichenanlass mit Hilfe der folgenden Fragen ein.

- Reizen Sie die Gegenstände zum Zeichnen?
- Animiert Sie einer der beiden Gegenstände mehr? Warum?
- Welche Bedeutung meinen Sie, können Sie mit der zeichnerischen Darstellung der Gegenstände vermitteln?

Reflektieren Sie Zeichentätigkeit.
Was meint, beim Zeichnen geht es nicht um die Abbildung des Schönen? Wenn es nicht um die Abbildung des Schönen geht, um was geht es dann? Reicht es aus, sich in Zeichnungen mit der Abbildung des irgendwie andersartigen Schönen zu begnügen? Wie unterscheidet sich die Abbildung des Schönen denn grundsätzlich von der Abbildung des andersartigen Schönen? Ist das andersartige Schöne nicht nur die Kehrseite des Schönen und damit genauso unerheblich wie das Schöne selbst?
Worum könnte es beim Zeichnen von Essensresten stattdessen gehen? Welcher Horizont lässt sich mit Essensresten auftun?

In der Reflexion konnte herausgearbeitet werden, dass sowohl die naturalistische Darstellung eines Apfels als auch die naturgetreue Wiedergabe eines Kerngehäuses einem Bild als Bild nicht gerecht werden. Beide Darstellungen beschränken sich auf die abbildgenaue Wiedergabe der Realgegenstände. Weil sich beide Darstellungsarten mit der naturgetreuen Abbildung des Realgegenstandes begnügen, erfüllen sie nicht das Bilder bestimmende Kriterium, nicht nur das Sichtbare wiederzugeben, sondern Wirklichkeit sichtbar zu machen. So macht es, das Bild betreffend, keinen Unterschied, ob das sogenannte sichtbare Schöne – der glatte Apfel – oder das sogenannte sichtbare andersartige Schöne – das Kerngehäuse – wiedergegeben wird. Beide Darstellungsarten begnügen sich damit, Wirklichkeit abzubilden. In Abbildungen wird Wirklichkeit schlicht wiedergegeben, aber nicht für wahr genommen. Da beim Abbilden Wirklichkeit – sowohl im Prozess der Wahrnehmung als auch im Prozess der Gestaltung – nicht in Frage gestellt wird, enthalten die Darstellungen des Apfels und des Kerngehäuses keine neue, die Realität betreffende Erkenntnis. Mit beiden Darstellungen wird nichts sichtbar gemacht. Ein Apfel bleibt ein Apfel, bleibt ein Apfel, bleibt ein Apfel. Aber auch ein Kerngehäuse bleibt ein Kerngehäuse, bleibt ein Kerngehäuse, bleibt ein Kerngehäuse. In der Reflexion wurde den Studierenden deutlich, dass ihre Begründungen für die Auswahl des Kerngehäuses als Zeichenanlass oberflächlich waren. Ihnen wurde klar, dass eine Zeichnung nicht schon Sinn macht, wenn der in ihr abgebildete Gegenstand eine interessante Form besitzt, vielfältig und komplex ist. Vielmehr stiften Zeichnungen erst dann Sinn und sind in der Betrachtung interessant, wenn in ihnen der wahrgenommene Gegenstand kritisch reflektiert zum Ausdruck kommt. Des Weiteren haben die Studierenden wahrgenommen, dass persönlicher Ausdruck sich nicht an für sie selbst bedeutungsleeren Gegenständen zeigen kann. Persönlicher Ausdruck erfordert Eindrücke. Diese gewinnt man in der kritisch reflektierten Auseinandersetzung mit dem Gegenstand. Beim Nachdenken über den Gegenstand macht man sich sein eigenes Bild von ihm. In der Zeichnung kommt dies als persönlicher Ausdruck zum Vorschein.

Dass es bei der Darstellung des Apfels und des Kerngehäuses durch fehlende Konstruktion von Zusammenhängen misslingt, Wirklichkeit in Frage zu stellen, sollte den Teilnehmern im Folgenden vermittelt werden. Durch Bildmaterial sollte ihr Blick auf Essensreste als Zeichenanlass erweitert werden. In der Bildsammlung wurden Abbildungen zu folgenden Gegenstandsbereichen gezeigt: Darstellungen von randvollen, halb- und leergegessenen Tellern, von reich gedeckten Büfetts, »leergeräumten« Platten, Restauranttischen nach den Mahlzeiten und der Schlacht am Büfett, von Lebensmittelresten auf Tabletts und Rollwagen in Kantinen und Schnellrestaurants, von randvollen Kühlschränken, halb aufgegessenen Butterbroten und Müllbergen, von verschimmelten Lebensmitteln und Abbildungen von Menschen beim Containern. Mit der Bildsammlung sollte den Studierenden deutlich werden, dass erst bei Berücksichtigung von Zusammenhängen Erkenntnisse im Bild gestiftet werden. Durch die Gegenüberstellung von Bildern, in denen eine unterschiedliche Perspektive auf den Gegenstand eröffnet wird, sollte ein Nachdenken über Essensreste angeregt werden. Mit dem Bildmaterial sollte ein eigener Standpunkt zum Thema provoziert werden, denn seinen eigenen Standort zu bestimmen – sich also sein eigenes Bild zu machen –, kann als Voraussetzung für Bildgestaltung angesehen werden. Mit anderen Worten: Den Studierenden sollte einsichtig werden, dass in der künstlerisch-praktischen Auseinandersetzung niemals der objektiv vorgegebene Inhalt, sondern stets die individuell aufgebaute Beziehung, also die persönliche Besetzung des Themas, entscheidend ist. Durch die Konstruktion von Zusammenhängen haben sich die Studierenden Klarheit über ihre Einstellungen und Haltungen zum Gegenstand »Essensreste« verschafft. Ihre Wertentscheidungen bezüglich des Umgangs mit Essensresten sollten sie im Folgenden in Zeichnungen zum Ausdruck bringen. Für die Aufgabe erhielten sie folgendes Arbeitsblatt:

Essensreste als Zeichenanlass – Gestaltungsaufgabe

Stellen Sie eine Zeichnung zum Thema »Essensreste« her.

Welcher Horizont erschließt sich beim Thema »Essensreste«? Welcher Aspekt spricht Sie an? Mit welchem Aspekt möchten Sie sich zeichnerisch auseinandersetzen? Was wollen Sie mit Ihrer Zeichnung ausdrücken? Überlegen Sie, ob es Ihnen möglicherweise besser gelingt, Ihren Ausdruckswunsch in zwei oder mehr Zeichnungen zu vermitteln? Falls dem so ist, dürfen Sie selbstverständlich auch zwei oder mehr Zeichnungen herstellen. Für die Herstellung der Zeichnung gilt Folgendes:

- Machen Sie sich Ihren Ausdruckswunsch bewusst. Wie können Sie ihn in ein Bild umsetzen? Für die Umsetzung gibt es keine Vorgaben.
  - Wenn Sie es wünschen, dürfen Sie sich ein eigenes Stillleben aus Essensresten aufbauen.
  - Wenn Sie es möchten, dürfen Sie auf die Bildvorlagen zurückgreifen.
  - Wenn Sie es wünschen, dürfen Sie ein »Gedankenkonzentrat« zeichnen.

Egal welches Vorgehen Sie wählen, beachten Sie, dass Sie sich nicht streng an das Vorgegebene halten. Um Ihren Ausdruckswunsch präzise darzustellen, sollten Sie auslassen, hinzufügen, verschieben, übertreiben usw. Sie müssen auch nicht unbedingt gegenständlich arbeiten. Sie können Ihren Ausdruckswunsch selbstverständlich auch abstrakt, symbolisch, vereinfacht darstellen.

Für ihre Gestaltungen waren die Studierenden aufgefordert, sich zunächst mit der Lebenswirklichkeit der Essensreste auseinanderzusetzen, den Umgang mit Lebensmittelresten wahrzunehmen, besonders ihren eigenen. In der Auseinandersetzung haben sie sich unumgänglich ein eigenes Bild von Essensresten gemacht. Sie haben Essensreste und den Umgang mit ihnen gedeutet. Ihre persönliche Sicht auf den Gegenstand, ihr gewonnenes Vorstellungsbild, haben sie in ihren Zeichnungen zum Ausdruck gebracht. Dargestellt wurden u.a. Tischsituationen der Kindheit (»Iss deinen Teller leer«), im Ferienjob beobachtete Müllberge eines Restaurants, der eigene Umgang mit Schokolade (erst einen Riegel, dann doch noch einen zweiten, dritten Riegel Schokolade zu sich nehmen, und dann schließlich auch noch die letzten beiden Riegel essen, denn diese aufzuheben, das lohnt sich auch nicht mehr) und der Küchenabfluss als Auffangbecken der letzten Lebensmittelreste. In der Reflexion der Arbeiten mit den Studierenden wurde deutlich, dass der eigensinnige Ausdruck der Gestaltungen auf den selbst hergestellten Beziehungen zum Gegenstand beruht. Den Teilnehmern ist verständlich geworden, dass es in der Bildherstellung Kontexte herzustellen und zu berücksichtigen gilt, sollen bedeutungsvolle Bilder entstehen.

9.4.2.3 Horizonterweiterung der Bildkonstruktionsmöglichkeiten

Die Auffassung vom Bild als Abbild der visuellen Realität bestimmt die Bildauffassung der Studierenden. Ihre Darstellungen sind in der Regel am mimetischen Vorbild ausgerichtet. Die Abbildungsnormen des Naturalismus sind ihnen vertraut, werden mehr oder weniger von ihnen beherrscht. So werden bei Gestaltungsaufgaben ohne Umschweife, für selbstverständlich nehmend, die Gegenstände an der visuellen Wirklichkeit orientiert abgebildet. Von dieser Konvention abweichende Bildlösungen sind die Ausnahme. »Unkonventionelle« bildnerische Lösungen finden sich nur selten. Es scheint ein Bewusstsein dafür zu fehlen, dass Gegenstände auch ganz anders auf das Papier gebracht werden können. So war das Ziel der folgenden Gestaltungsaufgaben, den Blick der Studierenden zu öffnen. Über die ihnen wohl bekannte naturalistische Darstellung sollten sie weitere Darstellungsformen kennenlernen. Sie sollten andere Bildauffassungen erfahren, um sich in Zukunft durch die freie Wahl der Darstellungsform, erweitert im Bild ausdrücken zu können. Für die Gestaltungsaufgaben erhielten die Teilnehmer folgendes Arbeitsblatt:

Horizonterweiterung der Bildkonstruktionsmöglichkeiten – Zwei Gestaltungsaufgaben

Stellen Sie ein aus Draht gezeichnetes Stillleben her. Bauen Sie sich dafür zunächst ein Stillleben aus Realgegenständen auf. Dieses kann auch nur aus einem Gegenstand bestehen. Vor der Herstellung des »Drahtstilllebens« bedenken Sie bitte Folgendes: Draht und Grafit unterscheiden sich grundsätzlich voneinander. Sie haben verschiedene Materialeigenschaften. Ihre Art der Liniendarstellung ist unterschiedlich. Spielen Sie also zunächst mit dem Draht. Stellen Sie fest, welche Eigenschaften eine Linie aus Draht bestimmt. Was charakterisiert sie, wann erscheint sie »natürlich« und wann wirkt sie gezwungen? Welche Formensprache gibt folglich das Material vor? Beachten Sie diese Erkenntnisse bei der Herstellung Ihres »Drahtstilllebens«. Zeichnen Sie mit Draht nicht einfach wie mit einem Bleistift. Probieren Sie des Weiteren aus, ob Sie das Stillleben aus einem Drahtstück oder aus vielen kleinen Stücken herstellen wollen. Wie unterscheiden sich beide Darstellungsarten in ihrer Wirkung? Welche Vorgehensweise passt besser zu Ihrem Ausdruckswunsch?

Nachdem Sie das Stillleben aus Draht gebaut haben, stellen Sie bitte noch die im Folgenden beschriebenen Zeichnungen her. Bei Ihren Darstellungen achten Sie bitte darauf, dass Sie sich an Ihrem Drahtmodell und seiner, durch das Material hervorgerufenen, spezifischen Erscheinungsform orientieren. Übersetzen Sie das Drahtmodell in eine Zeichnung. Das heißt, hierbei geht es nicht mehr um die Wiedergabe des eigentlichen Gegenstandes, sondern um seine Darstellung in Draht.

- Zeichnen Sie das Stillleben von der Seite und von oben. Überlegen Sie sich, welche beim Realgegenstand eigentlich verdeckten Linien Sie wiedergeben möchten.
- Geben Sie das Stillleben von der Seite ohne »Striche« nur mit Flächen wieder.
- Stampfen Sie Ihr Stillleben »bewusst« ein. Sie dürfen das Stampfen im Sinne einer guten Zeichenvorlage beeinflussen. Zeichnen Sie das Stillleben erneut.

Zeichnen Sie nun mit einem Faden. Bevor Sie mit dem Zeichnen beginnen, setzen Sie sich zunächst wie beim Draht mit dem Material auseinander. Stellen Sie auch hier fest, welche Formensprache der Faden vorgibt. Bevor Sie sich für einen Faden entscheiden, experimentieren Sie mit unterschiedlichen Fäden. Machen Sie sich bewusst, wie sich ein Faden aus Nähgarn von einem Bind- oder Wollfaden als Zeichenmaterial unterscheidet. Wie verläuft die Linie bei den einzelnen Fäden? Nach dem Experimentieren wählen Sie einen Faden aus, Ihrem Ausdruckswunsch entsprechend. Stellen Sie nun zwei oder drei Bilder in einem her, indem Sie die einzelnen Bilder mit Fäden übereinander legen. Die Bilder sollen den Ablauf einer Mahlzeit dokumentieren, die Mahlzeit als »Daumenkino« in einem Bild ablaufen lassen: Vom vollen Teller zum leeren Teller. Überlegen Sie sich genau, in welchem Bild Sie was darstellen und was weglassen können. Spielt möglicherweise der Teller in der ersten Zeichnung keine, aber in der letzten Zeichnung als leerer Teller die entscheidende Rolle? Nachdem Sie die Zeichnung gemacht haben, dürfen Sie sie im Sinne einer guten Zeichnung selbstverständlich noch »manipulieren«. Für Ihre Fadenzeichnungen wählen Sie bewusst einen Ort aus. Welchen Hintergrund wählen Sie? Sie dürfen auf dem Tisch »zeichnen«, auf dem Fußboden arbeiten usw. Nachdem Sie fertig sind, setzen Sie Ihre Fadenzeichnung in eine Bleistiftzeichnung um.

In den *Zeichnungen* der Studierenden zeigte sich, dass das Ziel der Übung nur in Einzelfällen erreicht werden konnte. Sowohl in den Draht- als auch in den Fadenzeichnungen wurden in der Regel die Eigenschaften des Materials nicht berücksichtigt: Mit Draht und Faden wurde der Versuch unternommen, wie mit einem Bleistift zu zeichnen. Da hierbei die Strichführung des Bleistiftes aufgezwungen wurde, wirkten die Ergebnisse unbeholfen. Sie waren unbefriedigend, denn sie wurden weder dem Gegenstand noch dem Material gerecht, weil durch die Widerständigkeit des Materials seine Erscheinungsform nur ungenau wiedergegeben werden konnte. Eine Darstellung der repräsentativen Merkmale, wie sie mit einem Bleistift spielend hätte wiedergegeben werden können, wurde nicht erreicht. So wirkte die hergestellte Form der Gegenstände oftmals relativ beliebig. Deutlich gemacht werden soll dies exemplarisch an der Drahtdarstellung eines Eis einer Studentin. Ihre Darstellung konnte nicht überzeugen, wurde doch von ihr der Eikörper als unregelmäßige ovale Form gestaltet, dessen Linien sich gerade nicht durch hinreichend glatte Kurven auszeichneten. Da die Teilnehmerin zudem außer Acht ließ, dass Eier ein stumpfes, dickes und ein spitzeres, schmales Ende besitzen, ließ sich am Drahtmodell selbst die Darstellung eines Eis nicht ablesen. Der Versuch der Studentin, durch die Zugabe eines Eierbechers den Gegenstand genauer zu bestimmen, ist nur als Ausflucht zu betrachten. Über die gravierenden Darstellungsfehler beim Ei selbst kann der Eierbecher nicht hinwegtäuschen. Die Ungenauigkeit der Form des Eis bleibt bestehen. Durch die Ungenauigkeit wirkt die Gestaltung beliebig. Wie oben schon angedeutet wurde, wurden die Darstellungen mit Draht und Faden in der Regel auch dem Material nicht gerecht. Diese Tatsache lässt sich auch am Beispiel der Darstellung des Eis veranschaulichen. Die Studentin hat versucht, das Ei plastisch, naturalistisch aus Draht nachzubilden. Für die Herstellung der Form hat sie den Draht – wie bei einer plastischen Zeichnung – immer wieder oval gebogen und die einzelnen Ovale, oben und unten miteinander verknotet, verbunden. Durch die Widerspenstigkeit des Drahtes bedingt, entstand ein unregelmäßiger plastischer Körper. An einigen Stellen des hergestellten Eis gab es eine gehäufte Linienführung. Da sich an diesen Stellen die Linien zum Teil sogar überschnitten, stellte sich hier ein Gefühl von Masse ein. An anderen Stellen gab es Lücken. Warum dem so war, erschloss sich dem Betrachter nicht. Bei ihrer Eidarstellung hat die Studentin zwei wesentliche Eigenschaften des Drahts übersehen. Wird mit Draht als Gestaltungsmaterial experimentiert, lassen sich schnell zwei grundlegende Eigenschaften ausmachen. Zum einen ist die mit Draht gezeichnete Linie stets eigensinnig unregelmäßig. (Gerade Linien lassen sich selbst mit Fixierung nicht ohne Weiteres ziehen.) Die Unregelmäßigkeit der Linie aus Draht hat eine eigene Ausdruckskraft. Sie wirkt bewegt, lebendig. Die Linie aus Draht hat ihren eigenen Strich. Wichtig in diesem Zusammenhang ist, dass in der kunstpädagogischen Praxis der sogenannte eigene Strich bei Bleistiftzeichnungen das angestrebte Ziel darstellt. Über einen solchen zu verfügen, wird im Rahmen der Handzeichnung stets positiv bewertet. In der Bleistiftzeichnung ist der sogenannte eigene Strich allerdings nicht von sich aus da, er stellt sich erst nach viel Übung ein. Die Formeigenschaft des Drahtes, schon einen eigenen Strich mitzubringen, gilt es im Rahmen von Zeichenübungen zu erkennen. Dann kann sie in der eigenen Drahtzeichnung bewusst eingesetzt werden und so entscheidend zum Ausdruck beitragen. Wird mit Draht als Gestaltungsmaterial experimentiert, lässt sich zum anderen feststellen, dass sich mit diesem Material zwar Flächen hervorragend beschreiben, Oberflächen selbst jedoch nur unbeholfen darstellen lassen. Das Filigrane des Drahtes selbst scheint dem Bilden einer geschlossenen Fläche zu widersprechen. In der Drahtzeichnung des Eis der Studentin wurden beide eben beschriebenen Materialeigenschaften nicht berücksichtigt. Der eigene Strich des Drahts wurde übersehen. Stattdessen wurde mit Draht versucht, die Oberfläche des Eis nachzuformen. Dieses Vorgehen ist der Grund, warum die Darstellung des Eis mit Draht unbefriedigend ausgefallen ist.

In den *Zeichnungen* der Drahtmodelle und der Fadenbilder zeigte sich, dass in der Regel das Wissen über den Gegenstand und das Wissen über seine übliche Darstellungsweise die Zeichnungen der Studierenden bestimmten. Statt sich auf die Drahtmodelle und die Fadenzeichnungen einzulassen und diese in ihren Darstellungen wiederzugeben, haben die Teilnehmer überwiegend ihr altbekanntes Wissen von den Gegenständen in naturalistische Zeichnungen umgesetzt. Dass dieses Vorgehen die Zeichnungen vieler Studierender bestimmte, zeigte sich zum Beispiel darin, dass Linien des Drahtmodells wiedergegeben wurden, obwohl sie durch Reflexion im Grunde gar nicht wahrnehmbar waren. Da sich viele Teilnehmer bei ihren Bleistiftzeichnungen an der visuellen Erscheinungsform der Realgegenstände orientiert haben, ist es nicht verwunderlich, dass sich ihre Zeichnungen der Drahtmodelle und der Fadenzeichnungen in keiner Form unterscheiden von üblichen, am Abbild orientierten, naturalistischen Zeichnungen. Die Darstellungen von den Objekten hätten also letztlich der Drahtmodelle und Fadenzeichnungen nicht bedurft. Sie hätten ohne die Vorlagen genauso ausgesehen. Da in der Regel die Vorlagen nicht zum Ausgangspunkt der eigenen Gestaltungen gemacht wurden, zeigten sich in den überwiegenden Zeichnungen keine erweiterten Darstellungsweisen der Realgegenstände. Unklar blieb in diesen Darstellungen, dass die Gegenstände eben auch ganz anders auf dem Papier hätten erscheinen können. Das mit der Aufgabe bereitgestellte Angebot, das Darstellungsrepertoire zu erweitern, wurde nur unzureichend genutzt. Zu sehr scheinen die Abbildungsnormen des Naturalismus die Bildvorstellungen der Studierenden zu prägen. In der Reflexion der Draht-, Faden- und Bleistiftzeichnungen ist vielen Teilnehmern erst bewusst geworden, wie sehr die Bildauffassung, Gegenstände an der visuellen Wirklichkeit orientiert abzubilden, ihre Gestaltungen bestimmt. In der Betrachtung der Ergebnisse, die nicht von der Abbildungskonvention des Naturalismus bestimmt waren (Abb. 167-175), wurde auch den oben genannten Studierenden deutlich, dass ihre Bildauffassung sich limitierend auf weitere mögliche Darstellungsweisen auswirkte. Ihr Bedürfnis nach erweiterten Darstellungsformen wurde geweckt. Diesem Wunsch gilt es in der pädagogischen Praxis zu entsprechen. In der pädagogischen Praxis sollten vielfältige Bildkonstruktionsmöglichkeiten vermittelt werden, um den Menschen erweiterte bildsprachliche Ausdrucksmöglichkeiten an die Hand zu geben.

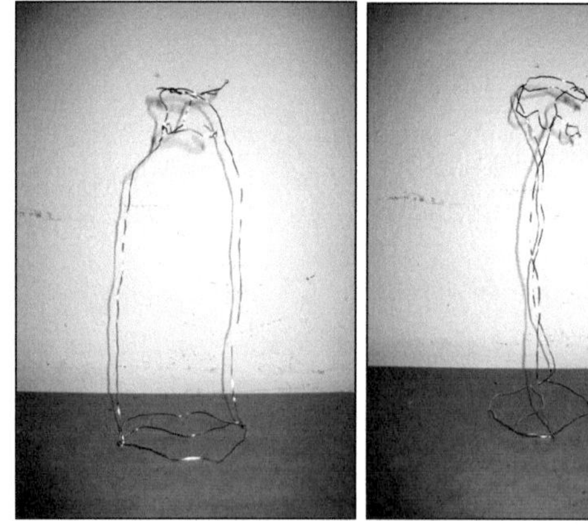

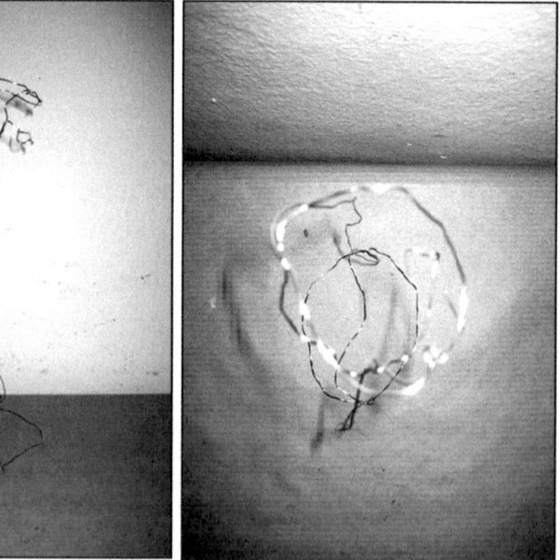

Abbildung 167-169

Abgebildet ist die Drahtdarstellung der Flasche von vorn, von der Seite und von oben (Abb. 167-169).

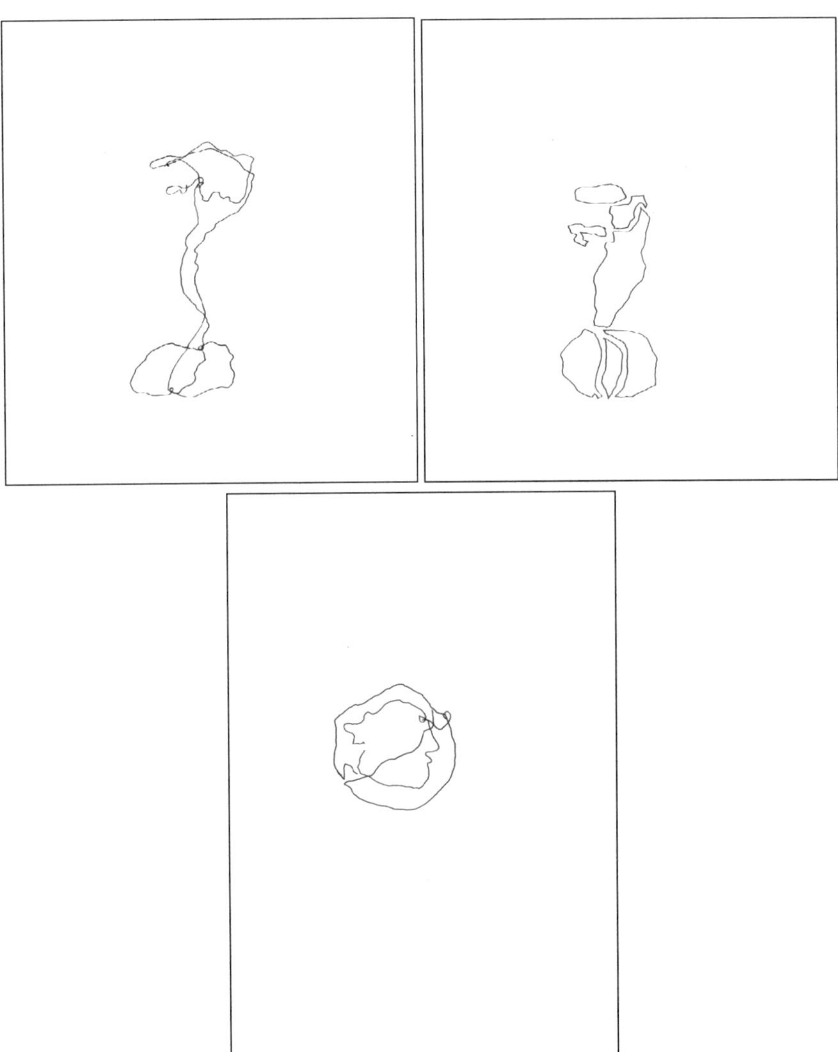

Abbildung 170-172

In den Zeichnungen abgebildet ist die Drahtflasche von der Seite, die Darstellung der Drahtflasche anhand von Flächen und die Drahtflasche von oben (Abb. 170-172).

In folgenden Zeichnungen (Abb. 173-175) ist das Drahtmodell einer Pappschale dargestellt.

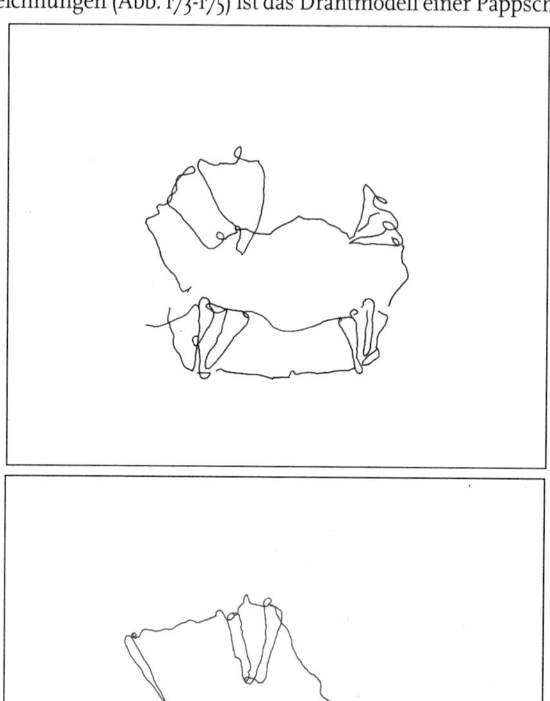

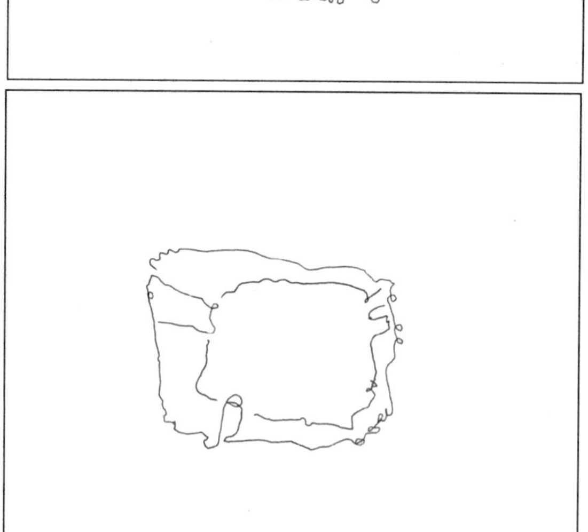

Abbildung 173-175

9.4.2.4 Die Herstellung eigener Kochbuchbiografien

Parallel zu den zuvor beschriebenen Übungen haben die Studierenden ihre Kochbuchbiografien zu Hause Schritt für Schritt entwickelt. Geschah die Durchführung auch in relativ eigener Regie, so stellten die Teilnehmer regelmäßig ihre Prozessergebnisse im Seminar vor. In der Gruppe wurde der Projektstand gemeinsam inhaltlich und formal reflektiert: Entscheidungen zur Ausgestaltung der Kochbuchbiografien wurden hinterfragt, notwendige nächste Arbeitsschritte wurden gemeinsam überlegt. In der Prozessphase wechselten sich Diskussion und Verhandlungen mit Überarbeitungen des Entwurfs ab, denn durch die in der Auseinandersetzung gewonnenen Erkenntnisse war es den einzelnen Studierenden möglich, auf den aktuellen Stand ihrer Kochbuchbiografie zu reagieren und neue Entscheidungen zu treffen oder aber die Richtung zu ändern (Weskott 2000, 78). In der Diskussion erhielten die Einzelnen entscheidende Impulse für die Entwicklung ihrer Projekte. Die Verständigung über den Projektstand, über mögliche Veränderungen und Verbesserungen im Plenum, hat folglich entscheidend zum besten Verlauf und Ergebnis der einzelnen Kochbuchbiografien beigetragen. Die von den Studierenden in ihren Kochbuchbiografien behandelten Themen waren mannigfaltig, die für die Themen gefundenen Formen waren vielfältig. Die Weite des inhaltlichen Spektrums spiegelt sich in den folgenden exemplarisch ausgewählten Kochbuchbiografien. Die selbstbestimmte Umsetzung zeigt sich in den Abbildungen (Abb. 176-203).

- Eierkochbuchbiografie

Ausgehend von den gesammelten Einkaufszetteln des Vaters, auf denen sich immer Eier zum Kauf finden lassen, wird die Bedeutung des alltäglichen Lebensmittels »Ei« für den Vater vor dem Hintergrund seiner Nachkriegskindheit erörtert und reflektiert.

- Magersuchtkochbuchbiografie

Nach gehaltvollen Lieblingsspeisen finden sich nüchterne Stadtpläne, auf denen Apotheken markiert sind. Jede Apotheke ist mit Daten versehen, die den jeweiligen Besuch festhalten. In die Stadtpläne – erst auf den zweiten Blick erkennbar – sind Teile eines Beipackzettels von Abführmitteln eingefügt. Des Weiteren gibt es Kalenderblätter, auf denen fein säuberlich notiert ist, was gegessen wurde. Die Listen sind kurz.

- Biokochbuchbiografie

Beschrieben wird das »politisch korrekte« Essen, das es in der Kindheit gab. Vollwertküche und sogenannte fair gehandelte Produkte bestimmten den Speiseplan, sehr zum Frust des Kindes. Wie begehrenswert erschien ihm das Essen im Nachbarhaus. Dort gab es nach Lust und Laune Fertig-, Tiefkühl- und Weißmehlprodukte. Süßigkeiten waren dort an der Tagesordnung.

- Kartoffelkochbuchbiografien

Ausgehend von zwei Großmüttern, die im Sieger- und im Rheinland aufgewachsen sind, wird anhand der Kartoffel die Kriegs- und Nachkriegsgeschichte der beiden Frauen erzählt.

- Mutterkochbuchbiografie (Abb. 176-179)

Ausgehend von der Mutter wird die Rolle der Frau als Mutter, Haus- und Ehefrau reflektiert. Die Rollenzuweisung wird in der Darstellung ironisch gebrochen dargestellt. Die Frau wird aus der Rolle befreit.

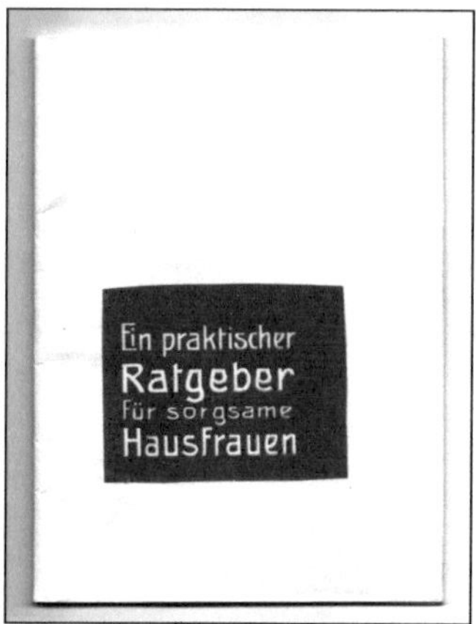

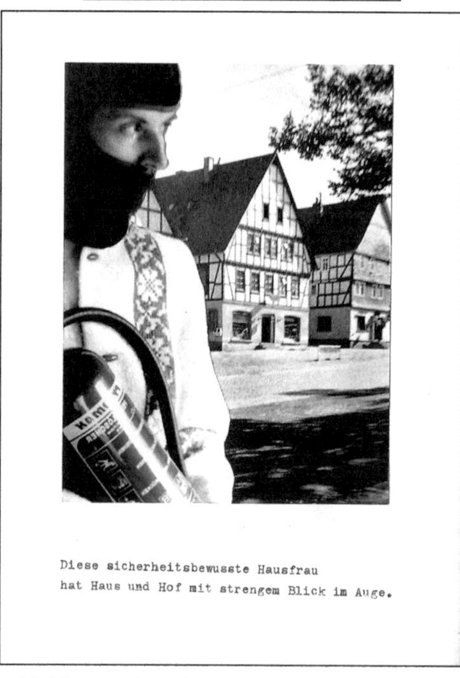

Abbildung 176 und 177

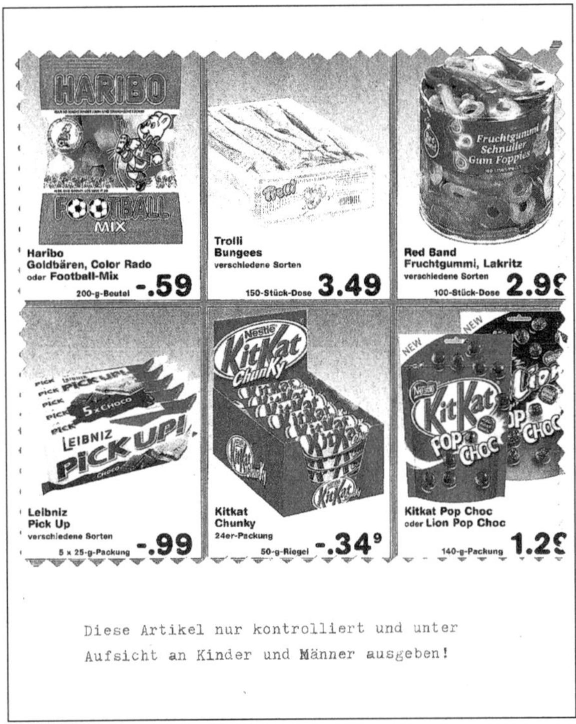

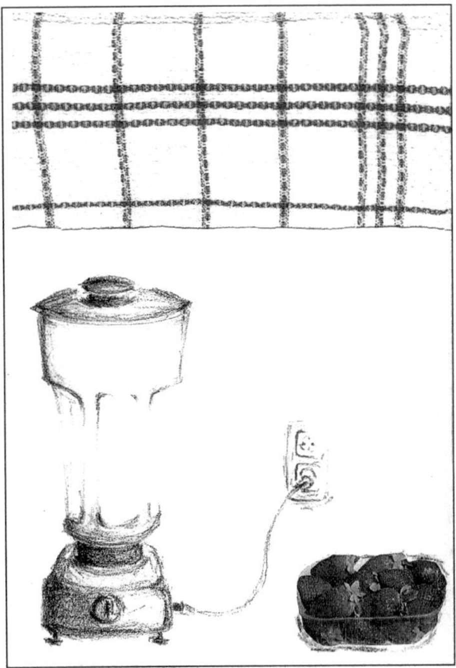

Abbildung 178 und 179

- Typisch-Mann-Kochbuchbiografie

In seiner Kochbuchbiografie geht ein Student folgender von ihm in der Einleitung formulierten Fragestellung nach:

> Existiert das Bild »Frau und Küche« noch so wie damals? Die Frau, die sich um das Wohl und den Appetit der Familie kümmert? Die Frau, die alles gleichzeitig zubereitet und dazu noch »heiß« serviert, nachdem sie den halben Tag in der Küche verbracht hat?! Die Frau, die dann noch die Teller der einzelnen Familienmitglieder nach Belieben füllt?! Die Frau, die so gut wie Oma kocht, da sie Omas Gerichte und Rezepte verinnerlicht hat und durch ihre Generation trägt?! Und wer macht eigentlich den Abwasch?!
>
> Eventuell der Hausmann, der mittlerweile die TV-Bühnen stürmt und sich um das »Sitt und Satt« der Familie bemüht?! Was ist der Unterschied zwischen dem Mann im Haus und dem Hausmann? Wozu trägt der Mann bei, wenn er das Kochen übernimmt? Was ruft eine gelungene Mahlzeit und das Verpflegen einer Familie im Mann hervor? Macht das Kochen den Mann attraktiv? Was macht das Kochen für den Mann attraktiv?
>
> Während ich das Kartoffel-Möhren-Püree von Mama kenne und verschiedene Tricks während des Kochgeschehens durch sie gelernt habe, stelle ich heutzutage fest, dass der Fernseher für viele Koch-Amateure das Fenster zur Welt ist. Was man sieht, sind Sterneköche: Männer! Auf großen Events mit Büffet: Männer! Hotelgastronomie: Männer! Woran liegt das? Daran, dass der Mann einfach der Mehrverdiener ist? Daran, dass er über mehr Geschmacksnerven verfügt als die Frau? Oder ist der Mann mittlerweile so weit emanzipiert, dass es zu seinen Pflichten gehört? Nicht nur das Wild zu erlegen, sondern es auch auszunehmen?!
>
> In meinem Buch möchte ich keine Antworten geben, ich will nur zum Denken anregen. Ich bin nämlich gerade mit Kochen beschäftigt.

- Multikulturelle Essenseinladungen-Kochbuchbiografie

In dem Kochbuch sind gemeinsame Kochabende dokumentiert. Die Autorin hat jeweils an einem Abend Kommilitonen aus unterschiedlichen Ländern aufgefordert, bei und mit ihr Gerichte aus deren Heimat zu kochen.

- Flüchtlingskochbuchbiografie

Die Studentin hat die Geschichte ihres Vaters dokumentiert, der von Ost- nach Westdeutschland geflüchtet ist. Anhand von Esssituationen an den unterschiedlichen Orten der Flucht – Flüchtlingsheim, Unterkunft im Privatzimmer und gemeinsame Wohnung mit Frau und Familiengründung – hat sie verdeutlicht, wie durch den früheren Mangel die Bedeutung des Essens und der gemeinsamen Mahlzeiten gewachsen ist.

- Restekochbuchbiografie (Abb. 180-185)

Ausgehend vom kritischen Umgang der Menschen mit Lebensmittelresten hat die Studentin in ihrem Kochbuch Wege aufgezeigt, produktiv mit Essensresten umzugehen.

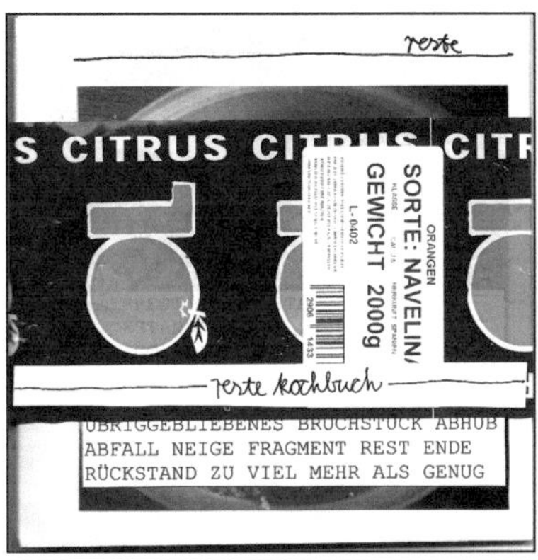

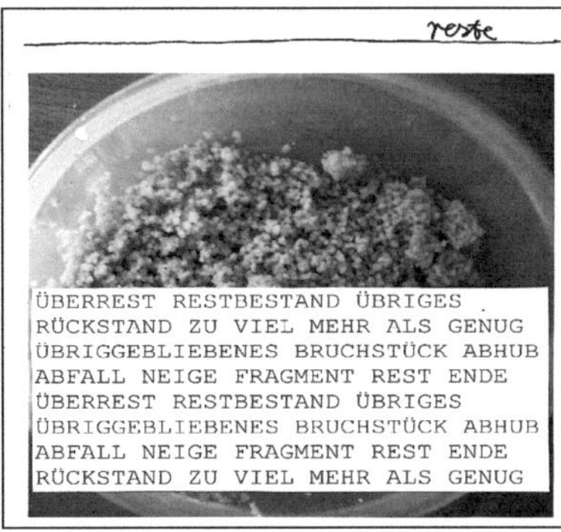

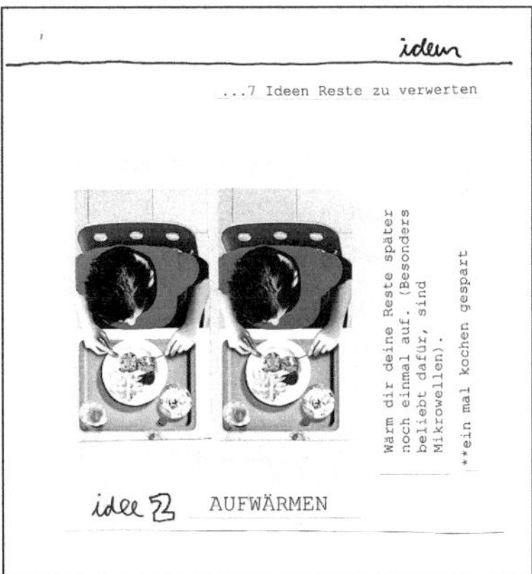

Abbildung 180-182

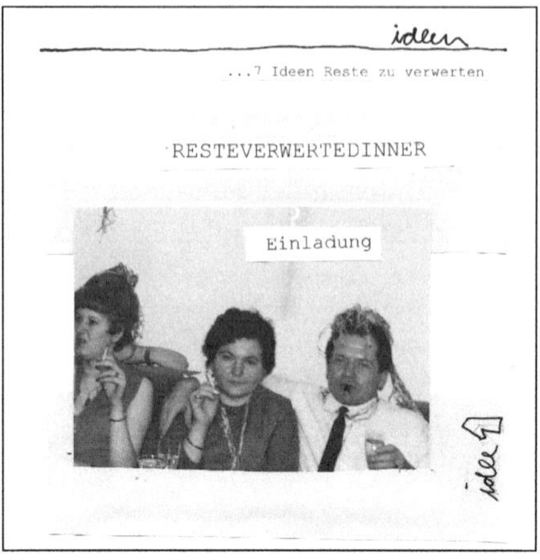

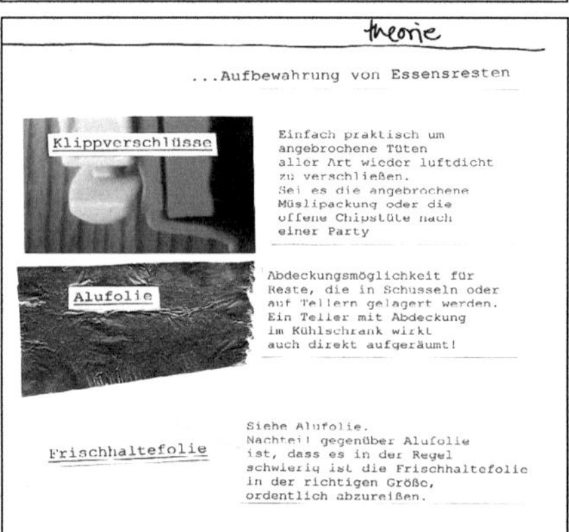

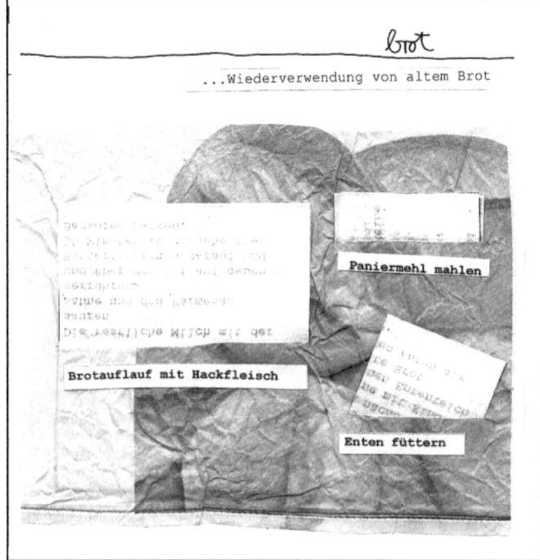

Abbildung 183-185

- Aussiedlerkochbuchbiografie (Abb. 186-189)

In der Kochbuchbiografie erzählt die Studentin ihre Familiengeschichte der Aussiedlung aus Kasachstan ins Siegerland. Anhand von Festen macht sie den Wandel der Familienkultur deutlich.

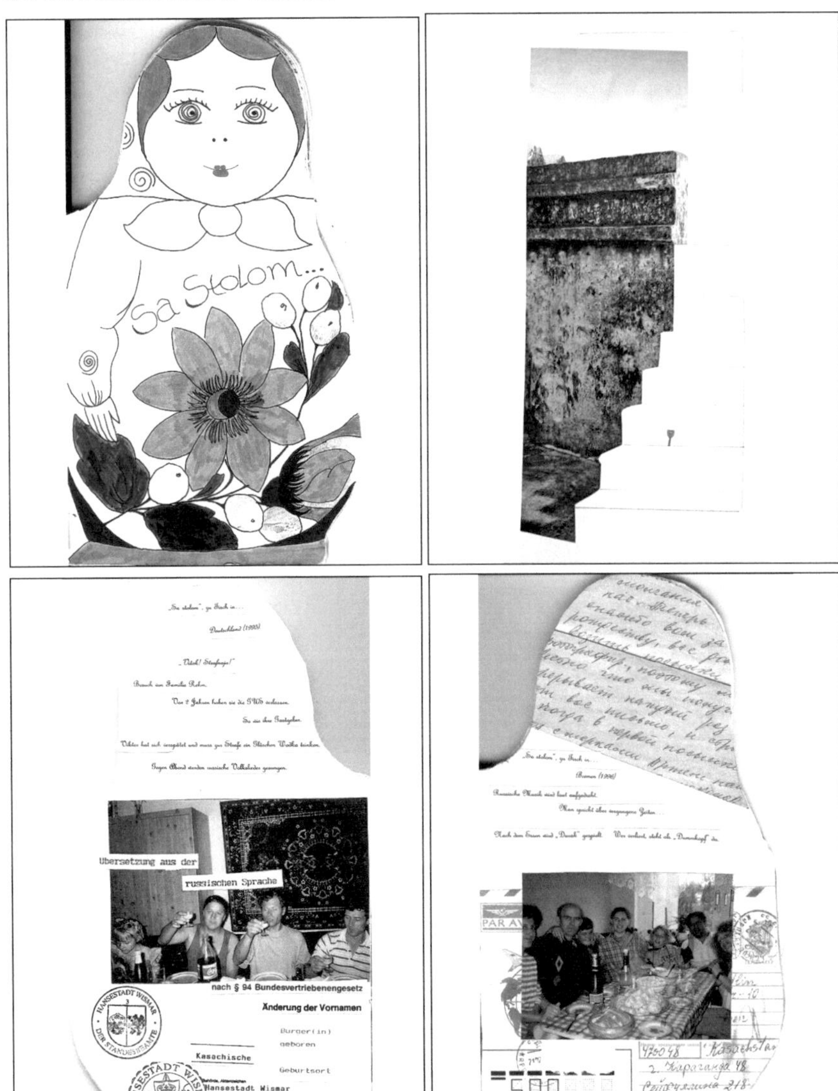

Abbildung 186-189

- Couch-Potato-Kochbuchbiografie (Abb. 190-195)

In dem Buch erzählt der Student von seinem typischen Abendritual, das er pflegte, als er noch bei seiner Mutter gewohnt hat.

> Ich stehe vor der Haustür. Ich greife in meine Jackentasche. Ich finde meinen Schlüssel und schließe die Tür auf, von dem Haus, in dem ich wohne. Ich öffne meine Jacke und ziehe sie aus. Ich hänge sie an der Garderobe auf. Nun nehme ich meine Kopfhörer aus den Ohren, ziehe meinen mp3-Player aus der Hosentasche und schalte diesen aus. Ich wickle das Kabel ein paar mal um das Gerät, damit es nicht verknotet. Jetzt verlasse ich den Flur und setze mich auf die Treppe. Die zweite Stufe von oben ist die beste Position, um mir meine Schuhe auszuziehen. Während ich das tue, begrüße ich meine Mutter, die im Wohnzimmer auf dem Sofa sitzt und Fernsehen schaut. Sie fragt mich, wie es mir geht und wie die Arbeit war. Sobald ich meine Schuhe ausgezogen und im Flur abgestellt habe, gehe ich in die Küche. Ich suche das Essen, was heute gekocht wurde und stelle es in die Mikrowelle. Nun eile ich nach oben in mein Zimmer, um mir bequeme Kleidung anzuziehen. Mit dem »Pling«-Geräusch nehme ich mir mein aufgewärmtes Essen, Messer und Gabel und setze mich zu meiner Mutter auf die Couch. Sie sitzt immer auf dem 2er-Sofa. Ich bevorzuge das Sofa für drei Personen. Mein Essen dampft. Der Fernseher läuft.

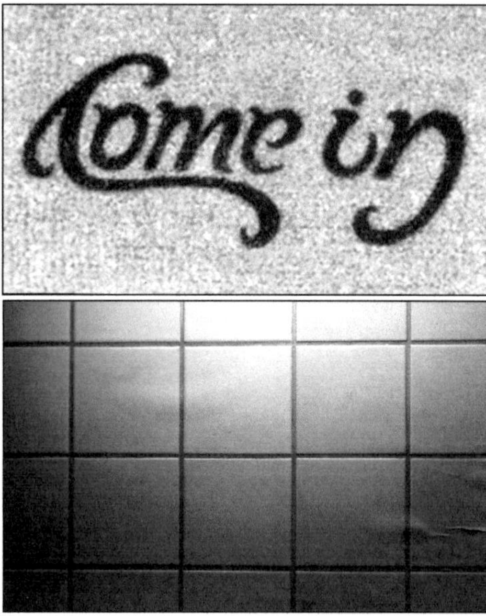

Abbildung 190 und 191

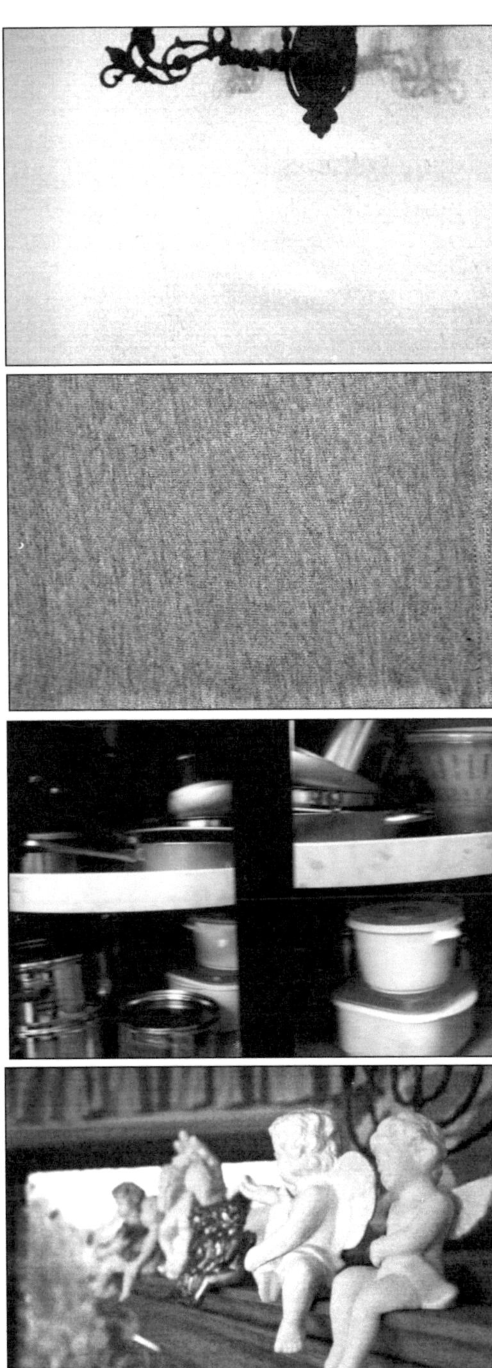

Abbildung 192-195

- McDonald's-Kochbuchbiografie

In dem Kochbuch haben sich drei Studentinnen mit der Fast-Food-Kultur auseinandergesetzt. Bei McDonald's haben sie gegessen. Für ihr Essen haben sie den Tisch fein eingedeckt: Sie haben gutes Porzellan, Gläser, eine weiße Tischdecke, zwei Kerzenhalter auf den Tisch gestellt. An dem gedeckten Tisch haben sie, selbst fein angezogen, ihren Salat, ihren Burger und ihre Pommes gegessen. Ihr Essen und die Reaktionen der anderen Gäste haben sie fotografisch dokumentiert.

- Katzenkochbuchbiografie

Die Studentin hat sich mit Tiernahrungsmitteln für Katzen beschäftigt. Dabei hat sie sich auf Tierbesitzer konzentriert, für die die Haustiere ein Partnerersatz, für die die Tiere zur einzigen Bezugsperson geworden sind. Sie hat verdeutlicht, dass sich in dem den Katzen bereitgestellten »menschlichen« Essen die »besondere« Beziehung zum Tier zeigt.

- Hausmannkochbuchbiografie (Abb. 196-203)

In dem Kochbuch hat sich die Studentin – ausgehend von ihrem Vater, der diese Rolle zu Hause spielte – mit dem Hausmann beschäftigt. Zum Ausprobieren der Rolle für andere hat sie eine männliche Anziehpuppe, die ausgeschnitten werden kann, gemalt. Diese Puppe kann durch »Ankleiden« in die unterschiedlichen Handlungen und Aufgaben eines Hausmannes versetzt werden.

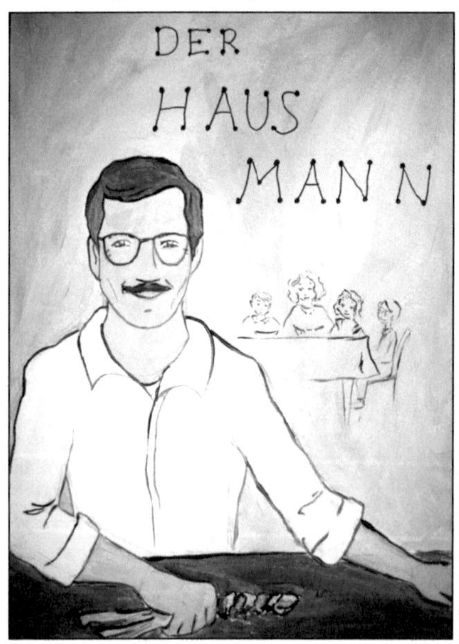

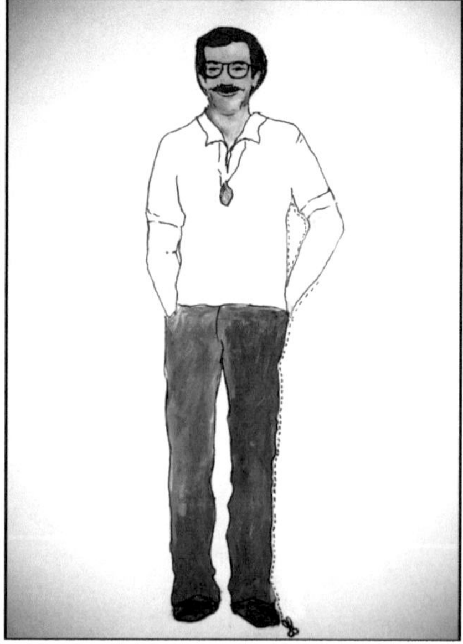

Abbildung 196 und 197

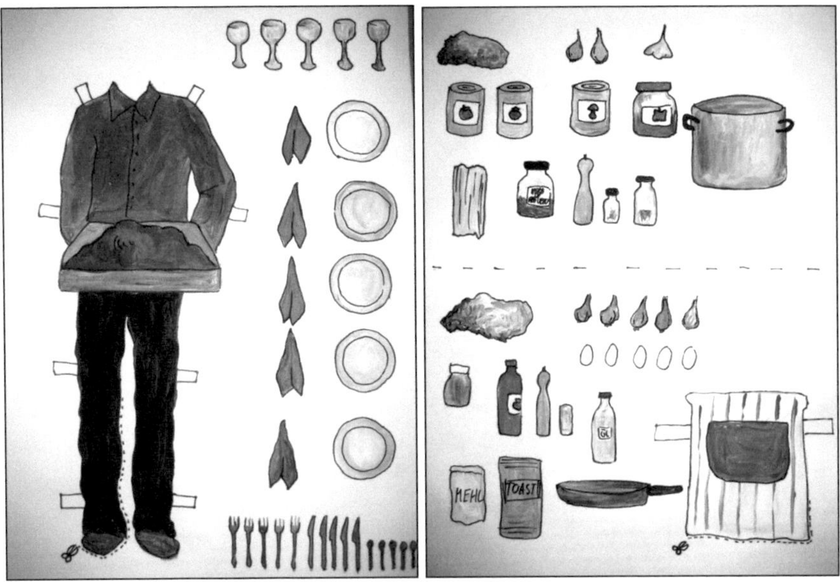

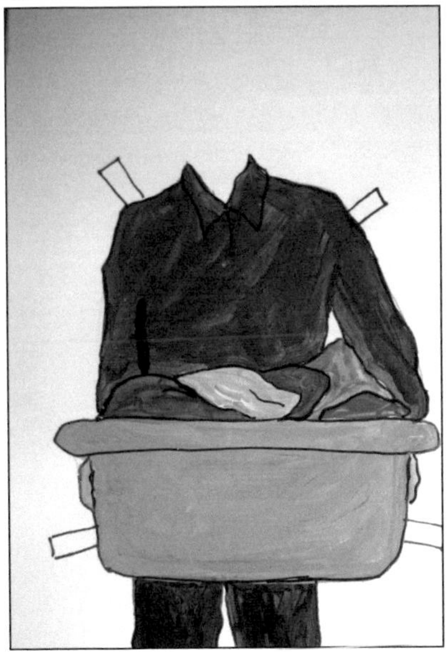

Abbildung 198-200

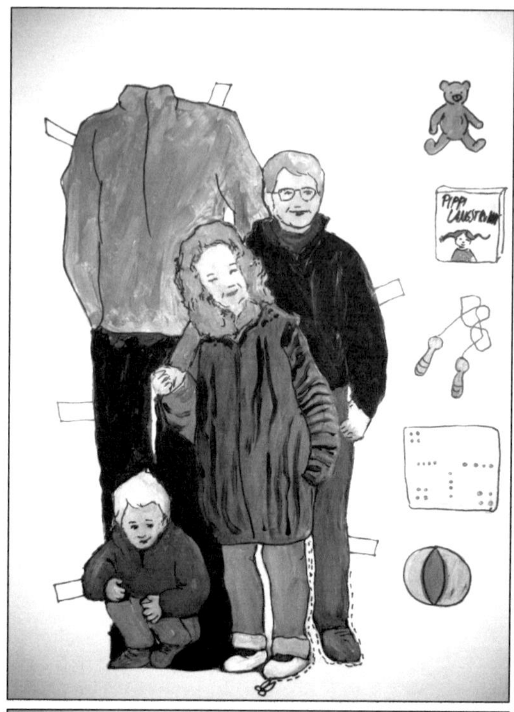

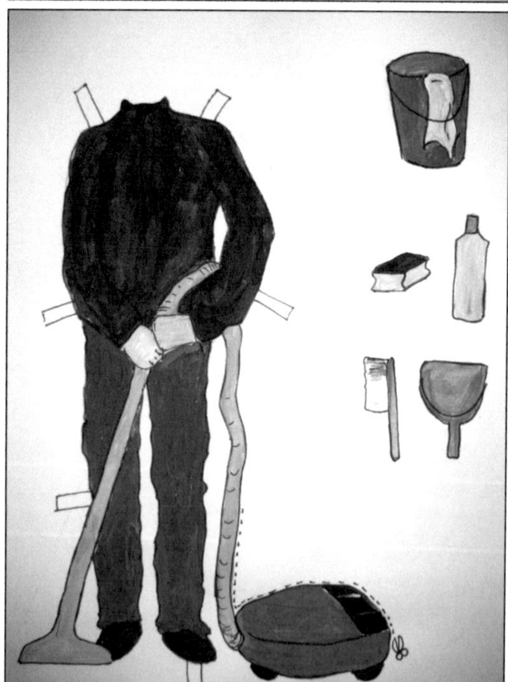

Abbildung 201 und 202

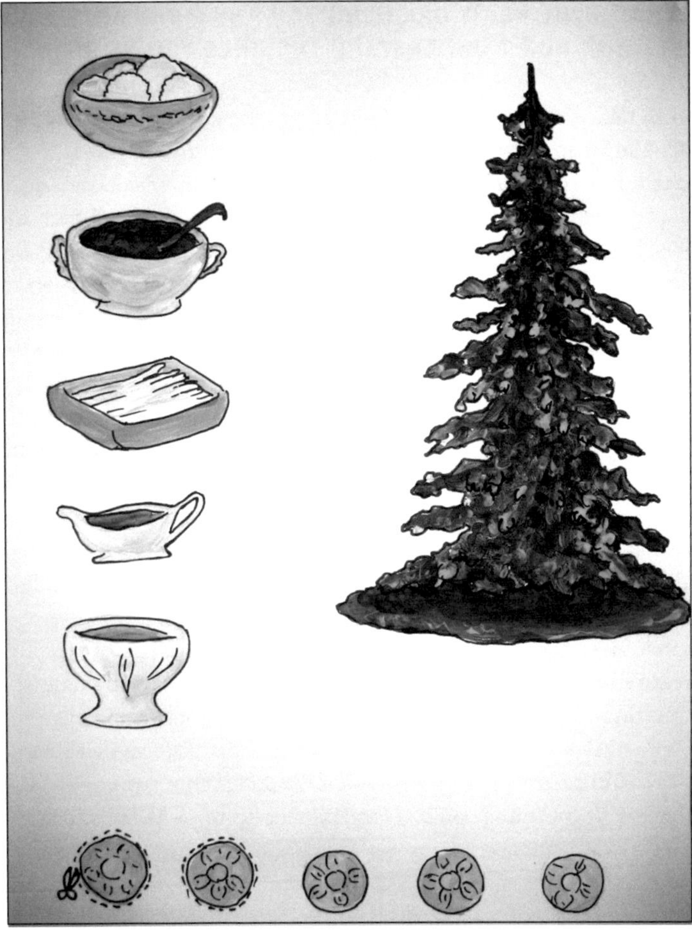

Abbildung 203

Beim Betrachten des beschriebenen, langwierigen Prozesses der Umsetzung kultureller Bildung in der pädagogischen Praxis wird deutlich, dass die Kochbuchbiografien als Ergebnisse keineswegs aus dem Nichts entstanden sind. Sie und die dazugehörige Hintergrundarbeit ähneln vielmehr einem Eisberg: Auch hier ist nur die Spitze sichtbar, während der größte Teil unter Wasser liegt (Weskott 2000, 84). Gute Ergebnisse haben ein solides Fundament. Dieses ist unumgänglich, denn es stellt die Grundlage für begründete Überlegungen und begründete Gestaltungen dar. Für das Fundament sind die Pädagogen zuständig. Sie haben Sorge zu tragen, dass in ihrer kunstpädagogischen Praxis Gestaltungen nicht Luftschlösser sind. Dieser Verantwortung nachzukommen, ist unabdingbar, denn gestaltete Luftschlösser ohne Bodenhaftung, also ohne Realitätssinn und ohne Substanz, tragen nicht zur Bildung der Lernenden bei.

9.5 »What's the point of giving you any more artworks when you don't understand the ones you've got«[1]

Wie sich in den vorangegangenen Kapiteln gezeigt hat, lässt sich kulturelle Bildung nicht auf Kunstvermittlung reduzieren. Allerdings hat sie als »Sonderfall und Höhepunkt natürlich auch Kunst« zu behandeln (Zacharias 2001a, 96). Dementsprechend sollten in der pädagogischen Praxis die Schüler auch »ein künstlerisches Bildverständnis erwerben«, das heißt, eine kunsttheoretische Kompetenz entwickeln (Regel 2006, 345). Im Folgenden soll anhand eines durchgeführten kunstpädagogischen Projekts aufgezeigt werden, wie bildsprachliche Kompetenz im rezeptiven Umgang mit Kunstwerken erworben werden kann. Das kunstpädagogische Projekt, auf das Bezug genommen wird, hat die Autorin im Rahmen des Modellprojektes COLLABORATION der Arbeitsgemeinschaft Deutscher Kunstvereine und des Landes Nordrhein-Westfalen im kjubh Kunstverein Köln im Jahr 2009 durchgeführt. An dem Projekt haben acht Schülerinnen der Jahrgangsstufen 12 und 13 teilgenommen. Die überwiegende Anzahl der Schülerinnen belegten in dem Zeitraum den Leistungskurs Kunst. Das Projekt hat im dreimonatigen Projektzeitraum wöchentlich jeweils zweistündig stattgefunden.

Kunstwerke werden der Kategorie »Bild« zugeordnet (Peez 2005b, 78). Stellen Kunstwerke unter der Kategorie »Bild« auch nur einen verschwindend kleinen Teil dar (Billmayer 2008b, 310), so muss selbstverständlich, Kunst zu erschließen als ein Teilaufgabenbereich sowohl schulischer Kunstpädagogik als auch außerschulischer kultureller Bildung verstanden werden (Schnurr 2008, 238). Sich im Projekt bei der Vermittlung von bildsprachlicher Kompetenz auf Kunstwerke und im Speziellen auf Kunstwerke unserer Zeit zu beziehen, ergab sich aus dem Veranstaltungsort: Kunstvereine sind zentrale Vermittlungsinstanzen für Kunst der Gegenwart. Ziel des kunstpädagogischen Projektes war, das Bild der Schüler von Kunst zu reflektieren und sie mit den gewonnenen Erkenntnissen als Kunstvermittler tätig werden zu lassen, das heißt, sie zum Verständnis von und im Umgang mit Kunstwerken zu qualifizieren (Hinkel 2004, 196).

In der kunstpädagogischen Theorie wird immer wieder darauf verwiesen, dass, wenn es um Fragen der Kunstvermittlung im Unterricht geht, dem Vorverständnis der Schüler besondere Beachtung geschenkt werden muss: »der Horizont der Schüler stellt ein wesentliches, bedeutungsstiftendes System dar, das zu berücksichtigen ist« (Bering 2005b, 191). Denn erst wenn die Ansichten der Schüler von Kunst erfasst sind, können Vermittlungskonzepte entwickelt werden, die dazu beitragen, die vorhandenen sich in den Ansichten spiegelnden Barrieren gegenüber Kunst zu überwinden. Das Wissen um die Auffassungen der Schüler von Kunst gibt also den Rahmen vor, in dem das Reden über Kunst im Unterricht

1 | Huws 2006, zitiert in Saehrendt und Kittl 2007, 70 o.J. Erwerb bildsprachlicher Kompetenz im rezeptiven Umgang mit Kunstwerken.

beginnen muss (ebd., 187). So ist zunächst immer der Frage nachzugehen, was für ein Verständnis von Kunst die Schüler haben, welche Urteile ihre Wahrnehmung von Kunst bestimmen.

9.5.1 Und das ist Kunst!?

Im ersten Projektabschnitt ging es darum, grundlegende Einstellungen der Schülerinnen der Kunst gegenüber zu erfahren. Mit der ersten Aufgabe sollte eine Diskussion angeregt werden, wer was schätzt und wem was gefällt. Dabei sollten die eigenen Qualitätskriterien reflektiert werden. Es sollte der Frage nachgegangen werden, wie sich das Urteil und der Geschmack des Einzelnen zum Urteil und Geschmack der anderen Teilnehmerinnen verhält. Die erste Aufgabe lautete wie folgt:

1. Schreiben Sie auf, welches Kunstwerk Sie für genial halten. Begründen Sie, warum Sie sich für dieses Kunstwerk entschieden haben. Worin besteht für Sie die Genialität dieses Kunstwerks? Was macht dieses Kunstwerk zu großer Kunst? Welche Eigenschaften besitzt ein geniales Kunstwerk? Bei der Beantwortung der Fragen können Sie sich an folgenden drei Leitfragen orientieren: Wie entsteht geniale Kunst? Wie sieht sie aus? Welche Aufgabe erfüllt sie? Skizzieren Sie – aus Ihrer Erinnerung – auf einer Karteikarte das Kunstwerk, das Sie für genial halten. Kommentieren Sie auf einer zweiten Karte Ihre Wahl. Falls Sie sich bei der Auswahl nicht für ein einziges Kunstwerk entscheiden können, ist es Ihnen erlaubt, auch mehrere Kunstwerke zu nennen. Ein Kunstwerk, das für genial gehalten wird, muss nicht unbedingt dem eigenen Geschmack entsprechen. So kann zwischen »großer Kunst« und dem eigenen Lieblingskunstwerk unterschieden werden. Ist also das genialste Kunstwerk auch Ihr Lieblingskunstwerk? Welches Kunstwerk mögen Sie am meisten, welche künstlerische Arbeit gefällt Ihnen am besten? Begründen Sie Ihre Wahl. Warum gefällt Ihnen dieses Kunstwerk? Skizzieren Sie – aus Ihrer Erinnerung – auf einer Karteikarte Ihr Lieblingsbild. Kommentieren Sie auf einer zweiten Karte Ihre Wahl. Falls Sie sich bei der Auswahl nicht für ein einziges Kunstwerk entscheiden können, ist es Ihnen erlaubt, auch mehrere Kunstwerke zu nennen.

2. Lassen Sie bitte bis zur nächsten Sitzung die oben genannte Aufgabe noch von jeweils 5 Personen – Klassenkameraden und Familienangehörigen – ausführen. Bringen Sie diese Karteikarten zum nächsten Termin mit.

Nachdem die Schülerinnen den ersten Teil des Arbeitsauftrages ausgeführt hatten, stellten sie ihre Karteikarten den anderen Teilnehmerinnen vor. Nach der Vorstellung wurde in der Gruppe über die Auswahl gesprochen. Folgenden Fragen wurde im Gespräch nachgegangen:

- Aus welchem Spektrum der Kunst wurde geschöpft?
- Welche Gemeinsamkeiten weisen die ausgewählten Bilder der Schülerinnen auf?
- Welche Gemeinsamkeiten weisen die Begründungen auf?
    - Welche Eigenschaften besitzt ein geniales Kunstwerk in den Augen der Teilnehmerinnen?
    - Welche Eigenschaften besitzt das Lieblingskunstwerk?

Fast alle befragten Personen wählten gegenständliche und nicht zeitgenössische Kunst aus. Favorisiert wurde in beiden Kategorien die Klassische Moderne. Diesbezügliche Gefallensäußerungen bezogen sich auf »schöne Motive« wie Landschaften und Blumen oder »ausdrucksstarke Motive« wie Menschendarstellungen. Die Auswahl der »Seerosen« von Claude Monet (Abb.) von einer Schülerin wurde von allen Schülerinnen als treffende Auswahl bestätigt: Für die »Seerosen« hätte man sich auch selbst entscheiden können. Vereinzelt wurden ältere Kunstwerke ausgewählt u.a. die »Kreidefelsen auf Rügen« von Caspar David Friedrich (Abb.). Nur eine Schülerin entschied sich bei der Auswahl des genialen Kunstwerks für ungegenständliche Kunst, ein Bild von Jackson Pollock (Abb.), und bei der Auswahl ihres Lieblingskunstwerkes für zeitgenössische Kunst, ein Bild von Alex Katz. (Mit zeitgenössischer Kunst sind in diesem Fall Kunstwerke gemeint, die nach 1945 entstanden sind [Liebelt 1987, 8]). In der Auswahl zeigte sich ganz allgemein, dass Malerei der Grafik, Plastik und Fotografie vorgezogen wurde. Andere bildnerische Gestaltungsmöglichkeiten wie Video, Performance und Installation kamen gar nicht vor. In der Wahl vermittelt sich, dass der Kunsthaushalt der Schülerinnen beständiger ist als ihr gewöhnlicher Haushalt: Das Jugendzimmer wird bestimmt von neuen Medien, doch in der Wahl von Kunstwerken greift die Jugend auf die Bilder zurück, die auch ihre Großeltern bevorzugen (Warnke 1989, 66). Die Wahl überrascht nicht, bestätigt sie doch die Erwartung. Die Wahl beunruhigt, steht doch die Vermittlung auch von Kunst unserer Zeit längst im Zentrum kunstpädagogischer Absichten (u.a. Kirchner 1999 und Uhlig 2005). Der Versuch, im Kunstunterricht Hemmschwellen für die neuere Kunst abzubauen, zeigt anscheinend noch keinen durchschlagenden Erfolg. Die weit verbreitete Reserviertheit gegenüber der modernen Kunst kann dementsprechend als Ausdruck des Versagens von Bildung und Erziehung gewertet werden: Sie ist »das deprimierende Resultat der Kunsterziehung«, die Schüler in Schulen erfahren (Regel 2006, 333).

Da die individuellen Wahrnehmungsstrukturen grundlegend von den kollektiven gesellschaftlichen Wertungen und ästhetischen Maßstäben geprägt sind (Lindner 1992, in Bering 2005b, 187), kann davon ausgegangen werden, dass die Einstellungen der Schüler der modernen Kunst gegenüber das Spektrum der Meinungen weiter Bevölkerungskreise spiegeln. Die Meinungen der Schüler lassen sich einordnen in den gesellschaftlichen Horizont von Urteilen über Kunst. Dass sich die allgemeine Geschmackskultur auch in den letzten Jahren nicht für die moderne Kunst geöffnet hat, zeigt sich in Untersuchungen zum Besucherverhalten in Kunstmuseen (Bering 2005b, 188-190): Bezogen auf die Gesamtbevölkerung besuchen 15 Prozent der ab 15-Jährigen gewohnheitsmäßig oder gelegentlich Kunstmuseen. Die Besucher von Kunstmuseen gehören einem hohen Bildungsniveau an. 75 bis 85 Prozent der Besucher von Kunstmuseen sind Akademiker und Studenten. Die Situation verschärft sich noch weiter bei Ausstellungen mit Kunst, die nach 1945 entstanden ist. Hier fehlen Personen aus bildungsfernen Schichten ganz. Doch obwohl die Besucher von Kunstmuseen bildungsnahen Schichten entspringen, können auch sie mit diesen Werken wenig anfangen: »Ein Drittel zeigt sich von aktueller Kunst ›befremdet‹ oder ›verärgert‹; jeder zweite stimmt der Aussage ›Das kann mein Kind auch‹ zu oder hält zeitgenössische Kunst für ›Verdummung der Leute‹« (ebd., 190). In den Einschätzungen der Besucher kommt zum Ausdruck, dass selbst der Kunst im Allgemeinen aufgeschlossene Menschen Schwierigkeiten im Umgang mit Kunst haben, die nach 1945 entstanden ist. Die zurückhaltende oder sogar ablehnende Haltung moderner Kunst gegenüber bezieht sich auf ungegenständliche – abstrakte – Kunst. Die in breiten Bevölkerungskreisen immer noch vorherrschenden Schwierigkeiten mit moderner Kunst spiegeln »ein Scheitern der ›Kunsterziehung‹ über Generationen«, sie zeigen aktuellen kunstpädagogischen Handlungsbedarf auf (Körner 2008, 120).

Im ersten Gespräch mit den Schülerinnen über ihre Auswahl der Kunstwerke zeigte sich, dass sie moderne Kunst mit ungegenständlicher Kunst gleichsetzten. Die Jugendlichen hatten kein Bewusstsein davon, dass moderne Kunst sich nicht auf ungegenständliche Darstellungen beschränkt. Ihnen war nicht bewusst, dass Kunstwerke, die auf gegenständliche Darstellungen verzichten und für die der Bezugspunkt der Kunst nicht mehr der Gegenstand, sondern die Farbe oder die Form ist, nur eine Strömung innerhalb der modernen Kunst darstellen. Auf ihre Wahl angesprochen, äußerten sich die Schülerinnen nicht grundsätzlich ablehnend über ungegenständliche Kunst. Vielmehr fehle es ihnen an Verständnis. Ungegenständliche Kunst könnten sie im Anblick nicht verstehen. Hingegen meinten sie, gegenständliche und damit in ihren Augen nicht zeitgenössische Kunst zu begreifen, da sie das Dargestellte erkennen und damit den Sinn und die Bedeutung erkennen könnten (Schütz 1997, 109). Ihre Wahl basierte also auf dem (Miss)-Verständnis, dass bei gegenständlicher Kunst das Dargestellte einen Sinn in sich selbst hat. Von einem Missverständnis kann gesprochen werden, da Kunst – auch gegenständliche – niemals das Sichtbare nur wiedergibt: »Künstlerische Objekte bilden nicht einfach ab« (Fuchs 1994, 55 und Boehm 1993, 20). Immer geht es darum, durch die Darstellung Bedeutung sichtbar zu machen. Bedeutung vermittelt sich immer hinter dem Dargestellten. So muss auch bei gegenständlichen Kunstwerken die hinter der Oberfläche liegende Bedeutung erst entschlüsselt werden. Das heißt, selbst wenn das Dargestellte bei gegenständlichen Bildern ohne Weiteres erkannt wird, wird das Kunstwerk als Kunstwerk nicht schon verstanden. Gegenständliche Kunst ist nur vermeintlich leichter zu verstehen. Meinten die Schülerinnen auch nur ungegenständliche Kunst nicht zu verstehen, so zeigte sich doch in ihren Aussagen, dass Kunstwerke im Allgemeinen missverstanden wurden. Den Jugendlichen fehlte es an grundsätzlicher Information, was Kunst ist und welche Funktion sie erfüllt. So sind Lehrer aufgefordert, Sinn und Bedeutung von Kunstwerken zu vermitteln. Sie müssen aufklären, was Kunst ausmacht, was Kunstwerke »als Kunst qualifiziert« (Regel 2006, 346). Wird die Funktion von Kunst begriffen, wird die Unterscheidung, ob es sich um gegenständliche oder ungegenständliche, historische oder zeitgenössische Kunst handelt, automatisch in den Hintergrund treten, als irrelevant bei der Betrachtung von Kunstwerken erkannt werden (Boehm 1993, 26). In dem Gespräch mit den Schülerinnen zeigte sich des Weiteren, dass das Sprechen über Kunstwerke – ganz generell – schwer fällt. Es herrschte eine Hilf- und Sprachlosigkeit. Wie die Jugendlichen die Hilf- und Sprachlosigkeit umschifften, und dass sie damit den Kunstwerken nicht gerecht wurden, wird im Folgenden dargestellt.

9.5.2 Gewöhnlicher Umgang mit Kunstwerken

Zunächst kann – ganz allgemein – festgestellt werden, dass die Schülerinnen nicht konkret über die ausgewählten Kunstwerke sprachen. Dass es nicht zu einer ausreichenden Auseinandersetzung mit einem Werk kommt, wenn nicht explizit über ein Kunstwerk gesprochen wird, zeigt sich in den folgenden – wohl allgemein typischen – Herangehensweisen der Heranwachsenden an Kunstwerke.

Die erste Herangehensweise kann als wissende Kunstbetrachtung bezeichnet werden. Wunsch ist, den Bildern verständig – mit Kunstverstand – zu begegnen. Um diesem Anspruch gerecht zu werden, wird auf im Kunstunterricht erworbenes »gesichertes« Wissen aus der Kunstgeschichte zurückgegriffen. Von der Disziplin Kunstgeschichte wird angenommen, dass sie Bescheid weiß und das »Was, wie und warum?« mit Begriffen sachlich richtig und gesichert zu erklären vermag (Wohlfart 1994, 167). Demnach ist die Betrachtung durch das durch die Kunstgeschichte vermittelte Wissen gesteuert. Die Wahrnehmung ist geleitet von kunstgeschichtlichen Begriffen. Das Bild wird zum Gegenstand des Wissens. Auch die Schülerinnen griffen bei der Begründung ihrer Auswahl auf allgemeine Information zurück. Sie begründeten die Güte eines Kunstwerks oder ihre Vorliebe für ein Kunstwerk mit Hilfe von Details aus der Entstehungsgeschichte und der Biografie des Künstlers. In ihrer Herangehensweise zeigt sich, dass auch der Zugang der Jugendlichen zu den Bildern u.a. von dem Wissen aus der Kunstgeschichte bestimmt wurde. Auch sie suchten Sicherheit in kontrollierbaren Fakten (Rauterberg 2007, 178). Der Wunsch der Schülerinnen, zu begreifen, resultierte darin, dass sie das Gesehene umgehend auf Begriffe aus der Kunstgeschichte brachten. Begründungen für die Auswahl der Kunstwerke lasen sich dementsprechend wie folgt:

Was ist Ihr liebstes Kunstwerk?

- Paul Cézanne »Mont Saint Victoire«
  - Reduktion auf das Wesentliche (beinahe nur kubische Formen)
  - Bestandteile des realistischen Bildes werden auseinandergenommen und neu zusammengesetzt zu einer »abstrahierten« Wirklichkeit
- Camille Claudel »Die Flehende«
  In der Skulptur sind Gefühl und Leidenschaft vereint. Kennt man die Geschichte der Künstlerin, so versteht man beim Betrachten ihr reales Leiden und leidet mit ihr.
- Jan Vermeer »Dienstmagd mit Milchkrug«
  Das Milchmädchen hat es mir total angetan. Ich finde, es ist ein tolles Bild. Vermeer war ein holländischer Künstler. Seine Arbeiten sind so interessant, da es wirklich nur sehr wenige Bilder von ihm gibt, die jedoch alle perfekt sind!

Welches Kunstwerk halten Sie für genial?

- Leonardo da Vinci »Mona Lisa«
  Das Bild ist genial wegen des geheimnisvollen Lächelns.

Mit ihrem Vorgehen wandten sich die Schülerinnen den Kunstwerken nicht zu. Vielmehr kehrten sie sich ab, denn um zu wissen, worüber man redet, braucht es zunächst das genaue Wahrnehmen. (Dieses hat im Unterricht, so kann vermutet werden, nicht stattgefunden.) Da die Schülerinnen das gegenständliche Werk im Vorfeld nicht in Augenschein genommen hatten, kann behauptet werden, dass sie sich mit ihm auch nicht wirklich beschäftigt haben: »Einstudierte Floskeln dien[t]en als Fachjargon, ohne sich mit der Kunst auseinanderzusetzen« (Saehrendt und Kittl 2007, 168). Die Tatsache, dass die Jugendlichen sich bei der Betrachtung von Kunstwerken lieber an ihr Wissen halten, statt den eigenen Augen zu trauen, ist problematisch. Es ist zwar richtig, Wissen hilft, Gesehenes besser einzuordnen. Sicher ist auch, dass sich mit Hintergrundwissen der Blick verändert und das Sehen an Tiefe gewinnen kann (Rauterberg 2007, 197). Wesentlich ist aber, dass das Wissen das Sehen nicht ersetzen kann. Vielmehr hat das Sehen dem Einordnen immer vorauszugehen. Deutung setzt Sehen voraus. Im Verhalten der Schülerinnen zeigte sich, dass das eigene Sehen im Umgang mit Kunstwerken nicht selbstverständlich und mit Schwierigkeiten verbunden ist. Und richtig, selbst zu sehen, ist nicht einfach. Es fordert vom Schüler weit mehr als man gemeinhin glaubt: »Es verlangt innere Freiheit und den Willen zur Mündigkeit« (ebd., 179). An diesen Eigenschaften schien es den Schülerinnen im Umgang mit Kunstwerken zu mangeln. Statt sich mutig, zunächst einmal selbst auf die Kunstwerke einzulassen, folgten sie lieber dem Diktat der Sachverständigen. Statt sich zuerst einmal selbstbestimmt mit den konkreten Kunstwerken auseinanderzusetzen, fügten sie sich ins bestehende Machtgefüge, wurden in diesem zu Statisten (ebd., 176). Diese Tatsache ist unter pädagogischen Gesichtspunkten zweifelhaft. So sind in der kunstpädagogischen Praxis Formen des Bestimmens zu vermitteln, die die Schüler herausführen aus ihrer Unmündigkeit im Umgang mit Bildern. Die Forderung nach Mündigkeit verändert Kunstunterricht. In einem Unterricht, der den mündigen Umgang mit Bildern anstrebt, geht es für die Schüler nicht mehr vorrangig darum, sich das Wissen der Kunstgeschichte anzueignen, also das, was die Welt der Kunst bereits ist. Vielmehr wird Unterricht zunächst einmal zum Ort, wo sich Kunstwerke der Aneignung anderer und neuer Menschen stellen und sich damit in Frage stellen. Wird diese Änderung vollzogen, rückt im Kunstunterricht im Umgang mit Bildern das Lernen durch bloßes Aufnehmen in den Hintergrund. Stattdessen geraten Auseinandersetzung und Positionierung in den Vordergrund. Geschieht dies, dann werden im Unterricht im Umgang mit Bildern – vielleicht sogar divergente – Möglichkeiten von verantwortlichem Wahrnehmen, Denken und Handeln aus der Struktur der zu verhandelnden Sache und eben nicht aus der Macht über die Sache entwickelt. Im Unterricht geht es dann nicht mehr vorrangig um Verkündigung und Vermittlung von Wissen. Vielmehr stehen Mitteilung und Kommunikation, Austausch und Diskussion im Mittelpunkt (Balkenhol 2004, 195).

Die zweite Herangehensweise an Kunstwerke kann als »emotionale Kunstbetrachtung ohne besonnene Distanz« bezeichnet werden (Warburg, zitiert in Brosius 1997, 111): »Blind« geben sich die Betrachter den Kunstwerken hin. Die Hingabe resultiert in Gefallen. Die positiven Reaktionen des Gefallens und der Hingabe sind in der Regel vor dem Hintergrund traditioneller Vorstellungen von Kunst zu verstehen. Gemessen wird der Wert eines Kunstwerks an der in ihm erreichten Abbildungstreue der visuellen Realität. Das Abbildungsvermögen bestimmt das Urteil. Bedeutung wird einem Kunstwerk zugesprochen, wenn eine leichte Nachahmbarkeit ausgeschlossen wird, wenn die mimetische Anschaulichkeit selbst vom Betrachter nicht erreicht werden kann (Weisner 1991, 120). Auch in den Begründungen der Schülerinnen zeigte sich, dass sie die Kunstwerke nach ihrem persönlichen Geschmack beurteilten. Die Güte eines Kunstwerks oder ihre Vorliebe für ein Kunstwerk hing vom Gefallen ab. So bestimmten ihre eigenen Vorstellungen ihr Urteil von dem, was schön, gut und angemessen sei. Wie sich in der Auswahl der Schülerinnen zeigte, gefielen ihnen Kunstwerke, die gegenständlich sind.

Was ist Ihr liebstes Kunstwerk?

- Claude Monet »Seerosen«
  Das Bild gefällt mir, weil die Seerosen so gut gemalt sind.

Das gegenständlich Abgebildete ist bestimmend, ob die Jugendlichen ein Kunstwerk ansprach. Ihre Beurteilung bezog sich auf die Oberflächenerscheinung des Kunstwerks. Kunst wurde von ihnen mit der »Darstellung von Gegenständen« gleichgesetzt (Regel 2001, 18). Mit ihrem Vorgehen wandten sich die Schülerinnen dem Kunstwerk nicht zu. Vielmehr kehrten sie sich ab, denn um die Bedeutung eines Kunstwerks zu erfassen, reicht es nicht aus, sich auf das Sichtbare zu beziehen. Gefordert ist, Kunst als Kunst zu handhaben (Regel 2006, 333): Im Anblick muss nach dem im Kunstwerk Sichtbargemachten getrachtet werden. Einer, der sich Kunst bloß oberflächlich ansieht, ist somit kein Betrachter, denn ein »Betrachter ist nur jemand, der [in der Wahrnehmung] nach etwas trachtet: der sucht, wünscht, verlangt« (Rauterberg 2007, 175). Genaues Wahrnehmen, verstanden als ein *Für-wahr-Nehmen*, ist gefordert. So setzt die Entschlüsselung der Bedeutung des Kunstwerks immer voraus, »die Anstrengung der Anschauung auf sich zu nehmen« (Wohlfart 1994, 172). Da die Schülerinnen im Vorfeld das gegenständliche Werk nur sahen aber nicht betrachteten, kann behauptet werden, dass sie sich mit ihm nicht wirklich auseinandergesetzt haben.

Wie sich gezeigt hat, beschränkte sich die Bewunderung der Schülerinnen für Kunstwerke auf das vordergründig Dargestellte. Ihnen gefiel das Abgebildete, und sie schätzten das Kunstwerk, weil sie meinten, die Kunstwerke mit Hilfe der Wahrnehmungskategorien des Alltags »entschlüsselt« zu haben. Die ästhetischen Tatbestände der Kunstwerke blieben bei ihrer Beurteilung unberücksichtigt. So ist es nicht verwunderlich, dass den Schülerinnen die Kunstwerke – beschränkt auf ihre oberflächliche Erscheinung – rasch, problemlos und ohne Anstrengung zugänglich erschienen (Weisner 1991, 123). Die Tatsache, dass die Jugendlichen der Meinung waren, die Kunstwerke durch ihre Oberflächenerscheinung schon verstanden zu haben, ist problematisch. Sie unterlagen einem Irrtum. Durch die radikale Vereinfachung der Komplexität und Beurteilungsschwierigkeit künstlerischer Phänomene werden die Kunstwerke zwar oberflächlich allgemein »verständlich«, aber grundsätzlich missverstanden: Ignoriert wird, dass Kunstwerke differenzierte und wohlüberlegt strukturierte Gebilde sind, die eben in nicht leicht auffassbarer und nicht allgemein verständlicher Weise bestimmte Bedeutungen erfahrbar machen (ebd., 119). So ist die dieser Haltung zu Grunde gelegte Auffassung von Kunst gegenüber dem Kunstwerk als Bild ignorant, denn sie beurteilt gegenständliche Kunst nicht anhand von ihrem Potenzial, Bedeutungen zu stiften, sondern allein anhand ihres Abbildungsvermögens. Die Schülerinnen unterlagen dem Irrtum, dass sie »Gefallen mit Qualität« und »Hingabe mit Verständnis« gleichsetzten (Warburg, zitiert in Brosius 1997, 111). Ein solches Kunstverständnis nimmt »eine niedrige Stufe auf der Bildungsleiter ein«, da hier »das Interesse gegenüber den Werken bildender Kunst nicht über die Suche nach sinnlichem Genuss und dessen Befriedigung« hinausgeht und ausschließlich orientiert ist an »Wohlgefallen, Schönheit und Empfindung« (ebd., 92). Das Bildungsziel, zu bildsprachlicher Kompetenz beizutragen, ist folglich nur über eine umfassende Ausbildung der Wahrnehmungs- und Verständnisfähigkeit für künstlerische Phänomene zu erreichen. Eine solche Schulung umfasst die Förderung eines aktiven ästhetischen Urteilsvermögens und kritische Reflexion.

Es soll nur kurz erwähnt werden, dass die Forderung nach einem aktiven ästhetischen Urteilsvermögen und nach kritischer Reflexion sich auch aus den Eigenschaften ergibt, die einem Geschmacksurteil grundsätzlich eigen sind. Der

Geschmack des Einzelnen ist immer von der Zeit und dem Milieu und damit von der Erziehung abhängig (Rauterberg 2007, 193). Dass die Elternhäuser der Schülerinnen »als urteilsprägende Instanzen und Sozialisationsfaktoren« wirken (Bering 2005b, 187), spiegelt sich auch in der Auswahl des genialen und des Lieblingskunstwerks. So zeigten sich in der Bildauswahl der Schülerinnen Parallelen zu der Bildauswahl ihrer Eltern. Die Jugendlichen, die nicht zeitgenössische, gegenständliche Kunst ausgewählt haben, hatten Eltern, die denselben Kunstströmungen den Vorzug gaben. Während die Eltern der Schülerin, die sich für zeitgenössische, ungegenständliche Kunst entschieden hat, auch aktuelle Kunstwerke als Favoriten nannten. Erst wenn den Urteilenden dieser Zusammenhang bewusst ist und sie damit in der Lage sind, den kulturellen und sozialen Einfluss zu reflektieren, ist es ihnen möglich, ein vom Zeitgeist und vom sie umgebenden Milieu unabhängigeres Urteil zu fällen. Erst dann können sie ohne Geschmacksvorurteile die ästhetischen Tatbestände der Kunstwerke beurteilen und kritisch reflektieren.

Bei der dritten Herangehensweise greift der Betrachter bei der Beurteilung auf Phrasen zurück (Saehrendt und Kittl 2007, 177). Er bezeichnet das Kunstwerk als emotional, bewegend, spannend usw. Von Phrasen kann gesprochen werden, da die Beurteilung nicht durch ästhetische Tatbestände erklärt bzw. begründet wird. Die ästhetischen Qualitäten des Kunstwerks sind bei der Beurteilung nicht bestimmend. Vielmehr sind es Gemütswerte, die mit den dargestellten Gegenständen verknüpft sind, die dem Urteil zu Grunde liegen (Warnke 1989, 66). Auch in den Begründungen der Schülerinnen zeigte sich, dass Gemütswerte, die die Jugendlichen mit den dargestellten Gegenständen verbanden, ihr Urteil bestimmten. Die Güte eines Kunstwerks oder ihre Vorliebe für ein Kunstwerk war »Gefühlssache« (Wohlfart 1994, 165). Die »fühlende Seele« der Schülerinnen und nicht ihr denkendes Bewusstsein bestimmte ihr Urteil. So kam zum Beispiel bei der Auswahl der Flehenden von Camille Claudel das Verzweifelte der Dargestellten der Schülerin gefühlsmäßig nahe und Claude Monets Seerosen beruhigten eine Schülerin durch die Harmonie, die sie ausstrahlen.

Welches Kunstwerk halten Sie für genial?

- Pablo Picasso »Mädchen mit Taube«
  Auf dieses Bild bin ich immer wieder, in allen Lebenslagen, in meinen 19 Lebensjahren gestoßen. Das Geniale an diesem Bild sind nicht die Figuren oder die Technik, sondern dass dieses Kunstwerk mich immer wieder auf den Boden gebracht hat. Außerdem mag ich Picasso.

- Edvard Munch »Der Schrei«
  Ein berührendes und verstörendes Bild, das mich wie magisch in seinen Bann zieht. Ein Schrei, der direkt ins Herz trifft.

Was ist Ihr liebstes Kunstwerk?

- Claude Monet »Seerosen«
  Das Bild von Claude Monet ist eines meiner Lieblingsbilder, weil es auf mich eine unglaubliche Ruhe und Schönheit ausstrahlt. Ich kann gut in diesem Bild versinken.

Mit ihrem Vorgehen wandten sich die Schülerinnen dem Kunstwerk nicht zu, vielmehr wandten sie sich ab, denn nicht das Kunstwerk, sondern sie selbst und ihre Erregung standen im Mittelpunkt. Da die Beurteilung des Kunstwerks ohne intensive Auseinandersetzung mit dem Werk gefällt wurde, kann behauptet werden, dass das Urteil über die Kunstwerke von den Jugendlichen nicht unter der Rubrik »Kunst« verhandelt wurde (Warnke 1989, 66). Das ist problematisch. Sollen Kunstwerke unter der Rubrik »Kunst« verhandelt werden, müssen ästhetische Tatbestände bei der Beurteilung zu Grunde liegen. Basiert die Beurteilung auf ästhetischen Tatbeständen, so muss die Zuschreibung eines Kunstwerks als emotional, bewegend, spannend usw. erklärt und begründet werden. Die Darstellung muss folglich dahingehend hinterfragt werden, ob sie sich möglicherweise sogar damit begnügt, emotional, bewegend oder spannend zu sein. Wenn dem so ist, wenn also das Kunstwerk sich der Effekte um deren Selbstzweck bedient, handelt es sich nicht um gute Bilder. Gute Kunst hütet sich vor beliebiger Affektproduktion. Sie ist nicht nur emotional, bewegend oder spannend, vielmehr machen sich die ausgelösten Effekte verdient, indem sie in ein Thema, in eine Geschichte oder Analyse einführen (Rauterberg 2007, 189). So ist immer das Gefällige vom Gefallenden zu unterscheiden (ebd., 203). Die Förderung bildsprachlicher Kompetenz erfordert es, diesen Tatbestand zu vermitteln.

Die Schülerinnen wurden auch beauftragt, die oben genannte Aufgabe von jeweils fünf Personen – Klassenkameraden und Familienangehörigen – ausführen zu lassen. Die Befragung weiterer Personen sollte dazu dienen, das Bild auf das geniale und das Lieblingsbild durch Quantität zu erweitern. In der nächsten Sitzung wurden die Karten der Klassenkameraden und Familienangehörigen reflektiert. Es wurde der Frage nachgegangen, ob die Karten das bisher Herausgefundene bestätigen oder neue Erkenntnisse bringen. In den neuen Karten wurde das bisher Herausgefundene bestätigt. Fast alle befragten Personen wählten gegenständliche und nicht zeitgenössische Kunst aus. Nur die Eltern der Schülerin, die sich bei ihrer Auswahl des genialen Kunstwerks für ungegenständliche und bei der Auswahl ihres Lieblingskunstwerkes für zeitgenössische Kunst entschied, wählten Kunstwerke aus, die nach 1945 entstanden sind. Auch die Begründungen der Personen für ihre Auswahl stimmten mit dem bisher Gesagten überein. Auffällig war einzig, dass die Hälfte der Personen bei der bildnerischen Aufgabe die Kunstwerke nicht aus der Erinnerung gezeichnet, sondern die Kunstwerke aus Büchern abgezeichnet haben. Es ist nicht verwunderlich, dass die abgezeichneten Darstellungen abbildgenauer ausgefallen sind. Die Werke abzuzeichnen, wurde damit begründet, dass man die Aufgabe sonst nicht hätte bewältigen können. So bestimmte in diesen Karten der Maßstab »Abbildgenauigkeit« und nicht, was ich von dem Bild erinnere und wiedergeben kann, die eigene Produktion.

Wie oben schon erwähnt wurde, wird in der kunstpädagogischen Theorie darauf verwiesen, dass, wenn es um Fragen der Kunstvermittlung im Unterricht geht, das Vorverständnis der Schüler berücksichtigt werden muss (Bering 2005b, 185). Denn erst wenn die Ansichten der Schüler von Kunst erfasst sind, können Vermittlungskonzepte entwickelt werden, die dazu beitragen, die vorhandenen, sich in den Ansichten spiegelnden Barrieren gegenüber Kunst zu überwinden. Angesichts des Unverständnisses, das ungegenständlicher und zeitgenössischer Kunst entgegengebracht wird, ist es empfehlenswert, Unterrichtskonzepte zu entwickeln, die diese meist negativ urteilenden Einstellungen berücksichtigen. Es geht darum, im Unterricht Zugänge zu dieser Problematik zu entwickeln. Dem Unterricht kommt der Auftrag zu, ungegenständliche und zeitgenössische Kunst zu behandeln, durch Vermittlung zu einem Verständnis beizutragen.

In der Diskussion über die Kunstwerke und ihre Beurteilung zeigte sich, dass die Schülerinnen den Kunstwerken nicht gerecht wurden. Sie griffen auf, was sie sahen, und beurteilten das Werk, ohne sich tatsächlich mit ihm auseinanderzusetzen. Um eine bildsprachliche Kompetenz auf Seiten der Schülerinnen aufzubauen, wurde im Folgenden mit den Jugendlichen der Frage nachgegangen, was sie beim Sprechen über Kunstwerke genau mit ihren Worten meinten. Was verstehen sie unter den den Kunstwerken zugeschriebenen Begriffen »kreativ«, »neu«, »einzigartig«, »schön«, »ästhetisch« usw.? Ziel der Auseinandersetzung war, die Schülerinnen im Umgang mit Bildern für eine genaue Begrifflichkeit zu sensibilisieren (Saehrendt und Kittl 2007, 172). Darüber hinaus sollte ihnen vermittelt werden, dass die zuvor genannten Eigenschaften für sich nicht ausreichen, um Kunst zu bestimmen. Der Frage »Ist das Kunst oder nicht?« wurde mit Hilfe von Abbildungen nachgegangen. Dadurch, dass in der Regel von den Schülern jeweils zwei »äußerlich« ähnliche Abbildungen aufeinander bezogen werden konnten, sollte im Vergleich der Unterschied deutlich werden. Unter den Abbildungen stand jeweils ein Satz, der Information zum jeweiligen Bild lieferte. Die unter der Frage »Ist das Kunst oder nicht?« zu vergleichenden Abbildungen waren wie folgt untertitelt:

Ist das Kunst oder nicht?

- Eine Architektin zeichnet einen Küchenentwurf.
- Ein Mann zeichnet abbildgetreu eine Kirche.
- Eine Künstlerin (Louise Bourgeois) kritzelt auf ein eingerissenes, fleckiges Stück Papier etwas, das aussieht wie die Schnürung eines Schuhs, Korsetts oder etwas Ähnlichem.

- Ein Affe malt ein ungegenständliches Bild.
- Ein Künstler (Marcel Duchamp) stellt einen industriell hergestellten Flaschentrockner aus.
-
- Ein Mann kopiert die »Mona Lisa« von Leonardo da Vinci.
- Ein Künstler (Jackson Pollock) tropft Farbe direkt auf die rohe Leinwand.
-
- Ein Goldschmied gestaltet nach eigenem Entwurf einen Ring.
- Ein Künstler (Arman) zertrümmert mit einem Hammer eine Schweizer Kuckucksuhr.
-
- Eine Frau stellt aus einer Suppendose ein Teelicht her.
- Ein Künstler (Andy Warhol) gibt eine Suppendose im Farbsiebdruck wieder.

Durch den Bildvergleich konnte mit den Schülerinnen herausgearbeitet werden, dass die Kriterien handwerkliches Können, traditionelle »Schönheit« und Einmaligkeit unzureichend sind, um Kunst als Kunst zu identifizieren. Mag das aus einer Suppendose hergestellte Teelicht auch originell sein, hat der Goldschmied auch großes handwerkliches Können bewiesen und ist dem Mann auch eine schöne und abbildgenaue Darstellung der Kirche gelungen, mit Kunst haben alle drei Dinge nichts zu tun. Es ist die in den Arbeiten fehlende Bedeutung, die diese Arbeiten als Kunst ausschließt.

9.5.3 Und das ist keine Kunst!?

Im zweiten Projektabschnitt ging es erneut darum, grundlegende Einstellungen der Schülerinnen der Kunst gegenüber zu erfahren. Mit der zweiten Aufgabe sollte nun aber eine Diskussion angeregt werden, wer welches Kunstwerk gering schätzt, wem welches Kunstwerk missfällt. Ziel war auch hier, die eigenen Qualitätskriterien zu reflektieren.

»Die Schüler soll[t]en zwischen der Qualität und dem Wert von Kunst unterscheiden lernen. Sie soll[t]en angehalten werden, nicht vorschnell über die Qualität von Kunstwerken zu urteilen, sondern sich stattdessen gründlich damit auseinanderzusetzen und dann erst zu urteilen.« (Regel 2006, 346)

»[Sie sollten] verstehen lernen, dass es unter Umständen sehr lange dauern kann, bis man zu einem begründeten Urteil gelangt, und das womöglich unter dem Vorbehalt, dass sich das durchaus noch ändern kann.« (Ebd.)

Die zweite Aufgabe wurde bei einem Besuch im Museum Ludwig in Köln gestellt. Sie lautete wie folgt:

Das ist doch keine Kunst!
Gehen Sie durch das Museum und suchen Sie sich ein Kunstwerk aus, das Sie aufregt: Das ist doch wirklich keine große Kunst! Seien Sie beruhigt. Mit Ihrem Unmut und Ihrer Empörung stehen Sie nicht allein da (Regel 2001, 14). Wie sich in folgenden Kommentaren zeigt, lösen moderne Kunstwerke bei einer Mehrzahl der Betrachter Wut aus und Ärger hervor:

- »Kunst« kommt aber doch von »Können«, oder etwa nicht? Wenn ich mir anschaue, was heute alles »Kunst« genannt wird, dann habe ich den Eindruck, dass das mit »Können« nicht mehr viel zu tun hat.
- Aber betrachten wir doch einmal dieses Bild. Für mich ist das chaotische Schmiererei, sonst nichts.
- Rechtfertigt das aber, dass einige Künstler sogar den Menschen verunglimpfen und sein Bild zerstören? Diese Figuren ohne Arme – in meinen Augen vergehen sich diese Künstler an der Menschenwürde.
- Man kann sicherlich darüber streiten, was schön oder hässlich ist. Aber dass Müll und Abfall unästhetisch sind und in einem Kunstwerk nichts zu suchen haben, das sollte doch wohl klar sein.
- Wenn es aber in der Kunst um »einmalige« Dinge geht, warum hat ein Künstler 100mal dieselbe Suppendose gemalt? Das ist doch an Banalität nicht mehr zu überbieten.
- Ich halte eine solche einfarbig angestrichene Leinwand nicht für Kunst, denn das kann doch wirklich jeder!
- Was halten Sie denn von dieser simplen Kästchenmalerei? Die Bilder sind zwar schön bunt, aber sonst steckt da nichts hinter!
- Und was ist mit Künstlern, die nur noch ein Wort oder ein paar Zahlen aufschreiben? Wo ist denn da das Kunstwerk?
- Aber gerade das, was die jungen Maler einem heute so vorsetzen, kommt mir oft ziemlich albern vor. Mir scheint, als wollten diese Künstler mit dummen Witzen darüber hinwegtäuschen, dass sie sonst nichts können.
- Trotzdem ärgert es mich, dass so viele Steuergelder ausgegeben werden für Kunstwerke, die die meisten Menschen weder verstehen noch schön finden (nach Schütz 1987, 109-114).

Wenn Sie ein Kunstwerk gefunden haben, das Sie ärgert, beschreiben Sie es zunächst präzise auf einer Karteikarte. Im nächsten Schritt lassen Sie bitte Ihre Wut über dieses Kunstwerk aus. Warum ist es Ihnen unverständlich, dass sich dieses Kunstwerk in einem öffentlichen Museum befindet? Was sind Ihre Argumente gegen dieses Kunstwerk? Als Letztes zeichnen Sie bitte auf einer zweiten Karteikarte das Kunstwerk, das Ihnen missfällt.

Nachdem die Schülerinnen den Arbeitsauftrag ausgeführt hatten, ist die Gruppe gemeinsam zu den ausgewählten Kunstwerken gegangen. Vor den Kunstwerken haben die Jugendlichen ihre Karteikarten vorgelesen. Im Anschluss wurde gemeinsam diskutiert und nach Erklärungen gesucht, warum das Kunstwerk – trotz der Empörung – im Museum zu sehen ist. Nach der Vorstellung aller Kunstwerke wurden die Schülerinnen erneut gebeten, über ihr Kunstwerk zu schreiben. Der neue Text sollte der Überprüfung dienen, ob sich die Sicht der Jugendlichen auf das Kunstwerk durch die Diskussion verändert hatte.

Die Anweisung, durch das Kunstmuseum zu gehen und Werke auszuwählen, die nach eigner Einschätzung von minderer Qualität sind, hat die Schülerinnen verunsichert, ist doch das Museum Ludwig sonst der Ort, den sie im Unterricht aufsuchen, um moderne Kunst wertzuschätzen. Die Jugendlichen waren durch die Aufgabenstellung verwirrt, denn sie gingen davon aus, dass die Kunstwerke, die im Museum zu sehen sind, schon deshalb von hoher Qualität sind, weil sie sich im Museum befinden. Die Annahme der Schülerinnen entspricht der kollektiven gesellschaftlichen Auffassung: Was in der allgemeinen Wahrnehmung als gute Kunst zu gelten hat, wird u.a. von den Kunstmuseen durch ihre Ausstellungsstücke definiert. Die Entscheidung, Kunstwerke auszustellen, bedeutet für die Allgemeinheit »eine von hoher Warte aus zugesprochene Qualitätsbescheinigung« (Rauterberg 2007, 51). Der Wert dieser Bescheinigung wird – nicht hinterfragt – anerkannt: Kunstmuseen haben Autorität (ebd.). Dies begründet, warum die Schülerinnen davon ausgegangen sind, dass sich die ausgestellten Werke per se auszeichnen vor nicht ausgestellten Bildern durch ihre künstlerische Qualität, ihre kulturelle Bedeutung und ihren historischen Stellenwert.

Kunstmuseen beruhen auf dem Prinzip der Bedeutungszumessung (ebd.). Dass die Museumsleiter aus der unendlichen Fülle von künstlerischen Arbeiten allerdings *frei* diejenigen auswählen können, denen sie höchste Qualität zusprechen, ist ein Trugschluss. Museen sind nicht Orte der ästhetischen Freiheit (mehr), vielmehr sind sie zu Marktplätzen geworden (ebd., 53): »Früher beeinflussten Museen und Kunstgeschichte den Markt. Heute ist es umgekehrt« (Goodrow 2005, zitiert in Rauterberg 2007, 53). Museen sind von einer »Qualitätsinstanz zum Durchlauferhitzer« geworden (Saehrendt und Kittl 2007, 92). Wie Museen mit dem Markt verknüpft sind, ist an dieser Stelle nicht relevant. Bedeutend ist in diesem Zusammenhang allein, dass die Verknüpfung dazu führt, dass in Ausstellungen eben Kunstwerke von gemischter Qualität zu sehen sind. Da der Kunstmarkt Auswirkungen auf die Kunstwerke in Museen hat, bleibt die Aussage »Es gibt so viel schlechte Kunst auf dem Markt« (Goetz, zitiert in Rauterberg 2007, 15) nicht ohne Auswirkungen auf die ausgestellten Werke in Kunstmuseen. Mit den Zitaten »90 % Prozent aller Bilder, Skulpturen, Installationen taugen nichts – das ist die Zahl, die viele nennen« (Rauterberg 2007, 196) und »Auch in der Bildenden Kunst gibt es etwas wie Modern Talking oder DJ Ötzi« (Saehrendt und Kittl 2007, 62) wurden die Schülerinnen ermutigt, nach Kunst von minderer Qualität im Museum Ludwig zu suchen.

Die Aufforderung durch das Museum zu gehen und Werke auszuwählen, die sie empören, hat die Schülerinnen noch in weiterer Hinsicht verunsichert. Zum einen ist, sich zu empören, nicht das Verhalten, das sie mit einem Besuch im Kunstmuseum verbinden. Da sie die verhaltensregulierenden Signale, die die Institution, der architektonische Rahmen und die Präsentation der Objekte aussenden, lesen können, haben sie in der Vergangenheit ihr Verhalten den Bedingungen angepasst: Um nicht aufzufallen, haben sie sich im Museum stets umsichtig bewegt und leise gesprochen (Czech 2008b, 14). Vor den Werken haben sie eine disziplinierte, konzentrierte und stille Haltung eingenommen. Sie haben die »Aura« der Werke und des Raumes anerkannt und respektiert (Wagner 2008, 35). Sie gehörten somit zu den »zivilisierten Betrachtern«, die wissen, wie man sich im Museum zu benehmen hat (ebd.). Die Aufforderung, sich zu empören, stellte demnach eine neue Herausforderung für sie dar. Zum anderen hat die Aufgabe die Schülerinnen auch deshalb verunsichert, weil sie es nicht gewohnt sind, durch ein Museum zu gehen und sich selbst ein Kunstwerk auszusuchen und sich mit ihm ohne Information und Wissen auseinanderzusetzen. In der Vergangenheit wurden die Schülerinnen entweder im Vorfeld auf den Museumsbesuch vorbereitet und mit Information versorgt: So konnten sie sich wissend in der Ausstellung umsehen. Oder es fand eine sachorientierte Vermittlung direkt im Museum statt. In diesem Fall nun auf kein Wissen zurückgreifen zu können, kein Wissen im Umgang mit den Exponaten anwenden zu können, hat sie beunruhigt.

In diesem Projektabschnitt sollten sich die Schülerinnen von den ihnen bekannten, »›abgesicherten‹ Lernwelten« (Czech 2008b, 14) abkehren, der stillen »Kunstandacht« (Czech 2008a, 4) den Rücken kehren. Um die Wahrnehmung – im doppelten Wortsinn verstanden – zu intensivieren, wurde das Augenmerk von der Anleitung durch den Vermittler auf das selbstständige, eigenverantwortliche Wahrnehmen und Urteilen verschoben. Die Jugendlichen waren aufgefordert, nach einem aufmerksamen Gang durch die Ausstellung, sich aus der Vielzahl der Exponate für ein Kunstwerk zu entscheiden, es selbstständig zu ergründen und sich ein eigenes Urteil zu bilden. Wer Schüler nach ihrem Urteil fragt, emanzipiert sie unumgänglich von dem üblichen autoritären Denken, das in der Kunstszene vorherrscht. Den autoritären Regeln, wie sie im Umgang mit Kunst bestehen, erwächst durch den Auftrag eine Gegenautorität: der selbstbestimmte, urteilsfreudige Schüler (Rauterberg 2007, 20).

Nachdem die oben erwähnten Bedenken der Schülerinnen aus dem Weg geräumt werden konnten, haben sie sich auf die Aufgabe eingelassen. Im Museum musste jede Schülerin sich selbst für ein Bild entscheiden, vor jedem Bild musste jede selbst sehen, im wortwörtlichen Sinne, und im Betrachten musste sich jede ihr eigenes Bild machen. Nach zwei Stunden Eigen- und Einzelarbeit haben sich die Schülerinnen gegenseitig nacheinander ihre ausgewählten Kunstwerke vorgestellt. Sie haben sie beschrieben, analysiert und abschließend beurteilt. In den Urteilen der Jugendlichen zeigte sich, dass sie die Kunstwerke nach ihrem persönlichen Geschmack beurteilten. Bei Missfallen und Ablehnung schlossen sie auf mindere Qualität der Kunstwerke. Ihr Urteil wurde demnach bestimmt von ihren eigenen Vorstellungen, von dem, was hässlich, schlecht und unangemessen sei und nicht von ästhetischen Tatbeständen der Kunstwerke. So empörte u.a. Jasper Johns' »Figure 1«, denn handwerkliches Können wurde vermisst. Das Bild sei nicht Kunst, denn jeder könne es herstellen. Des Weiteren wurde, nur eine Zahl zu malen, als trivial empfunden. Jasper Johns' »Flag on orange field« missfiel einer Schülerin, weil es sich um die Darstellung der US-*amerikanischen* Flagge handelt und die Schülerin mit Amerika nichts anfangen kann. Nichts hätte sie gegen das Bild gehabt, wenn Johns eine skandinavische Flagge gemalt hätte. Tom Wesselmanns »Große Nackte Nr. 98« ärgerte, denn die Darstellung sei frauenfeindlich. So dürfe man die Brüste einer Frau nicht darstellen. In den Kommentaren der Schülerinnen vermittelte sich, dass die Bedeutung der Kunstwerke nicht erkannt wurde. Den Jugendlichen fehlte die bildsprachliche Kompetenz zur Entschlüsselung der Werke. Die Kunstwerke stießen auf Unverständnis. In den Aussagen der Schülerinnen spiegelte sich, dass sie die Werke nur anhand von alltäglichen Wahrnehmungskategorien beurteilt haben. Von einem unsachgemäßen Umgang mit Kunstwerken kann deshalb gesprochen werden, weil die Jugendlichen das in den Werken Dargestellte nur als Alltägliches und Bekanntes »natürlich« wahrgenommen haben. Nur das erkennbar Dargestellte fand ihre Beachtung, wurde erkannt. Ein Bewusstsein für die symbolhafte Beschaffenheit von Kunstwerken zeigte sich nicht, fehlte den Schülerinnen (Fuchs 1994, 55).

Das vordergründige und oberflächliche Betrachten von Kunstwerken steht im Zusammenhang mit dem alltäglichen allgemeinen Bildumgang. Dieser ist beschleunigt (Rauterberg 2007, 154). Die Bilderflut hat zur Folge, dass es häufig keine Möglichkeit gibt, sich auf einzelne Bilder einzulassen. Durch die Flut der Bilder widmet sich der Mensch in der Regel nicht mehr dem einzelnen Bild, mit der Folge, dass ihm das Bewusstsein dafür verloren geht, dass Bilder vielfältige Symbolfunktionen erfüllen (Bering u.a. 2004, 29). Die Erfahrung, dass Bilder Zeit verdienen und Geduld brauchen, fehlt den Menschen. »Die Art und Weise, wie viele Menschen die Bilder der Kunst sehen oder eben nicht mehr sehen« (Rauterberg 2007, 154), ist nur die Folge davon. Umso notwendiger erweisen sich Unterrichtskonzepte, die für das Bild als Bild sensibilisieren und Schüler auffordern, sich auch auf einzelne Bilder einzulassen, um Bildkompetenz zu erwerben (Bering u.a. 2004, 29). Das Bildungsziel, zu bildsprachlicher Kompetenz beizutragen, kann nicht mit unreflektierten Urteilen erreicht werden, sondern nur über eine umfassende Ausbildung der Wahrnehmungs- und Verständnisfähigkeit für Kunstwerke. Eine solche Schulung hat die Förderung eines aktiven ästhetischen Urteilsvermögens und kritische Reflexion im Umgang mit Kunstwerken zu umfassen. Wie eine solche Kompetenz vermittelt werden kann, wird im Folgenden dargestellt.

Wie schon erwähnt wurde, haben die Schülerinnen ihre ausgewählten Kunstwerke mit ihren Urteilen in der Gruppe vorgestellt. Weil die eine nun aber dieses und die andere jenes gut oder schlecht hieß, entwickelte sich ein Gespräch. Das Gespräch diente dazu, das eigene Urteil zu überprüfen. Im Gespräch wurde über das konkrete Kunstwerk geredet, um es genauer zu erkennen. Hat die Einzelne vor dem Gespräch ihr Urteil offen bekundet, so ging es im Gespräch darum, auch die Urteile der anderen zur Kenntnis zu nehmen. Durch das Gespräch wurde sowohl das eigene Urteil weiter reichend begriffen als auch erfahren, wie sich das eigene Urteil zu den Urteilen der anderen verhält. So gelang es in der Kunstvermittlung einerseits, Subjektivität zu fördern und andererseits, subjektive Einstellungen in Gemeinschaft durch Prüfung gegebenenfalls zu korrigieren. Anhand des Kunstwerks »Flag on orange field« von Jasper Johns wird nun exemplarisch aufgezeigt, wie das Gespräch über das Kunstwerk den Blick auf dasselbe erweitert hat. Das Missfallen gegenüber der US-amerikanischen Flagge wurde von den anderen Schülerinnen geteilt. Die Jugendlichen befremdet, dass überall in den USA die US-amerikanische Fahne hängt – sowohl an öffentlichen Plätzen als auch an Privathäusern. Dass es für Amerikaner völlig normal zu sein scheint, Flagge zu zeigen, irritiert sie, stößt sie ab. Im Gespräch stellte sich heraus, dass den Schülerinnen die US-amerikanische Flagge und damit das Kunstwerk missfiel, weil mit der Flagge amerikanischer Patriotismus assoziiert wurde und dieser von den Jugendlichen mit Vaterlandsliebe gleichgesetzt wurde, wie er in Europa verstanden wird. Ein so von den Schülerinnen (miss)verstandener US-amerikanischer Patriotismus befremdet sie, angesichts der Rolle Amerikas in der Weltpolitik kurz nach dem Ende des Jahres 2008. Aus diesem – ihrem – Blickwinkel wird der Nationalstolz der Amerikaner, der nach ihrer Ansicht Ausdruck in der US-amerikanischen Flagge findet, von den Schülerinnen abgelehnt. Aus diesem Grund konnten sie mit Jasper Johns' »Flag on orange field« nichts anfangen, lehnten das Kunstwerk ab. In der Argumentation zeigte sich, dass sich das Urteil der Jugendlichen nur auf den erkennbar abgebildeten Gegenstand bezog, nicht jedoch ausdrücklich auf das Kunstwerk selbst. Die Art der Darstellung des Gegenstandes ließen sie außer Acht. Sie spielte bei ihrer Beurteilung keine Rolle, blieb unerwähnt. Dass die Schülerinnen die Weise der Herstellung des Kunstwerks bei der Beurteilung vernachlässigten, ist problematisch. Denn ohne auf nähere Information aus der Kunstgeschichte zurückzugreifen, kann im genauen Betrachten des Kunstwerks eine Diskrepanz ausgemacht werden zwischen einer US-amerikanischen Flagge an sich – also den Bildern, die die Schüler von der Flagge in ihren Köpfen hatten – und ihrer Darstellung bei Jasper Johns. Im Gespräch wurde auf diese Diskrepanz aufmerksam gemacht und im Folgenden der Art der Darstellung genauer nachgegangen. Was bedeutet es, dass die Flagge in genau dieser Weise von Jasper Johns dargestellt wurde? In der erneuten Betrachtung haben dann die Schülerinnen wahrgenommen, dass durch den Farbauftrag letztlich die Aufmerksamkeit des Betrachters von der ihm vertrauten Flagge fortgelenkt wird. Der Blick auf die US-amerikanische Flagge wird gerade durch die Herstellungsweise irritiert. Speziell durch die Art der Darstellung wird ein neuer Blickwinkel auf die US-amerikanische Flagge eröffnet. In der Auseinandersetzung mit der Art der Darstellung begriffen die Jugendlichen, dass die verhältnismäßig kleine, offensichtlich gemalte US-amerikanische Flagge im verhältnismäßig großen, orangefarben gemalten Farbfeld von Jasper Johns nicht wirklich zu den in ihrem Urteil enthaltenen Annahmen passte. Eine übergroße Hochglanzfotografie der

US-amerikanischen Flagge hätte ihren Annahmen möglicherweise mehr entsprochen. Im Gespräch wurde den Schülerinnen klar, dass es problematisch ist, die Weise der Herstellung eines Kunstwerks bei der Beurteilung zu vernachlässigen und eine solche Vorgehensweise dem konkreten Kunstwerk nicht gerecht wird. Ihnen wurde bewusst, dass sie bei ihrer Beurteilung den Blick zu wenig auf das im Kunstwerk Reflektierte gerichtet haben und damit die eben auch im Kunstwerk enthaltenen kritisch-differenzierten Aussagen übersehen haben.

Im Gespräch werden Wahrnehmungen ausgetauscht. Die Rolle des Vermittlers ist, ein solches Gespräch zu moderieren. Mit seinen Denkanstößen intensiviert er die Wahrnehmung, unterstützt die Schüler bei der kritischen Reflexion und hilft ihnen auf diese Weise, ein begründetes Urteil zu fällen. Im Gespräch ist der Vermittler stets darum bemüht, die Balance zu halten zwischen Sach- und Teilnehmerorientierung (Czech 2008a, 6). Dies gelingt ihm, wenn er, ausgehend von den Beiträgen und Fragen der Schüler, das Gespräch über die Kunstwerke begleitet. Ein solches Gespräch sollte immer durch strenge Offenheit charakterisiert sein. Eine »strenge Offenheit« vermeidet weder Irrgänge noch mäandrische Schleifen noch kühne Sprünge, denn der Vermittler geht davon aus, dass durch die eingeschlagenen Umwege der Schüler mehr gelernt wird als durch eine fahrplanmäßige Ankunft am Ziel: Zielstrebigkeit steht dem Lernen im Unterricht im Wege (von Hentig 1999, 113). Demnach waren es auch in diesem Fall die Schülerinnen, die durch ihre Sicht auf die Kunstwerke den Verlauf des Gesprächs maßgeblich bestimmten. Die Aufgabe der Vermittlerin war, vornehmlich darauf zu achten, dass es sich bei dem Austausch der Schülerinnen um ein wirkliches Gespräch und nicht um ein bloßes Miteinander-Reden handelte, bei dem Meinungen nur unreflektiert und unbegründet kundgetan werden (ebd.). Diese Unterscheidung zu beherzigen, ist wichtig, denn nur bei einem Gespräch kommt es zur Bildung begründeter Urteile. Die hier durchgeführte Kunstvermittlung war von dem zuvor dargelegten Prinzip der Partizipation bestimmt: Sie knüpfte an die individuellen Erfahrungshorizonte der Schüler an, schaffte ein Forum für Kommunikation und Begegnung (Kunz-Ott 2008, 7). Wird in der Kunstvermittlung davon ausgegangen, dass Zielstrebigkeit dem Lernen eher im Wege steht, strenge Offenheit hingegen Lernen fördert, ist der Vermittler als Person herausgefordert. Um des Lerngewinns willen muss er seine Bedenken aus dem Weg räumen, wo er denn anfangen soll, sich bei dem Überfluss an Werken vorzubereiten, und wie er dasteht, wenn die Schüler zu einem Bild Fragen stellen, zu dem er selbst kaum etwas zu sagen weiß (Czech 2008b, 14). Seine Ängste sind berechtigt. Selbstverständlich muss er sich gut auskennen. Dennoch dürfen seine Ängste den Lernprozess nicht bestimmen. Reproduktiv-rezeptive Wissensvermittlung in einem wenig kommunikativen »Frontalunterricht« ist nicht die Lösung, wird Bildung angestrebt. Denn »aus konstruktivistischer Sicht wird durch die Simulation einer fertigen, von subjektiv bedeutsamen Erfahrungen abgehobenen Welt in den Köpfen der Schüler lediglich eine Form ›trägen‹, [...] kaum spontan anwendbaren Wissens abgelagert, das die Lernenden keineswegs zum vernetzenden Aufbau oder zur Veränderung bzw. Ergänzung eigener [Denk-][S]chemata motiviert« (Dirks 1997, 101). Da dominantes Expertentum des Vermittlers, Präsentation fachspezifischer Erkenntnisse als unanzweifelbares Wissen und Frontalunterricht in einer Art indoktrinistischer Wissensvermittlung resultieren und damit Bildung eher verhindern als fördern, sollte sich Kunstvermittlung besser einer Unterrichtskultur zuwenden, in der Raum ist für Fragen nach Sinn und Bedeutung, für Umwege, für produktive Auseinandersetzung mit Fehlern, für die Diskussion alternativer Deutungen und subjektiver Sichtweisen, für Gedankenaustausch sowie für eigenverantwortliches Tun (Heymann 1997, 26-27). Weil die Bildungsziele – Weckung von Verantwortungsbereitschaft, Einübung in Verständigung und Kooperation und Stärkung des Schüler-Ichs – nur mit einer strengen Offenheit erreicht werden können, sollte sich der Vermittler ermutigt fühlen, gelassen mit möglichen Wissenslücken seinerseits umzugehen. Seine Ängste vor Verlust der eigenen Autorität durch mögliche Wissenslücken dürfen den Lernprozess nicht bestimmen. Vielmehr sollten Kunstvermittler Verantwortung abgeben. Sie sollten den Schülern die Übernahme von Verantwortung zutrauen und demzufolge Situationen arrangieren, in denen Partizipation unabdingbar ist. Denn, wie sich auch schon in den vorangegangenen Kapiteln gezeigt hat, birgt gerade das Eingehen von Risiken Chancen für die Bildung.

Im Museum Ludwig musste sich jede Schülerin selbst für ein Bild entscheiden, vor jedem Bild musste jede selbst sehen, im wortwörtlichen Sinne, im Betrachten musste sich jede ihr eigenes Bild machen, ihr eigenes Urteil bilden. Dass die Möglichkeit, sich sein eigenes Bild zu machen und sein eigenes Urteil fällen zu dürfen, von der Fähigkeit abhängt, sich sein eigenes Bild machen zu können, wurde zuvor aufgezeigt. Will man im Unterricht den Kunstwerken gerecht werden, muss demzufolge bildsprachliche Kompetenz auf Seiten der Schüler entwickelt werden. Bildsprachliche Kompetenz wird aufgebaut, wenn tatsächlich mit den Kunstwerken gearbeitet wird.

Ein bildsprachlich kompetenter Umgang mit einem Kunstwerk erfordert ästhetisches Denken. Ästhetisches Denken ist durch unterscheidendes und folgerichtiges Denken charakterisiert (Welsch 1993, 49-50). Es vollzieht sich im Umgang mit dem Kunstwerk in folgenden Schritten: Die einfache Beobachtung des Kunstwerks und die Beschreibung des Sichtbaren in eigenen Worten stehen am Anfang. Im nächsten Schritt werden die Wahrnehmungsgehalte anhand von selbstformulierten Fragen hinterfragt: Ist das auf den ersten Blick Gesehene wahr? Lässt sich das Gesehene im Kunstwerk begründet verankern? Um die Fragen zu beantworten, muss der Betrachter im Kunstwerk nach Bestätigung suchen. Er muss überprüfen, ob in einer Analyse des Kunstwerks Indizien entdeckt werden können, die die ersten Beobachtungen und Annahmen bestätigen. Wenn sich ein Zusammenhang feststellen lässt, führt die reflexiv bestätigte Wahrnehmung zu einer kritischen Gesamtsicht des Kunstwerks. Sinn wird wahrgenommen.

Da sich die Eigenheiten eines Kunstwerkes und sich die eigentliche Leistung eines Künstlers leichter durch Vergleiche ermitteln lassen, hilft der Abgleich

(Rauterberg 2007, 217). Der Blick auf das Kunstwerk kann zum einen dadurch geschärft werden, dass Reihen gebildet werden von Werken in der gleichen Gattung, im gleichen Stil oder in der gleichen Epoche. Zum anderen kann die Wahrnehmung des einzelnen Kunstwerks dadurch intensiviert werden, dass andere Arbeiten des Künstlers hinzugezogen werden. Auf diese Weise gelingt es, das Kunstwerk einerseits ins Verhältnis zur Gattung zu bringen und andererseits die Bedeutung des einzelnen Werks innerhalb des Oeuvres eines Künstlers zu ermitteln. So kann eingeschätzt werden, wie sich das Werk zur allgemeinen Kunstproduktion als auch zum individuellen Leistungsniveau des Künstlers verhält (Saehrendt und Kittl 2007, 192). Auch den Schülerinnen sollte die Tatsache vermittelt werden, dass die Wahrnehmung eines einzelnen Kunstwerks durch den Vergleich mit anderen Arbeiten intensiviert werden kann. Im Museum Ludwig befinden sich drei Arbeiten von George Segal: »Frau wäscht ihre Füße in einem Waschbecken«, »Das Restaurantfenster« und eine Arbeit, in der eine Leuchtreklame angebracht wird. Die Arbeiten sind vergleichbar, denn die Herstellungsart ist bei allen drei Werken dieselbe. Immer werden lebensgroße, farblose Gipsfiguren in Verbindung mit echten, handelsüblichen Gegenständen verbunden. Vergleichbar sind die Kunstwerke auch auf inhaltlicher Ebene. Dargestellt sind Szenen aus dem alltäglichen Leben. Alle Szenen haben gemeinsam, dass sie zu alltäglich sind, als dass sie im Leben noch bewusst wahrgenommen würden. In den Szenen sind alle dargestellten Menschen isoliert von der Umwelt, für sich allein abgebildet. In allen drei Arbeiten reflektiert Segal das moderne Leben der Großstadtmenschen in der westlichen Gesellschaft in den 1960er Jahren. Sind auch in jeder der drei Szenen die abgebildeten Personen vereinzelt dargestellt, so wurde den Schülerinnen im Vergleich der Arbeiten deutlich, dass der Eindruck der Isolation sich in der Arbeit »Das Restaurantfenster« u.a. dadurch am besten vermittelt, dass hier zwei Personen vorkommen, die sich gegenseitig nicht wahrnehmen. Weil die beiden Personen blind für einander sind, wird der Eindruck der Vereinzelung verstärkt. Des Weiteren handelt es sich bei der Darstellung »Das Restaurantfenster« um eine Szene aus dem öffentlichen, belebten Leben. Findet Interaktion im öffentlichen Leben nicht statt, vermittelt sich der Eindruck der Isolation und Anonymität stärker als bei der Darstellung des Sichwaschens, das immer abgeschieden in privaten Räumen getätigt wird, oder bei der Ausübung einer Tätigkeit, die ohnehin keiner Interaktion bedarf, wie das Anbringen einer Leuchtreklame. Die Arbeit »Das Restaurantfenster« ist im Betrachten auch noch in anderer Hinsicht am überzeugendsten. Lebensgroß in Augenhöhe bezieht die Szene den Besucher in die Darstellung ein. Hinzu kommt, dass die dargestellte öffentliche Szene vergleichbar ist mit der Situation des Besuchers im Museum. Auch der Besucher befindet sich in einem öffentlichen Raum, der durch seine Ausstrahlung Kommunikation und Interaktion verhindert, das Aneinandervorbei der Menschen unterstützt. Im vergleichenden Betrachten mit den beiden anderen Arbeiten zeigte sich: Das Anbringen der Leuchtreklame in großer Höhe vermittelt sich nicht im Anblick in Augenhöhe. Der Akt des intimen Sichwaschens wirkt im Betrachten unstimmig: Die Szene überzeugt nicht in einem riesigen Ausstellungsraum (daran ändert auch die ihr zugeschriebene heimelige Ecke nichts). Durch den kurzen Bildvergleich – der nicht den Anspruch hatte, die Kunstwerke abschließend zu behandeln – wurde den Schülerinnen deutlich, dass im Betrachten durch Abgleich das einzelne Werk genauer erkannt werden kann.

Abschließend kann gesagt werden, dass die Jugendlichen im Gespräch über Kunstwerke erfahren haben, dass ihre Fragen Einfluss auf den Ablauf nehmen. Sie haben sich als selbstwirksam erlebt. Des Weiteren ist ihnen deutlich geworden, dass ihr Erkenntnisgewinn nicht leidet, wenn die Vermittlerin auf eine ihrer Fragen keine Antwort weiß, und so die Frage in der Gruppe zwar ausführlich erörtert, aber nicht abschließend beantwortet werden konnte. Eine weitere Erkenntnis war, dass sich aus einer Antwort auf eine gestellte Frage nicht selten gleich ein ganzes Dutzend neuer Fragen ergeben hat, auf die die Schülerinnen eine Antwort haben wollten. Ein nicht abschließendes Gespräch über Kunst, ein Bildungsprozess kam in Gang.

Im dritten Projektabschnitt sollte die Bedeutung von Bildern im Lebensalltag der Schülerinnen reflektiert werden. In der Regel werden private Räume mit Bildern dekoriert. Die Ausschmückung der Zimmer mit Bildern erfüllt dabei zwei Zwecke. Zum einen wird mit der Auswahl der Bilder Identität konstruiert. Mit Hilfe der Bilder drückt sich der Mensch aus. Durch die Auswahl zeigt der Mensch, was ihm gefällt, was ihn interessiert, wer er ist. Bilder präsentieren Lebensweisen und Lebensformen (Otto und Otto 1987, 20). Zum anderen geben Bilder an den eigenen vier Wänden im Anblick anderen Menschen Auskunft. Mit Hilfe der Bilder machen sich andere ein Bild davon, was dem Betreffenden gefällt, was ihn interessiert und wie er gesehen werden möchte. Mit Hilfe der Bilder interpretieren Außenstehende den Menschen. Das heißt, zu Hause aufgehängte Bilder haben Bedeutung, denn in ihnen finden Eindrücke Ausdruck und können als Ausdruck gelesen werden. In dem dritten Projektabschnitt sollten sich die Schülerinnen mit den Bildern beschäftigen, mit denen sie jeden Tag zu Hause in Kontakt kommen. Um einen Eindruck von den alltäglichen Bildwelten der Schülerinnen zu bekommen, erhielten die Jugendlichen folgende Aufgabe:

> »Zeigt her eure Bilder!«
> Bringen Sie bitte zur nächsten Sitzung ein Foto von einem Bild mit, das in Ihrem Zimmer hängt. Des Weiteren werden Sie gebeten, ein Foto von einem Bild mitzubringen, das Ihre Eltern in der Wohnung aufgehängt haben. Die Fotos sollen das Format 10x15 cm haben.
>
> Auf einer Karteikarte schreiben Sie bitte auf, was Sie meinen, was die Bilder der Eltern Ihrer Meinung nach über Ihre Eltern aussagen. Auf einer zweiten Karteikarte beantworten Sie dann bitte die Frage, was das Bild aus Ihrem Zimmer über Sie aussagt.

Welche Bilder lassen sich an den eigenen vier Wänden finden? Was sind die Motive? In welchem Stil sind die Motive dargestellt? Welche Medien werden bevorzugt?

Befinden sich unter den Bildern auch Reproduktionen von bedeutenden Kunstwerken? Falls sich zuhause nicht reproduzierte Kunstwerke finden lassen, gehen Sie bitte der Frage nach, warum Reproduktionen von Kunstwerken nicht vertreten sind. Notieren Sie bitte auf einer Karteikarte Ihre Vermutung, warum Kunstwerke nicht unbedingt zu den bevorzugten Bildern an den eigenen vier Wänden gehören.

Die Aufgabe wurde auf Grund von Zeitnot von den Schülerinnen nur unvollständig erfüllt – es gab nur wenige Fotos und nicht eine Kommentierung. So wird dieser Projektabschnitt hier nicht ausgewertet, er wurde nur der Vollständigkeit halber erwähnt.

9.5.4 »Kunst« – Ein kunstpädagogisches Ausstellungsprojekt

Das Projekt resultierte im vierten Projektabschnitt in einer Ausstellung im kjubh Kunstverein Köln. Die zuvor von den Schülerinnen erworbenen Erkenntnisse sollten der Öffentlichkeit vermittelt werden. Im Rahmen der Ausstellung sollten die Jugendlichen selbst als Kunstvermittler tätig werden. Die Ausstellung hatte den Titel »Kunst«.

Im Projektverlauf haben die Schülerinnen Zuversicht gewonnen, dass es sich im Umgang mit Kunstwerken lohnt, gründlich zu sein. Sie sind beim Nachfragen mutiger und in den jeweiligen Methoden des Nachfragens sicherer und selbstkritischer geworden. Sie haben entdeckt, dass man sich von der autoritären Kunstszene emanzipieren kann. In ihrer Ausstellung wollten sie Außenstehenden diese Einsicht vermitteln.

Im Projekt wurde dem Kunstbegriff nachgegangen. Mit Hilfe der Fragen nach dem liebsten Kunstwerk, einem genialen Kunstwerk, dem ärgerlichsten Kunstwerk und den Bildern bei sich zu Hause wurde das Nachdenken über Kunst angeregt. Die Antworten auf die Fragen wurden auf Karteikarten festgehalten. Die Antworten dienten als Gesprächsanlass. Mit ihrer Hilfe wurde das von dem Einzelnen gefällte Urteil in der Gruppe reflektiert. Die Schülerinnen entschieden, dass die Idee des Projekts, nach Kunst und ihrer Bedeutung und Qualität zu fragen, für die Ausstellung übernommen werden sollte. Mit Hilfe der bezeichneten und beschriebenen Karteikarten sollte eine Diskussion in der Ausstellung hervorgerufen werden. Auch sollte der Aspekt Berücksichtigung finden, dass es bei der Beantwortung der Fragen kein richtig oder falsch gibt, und folglich die gegebenen Antworten nur als mögliche anzusehen sind. Zunächst wurde von den Schülerinnen diskutiert, ob sich die Karteikarten in ihrer spontan entstandenen Form für die Ausstellung eignen. Die Jugendlichen haben abgewogen, ob die unterschiedlichen Handschriften einen Reiz haben oder ob die handschriftlichen Begründungen besser noch einmal mit dem Computer abgetippt werden sollten. Sie haben die Vor- und Nachteile der individuellen Handschrift und der einheitlichen Computerschrift erörtert. Letztlich haben sie sich für die zwar schwerer lesbare aber individuelle Handschrift entschieden. Die Präsentation der Karteikarten sollte in einem Kasten erfolgen. In ihm sollten alle Karteikarten liegen. Die Idee war, dass sich die Besucher die Karteikarten aus dem Kasten nehmen, sich die Zeichnungen anschauen und die Texte lesen sollen. Um die Diskussion über die Inhalte mit den Ausstellungsmachern und unter den Besuchern anzuregen, sollte der Karteikasten auf einem im Raum freistehenden Sockel stehen. Die Veranstalter und Gäste könnten sich so um den Sockel gruppieren und ins Gespräch kommen. Da das Gespräch über Kunst im Mittelpunkt der Ausstellung stehen sollte, sollte dem Sockel ein zentraler Platz im Raum zugewiesen werden. Die Tatsache, dass die gegebenen Antworten nur als mögliche anzusehen sind, sollte mit Hilfe von bildlosen Rahmen veranschaulicht werden. Vier Rahmen mit Passepartouts, aber leeren Blättern sollten, mit Schildern versehen, konventionell – einer Ausstellung entsprechend – im Raum aufgehängt werden. Auf den Schildern sollte der Titel der »Arbeiten« stehen: »Meine Lieblingskunst«, »Ein geniales Kunstwerk«, »Das ärgerlichste Kunstwerk«, »Das hängt bei mir zuhause«. Durch die Schilder angeregt, sollte sich der einzelne Besucher sein eigenes Bild von den vier Bildarten machen. Seine Vorstellungen vom liebsten, vom genialen, vom ärgerlichsten und vom Bild, das an seinen eigenen vier Wänden hängt, sollte er dann in die Diskussion mit anderen Besuchern am Sockel einbringen. Auch wenn es letztlich nur um die Hängung bilderloser Rahmen ging, wurde auch hier mit den Schülern ausführlich darüber diskutiert, welche Rahmung sich eignen würde. Die Größe und Farbe des Rahmens, die Breite des Passepartouts, die Qualität des weißen Papierbogens, die Verteilung der Bilder im Raum wurden erörtert. Die Schülerinnen wurden für die Unterschiede sensibilisiert, trafen dann eine Entscheidung.

Ausstellungen werden immer für andere gemacht. Traten sich die Schülerinnen auch während des Entstehungsprozesses selbst gegenüber, so mussten sie sich in der Ausstellung mit ihrer Gestaltung des Themas »Kunst« der kritischen Öffentlichkeit stellen. Im Gespräch mussten sie dem Publikum Rede und Antwort stehen. Die Gestaltung der Ausstellung war aufwendig. Über mehrere Wochen waren die Schülerinnen mit der Konzeption und Organisation beschäftigt. Das Ausstellungsprojekt durchzustehen, verlangte den Schülern ein Maß an Beteiligung ab, das eine hohe Motivation voraussetzte. Motiviert den anstrengenden Prozess der Ausstellungsentstehung durchzuhalten, gelang den Schülerinnen vor allem, weil ihre Interessen im Projektverlauf berücksichtigt und sie während des Prozesses in möglichst viele Entscheidungen miteinbezogen wurden. Nur weil das Projekt zu ihrem Projekt geworden war, waren sie bereit, sich auf die Arbeit einzulassen. Neben dem geforderten Arbeitseinsatz verlangte das Projekt von den Jugendlichen, offene Prozesse aushalten zu können. Sich auf Nichtberechenbares einlassen zu müssen, ergab sich aus dem Ausstellungskonzept. Ein Konzept, das für das Publikum neu ist, nicht erwartete Wege geht, kann immer auch scheitern. Es lässt sich nicht vorhersagen, ob die Besucher das Ausstellungskonzept annehmen. Erst am Eröffnungsabend zeigt sich, ob das Konzept aufgeht und sich den Besuchern der von den Schülerinnen mit der Ausstellung angestrebte Sinn vermittelt. Werden neue und eigene Wege beschritten, gibt es keine Sicherheit: Die Ausstellungskonzeption kann schiefgehen. Mit dem Risiko mussten die Schülerinnen während des Arbeitsprozesses leben. Eine Bereitschaft, sich diesem Risiko auszusetzen, war vorhanden, weil die Beteiligten von ihrem Projekt überzeugt waren, es für sie selbst Sinn machte. Bei der Ausstellungseröffnung wurden die Erwartungen der Schülerinnen erfüllt. Das Konzept ging auf: Um den Sockel gruppiert, kamen die Ausstellungsmacher und die Besucher der Ausstellung ins Gespräch über Kunst.

Das Projekt war dadurch bestimmt, dass das, was in den Projektstunden von den Schülerinnen besprochen, erforscht und gelernt wurde, nicht von den dem Fachgegenstand »Kunst« zugeschriebenen Lerninhalten bestimmt wurde, sondern von den Interessen und Fragen der Heranwachsenden abhing. Zu betonen ist an dieser Stelle, dass die Inhalte, die im Projekt behandelt wurden, sich nicht gegen die übliche Praxis im Kunstunterricht richteten. In dem Projekt ging es nie darum, den Kunstunterricht abzuwerten oder mit den Schülerinnen gegen diesen zu revoltieren. Vielmehr wurde einfach nur beabsichtigt, im Projekt ausgehend von den Vorerfahrungen der Jugendlichen, sich mit Kunst auseinanderzusetzen, sich im Umgang mit Kunstwerken zu schulen, letztlich sie für »die Kunst [...] zu gewinnen« (Regel 2006, 335).

10. Sich von der Kaninchenzucht absetzen

Im Jahr 2008 hat Billmayer Kunstpädagogen aufgefordert, die Dienstleistung ihres Fachs zu benennen (2008a). Von ihnen sollte niedergeschrieben werden, was die Kunstpädagogik anzubieten hat. Selbstverständlich haben die Fachvertreter in ihren Angeboten dem Produkt »Kunstpädagogik« große Bedeutung beigemessen: Für sie sind die »angebotenen Inhalte und Ziele« (u.a. Kunst, Bilder, Bildung einer Identität in einer bilderreichen Welt, Ausbildung einer Bildkompetenz) und die »angewendeten Methoden« (u.a. selbstbestimmter, unvorhersehbarer, eigentätiger und forschender Unterricht) »für die Zukunft von Schule und Gesellschaft von höchster Relevanz« (ebd., 9). Werden die Angebote betrachtet, dann fällt auf, dass in diesem Verkaufsportal nicht den Abnehmern die Beurteilung überlassen wird, sondern die Anbieter ihre Produktbewertungen selbst vornehmen. Dieses Vorgehen ist problematisch, ist doch hinreichend bekannt, dass Produktbewertungen von Anbietern nicht unbedingt halten, was sie versprechen. So bedeutet von den Fachvertretern selbst zugeschriebene »Mängelfreiheit« (Meyer 2008, 148) letztlich wenig. Will nämlich ein Produkt auf dem Markt dauerhaft bestehen, reicht es nicht aus, seine Leistung zu proklamieren (Lindner 2009, 17), vielmehr muss es den Praxistest bestehen. Erst im Gebrauch zeigen sich seine tatsächlichen Leistungen und Erfolge. Erst in der Anwendung beweist sich, ob das, was Kunstpädagogen »tun, mit dem was sie zu tun vorgeben – mit Zielvorstellungen, Begründungen, Positionen und Konzepten, die sie argumentativ bemühen –«, etwas zu tun hat« (Kämpf-Jansen 2009, 88).

In den Ausführungen hat sich zunächst gezeigt, dass »eine Anschlussfähigkeit kunstpädagogischer Theorien und Konzepte an die kunstpädagogische Praxis« nicht immer gegeben ist (ebd.). Deutlich wurde: Die Kunstpädagogik hat ein Umsetzungsproblem. Da in der kunstpädagogischen Praxis die von den Fachvertretern aufgestellten Ziele nicht erreicht werden, überzeugt Kunstunterricht nicht. Da sich das dem Fach zugeschriebene Vermögen nicht in seinen Ergebnissen spiegelt, bleibt ihm der Erfolg verwehrt. Weil die Ziele des Kunstunterrichts allerdings nicht an sich »falsch« waren oder sind, sondern einzig ihre Umsetzung in die Praxis bisher nicht zielführend gewesen ist (Eichler 2009, 11), wurde im weiteren Verlauf der Arbeit der Versuch unternommen, dem Umsetzungsproblem entgegenzuwirken. Anhand von Unterrichtsbeispielen sollte aufgezeigt werden, wie die gewünschten Fähigkeiten ganz konkret gelehrt werden können. Dargelegt werden sollte, wie eine der kunstpädagogischen Theorie gerecht werdende Praxis möglicherweise aussehen kann. Betont werden muss, dass es der Autorin aber in gar keinem Fall um die Konstituierung einer neuen Globalpraxis (Kettel 2001, 18) ging. Vielmehr möchte sie ihre Beschreibungen allenfalls als Vorschläge verstanden wissen, die selbst wiederum kritikwürdig sein sollen (Schmid 1999, 27). Auch in ihren Ausführungen gilt es, die blinden Flecke auszumachen.

Literatur

Altheim, Tania (1999): »Zugänge zu einem Konzept der Lebenskunst«. In: BKJ e.V. (Hg.): Lernziel Lebenskunst (113-129). Remscheid.

Apel, Friedmar (1984): »Kleidersprache«. In: Kunst und Unterricht (241): 13.

Bamford, Anne (2007): »Bildbereit: Die Bedeutung visueller Bildung«. In: Niehoff, Rolf/Wenrich, Rainer (Hg.): Denken und Lernen mit Bildern (56-80). München.

Balkenhol, Bernhard (2004): »›Königswege‹ in der Kunstpädagogik?«. In: Kirschenmann, Johannes/Wenrich, Rainer/Zacharias, Wolfgang (Hg.): Kunstpädagogisches Generationengespräch (193-195). München.

Barlösius, Eva (1999): Soziologie des Essens: Eine sozial- und kulturwissenschaftliche Einführung in die Ernährungsforschung. Weinheim und München.

Bartscher, Matthias (2000): »Grundsätze und Methoden der Partizipation«. In: BKJ e.V. (Hg.): Partizipation und Lebenskunst (53-72). Remscheid.

Beck, Ulrich/Beck-Gernsheim, Elisabeth (Hg.) (1994): Riskante Freiheiten. Frankfurt a.M.

Behringer, Luise (2001): »Lebensführung als Identitätsarbeit«. In: BKJ e.V. (Hg.): Kulturelle Bildung und Lebenskunst (35-50). Remscheid.

Bering, Kunibert/Bilstein, Johannes/Thurn, Hans Peter (Hg.) (2003a): Kultur – Kompetenz. Oberhausen.

Bering, Kunibert/Bering, Cornelia (Hg.) (2003b): Konzeptionen der Kunstpädagogik – Dokumente eines komplexen Gefüges. Oberhausen.

Bering, Kunibert (2003c): »Über die Notwendigkeit kultureller Kompetenz«. In: Bering, Kunibert/Bilstein, Johannes/Thurn, Hans Peter (Hg.): Kultur – Kompetenz (145-164). Oberhausen.

Bering, Kunibert/Heimann, Ulrich/Littke, Joachim/Niehoff, Rolf/Rooch, Alarich (2004): Kunstdidaktik. Oberhausen.

Bering, Kunibert/Niehoff, Rolf (Hg.) (2005a): Bilder. Eine Herausforderung für die Bildung. Oberhausen.

Bering, Kunibert (2005b): »Vermittlung zeitgenössischer Kunst im Unterricht«. In: Bering, Kunibert/Niehoff, Rolf (Hg.): Bilder. Eine Herausforderung für die Bildung (185-217). Oberhausen.

Bering, Kunibert (2006): »Visuelle Kompetenz. Kunst und die Orientierung in kulturellen Kontexten«. In: Kirschenmann, Johannes/Schulz, Frank/Sowa, Hubert (Hg.): Kunstpädagogik im Projekt der allgemeinen Bildung (228-238). München.

Bering, Kunibert (2009): »Was ist Forschung in der Kunstpädagogik? Wo sehen Sie aktuell vordringliche Forschungsbedarfe?«. In: Meyer, Torsten/Sabisch, Andrea (Hg.): Kunst Pädagogik Forschung (89). Bielefeld.

Berlejung, Günther/Schubert, Peter (2001): »Gegenstände und Gegenstandsbeziehungen als Familienbild«. In: Kunst und Unterricht (256): 15-17.

Bertonasco, Larissa (2005): La nonna La cucina La vita. Hildesheim.

Bertram, Ursula (2008): »Navigieren im offenen System«. In: Busse, Klaus-Peter/Pazzini, Karl-Josef (Hg.): (Un)vorhersehbares Lernen: Kunst – Kultur – Bild (342-361). Dortmund.

Bieri, Peter (2005): »Wie wäre es, gebildet zu sein«. Abrufbar unter www.hwr-berlin.de/fileadmin/downloads.../Birie_Gebildet_sein.pdf, letzter Zugriff am 22. September 2012.

Billmayer, Franz (1999): »Kunsterziehung als Dienstleitung«. In: BDK Mitteilungen (3): 6-8.

Billmayer, Franz (2004): »Um was es geht, damit es weitergeht«. In: Kirschenmann, Johannes/Wenrich, Rainer/Zacharias, Wolfgang (Hg.): Kunstpädagogisches Generationengespräch (183-186). München.

Billmayer, Franz (2006): »Beispiel Schweden: Standards im Fach ›Bild‹. In: Kirschenmann, Johannes/Schulz, Frank/Sowa, Hubert (Hg.): Kunstpädagogik im Projekt der allgemeinen Bildung (366-369). München.

Billmayer, Franz (2007): »Bilderlernen«. Abrufbar unter www.bilderlernen.at/theorie/zitate_und_kommentare.html (Kommentar zu Sowa, Hubert), letzter Zugriff am 22. September 2012.

Billmayer, Franz (Hg.) (2008a): Angeboten – Was die Kunstpädagogik leisten kann. München.

Billmayer, Franz (2008b): »Mit der Kunst auf dem Holzweg? Was die Orientierung an der Kunst in der Pädagogik verhindert«. In: Busse, Klaus-Peter/Pazzini, Karl-Josef (Hg.): (Un)vorhersehbares Lernen: Kunst – Kultur – Bild (309-321). Dortmund.

Billmayer, Franz (2008c): »Benotung und Standards in Schweden als Anregungen für den Kunstunterricht«. In: Peez, Georg (Hg.): Beurteilen und Bewerten im Kunstunterricht – Modelle und Unterrichtsbeispiele zur Leistungsmessung und Selbstbewertung (160-167). Seelze-Velber.

Billmayer, Franz (2010): »Shopping – Ein Angebot zur Entlastung der Kunstpädagogik«. In: ZKM (Zeitschrift Kunst Medien Bildung). Abrufbar unter www.zkmb.de//index.php?id=73, letzter Zugriff am 22. September 2012.

Bilstein, Johannes/Dornberg, Bettina/Kneip, Winfried (Hg.) (2007): Curriculum des Unwägbaren/Ästhetische Bildung im Kontext von Schule und Kultur. Oberhausen.

Bilstein, Johannes (2010): »Kultur, Schule, Bildung«. In: infodienst/Kulturpädagogische Nachrichten (95): 48-50.

Binzen, Franz/Daumen, Cäcilie/Fausten, Peter/Grünewald, Dietrich/Reiss, Wolfgang (Hg.) (2008): »Leitbild für die Ausbildung von Kunstlehrerinnen und Kunstlehrern«. In: Kunst und Unterricht/Exkurs (323/234): 9.

BLK (Hg.) (1999): Kulturelle Bildung im Medienzeitalter/Materialien zur Bildungsplanung und zur Forschungsförderung (Heft 77).

Bloss, Werner (2006): »Schöner, schneller, weiter/Mobilität als Gestaltungsaufgabe«. In: Kunst und Unterricht (299): 17-18.

Bockhorst, Hildegard/Schäfer, Brigitte (1993): »Gibt es eine Perspektive für die Kinderkulturarbeit?«. In: BKJ e.V. (Hg.): Praxisfeld Kinderkulturarbeit (168-172). Remscheid.

Bockhorst, Hildegard (1999): »Lernziel Lebenskunst«. In: BKJ e.V. (Hg.): Lernziel Lebenskunst (133-141). Remscheid.

Bockhorst, Hildegard (2001): »Kulturelle Bildung: Schlüsselkompetenzen für die Kunst des Lebens«. In: Kulturpolitische Mitteilungen (3): 47-51.

Boehm, Gottfried (1990): »Über die Konsistenz ästhetischer Erfahrung«. In: Zeitschrift für Pädagogik (4): 469-480.

Boehm, Gottfried (1993): »›Sagen, was innerhalb der Möglichkeiten der Malerei die Welt ist.‹« In: Liesbrock, Heinz (Hg.): »Fragen an vier Bilder«_(18-28). Düsseldorf.

Boehm, Gottfried (1994): »Die Wiederkehr der Bilder«. In: Boehm, Gottfried (Hg.): Was ist ein Bild? (11-38). München.

Boehm, Gottfried (2004): »Jenseits der Sprache? Anmerkungen zur Logik der Bilder«. In: Maar, Christa/Burda, Hubert (Hg.) (2004): Iconic Turn (28-43). Köln.

Bögeholz, Susanne (1997): »Zukunftsfähiger Biologieunterricht«. In: Heymann, Hans Werner (Hg.): Allgemeinbildung und Fachunterricht (81-95). Hamburg.

Bohl, Piet (2007): »Bilderwelten bereisen«. In: Kunst (7): 14-16.

Bourgeois, Louise (1996): Zeichnungen und Beobachtungen. Basel.

Bredow, Ilse Gräfin von (2001): Gieß Wasser in die Suppe – heiß alle willkommen: Die Küche meiner Kindheit. Frankfurt.

Brenne, Andreas (2004): Ressource-Kunst: Künstlerische Feldforschung in der Primarstufe. Münster.

Breuning, Franziska (1999a): »Einführung«. In: BKJ e.V. (Hg.): Lernziel Lebenskunst (9-11). Remscheid.

Breuning, Franziska (1999b): »Lebenskunst – Lebensführung – Lebensstil«. In: BKJ. e.V. (Hg.): Lernziel Lebenskunst (53-60). Remscheid.

Breuning, Franziska (2000a): »Beteiligung in der kulturellen Jugendbildung«. In: BKJ e.V. (Hg.): Partizipation und Lebenskunst (7-11). Remscheid.

Breuning, Franziska (2000b): »Partizipation und Lebenskunst«. In: BKJ e.V. (Hg.): Partizipation und Lebenskunst (39-49). Remscheid.

Breuning, Franziska (2001): »Kulturelle Bildung und Lebenskunst«. In: BKJ e.V. (Hg.): Kulturelle Bildung und Lebenskunst (9-12). Remscheid.

Brohl, Christiane (2003): Displacement als kunstpädagogische Strategie: Vorschlag einer heterotopie- und kontextbezogenen ästhetischen Diskurspraxis des Lehrens und Lernens. Norderstedt.

Brosius, Christiane (1997): Kunst als Denkraum/Zum Bildungsbegriff von Aby Warburg. Pfaffenweiler.

Brügel, Eberhard (1993): »Wirklichkeiten in Bildern – Über Aneignungsformen von Kindern«. In: BKJ e.V. (Hg.): Praxisfeld Kinderkulturarbeit (33-59). Remscheid.

Buchheim, Thomas (2002): »Artikulation des Selbst«. In: Glaser, Hermann (Hg.): Grundfragen des 21. Jahrhunderts (48-50). München.

Bundesvereinigung Kulturelle Jugendbildung e.V. (Hg.) (1993): Praxisfeld Kinderkulturarbeit. Remscheid.

Bundesvereinigung Kulturelle Jugendbildung e.V. (Hg.) (1997): Kultur Macht Schule/Schule und Jugendkulturarbeit in Kooperation. Remscheid.

Bundesvereinigung Kulturelle Jugendbildung e.V. (Hg.) (1999): Lernziel Lebenskunst. Remscheid.

Bundesvereinigung Kulturelle Jugendbildung e.V. (Hg.) (2000): Partizipation und Lebenskunst. Remscheid.

Bundesvereinigung Kulturelle Jugendbildung e.V. (Hg.) (2001a): Kulturelle Bildung und Lebenskunst. Remscheid.

Bundesvereinigung Kulturelle Jugendbildung e.V. (Hg.) (2001b): Kultur Jugend Bildung/Kulturpädagogische Schlüsseltexte. Remscheid.

Bundesvereinigung Kulturelle Jugendbildung e.V. (Hg.) (2002): Kultur leben lernen.

Bildungswirkungen und Bildungsauftrag der Kinder- und Jugendkulturarbeit. Remscheid.

Buschkühle, Carl-Peter (o.J.): »Künstlerische Bildung – Konturen künstlerischer Bildung«. Abrufbar unter www.ph-heidelberg.de/.../KUNST/.../Buschkuehle-kuenstlerische_Bild..., letzter Zugriff am 22. September 2012.

Buschkühle, Carl-Peter (2001): »Bildung des Wanderers«. In: Kulturpolitische Mitteilungen (3): 54-57.

Buschkühle, Carl-Peter (2002): »Bildung eines Generalisten. Kreative Existenz und künstlerische Bildung«. Abrufbar unter www.ph-heidelberg.de/fileadmin/user.../KUNST/.../Generalist.pdf, letzter Zugriff am 22. September 2012.

Buschkühle, Carl-Peter (2004a): »Auf der Suche nach der Kunst – Kompetenzerwerb in künstlerischer Bildung«. In: Kettel, Joachim (Hg.): Künstlerische Bildung nach Pisa – Neue Wege zwischen Kunst und Bildung (389-393). Oberhausen.

Buschkühle, Carl-Peter (2004b): »Kunstpädagogen müssen Künstler sein. Zum Konzept künstlerischer Bildung«. In: Pazzini, Karl-Josef/Sturm, Eva/Legler, Wolfgang/Meyer, Torsten (Hg.): Kunstpädagogische Positionen (5/2004).

Buschkühle, Carl-Peter (2004c): »Künstlerische Bildung und Multiperspektivität«. In: Kirschenmann, Johannes/Wenrich, Rainer/Zacharias, Wolfgang (Hg.): Kunstpädagogisches Generationengespräch (317-322). München.

Buschkühle, Carl-Peter (2005a): »Zum künstlerischen Projekt«. In: Kunst und Unterricht (295): 4-9.

Buschkühle, Carl-Peter (2005b): »Kopf«. In: Kunst und Unterricht (295): 10-13.

Buschkühle, Carl-Peter (2007): Die Welt als Spiel. Oberhausen.

Busse, Klaus-Peter (2004): Bildumgangsbeispiele – Kunst unterrichten. Norderstedt.

Busse, Klaus-Peter/Pazzini, Karl-Josef (Hg.) (2008a): (Un)vorhersehbares Lernen: Kunst – Kultur – Bild. Dortmund.

Busse, Klaus-Peter (2008b): »Kunstpädagogische Situationen in Kontexten denken«. In: Busse, Klaus-Peter/Pazzini, Karl-Josef (Hg.): (Un)vorhersehbares Lernen: Kunst – Kultur – Bild (27-41). Dortmund.

Canetti, Elias (1987): Die Fackel im Ohr. Frankfurt a.M.

culturebase.net (2003): »Bodys Isek Kingelez artist portrait«. Abrufbar unter www.culturebase.net/artist.php?212, letzter Zugriff am 12. September 2012.

Czech, Alfred (2008a): »Ins Museum/Arbeiten im Museum, Arbeiten mit dem Museum«. In: Kunst und Unterricht (323/324): 4-10.

Czech, Alfred (2008b): »Handwerkszeuge/Musterargumente, Begründungen, Checkliste«. In: Kunst und Unterricht (323/324): 11-14.

Davidow, Ann H. (2007): Wir zeichnen Tiere. Köln.

Dewey, John (1934/1988): Kunst als Erfahrung. Frankfurt a.M.

Dieck, Margarete (1998): »Noch zeichnen sie gerne ...«. In: BDK Mitteilungen (1): 10-14.

Dirks, Una (1997): »Die geschlossenen Welten der Sprachschatz- und Grammatikarbeit ...«. In: Heymann, Hans Werner (Hg.): Allgemeinbildung und Fachunterricht (97-109). Hamburg.

Dohnicht-Fioravanti, Ilona (2004): »Leistungsbewertung einer Gruppenarbeit – Beurteilungsbögen und Arbeitsprozess-Berichte«. In: Peez, Georg (Hg.): »Beurteilen und Bewerten«. Kunst und Unterricht (287): 26-27.

Dohnicht-Fioravanti, Ilona (2008): »Leistungsbewertung einer Gruppenarbeit – Beurteilungsbögen und Arbeitsprozess-Berichte/Klassenstufe: 9«. In: Peez, Georg (Hg.): Beurteilen und Bewerten im Kunstunterricht (77-81). Seelze-Velber.

Dombrowe, Britta/Thurn, Valentin (2008): »Gefundenes Fressen – Leben vom Abfall«. Abrufbar unter www.thurnfilm.de/de_doku_gefundenes_fressen.php, letzter Zugriff am 12. September 2012.

Dorsch, Udo (2007): »Konsum als Kunst«. In: Kunst (7): 44-45.

Duncker, Ludwig/Maurer, Friedemann/Schäfer, Gerd E. (Hg.) (1990): Kindliche Fantasie und ästhetische Erfahrungen. Langenau-Ulm.

Duncker, Ludwig (1994): »Die Kraft der Imagination«. In: Neue Sammlung (3/1994): 459-474. Seelze-Velber.

Eco, Umberto (1990): Im Labyrinth der Vernunft/Texte über Kunst und Zeichen. Leipzig.

Eichler, Kurt (2009): »Vom Projektgestrüpp zur Strukturentwicklung – Bildungslandschaft Stadt«. In: infodienst/Kulturpädagogische Nachrichten (93): 10-12.

Eickelpasch, Rolf/Rademacher, Claudia (2004): Identität. Bielefeld.

Eickhoff, Mechthild (2007): »Fragebogen«. In: Marr, Stefanie (Hg.): Tischgesellschaft/Künstlerische Praxis in Lehr- und Lernprozessen (o.n.A.). Oberhausen.

Fiedler, Konrad (1991): Schriften zur Kunst, Band I/II. In: Böhm, Gottfried (Hg.): München.

Finger, Evelyn (2005): »Mein Kinderteller«. Abrufbar unter www.zeit.de/2005/51/Leibspeise_2fFinger, letzter Zugriff am 22. September 2012.

Fischli, Peter/Weiss, David (2007): Findet mich das Glück. Köln.

Friebe, Holm/Passig, Kathrin (2004): »Gott ist ein T-Shirt«. Abrufbar unter www.berliner-zeitung.de/.../gott-ist-ein-t-shirt,10810590,10188496.h..., letzter Zugriff am 22. September 2012.

Fuchs, Max (1989): »Kultur Lernen? – Bemerkungen zu einem umstrittenen Begriff«. In: BKJ e.V. (Hg.) (2001): Kultur Jugend Bildung/Kulturpädagogische Schlüsseltexte (219-224). Remscheid.

Fuchs, Max (1994): Kultur lernen. Remscheid.

Fuchs, Max (1997a): »Ein virtuelles Würstchen kann man nicht essen«. In: Zacharias, Wolfgang (Hg.): Interaktiv – Im Labyrinth der Möglichkeiten (45-55). Remscheid.

Fuchs, Max (1997b): Kunst in der kulturellen Kinder- und Jugendbildung. In: BKJ e.V. (Hg.): Kulturelle Kinder- und Jugendbildung (179-186). Remscheid.

Fuchs, Max (1999a): »›Kulturelle Bildung im Medienzeitalter‹ aus der Sicht der außerschulischen Kinder- und Jugendkulturarbeit«. In: BLK (Hg.): Kulturelle Bildung im Medienzeitalter/Materialien zur Bildungsplanung und zur Forschungsförderung (Heft 77): 74-95.

Fuchs, Max (1999b): »Kulturelle Bildung und Lebenskunst«. In: BKJ e.V. (Hg.): Lernziel Lebenskunst (29-40). Remscheid.

Fuchs, Max (1999c): »Mensch und Kultur«. In: BKJ e.V. (Hg.) (2001): Kultur Jugend Bildung/Kulturpädagogische Schlüsseltexte (413-416). Remscheid.

Fuchs, Max (2000a): »Zur politischen Dimension des Bildungsbegriffs«. In: BKJ e.V. (Hg.): Partizipation und Lebenskunst (15-23). Remscheid.

Fuchs, Max (2000b): Bildung, Kunst, Gesellschaft. Remscheid.

Fuchs, Max (2001a): »Kultur und Bildung – ein besonderes Verhältnis«. In: Kulturpolitische Mitteilungen (3): 42-46.

Fuchs, Max (2001b): »Kulturelle Bildung im Spannungsfeld von Leben und Kunst«. In: BKJ e.V. (Hg.): Kulturelle Bildung und Lebenskunst (87-94). Remscheid.

Fuchs, Max (2001c): Persönlichkeit und Subjektivität – Historische und systematische Studien zu ihrer Genese. Opladen.

Garlichs, Ariane (1993): »Chagall und die Folgen«. In: Staudte, Adelheid (Hg.): Ästhetisches Lernen auf neuen Wegen (82-90). Weinheim und Basel.

Gideon, Jürgen (1997): »Von der Widerständigkeit alter Schule«. In: Neue Sammlung (3/1997): 407-418.

Glas, Alexander (2006a): »Bildkompetenz und Sachkompetenz«. In: Kirschenmann, Johannes/Schulz, Frank/Sowa, Hubert (Hg.): Kunstpädagogik im Projekt der allgemeinen Bildung (244-248). München.

Glas, Alexander/Sowa, Hubert (2006b): »Gestaltungskompetenz – Begriffsklärung und Beispielfelder«. In: Kirschenmann, Johannes/Schulz, Frank/Sowa, Hubert (Hg.): Kunstpädagogik im Projekt der allgemeinen Bildung (249-262). München.

Glas, Alexander (2008): »Bildkompetenz im Medienzeitalter«. In: Billmayer, Franz (Hg.): Angeboten – Was die Kunstpädagogik leisten kann (61-67). München.

Glaser, Hermann (2001): »Bildung im digitalen Zeitalter«. In: Kulturpolitische Mitteilungen (3): 31-36.

Glaser, Hermann (Hg.) (2002a): Grundfragen des 21. Jahrhunderts. München.

Glaser, Hermann (2002b): »Verhaltensdisposition Transfer«. In: Glaser, Hermann (Hg.): Grundfragen des 21. Jahrhunderts (45-47). München.

Gorke, Kerstin (2008): »Das zieht mich an«. In: Kunst (7): 26-29.

Grammes, Tilmann (1997): »Lernen, in Gesellschaft zu leben«. In: Heymann, Hans Werner (Hg.): Allgemeinbildung und Fachunterricht (43-54). Hamburg.

Groeben, Annemarie von der (1993): »Arbeitsdisziplin und Kreativität – wie geht das zusammen?«. In: Neue Sammlung (4/1993): 629-641. Seelze-Velber.

Grosenick, Uta/Riemenschneider, Burkhard (Hg.) (2000): Art Now. 138 Künstler zu Beginn des 21. Jahrhunderts. Köln.

Grosenick, Uta (Hg.) (2001): Women Artists – Künstlerinnen im 20. und 21. Jahrhundert. Köln.

Grüneisl, Gerd/Zacharias, Wolfgang (1989): Die Kinderstadt. Reinbek bei Hamburg.

Grünewald, Dietrich (2008): »Ziel: Bildkompetenz«. In: Billmayer, Franz (Hg.): Angeboten – Was die Kunstpädagogik leisten kann (68-73). München.

Grünewald, Dietrich (2009): »Orientierung Bild«. In: Kunst und Unterricht (334/335): 14-21.

Hampel, Peter (2006): »Martin Parr – Die Frage nach der Künstlichkeit der Welt«. In: Kunst und Unterricht (302/303): 54- 56.

Harles, Michael (2008): Männer, die kochen, sind unwiderstehlich. Wissenswertes und Amüsantes für die Helden am Herd. Münster.

Hasse, Jürgen (1996): »Lernen in und aus einer imaginären Wirklichkeit«. In: Die Grundschulzeitschrift/Sammelband Ästhetische Erziehung (2): 89-92.

Hegel, Georg Wilhelm Friedrich (1835-1838): »Originalität«. Abrufbar unter www.textlog.de/5730html, letzter Zugriff am 22. September 2012.

Heinen, Ulrich (2006): »Konstruktives Zeichnen in systematischen Bildprozessen«. In: Schubert, Peter: »Zeichnen: Sachen klären und verstehen. Kunst und Unterricht (302/303): 20-22.

Heil, Christine (2007): Kartierende Auseinandersetzung mit aktueller Kunst. München.

Heil, Christine (2009): »Orientierung: Künstlerische Prozesse«. In: Kunst und Unterricht (334/335): 78-85.

Helfenstein, Josef (1996): »Vorwort«. In: Bourgeois, Louise: Zeichnungen und Beobachtungen (7-9). Basel.

Hempel, Stella (2007): »Die verrücktesten Schuhe der Welt«. Abrufbar unter www.welt.de/lifestyle/article1056893/Die verruecktesten Schuhe der Welt, letzter Zugriff am 22. September 2012.

Hentig, Hartmut von (1985a): Ergötzen, Belehren, Befreien. Schriften zur ästhetischen Erziehung. München.

Hentig, Harmut von (1985b): Die Menschen stärken, die Sachen klären. Stuttgart.

Hentig, Hartmut von (1996a): »Die Schule zwischen Pflicht und Kür«. In: DIE ZEIT (32): 32.

Hentig, Hartmut von (1996b): »Behaltet bitte die Nerven«. In: ZEITpunkte (2): 10-12.

Hentig, Hartmut von (1998): »Mythos Kreativität«. In: PSYCHOLOGIE HEUTE (2): 36-39.

Hentig, Hartmut von (1999): Bildung. Weinheim und Basel.

Hentig, Hartmut von (2000): Kreativität/Hohe Erwartungen an einen schwachen Begriff. Weinheim und Basel.

Hentig, Hartmut von (2001): Ach, die Werte/Über eine Erziehung für das 21. Jahrhundert. Weinheim und Basel.

Hentig, Hartmut von (2003a): Die Schule neu denken. Weinheim und Basel.

Hentig, Hartmut von (2003b): Wissenschaft – Eine Kritik. Weinheim und Basel.

Hentig, Hartmut von (2006): Bewährung – Von der nützlichen Erfahrung, nützlich zu sein. München und Wien.

Herding, Klaus (1987): »Kunsthistorische Forschung – werkmonographisch vermittelt«. In: Jentsch, Konrad/Lehmann, Raimund/Wolters, Peter (Hg.): Das Bild der Welt in der Welt der Bilder (89-104). Hannover.

Hess, Barbara (2001): »Die Welt als Warenkorb«. In: Grosenick, Uta (Hg.): Women Artists – Künstlerinnen im 20. und 21. Jahrhundert (132-137). Köln.

Hess, Walter (1956): Dokumente zum Verständnis der modernen Malerei. Hamburg.

Heymann, Hans Werner (Hg.) (1997): Allgemeinbildung und Fachunterricht. Hamburg.

Hinkel, Hermann (2004): »Das Verstehen von Bildern: Zentraler Inhalt von Kunstunterricht«. In: Kirschenmann, Johannes/Wenrich, Rainer/Zacharias, Wolfgang (Hg.): Kunstpädagogisches Generationengespräch (196-199). München.

Hitzler, Ronald/Honer, Anne (1994): »Bastelexistenz – Über subjektive Konsequenzen der Individualisierung«. In: Beck, Ulrich/Beck-Gernsheim, Elisabeth (Hg.): Riskante Freiheiten (307-315). Frankfurt a.M.

Hölscher, Stefan (2004): »Künstlerische Bildung – Lösung oder Problem?«. In: Kettel, Joachim (Hg.): Künstlerische Bildung nach Pisa – Neue Wege zwischen Kunst und Bildung (431-439). Oberhausen.

Höxter, Clemens (2006): »It's not the economy, stupid!«. In: Kirschenmann, Johannes/Schulz, Frank/Sowa, Hubert (Hg.): Kunstpädagogik im Projekt der allgemeinen Bildung (20-25). München.

Höxter, Clemens (2008): »Unvorhersehbares in kunstpädagogischen Situationen«. In: Busse, Klaus-Peter/Pazzini, Karl-Josef (Hg.): (Un)vorhersehbares Lernen: Kunst – Kultur – Bild (19-25). Dortmund.

Hofmann, Werner (1985a): Konrad Klappheck – Retrospektive 1955-1985. München.

Hofmann, Werner (1985b): »Beredte Stummheit oder die Melancholie der Klischees«. In: Hofmann, Werner: Konrad Klappheck – Retrospektive 1955-1985 (7-12). München.

Huber, Hans Dieter (2006): »Das Gedächtnis der Hand«. In: Kirschenmann, Johannes/Schulz, Frank/Sowa, Hubert (Hg.): Kunstpädagogik im Projekt der allgemeinen Bildung (39-51). München.

Hüster, Wiebke (2008): »Zitronensprudel, der«. In: Du – Das Kulturmagazin (Liftboy, der – Ein Alphabet des Verschwindens): 89.

Jentsch, Konrad/Lehmann, Raimund/Wolters, Peter (Hg.) (1987): Das Bild der Welt in der Welt der Bilder. Hannover.

Jonas, Hans (1994): »Homo Pictor: Von der Freiheit des Bildens«. In: Boehm, Gottfried (Hg.): Was ist ein Bild? (105-124). München.

Junge, Matthias (2002): Individualisierung. Frankfurt a.M.

Kahrmann, Klaus-Ove (2006): »Kleine Äffchen. Hartmut von Hentig, die Bielefelder Laborschule, PISA und die Misere der ästhetischen Erziehung«. In: Kirschenmann, Johannes/Schulz, Frank/Sowa, Hubert (Hg.): Kunstpädagogik im Projekt der allgemeinen Bildung (147-160). München.

Kämpf-Jansen, Helga (2001): Ästhetische Forschung/Wege durch Alltag, Kunst und Wissenschaft. Köln.

Kämpf-Jansen, Helga (2004a): »Von der Verschiedenheit des Gleichzeitigen«. In: Kirschenmann, Johannes/Wenrich, Rainer/Zacharias, Wolfgang (Hg.): Kunstpädagogisches Generationengespräch (403-404). München.

Kämpf-Jansen, Helga/Neuhaus, Daniela (2004b): »Wie man in der Kunstpädagogik auf den Hund kommt«. In: Richter, Heidi/Peez, Georg (Hg.): Kind – Kunst – Kunstpädagogik (105-116). Norderstedt.

Kämpf-Jansen, Helga (2009): »Was ist Forschung in der Kunstpädagogik? Wo sehen Sie aktuell vordringliche Forschungsbedarfe?«. In: Meyer, Torsten/Sabisch, Andrea (Hg.): Kunst Pädagogik Forschung – Aktuelle Zugänge und Perspektiven (88). Bielefeld.

Kaufmann, Jean-Claude (2006): Kochende Leidenschaft: Soziologie vom Kochen und Essen. Konstanz.

Kettel, Joachim (1998): »Zur Gewaltförmigkeit des Kunstunterrichts«. In: BDK Mitteilungen (1): 5-9.

Kettel, Joachim (2001): SelbstFREMDheit – Elemente einer anderen Kunstpädagogik. Oberhausen.

Kettel, Joachim (Hg.) (2004a): Künstlerische Bildung nach Pisa – Neue Wege zwischen Kunst und Bildung. Oberhausen.

Kettel, Joachim (2004b): »Künstlerische Bildung nach Pisa«. In: Kettel, Joachim (Hg.): Künstlerische Bildung nach Pisa – Neue Wege zwischen Kunst und Bildung (24-52). Oberhausen.

Kettel, Joachim (2008a): »Leverkusen – Orte. Ein Projekt der künstlerischen Bildung«. In: Busse, Klaus-Peter/Pazzini, Karl-Josef (Hg.): (Un)vorhersehbares Lernen: Kunst – Kultur – Bild (279-307). Dortmund.

Kettel, Joachim (2008b): »Bildung braucht Kunst! Mehr Kunst in die Bildung!«. In: Billmayer, Franz (Hg.): Angeboten – Was die Kunstpädagogik leisten kann (86-93). München.

Keupp, Heiner (1994): »Ambivalenzen postmoderner Identitäten«. In: Beck, Ulrich/Beck-Gernsheim, Elisabeth (Hg.): Riskante Freiheiten (336-349). Frankfurt a.M.

Keupp, Heiner/Ahbe, Thomas/Gmür, Wolfgang/Höfer, Renate/Mitzscherlich, Beate/Kraus, Wolfgang/Straus, Florian (1999): Identitätskonstruktionen. Reinbek bei Hamburg.

Keupp, Heiner (2004): »Vom Möglichkeitssinn: Identitätsprojekte in der Spätmoderne«. In: Kettel, Joachim (Hg.): Künstlerische Bildung nach Pisa – Neue Wege zwischen Kunst und Bildung (67-84). Oberhausen.

Kirchner, Constanze (1999): Kinder und Kunst der Gegenwart: Zur Erfahrung mit zeitgenössischer Kunst in der Grundschule. Seelze.

Kirchner, Constanze (2008): Kinder & Kunst/Was Erwachsene wissen sollten. Seelze-Velber.

Kirchner, Constanze/Kirschenmann, Johannes (2009): »Kreativität in der Schule«. In: Kunst und Unterricht (331/332): 10-18.

Kirschenmann, Johannes/Wenrich, Rainer/Zacharias, Wolfgang (Hg.) (2004): Kunstpädagogisches Generationengespräch. München.

Kirschenmann, Johannes/Schulz, Frank/Sowa, Hubert (Hg.) (2006a): Kunstpädagogik im Projekt der allgemeinen Bildung. München.

Kirschenmann, Johannes (2006b): »Runde Würfel und andere Bausätze des wilden Denkens«. In: Kunst und Unterricht (299): 4-10.

Kirschenmann, Johannes/Schulz, Frank/Sowa, Hubert (Hg.) (2006c): »Vorwort«. In: Kirschenmann,Johannes/Schulz,Frank/Sowa, Hubert (Hg.): Kunstpädagogik im Projekt der allgemeinen Bildung (11-13). München.

Kirschenmann, Johannes (2006d): »Subjektbildung und Medienspiele im Möglichkeitsraum«. In: Kirschenmann, Johannes/Schulz, Frank/Sowa, Hubert

(Hg.): Kunstpädagogik im Projekt der allgemeinen Bildung (548-560). München.

Kirschenmann, Johannes (2008): »Bildbildung. Mit Bildern etwas über sich und die Welt erfahren«. In: Billmayer, Franz (Hg.): Angeboten – Was die Kunstpädagogik leisten kann (102-107). München.

Kläger, Max (1999): »Begegnung mit Kunst durch phänomenologisches Handeln«. In: Kirschenmann, Johannes/Spickernagel, Ellen/Steinmüller, Gerd (Hg.): Ikonologie und Didaktik (193-199). Weimar.

Klingler, Reingard (2008): »Bilder als globale Social Player«. In: Billmayer, Franz (Hg.): Angeboten – Was die Kunstpädagogik leisten kann (108-118). München.

Körner, Peter (2008): »Welchen Beitrag leistet Kunstpädagogik im Allgemeinen und Bildnerische Erziehung im Speziellen für ein gelingendes Leben?«. In: Billmayer, Franz (Hg.): Angeboten – Was die Kunstpädagogik leisten kann (119-127). München.

Kopenhagen, Günter/Schubert, Peter (2006): »Sehen, Nachdenken, Zeichnen«. In: Kunst und Unterricht (302/303): 23-26.

Korte, Manfred (1993): »Kinder verstehen/Frühkindliche ästhetische Erziehung«. In: Staudte, Adelheid (Hg.): Ästhetisches Lernen auf neuen Wegen (155-161). Weinheim und Basel.

Krüger, Thomas (2001): »Visionen im Disput«. In: Kulturpolitische Mitteilungen (3): 37-41.

Krüger, Thomas (2002): »Die Zukunft offen gestalten«. In: infodienst/Kulturpädagogische Nachrichten (62): 12-13.

Kuballa, Ulrich (2006): »Die Wirklichkeit ist irgendwo da draußen«. In: Kunst und Unterricht (302/303): 47-51.

Kulturpolitische Gesellschaft (Hg.) (2001): »Kulturelle Bildung«. In: Kulturpolitische Mitteilungen (3).

Kunz-Ott, Hannelore (2008): »Schule und Museum«. In: Kunst und Unterricht (323/324): 7.

Lange, Andreas (2001): »Zur Lebensführung von Kindern und Jugendlichen«. In: BKJ e.V. (Hg.): Kulturelle Bildung und Lebenskunst (51-62). Remscheid.

Lauffer, Jürgen (2001): »Jugendkulturelle Strategien gegen rechte Kultur«. In: Kulturpolitische Mitteilungen (3): 67-68.

Lammert, Norbert (1991): »Kulturelle Bildung und Ästhetische Erziehung«. In Zacharias, Wolfgang (Hg.): Schöne Aussichten? Ästhetische Bildung in einer technisch-medialen Welt (257-268). Essen.

Lammert, Norbert (2001): »Kulturelle Bildung und Ästhetische Erziehung«. In: Zacharias, Wolfgang (Hg.): Schöne Aussichten? Ästhetische Bildung in einer technisch-medialen Welt (257-268). Essen.

Lausch, Stefan (2007): »Was ist künstlerisch an der Kunst?«. In: Bilstein, Johannes/Dornberg, Bettina/Kneip, Winfried (Hg.): Curriculum des Unwägbaren/Ästhetische Bildung im Kontext von Schule und Kultur (29-44). Oberhausen.

Legler, Wolfgang (2001): »Wegweisend«. In: BDK Mitteilungen (4): 44-45.

Legler, Wolfgang (2002): »Wir müssen einfach besser werden!«. In: Kunst und Unterricht (266/267): 1-2.

Legler, Wolfgang (2004): »Münchner Allerlei – Vom Reiz der Vielfalt und der Notwendigkeit, die Kunstpädagogik zukunftsfähig zu machen«. In: Kirschenmann, Johannes/Wenrich, Rainer/Zacharias, Wolfgang (Hg.): Kunstpädagogisches Generationengespräch (139-144). München.

Legler, Wolfgang (2008): »Ermutigung und künstlerischer Anspruch – Ein kunstdidaktisches Plädoyer für Maßstäbe anhand individueller Lernfortschritte«. In: Peez, Georg (Hg.): Beurteilen und Bewerten im Kunstunterricht – Modelle und Unterrichtsbeispiele zur Leistungsmessung und Selbstbewertung (134-143). Seelze-Velber.

Lehmann, Katja (2004): »Das Generationengespräch in München – Eine kunstpädagogische Plauderstunde?«. In: Kunst und Unterricht (280): 44-45.

Lehnerer, Thomas (1993): »Ästhetische Bildung«. In: Staudte, Adelheid (Hg.): Ästhetisches Lernen auf neuen Wegen (38-43). Weinheim und Basel.

Lehnerer, Thomas (1994): Methode der Kunst. Würzburg.

Leu, Hans Rudolf (2000): »Partizipation in der Kinder- und Jugendkulturarbeit«. In: BKJ e.V. (Hg.): Partizipation und Lebenskunst (25-37). Remscheid.

Liebau, Eckart (1993): »Raum für Kinder«. In: Neue Sammlung (4/1993): 601-612. Seelze-Velber.

Liebau, Eckart (1999): »Das Kind als Künstler«. In: Liebau, Eckart (Hg.): Vergiß den Ball und spiel' weiter – Das Bild des Kindes in zeitgenössischer Kunst und Wissenschaft (91-97). Köln.

Liebau, Eckart (2007): »Kulturelles Lernen«. In: Bilstein, Johannes/Dornberg, Bettina/Kneip, Winfried (Hg.): Curriculum des Unwägbaren/Ästhetische Bildung im Kontext von Schule und Kultur (83-91). Oberhausen.

Liebelt, Udo (1987): Das kann mein Kind auch! Hannover.

Liesbrock, Heinz (Hg.) (1993): »Fragen an vier Bilder«. Düsseldorf.

Limper, Brigitte (2006): »Bäume – Zeichnen vor der Natur«. In: Kunst und Unterricht (302/303): 17-19.

Lindner, Werner (2009): »Neue Herausforderungen – alte Verlegenheiten«.In: infodienst/Kulturpädagogische Nachrichten (93): 14-17.

Lindström, Lars (2007): »Kriterien zur Bewertung der kreativen Fähigkeiten von Schülern in den Bildenden Künsten. Eine Handreichung für Lehrer«. In: Niehoff, Rolf/Wenrich, Rainer (Hg.): Denken und Lernen mit Bildern (162-186). München.

Littke, Joachim (2003): »Die Familie am Mittagstisch – Kulturelle Standardisierungen im Wandel«. In: Bering, Kunibert/Bilstein, Johannes/Thurn, Hans Peter: Kultur – Kompetenz (395-403). Oberhausen.

Loemke, Tobias (2007): »Kunst ist allgemeinbildend«. Abrufbar unter www.focus.de/schule/schule/unterricht/unterricht_aid_27640.html, letzter Zugriff am 22. September 2012.

Loffredo, Anna-Maria (2008): »Neu gestylt – Venus und David einkleiden«. In: Kunst (7): 32-34.
Maar, Christa/Burda, Hubert (Hg.) (2004): Iconic Turn. Köln.
Marr, Stefanie/Ziesche Angela (Hg.) (2000): Rahmen aufs Spiel setzen. Königsstein/Taunus.
Marr, Stefanie (2003): Lebenskunstunterricht – Bildliche Aneignung und Gestaltung von Lebenswirklichkeit in der Kindheit. Siegen.
Marr, Stefanie (2004): »Bildende Kunst ist mehr als nur Zeichnen – Zeichnen als Selbstausdruck und Wirklichkeitsaneignung«. In: Kettel, Joachim (Hg.): Künstlerische Bildung nach Pisa – Neue Wege zwischen Kunst und Bildung (243-250). Oberhausen.
Marr, Stefanie (Hg.) (2007): Tischgesellschaft/Künstlerische Praxis in Lehr- und Lernprozessen. Oberhausen.
Marr, Stefanie (2007): »Aber zur Kunst in der Schule sach' ich nur eins: Nein danke, wähl' ich ab nach der 10.«. In: Marr, Stefanie (Hg.): Tischgesellschaft/Künstlerische Praxis in Lehr- und Lernprozessen (o.n.A.). Oberhausen.
Martenstein, Harald (2007): »Reaktionär«. In: DIE ZEIT (2): 45.
Mattheis, Regine (2001): »Kulturarbeit als Raum für selbstorientierte Bildung«. In: BKJ e.V. (Hg.): Kulturelle Bildung und Lebenskunst (75-85). Remscheid.
Mayrhofer, Hans/Zacharias, Wolfgang (1976): Ästhetische Erziehung. Reinbek bei Hamburg.
Meyer, Torsten (2008): »To Whom It May Concern: Angebot Kunstpädagogik«. In: Billmayer, Franz (Hg.): Angeboten – Was die Kunstpädagogik leisten kann (142-148). München.
Meyer, Torsten/Sabisch, Andrea (Hg.) (2009): Kunst Pädagogik Forschung – Aktuelle Zugänge und Perspektiven. Bielefeld.
Michl, Thomas (2010): »Das Experiment im Kunstunterricht«. Abrufbar unter www.schroedel.de/kunstportal/didaktik_archiv/2010-03-michl.pdf, letzter Zugriff am 22. September 2012.
Miller, Monika (2010): »Zeichnerische Begabung«. Abrufbar unter www.schroedel.de/kunstportal/didaktik_archiv/2010-10-miller.pdf, letzter Zugriff am 22. September 2012.
Ministerium für Schule, Jugend und Kinder des Landes Nordrhein-Westfalen (Hg.) (1993): Kunst/Sekundarstufe I – Gymnasium/Richtlinien und Lehrpläne. Frechen.
Ministerium für Schule, Jugend und Kinder des Landes Nordrhein-Westfalen (Hg.) (2003): Kunst/Sekundarstufe I – Realschule/Richtlinien und Lehrpläne. Frechen.
Mönninghoff, Josef (1992): Das Bewusstsein des Lehrers. Neuwied, Kriftel, Berlin.
Mrozek, Bodo (2007): »Älter werden heißt Spießer werden«. Abrufbar unter www.spiegel.de/kultur/literatur/0,1518,485057, letzter Zugriff am 22. September 2012.

Müller, Charlotte/Gerlach, Christine (2005): Frauenglück. Berlin.

Münchmeier, Richard (2001): Ressource Bildung – Jugend und Zukunftsperspektiven«. In: BKJ e.V. (Hg.): Kulturelle Bildung und Lebenskunst (63-74). Remscheid.

Musil, Robert (1930/2000): Der Mann ohne Eigenschaften. Reinbek bei Hamburg.

Nabokov, Vladimir (1955/1999): Lolita. Reinbek bei Hamburg.

Nentwich, Andreas (2008): »Leberwurstbrot, das«. In: Du – Das Kulturmagazin (Liftboy, der – Ein Alphabet des Verschwindens): 51.

Niehoff, Rolf (2003): »Aus kunstdidaktischer Sicht: Beobachtungen und Reflexionen zum Bildverständnis in ›anderen‹ Fächern«. In: Bering, Kunibert/Bilstein, Johannes/Thurn, Hans Peter: Kultur – Kompetenz (327-358). Oberhausen.

Niehoff, Rolf (2006): »Bildkompetenz – Begriffsklärung, Diskussionsstand und Probleme«. In: Kirschenmann, Johannes/Schulz, Frank/Sowa, Hubert (Hg.): Kunstpädagogik im Projekt der allgemeinen Bildung (239-243). München.

Niehoff, Rolf/Wenrich, Rainer (Hg.) (2007): Denken und Lernen mit Bildern. München.

Niehoff, Rolf (2008a): »Bildung – Bildkultur – Bildkompetenzen«. In: Billmayer, Franz (Hg.): Angeboten – Was die Kunstpädagogik leisten kann (149-156). München.

Niehoff, Rolf u.a. (2008b): »Bildungsstandards im Fach Kunst für den mittleren Schulabschluss«. Abrufbar unter m.kultur.bildung.hessen.de/.../Kunst_BDK-Standards-2008.pdf, letzter Zugriff am 22. September 2012.

Niemann, Heide (2004): Leselust. Seelze-Velber.

Nürnberger, Manfred (2006): »Veranschaulichung einer Erfahrung«. In: Kunst und Unterricht (302/303): 12-16.

Oetker, August (1960): Schulkochbuch. Bielefeld.

Otto, Gunter/Otto, Maria (1987): Auslegen. Ästhetische Erziehung als Praxis des Auslegens in Bildern und des Auslegens von Bildern, Band 1-2. Seelze.

Otto, Gunter (1991): »Ästhetische Rationalität«. In: Zacharias, Wolfgang (Hg.): Schöne Aussichten? Ästhetische Bildung in einer technisch-medialen Welt (145-161). Essen.

Otto, Gunter (1998): Lehren und Lernen zwischen Didaktik und Ästhetik, Band 1-3. Seelze.

O.V. (2008): »Übrig«. DIE ZEIT (22): 12. Abrufbar unter www.zeit.de/2008/22/Uebrig, letzter Zugriff am 12. September 2012.

Parmentier, Michael (1993): »Möglichkeitsräume«. In: Neue Sammlung (2/1993): 303-314. Seelze-Velber.

Pazzini, Karl-Josef (1986): »Collage«. In: Kunst und Unterricht (100): 20-24.

Pazzini, Karl-Josef (1994): »Sind die Sinne dumm?«. In: Zacharias, Wolfgang (Hg.): Sinnenreich/Vom Sinn einer Bildung der Sinne als kulturell-ästhetisches Projekt (43-52). Essen.

Pazzini, Karl-Josef (1999): »Kulturelle Bildung im Medienzeitalter«. In: BLK (Hg.): Kulturelle Bildung im Medienzeitalter/Materialien zur Bildungsplanung und zur Forschungsförderung (Heft 77): 5-57.

Pazzini, Karl-Josef (2000): »Kunst existiert nicht, es sei denn als angewandte«. In: BDK Mitteilungen (2): 34-39.

Pazzini, Karl-Josef (2008a): »Nachträglich vorhersehbar«. In: Busse, Klaus-Peter/ Pazzini, Karl-Josef (Hg.): (Un)vorhersehbares Lernen: Kunst – Kultur – Bild (43-68). Dortmund.

Pazzini, Karl-Josef (2008b): »Berge versetzen, damit es was zu erzählen gibt«. In: Billmayer, Franz (Hg.): Angeboten – Was die Kunstpädagogik leisten kann (157-163). München.

Peez, Georg (1996): »Zufall – Collage – Neubeschreibung«. In: Neue Sammlung (1/1996): 493-504. Seelze-Velber.

Peez, Georg (2001): Qualitative empirische Forschung in der Kunstpädagogik. Norderstedt.

Peez, Georg (2002): Einführung in die Kunstpädagogik. Stuttgart.

Peez, Georg (2004): »Beurteilen und Bewerten«. In: Kunst und Unterricht (287): 4-11.

Peez, Georg (2005a): Evaluation ästhetischer Erfahrungs- und Bildungsprozesse. Beispiele zu ihrer empirischen Erforschung. München.

Peez, Georg (2005b): »Kunstpädagogik jetzt. Eine aktuelle Bestandsaufnahme: Bild – Kunst – Subjekt«. In: Bering, Kunibert/Niehoff, Rolf (Hg.): Bilder. Eine Herausforderung für die Bildung (75-87). Oberhausen.

Peez, Georg (Hg.) (2007): Handbuch Fallforschung in der Ästhetischen Bildung/ Kunstpädagogik. Baltmannsweiler.

Peez, Georg (Hg.) (2008a): Beurteilen und Bewerten im Kunstunterricht – Modelle und Unterrichtsbeispiele zur Leistungsmessung und Selbstbewertung. Seelze-Velber.

Peez, Georg (2008b): »›Weil vorher hat man das nie so gesehen.‹ Empirische Unterrichtsforschung und Rekonstruktion ästhetischer Erfahrungen«. In: Busse, Klaus-Peter/Pazzini, Karl-Josef (Hg.): (Un)vorhersehbares Lernen: Kunst – Kultur – Bild (171-185). Dortmund.

Pepita (2009): »Das Schlüsselereignis in der bisherigen Schullaufbahn einer Schülerin ...«. Abrufbar unter http://jetzt.sueddeutsche.de/texte/anzeigen/462793, letzter Zugriff am 17. Januar 2013.

Peschel, Falko (o.J.): »Kleine konkrete Schritte«. Abrufbar unter offener-unterricht.net/ou/start-offu.php?action=rast1, letzter Zugriff am 22. September 2012.

PeterLicht (2007): Wir werden siegen! Buch vom Ende des Kapitalismus. Frankfurt a.M.

Peters, Maria (2005): »Im experimentellen Zeichnen gehen die Namen der Dinge fremd«. In: Kunst und Unterricht (SB 2005 – Ich.Wir.Welt.): 87-90.

Pinke, Dieter (2008): »Kunstpädagogische Erkundungen in der Schule«. In: Kunst und Unterricht (323/324): 4-7.

Pirstinger, Franziska (2008): »Antworten auf häufig gestellte Fragen«. In: Billmayer, Franz (Hg.): Angeboten – Was die Kunstpädagogik leisten kann (164-174). München.

Pöppel, Ernst (2000): »Drei Welten des Wissens – Koordinaten einer Wissenswelt«. In BKJ e.V. (Hg.): Kultur Jugend Bildung/Kulturpädagogische Schlüsseltexte (359-364). Remscheid.

Rau, Johannes (2004): Den ganzen Menschen bilden – wider den Nützlichkeitszwang. Plädoyer für eine neue Bildungsreform. Weinheim und Basel.

Rauterberg, Hanno (2007): Und das ist Kunst?! Eine Qualitätsprüfung. Frankfurt a.M.

Regel, Günther (1999): »Die Defizite der Ikonologie überwinden: die Kunst als Kunst erfahrbar machen«. In: Kirschenmann, Johannes/Spickernagel, Ellen/Steinmüller, Gerd (Hg.): Ikonologie und Didaktik (107-116). Weimar.

Regel, Günther (2001): Moderne Kunst/Zugänge zu ihrem Verständnis. Leipzig.

Regel, Günther (2003): »Die zweite Moderne, die Schule und die Kunst – Konsequenzen für die künstlerische Bildung«. In: Buschkühle, Carl-Peter (Hg.): Perspektiven künstlerischer Bildung. Texte zum Symposium Künstlerische Bildung und die Schule der Zukunft (121-139). Köln.

Regel, Günther (2004a): »Zur Problematik der Fachkompetenz und der langfristigen Bildungsstandards für den Kunstunterricht und die künstlerische Bildung überhaupt«. In: Kettel, Joachim (Hg.): Künstlerische Bildung nach Pisa – Neue Wege zwischen Kunst und Bildung (173-185). Oberhausen.

Regel, Günther (2004b): »Mein langer Weg zur künstlerischen Bildung«. In: Kirschenmann, Johannes/Wenrich, Rainer/Zacharias, Wolfgang (Hg.): Kunstpädagogisches Generationengespräch (269-273). München.

Regel, Günther (2004c): »Thesen zum Konzept Künstlerische Bildung«. In: Kunst und Unterricht (280): 42-43.

Regel, Günther (2006): »Die Kunst ist nur ein Weg ... Überlegungen zu den Bildungsstandards im Fach Kunst«. In: Kirschenmann, Johannes/Schulz, Frank/Sowa, Hubert (Hg.): Kunstpädagogik im Projekt der allgemeinen Bildung (328-350). München.

Reiß, Wolfgang (1996): Kinderzeichnungen/Wege zum Kind durch seine Zeichnung. Neuwied, Kriftel und Berlin.

Riemann, Susanne (2007): »Da wird ein Schuh draus – Schuhe darstellen und gestalten«. In: Kunst (7): 22-25.

Riemann, Susanne (2008): »Traumhäuser im Garten/Architekturentwürfe zeichnen«. In: Kunst und Unterricht (10): 32-34.

Richter, Hans-Günther (1987): Die Kinderzeichnung/Entwicklung – Interpretation – Ästhetik. Düsseldorf.

Richter, Hans-Günther (1990): »Vom ästhetischen Niemandsland«. In: Zeitschrift für Pädagogik (4): 523-536.

Röll, Franz-Josef (2002): »To know what, how, why«. In: infodienst/Kulturpädagogische Nachrichten (62): 14-15.

Rooch, Alarich (2003): »Neue Medien und kultureller Kontext«. In: Bering, Kunibert/Bilstein, Johannes/Thurn, Hans Peter: Kultur – Kompetenz (114-141). Oberhausen.

Rumpf, Horst (1995): »Gegen den Strom der Lehrstoff-Beherrschung«. In: Neue Sammlung (1/1995): 4-17. Seelze-Velber.

Sabisch, Andrea (2007): Inszenierung als Suche. Vom Sichtbarwerden ästhetischer Erfahrung im Tagebuch. Bielefeld.

Saehrendt, Christian/Kittl, Steen T. (2007): Das kann ich auch! – Gebrauchsanweisung für Moderne Kunst. Köln.

Samen, Judith (2007): »Fragebogen«. In: Marr, Stefanie (Hg.): Tischgesellschaft/Künstlerische Praxis in Lehr- und Lernprozessen (o.n.A.). Oberhausen.

Schacht, Michael/Peez, Georg (2002): »Empirische Forschung. Zur Nutzung des Computers im Kunstunterricht. Abrufbar unter www.georgpeez.de/texte/muse bdk202.htm, letzter Zugriff am 22. September 2012. Sand (2004): 27, o.n.A.

Schäfer, Brigitte (1988): »Ziele der Kulturpädagogik«. In: BKJ e.V. (Hg.): Kultur Jugend Bildung/Kulturpädagogische Schlüsseltexte (207-212). Remscheid.

Schäfer, Gerd E. (1990): »Universen des Bastelns – Gebastelte Universen«. In: Duncker, Ludwig/Maurer, Friedemann/Schäfer, Gerd E. (Hg.): Kindliche Fantasie und ästhetische Erfahrungen (135-161). Langenau-Ulm.

Schäfer, Gerd E. (1995): »Bemerkungen zum Situationsansatz«. In: Neue Sammlung (4/1995): 79-97. Seelze-Velber.

Schäfer, Gerd E. (1997): »Aus der Perspektive des Kindes?«. In: Neue Sammlung (3/1997): 377-394. Seelze-Velber.

Schäfer, Klaus (2009): »Zur Bedeutung kultureller Jugendbildung – Fürs Leben lernen«. In: infodienst/Kulturpädagogische Nachrichten (93): 13.

Scharnigg, Max (2008a): »Essen, das ich in meiner Kindheit geliebt habe: Fleischpflanzerl«. Abrufbar unter jetzt.sueddeutsche.de/texte/anzeigen/441116, letzter Zugriff am 22. September 2012.

Scharnigg, Max (2008b): »Essen, das ich in meiner Kindheit gehasst habe: Fruchtschnitten«. Abrufbar unter jetzt.sueddeutsche.de/texte/anzeigen/441116, letzter Zugriff am 22. September 2012.

Scherr, Albert (1996): »Bildung zum Subjekt – Ideen für eine zeitgemäße emanzipatorische Jugendarbeit«. In: BKJ e.V. (Hg.): Kultur Jugend Bildung/Kulturpädagogische Schlüsseltexte (389-396). Remscheid.

Scherr, Albert (2002): »Gesellschaftliche Umbrüche, Krisen und Konflikte – Kulturelle Jugendbildung vor neuen Herausforderungen«. In: BKJ e.V. (Hg.): Kultur leben lernen. Bildungswirkungen und Bildungsauftrag der Kinder- und Jugendkulturarbeit (51-60). Remscheid.

Scheurer, Stefan (2006): »Zeichnen als planendes Instrument«. In: Kunst und Unterricht (302/303): 27-29.

Schiller, Friedrich (1795/1965): Über die ästhetische Erziehung des Menschen. Stuttgart.

Schirmer, Anna-Maria/Kirschenmann, Johannes (2008): »Die Frage als Ausgangspunkt für eine gute Unterrichtsplanung«. In: Kunst und Unterricht (323/324): 16-18.

Schleicher, Karl-Ludwig (2006): »Die Dinge verstehen«. In: Kunst und Unterricht (302/303): 30.

Schmid, Wilhelm (1998): Philosophie der Lebenskunst. Frankfurt a.M.

Schmid, Wilhelm (1999): »Über den Versuch zur Neubegründung einer Philosophie der Lebenskunst«. In: BKJ e.V. (Hg.): Lernziel Lebenskunst (15-28). Remscheid.

Schmidt, Eva (Hg.) (2010): Je mehr ich zeichne – Zeichnung als Weltentwurf. Köln.

Schmidt, Stefan (2008): »Crashkurs Zeichnen«. In: Glas, Alexander/Seydel, Fritz/Sowa, Hubert/Uhlig, Bettina (Hg.): Der Zeichenkurs in KUNST – Arbeitsbuch Band I. Seelze.

Schmieder, Jürgen (2008): »T-Shirt-Kunst/›Ich wurde vergewaltigt‹«. Abrufbar unter www.sueddeutsche.de/.../t-shirt-kunst-ich-wurde-vergewaltigt-1.2116..., letzter Zugriff am 22. September 2012.

Schnurr, Ansgar (2008): »Kunstpädagogik als Beitrag zu einer ›Erziehung zur Mündigkeit‹. Entwurf der fachspezifischen Konkretisierung eines Bildungsideals«. In: Billmayer, Franz (Hg.): Angeboten – Was die Kunstpädagogik leisten kann (199-204). München.

Schorb, Bernd (2001): »Kulturelle Bildung für alle?«. In: infodienst/Kulturpädagogische Nachrichten (59): 15.

Schubert, Peter (2006): »Zeichnen: Sachen klären und verstehen«. In: Kunst und Unterricht (302/303): 4-10.

Schulz, Frank (2006): »Einleitung«. In: Kirschenmann, Johannes/Schulz, Frank/Sowa, Hubert (Hg.): Kunstpädagogik im Projekt der allgemeinen Bildung (14-19). München.

Schulz, Wolfgang (1983): »Wider die musische Erziehung«. In: BKJ e.V. (Hg.): Kultur Jugend Bildung/Kulturpädagogische Schlüsseltexte (33-38). Remscheid.

Schulze, Karin (2009): »Facebook zum Anziehen«. Abrufbar unter www.spiegel.de/kultur/gesellschaft/kulturobjekt-t-shirt-facebook-zum-anziehen-a-661165.html, letzter Zugriff am 22. September 2012.

Schulze, Theodor (1993): »Ästhetische Erziehung in der Schule«. In: Staudte, Adelheid (Hg.): Ästhetisches Lernen auf neuen Wegen (44-51). Weinheim und Basel.

Schuster, Martin (1990): Die Psychologie der Kinderzeichnung. Berlin, Heidelberg und New York.

Schüler, Bernd (2007): »Jetzt gehst du dahin wie ein Bettler«. In: Chrismon (5): 54.

Schütz, Norbert (1992): »Zeichnenwollen – Zeichnenkönnen«. In: Kunst und Unterricht (163): 40-41.

Schütz, Sabine (1987): »Moderne Kunst – nein danke?«. In: Sprengel Museum Hannover (Hg.): Das kann mein Kind auch. Für und wider die neue Kunst 1945 bis heute (109-115). Hannover.

Seel, Johannes (2004): »›Klassenbilder‹ – Bewertung der Projektarbeit einer 8. Hauptschulklasse«. In: Kunst und Unterricht (287): 18-22.

Seel, Johannes (2008): »›Klassenbilder‹ – Bewertung der Projektarbeit/Klassenstufe: 8«. In: Peez, Georg (Hg.) (2008): Beurteilen und Bewerten im Kunstunterricht – Modelle und Unterrichtsbeispiele zur Leistungsmessung und Selbstbewertung (69-76). Seelze-Velber.

Seitz, Rudolf (1993): »Wollen wir die Kreativität unserer Kinder wirklich?«. In: BKJ e.V. (Hg.): Praxisfeld Kinderkulturarbeit (60-67). Remscheid.

Selle, Gerd (2004): »Gegen den Betrieb«. In: Kirschenmann, Johannes/Wenrich, Rainer/Zacharias, Wolfgang (Hg.): Kunstpädagogisches Generationengespräch (158-161). München.

Seumel, Ines (2006): »Rezeptionskompetenz«. In: Kirschenmann, Johannes/Schulz, Frank/Sowa, Hubert (Hg.): Kunstpädagogik im Projekt der allgemeinen Bildung (263-277). München.

Seydel, Fritz (2007a): »Einleitung«. In: Kunst (7): 1.

Seydel, Fritz (2007b): »Mit Outfit umgehen«. In: Kunst (7): 4-9.

Seydel, Fritz/Bohl, Piet/Hilmes, Judith (2007c): »Mütze runter«. In: Kunst (7): 46-47.

Seydel, Fritz (2008a): »Schulentwicklung und Kunstunterricht – Kunst im Kanon der Schule«. In: Busse, Klaus-Peter/Pazzini, Karl-Josef (Hg.): (Un)vorhersehbares Lernen: Kunst – Kultur – Bild (419-429). Dortmund.

Seydel, Fritz (2008b): »Sich in der Welt der Bilder orientieren – mit Bildern umgehen/Zu einer Kernaufgabe des Kunstunterrichts«. In: Billmayer, Franz (Hg.): Angeboten – Was die Kunstpädagogik leisten kann (210-213). München.

Siebeck, Wolfram (2007): »Eintopf in der Wohlstandsversion«. In: ZEITmagazin Leben (31): 48.

Sliwka, Anne (2000): »Kooperatives Lernen in der kulturellen Jugendbildung«. In: BKJ e.V. (Hg.): Partizipation und Lebenskunst (87-94). Remscheid.

Sohl, Nina/Rizzolli, Giovanni (2005): »Dieses zwingende Bedürfnis zu arbeiten«. Abrufbar unter www.3sat.de/page/?source=/kulturzeit/specials/86946/index.html, letzter Zugriff am 23. September 2012.

Sommer, Theo (Hg.) (2004): Leben in Deutschland. Köln.

Sowa, Hubert (2001a): »Sind Familienbilder Privatsache?«. In: Kunst und Unterricht (256): 40-44.

Sowa, Hubert (2001b): »›Realität‹ und ›Realismus‹ in kunstpädagogischer Perspektive«. In: Kunst und Unterricht (258): 4-11.

Sowa, Hubert (2005): »Kunstpädagogische Standards – Inventur, Rebalancierung, Konsolidierung«. In: Kunst und Unterricht (295): 46.

Sowa, Hubert (2006a): »Sachliche Bildsprachen«. In: Kunst und Unterricht (302/303): 43-46.

Sowa, Hubert (2006b): »Zeichnend denken lernen«. In: Kunst und Unterricht (302/303): 52.

Sowa, Hubert (2008): »(Sich) Bilden in der Sichtbarkeit«. In: Billmayer, Franz (Hg.): Angeboten – Was die Kunstpädagogik leisten kann (214-222). München.

Sprengel Museum Hannover (Hg.) (1987): Das kann mein Kind auch. Für und wider die neue Kunst 1945 bis heute. Hannover.

Stalmann, Astrid (2002): »Die Kunst des Blinzelns und der Kunstraum von morgen – Nachdenkliches zum Kunstunterricht«. In: BDK Mitteilungen (2/2002): 7-9.

Staudte, Adelheid (1991): »Ästhetische Bildung oder Ästhetische Erziehung?« In: Zacharias, Wolfgang (Hg.): Schöne Aussichten? Ästhetische Bildung in einer technisch-medialen Welt (245-255). Essen.

Staudte, Adelheid (Hg.) (1993): Ästhetisches Lernen auf neuen Wegen. Weinheim und Basel.

Stern, Elsbeth (2006): »Inhalt statt Methode«. In: DIE ZEIT (17). Abrufbar unter www.zeit.de/2006/17/B-Klippert_Replik.xml, letzter Zugriff am 23. September 2012.

Stielow, Raimar (2004): »Zäsur 2003/2004 und was kommt dann? Hoffentlich eine längst überfällige fachdidaktische Diskussion«. In: Kirschenmann, Johannes/Wenrich, Rainer/Zacharias, Wolfgang (Hg.): Kunstpädagogisches Generationengespräch (145-152). München.

Sting, Wolfgang (1993): »Kulturpädagogische Arbeitszusammenhänge«. In: BKJ e.V. (Hg.): Kultur Jugend Bildung/Kulturpädagogische Schlüsseltexte (311-316). Remscheid.

Sting, Wolfgang (2001): »Ästhetische Kompetenz und kulturelle Bildung«. In: Kulturpolitische Mitteilungen (3): 58-60.

Thiele, Jens (2000): »Die Wiederentdeckung des Einzelbildes«. In: Bering, Kunibert/Bering, Cornelia (Hg.): Konzeptionen der Kunstpädagogik – Dokumente eines komplexen Gefüges (176-178). Oberhausen.

Uhlig, Bettina (2005): Kunstrezeption in der Grundschule: Zu einer grundschulspezifischen Rezeptionsmethodik. München.

Vaihinger, Dirk (1999): »Können Sie schreiben?«. In: DIE ZEIT (40): 4-5.

Vilks, Lars (2001): »Gute Kunst 2001«. Abrufbar unter www.bilderlernen.at/theorie/Gute%20Kunst%202001.pdf, letzter Zugriff am 23. September 2012.

Voermanek, Eva/Wißmann, Silke (2004): Wie geht Kunst?. Kassel.

Voermanek, Eva (2007): »Fragebogen«. In: Marr, Stefanie (Hg.): Tischgesellschaft/Künstlerische Praxis in Lehr- und Lernprozessen (o.n.A.). Oberhausen.

Wagner, Ernst (2008): »Wie sollen wir uns vor Kunstwerken im Museum verhalten?«. In: Kunst und Unterricht/Materialteil (323/324): 35.

Wagner, Heike (1999): »Lebenskunst lernen – das Leben lernen ...Versuch, auf andere (Bildungs-)Gedanken zu kommen«. In: BKJ e.V. (Hg.): Lernziel Lebenskunst (83-96). Remscheid.

Walch, Josef (2000): »Magisch angezogen«. In: Kunst und Unterricht (241): 4-5.

Warnke, Martin (1989): »Da hilft kein Schnurrbart und kein Bonbon«. In: art (11): 66.

Wehrle, Martin (2012): »Das Zitat«. In: DIE ZEIT (8): 85.

Weisner, Ulrich (1991): Museumsarbeit. Bielefeld.

Weitzel, Christiane (2006): »Essen im Überfluss«. Abrufbar unter www.robinwood.de/german/magazin/200604, letzter Zugriff am 23. September 2012.

Welsch, Wolfgang (1993): Ästhetisches Denken. Stuttgart.

Welsch, Wolfgang (1995): »Künstliche Paradiese? Betrachtungen zur Welt der elektronischen Medien – und zu anderen Welten«. In: Baacke, Dieter/Röll, Franz-Josef (Hg.): Weltbilder, Wahrnehmung, Wirklichkeit (71-95). Opladen.

Welsch, Wolfgang (2007): »Ethische Konsequenzen der Ästhetik. Ein Plädoyer für ästhetische Bildung«. In: Niehoff, Rolf/Wenrich, Rainer (Hg.): Denken und Lernen mit Bildern (254-270). München.

Wenrich, Rainer (2005): »Kunst und Mode«. In: Kunst und Unterricht (298): 4-9.

Wenrich, Rainer (Hg.) (2007): Denken und Lernen mit Bildern (162-186). München.

Wenrich, Rainer (2008): »Wie aktuell ist die Kunstpädagogik? – Vom Segen und Fluch des Proteischen«. In: Busse, Klaus-Peter/Pazzini, Karl-Josef (Hg.): (Un) vorhersehbares Lernen: Kunst – Kultur – Bild (431-441). Dortmund.

Weskott, Sabine (2000): »Planung von Beteiligungsprojekten«. In: BKJ e.V. (Hg.): Partizipation und Lebenskunst (73-86). Remscheid.

Wetzel, Tanja (2004): »Kunstpädagogik und Medien/Was heißt eigentlich ›kompetent‹?«. In: Kirschenmann, Johannes/Wenrich, Rainer/Zacharias, Wolfgang (Hg.): Kunstpädagogisches Generationengespräch (412-416). München.

Wiegandt, Annette (2005): »›Geschwindigkeit‹ im Turnschuhdesign«. In: Kunst und Unterricht (SB 2005 – Ich.Wir.Welt.): 132-133.

Wierz, Jakobine (2000): Aber ich kann doch gar nicht malen!. Mühlheim an der Ruhr.

Williams, Val (2004): Martin Parr. Berlin.

Willsdorf, Jovanka von/Klose, Chrish (2005): Gequälte Brötchen – Ein Küchenzauberbuch. Berlin.

Wimmer, Michael (2010): »Gut und gut gemeint«. In: infodienst/Kulturpädagogische Nachrichten (95): 24-25.

Winner, Ellen (2007): »Denkweisen des praktischen Kunstunterrichts: Wie Kunstunterricht disziplinierte Denkmuster fördern kann«. In: Niehoff, Rolf/Wenrich, Rainer (Hg.): Denken und Lernen mit Bildern (104-121). München.

Wißmann, Silke (2007): »Fragebogen«. In: Marr, Stefanie (Hg.): Tischgesellschaft/Künstlerische Praxis in Lehr- und Lernprozessen (o.n.A.). Oberhausen.

Winzen, Matthias (1999): »Kinder sind keine Künstler«. In: Liebau, Eckart (Hg.):

Vergiß den Ball und spiel' weiter – Das Bild des Kindes in zeitgenössischer Kunst und Wissenschaft (98-104). Köln.

Winzen, Matthias (2007): »Eine eigene Form der Wissenschaft: Kunst«. In: Bilstein, Johannes/Dornberg, Bettina/Kneip, Winfried (Hg.): Curriculum des Unwägbaren/Ästhetische Bildung im Kontext von Schule und Kultur (133-153). Oberhausen.

Wohlfart, Günter (1994): »Das Schweigen der Bilder«. In: Boehm, Gottfried (Hg.): Was ist ein Bild? (163-183). München.

www.forum.gofeminin.de (2008a): »Stehen alle Männer auf hohe Schuhe?«. Abrufbar unter http://forum.gofeminin.de/forum/carriere1/__f2735_carriere1-Stehen-alle-Manner-auf-hohe-Schuhe.html, letzter Zugriff am 23. September 2012.

www.forum.gofeminin.de (2008b): »Hohe Schuhe«. Abrufbar unter http://forum.gofeminin.de/forum/beaute3/__f451_beaute3-Hohe-Schuhe.html, letzter Zugriff am 23. September 2012.

www.jetzt.sueddeutsche.de (2008): »Sagt mal, wie macht ihr das mit den hohen Schuhen?«. Abrufbar unter www.jetzt.sueddeutsche.de/texte/anzeigen/369113, letzter Zugriff am 23. September 2012.

www.med1.de (2005): »Hochhackige Schuhe in Jungem Alter?«. Abrufbar unter www.med1.de/Forum/Kindermedizin/145253, letzter Zugriff am 23. September 2012.

www.multimediaxis.de (2003): »Absolut notwendige und völlig sinnlose Fächer«. Abrufbar unter www.multimediaxis.de/archive/index.php/t-20393.html, letzter Zugriff am 23. September 2012.

www.werbeblogger.at (2008): »Häufiger Schuhkauf«. Abrufbar unter www.werbeblogger.at/?p=82 Genagelte Schuhe, letzter Zugriff am 10. Juli 2008.

www.wer-weiss-was.de (2005): »Hohe Absätze«. Abrufbar unter www.wer-weiss-was.de/theme77/article3067451.html, letzter Zugriff am 23. September 2012.

www.wikipedia.de (2008): »Absatz (Schuh)«. Abrufbar unter de.wikipedia.org/wiki/Absatz_(Schuh), letzter Zugriff am 23. September 2012.

Zacharias, Wolfgang (Hg.) (1991): Schöne Aussichten? Ästhetische Bildung in einer technisch-medialen Welt. Essen.

Zacharias, Wolfgang (Hg.) (1994): Sinnenreich/Vom Sinn einer Bildung der Sinne als kulturell-ästhetisches Projekt. Essen.

Zacharias, Wolfgang (Hg.) (1997): Interaktiv – Im Labyrinth der Möglichkeiten. Remscheid.

Zacharias, Wolfgang (2001a): Kulturpädagogik – Kulturelle Jugendbildung – Eine Einführung. Opladen.

Zacharias, Wolfgang (2001b): »Kulturelle Medienbildung«. In: Kulturpolitische Mitteilungen (3): 61-66.

Zeh, Julie (2003): »Welpenschutz für Autoren«. In: UniSpiegel (3): 6-10.

Abbildungsnachweise

Abb. 1 und 2	Schülerarbeit aus dem Archiv der Autorin
Abb. 3 und 4	Kinderzeichnung aus dem Archiv der Autorin
Abb. 5	Studentenarbeit aus dem Archiv der Autorin
Abb. 6-24	Schülerarbeit aus dem Archiv der Autorin
Abb. 25 und 26	Studentenarbeit aus dem Archiv der Autorin
Abb. 27-35	Schülerarbeit aus dem Archiv der Autorin
Abb. 36-39	Kinderzeichnung aus dem Archiv der Autorin
Abb. 40	Studentenarbeit aus dem Archiv der Autorin
Abb. 41-68	Lehrerarbeit aus dem Archiv der Autorin
Abb. 69	oben: Sylvie Fleury (2000). »Untitled«. Installationsansicht, Art 31 Basel. unten: Sylvie Fleury (1999). »Car Magazine Covers«. In: Grosenik, Uta (2001) (Hg.): Women Artists. Köln.
Abb. 70	Schülerarbeit aus dem Internet, o.n.A.
Abb. 71	Martin Parr (1996-2000): »Eastborne, East Sussex« aus »Think of England«. In: Williams, Val (2002): Martin Parr. London.
Abb. 72	Schülerarbeit aus dem Internet, o.n.A.
Abb. 73	Martin Parr (2001): »Dakar« aus »Fashion Magazine«. In: Hampel, Peter (2006): »Martin Parr – Die Frage nach der Künstlichkeit in der Welt«. In: Kunst und Unterricht (302/303).
Abb. 74	Schülerarbeit aus dem Internet, o.n.A.
Abb. 75	Schwimmflossenschuhe o.n.A. Abrufbar u.a. unter www.kessel.tv/wp-content/uploads/2009/08/flossenjpg, letzter Zugriff am 8. Mai 2014.
Abb. 76 und 77	Kinderzeichnung aus dem Archiv der Autorin
Abb. 78-91	Lehrerarbeit aus dem Archiv der Autorin
Abb. 92-101	Studentenarbeit aus dem Archiv der Autorin
Abb. 102-106	Bertonasco, Larissa (2005): La nonna La cucina La vita. Hildesheim.
Abb. 107-111	Klose, Chrish (2005): Geqäulte Brötchen. Berlin.
Abb. 112 und 113	Müller, Charlotte; Gerlach, Christine (2005): Frauenglück. Berlin.

Pädagogik

Anselm Böhmer
Diskrete Differenzen
Experimente zur asubjektiven Bildungstheorie in einer selbstkritischen Moderne
2013, 288 Seiten, kart., 34,99 €,
ISBN 978-3-8376-2571-4

Thorsten Fuchs
Bildung und Biographie
Eine Reformulierung der bildungstheoretisch orientierten Biographieforschung
2011, 444 Seiten, kart., 35,80 €,
ISBN 978-3-8376-1791-7

Wiltrud Gieseke, Steffi Robak, Ming-Lieh Wu (Hg.)
Transkulturelle Perspektiven auf Kulturen des Lernens
2009, 266 Seiten, kart., zahlr. Abb., 25,80 €,
ISBN 978-3-8376-1056-7

Ghodsi Hejazi
Pluralismus und Zivilgesellschaft
Interkulturelle Pädagogik in modernen Einwanderungsgesellschaften.
Kanada – Frankreich – Deutschland
2009, 376 Seiten, kart., 29,80 €,
ISBN 978-3-8376-1198-4

Kerstin Jergus
Liebe ist ...
Artikulationen der Unbestimmtheit im Sprechen über Liebe.
Eine Diskursanalyse
2011, 276 Seiten, kart., 30,80 €,
ISBN 978-3-8376-1883-9

Tobias Künkler
Lernen in Beziehung
Zum Verhältnis von Subjektivität und Relationalität in Lernprozessen
2011, 612 Seiten, kart., 39,80 €,
ISBN 978-3-8376-1807-5

Christine Kupfer
Bildung zum Weltmenschen
Rabindranath Tagores Philosophie und Pädagogik
2013, 430 Seiten, kart., 36,99 €,
ISBN 978-3-8376-2544-8

Claudia Lemke
Ethnographie nach der »Krise der Repräsentation«
Versuche in Anlehnung an Paul Rabinow und Bruno Latour.
Skizzen einer Pädagogischen Anthropologie des Zeitgenössischen
2011, 300 Seiten, kart., 32,80 €,
ISBN 978-3-8376-1727-6

Elisabeth Sattler
Die riskierte Souveränität
Erziehungswissenschaftliche Studien zur modernen Subjektivität
2009, 176 Seiten, kart., 24,80 €,
ISBN 978-3-8376-1323-0

Peter Schlögl
Ästhetik der Unabgeschlossenheit
Das Subjekt des lebenslangen Lernens
Februar 2014, 236 Seiten, kart., 29,99 €,
ISBN 978-3-8376-2643-8

Anja Tervooren, Nicolas Engel, Michael Göhlich, Ingrid Miethe, Sabine Reh (Hg.)
Ethnographie und Differenz in pädagogischen Feldern
Internationale Entwicklungen erziehungswissenschaftlicher Forschung
April 2014, 430 Seiten, kart., 39,99 €,
ISBN 978-3-8376-2245-4